Gisbert Greshake

Priester sein in dieser Zeit

Gisbert Greshake

Priester sein in dieser Zeit

Theologie – Pastorale Praxis – Spiritualität

Herder
Freiburg · Basel · Wien

Die Deutsche Bibliothek – CIP-Einheitsaufnahme

Greshake, Gisbert :
Priester sein in dieser Zeit : Theologie – pastorale Praxis –
Spritualität / Gisbert Greshake. –
Freiburg im Breisgau ; Basel; Wien : Herder, 2000
ISBN 3-495-27802-2

2. Auflage

Umschlagphoto: © Stone, München
Einbandgestaltung: Finken & Bumiller, Stuttgart
Satzherstellung: SatzWeise, Föhren
Inhalt gesetzt in der Minion und Gill Sans
Druck und Bindung: Freiburger Graphische Betriebe 2001
ISBN 3-495-27802-2

Inhalt

Zweiter Teil: Grundzüge einer Theologie des Amtes

Dritter Teil: Priester sein konkret

Vierter Teil: Priesterliche Spiritualität

Vorwort

Als ich im Jahr 1981 erstmals das Buch »Priestersein« veröffentlichte (dessen 5. Auflage 1991 bereits mit erheblichen Ergänzungen erschien), geschah dies auf dem Hintergrund der *damals* gegebenen Problemlage: Das bisherige Verständnis vom priesterlichen Amt war (und ist noch) durch die nachkonziliare innerkirchliche Entwicklung und durch das gewandelte gesellschaftliche Umfeld in eine tiefgreifende Krise geraten. Diese ließ (und lässt) sich vor allem in zwei Hinsichten greifen:

Das erste, eher *theologische* Krisenmoment (das freilich wichtige praktischen Konsequenzen zeigt) hatte Peter Hünermann damals so charakterisiert:

> »In den Texten des II. Vaticanums und schärfer noch in der theologischen Diskussion von heute zeichnen sich zwei Typen des Amtsverständnisses ab. *Zum einen* wird das Amt als Fortsetzung der Sendung Jesu Christi verstanden. Der Amtsträger repräsentiert Jesus Christus gegenüber der Gemeinde. *In der anderen Sicht* ist das Amt Ausfaltung des Geheimnisses der Kirche. Amt wird dabei verstanden als eine Weise, wie Kirche sich artikuliert, darstellt und wie der Glaube der Kirche vermittelt wird.«[1]

Beide »Typen« des Amtsverständnisses stellten sich in der Nachkonzilszeit einander oft unversöhnt gegenüber. Sie konfrontierten den Priester in seinem Selbstverständnis und seiner Amtsausübung mit der *Alternative*: Bin ich nun Priester *der Kirche* oder bin ich Priester *Jesu Christi*? Besteht mein Amt darin, dass mir durch die Weihe von der Gemeinde / Kirche her bestimmte Aufgaben und Funktionen delegiert worden sind, oder darin, dass ich vom Herrn selbst (durch die Weihe) zum Vermittler seines Heilswerks an die übrigen Christen berufen, beauftragt und befähigt bin?

Das zweite, eher *praktische* (aber theologisch folgenreiche) Krisenmoment des priesterlichen Amtes war (und ist) dies: Die durch das II. Vaticanum vorangetriebene »Neuentdeckung des Laien«, seiner Berufung und Sendung, sowie die Herausstellung der grundsätzlichen Würde und Gleichheit aller Glieder der Kirche verband sich in der Folgezeit mit der durch die geringen Priesterzahlen notwendig gewordenen Beauftragung von Laien für den seelsorglich-kirchlichen Dienst. Viele Tätigkeiten, die früher dem Priester vorbehalten waren, wurden und werden nun zunehmend durch Laien (Pastoral- bzw. Gemeindereferenten) ausgeübt. Damit stellt sich aber zwangsläufig die Frage: Was ist eigentlich »noch« das Besondere des priesterlich-amtlichen Dienstes? Ist es endlich und letztlich nur die »Vollmacht« zur Konsekration in der Eucharistiefeier und die Absolution in der ohnehin selten gewordenen Beichte? Der Priester also allein als sakramentaler »Vollmachtsträger«? Entspricht das der Glaubenstradition der Kirche und reicht das aus, dem priesterlichen Amt eine eigene Identität und Gestalt zu geben?

Vor allem auf diese beiden Krisenmomente versuchte das Buch »Priestersein« eine Antwort zu geben. Selbst wenn diese auch heute noch zutreffend sein dürfte, so hat sich doch mittlerweile nicht nur hinsichtlich der genannten zwei Problemknoten die Situation verschärft, es sind eine ganze Fülle anderer offener Fragen, ja offener »Wunden« hinzugekommen bzw. neu ins Bewusstsein getreten.

Verschärft hat sich die Situation insofern, als die sakramentale Struktur der Kirche selbst mehr und mehr in die Krise geraten ist. Nicht selten werden Gemeinden durch Laien geleitet. Längst sind in manchen Regionen sonntägliche, durch Laien gehaltene Gottesdienste an der Tagesordnung; eine Reihe von Sakramenten und Sakramentalien wird – legitimerweise! – durch Laien gespendet. Die Entwicklung aber schreitet weiter: So wird die Krankensalbung mancherorts – trotz bischöflichen Einspruchs – von Laien erteilt, die Messe von Laien (mit bzw. neben dem Priester) konzelebriert, wenn nicht gar »hinter verschlossenen Türen« allein zelebriert.[2] Und die »Laienpredigt« im schiedlich-friedlichen Wechsel mit dem zuständigen Priester wird ohnehin nicht mehr als Problem empfunden.

Dabei steht am Anfang dieser Entwicklung nicht unbedingt ein Akt der »Usurpation« seitens der Laien, sondern das Fehlen geweihter Priester, das einen umfassenderen Einsatz und eine erweiterte Kompetenz von Laien geradezu »provozierte«. Doch damit war faktisch ein Prozess eingeleitet, der das Bewusstsein von der sakramentalen Struktur der kirchlichen Grundvollzüge (davon wird noch die Rede sein) und insbesondere des Weiheamtes immer mehr verdünnte und zurückdrängte. Zumal man sich – beim wachsenden Zusammenrücken der christlichen Konfessionen – durch die Praxis der evangelischen Schwestergemeinden bestätigt fühlen konnte. Aber was bedeutet angesichts dieser faktischen Entwicklung »noch« das sakramentale Priesteramt?

Neben dieser verschärften und sich weiter verschärfenden Situation haben sich gerade in den letzten Jahren noch weitere Probleme und Problemkonstellationen eingestellt.

Da ist etwa die Frage: Wie kann man als Priester, ohne leiblich, seelisch und geistlich »vor die Hunde zu gehen«, Pfarrer einer Vielzahl von Gemeinden sein, wie dies bei zurückgehender Priesterzahl immer mehr der Fall sein wird? In diesem Zusammenhang hat auch das Problem der Zulassungsbedingungen zum Weiheamt eine neue Dringlichkeit erfahren, insofern nicht mehr nur gefragt wird, ob die Zölibats*verpflichtung* nicht fallengelassen und damit die Tür zum Eintritt in das Amt weiter geöffnet werden kann, sondern auch ob im Zuge der gesellschaftlichen Entwicklung auf Gleichberechtigung der Frau hin und auf Grund der Ergebnisse der feministischen Theologie nicht ebenso Frauen die Priesterweihe empfangen können, ja geradezu können »sollen«.

Unklar ist nach wie vor der genaue theologische Ort des Diakons, ebenso problematisch ist angesichts verschiedener unguter Vorgänge im Zusammenhang von Bischofsernennungen die Frage nach den essentials des kirchenleitenden, also des bischöflichen Amtes (auf beides soll allerdings nur in Form von Exkursen eingegangen werden).

Bei all diesen Problemen darf jedoch nicht übersehen werden, dass sie umschlossen sind von einer viel drängenderen Grundfrage: *Wohin geht überhaupt die Kirche in unseren (westlichen Industrie-)Ländern?* Was bedeutet die rasante Abnahme der Kirchenzugehörigkeit, der gottesdienstlichen Praxis, des religiösen Wissens und Geprägtseins, der Weitergabe des Glaubens in den Familien? Was besagt der Verfall der bisherigen Sozialgestalt der Kirche und deren gesellschaftlicher Macht- und Einflussverlust für die Zukunft des Glaubens? Kurz vor seinem Tod sagte der bekannte Münsteraner Spiritual Johannes Bours im Rückblick auf sein fünfzigjähriges Priesterleben:

> »Wenn ich gefragt werde, was mich in den 50 Jahren am tiefsten als Problem berührt und beschäftigt hat, dann werde ich zur Antwort geben: Das war für mich persönlich nicht die Nazizeit und nicht der Krieg, sondern der rapide und fast totale Glaubensabbruch in den letzten 20 Jahren. Wir erleben das Zerbrechen und Zu-Ende-Gehen einer Kirchengestalt und wir ahnen, dass diese Kirchengestalt zerbrechen muss, insofern sie in den Augen der pluralistischen Gesellschaft ... nur ein Subsystem dieser Gesellschaft sein soll, ein Phänomen am Rande zur religiösen Verzierung der großen Lebenszeiten«.

Treffender kann man es kaum formulieren, und wir werden darauf noch ausgiebig zurückkommen. Wichtig ist hier aber dies: Wenn – was wahrscheinlich ist – die Sozialgestalt der Kirche und ihr Verhältnis zur Gesellschaft in einem radikalen und grundsätzlichen Wandel begriffen sind, wird sich auch die *Gestalt* des Amtes und die *Art und Weise* seelsorglicher Tätigkeit radikal und grundsätzlich zu ändern haben. Wohin aber, in welche Richtung, was ist jetzt bereits an Weichenstellungen vorzunehmen? Ja, die Ausübung des Amtes und der Lebensstil des Priesters *wird* sich nicht nur *in Zukunft* zu ändern haben: *schon jetzt* gilt es, sich kritischen Anfragen – aus der Heiligen Schrift allemal, aber auch – aus der Gesellschaft zu stellen.

Am 27.11.1998 schrieb der mittlerweile verstorbene bekannte Essayist Johannes Gross im FAZ-Magazin über den katholischen Klerus folgendes »Bonmot«:

> »Es sind die Männer, die vom Wehrdienst freigestellt sind, Umgang mit dem anderen Geschlecht nicht haben sollen, in beamtenhaft gesicherter Existenz vor viel Alltagslast geschützt werden, von keinem bürgerlichen Beruf Ahnung haben: Diese Männer sind dazu berufen, ihren Mitmenschen in Lebensnot und Seelennot zu raten, beizustehen. Auf den Gedanken muss einer kommen.«

Wie muss man als Priester leben, um etwa einer solchen spitzzüngigen, aber wohl nicht ganz unberechtigten Kritik zu begegnen?

Die Neufassung von »Priestersein« unter dem jetzigen Titel »Priester sein in dieser Zeit« möchte sich den aufgeworfenen Fragen stellen. Auch wenn sich nicht für alles hier und heute schon überzeugende Antworten finden lassen, will es wenigstens Lösungs*richtungen* angeben, ja in manchen Punkten auch »Flagge zeigen«. Dabei bin ich mir sehr wohl bewusst, dass so wie damals »Priestersein« (erwartungsgemäß) eher auf kritische Reaktionen seitens der »linken Reichshälfte« stieß, das vorliegende Buch auch von der »rechten Seite« her Einwände, ja Widerspruch auslösen wird. Das kann gar nicht anders sein. In vielen Fragen stellen sich Grundentscheidungen, an denen man sich nicht um den Preis der Befriedigung seines Harmoniebedürfnisses herummogeln darf.

Ziel des Buches ist es jedenfalls, im Gewirr so vieler Fragen, Probleme und Aporien die Konturen eines Priesterbildes zu entwerfen, das sowohl der Heiligen Schrift und der kirchlichen Tradition entspricht wie auch der heutigen Situation und dem gegenwärtigen ekklesiologischen Forschungsstand und das nicht zuletzt – so hoffe ich wenigstens – eine Orientierung für Priester und solche, die über eine mögliche Berufung zum kirchlichen Amt nachsinnen, darstellen kann.

Dabei ist die Frage nach dem priesterlichen Amt aber alles andere als ein nur theoretisches Problem, zielt sie doch ab sowohl auf die Lebensgestalt des Priesters, eben auf das Priester*sein*, als auch auf die Art und Weise seines seelsorglichen Dienstes sowie auf seinen spezifischen Lebens- und Glaubensvollzug, kurz: sie zielt auf das, was heute pauschal »Spiritualität« genannt wird. Umgekehrt aber setzt priesterliche Spiritualität die Orientierung an Wesen und Grundgestalt des kirchlichen Amtes voraus, wie es uns in Schrift und Tradition vorgelegt und durch die »Zeichen der Zeit« konkretisiert wird. Keiner fängt ja vom Nullpunkt aus an, Priester zu sein, keiner macht sich seinen Beruf selbst, jeder wird in eine vorgegebene Dienst- und Lebensform hineingerufen. Deshalb müssen – so wie das Amt auf eine ihm entsprechende geistliche Lebensform angelegt ist – umgekehrt auch priesterliche Existenz und Spiritualität der vorgegebenen Gestalt des Amtes entsprechen. Mithin kann die Frage nach dem Priestersein nur im strikten Miteinander von Theorie und Praxis behandelt werden. Auch wenn in den ersten Teilen des vorliegenden Buches eher das Theologisch-Theoretische überwiegt und im dritten und vierten Teil das mehr Praktisch-Spirituelle, so habe ich mich doch bemüht, beides miteinander zu verzahnen. Jedenfalls ist dieses Ineinander eines der spezifischen Anliegen, das mich bei der Abfassung dieser wie auch der vorangehenden Schrift über das Priestersein geleitet hat.

Was das genaue Verhältnis beider Publikationen angeht, so ist weit über die Hälfte des vorliegenden Buches gegenüber dem alten völlig neu geschrieben, zumal über Themen, die in letzterem überhaupt nicht angeschnitten wurden. Am wenigsten Änderungen (wohl aber erhebliche Erweiterungen, Vertiefungen und Umstellungen) erfuhren die Kapitel über die Theologie des Amtes sowie über priesterliche Spiritualität. Alles andere wurde gänzlich neu verfasst und auf die genannten aktuellen Probleme hin fokussiert.

Lesehinweise
Das Buch ist so konzipiert, dass man zur Lektüre auch einzelne Teile herausgreifen kann; zahlreiche Querverweise erschließen den Zusammenhang. Aber auch derjenige, welcher prinzipiell das ganze Buch lesen möchte, kann dies – wenn er will – im Abkürzungsverfahren tun: So kann der an Details und (gelegentlichen) theologischen Fachsimpeleien nicht Interessierte den ganzen ersten Teil überschlagen. Ebenso sind die eng- und kleingedruckten Passagen, die Exkurse sowie die zahlreichen Anmerkungen für die Kenntnis der Gedankenfolge nicht unbedingt notwendig, auch wenn sie z. T. ausgiebiges weiteres Informationsmaterial enthalten. Bei den Anmerkungen wurde unterschieden zwischen solchen, die nur Belegstellen oder kurze Hinweise geben (die also bei der einfachen Lektüre nicht nachgeschlagen werden müssen), und solchen, die auch inhaltlich von Interesse sind. Diese letzteren sind im Text durch Unterstreichung der Fußnotennummer kenntlich gemacht.

Dank und Widmung
Dieses Buch sei in erster Linie Univ.-Prof. Dr. Günter Virt, Moraltheologe in Wien, dem treuen Freund, zuverlässigen Weggefährten durch die Wüsten der Welt und langjährigen geistlichen Begleiter, zu seinem 60. Geburtstag gewidmet.

Darüber hinaus sei diese Widmung ausgedehnt auf die Brüder, mit denen ich seit 1989 im Pfarrhaus von Freiburg-Kappel bei wechselnder Besetzung in einer intensiven »vita communis« lebte bzw. lebe: Stefan Emondts, Josef Freitag, Manfred Scheuer, Joachim Koffler, Toni Leichtfried, Gerhard Reitzinger (letzteren drei danke ich auch sehr herzlich für das kritische Mitlesen und Korrigieren des Manuskripts). Mit ihnen zusammen habe ich erfahren, *dass* und *wie* gerade das »Teilen des Lebens« zu einem frohen und gelingenden Leben als Priester führt. Ihnen, aber auch allen Lesern dieses Buches, möchte ich die schönen Sätze des hl. Augustinus anführen, die gewissermaßen als Leitwort über unserer »vita communis« stehen, die aber auch über dem Leben vieler künftiger Priester stehen können, die sich dieser Lebensform zuwenden:

> »Miteinander reden und lachen • sich gegenseitig Gefälligkeiten erweisen • gemeinsam scherzen, dabei aber auch einander Achtung erweisen • mitunter sich auch streiten, ohne Hass, so wie man es auch wohl gelegentlich mit sich selbst tut • manchmal auch in den Meinungen auseinandergehen und damit die Eintracht würzen • einander belehren und voneinander lernen • die Abwesenden schmerzlich vermissen • die Ankommenden freudig begrüßen • lautere Zeichen der Liebe und Gegenliebe austauschen, die aus dem Herzen kommen und sich äußern in Miene und tausend freundlichen Gesten • und wie Zündstoff den Geist in Gemeinsamkeit entflammen, so dass aus den vielen eine Einheit wird.«
> (Confess. IV, 8,13).

Mein Dank gilt schließlich auch der angenehmen Zusammenarbeit mit Dr. Peter Suchla vom Herder Verlag.

Freiburg – Wien, Pfingsten 2000 *Gisbert Greshake*

Erster Teil
Priesterliches Amt in der Krise

1. Kapitel

Krisenphänomene

Schon im Vorwort wurde stichwortartig auf die gegenwärtige Krise von Kirche und kirchlichem Amt hingewiesen. Diese Krise soll im Folgenden noch genauer in den Blick genommen werden.

Das Thema »Priester« ist in den letzten Jahren zu einer gewaltigen Klagemauer geworden, an der sich viele Priester selbst, aber auch hilflose Bischöfe und ratlose Laien die Köpfe blutig schlagen.

Man beklagt den immer fühlbarer werdenden Priestermangel auf Grund fehlender Bereitschaft von jungen Menschen, sich für dieses Amt zur Verfügung zu stellen (oder müsste es richtiger heißen: die derzeit geltende Form des Amtes zu übernehmen?). Aber auch viele Priester selbst betrachten die äußere Form ihres Lebens (Zölibat, Allein- und Unversorgtsein) sowie die Weise ihrer priesterlichen Tätigkeit, dass sie nämlich mehr und mehr das »Management« einer ständig wachsenden Zahl von Gemeinden auszurichten haben und für den »Service« der religiösen Bedürfnisbefriedigung von ansonsten kirchlich Desinteressierten zuständig sind, als überholt, ja als nicht mehr tragbar. Verbreitet ist eine Stimmung der Überlastung, auch der geistlichen Überforderung, der Erfolglosigkeit, der Resignation, die nicht selten in Aggression oder Weinerlichkeit umschlägt. Kein Wunder, dass die Zahl der Amtsniederlegungen gerade auch junger Priester, die erst wenige Jahre zuvor geweiht wurden, nicht abreißt. »Das soll mein Leben sein?«, fragen sie und suchen sich mit aller Macht – so oder so – von einer für sie unerträglich gewordenen Lebenssituation zu befreien.

Und weiter: Bischöfe beklagen die geringe Bereitschaft von Priestern zum Gehorsam ihnen selbst und dem Papst gegenüber; umgekehrt aber empfinden nicht wenige Priester deren Weisungen oft als realitätsfremd, ja geradezu als skandalös, müssen sich aber in der Öffentlichkeit als Prügelknabe dafür mithaftbar machen lassen.

Damit sind wir schon bei der öffentlichen Meinung, die bis in die sog. »gutkatholischen« Familien hinein ein – gelinde gesagt – distanziertes, wenn nicht ablehnendes Verhältnis zum Priesterberuf artikuliert, so dass nicht wenige Priester am eigenen Leib die Wahrheit des Apostel-Worts erfahren: »Letzter Dreck sind wir in der Öffentlichkeit; von allen an den Rand gedrückt« (1 Kor 4,13).

Bedeutet solche fehlende äußere Anerkennung schon eine Bedrohung des eigenen Selbstwertgefühls, so wird dieses erst recht in Frage gestellt durch die scheinbare Erfolg- und Nutzlosigkeit priesterlichen Dienstes in einer säkularisierten Welt. Diese »braucht« den Priester – wenn überhaupt – fast nur noch, um an einigen Wende- und Krisenpunkten des Lebens den religiösen »Service« eines situationsgerechten (dann aber auch schnell wieder vergessenen) »Sinnangebots« entgegenzunehmen sowie bestimmte hervorgehobene »Augenblicke« durch kultischen »Zierrat« atavistisch überhöhen zu lassen.

All diese Belastungen kommen gewissermaßen als Pünktchen auf dem »i« – zur Verunsicherung durch die gegenwärtige kirchliche Entwicklung sowie durch Unklarheit im Berufsprofil des Priesters, wie es im Vorwort bereits angesprochen wurde, noch hinzu.

Setzen wir für eine etwas eingehendere Betrachtung bei diesem letzten Punkt, der Frage nach der beruflichen Identität, an, zumal das Nachdenken über das Berufsprofil des Priesters eine erste »Piste« eröffnet, um das theologische Wesen des Amtes in den Blick zu bekommen. Auf die übrigen Problemknoten des Amtes, die eben erwähnt wurden, werden wir an anderer Stelle zu sprechen kommen.

Es sind sehr verschiedene Gründe und sehr unterschiedliche Entwicklungen, die das Berufsprofil des Priesters unklar gemacht haben. Da ist *erstens* die neue »Weltzuwendung« der Kirche zu nennen, wie sie etwa in der Pastoralkonstitution des 2. Vatikanischen Konzils ihren offiziellen Ausdruck fand. Dadurch geriet in den unruhigen endsechziger Jahren der kultisch-sakrale Bereich, der seit Jahrhunderten eng mit dem Bild des katholischen Priesters verknüpft war, ins Hintertreffen – ganz gegen die Absicht des Konzils. Aber die »kosmische« Liturgie«, d.h. die Weltsendung und Weltgestaltung der Kirche, an der jeder Getaufte teilhat, schien das »Eigentliche« und »Entscheidende« zu sein, demgegenüber das priesterliche »Sakralhandeln« und die »weltentrückte« Lebensform der Ehelosigkeit an Bedeutung und Plausibilität verloren. In diesem Punkt trägt sich freilich in den letzten

Jahren eine gewisse »Wende« zu. Plötzlich ist es wieder »schick«, sich mit »Innerlichkeit«, Spiritualität und Mystik zu befassen und nach esoterischen »Übernatur«-Erfahrungen Ausschau zu halten. Man sucht religiöse »Kuschelecken« und sakrale Emotionen, die das eigene Innere »aufbauen«. Doch rollt diese neuere gesellschaftliche Welle ohne Zuwendung zur kirchlich-sakramentalen Welt ab. Das kirchliche Kulthandeln ist für viele Menschen, besonders für junge, nach wie vor nicht attraktiv. Der Priester wird weiterhin oft (nicht immer!) eher als Sozialarbeiter, Gemeindemanager und religiöse Service-Institution denn als »sacerdos« gefordert.

Für die Verunklärung des Berufsbildes ist *zweitens* die Krise der seelsorglichen Tätigkeit zu nennen, die in den letzten Jahrzehnten immer mehr in den Sog neuzeitlicher »Effizienz«-Vorstellungen geriet: Seelsorge muß »effizient« gestaltet werden! Das heißt: einem »Input«, einem Aufwand an Energie, Gestaltungskraft und Einsatz aller zur Verfügung stehenden Mitteln, muss der »Output«, das Ergebnis, entsprechen. Dies soll sich etwa zeigen in einer größeren herzeigbaren Zahl von engagierten Gläubigen, in einem höheren Grad an Lebendigkeit der Gemeinde, in einem entschiedeneren gottesdienstlichen oder diakonalen Einsatz. Entsprechende Handbücher sowie alters- und schichtenspezifische pastoraltheologische Literatur, Seelsorgskonferenzen und -tagungen sowie die mündliche Weitergabe von zielführenden konkreten Mitteln und Ansätzen stehen ganz in einem solchen »Effizienz«-Horizont. Noch nie zuvor hat es in der Kirche einen solchen Aufwand an pastoraltheologischer Aus- und Weiterbildung, an pastoralen Instrumentarien und seelsorglichen Strategien gegeben wie heute. Zugleich aber war das Ergebnis nie magerer und niederdrückender. Alles – oder wenigstens sehr viel, von dem, was der Priester tut, scheint buchstäblich »für die Katz'« zu sein. Oft muss er sich selbst vorkommen – und der breiten Masse kommt er mit Sicherheit so vor – wie »ein Klinken putzender Staubsaugervertreter«, wie ein Handelsagent mit einer Ware, die niemand mehr kaufen will. Deshalb fragen sich auch viele Priester, ob es sich überhaupt noch lohnt, Priester zu sein, oder sie fühlen sich als »Versager« in ihrem Beruf. Was sollen sie eigentlich noch alles tun? Was sollen sie überhaupt tun? Was ist die Mitte ihres Berufs?

Da ist *drittens* die Devise von der »Demokratisierung aller Lebensbereiche« zu nennen, die seit den unruhigen Sechziger Jahren das priesterliche Amt in Frage stellt. Diese Devise erhält, als »Zeichen der Zeit« verstanden, einen geradezu sakralen Wert. Aber sie stellt auch zugleich geistliche Autorität unter einen gewaltigen Legitimationsdruck, ganz abgesehen davon, dass das gesamte neuzeitliche Gesellschaftsdenken, das durch die Idee der »egalité« ausgezeichnet ist, von Grund auf einer hierarchischen Amtsautorität widerstreitet. Daher klingt schon die Bezeichnung »Amt« für manche Zeitgenossen fatal. Denn obwohl dieses Wort seiner keltischen Herkunft (ampaht) nach soviel wie Dienst bedeutet, wird heute mit diesem Wort das Hoheitliche, »Amtsherrliche« und »Präpotente« assoziiert. Darum ziehen auch nicht wenige Priester und Theologen das Wort »Dienst« vor, welches eher das »Funktionale«, d.h. die Tätigkeit an anderen und für andere, thematisiert und alles, was nach einem irgendwie gearteten Vorrang aussehen könnte, verneint. Damit ist aber, wie dies G. Schmidtchen in seiner Untersuchung »Priester in Deutschland« bereits 1973 nachgewiesen hat[3], eine gegenüber früher neue Weise des Selbstverständnisses von geistlichem Amt entstanden. Sieht ein Teil des Klerus – vor allem, aber nicht ausschließlich ältere Priester – ihr Amt durch Weihe und besondere Sendung durch Christus, also »von oben« her legitimiert, so fühlt sich ein anderer Teil – meist die jüngere (allerdings nicht mehr die »allerjüngste«) Generation – vom Dienst an den Mitchristen, von ihrem Vertrauen und ihrer Zustimmung, also »von unten« her getragen. Damit treten ein sozusagen »vertikales« und »horizontales« Amtsverständnis auseinander, und es entsteht innerhalb des Klerus selbst eine für das priesterliche Selbstverständnis entscheidende Polarisierung, die ihrerseits nicht wenig zur weiteren gegenseitigen Verunsicherung beiträgt.

Und schließlich entstehen *viertens* – wie schon im Vorwort vermerkt – durch die zunehmenden pastoralen Dienste der Laien, die immer mehr ehemals dem Klerus zufallende Aufgaben übernehmen, Rollenunsicherheiten und -konflikte. So bemerkt Walter Kasper: »Die These von der gesamten Gemeinde als Subjekt der Seelsorge sowie das Aufkommen neuer pastoraler Dienste haben viele Priester zutiefst verunsichert … Was ist nun die spezifische Aufgabe des Priesters in der Gemeinde, wenn das ganze Gottesvolk Träger kirchlichen Handelns ist.«[4] Viele Priester fragen sich angesichts dessen, was jetzt eigentlich »noch« ihr Spezifikum sei.

Damit ist ein Problem entstanden, dessen Fragerichtung sich in auffälliger Weise gewandelt hat: Im »Kirchenlexikon« (hrg. v. H. Wetzer und B. Welte) von 1891 findet man unter dem Stichwort »Laie« noch den Hinweis »siehe Clerus«. Das heißt: vor ca. 100 Jahren hatte es noch der Laie nötig, definiert zu werden, und zwar dadurch, dass man ihn verglich mit der damals selbstverständlichen und unproblematischen Größe »Klerus«. Indem man dem Laien die für den Klerus spezifische Weihe- und Jurisdiktionsgewalt absprach, bestimmte man ihn kurz und bündig durch das »Nicht-Kleriker-Sein«. Heute dagegen ist es umgekehrt. Zu Recht vermerkt Yves Congar: »Nicht mehr der Laie hat es nötig definiert zu werden, sondern der Priester«[5], und dies geschieht dadurch, dass man ihn (oder der Priester sich selbst) mit der heute anscheinend »selbstverständlichen« und unproblematischen Größe »Laie« vergleicht. Man fragt: Was unterscheidet den Priester von einem engagierten christlichen Laien oder gar von einem hauptamtlichen Pastoralreferenten? Sind es nur einige – ganz wenige! – besondere, ausschließlich ihm vorbehaltene »sakrale Vollmachten« oder die Tatsache, dass der Priester ganz und gar ein Mann der »Institution Kirche« ist? Tut er hauptamtlich, gleichsam durch Delegation seitens der Mitchristen, das, was grundsätzlich der ganzen Kirche und jedem einzelnen obliegt? Ist es sein Leitungsamt? (Und wenn ja: worin besteht dieses genau?) Ist es vornehmlich seine besondere persönliche Berufung (welche?) oder sein spezifischer »Lebensstil« (Zölibat!)?

All diese Fragen weisen darauf hin, dass die heutige Krise des priesterlichen Amtes zutiefst eine Identitätskrise ist. Für nicht wenige Priester (und erst recht für viele Laien) ist nicht mehr klar, was eigentlich Wesen und Mitte, spezifische Sendung und Aufgabe des Priesters ist. Ja, man könnte angesichts dessen über das Thema Priesteramt das Wort stellen »Alles wackelt!« Dieser Ausruf, den Ernst Troeltsch angesichts der Geschichtlichkeit und Wandelbarkeit aller Werte und Grundsätze formulierte, ist dem Wort Heraklits: »Panta rhei – alles ist in Fluss« sehr ähnlich. Und wie schon Ernst Troeltsch mit diesem Wort den Ausspruch des Archimedes verknüpft hat: »Gib mir eine Stelle, wo ich festen Stand habe!«, so stellt sich auch bezüglich unseres Themas die Frage: Wo ist – wenn »alles wackelt« – die ruhende Mitte des priesterlichen Dienstes, die den Amtsträger prägt und trägt? Wo ist der Identitäts- und Integrationspunkt, vom dem her es möglich ist, in einer geistigen Umbruchssituation und ohne Besitz einer von außen unangefochtenen Rolle den für die Kirche wesentliche Dienst als Priester zu erfüllen?

Um die derzeitige Problemlage besser zu verstehen und zu bestehen, ist es nützlich, sich durch einen Blick in die Geschichte die tiefgreifenden Veränderungen zu vergegenwärtigen, die sich im Verhältnis Amt – Laie, aber auch im Verständnis der spezifisch priesterlichen Tätigkeit zugetragen haben. Solche geschichtlichen Rückblicke sind keine überflüssigen und entbehrlichen Umwege; sie machen vielmehr frei von der Fixierung auf den Augenblick, sie eröffnen Spielräume, indem sie zeigen, dass nicht alles, was heute ist, in unveränderlichen, überzeitlichen Normen gründet, und sie reißen Horizonte auf für künftige Möglichkeiten.

2. Kapitel

Geschichtliche Umbrüche im Amtsverständnis und im Verhältnis Priester – Laie

§ 1 Kirchliches Amt in der Frühen Kirche

In einer alten, Hippolyt zugeschriebenen, sowohl für die West- wie für die Ostkirche äußerst wichtigen Kirchenordnung, der Traditio Apostolica (um 215), erbittet der Bischof bei der Priesterweihe für den Kandidaten »den Geist der Gnade und des Rates des Presbyteriums, damit er sich deines Volkes annehme und es leite mit reinem Herzen« (Nr. 7). Der Presbyter erhält also, wie der folgende Hinweis auf die Erwählung von Presbytern durch Mose zeigt (Num 11,16 ff), Anteil an der »virtus principalis spiritus« – »an der Kraft des Geistes der Leitung«, die dem Bischof bei dessen Weihe zugesprochen wird. Kirchliches Amt also ist wesentlich Leitungsamt! Wie realisiert sich dies konkret?

Zunächst einmal darf nicht übersehen werden, dass sich gerade in der Zeit, da die Traditio Apostolica entstand, grundlegende Veränderungen im kirchlichen Leben abspielen: »War das Gemeindeleben des 2. Jh. noch von einer Zusammenarbeit von Amtsträgern und Laien geprägt, so lässt sich seit dem Beginn des 3. Jh. eine Tendenz beobachten die alle wichtigen Aufgaben in der Gemeinde ausschließlich dem Klerus vorbehalten bzw. seiner direkten Kontrolle unterstellen will.«[6] Damit entsteht schon damals eine gewisse Spannung zwischen dem »Klerus«, der im Zentrum des kirchlichen Lebens steht und dieses trägt auf der einen, und solchen, die eher »am Rande« daran teilnehmen, den »Laien«, auf der anderen Seite. Nimmt man noch hinzu, dass da, wo zum ersten Mal im christlichen Bereich der Begriff »Laie« (in der Form von »laikos« = zum Volk gehörig) erscheint, nämlich in 1 Klem 40,5, dieser an eine im hellenistischen Judentum verbreitete Bedeutung anknüpft – »laikos« als »profan« im Unterschied zu »heilig« bzw. »zum Gottesdienst gehörig« und deshalb in den Zuständigkeitsbereich der Priester fallend –, so impliziert die Bezeichnung Laie bereits früh eine gewisse Wertung und Rangordnung, auch wenn diese erst vom 3. Jh. an greifbar ist. Ab da nämlich gehört der kirchliche Amtsträger, analog dem Stand der staatlichen Amtsträger des römischen Imperiums, zu einer eigenen Rangordnung (ordo), und zwar zum ordo sacerdotalis, von dem sich die plebs, die »Laien« abheben. Ganz entsprechend geht auch die frühchristliche gegenseitige Anrede »Bruder« ganz zurück. Cyprian etwa spricht nicht mehr Laien, sondern nur noch Mitbischöfe und andere Kleriker als »Brüder« an.[7]

Diese sich allmählich herausbildende Sonderstellung des Klerus hing wesentlich mit dessen »Professionalisierung« zusammen, d. h. mit dem Faktum, dass zunächst wohl der Diakon (wegen seines arbeitsintensiven sozial-karitativen Tätigkeitsbereichs), dann der Bischof und zuletzt auch der Presbyter ihren Unterhalt aus Gemeindemitteln bestreiten, deshalb ihren angestammten Beruf aufgeben und so ganz für die Gemeinde da sein konnten. Cyprian begründet dieses Freisein von anderen Tätigkeiten damit, dass sich Bischöfe und Presbyter ausschließlich dem Altar und dem Gebet zu widmen hätten.[8] Doch ist dieses Argument von der ausschließlich sakral-liturgischen Tätigkeit her wohl nur ad-hoc gegeben, um das priesterliche Tun gegenüber dem weltlichen scharf zu profilieren. Auf Grund anderer Belegstellen wissen wir, dass auch in der Kirche Cyprians, wie überall sonst, der Klerus neben »Altar und Gebet« ebenso, ja sogar vorrangig mit anderen Aufgaben befasst war: mit Armen- und Krankenfürsorge, Verwaltung des Gemeindevermögens, Bußpastoral und innergemeindlichem (Schieds-)Gericht, mit der Lebensführung jedes Gemeindeglieds sowie vor allem mit Predigt, Glaubenslehre und katechetischen Verpflichtungen, die ihrerseits wieder die Beschäftigung mit der Heiligen Schrift voraussetzen.[9] All das gehört also zur »Leitung« einer Gemeinde.

Trotz dieser seit dem 3. Jahrhundert sich durchsetzenden »Professionalisierung« des kirchlichen Amtes waren noch bis ins frühe Mittelalter hinein in kleinen und armen Gemeinden die Kleriker bis hin zum Bischof dazu gezwungen, sich ihren Unterhalt als Bauer, Handwerker oder Händler selbst zu verdienen, (andere, die in finanzstarken Gemeinden ihren Dienst taten, zogen es dennoch vor, weiter ihrem Beruf nachzugehen, um sich von der Gemeinde nicht abhängig zu machen). So blieben sie auf Grund ihrer beruflichen Tätigkeit dem Volk eher verbunden. Doch trug die immer mehr um sich greifende »Professionalisierung« des kirchlichen Amtes nicht wenig zum

»Selbstbewusstsein« der Amtsträger bei, die gegenüber dem Laien entscheidende Mitte des kirchlichen Lebens zu sein.[10] Hinzu kam noch das Faktum, dass sich die kirchliche Hierarchie nach 381 immer mehr in Analogie zu den staatlichen hierarchischen Ämtern und deren Ordnung und Strukturen entwickelte sowie mit diesen eine gewisse Symbiose einging.

Dennoch war – schon im Blick auf Mk 10,42 f – grundsätzlich klar, dass »Leitung der Kirche«, zu der man kraft Weihe durch den Heiligen Geist befähigt wurde, nicht nach Analogie weltlicher Herrschaft verstanden werden durfte. Alle Christen sind ja Brüder und Schwestern. Beim »Amt der Leitung« geht es vielmehr darum, als Hirt im Auftrag des »Erzhirten« Christus die Gemeinde durch die Verkündigung des Evangeliums, Gottesdienst, Liebestätigkeit und Disziplin zur Einheit mit dem Herrn und untereinander »aufzubauen« und in dieser Einheit zu bewahren. Wenn nun die Presbyter durch die Weihe Anteil am bischöflichen Leitungsdienst erhalten, ergibt sich als ihre erste Aufgabe, den Bischof in diesem seinem spezifischen einheitsstiftenden Tun beizustehen und zwar durch Lehre und Verkündigung sowie durch Mithilfe im Gottesdienst, durch Beratung, Unterstützung und Vertretung.[11] Ursprünglich ist jedenfalls die presbyterale (wie auch episkopale) Tätigkeit nicht so sehr auf den Kult, auf Eucharistie und Sakramentenspendung konzentriert, als vielmehr auf den Fortbestand und das Wachstum des Volkes Gottes, das sie im oben genannten Sinn leiten bzw. mit-leiten; sie sind nicht in erster Linie »Priester«, sondern Hirten. Deshalb spielt auch in dem für das Amts- und Seelsorgeverständnis der ersten Jahrhunderte so wichtigen »Pastoralbuch«, in der »Regula pastoralis« Gregors d. Gr. die Feier der Eucharistie keine besondere Rolle. Auch die Predigtaufgabe wird noch bis ins Hohe Mittelalter hinein als »Leitungsdienst« verstanden.[12] So sind das im engeren Sinn Priesterlich-Kultische wie auch der Verkündigungsdienst integraler Bestandteil des umfassenderen hirtlichen Dienstes der Einheit.[13]

Das Leitungsamt des Bischofs ebenso wie das Mit-Leitungsamt der Presbyter bezieht sich auch auf die Liebestätigkeit der Gemeinde, die sich der Armen und Notleidenden, der Witwen und Waisen annimmt. Wenn der Bischof den Titel »Pater pauperum« trägt, so gilt das ebenso von seinen Mitarbeitern, den ihm verbundenen Diakonen und Presbytern. Dabei haben erstere in diesem Bereich den Vorrang und besitzen, da sie sich unmittelbar um die Not vor Ort kümmern und dafür auch über die nötigen finanziellen Mittel verfügen, ein größeres Prestige als letztere. Als nach der sog. Konstantinischen Wende eine neue Einheit von Staat und (nunmehr) christlicher Religion anhebt, übt das Presbyterium zusammen mit dem Bischof auch ein munus publicum aus, das sich außer im öffentlichen Kult vor allem in administrativen und sozialen Aufgaben, die das öffentliche und private Wohl betreffen, konkretisiert. Ja, da in und nach den Wirren der Völkerwanderung die bisherige soziale Ordnung zerbrach, werden sehr oft Bischöfe (und ihre Presbyterien) zur einzigen Instanz der Organisation und Reorganisation der Gesellschaft. In all dem sind und bleiben die Presbyter Helfer des Bischofs.

Was ihre Lebensweise angeht, liegt ein besonderer Akzent auf dem evangeliumsgemäßen Umgang mit Geld, Besitz und Arbeit. Auch da, wo der Amtsträger von der Gemeinde unterhalten wird, darf er sich auf keinen Fall an seiner kirchlichen Tätigkeit bereichern. Er wird zu einem bescheidenen Leben verpflichtet. Darum lehnt man auch eine eigene Priesterkleidung strikt ab: an der Einfachheit der Kleidung soll man ihn erkennen.[14] Gerade daran, dass der Presbyter aufgrund einer bescheidenen Lebensführung und Erscheinungsweise, nicht selten auch auf Grund seiner für den eigenen Lebensunterhalt notwendigen Arbeit mit den übrigen Christen verbunden blieb, zeigt sich, dass noch bis zum Beginn des Mittelalters die Trennung von Klerus und Laien nicht völlig vollzogen war.[15] Bei aller Herausstellung der besonderen Würde und Verantwortung des priesterlichen Standes war dieser noch in hohem Maß im christlichen Volk integriert. Das kirchliche Amt wird nicht als persönliche Auszeichnung, als ontologische (Höher-)Qualifikation der Person, sondern als Dienst an den und für die Mitchristen verstanden. Deshalb ist auch die priesterliche Spiritualität wesentlich vom Wort Augustins bestimmt: »Mit euch bin ich Christ, für euch bin ich Bischof.«[16] Das »Mit euch« hat noch den Vorrang, während das »Für euch« ein besonderes Bemühen um Heiligkeit und selbstlosen Einsatz für die anderen erfordert.

§2 Umbrüche

1. Mittelalter

Das presbyterale Amt wurde – wie wir sahen – ursprünglich als Mitwirkung am Leitungsamt des Bischofs verstanden. Dabei betrachtete man die Feier der Eucharistie wohl als ein sehr wichtiges, aber keineswegs als ein aus dem integralen Gefüge des »Leitens« herausfallendes Element. Insofern die Eucharistie Anteilhabe am »Leib Christi« gewährt und dadurch »die vielen« zur Einheit des Leibes Christi, der die Kirche ist, zusammenfügt und zusammenhält, ist klar, dass derjenige, welcher zum Dienst an der sichtbaren Einheit des Volkes Gottes bestellt ist, auch den Dienst des sakramentalen Einswerdens mit Christus und untereinander ausübt. Doch spitzte sich im Laufe der Zeit die Beziehung des Presbyters zur Eucharistie immer mehr zu (während die anderen amtlichen Aufgaben in wachsendem Maß vorwiegend dem Bischof überlassen wurden). Diese Schwerpunktverlagerung auf die sazerdotale Funktion hatte *einen* ihrer Gründe im Wandel des Christentums zur Staatsreligion; als solche musste es gewissermaßen auch die Kultfunktion der bisherigen Staatsreligion übernehmen. Vor allem aber tritt eine neue theologische Auslegung des eucharistischen Geschehens auf den Plan: Die Eucharistie wird im Laufe des Mittelalters nicht mehr vorrangig als jenes Geschehen betrachtet, in dem Christus »die vielen« zur Einheit seines Leibes zusammenfügt (vgl. 1 Kor 10,16f; siehe S. 95f), sondern sie stellt sich vornehmlich als Opfer Christi und der Kirche dar. Ausdruck dieser Umschichtung ist eine bezeichnende Umakzentuierung der religiösen Sprache, nämlich der Bedeutungswandel des Begriffes »corpus Christi mysticum« bzw. »corpus Christi verum« seit dem 12. Jh. Verstand man nämlich ursprünglich unter »corpus Christi mysticum« die Eucharistie (die *in mysterio* sich vollziehende Einheit von Christus und seiner Kirche) und unter »corpus Christi verum« die sichtbare Kirche (d.h. die Kirche in ihrer realen, d.h. anschaulichen Sozialgestalt), so vertauschten sich jetzt beide Bedeutungsgehalte untereinander. Damit wird der ursprünglich für das »corpus Christi verum« (= der zum Dienst an der realen Kirche) geweihte Amtsträger nun primär dem neu verstandenen »corpus Christi verum«, nämlich der Eucharistie als dem »realen« Leib Christi zugeordnet. Als so verstandener sacerdos vollzieht er durch die jeweilige Feier – und dafür gilt: je öfter desto besser! – das Werk der Erlösung.[17] Jetzt kommen auch sowohl im Zusammenhang des Mönchtums (je privat-separate Feier der Eucharistie) wie der Reliquienverehrung (Devotionsmessen an Wallfahrtsorten) wie der Suffragien für Lebende und Verstorbene (Messen zwecks Erlangung besonderer »Messfrüchte«) die Privatmessen auf, d.h. Messen, deren Feier nicht mehr eine konkrete Gemeinde voraussetzen, welche sich zur Einheit des Leibes Christi zusammenschließen lässt. Diese neue Praxis ist auch der Grund, das Priesteramt nun nicht mehr von der Gemeindeleitung her zu verstehen; entsprechend werden die ehemals »relativen Ordinationen«, d.h. die auf eine bestimmte Gemeinde hin geschehenden Weihen, in »absolute« umgewandelt: Man kann nun völlig pfarrei- bzw. gemeindeunabhängig Priester sein, etwa als Mönch in einem Kloster oder einfach zur Befriedigung privater Frömmigkeit. Auch das Weihesakrament bestimmt sich nun ganz von seiner Zuordnung zum eucharistischen Opfer her. Im römisch-deutschen Pontifikale (10. Jh.) wird das Priesteramt definiert als »potestas offere sacrificium Deo missamque celebrare« – als »Vollmacht, Gott das Opfer darzubringen und die Messe zu feiern«. Auf dieser Linie schreibt auch z.B. Thomas v. Aquin: »Das Weihesakrament ist auf die Konsekration bei der Eucharistie hingeordnet« (STh III, 65,3).[18] Der Priester ist nun jemand, der die schauervolle, geheimnisvolle Macht besitzt, die Gaben von Brot und Wein zu wandeln und Gott das vollkommene Opfer darzubringen.

Durch ein derart herausgehobenes Priesteramt wird nun aber die Kluft zwischen ihm und dem »gewöhnlichem Volk«, die ohnehin schon durch die »Professionalisierung« des Klerus und durch das – nach der sog. konstantinischen Wende gegebene – Verständnis von kirchlichem Amt nach Analogie weltlicher Ämter entstanden war, nur noch mehr vertieft. Dazu kommen noch drei weitere Faktoren: (1) In und seit der Karolingerzeit bemüht man sich um eine besondere Bildung des Klerus, der dadurch seinerseits zum entscheidenden Bildungsfaktor wird. Dadurch wird der Begriff des »Laien« im Unterschied zum Klerus durch die Konnotation des »idiota«, des ungebildeten Menschen, der sich um die weltlichen und allzu weltlichen Angelegenheiten kümmert, erweitert, während sich der Priester dem Kult, also göttlichen und himmlischen Angelegenheiten, widmet. (2) Die Idee eines besonderen, durch die Weihe verliehenen character indelebilis (unauslöschliches Siegel; darüber S. 282f), der ursprünglich nur die Unabhängigkeit des amtlichen Tuns von der persönlichen Heilssituation des Priesters sichern wollte, wird ihres funktionalen Charakters entkleidet und als persönliche Auszeichnung und Abhebung des Geweihten von den Mitchristen verstanden. (3) Sieht man bereits in der frühen Kirche im Mönchtum das eigentliche Ideal des christlichen Lebens verwirklicht, so nimmt diese Tendenz im Mittelalter zu. Denn infolge der universalen Präsenz des Christentums wird der Glaube nicht mehr als besondere Berufung und besondere Beauftragung erfahren. So wird er nicht selten auf ein Leben in »normaler« Sittlichkeit hin »verwässert«. Angesichts dessen sucht man gewissermaßen nach »Subjekten«, die *tatsächlich* den Geist Christi und sein Evangelium verwirklichen. Diese »Subjekte« findet man zunächst einmal in den Mönchen. Da sich aber Mönchtum und Priestertum einander angenähert hatten (etwa bzgl. der Ehelosigkeit), wird auch der Priesterstand als »Stand der Vollkommenheit« gegenüber dem »unvollkommenen Weltstand« des Laien angesehen.

Von daher versteht man die immer deutlicher sich herauskristallisierende Sonderstellung des Priesters gegenüber dem Laien. Gratian, der Vater des Kirchenrechts (um 1140), fasst die bisherige mittelalterliche Entwicklung zusammen und thematisiert die kommende mit folgenden Worten:

> »Es gibt zwei Arten von Christen. Die eine Art ist diejenige, die dem göttlichen Dienst, der Betrachtung und dem Gebet übereignet ist und sich von allem weltlichen Lärm fernhalten muss. Dies sind die Kleriker und Gott-Geweihten, das heißt die Mönche. Die andere Art von Christen ist diejenige der Laien. Ihnen ist es erlaubt, irdische Güter zu besitzen, aber nur für den notwendigen Gebrauch. … Ihnen ist es zugestanden zu heiraten, Land zu bebauen, Klagen vor einem Gericht zu erheben, Rechtshändel zu führen, Opfergaben auf den Altar niederzulegen, den Zehnten zu bezahlen. So können auch sie gerettet werden, unter der Voraussetzung, dass sie die Laster meiden, indem sie das Gute tun« (Decr.p.II[a], XII, 1,7).

In diesem Text wird das Amt (wie auch das Mönchtum) in deutlichem Unterschied zum Laienstand bestimmt, und zwar als die »eigentliche« Verwirklichung christlicher Existenz. Mehr noch: spätestens seit dem Hochmittelalter wird das Amt im Rahmen einer hierarchischen Gesellschafts-, ja Weltordnung betrachtet, wonach Gott seine »virtus« (Lebenskraft und -gabe) von oben nach unten so spendet, dass höherstehende Geschöpfe sie gleich einer Quelle an niederstehende weitervermitteln. Zu diesen »höherstehenden« zählen im geistlichen Bereich die – wiederum nach verschiedenen hierarchischen Stufen geordneten – kirchlichen Amtsträger (im weltlichen Bereich: König und Adel). Deshalb ist ein hierarchisch übergeordnetes Amt für die Weitergabe der göttlichen Heilsgabe an die Laien unerlässlich. Darin liegt seine Superiorität und Sonderstellung. Nimmt man noch hinzu, dass durch den sog. Investiturstreit das durch den Adel verkörperte Laienelement aus der Mitte des kirchlichen Lebens verdrängt wurde, so lässt sich als Ergebnis der mittelalterlichen Entwicklung mit Peter Neuner kurz zusammenfassen:

> »Der Laie ist der vir saecularis, der dem weltlichen Bereich verhaftete Mensch, der in die Kirche nicht hineinreden darf und in ihr nichts zu sagen hat. Er ist der vir subditus, jener, der dem Geistlichen unterworfen ist, auf ihn zu hören und ihm zu gehorchen hat und der vom Klerus beurteilt und gerichtet wird. Und letztlich ist er der vir illiteratus, der Ungebildete, der Analphabet.«[19]

2. Neuzeit

Die im Mittelalter sich herausbildende pointierte Differenz zwischen Amtsträger und Laien wurde durch die Lehre des Konzils von Trient noch einmal unterstrichen. Zur Interpretation dieses Konzils ist freilich zu bedenken, dass es sich gegen die von der Reformation ausgelöste tatsächliche (oder vermeintliche) Einebnung des Amtes in das »allgemeine Priestertum« und gegen die Ablösung der priesterlichen Funktion und Vollmacht durch die des Predigtdienstes zu wehren hatte. Beiden Herausforderungen gegenüber verteidigte Trient das faktisch in der Kirche ausgeübte Priestertum, ohne selbst eine differenzierte und abgewogene Lehre vom Amt vorlegen zu können und zu wollen. Apologetisch akzentuierte das Konzil gegen die Infragestellung eines besonderen Amtes die hierarchische, d. h. die durch eine spezifische geistliche Vollmacht ausgestattete Eigenart des kirchlichen Amtes, und gegen die Ablehnung des priesterlichen Charakters stellte es die Verbindung von sichtbarem Opfer (Messe) und kultisch-priesterlicher Vollmacht heraus. Damit spitzte sich in Trient jene Linie zu, die schon früh in der Kirche zu beobachten ist, dass nämlich der Priester vornehmlich von seinen kultisch-sakramentalen Aufgaben und Vollmachten, insbesondere von der Feier der Eucharistie her zu verstehen ist.

Dabei sind allerdings die neueren Untersuchungen zum Amtsverständnis des Trienter Konzils, wie sie vor allem J. Freitag angestellt hat, modifizierend in Rechnung zu stellen.[20] Freitag zeigt: Zwar versuchte das Trienter Konzil gegen die reformatorische Infragestellung ganz auf der Linie der vorausgehenden Entwicklung das kirchliche Amt vom (eucharistischen) Opfer her zu begründen. Doch *scheiterte* (!) dies an der Unmöglichkeit, auf diese Weise die »vorrangige Stellung der Bischöfe in der Kirche begründen zu können. Bei einer solchen Herleitung wäre die Stellung des Bischofs eine rein jurisdiktionelle geworden. Er hätte als Priester mit größerer Verwaltungsvollmacht gegolten, die er dazu noch vom Papst empfangen und nicht seiner eigenen Stellung verdankt hätte. Ein solches Selbstverständnis lehnten viele Bischöfe hartnäckig ab.«[21] Demgegenüber betonten die Konzilsväter vor allem in den konziliaren Reformdekreten, aber auch in den Ausführungen über die hierarchische Struktur des Amtes (DS 1776), dass der *Bischof* (und nicht der Priester) der eigentliche Bezugspunkt des Amtsverständnisses ist. Der Bischof aber ist seinem Wesen nach nicht nur Priester, sondern Hirt und Lehrer der ihm anvertrauten Ortskirche. Durch diese ganzheitliche Sicht des Amtes wurde in Trient ein rein sazerdotales Verständnis geradezu a limine ausgeschlossen und damit die Verengung auf das isoliert »Priesterliche« grundsätzlich aufgesprengt. Auch die ausdrückliche Einbeziehung des Diakonats in das sacramentum ordinis zeigt, dass das kirchliche Amt nicht in einem engen sazerdotalen Rahmen steht.

Dass jedoch diese Sicht nicht wirklich zum Tragen kam, sondern sich ins Gegenteil verkehrte, erklärt sich vom innerkonziliaren Streit her, in welchem die römisch-kuriale Seite es verhinderte, den Bischöfen bereits auf Grund ihrer Weihe eine jurisdiktionelle, d. h. die Kirchenleitung betreffende, *eigenständige* und nicht nur vom Papst *delegierte* Rolle des Leitens und Lehrens zuzusprechen. An diesem Konflikt um die ursprüngliche, in der Weihe wurzelnde *Einheit* von priesterlichem Heiligungs-, Leitungs- sowie Verkündigungsdienst ist das Konzil fast gescheitert. Was man gerade noch zusammenbrachte, war allein ein Minimalkonsens, ein konsensfähiger Torso, der ausschließlich die *sazerdotalen* Dimensionen des Amtes betraf und ausformulierte. Indem man nun in der nachtridentinischen Theologie den Teil für das Ganze hielt und den Teil überdies antireformatorisch akzentuierte, wurden die sazerdotal-sakramentalen Aufgaben noch einmal mehr vom Ganzen des kirchlichen Amtes isoliert und dieses vornehmlich unter der Frage »Was *kann* der Priester ›mehr‹ als der Laie?« reflektiert. Dies führte natürlich zu einer noch nachdrücklicheren Herausstellung des Unterschieds zwischen Priestern und Laien.

So kommt es im Endeffekt nicht nur zu einseitig verengten konziliaren Canones, sondern auch zu den äußerst fragwürdigen Sätzen des

Trienter Katechismus: »Da die Bischöfe und Priester … die Person Gottes selbst auf Erden vertreten, ist offenbar ihr Amt so, dass man sich kein höheres ausdenken kann. Daher werden sie mit Recht nicht nur Engel, sondern auch ›Götter‹ genannt, weil sie des unsterblichen Gottes numinose Kraft bei uns vertreten« (II, 7, 2).

Man versteht solche Sätze wie auch überhaupt die tridentinische Einstellung nur recht, wenn man deren »Schlagrichtung« bedenkt: Gegen die »Funktionalisierung« des Amtes in den reformatorischen Kirchen und Gemeinschaften sollte die von Christus begründete Einsetzung eines wahren Priestertums und eines wahren »priesterlichen Standes« auch durch die Art und Weise einer sazerdotalen, d. h. einer vom gewöhnlichen »Weltleben« separierten Lebensweise des Priesters (Ehelosigkeit, Primat des Gebetslebens, Verzicht auf weltliche Betätigung, besondere Kleidung) eindringlich in das öffentliche Bewusstsein treten. Zu Recht vermerkt A. Duval: In den reformatorischen Predigern »sah man Menschen, die sich in ihrer Lebensführung in nichts von ihren übrigen Glaubensgenossen unterschieden. In einer solchen Zeit musste die Wahrung der äußeren Zeichen einer Absonderung im Leben des katholischen Klerus als eine Verkündigung des hierarchischen Aufbaus der Kirche nach außen erscheinen, als die Fortdauer eines wirklichen Priestertums.«[22]

Indem diese beiden Elemente (Sazerdotalisierung und antireformatorisch polarisiertes Lebenszeugnis) zusammenwuchsen und in den nunmehr aus dem Boden schießenden Priesterseminaren vermittelt wurden, bildete sich ein Modell von Priestersein heraus, welches die Folgezeit – im Grunde bis heute noch – nachhaltig prägte: Der Priester ist vor allem der, welcher das Opfer darbringt, derjenige, durch den Christus sein Opfer stets aufs Neue gegenwärtig setzt. Wegen dieser einzigartigen Teilhabe am Priestertum Christi hat er sich durch eine von der Welt absondernde Heiligkeit auszuzeichnen.[23] Das Wort aus dem Kolosserbrief: »Euer Leben ist verborgen mit Christus in Gott« (3, 3) wurde in unzähligen geistlichen Schriften und kirchlichen Verlautbarungen in spezifischer Weise auf den Priester bezogen. Denn – so die Begründung – »derjenige, welcher auf die himmlische Wirklichkeit ausgerichtet ist, muss sich von der irdischen Wirklichkeit trennen.«[24]

Dieses Priesterbild erlebte kurz vor dem 2. Vatikanischen Konzil unter Pius XII. noch einmal seinen zusammenfassenden Abschluss. So heißt es in der Enzyklika »Mediator Dei«: »Wie die Taufe alle

Christen als solche bezeichnet und von den übrigen sondert, die im Läuterungsbad nicht gewaschen und keine Glieder Christi sind, so unterscheidet gleicherweise das Sakrament der Priesterweihe die Priester von allen übrigen mit dieser Gnadengabe nicht ausgestatteten Christen.«[25] Darum soll auch das Leben der Priester – wie es in der Enzyklika »Menti nostrae« heißt – »frei von allen Sünden, mehr als das der Christen im Laienstand, mit Christus in Gott verborgen« sein.[26] Dem Laien ist dagegen die Sendung in die Welt anvertraut; hier soll er im Geist des Evangeliums handeln, nicht jedoch aus eigener Initiative, sondern unter der Leitung und nach Anweisungen des kirchlichen Amtes. Die gegen Ende des 19. Jh. entstehende »Katholische Aktion« soll »ein Werkzeug in der Hand der Hierarchie ..., gleichsam die Verlängerung ihres Armes sein, sie ist darum ihrer Natur gemäß der Leitung der kirchlichen Obrigkeit unterstellt.«[27]

Hand in Hand mit diesem Amtsverständnis wurde auch die in der Gegenreformation sich mehr und mehr als eigener theologischer Traktat herausbildende Ekklesiologie entworfen. Die »klassische« Lehre von der Kirche setzt beim kirchlichen Amt an und hat dieses zum Mittelpunkt: Indem Christus Amtsträger einsetzte – Petrus, Apostel, Jünger – und ihnen autoritative Vollmacht übertrug, gründete er die Kirche; diese wird infolgedessen wesentlich durch das in dreifacher Funktion tätige sichtbare Amt zusammengehalten, nämlich durch den autoritativ verkündigten Glauben, durch bevollmächtigte liturgisch-sakramentale Feier und durch den hierarchischen Hirtendienst. Das A und O der Kirche ist also das Amt, eine Einstellung, die der große Tübinger Theologe Johann Adam Möhler mit den bissigen Worten glossierte: »Gott schuf die Hierarchie, und für die Kirche ist nun bis zum Weltende mehr als genug gesorgt.«[28]

§ 3 Die Neubesinnung des Zweiten Vatikanischen Konzils

Gegenläufig zur bis dahin geltenden Sicht des Amtes kam es im Zusammenhang mit dem 2. Vatikanischen Konzil zu einem umgekehrten Pendelschlag.[29] Schon vorher, etwa seit dem Ende des 19. Jahrhunderts, hatte man in den verschiedenen kirchlichen Aufbrüchen, nämlich im kirchlichen Verbandswesen, in Jugendbewegung und Liturgischer Bewegung und nicht zuletzt in der Katholischen Aktion immer mehr die uralte Wahrheit entdeckt, dass die Sendung Christi nicht nur im Amt weitergeht und Kirche sich folglich nicht allein vom Amt her aufbaut, sondern dass es auf Grund von Taufe und Firmung eine Beauftragung aller Christen zur Verkündigung, zur Bezeugung des Gotteswortes und zur missionarischen Sendung gibt, eine gemeinsame Berufung zur Heiligkeit, ein gemeinsames Stehen vor Gott in Lob, Anbetung und Hingabe. Das 2. Vatikanische Konzil zog aus dieser »neuen« kirchlichen Erfahrung die Konsequenz, indem es in der Konstitution »Lumen gentium« Kirche nicht mehr vom Amt her verstand, sondern sie vor aller Differenzierung von Laien und Amtsträgern als das eine Gottesvolk beschrieb, in dem alle ohne Ausnahme dazu berufen sind, in ihrem Tun

> »geistige Opfer darzubringen und die Machttaten dessen zu verkünden, der sie aus der Finsternis in sein wunderbares Licht berufen hat (vgl. 1 Petr 2,4–10). So sollen alle Jünger Christi ausharren im Gebet und gemeinsam Gott loben (vgl. Apg 2,42–47) und sich als lebendige, heilige, Gott wohlgefällige Opfergabe darbringen (vgl. Röm 12,1); überall auf Erden sollen sie für Christus Zeugnis geben und allen, die es fordern, Rechenschaft ablegen in der Hoffnung auf das ewige Leben, die in ihnen ist (vgl. 1 Petr 3,15).« (LG 10). Deshalb auch waltet »unter allen eine wahre Gleichheit in der allen Gläubigen gemeinsamen Würde und Tätigkeit zum Aufbau des Leibes Christi« (LG 32).

Man muss einmal die Spannung ermessen, die zwischen solchen Aussagen und den folgenden – wenn auch wegen Zeitmangel nicht verabschiedeten – Sätzen des I. Vaticanums steht. Dort hieß es noch: »Die Kirche Christi ist … nicht eine Gemeinschaft von Gleichgestellten, in der alle Gläubigen dieselben Rechte besäßen. Sie ist eine Gemeinschaft von Ungleichen, und das nicht nur, weil unter den Gläubigen die einen Kleriker und die anderen Laien sind, sondern vor allem deshalb, weil es in der Kirche eine von Gott verliehene Vollmacht gibt, die den einen zum Heiligen, Lehren und Leiten gegeben ist, den anderen nicht.«[30] Zwar kennt auch das II. Vaticanum eine – auf Grund besonderer Berufung und Beauftragung gegebene – Differenzierung von Amtsträgern und Laien, aber diese Differenzierung gehört zur inneren Strukturierung des in gemeinsamer Würde und Sendung verbundenen Gottesvolkes.[31] Apostolisch-missionarische Sendung, diakonischer Dienst, sakramentale Feier: all das hat also seinen »Ort« in der Kirche als ganzer, je verschieden nehmen alle Glieder des Gottesvolkes gemäß ihrem Charisma (= besondere Begabung) daran teil. Alle ohne Ausnahme sind Träger des kirchlichen Lebens (der »Communio«) und der kirchlichen Sendung (»Missio«).

Wenn aber auf diese Weise die Gleichheit aller betont und das allen gemeinsame Priestertum hervorgehoben wird: Was ist dann noch das besondere des Amtsträgers, was bedeutet dann noch das priesterliche Amt? Kein Wunder, dass genau an diesem Punkt die Identitätskrise des Priesteramtes aufbrach und seither weiter schwelt.

Diese Krise und die damit gegebenen Verunsicherungen wurden noch dadurch gesteigert, dass das priesterliche Amt auch »in sich« neu gesehen wurde: Als Prototyp, weil Vollgestalt des kirchlichen Amtes, wurde auf dem Konzil wiederum der Bischof hervorgehoben, der darum auch für die priesterliche Tätigkeit der wesentliche Bezugspunkt ist: Priester ist man als Mitarbeiter des Bischofs zusammen mit den übrigen Priestern im Presbyterium. Der Bischof aber (wie von ihm her dann auch der Priester) hat besonderen Anteil am dreifachen Amt Christi, des Priesters, Lehrers und Hirten (vgl. dazu S. 76f). Damit ist die jahrhundertelange einseitige Akzentuierung des sazerdotalen Elements aufgebrochen. Ja, in LG und PO werden mit besonderem Nachdruck die Verkündigungs- und Leitungsfunktion des Priesters herausgestellt. »Leitung« bedeutet aber nicht »Machtausübung«, »Höhergestelltsein«, »Mehr-Kompetenzen-Haben«, sondern evangeliumsgemäßer Dienst an der Einheit des in seiner Gesamtheit zur Heiligkeit berufenen Gottesvolkes. So heißt es gleich in der erst auf dem Konzil selbst formulierten Einleitung zum Kapitel über das Amt: Die Amtsträger »stehen im Dienste ihrer Brüder, damit alle, die zum Volke Gottes gehören und sich daher der wahren Würde eines Christen erfreuen, in freier und geordneter Weise sich auf das nämliche Ziel hin ausstrecken und so zum Heile gelangen« (LG 18).

Auch die Idee der Absonderung des Priesters vom Laien und vom Weltleben wurde relativiert. So heißt es in PO 3: Die Priester »könnten nicht Christi Diener sein, wenn sie nicht Zeugen und Ausspender eines anderen als des irdischen Lebens wären; sie vermöchten aber auch nicht den Menschen zu dienen, wenn diese und ihre Lebensverhältnisse ihnen fremd blieben. Ihr Dienst verlangt in ganz besonderer Weise, dass sie sich dieser Welt nicht gleichförmig machen; er erfordert aber zugleich, dass sie in dieser Welt mitten unter den

Menschen leben«. Ja, sie sollen im Blick auf Christus, der unser aller Bruder und Diener war, sich als Bruder aller verhalten (vgl. LG 32). Ebenso wurde die Idee, wonach priesterliche Spiritualität im quasimonastischen Rückzug aus der Welt, im »innerlichen Leben«, in besonderen Frömmigkeitsformen besteht, durch den geistlichen Grundsatz verflüssigt: »Die Priester gelangen auf ihnen eigene Weise zur Heiligkeit, nämlich durch aufrichtige und unermüdliche Ausübung ihrer Ämter im Geist Christi« (PO 13; ausführlicher: PO 14).

Mit all dem nahm das Konzil eine Fülle von neuen Weichenstellungen vor, die aber im Endeffekt zu einer nicht unbeträchtlichen Ratlosigkeit führte. Denn gegenüber den andern großen Themen des Konzils, blieben diese Ansätze unausgeführt. Die Priester waren die »Stiefkinder des Konzils« (O. H. Pesch), und so blieb die Frage offen: Was also ist der Priester? Und wie hat er zu handeln und zu leben? Auch wenn das Konzil noch versuchte, auf diese Schwierigkeiten Antwort zu geben (z.B. LG 10), konnte es doch das nun aufgebrochene Problem und die sich mit voller Virulenz stellende Frage nach dem Wesen des priesterlichen Amtes nicht mit gebührender Klarheit lösen. Hier sprang sozusagen die nachkonziliare Theologie ein.

3. Kapitel
Eine neue Amtstheologie?

§1 Amt – ein Charisma unter anderen

1. H. Küng, L. Boff, E. Schillebeeckx, H. Haag

Eine der bis heute weitverbreiteten Antworten auf die Frage nach dem Unterscheidenden des kirchlichen Amtes lautet etwa so: Amt ist ein Charisma (eine besondere Begabung, ein besonderer Dienst, eine besondere Funktion) unter den vielen anderen Charismen der kirchlichen Gemeinschaft. Sein besonderes Charakteristikum ist die Gemeindeleitung. Das heißt: Die spezifische Aufgabe des Amtes besteht darin, inmitten des Volkes Gottes die Vielzahl der anderen Charismen, Begabungen, Dienste, Funktionen zu integrieren, zu koordinieren und zu stimulieren, d.h. sie zu Einheit, Austausch und Füreinander-Dasein zu führen. Danach bestimmt sich also Amt wesentlich von der gemeinsamen Berufung aller Getauften zum Volk Gottes her. Es ist ein Dienst unter den anderen Befähigungen, Diensten und Aufgaben in der Kirche.

Ein typisches Beispiel für diese Konzeption ist das Amtsverständnis von Hans Küng:

> »Es geht beim kirchlichen Leitungsdienst um eine permanente, gegebenenfalls befristete Funktion, die auf einer die Person wirklich und bleibend bestimmenden Berufung (Charisma) aufruht. Der kirchliche Leitungsdienst will wesentlich nicht eine alle übrigen Funktionen aufsaugende autokratische Behörde sein, sondern ein Dienst inmitten einer Vielfalt anderer Charismen und Funktionen: ein *stimulierender, koordinierender, integrierender Dienst an der Gemeinde und an den anderen Diensten.*«[32]

Amt wird hier im ersten Ansatz nicht christologisch begründet, also nicht damit, dass es auf eine besondere Berufung, Sendung und Beauftragung durch Christus zurückgeführt wird. Amt ist vielmehr ein besonderes Charisma in der Kirche und damit eine Weise, wie Kirche sich darstellt und wie kirchliches Leben sich verwirklicht. Amt steht also nicht direkt für Christus, sondern in besonderer Weise für die Kirche, und erst von da aus dann für Christus als Quelle und Grund der Kirche und ihres Glaubens. Amt ist somit primär »Amt der Kirche«; »Amt Christi« ist es nur, insofern Christus Herr der Kirche ist, deren Amt der Priester innehat. Entsprechend ist der priesterliche Dienst sakramental, weil die Kirche sakramentaler Natur ist und ihre eigene Sakramentalität in den Sakramenten – auch in dem der Priesterweihe – konkretisiert und öffentlich greifbar macht. So »verdichtet [die Priesterweihe] in der Person des Amtsträgers die priesterliche Dimension der ganzen Kirche und macht die Funktion, zu der alle berufen sind, ausdrücklich, öffentlich, organisiert und offiziell: die Verkündigung und Feier des Christusgeheimnisses.«[33]

Hintergrund und Motivation für ein solches Amtsverständnis leuchten hinter einer Reihe von derartigen theologischen Entwürfen noch deutlich hervor, so z. B. hinter dem von Leonardo Boff.

Boff hat die Kirche Lateinamerikas vor Augen, die mit ihrer »opción prefencial por los pobres« evangeliumsgemäß »Kirche der Armen« sein möchte, eine Kirche, die sich nicht selbst zelebriert, in innerkirchlichen Problemen steckenbleibt und sich in Machtgerangel und Konkurrenzkämpfen – welcher Art auch immer – erschöpft, die von Ehrgeizlingen geführt wird, welche unter dem Schein der Frömmigkeit nur sich selbst, Titel, Ehre und Ansehen suchen sowie den Machterhalt eines gesellschaftlichen Systems, das sie und ihre angemaßte Autorität ermöglicht. Ihm geht es um eine Kirche, in der auch »der Letzte« nicht bloßes Objekt der Seelsorge, sondern ihr Subjekt ist, um eine Kirche, die ganz und gar für die Armen da ist, um eine Kirche, die »proexistent« wie Jesus selbst sich für die Menschen hingibt. In diesem Kontext findet Boff scharfe Worte für die faktische Weise des Amtsvollzugs in der Kirche als eine der Hauptursachen dafür, dass diese ihre befreiende Kraft nicht entfalten kann. Der lateinamerikanische Theologe nennt hier vor allem die »Machtstruktur in der Kirche«, die aus der Kirche ein »autoritäres System« gemacht hat. »Autoritär ist ein System dann, wenn die Machtinhaber nicht der freien und spontanen Bestätigung durch die Untergebenen bedürfen, um in ihr Amt zu gelangen und die Macht auszuüben.«[34] Eben darum plädiert Boff für ein kirchliches Amt, das ganz in die Gemeinschaft der Gläubigen »zurückgestellt« ist.

Auch Edward Schillebeeckx, dessen erstes Amtsbuch[35] nicht nur bei einer Reihe von Theologen, sondern auch vonseiten der Römischen Glaubenskongregation harsche Kritik fand und deshalb durch ein zweites modifiziertes ersetzt wurde,[36] ist dieser Art von Amtsverständnis zuzuordnen. Es geht ihm darum, durch Relativierung, um nicht zu sagen: durch Eliminierung der bisherigen Amtsideologie, welche die Gemeinde nur als Objekt geistlicher Macht betrachtete und sie dadurch von sich selbst entfremdete, »das Recht der christlichen Gemeinde [herauszustellen], alles selbst tun zu können, was nötig ist, um eine wahre ›Gemeinde Jesu‹ zu sein …: das Recht der Gemeinde auf Eucharistie, … das apostolische Recht der Gemeinde auf einen Leiter (eine Leiterin).«[37] Dieses Recht ergibt sich aus dem immanenten Gesetz jeder Institution und damit auch der Kirche, Leitungsstrukturen aus sich herauszusetzen. So kommt Schillebeeckx zu seinem – zumindest fatal zweideutigen und eindimensionalen – »Grundsatz«: »Die Berufung durch die Gemeinde ist die konkrete ekklesiale Gestalt der Berufung durch Christus. Amt von unten her *ist* Amt ›von oben‹.«[38]

Noch einen Schritt weiter geht Herbert Haag.[39] Für ihn sind »alle Ämter, auch das des Bischofs, … Einrichtungen der Kirche. Diese hat es deshalb in der Hand, sie beizubehalten, sie zu verändern oder abzuschaffen, wenn die Verhältnisse dies nahelegen.«[40] Dabei kann der 1. Teil des Zitats durchaus einen guten Sinn abgeben, wenn damit gemeint ist, dass kein kirchliches Amt (außer dem des Apostels, das als solches aber einzigartig ist) von Jesus geschaffen wurde. Aber ist die Kirche deshalb schon verfügungsberechtigt über die Struktur ihres Amtes? Vom Amt heißt es dann bei Haag weiter: »Eine Befragung der biblischen und frühchristlichen Zeugen zeigt eindeutig und überzeugend, dass Hierarchie und Priestertum sich in der Kirche an der Schrift vorbei entwickelten und nachträglich als ihr zugehörig dogmatisch gerechtfertigt wurden.«[41] Daraus zieht Haag die entsprechende Folgerung: Abschaffen! Demgegenüber ist aber festzuhalten:

Erstens aus historischer Perspektive: Die Entwicklung des kirchlichen Amtes, die im übrigen bei Haag erwiesenermaßen in vielen Punkten historisch falsch dargestellt ist,[42] erfolgte schon in ganz früher Zeit. Ernst Dassmann weist auf die erstaunliche Schnelligkeit hin, mit der diese Entwicklung vor sich gegangen ist. »Kaum eine Generation nach den Aposteln bezeugen der erste Klemensbrief und die Briefe des Ignatius das Vorhandensein fest umrissener kirchlicher Ämter … Bemerkenswert ist darüber hinaus, dass sich diese Ordnung von selbst und ohne Druck von einer übergeordneten Stelle – die es ja noch nicht gab – einstellte und niemand bezweifelt hat, dass sie … dem Willen Gottes entspreche und mit der apostolischen Tradition übereinstimme.«[43]

Zweitens aus theologischer Perspektive: Die theologische Frage an die faktische historische Entwicklung lautet: Bedeutet sie eine folgerichtige, ja eine notwendige Entfaltung der Intention Jesu, oder ist sie deren Verkehrung? Diese Frage ist keine historische mehr. Sie betrifft im übrigen fast die ganze

Grundlage des christlichen und katholischen Glaubens, z. B. auch der Christologie. Ist etwa die christologische Aussage von Nizäa folgerichtige Entfaltung oder Abfall von der ntl. Botschaft? Hier müssen Entscheidungen fallen, Entscheidungen im Glauben und über den Glauben an das Wirken des von Christus verheißenen Geistes. Durch eine historische Argumentation, zumal wenn sie wie bei Haag in vielen Punkten falsch ist, lässt sich diese Entscheidung nicht ersetzen.

2. E. Drewermann

Von ganz anderer Art ist die »Amtstheologie« von Eugen Drewermann, wie sie sich in seinem Buch »Kleriker. Psychogramm eines Ideals« (1989) findet. Drewermann geht es in erster Linie nicht um eine Theologie des Amtes, sondern um Genese und Habitus der Psychopathologie des kirchlichen Amtsträgers, die dann freilich auch Auswirkungen auf Theologie und Spiritualität des Amtes haben.[44]

Ausgangspunkt Drewermanns ist die Feststellung: Wer sich heute zum Kleriker weihen lässt, »übernimmt damit eine Lebensform, die zwei Merkmale in sich vereinigt, in denen man normalerweise extreme Gegensätze erblicken muss, die aber eine sonderbare Ehe miteinander eingehen: die behagliche Ruhe im Beamtenstatus und die ausgesprochen antibürgerliche Lebensform der sogenannten ›Evangelischen Räte‹. Jeder, der heute Kleriker wird oder ist, muss psychologisch gerade auf diesen Widerspruch hin geformt worden sein.« (57). Von daher ergeben sich für den Autor eine Reihe von Fragen, darunter die folgende: »Wie … muss man sich die Psychogenese und die Psychodynamik von Menschen vorstellen, die durch das Schicksal ihrer Kindertage genötigt sind, etwas Außerordentliches zu werden und das Außerordentliche zu suchen, die aber umgekehrt zu schwach sind, dieses Ungewöhnliche ihrer Bestimmung aus der Kraft ihrer Persönlichkeit zu leben, und die statt dessen gleichzeitig zu der Objektivität eines Amtes ihre Zuflucht nehmen?« (60).

In der Folge dieser Frage wird ein Psychogramm klerikaler Existenz gezeichnet, dessen Zentrum die Lebensangst ist, »die Angst vor der Selbstverwirklichung«, und dessen Konsequenz die Bereitschaft ist, sein eigenes, durch die Angst erniedrigtes Ich an die Institution Kirche abzugeben, um darin behütetes Rädchen eines funktionierenden Systems zu werden. Eben dies ist »der Standpunkt einer totalen Unterwerfung, einer in der Tat verzweifelten Resignation.« (84 f). Kurz: Das Psychogramm der Kleriker ist »bis in den Aufbau ihres Charakters hinein von Ängsten und Zwängen verformt und verfestigt.« (664 f).

Schon aus diesen wenigen zitierten Fragmenten geht hervor, dass

Drewermann von der Alternative »Institution (Amt) oder Person« her denkt, ein fataler, ein grundfalscher Ansatz. Denn um das Wesen von Institution zu verstehen, ist vom Wesen personaler Begegnungen und Beziehungen auszugehen. Hierfür gilt: Der andere begegnet mir (bzw. ich begegne dem anderen) immer nur auf dem Weg von Objektivationen, d. h. durch Äußerungen, Zeichen, Worte, in denen sich das Innerste des anderen (bzw. mein Innerstes), das Nicht-objektivierbare unserer Freiheit, verleiblicht und gerade so füreinander fassbar wird. Sind solche personale Begegnungen nicht nur je situative, einmalige Ereignisse, sondern gründen sie in ständiger Treue und Verlässlichkeit, haben solche Verleiblichungen bereits anfanghaft institutionellen Charakter. Ich kann mich darauf verlassen, dass dieser oder jener mich so oder anders grüßt, mir so oder anders hilft, so oder anders reagiert. Sein Verhalten ist bereits »institutionalisiert«. Das bedeutet aber gerade nicht (oder muss es nicht bedeuten), dass es entpersonalisiert ist, sondern in solchen »Institutionen« zeigt sich die Verlässlichkeit innersten personalen Seins.

Erst recht – und nun im eigentlichen Sinn – gilt dies für Verleiblichungen, in denen sich nicht eine einzelne Person äußert, sondern eine Gemeinschaft, eine Gruppe, ein Kollektiv, stabile gesellschaftliche Beziehungen. Institutionen sind hier Objektivationen des gemeinsamen Wollens, sie sind gleichsam die »geronnene Freiheit« der vielen, Kristallisationskerne des Wirkungsfeldes einander verbundener Personen. So sind z. B. Recht, Staatsverfassung, Verwaltung, Verhaltensgewohnheiten einer bestimmten Gesellschaft Institutionen, die nicht als solche schon gegen Freiheit und Personalität stehen, sondern in denen sich gerade die gemeinsame Freiheit verleiblicht, so dass die einzelnen in diesen Institutionen das Beste ihres Wollens wiedererkennen können und andere, Außenstehende, hier der »volonté generale« einer Gemeinschaft begegnen. Natürlich ist das Gelingen solcher Institutionen, dass sie nämlich *tatsächlich* gemeinsame Freiheit verleiblichen, ein stets anzupeilendes Ziel, ein Glücksfall, ein Treffer. Halbheiten und auch Perversionen sind hier geradezu der Normalfall. Aber was gibt es an Werten in dieser Welt, die nicht sofort von Ambivalenzen durchsetzt sind? Versteht man also unter Institutionalität die stabile Verleiblichung von verlässlichem, personalem Wollen (einzelner oder vieler), so gehört Institutionalität auch zum Heilswerk Jesu Christi, wenn in ihm wirklich Gott »Fleisch« wird und sich darin auch die Leibhaftigkeit menschlich-personaler Vermittlung zu eigen macht. Zu solchen »Institutionen«, in denen Christus uns sein Heil zukommen lässt, zählen vor allem Wort und Sakrament sowie der »institutionelle« Dienst des Amtes an Wort, Sakrament und Leitung. So gesehen, hat das Amt einen wesentlichen Existenzgrund auch darin, dass es Institution, d.h. verlässliche Verleiblichung des Heilswillens Jesu Christi ist. Im durch Weihe übertragenen Amt objektivieren sich wesentliche – keineswegs alle – Züge des Heilswillens Christi. Dass solche Heilsvermittlung gerade durch das Institutionelle des Amtes geschieht, hat für den »Empfänger« – wie noch S. 110 genauer gezeigt werden wird – etwas ungemein Befreiendes zur Folge. Im Amt bindet der Herr sein Heilswirken eben nicht an das subjekthafte Können bestimmter Personen, sondern an eine dauerhafte, eindeutig bestimmte, »institutionelle«, d.h. überindividuelle Größe, die gerade *als solche* über sich hinausweist auf den, der sich hierin verleiblicht, auf Jesus Christus selbst. Wo der institutionelle Charakter des Amtes in Frage gestellt und statt dessen allein auf der subjektiven »Schiene« gefahren wird, liegt die Gefahr nahe, dass die betreffenden clerici »ihre Person an die Stelle ihrer Sendung setzen und versuchen, durch Aufbauschen ihrer Wichtigkeit den Umfang ihrer verlorenen Sendung wettzumachen.« (H. U. v.Balthasar). Es ist gerade die amtlich institutionelle Vermittlung, welche die Unmittelbarkeit personaler Beziehung zwischen Christus und jedem einzelnen gewährleistet, wie später noch deutlicher werden wird.

Bedeutet aber, so gesehen, Amt für den Amtsträger selbst nicht Entpersönlichung? Drewermann kann sich nicht genug darin tun, die Übergabe des persönlichen Ich des Klerikers an das Über-Ich des Amtes und damit die Zerstörung des personalen Antlitzes in die Institution hinein (oder umgekehrt: die Inbesitznahme und Versklavung des Einzelnen von seiten der objektiven Institution Amt) zu geißeln. Dass es hier – wie überall – Fehlformen gibt und dass diese möglicher- oder sogar vermutlicherweise angesichts der Herausforderung des Amtes beim Kleriker besonders hoch sind, braucht man gar nicht in Frage zu stellen. Aber dass der geistliche Grundauftrag an den »clericus«, sein Leben in besonderer Weise für die »Verleiblichung« des Heilswerkes Christi transparent zu machen und sich in diesem Sinn in seine amtliche Beauftragung ganz und gar hineinzustellen, schon als solcher zu kritisieren sei, leuchtet überhaupt nicht ein. Jedenfalls scheint hier das Schimpfwort »Entpersönlichung« völlig fehl am Platz zu sein. Denn was gibt es »Persönlicheres« und mehr Persönlichkeit Konstituierendes, als sich mit all seinen individuellen Eigenarten, Begabungen und Grenzen in den Dienst jener Institution zu stellen, welche die Verleiblichung der Sache Jesu Christi ist? Gewiss, es gibt im Prozess der Hingabe durchaus das Moment des »Sterbens«

dessen, was man zunächst einmal als unaufgebbaren Teil der eigenen Persönlichkeit hält. Aber gerade dieses »Sterben« ist in Wirklichkeit ein »Auferstehen« des eigentlichen, wahren, bleibenden Selbst.

Man muss nur einmal in das Leben der Heiligen schauen, die diesen Grundauftrag exemplarisch verwirklicht haben. Da ist nichts, aber auch gar nichts von Entpersönlichung zu spüren, nichts Gleichmacherisches, nichts Antlitzloses, da ist höchste Individualität und Besonderheit. Und doch sind sie alle – in verschiedener Weise – transparent für den, der sie beruft und sendet: Franz von Assisi, Dominikus, Ignatius von Loyola, Franz von Sales, Charles de Foucauld. Alle vorbehaltlos hingegeben an die Institution des Amtes, das sie ganz fordert, bzw. an ihre Sendung, die sie ganz in Anspruch nimmt, und alle doch ganz starke, ja überstarke individuelle Persönlichkeiten. Nein, ich vermag nichts Negatives oder gar Menschenverachtendes darin zu sehen, wenn man in ein Größeres, Vorgegebenes, »Objektives« hineinwächst und sein Ich verlässlich und treu in eine institutionelle Vorgabe hineinstellt.

3. Fazit

All diese und viele ähnliche Entwürfe, die das kirchliche Amt aus einer isolierten, über den Laien stehenden und Macht ausübenden institutionalisierten Rolle befreien und es nicht nur ganz und gar in die Gemeinschaft der Getauften und Gefirmten hineinstellen, sondern auch von ihr her begründen wollen, sind gewiss als Gegenpendelschlag gegen ein übersteigertes vorkonziliares Amtsverständnis verständlich. Es wird hierin deutlich, daß die Wirklichkeit des Volkes Gottes das – Amt und Laientum – Umgreifende und damit »Größere« ist. Deutlich wird auch, dass das Volk Gottes und die in ihm wirksamen charismatischen Begabungen, Dienste und Aufgaben nicht einfach aus dem Amt abgeleitet sind und dass es deswegen auch eine dem Amt nicht unterstehende Berufung und Inpflichtnahme aller Glaubenden durch den Geist Gottes gibt. Das heißt: Was es an Befähigungen und Funktionen in der Gemeinde gibt, legitimiert sich nicht allein vom Amt, sondern von der Unverfügbarkeit des Geistes

Gottes her, der weht, wo er will, so dass der Amtsträger selbst der Ergänzung und des Korrektivs durch die geistlichen Begabungen bedarf, die in den anderen Getauften wirksam sind. Nicht zuletzt aber vermochte dieses theologische Amtsverständnis den schon im 2. Vatikanischen Konzil geäußerten Grundgedanken zu verdeutlichen, dass

Amt vor allem Dienst an der Gemeinschaft der Glaubenden ist. Die These: »Das Charisma des Amtes ist Funktion für die anderen Charismen«, ist nur eine sachliche Konsequenz dieser theologischen Position. Sind damit die entscheidenden Probleme gelöst? Oder bleiben noch grundlegende Fragen offen?

§2 Amt als »Funktion«

Was heißt im Zusammenhang des kirchlichen Amtes »Funktion«? Karl Rahner hat das Gemeinte in folgendem Bild erläutert: »Die Priester sind ... in ähnlicher Position wie die Funktionäre eines Klubs berufener Schachspieler: ihre Funktionen können von den einzelnen Schachspielern nicht wahrgenommen werden. Aber ihre Funktionen dienen letztlich nur einem: dass hervorragend Schach gespielt wird. Worauf das Amtspriestertum zielt, ist das Priestertum der Glaubenden und Liebenden.«[45] Entsprechend diesem Verstehensansatz wird auch die sakramentale Weihe – man bevorzugt bezeichnenderweise den Ausdruck »Ordination« – primär als ein Tun der Kirche verstanden, nämlich als »öffentliche Berufung eines glaubenden Menschen in den Leitungsdienst, in welchem die Kirche die Berufung Gottes anerkennt und bestätigt. ... Sie hat zur Folge die geistliche Legitimation für die Gemeinde und den Ordinierten selbst.«[46]

All das kann gewiss richtig verstanden werden – aber schöpft dieses theologische Verständnis wirklich das Wesen kirchlichen Amtes und priesterlicher Weihe aus, oder fällt es nicht in ähnliche Einseitigkeiten wie die Konzeptionen, von denen es sich absetzt, und ruft es nicht gerade wegen seiner Vieldeutigkeit analoge Missverständnisse hervor, diesmal nur mit umgekehrten Vorzeichen, wie das vorkonziliare Amtsverständnis?

Nehmen wir nur die gegenwärtig so beliebte Hervorhebung des »Funktionalen«. Dabei wird nicht selten Amt als äußere Funktion der Gemeindeleitung kritisch gegen Amt als innere, durch besondere Vollmacht qualifizierte »seinshafte« Bestimmung gewendet. Nun ist aber »Funktion« zunächst ein nur formaler Begriff, der, um überhaupt sinnvoll verwendet zu werden, für den jeweiligen Zusammenhang präzisiert werden muss.[47] Was im kirchlichen Amt »funktioniert«, ist primär eine Person; sie »funktioniert« in einem Verhältnis, das zwischen Christus und seiner Kirche besteht und das wesentlich durch Glaube, Hoffnung und Liebe charakterisiert ist. Wenn dieses »Funktionieren« darüber hinaus – wie wir noch sehen werden – durch besondere Sendung bestimmt ist, so ist die »funktionierende« Person in ihrer Wesensmitte betroffen, da sowohl Glaube, Hoffnung und Liebe wie auch Sendung zutiefst personale, »innere« Wirklichkeiten meinen.

Mit diesen Präzisierungen hat sich zwar der Begriff der »Funktion« für das kirchliche Amt nicht erledigt, wohl aber deren heute oft so undifferenzierter polemischer Gebrauch im Gegenüber zum »ontologischen« Amtsverständnis. Vor allem aber zeigt sich an dieser Überlegung, dass der soeben angeführte Rahner-Vergleich (Priester: Funktionär eines Schachklubs) nur eine sehr relative Bedeutung hat; er darf vor allem nicht so verstanden werden, als ob die Leitenden in der Kirche nur eine äußere, sich als zweckmäßig herausstellende Ordnungsfunktion für das »eigentliche Leben« hätten, das sich – warum nicht eigentlich auch ohne sie? – an der »Basis« der Gemeinde abspielt. Weil »Funktion in der Kirche« sich im Fadenkreuz personaler Glaubensvollzüge sowie im Kontext einer spezifischen Sendung von Christus her verwirklicht, ist sie mehr als nur äußere Funktion. Dieses »Mehr« ist dann aber auch zu benennen und in seinen Voraussetzungen und Konsequenzen zu entfalten. Überdies vermag eine exklusiv funktionale Sicht des Amtes nicht mehr klarzumachen, warum nicht auch ohne sakramentale Weihe und Sendung ein Laie, der über die nötigen menschlichen, theologischen und administrativen Fähigkeiten zum Leitungsdienst verfügt, *eo ipso*, wenn er in einer priesterlosen Gemeinde als Pastoralreferent eingestellt und von dieser anerkannt wird, priesterlicher Amtsträger mit allen Folgen, Kompetenzen und Befähigungen ist, oder wenn eine Gemeinde ohne geweihten Priester zum Gottesdienst versammelt ist, ein Nichtgeweihter nicht problemlos den eucharistischen Vorsitz ergreifen kann.[48] So bleibt die These: »Amt ist Funktion, Leitungsfunktion der Kirche«, zutiefst zweideutig.

Von ähnlicher Vieldeutigkeit ist auch die These, Amt sei primär und direkt nicht von Christus her zu begründen, sondern von der Kirche her, die es gleichsam als notwendige Funktion aus sich heraus gesetzt hat.

Man kann diese These verstehen als rein empirisch-soziologische Aussage, die an den jedem geläufigen Sachverhalt anknüpft, dass jeder

Kaninchenzüchterverein einen Vorstand braucht und einsetzt. Allgemeiner formuliert: Jede stabile Gesellschaft (mithin auch die Kirche) bedarf mit soziologischer Notwendigkeit eines Amtes, sie entwickelt dies aus sich heraus und beauftragt damit bestimmte Mitglieder. Wird aber diese allgemein-gültige Aussage auf die Kirche angewandt, so bleibt noch offen, welche charakteristischen Züge ein Amt in jener Sozietät hat, die als eschatologische (= endgültige) Heilsgemeinschaft, als »Volk Gottes« und »Leib Christi« in einmaliger Weise über sich hinausweist, da sie von Gott selbst als sein Werk gewollt, von ihm gerufen und zur Entgegennahme sowie Weitergabe seines endzeitigen Heils ermächtigt ist. Diese in der eschatologischen Verheißung Gottes gründende absolute Einmaligkeit der Kirche hat Konsequenzen für alle ihre Institutionen, auch für das Amt, so dass dieses nur in äußerst groben Umrissen einer allgemein geltenden empirischen Bestimmung zugänglich ist.

Natürlich kann man das Werden des kirchlichen Amtes und darüber hinaus auch das Werden seiner in der Geschichte sich wandelnden Formen einer rein empirischen Betrachtung unterziehen. Schließlich ist die Kirche, analog zur Wirklichkeit Christi, »unvermischt und ungeteilt« eine ganz und gar welthaft-menschliche und eine ganz und gar geistliche, d.h. vom Geist Gottes erwirkte Größe. Und eben weil das »Unvermischtsein« gilt, lässt sich die Kirche und deren Amt auch in einer rein soziologischen Perspektive betrachten. Und dann mag man durchaus aufzeigen, wie das kirchliche Amt »aus zeitgenössischen Organisationsformen religiöser und anderer Vereinigungen ableitbar ist.«[49] Doch ist dies nur eine Perspektive. Der Prozess der (empirisch fassbaren) Institutionalisierung des Amtes ging – wie P. Hünermann zu Recht ausführt

> »Hand in Hand mit einer Glaubensreflexion vor sich, welche die faktischen Elemente innerlich geprägt und in einen Zusammenhang gefügt hat«. Das heißt: Die Gemeinde leitet den für sie »wesentlichen Dienst nicht einfach aus binnengeschichtlichen und soziologischen Notwendigkeiten ab. Sie versteht diese Dienste vielmehr vom erhöhten Herrn her: Sie gehen von ihm aus. Er hat sie seiner Kirche geschenkt … Es wird ein für die Gemeinde indispensabler Dienst – früher ausgeübt durch den Apostel und faktisch fungierende Personen – weiter geleistet. Jetzt allerdings in institutionalisierter Form. Der Dienst wird wie zuvor verstanden: Der erhöhte

Herr wird durch seinen Geist hier und jetzt wirksam, und zwar in öffentlicher und auf die ganze Gemeinde bezogener Weise.«[50]

Trifft dies aber zu, so kann man nicht ohne Einschränkung – wie Schillebeeckx es tut – sagen: »Amt kommt von unten, aber dieses Geschehen wird erfahren als ›Gabe des Geistes‹, also von ›oben‹.«[51] Das heißt: Das kirchliche Amt ist »von unten her« eine sozio-historische Gegebenheit und als solche auch für die Kirche notwendig, doch so, dass diese Gegebenheit selbst die Form der Gnade »von oben« ist. Mehr an theologischer, d.h. in der Offenbarung begründeter Wirklichkeit steckt sozusagen nicht »dahinter«.

Dagegen ist nun aber zu fragen: Was ist mit der Sakramentalität des Amtes? Und zwar mit der Sakramentalität, wie etwa Augustinus sie versteht: »Dinge heißen deshalb Sakramente, weil wir etwas an ihnen sehen (erfahren), aber etwas anderes an ihnen (gläubig) einsehen.« Dass das Amt in einer besonderen Sendung durch Christus steht und ihm deshalb und nur deshalb auch ein »Etwas« (ein »Surplus«, wie Schillebeeckx sagt) über das rein empirisch Erfahrbare hinaus zukommt, hat bei diesem Theologen keinen Platz. [52] Nicht von ungefähr wird von ihm Röm 10,14 verkürzt zitiert: »Wie sollen sie an den glauben, von dem sie nichts gehört haben? Wie sollen sie hören, wenn niemand verkündigt?« Doch dann heißt es bei Paulus, aber nicht bei Schillebeeckx weiter: »Wie soll aber jemand verkündigen, wenn er nicht gesandt ist?« Was also ist mit der »besonderen Sendung«, kraft derer im Bevollmächtigten Christus selbst der Gemeinde / Kirche gegenübertritt?

Man kann die These vom Amt als Funktion der Kirche aber auch strikt theologisch verstehen: im Amt »verdichtet« sich Kirche, und zwar so, dass in ihm das öffentlich greifbar wird, was Kirche ist und wie kirchliches Leben sich weitervermittelt. So verstanden bleibt noch offen, ob der ordinierte Amtsträger deshalb nur (!) öffentliche Verantwortung für das erhält, was grundsätzlich der Kirche als ganzer obliegt,[53] oder ob in der Weihe etwas von Christus her – zugunsten der Kirche! – am Geweihten geschieht, etwas, worüber die Kirche als ganze nicht einfach verfügt und was ihr gerade durch den Geweihten von Christus her vermittelt wird. Ist dies der Fall, so ist Amt nicht nur Funktion der Kirche, auch nicht einfach nur ein Charisma neben den vielen Begabungen und Berufungen in der Kirche, sondern es steht als besondere Beauftragung durch Christus den anderen Charismen in einer noch näher zu klärenden Weise auch »gegenüber«.

§ 3 Neue Probleme

Auf Grund solcher und ähnlicher offener Fragen und Probleme zeigte sich in den letzten Jahren zunehmend, dass der skizzierte neue theologische Ansatz, der Amt sozusagen »von unten«, d.h. nur von der horizontalen Ebene der verschiedenen kirchlichen Charismen her bestimmen will, nicht ausreicht. Es genügt auch nicht, mit Schillebeeckx zu sagen: »Amt von unten her ist Amt ›von oben‹.«[54] Diese Identifizierung von Handeln der Kirche und Handeln Christi, von dem, was »von unten«, und von dem, was »von oben« ist, würde nur gelten, wenn Kirche und Christus ein und dasselbe Handlungssubjekt wären, wenn also Christus sich ununterscheidbar in die Kirche und die Kirche sich ganz in Christus eingelassen hätte. Dieses beiderseitige »Einschließungsverhältnis« wird in der Tat im biblischen Bild von der Kirche als dem »Leib Christi« (1 Kor 12, 12) und als der Darstellung seiner eigenen »vollendeten Gestalt« (Eph 4, 13) thematisiert. Aber dies ist nur *ein* Bild für die Wirklichkeit der Kirche. Sie ist nicht nur »Leib Christi«, sondern auch »Braut Christi«, die in grenzenloser Bedürftigkeit und Armut alles von ihm empfängt; sie ist »Volk Gottes«, das von ihm gesammelt wird, ein »Bauwerk«, das von ihm erbaut wird. Diese Bilder bringen einen ganz wesentlichen, ja den fundamentalsten Aspekt von Kirche zum Ausdruck: Kirche verdankt sich ganz und gar dem Herrn: sie kommt nicht primär durch den spontanen Zusammenschluss von Menschen zustande, die den Wunsch haben, Volk Gottes zu sein, sie gibt sich ihre grundlegende Ordnung und die Gestalt ihres Lebensvollzugs in einer Art anonymer Be-Geisterung nicht selbst, auch ist für ihren Weg und ihr Ziel nicht menschliches Nachdenken oder gemeinsame Zustimmung konstitutiv – Kirche ist vielmehr wesentlich die ek-klesia, d.h. Gemeinschaft, die herausgerufen, zusammengeführt und im Sein erhalten wird durch Jesus Christus, durch sein Wort und sein Werk. Sie ist »creatura verbi« (Martin Luther) – »Geschöpf des göttlichen Wortes«. So hat sie ihren Grund »extra se« – außerhalb ihrer selbst. Dies ist nicht eine

beiläufige Bestimmung von Kirche, sondern das für den Glauben entscheidende Grunddatum.

Auch wenn Christus die Kirche mit seinem Leben erfüllt und die Kirche sich selbst als sein Leib verstehen darf, als Ort, Zeichen und Werkzeug (Sakrament) seiner Gegenwart, so ist und bleibt er doch das bleibende Voraus der Kirche, ihr Herr, Erlöser und »Bräutigam«, und die Kirche bleibt Geschöpf, »Stiftung«, bedürftige »Braut«, die – solange sie unterwegs ist – immer hinter dem Reichtum ihres Bräutigams zurückbleibt. Diese Differenz zwischen Christus und seiner Kirche, die nicht der Einheit beider widerstreitet, sondern den bleibenden Gnadencharakter und das Noch-unterwegs-Sein der Kirche betont, ist für das kirchliche Selbstverständnis fundamental. Darum hat sie sich auch in allen ihren Lebensvollzügen zur Geltung zu bringen. Niemals ist ein menschliches Handeln (also ein »von unten«) einfach mit dem Handeln Christi (»von oben«) so zu identifizieren, dass nicht gleichzeitig die Differenz zum Ausdruck kommen, d.h. im Zeichen erscheinen muss, wenn wirklich Kirche eine sakramental-zeichenhafte, auf Christus und sein Heil verweisende Wirklichkeit ist.

Wo diese »Differenz« übersehen wird oder nicht deutlich genug ins Bewusstsein rückt und zur Erscheinung gebracht wird, droht die Gefahr einer Kirche, die in ihren Grundvollzügen nur ihre eigene Gemeinschaft feiert und allein die Fähigkeiten ihrer Gläubigen ins Spiel bringt (auch wenn dabei viel vom Heiligen Geist die Rede sein sollte). Das bleibende Voraus Christi in seiner Kirche zu bezeugen und in den zentralen Lebensvollzügen der Kirche zur Geltung zu bringen ist Aufgabe des Amtes, gerade insofern dieses sich nicht ausschließlich von der Gemeinde her versteht und als ein Charisma unter den anderen begreift, sondern diesen (auch) »gegenüber«-steht und so, von Christus ermächtigt und zeichenhaft auf ihn verweisend, den Grund der Kirche, Christus selbst, wirksam vergegenwärtigt.

Natürlich steht damit der amtliche Dienst nicht außerhalb der kirchlichen Communio, gleichsam zwischen einem »fernen« Christus und seiner Kirche vermittelnd, wohl aber bringt er innerhalb der kirchlichen Gemeinschaft zeichenhaft jene »Grunddifferenz« zum Ausdruck und zur Geltung, in der die Kirche existiert: dass der in der Kirche lebende Christus selbst sie aus Gnaden beruft, schafft und zusammenhält, ja dass Christus selbst der Hirt, Vorsteher, Leiter seiner Kirche ist.

Deshalb ist für das kirchliche Amt Berufung und – vor allem –

Weihe erforderlich. Das bedeutet: die Legitimation des Amtes geschieht nicht durch erworbene Kompetenz oder gar aus eigener Anmaßung, aber auch nicht aus der Gemeinde heraus, indem diese das Amt aus sich entlässt oder zum Amt delegiert, sondern dadurch, dass durch Berufung und Weihe Christus selbst einen Menschen in Beschlag nimmt und ihn befähigt, in der Kirche seine (= Christi) Wirklichkeit zur Geltung zu bringen – im Wort, in der sakramentalen Feier, im Leitungsdienst. Verwiesen auf einen durch Weihe legitimierten und auf Grund von Weihe gesandten Amtsträger, erfährt also das Volk Gottes ganz konkret, dass es von der ihm vorgegebenen Christuswirklichkeit lebt.

Die hier nur um der Auseinandersetzung mit den zuvor skizzierten Amtskonzeptionen vorweg umrissene Perspektive soll später unter der Überschrift »Amt als Christus-›Repräsentation‹« noch eingehender entfaltet werden. Doch ist zunächst Orientierung erforderlich. Wenn das Verständnis von priesterlichem Amt sich nicht eigener Willkür und Beliebigkeit, modischem Wunschdenken oder gesellschaftlicher Plausibilität verdanken soll, wenn nicht aus dem »Geistlichen« ein »Zeit-Geistlicher« werden soll (J. M. Sailer), so ist jedes Nachdenken über das Amt an die Heilige Schrift und ihre lebendige Überlieferung verwiesen. Am Christusereignis und seiner Urbezeugung muss es Maß und Anhalt nehmen. Dabei ist freilich zu bedenken, dass zwar in den letzten Jahren eine Fülle von Untersuchungen zum neutestamentlichen Ursprung des Amtes erschienen ist, dass aber – wie E. Schillebeeckx zu Recht bemerkt – »auch exegetisch noch viele Fragen unbeantwortet bleiben«.[55] Jede sich zu sicher gebärdende abgerundete »historische Rekonstruktion« von Verfassungsformen der neutestamentlichen Gemeinden und von Stellung, Funktion und Aufgabe der Amtsträger überzieht darum leicht das eng begrenzte historische Material oft zugunsten eines bestimmten leitenden Interesses. Im Folgenden geht es darum auch nicht um eine »Rekonstruktion« des historischen Werdens eines besonderen kirchlichen Amtes, sondern es sollen die durchgehenden, bleibenden theologischen Anliegen und Ideen, die hinter dem neutestamentlichen Amtsverständnis stehen, sichtbar gemacht und dann in einem zweiten Schritt theologisch bedacht und reflektiert werden.

Dabei sollen uns die in diesem Kapitel aufgeworfenen, die Krise des Amtes thematisierenden Fragen und Probleme leiten und begleiten:

(1) Was ist das Spezifikum des priesterlichen Amtes? Was bin ich »eigentlich«, wenn ich Priester bin? (2) Was sind jene bleibenden Züge, die in allem geschichtlichen Wandel der Kirche und ihres Amtes auch in Zukunft das Priestersein zu bestimmen haben?

Doch zuvor ist ein Blick zu werfen auf den alles bestimmenden Rahmen: auf die Kirche. Denn wie sollte man kirchliches Amt, also Amt der Kirche und Amt in der Kirche, verstehen können, wenn man sich nicht zuvor – wenigstens kurz – über das tiefste Wesen der Ekklesia verständigt.

Zweiter Teil
Grundzüge einer Theologie des priesterlichen Amtes

1. Kapitel
Kirche – die Ur-Idee Gottes

§1 Communio: Einheit in Vielheit – Vielheit in Einheit

Sucht man die innere Konsequenz – sozusagen die »Logik« – der Geschichte Gottes mit den Menschen, wie sie uns in der Hl. Schrift aufgezeichnet ist, zu verstehen, so stößt man auf ein unablässiges, immer neues Drängen auf *Einheit* hin. Einheit ist sozusagen das »Wasserzeichen«, das hinter allem Geschehen steckt, die Drift, die sich in jeder Situation durchsetzt. Diese Einheit hat ein »Doppelgesicht«, es ist die Einheit Gottes mit den Menschen und die Einheit der Menschen untereinander. Im Alten Testament steht dafür als durchgehende »Chiffre« das Wort »Bund«. Gott schließt mit den Menschen einen Bund; er will engste Gemeinschaft mit ihnen eingehen: »Ich, Jahwe, will euer Gott sein«: rettend, helfend, mit euch gehend auf ein gutes Ziel zu; »und ihr sollt mein Volk sein!« Wie tief und radikal dieser Wille Gottes zum Bund mit dem Menschen ist, zeigt der Blick auf die bis ins Neue Testament hineinreichende, aber schon im Alten Bund anhebende Brautsymbolik: »Wie der junge Mann sich mit dem jungen Mädchen vermählt, so vermählt sich mit dir dein Schöpfer. Wie der Bräutigam sich freut über die Braut, so freut sich dein Gott über dich« (Jes 62,5). Der Mensch darf sich also verstehen als das geliebte Gegenüber Gottes, in das dieser so verliebt ist, wie ein bis über beide Ohren in sein Mädchen vernarrter junger Mann. Auf solche Liebeserklärung Gottes und solches Werben um ihn soll der Mensch Anwort geben. Er ist eingeladen, zum »Bund« Ja zu sagen und ihm entsprechend zu leben.

Aber die »vertikale« Richtung des Bundes (der Bund zwischen Gott und Mensch) ist nur dann wirklich, wenn dieser auch »horizontal«, in der Gemeinschaft mit dem Mitmenschen, vollzogen wird. Gott, der jeden Menschen liebt, will »Mitliebende« (Duns Scotus). Und nur dann ist die Antwort des Menschen auf den Bund Gottes, unsere

»Gegen-Liebe«, wirklich, wenn wir das lieben, was Gott liebt: alle Menschen, wenn wir Einheit suchen mit denen, die Gott in die Einheit mit sich selbst aufnehmen will.

Diese Doppelgestalt der Einheit wird auf vielfache Weise in der Hl. Schrift erzählerisch thematisiert: Von Anfang an beruft Gott nicht einzelne Menschen zur Gemeinschaft mit sich, sondern »die vielen«, die sich zur Einheit zusammenfügen sollen. Das kommt – nach einigen Theologen – bereits in der Erzählung von der Erschaffung des Menschen in Gen 1 zum Ausdruck. Wenn es dort heißt: »Gott schuf den Menschen als sein Abbild; als Abbild Gottes schuf er ihn. Als Mann und Frau schuf er sie« (Gen 1,27), dann *kann* dies bedeuten: Gerade darin ist der Mensch Bild Gottes, dass er nicht als isoliert einzelner, sondern auf den andern hin erschaffen ist. Als Gemeinschaft von Mann und Frau, die in unterschiedlicher Einmaligkeit und zugleich in gegenseitiger Hinordnung – formal gesagt: in Differenz und Identität, in Verschiedenheit und Einheit – geschaffen sind, spiegelt der Mensch das Urbild Gott wider. *Als solcher* erhält er den Auftrag, die Schöpfung zu hüten, sowie »sich zu vermehren und die Erde zu bevölkern« (Gen 1,28), d.h. die eigene Urgemeinschaft auszuweiten. Von Anfang an also zielt die Schöpfung nicht auf je isoliert Einzelne, sondern auf die Communio der vielen Einzelnen, auf die Vereinigung des durch Vielheit bestimmten geschaffenen Seins.

Dieses Communio-Werden ist ein Prozess sich steigernder Ausweitung: vom Familienclan zum Volk Gottes. Wenn in diesem Prozess Einzelne von Gott berufen werden, dann nicht eigentlich als Einzelne, sondern stets mit dem Auftrag, der Einheit aller zu dienen. So wird z.B. Abraham zwar als dieser eine herausgerufen, aber dafür, dass er »ein Segen sei für alle«. Er soll zum Stammvater eines Volkes werden und zum Vater des Glaubens für alle Menschen. Ähnliches wiederholt sich stets aufs Neue. Einzelne spielen insofern eine Rolle, als sie eine Aufgabe haben für das Ganze des Volkes Gottes, das Gott »herausruft« (griechisch: ἐκ-καλεῖν, von daher: ἐκκλησία = das aus den Völkern herausgerufene Volk), um es als sein besonderes Eigentum an sein Herz zu ziehen. Aber dieses »herausgerufene Volk Gottes« ist noch nicht das Ziel, noch nicht die vollendete Form der Communio. Das Gottesvolk soll vielmehr »zum Segen werden für die ganze Erde« (Jes 19,24). Es soll auf alle Heidenvölker ausgreifen, die laut Jes 2,1 f nach Jerusalem kommen, um teilzuhaben am Bund Israels mit Gott und an dessen gelingender Gemeinschaft untereinander.

Allumfassende Communio, nichts auslassende Ausweitung des Gottesvolkes oder eben: die universale Kirche ist die Ur-Idee Gottes mit der von ihm ins Werk gesetzten Schöpfung.

Es ist hier nicht der Ort, ausführlich darzulegen[56], dass und wie dieses einheitsstiftende Handeln Gottes immer wieder durch die Sünde des Menschen gestört wird. Sünde widerspricht in ihrem Wesen zutiefst der von Gott angezielten Communio. Diese wird durch die Sünde ins genaue Gegenteil verkehrt wird. Sünde bedeutet Abbruch des Dialogs mit Gott und Störung gelingender Beziehungen zu den Mitmenschen; sie ist charakterisiert durch ein Sich-auf-sich-selbst-Zentrieren, Sich-selbst-Isolieren und -Vereinzeln. Der Sünder will »er selbst« und nur »er selbst« sein. Er lehnt es ab, ex-zentrisch zu werden, d.h. sein Zentrum in der Gemeinschaft mit Gott und – damit verbunden – mit den Brüdern und Schwestern zu finden. So ist Sünde Verweigerung von »vertikaler« und »horizontaler« Communio. Durch ihre ansteckende Macht, die alles in ihren Bann zu ziehen sucht, wirkt sie desintegrierend auf allen Ebenen des menschlichen Lebens, besonders auf der gesellschaftlichen. Damit verunstaltet sie das Antlitz der von Gottes Plan her als Communio gewollten Welt und erzeugt statt dessen Spaltung, Zwietracht, Hass und Unfrieden.

Das Erlösungswerk Gottes zielt darauf ab, trotz sündhafter Verweigerung die Menschen immer wieder zum Bund mit sich und zur bundesgemäßen Gemeinschaft untereinander zu bewegen. In immer neuen heilsgeschichtlichen Anläufen, die im Alten Testament bezeugt werden, von denen in analoger Weise aber auch die übrigen Menschheitsreligionen künden, schenkt Gott neue Communio und sucht, zu neuer Communio mit sich und untereinander zu befähigen.

Diese göttlichen Initiativen finden in der Menschwerdung des Gottessohnes, in Jesus Christus, ihren Höhe- und Zielpunkt. Denn er selbst ist in Person die Communio Gottes mit den Menschen, indem er Gott und Mensch zugleich ist. In ihm kommen die beiden gegenläufigen, zum Bund gehörenden »Bewegungsrichtungen« zusammen: die gemeinschaftssuchende und -stiftende Bewegung Gottes zur Welt und die antwortende Bewegung der Welt zu Gott, zu der auch wesentlich die Realisierung des Bundes in der Gemeinschaft der Menschen untereinander gehört. »Gott will Mitliebende«!

Herzstück des Handelns Christi ist sein Einsatz für die Communio Gottes mit den Menschen und der Menschen untereinander. Er wurde vom Vater gesandt und ist in den Tod gegangen, »um die zerstreuten Kinder Gottes wieder zu sammeln« (Joh 11,52). Aber nicht erst sein Sterben, sondern sein gesamtes Leben steht unter dem Vorzeichen, Gemeinschaft zu stiften. Alexandre Ganoczy formuliert zu Recht: »Inhaltlich … kann Communio all das decken, was das Ziel des Tuns Jesu selbst war. Denn es ist deutlich, daß das Heil, das Jesus verkündet und verwirklicht hat, völlig unter dem Zeichen der Einheit stand. Heil erfahren bedeutet im Evangelium immer: die einende Macht des kommenden Gottes erfahren.«[57] Und der Exeget Joachim Jeremias drückt das Gleiche pointiert so aus: »Der einzige Sinn [!] der gesamten Wirksamkeit Jesu ist die *Sammlung* des endzeitlichen Gottesvolkes.«[58]

Der erste Adressat des einheitsstiftenden Handelns Jesu ist Israel, das aus der äußeren und inneren Zerstreuung befreit und in Gott neu versammelt werden soll. Deshalb setzt Jesus sich für die Überwindung von Grenzen und Trennungen zwischen einzelnen Menschen, verschiedenen Gruppen und sozialen Schichten ein. Durch seine Solidarisierung mit Sündern, Abgeschriebenen und Randexistenzen zeigt er, dass er Ausgrenzungen und Abgrenzungen überwinden und alle zur Gemeinschaft mit sich und untereinander zusammenführen will – zu seiner großen »Familie«, in der es nicht zugehen soll wie sonst in der Welt, wo es Herren und Beherrschte, Große und Erniedrigte gibt. »Vielmehr: wer bei euch groß sein will, soll euer Diener sein; wer bei euch der Erste sein will, soll euer aller Sklave sein« (Mk 10,43 f).

Auch die Wunderzeichen Jesu weisen – oft übersehen – auf das Ziel der Einheit hin. Auffällig ist ja, dass das Neue Testament besonders die Heilung von Aussätzigen sowie von Tauben, Blinden und Stummen hervorhebt. Nun waren Aussätzige aufgrund ihrer Krankheit die Isoliertesten und Verlassensten aller Menschen, ausgestoßen aus jedem gesellschaftlichen Kontakt. Indem Jesus sie heilt, können sie wieder Beziehungen aufnehmen und in die Gemeinschaft mit anderen zurückkehren. Ähnliches gilt von den übrigen Heilungswundern: Ohren, Augen, Stimme sind dem Menschen gegeben zur Kommunikation, sind Mittel der Kommunikation. Durch deren Heilung gibt er den Tauben, Blinden, Stummen wieder die Möglichkeit, neu in den mitmenschlichen Austausch, in ein heiles Zusammenleben mit anderen einzutreten. Auch die oft berichteten Erzählungen über dämonische Besessenheit bringen »ein allgemeines soziales Problem zum Ausdruck: den Abbruch zwischenmenschlicher Kommunikation, eine tiefe Entfremdung in den sozialen Beziehungen.«[59] Nicht selten ist der Besessene stumm, oder er spricht die Sprache des Bösen, die sich seiner bemächtigt hat. Dämonenaustreibung bedeutet somit Befreiung aus Isolierung, Neuermöglichung von sozialen Beziehungen, Wiederherstellung zwischenmenschlicher Kommunikation.

Doch grundlegender noch ist die Gemeinschaft mit Gott, die durch Jesus neu dem Menschen angeboten wird. Sündenvergebung und neuer Anfang wird jedem, auch dem armseligsten Sünder zugesprochen. Der Angesprochene muss »nur« glauben, d.h. von den selbstfabrizierten Götzen lassen und auf die neue und nunmehr endgültige Initiative des Gemeinschaft suchenden Gottes eingehen. Da aber die angesprochenen Menschen in ihrer – für die ganze Menschheit stehenden – repräsentativen Mehrheit weiter beim »Nein« verbleiben, bietet Gott das Äußerste seiner Liebe auf. Gottes Sohn geht in Leiden und Kreuz dem Menschen bis zum Letzten nach, um ihn zur Gemeinschaft mit sich zu bewegen.

In den sog. Abschiedsreden des Johannesevangeliums wird in einer alle bisherigen Hinweise überbietenden Deutlichkeit zum Ausdruck gebracht, was der letzte Grund der »Uridee« Gottes mit seiner Schöpfung und das innerste Zentrum der auf Communio hin driftenden Geschichte ist: Es ist der drei-eine Gott selbst, der sein eigenes Wesen: *Communio*, nämlich *Einheit* (des einen göttlichen Wesens und Lebens) *in der Vielheit* (der Personen) – *Vielheit in Einheit* in die Schöpfung hinein »auslegt«, damit die Schöpfung, ihm ähnlich geworden, für immer an seinem trinitarisch-communialen Leben teilhaben kann. Auf dieser Linie stellen die Abschiedsreden Jesu heraus, dass die Einheit von Vater und Sohn (im – hier nicht eigens genannten – Hl. Geist) auf die Jüngerschaft Jesu ausgreifen und von ihr aus die ganze Welt erfassen will. Darin besteht also das Testament Jesu, sein letzter, alles einbegreifender Wille und die Pointe seines ganzen Redens, Tuns und Erleidens: »Alle sollen eins sein, wie du, Vater, in mir bist und ich in dir bin, so sollen auch sie in uns sein« (Joh 17,21). In der Einheit Jesu mit dem Vater, in ihrer beiderseitigen Liebe »schon vor Erschaffung der Welt« (17,24), besteht Jesu »Herrlichkeit«; und die schenkt er den Jüngern weiter: »Ich habe ihnen die Herrlichkeit gegeben, die du mir gegeben hast; denn (!) sie sollen eins sein, wie wir eins sind, ich in ihnen und du in mir. So sollen sie vollendet sein in der Einheit« (17,22f). So tritt die Einheit der Menschen aus der Einheit des dreifaltigen Gottes hervor und soll als »vollendete Einheit« darin wieder eingeborgen werden.

Das entspricht auch der »Pointe«, auf welche die synoptischen Evangelien zulaufen. Alle schließen mit dem Auftrag zur Sendung in die Welt; es gilt, »alle« zu Jüngern zu machen und »auf den Namen« des drei-einen Gottes zu taufen, d.h. sie in den trinitarischen Macht-

und Beziehungsraum einzugliedern. Kurz: Die Communio, in der der dreifaltige Gott existiert, soll in der Jüngerschaft Jesu ausgeprägt werden; als solche wird sie dann ausgesandt, um die ganze Welt aus ihrer Zerspaltung heraus- und in die eigene Gemeinschaft (mit Gott und untereinander) hineinzuführen.

Vollendet freilich wird die Einheit in diesem Weltäon, der unter den Bedingungen von Raum und Zeit steht, nicht. Dem steht nicht nur die »Zerspannung« von Raum und Zeit entgegen, sondern auch die bleibende dissoziierende Macht der Sünde und des Todes. Darum verkündet Jesus auch die große Communio Gottes unter der (zeitgenössischen) Chiffre des »Reiches Gottes«, das in die Welt ein- und sie aufbricht und nur so ihre Vollendung herbeiführt. Damit stimmt auch überein, dass Jesus die Welt nicht »in sich« verbessert hat. Wohl hat er in dieser Welt durch sein einheitsstiftendes Wort und Tun Zeichen der Hoffnung aufgerichtet, in denen das die Grenzen der Welt sprengende Gottesreich glaubhaft angekündigt und »antizipiert« wird. Und er hat jetzt schon Menschen zur Einheit mit Gott und untereinander geführt und sie beauftragt, diese Einheit weiterzutragen, damit alle sich bereiten und gewissermaßen »einüben« können in die endgültige Gemeinschaft, die Gott selbst einmal schenken wird und die nichts anderes bedeutet als Aufnahme der »communial« gewordenen Menschheit in das Leben des »communialen« Gottes.

Das 2. Vatikanische Konzil greift diese Sicht des letzten Ziels von Schöpfung und Heilswerk Gottes auf, wenn es sagt: »So soll sich das Ziel des Willens Gottes erfüllen, der das Menschengeschlecht am Anfang als eines gegründet und beschlossen hat, seine Kinder aus der Zerstreuung wieder zur Einheit zu versammeln« (LG 13). Das letzte Ziel heißt also »Einheit«, man könnte auch sagen: »Trinitarisierung« der ganzen Wirklichkeit: Was Gott als trinitarischer Gott ist, sollen und dürfen wir werden, nämlich eine »Communio-Einheit«, d.h. Einheit aus Vielheit, Vielheit in Einheit. Im Bild gesagt: Es geht darum, »Leib Christi« zu werden, so eng untereinander vernetzt wie die ganz unterschiedlichen Glieder und Organe eines Leibes, einander verbunden in gegenseitigem Lebensaustausch, um so mit Christus als »Haupt« und dem Heiligen Geist als »Seele« den einen Leib Christi zu bilden »zur Ehre Gottes des Vaters«.

§ 2 Kirche – Bild des drei-einen Gottes

Genau damit ist nun das tiefste Wesen der Kirche umrissen, die vom 2. Vatikanischen Konzil als »Abbild« des drei-einen Gottes verstanden wird (vgl. UR 2). Und die Kirche ist nur dann wahrhaft Kirche, wenn sie sich darum müht, dieses ihr trinitarisches Bildsein mehr und mehr zu verwirklichen – als Gottesvolk auf dem Weg zur endgültigen Einheit.

In einem wichtigen Dokument der sog. Dialogkommission der römisch-katholischen Kirche und der orthodoxen Kirchen steht der Satz: »Die Kirche macht kund, was sie ist: das Geheimnis der trinitarischen Koinonia [= Communio].« Dieses Wort, wonach die Kirche die eigentliche Kundgabe und das wahre Bild der Trinität ist, hat eine lange Geschichte. Schon bei Cyprian (+ 258) findet sich die Aussage, dass die Kirche »das von der Einheit des Vaters, des Sohnes und des Heiligen Geistes her geeinte Volk Gottes ist,« ein Wort, das vom II. Vaticanum aufgegriffen wurde (LG 4). Schon vorher hatte Tertullian (ca. 150–220) geschrieben: »Wo drei, der Vater, der Sohn und der Geist sind, ist auch die Kirche, … welche den Leib der drei bildet.[60] Welch unerhörtes Bild! Die Kirche – der »Leib«, also die »Ausdrucksgestalt« des dreifaltigen Gottes. Auf dieser Linie heißt es auch im Ökumenismusdekret des letzten Konzils: »Das höchste Vorbild und Urbild der Kirche ist … die Einheit des einen Gottes, des Vaters und des Sohnes im Heiligen Geist in der Dreiheit der Personen« (UR 2).

Die so als »Bild des drei-einen Gottes« bestimmte Kirche wird weiter als »sacramentum unitatis« – »als Sakrament der Einheit« definiert. Dabei ist »Einheit« im doppelten, aber unbedingt zusammengehörigen Sinn zu verstehen: Einheit zwischen Gott und Mensch *und* Einheit der Menschen untereinander. Auch das Wort »Sakrament« bezeichnet ein Zweifaches (vgl. LG 1): Damit ist sowohl gemeint, dass die Kirche *Zeichen* der anfänglich schon in ihr beginnenden Gemeinschaft (mit Gott und untereinander) ist, wie auch dass sie gebraucht wird als *Werkzeug, Instrument, Mittel* dafür, dass die erst im Bruchstück in ihr verwirklichte Communio Menschen und alle Bereiche der Welt erreicht und Hoffnung auf die endgültige verheißene Communio, auf das vollendete Reich Gottes, überall aufgerichtet wird. Communio und Missio – anhebende Gemeinschaft und universale Sendung – sind somit die Grundbewegungen der Kirche, wie sie in Wort und Verhalten Jesu sowie in der Sammlungs- und Sendungsbewegung seiner Jünger erscheint. Sammlung »nach innen«, auf das Zentrum hin; Sendung »nach außen«, auf die Peripherie zu. Keiner der beiden Faktoren darf fehlen, will die Kirche ihren Dienst am anbrechenden Reich Gottes erfüllen. Ja, eigentlich ist, solange die Geschichte währt, entscheidender als Communio die *Missio.* Denn dafür *ist* Kirche, dafür ist ihr Zeit gegeben, dass sie werkzeuglich mittätig ist am Ziel der »Communialisierung«, ja der »Trinitarisierung« aller Wirklichkeit. Ihre Communio hat sich als Missio zu vollziehen (siehe dazu ebenso S. 221 f).

Damit ist auch schon angedeutet, dass Kirchesein und Kirchewerden *allen* Jüngern als Gabe und Aufgabe überantwortet ist. Zur Weitergabe der Frohen Botschaft vom Reich Gottes, zur gegenseitigen Liebe und zum Einstehen für die Notleidenden und Außenstehenden sowie zum Gottes-Dienst (der sowohl die alltägliche Lebenshingabe in der Nachfolge Jesu wie auch das liturgische Ein-Gehen in die *eucharistia* Christi, d.h. in den Lobpreis Gottes meint) sind *alle ohne Ausnahme* berufen, befähigt und herausgefordert. Deshalb sagt auch das 2. Vatikanische Konzil: »Eines ist also das auserwählte Volk Gottes …; gemeinsam die Würde der Glieder …, gemeinsam die Gnade der Kindschaft, gemeinsam die Berufung zur Vollkommenheit, eines ist das Heil, eine die Hoffnung und ungeteilt die Liebe. Es gibt also in Christus und in der Kirche keine Ungleichheit. … Wenn auch einige nach Gottes Willen als Lehrer, Ausspender der Geheimnisse und Hirten für die anderen bestellt sind, so waltet doch unter allen eine wahre Gleichheit in der allen Gläubigen gemeinsamen Würde und Tätigkeit zum Aufbau des Leibes Christi« (LG 32).

So stellt sich aber nun die Frage, was es denn genau bedeutet, dass »einige … als Lehrer, Ausspender der Geheimnisse und Hirten für die anderen bestellt sind«, wenn doch die Kirche eine Gemeinschaft von grundsätzlich Gleichen ist.

Eine erste Antwort ist bereits in der Grundbestimmung der Kirche als »Bild der Trinität« beschlossen. Denn »trinitarische Einheit« ist weder Uniformität (Vater, Sohn und Geist sind nicht ein- und dieselbe Person, sondern *verschiedene*), noch das Resultat einer addierten Vielzahl (Vater, Sohn und Geist bilden keine »Göttergemeinschaft«), vielmehr ist sie die Einheit eines »interpersonalen Beziehungsnetzes«, in dem die verschiedenen göttlichen Personen so eng miteinander verbunden sind, dass sie sich gegenseitig das eine göttliche Leben vermitteln.

Die Theologie spricht hier von »perichoretischer Einheit«: Das, was der einzelnen göttlichen Person je besonders zukommt, das also, was sie als »Vater«, »Sohn« und »Geist« kennzeichnet, kommt ihr im gemeinsamen »interpersonalen Beziehungsgefüge« zu; aber dieses »Besondere« ist nichts »Exklusives«, etwas, was sie von den beiden anderen unter-»scheidet«, im Sinne von trennt, absondert, vereinzelt, vielmehr hat sie es in der Weise zu eigen, dass es durch sie zugleich auch den andern zukommt und mit dem »Besonderen« der andern sich zum Ganzen des göttlichen Lebens zusammenfügt.

Das mag »abstrakt« klingen, erweist aber seine konkrete »Brisanz« sogleich, wenn man auf die Kirche blickt. Als »Bild der Trinität« hat auch sie eine »perichoretische Einheit« zu sein, d.h. eine Gemeinschaft, in der jeder einzelne sein Besonderssein (seine besondere Berufung) im Zusammenhang der kirchlichen Communio findet, in der jeder einzelne teilhat am Besonderssein des andern. Von daher dürfen alle Unterschiede in der Kirche (ob man nun Amtsträger oder Laie, Ordens- oder Weltchrist, Verheirateter oder Eheloser, ein zu Kontemplation oder Aktion Berufener ist) nicht als etwas exklusiv Unterscheidendes, ja Trennendes gesehen werden, das die Einzelnen als ihre »höchstpersönliche« Berufung, ihr besonderes Privileg, ihre spezifische Machtbefugnis betrachten und dafür Respektierung seitens der »anderen« einfordern und gegebenenfalls erstreiten. Vielmehr sind alle unterschiedlichen Begabungen, Funktionen und Stellungen in der Kirche in Analogie zum trinitarischen Leben Gottes zu betrachten. Und hier gilt: Was dem einen gehört, gehört auch dem andern, was der eine hat, besitzt auch der andere, was der eine vollbringt, vollzieht er zusammen mit den andern und in den andern. Das bedeutet, dass in der Kirche jeweils der Einzelne mit seiner ganz spezifischen, je unterschiedlichen Berufung und Befähigung auf besondere und ausdrückliche Weise das tut oder erleidet, was im Prinzip allen zu tun oder zu ertragen ansteht, und dass alle das besondere Tun und Erleiden des Einzelnen als ihr Gemeinsames anerkennen und entgegennehmen. So ist die Kirche als Bild der Trinität eine Gemeinschaft von Gleichen, worin es aber unterschiedliche Berufungen Charismen und Aufgaben gibt, die alle im gegenseitigen Dienst stehen. Was ist darin der ursprüngliche »Ort« des kirchlichen Amtes?

Zur Beantwortung blicken wir zunächst in die Heilige Schrift.

2. Kapitel
Geschichtliche Grundlinien und Grundfragen

§ 1 Neutestamentliches Amtsverständnis

1. Vorösterliche Jüngersendung

Als historisch sicher darf gelten, dass Jesus selbst zu seinen Lebzeiten Menschen Anteil an seiner eigenen Sendung im Dienst für die anbrechenden Gottesherrschaft, also für die endgültige Communio Gottes mit den Menschen und der Menschen untereinander, gab (vgl. z. B. Mk 3, 13 f; 6, 6b–13parr). Auffällig ist – so Gerhard Lohfink : »Jesus ruft nicht alle in seine Nachfolge … Es gibt kein Jesuswort, in dem er das gesamte Volk zur Jüngerschaft beziehungsweise zur Nachfolge auffordert. Vor allem aber macht er das Jüngersein nirgendwo zur Bedingung für die Teilhabe an der Gottesherrschaft.«[61] Letztere gilt allen: Alle werden durch ihn zur Gemeinschaft mit Gott gerufen; allen gelten die Verheißungen des Evangeliums. Zum Jüngersein dagegen ist nur eine Minderheit angesprochen, und auch diese ist in sich noch einmal differenziert. Unter den besonders berufenen Jüngern gibt es solche, die »inhaltlich voll und ganz« das zu tun haben, was Jesus selbst tut.[62] Ganz wie er müssen sie das bevorstehende Kommen des Reiches verkünden und dessen Zeichen wirken: »Heilt Kranke, weckt Tote auf, macht Aussätzige rein, treibt Dämonen aus« (Mt 10, 8). Bis in ihre Lebensform (Armut, Verfügbarkeit, Entschiedenheit) hinein müssen sie ihm gleichen. Somit sind sie nicht nur »Boten«, sondern beauftragte Zeugen, Mitarbeiter, »Repräsentanten« Jesu. Dabei gründet ihr Zeugnis und ihre Vollmacht nicht in einer Art von juridischer Bevollmächtigung, sondern in einer die ganze Existenz bestimmenden Sendung, die dem persönlichen Mit-Sein des Jüngers mit Jesus entspringt. Weil sie »zu ihm« gehören, ja »mit ihm« sind (Mk 3, 14) können und sollen sie ihn und seine »Sache« auch wirksam dorthin weitertragen, wohin er selbst kommen will (vgl. Lk 10, 1).[63] Wenn in der nachösterlichen Kirche diese Vollmacht als Übertragung der Binde- und Lösegewalt verstanden wird, kraft deren die Jünger wirksam vor Gott handeln und Heil und Gericht zusprechen (Mt 18,18), oder wenn ihre Sendung als Weitergehen der Sendung Jesu ausgelegt wird (»Wie mich der Vater gesandt hat, so sende ich euch« (Joh 20,21), so wird hier nur etwas entfaltet, was grundsätzlich bereits in der vorösterlichen Jüngersendung angelegt ist. Gewiss geht diese nicht einfach »bruchlos« in der nachösterlichen apostolischen Sendung weiter. Doch gibt es eine grundsätzliche Kontinuität, die leicht übersehen wird, wenn man die vorösterliche Jüngermission als »eschatologische Zeugenschaft« vom späteren apostolischen und erst recht vom »priesterlichen« Amt absetzt. Denn beide Male geht es um vom Herrn ermächtigte Sendung und Zeugenschaft; beide Male steht der Gesandte in Sein und Wirken für den ihn Sendenden. Die tatsächlich bestehende Differenz hat ihren Grund in der verschiedenartigen »eschatologischen Situation«, in der Sendung geschieht: Zu Jesu Lebzeiten werden die Jünger beauftragt, das nahe bevorstehende Kommen des Reiches Gottes in Wort und sichtbaren Machtzeichen anzukündigen. Die nachösterliche Jüngerschaft bezeugt dagegen den in Jesu Geschick schon geschehenen Anbruch des Reiches. In seiner Auferstehung und in der Geistsendung hat das Reich bereits die Welt unrücknehmbar erreicht (wenn auch erst unter den Bedingungen geschichtlicher Vorläufigkeit und Fragmentarität). Denn der Bund zwischen Gott und Mensch ist für immer bestätigt; der Geist der Endzeit befähigt schon zu einem neuen Leben in gelingender Gemeinschaft mit Gott und untereinander; in den christlichen Gemeinden und deren brüderlichem Lebensstil wird bereits »vorweggenommen, was es um die kommende Welt und das ewige Leben ist«.[64]

Weil in der Auferstehung Christi das endzeitliche Gottesreich, der definitive, allumfassende Wille Gottes zur Gemeinschaft mit den Menschen, angebrochen ist, hat sich das ursprüngliche »eschatologische Zeugenamt« nicht mehr nur als Ankündigung, sondern nun als umfassender einheitsstiftender und heilsmittlerischer Dienst zu verwirklichen an der Welt und vor allem an jener Gemeinschaft, die ganz vom Kommen des Reiches her lebt: am Volk Gottes. Gleich geblieben ist der Urgrund von Sendung: Wie die vorösterliche Jüngersendung in der Sendung durch Jesus wurzelte, so entspricht auch das apostolische Amt einer besonderen Beauftragung durch den Herrn.

2. Paulus als Beispiel des apostolischen Amtes

(a) »Von Gott berufen«

Das wird besonders deutlich am Amtsverständnis und an der Amtsausübung des Apostels Paulus, der schon in der Alten Kirche als »der« Apostel schlechthin angesehen wurde.[65] Wie es schon von der Jüngerberufung durch Jesus heißt, dass die gerufen wurden, »die er erwählt hatte« (Mk 3,13), so versteht sich auch Paulus zu seinem Dienst von Jesus Christus, ja von Gott selbst, nicht von der Gemeinde gerufen (vgl. 1 Kor 1,1; 2 Kor 1,1). »Paulus, zum Apostel berufen, nicht von Menschen oder durch einen Menschen, sondern durch Jesus Christus und durch Gott, den Vater, der ihn von den Toten auferweckt hat« (Gal 1,1). Wie er diesen seinen Dienst versteht, läßt sich besonders aus einem Abschnitt aus dem 2. Korintherbrief (2 Kor 5,14–6,1) ersehen:

14: »Die Liebe Christi drängt uns, da wir erkannt haben: Einer ist für alle gestorben, also sind alle gestorben.
15: Er ist aber für alle gestorben, damit die Lebenden nicht mehr für sich leben, sondern für den, der für sie starb und auferweckt wurde …
17: Wenn also jemand in Christus ist, dann ist er eine neue Schöpfung: Das Alte ist vergangen, Neues ist geworden.
18: Aber das alles kommt von Gott, der uns durch Christus mit sich versöhnt und uns den Dienst der Versöhnung aufgetragen hat.
19: Ja, Gott war es, der in Christus die Welt mit sich versöhnt hat, indem er den Menschen ihre Verfehlungen nicht anrechnete und uns das Wort von der Versöhnung (zur Verkündigung) anvertraute.
20: Wir sind also Gesandte an Christi Statt, und Gott ist es, der durch uns mahnt. Wir bitten an Christi Statt: Lasst euch mit Gott versöhnen!
6,1: Als Mitarbeiter Gottes ermahnen wir euch, dass ihr seine Gnade nicht vergebens empfangt.«

Wichtig zum Verstehen dieses bedeutsamen Textes ist der größere Zusammenhang, in dem er steht: Paulus muss im 2. Korintherbrief seinen apostolischen Dienst der Evangeliumsverkündigung, den er als διακονία πνεύματος, als »Dienstamt des Geistes« (3,8), versteht, vor der Gemeinde rechtfertigen. Ausgangspunkt seiner Argumentation ist das Erlösungsgeschehen in Christus. Paulus ist betroffen von der Liebe Christi (V. 14), die in seiner Todeshingabe und Auferweckung für uns erfahrbar wurde. Damit ist das Zentrum des christlichen Glaubens genannt. Durch den auferstandenen Herrn ist das Alte vergangen und alles neu geworden (V. 17). Warum? Weil Versöhnung, d.h. *Einheit* aus Zerspaltenem, voneinander Getrennten und Entfremdeten, also das tiefste Wesen des Werkes Christi, die Welt schon unrücknehmbar erreicht hat. In V. 19 wird der letzte Urheber des Heilsgeschehens – Gott, der Vater – genannt und dann sogleich angefügt: »Er hat uns durch Christus mit sich versöhnt und uns den Dienst der Versöhnung aufgetragen.«

An entscheidender Stelle also, wo Paulus die Mitte des christlichen Glaubens, Kreuz und Auferstehung Christi, thematisiert, kommt er geradezu im gleichen Atemzug auf den tiefsten Grund und das tiefste Wesen seines apostolischen Amtes zu sprechen: Mit der entscheidenden Heilstat der Versöhnung hat Gott zugleich das Amt der Versöhnung[66] eingesetzt, mitgesetzt. Im Versöhnungsgeschehen des Kreuzes Christi hat Gott beides in einem getan: Er hat uns durch Christus mit sich versöhnt *und* das Amt der Versöhnung gestiftet. Beides ist aufs engste miteinander verklammert. Das Amt ist also »nicht etwa später hinzugekommen, vielleicht gar menschlicher und zwar missionarischer Initiative entstammend,«[67] nein, es ist im Heilsgeschehen von Kreuz und Auferstehung mitgesetzt. Gottes Heilstat in und durch Jesus Christus und die Einsetzung des entsprechenden Dienstes werden also in einer einzigen Geschehenseinheit zusammengesehen. Die eine Tat Gottes schenkt sowohl das Heil (Versöhnung, d.h. Einheit des voneinander Getrennten) als auch den damit beauftragten Heilsdienst. Beides gehört untrennbar zueinander. So kann Paulus in V. 20 in einer Kurzformel sein Selbstverständnis als Amtsträger angeben: »Wir sind also Gesandte an Christi Statt!« Und das bedeutet soviel wie: »Gott selbst ist es, der durch uns mahnt« (V. 20b). Das gleiche wird nochmals wiederholt, so als ob es nicht oft genug gesagt werden könnte: »Wir bitten an Christi Statt!« Erich Dinkler fasst zusammen:

> »Dreimal also wird hervorgehoben, dass Gott bzw. Christus der Auffordernde, Einladende und Rufende ist, dass die Verkündigung nicht der Einsicht und Weisheit des Apostels entstammt. Im folgenden Ruf ist vielmehr Gott gegenwärtig, ist Christus der eigentliche

Einladende, der Apostel ist Botschafter seines Kyrios. So autorisiert, das eigene Wort als Gottes und Christi Wort nur sprechend, nur Mund und nicht Autor seiend, ruft Paulus: Lasset euch versöhnen mit Gott!‹«[68]

Gott (der Vater) ist somit der letzte Urheber des Heilsgeschehens, und doch wirkt er durch und in Christus *und* in der ekklesial-amtlichen Vermittlung, das heißt durch und in dazu besonders Beauftragten. Diese sind mithin im eigentlichen Sinn *Mitwirkende Gottes*. Eben dies wird ausdrücklich in 6,1 zum Ausdruck gebracht: »Als *Mitarbeiter Gottes* ermahnen wir euch.«

Das Wort von der Versöhnung, das den Mit-Wirkenden anvertraut ist, darf aber nicht einfach nur als Predigt »über« das Heil verstanden werden. Biblischem Verständnis gemäß meint »logos« zugleich die damit bezeichnete Wirklichkeit. Daher ist mit »Wort der Versöhnung« nicht nur die gepredigte frohe Botschaft gemeint, sondern die *Wirklichkeit* des Evangeliums selbst, die zu-gesprochen *und* zu-gewirkt wird. Das im Heilsgeschehen mitgestiftete Amt hat also zur Aufgabe, die von Gott in Jesus Christus schon geschehene Versöhnung, also die Einheit von Gott und Mensch und daraus entspringend die Einheit der Menschen untereinander (und die Einheit im eigenen Herzen) weiterzuvermitteln, so dass sie für alle Menschen und Zeiten wirksame Gegenwart werden kann. Diese Vermittlung geschieht auf ganz konkrete Weise: vor allem durch das vergebende, tröstende und ermutigende Wort des Evangeliums und durch die Gründung und Leitung von Gemeinden, die als »Licht in der Welt« und »Stadt auf dem Berge« (Mt 5,14) einen ersten Vorschein der neuen Welt Gottes verwirklichen: Einheit und Liebe, Gerechtigkeit und gegenseitige Hilfeleistung, Freude und Frieden.

(b) »Für Christus, nicht vor Christus«

In diesem Dienst der Heilsvermittlung agieren nicht Menschen, die aus eigener Tüchtigkeit heraus handeln, sondern Beauftragte, welche »die Stelle Christi vertreten«. Diese an sich biblische Bezeichnung (vgl. 2 Kor 5,20) ist missverständlich. Sie könnte den Gedanken assoziieren: Weil Christus abwesend ist, eben darum bedarf er der Stellvertreter. Doch dies wäre absurd. Denn der Herr ist ja in seiner Kirche anwesend, und das in seinem Heilswerk mitgestiftete Amt soll nicht die Unmittelbarkeit zu ihm verstellen, sondern gerade vermitteln. Dies geschieht dadurch, dass das kirchliche Amt Christus selbst repräsentiert, d.h. im Zeichen, Wort und Tun vergegenwärtigt und als dessen Realsymbol und Transparenz (Sakrament) ihn selbst aufleuchten lässt. Um einen (unzulänglichen) Vergleich zu nehmen: So wie ein Zimmerfenster nicht den Kontakt zwischen der Wirklichkeit draußen und drinnen verhindert, sondern gerade erwirkt, so bedeutet auch amtliche Heilsvermittlung nicht Zerstörung der Unmittelbarkeit zu Christus, sondern deren Ermöglichung. Dieses realsymbolische Verhältnis Christus – Amt wiederholt auf analoge Weise das Verhältnis Gott (Vater) – Jesus Christus. Denn Jesus Christus ist der Repräsentant des Vaters. »Wer mich sieht, sieht den Vater« (Joh 14,9). Sein Handeln setzt sich aber nicht so an die Stelle des Vaters, dass es die Unmittelbarkeit zu ihm verstellt, vielmehr ist sein Tun ein sichtbarmachendes Mit-Tun mit dem Vater, der in ihm zugegen ist: Die Werke, die Jesus tut, »vollbringt der Vater, der in mir bleibt« (Joh 14,10). So steht Jesus nicht *zwischen* den Menschen und dem Vater, sondern er ist die sichtbare Unmittelbarkeit des Vaters, und die Menschen sind in ihm unmittelbar beim Vater.[69] In ähnlicher Weise steht auch der mit dem Amt der Versöhnung Beauftragte nicht an Stelle des abwesenden Herrn, sondern dieser selbst handelt in ihm und gibt so einem Menschen Raum zum Mitwirken für andere. So ist die »›Christus-Repräsentation‹ des Amtes … nicht etwa ein Ausdruck dafür, dass Christus die Kirche verlassen hätte, sondern im Gegenteil dafür, dass er mittels der ihn repräsentierenden Amtsträger sein Heilswerk zu Ende führt.«[70] Das (Mit-)Wirken der beauftragten Mitarbeiter besteht gerade darin, dass sie Christus, den Herrn der Kirche, sichtbar und hörbar machen, dass sie Zeichen für ihn sind und sein Heil sakramental vergegenwärtigen = repräsentieren. Sie stehen ihm damit nicht »im Wege«, sondern sind der (besser: ein) Weg, auf dem sein Heilswerk, die Befähigung zur allumfassenden Communio, die Menschen erreicht. So sind sie keine Instanz zwischen Christus und Gemeinde, sondern auf Grund der doppelten Relation, in der sie stehen (in Dienst genommen *von Christus – für die anderen*), sind sie reine Vermittlung, d.h. sie erwirken (vermittelte) Unmittelbarkeit. Darum sind die Empfänger des Heils zwar auf die amtlich-zeichenhafte Vermittlung verwiesen, aber nicht so, dass sie durch diese Vermittlung von Christus getrennt sind und statt an ihn nur an seinen »Vertreter« gebunden wären, sondern so, dass sie in der sakramentalen Vermittlung Gott selbst in seinem Handeln für die Welt und in seiner Selbstmitteilung an die Welt begegnen.

Amt gehört zu der Weise, wie Gott sich dem Menschen mitteilen will. So bemerkt Hans v. Campenhausen zu Recht: »Alle menschlichen ›Mitarbeiter Gottes‹ können zu dieser entscheidenden Unmittelbarkeit ihrerseits nur helfen; sie gehören also der Gemeinde und nicht umgekehrt … *Für* Christus, aber nicht *vor* Christus steht der Apostel in seiner Gemeinde.«[71] Gerade deshalb ist auch für Paulus die Ohnmacht des Amtes, das Versagen des Beauftragten, »die Schwachheit des Predigers, die Dürftigkeit seiner Redeweise … ohne Belang.«[72] Nicht der Apostel hat die Fähigkeit, Menschen das Heil mitzuteilen; die ganze Fähigkeit seines Wirkens kommt vielmehr von Gott her (2 Kor 3,5), ist Gottes Kraft in menschlicher Schwachheit (2 Kor 12,9.10). Darum polemisiert Paulus gegen Christen, die seinem Dienst eine persönlich-nachweisbare Legitimation abfordern: etwa geistbegabte Reden, charismatische Fähigkeiten, Wunderkräfte, Ekstasen. Seine Legitimation ist die Berufung und Sendung durch Christus und nichts anderes. Wer sich dagegen des apostolischen Amtes selbst für fähig hält und dafür persönliche Fähigkeiten vorweist, ist wie ein »Markthändler«, der seine eigene Ware feilbietet (vgl. 2 Kor 2,7). Solche Händler unterziehen das Evangelium dem »Wechsel zwischen Angebot und Nachfrage. Damit aber verraten sie, dass es ihnen nicht auf die Evidenz der Sache ankommt. Sie wird anderen, sachfremden Kriterien, nämlich den Gesetzen des Marktes, unterworfen.«[73] Wer sich selbst vordrängt, verstellt gerade das Wesentliche, dass nämlich *Gott* es ist, der im Apostel als seiner eigenen vermittelten Unmittelbarkeit Versöhnung, Einheit und Heil anbietet und dadurch den glaubenden Empfänger an sich (und nicht an das Amt) bindet.

Mag auch die These von Heinrich Schlier einseitig und übertrieben sein: »Niemals versteht sich der Apostel als Exponent seiner Gemeinden, sondern immer … als ihr mit ihnen wesentlich verbundener ›Kontrahent‹«[74], richtig ist: Für Paulus ist »die Einsetzung eines Amtes der Verkündigung … Gottes Tat«; es gehört »mit zum Heilsereignis hinzu«, »zu jenem Gnadengeschenk also, das ›ek tou theou‹ ist«.[75] In der Verwiesenheit auf das Amt erfährt mithin die Kirche und der einzelne Glaubende auf sakramental-zeichenhafte Weise das Voraus des Gnadenhandelns und der Autorität Jesu Christi. In diesem Sinn steht der Apostel auch im Gegenüber zur Gemeinde und übt sein Amt aus der besonderen Beauftragung durch den Herrn als dessen mitwirkender »Repräsentant«, ja (sakramentaler) »Statthalter« aus.

(c) Paulus und die Gemeinde

Dass und wie Paulus dies getan hat, bezeugen alle uns erhaltenen Briefe. Auf der einen Seite erfahren wir, wie sehr Paulus die Fähigkeiten und Begabungen der einzelnen Christen für den Aufbau und das Leben der Gemeinde schätzt. Auf der andern Seite aber hebt er – auch wenn er sein Amt »charismatisch«, d. h. in der Kraft und Befähigung des Geistes, ausübt – sein amtlich-apostolisches Wirken von jedem noch so geistlich-charismatischen Tun der Gemeinde ab. Er spricht autoritativ im Namen des Kyrios (vgl. 2 Kor 13,3) und gibt Weisungen in seiner Vollmacht. Er beansprucht, die Charismen zu prüfen und zu regulieren, »und zwar in kirchenordnender und mit kirchenrechtlicher Gewalt.«[76] Alle seine Briefe zeigen: »Paulus bittet und rät, ermuntert und mahnt, aber er fordert auch und droht, beschwört und beschämt, erbarmt und weist zurecht, schärft ein und ordnet an, verbietet und bestraft. Man darf das autoritative und gebieterische Moment gewiss nicht überbetonen (vgl. 2 Kor 1,24; 8,8), aber man darf es auch nicht unterschlagen und die apostolischen Weisungen zu taktvollen Empfehlungen und guten Ratschlägen verharmlosen.«[77] Paulus weiß: »Der erhöhte Herr ist im Geist und durch ihn gegenwärtig«[78]. Deshalb besitzt er eine spezifisch apostolische exousia (= Vollmacht), von der er, Paulus, Gebrauch machen und kraft derer er Gehorsam erzwingen kann (vgl. Phlm 8; 2 Kor 13,10). In dieser exousia trifft er Regelungen für die Ordnung der Geistesgaben. Wer von den Pneumatikern dies nicht anerkennt, der wird auch von Gott im Endgericht nicht anerkannt: Es ist wohl nicht von ungefähr, dass Paulus diese seine apostolische Autorität besonders der »charismatischen« Gemeinde von Korinth gegenüber zur Geltung bringt und rechtfertigt. Ihr gegenüber kann er die geradezu ärgerlichen Worte schreiben: »Wenn einer meint, Prophet zu sein oder geisterfüllt, soll er in dem, was ich euch schreibe, ein Gebot des Herrn erkennen. Wer das nicht anerkennt, wird nicht anerkannt« (1 Kor 14,37). Mit anderen Worten: Eine charismatische Begabung erweist sich gerade darin, dass ihr Träger der autoritativen apostolischen Weisung zustimmt.

In nicht wenigen Äußerungen zur Amtstheologie der letzten Jahre wird die Gemeinde von Korinth als exemplarisch für ein künftiges neues Kirchen- und Amtsverständnis vorgestellt. In Korinth – so kann man lesen und hören – gab es nicht eigentlich Amtsträger, sondern nur eine Vielzahl von verschiedenen, sich ergänzenden Charismen = geisterfüllten Diensten, deren Autorität in der erwiesenen Geistbegabung, nicht aber in einer (formalen) amtlichen Sendung und Beauftragung gründete.

Dieses Bild von der korinthischen Gemeinde dürfte jedoch kaum der Wirklichkeit entsprechen. Es lässt sich nämlich nicht bestreiten, dass es schon zu Lebzeiten der Apostel unter deren Aufsicht örtliche Gemeindeleiter gab, die an den apostolischen Vollmachten Anteil hatten. Mit den Aposteln zusammen sind sie den übrigen Gläubigen gegenüber »Mitarbeiter Gottes« (1 Kor 3,9). Dies gilt besonders auch von den paulinischen Gemeinden.[79] Wenn dieser Sachverhalt in den Korintherbriefen nicht ausdrücklich erwähnt wird, ist zu bedenken, dass das Problem der Gemeinde von Korinth das der Einheit war, die angesichts der Fülle der verschiedenen Charismen auseinanderzubrechen drohte. Darum insistiert Paulus gerade darauf, die reiche Fülle und Mannigfaltigkeit der Geistesgaben in ihrer Verschiedenheit zur Einheit zusammenzufügen. Durch diese situationsbedingte Hervorhebung der Charismen kann der Eindruck entstehen, ein besonderes Amt oder besondere Ämter hätten in der korinthischen Gemeindeordnung keinen Platz gehabt. Da sich aber dieser Sachverhalt in den übrigen paulinischen Gemeinden anders darstellt, dürfte das Bild von einer rein charismatischen Gemeinde in Korinth ein ungeschichtliches Konstrukt sein.

Ferner übersieht man gewöhnlich, dass gerade dieser Gemeinde gegenüber, die sich ihrer Charismen rühmt, Paulus seine ganze »Amts«-Autorität einsetzte. Eben weil der Apostel selbst verfügbar blieb, und zwar durch eigene Präsenz, durch Abgesandte oder Briefe (wobei Brief und Abgesandte den Apostel selbst »repräsentierten«), brauchten auch zu seinen Lebzeiten die Amtsstrukturen in der Gemeinde noch nicht bis ins Letzte geordnet zu werden.[80] Diese Notwendigkeit ergab sich erst nach dem Tod der Apostel.

Somit bleibt nach wie vor in Geltung, was schon A. v. Harnack[81] gegen R. Sohm geltend gemacht hat: »Dass aber der Charakter einer sei es auch spezifisch charismatischen Organisation, auch nur für kurze Zeit, geschweige in ihrem zeitlichen Fortgang, lediglich auf dem Charisma zu verharren vermag, kann nicht zugestanden werden. Das wäre nur dann der Fall, wenn es nur Prophetensprüche, aber keine Propheten, nur Lehrworte, aber keine Lehrer, nur Leitungen, aber keine Leiter gäbe, vielmehr alles nur stoßweise erfolgte. So aber ist es nie gewesen und kann niemals so sein.«

Schließlich ist bezüglich des von manchen »beschworenen« exemplarischen Charakters der Gemeinde von Korinth mit Alois Müller zu sagen:

> Werden charismatische Kirchenstrukturen »im Namen einer aufgeklärten Theologie gegen einen theologischen Autoritätsmythos ins Feld geführt, so muss ihm doch selber der Vorwurf der Irrationalität entgegengehalten werden. Es ist irrational, ›charismatische‹ Begabungserweisepflicht mit

einer kategorialen Manifestation des Geistes gleichzusetzen und gegen rationale Strukturen auszuspielen. Und es ist irrational im Sinne der Verkennung anthropologischer Gegebenheiten, wenn man einer Gruppe, einer Bewegung schlechtweg die soziologische Entwicklung versagt und sie auf einen gruppensoziologischen Urzustand festnageln will, bei dem tatsächlich eine fließende Charismatik zum Zusammenhalt der Gruppe genügt.«[82]

Eines ist sicher: Paulus übt eine ihm vom Herrn übertragene Autorität gegenüber der Gemeinde aus. Ja, der evangelische Theologe Hans v. Campenhausen meint sogar – m. E. schon überzogen – formulieren zu müssen: Er steht »über der Gemeinde. Er ist ihr nicht als ›Glied‹ eingeordnet, sondern hat durch seine unmittelbare Christus-Berufung gleichsam einen eigenen Ursprung. Die Propheten – und ebenso die Lehrer und alle sonstigen Geistesmänner – stehen aber durchaus innerhalb der Gemeinde und damit auch unterhalb des verpflichtenden Zeugnisses, das sie von dem Apostel erhalten haben.«[83] Doch stellt Paulus, wenn irgend möglich, ein autoritatives Eingreifen in das Leben der Gemeinde zurück und greift statt dessen eher zur bittenden Ermahnung. Er kommt lieber »im Geist der Liebe und der Sanftmut« als »mit dem Stock« (1 Kor 4,21). Er weist Philemon nicht an, sondern bittet ihn »um der Liebe willen« (Phlm 8). Statt auf seine Autorität als Apostel Christi zu pochen, ist er zu den Thessalonichern »liebevoll wie eine Mutter, die ihre Kinder an sich drückt« (1 Thess 2,7). Das schränkt aber seine grundsätzliche Vollmacht nicht ein.

Gleiches gilt auch von der Beziehung des apostolischen Dienstes zu den anderen Charismen. Paulus kann tatsächlich sein Amt auch neben die anderen Dienste und Beauftragungen in der Gemeinde stellen (vgl. 1 Kor 12,28). Umgeben von vielen anderen Beauftragungen und Diensten (für deren Anerkennung und Respektierung er sich einsetzt: vgl. 1 Thess 5,12 f; 1 Kor 16,5 f), übt er seine apostolische Sendung aus. So stehen neben Paulus Mitarbeiter und Mitarbeiterinnen, mit denen er gemeinsam seinen missionarischen Auftrag ausübt; von ihnen werden einige wiederum selbst zu Gemeindegründern. Auch die Erstbekehrten einer Stadt und/oder solche, die ihr Haus für die Gemeindeversammlung zur Verfügung stellten und Hausgemeinden leiteten,[84] genossen Wertschätzung, Ansehen und Autorität.[85] Paulus ist also keineswegs der einzige Bezugspunkt der Gemeinde und das einzige »Instrument«, durch das Christus handelt. Dennoch ist er als »Diener Christi und Verwalter der Geheimnisse Gottes« (1 Kor 4,1) mit einer unverwechselbar besonderen Aufgabe vom Herrn selbst betraut, nämlich ihn zu »repräsentieren« = zu vergegenwärtigen und auf die Einheit der Gemeinde bedacht zu sein. Freilich nicht nur der (einzelnen) Gemeinde! Durch Austausch im Glauben, durch Reisen, Briefe, gegenseitige Hilfeleistungen und nicht zuletzt durch gegenseitige Fürbitten ist der Apostel zugleich das Einheitsband vieler Gemeinden.

Wird in all dem seine besondere Autorität deutlich, so ist diese doch grundsätzlich, ja in ihrem eigentlichen Wesen dadurch begrenzt, dass es nicht seine eigene Autorität, sondern die des Herrn ist, die in ihm erscheint. Die Gemeinden gehören nicht dem Apostel und sind nicht ihm unterstellt, sie gehören Christus selbst und leisten dem im Apostel »vergegenwärtigten« Herrn Gehorsam. Und nicht zuletzt ist zur rechten Einschätzung der apostolischen Autorität zu beachten: Als Person ist der Apostel wie alle anderen auf das Erlösungswerk Christi angewiesen. So erscheint er – wie E. Schlink treffend formuliert –

> »in der Selbstbeurteilung als der größte Sünder, als Missgeburt, als Auswuchs, als Abtreter, als der Unwerte, als der von Dämonen Geschlagene … Der Apostel steht als Zeuge der Gemeinde gegenüber und bringt ihr alles, und zugleich gilt: Der Apostel steht als gerechtfertigter Sünder unter dem Herrn und ist vor ihm nichts. So leben die Apostel wie jeder Christ von der Bezeugung des Trostes durch die Gemeinde. Sie leben von der Fürbitte der Gemeinden; immer wieder lesen wir, wie Paulus darum bittet, dass sie für ihn beten, auf dass sein Werk vorwärts gehe, seine Traurigkeit von ihm genommen werde usw. So leben die Apostel vom Dienst der Gemeinde. Sie sind nicht nur von leiblichen Gaben und Dienstleistungen, sondern auch von den geistlichen Gaben der Stärkung und der Tröstung, die die Gemeinden ihnen darreichen, abhängig.«[86]

Trotz dieses Eingebundenseins in die Gesamtheit des Volkes Gottes hat der Apostel eine besondere Autorität. Es ist dienende Autorität im doppelten Sinn: (1) Es ist Dienst für Christus. Deshalb wagt Paulus nur von dem zu reden, was Christus ihm zu sagen aufgibt (Röm 15,18), und er weiß, dass er Christus dafür Rechenschaft schuldig ist (1 Kor 4,4 f). (2) Es ist Dienst für die Gemeinde. Darum spricht er nicht als »Herr« des Glaubens der Gemeinde, sondern als »Mitarbeiter« an deren Freude (2 Kor 1,24). Allerdings ist zu beachten, dass die für das kirchliche Amt heute so oft beschworene Devise »Nicht Herrschaft, sondern Dienst!« mit ihrem undifferenzierten Herrschaftsbegriff auf einer vom Neuen Testament her falschen Alternative beruht. Wer Autorität hat, ist damit auch in der Lage und gegebenenfalls verpflichtet, diese auszuüben. Die Frage ist nur, in welcher Art.[87] Wenn Christus selbst der Herr seiner Jüngerschaft war und ist, dann darf, ja muss es in der Kirche auch weiter ihn vergegenwärtigende »machtvolle Autorität« geben, freilich in der Weise, wie er sie selbst ausgeübt hat: als von sich selbst absehenden, hingebungsvollen brüderlichen Hirtendienst für die anderen.

Im apostolischen Amt haben wir – bei allen noch später zu berücksichtigenden Modifikationen – die Urgestalt allen kirchlichen Amtes vor uns. Wir werden diese These weiter unten begründen, blicken zunächst aber auf die »priesterliche« Prägung des apostolischen Amtes.

3. Der »priesterliche« Charakter des apostolischen Amtes

(a) Das Problem

Zwar leitet sich das deutsche Wort Priester vom griechischen presbyteros (= Ältester) her und hat somit auf Grund seiner Herkunft keinen kultischen Sinn. Im Lauf der Geschichte aber ist der Bedeutungsinhalt des kirchlichen Amtes immer mehr vom kultisch-sazerdotalen Bereich her angereichert worden (vgl. S. 30 f), so dass man als seinen Höhe- und Integrationspunkt den sakramentalen (vor allem eucharistischen) Kult ansah und den Priester als – im religionsgeschichtlichen Sinn begriffenen – sazerdotalen Heilsmittler zwischen Gott und den Menschen ansah.

Das 2. Vatikanische Konzil hat diese Verengung aufgebrochen, indem es einen im reformierten Denken geläufigen[88] und auch schon in die vorkonziliare katholische Theologie übernommenen Gedanken aufgriff, dass nämlich Jesus Christus selbst ein »dreifaches Amt« innehatte: Christus ist Prophet und Lehrer – er ist Priester – er ist Hirt und Führer. Dabei dürfen diese »Ämter« oder besser: Dimensionen des Wirkens Christi nicht als additiv nebeneinanderstehende Weisen seines Auftretens und Handelns verstanden werden: Wenn das Zentrum der Sendung Jesu durch den Vater darin bestand, die Menschen zum Volk Gottes zu versammeln und sie in die Lebensgemeinschaft des dreifaltigen Gottes hineinzuführen, so geben die »drei Ämter« drei sich ergänzende Aspekte dieses seines einheitsstiftenden Tuns an: Durch sein Wort ruft er die Menschen zusammen und verkündet ihnen die Liebe des Vaters; durch sein »priesterliches« Lebensopfer wird die desintegrierende, Einheit zerstörende Macht des Bösen gebrochen und Gott der wahre Lobpreis dargebracht; durch sein Hirtesein hält er die Gemeinschaft seiner Jünger zusammen und gibt ihr Gestalt, Orientierung und Weggeleit. Wenn nun, unbeschadet dessen, dass diese Aufgaben im *ganzen* Volk Gottes weitergehen (siehe dazu S. 37, 63, 82), das kirchliche Amt – wie wir bereits sahen und noch weiter sehen werden – Christus in besonderer Weise selbst repräsentiert, so geschieht dies gleichfalls unter der dreifachen Perspektive des Lehrens, priesterlichen Heiligens und Leitens. *Alle drei* Aufgaben[89] gehören unteilbar zum kirchlichen Amt. Sie reißen damit ein kultisch verengtes, nur auf priesterliche Funktionen eingeschränktes Priesterbild auf und stellen es in das Ganze der Sendung Christi und der Apostel hinein. Dennoch bleibt die Tatsache bestehen, dass zum katholischen Amtsverständnis das sazerdotale Element – wenn auch als eines unter anderen – faktisch hinzu gehört. Hat dies seinen Anhalt am apostolischen Amt? Oder ist es nicht im Gegenteil auffällig und von normierender Relevanz, dass an keiner Stelle im Neuen Testament auf Apostel oder sonstige Amtsträger das Wort hiereus = Priester angewendet wird? Von keinem Inhaber eines apostolischen oder nachapostolischen Amtes wird bezeugt, dass er eine besondere Vollmacht oder Verantwortung für den Gottesdienst besaß. Wird zudem nicht ausdrücklich von Jesus Christus erklärt, dass sein »Priestertum« alles menschliche Priestertum an sein Ende führt? Hat nicht jeder Christ unmittelbaren Zugang zu Gott, so dass es keines sazerdotalen Mittlerdienstes mehr bedarf, ja ein solcher, womöglich noch hierarchisch verstandener Dienst nur die christliche Freiheit beeinträchtigt und vom einzig wesentlichen Kult, dem Weltdienst des Christen, ablenkt?

(b) »Priesterlich« ist nicht gleich »kultisch«

Wir sahen bereits: Das apostolische Amt begründet sich von Christus her, es ist seinem Wesen nach »repräsentierende« Weitergabe seiner Sendung im bevollmächtigten Gesandten. Darum kann es auch in der

Kirche kein anderes Priestertum geben als die sakramentale Darstellung seines einmaligen und endgültigen Priesterseins.

Was bedeutet das? Zunächst einmal steht schon im Alten Testament (vor allem in dessen Frühschichten) das Priestertum in einem größeren Zusammenhang als dem von Kult und Opfer. Der Priester ist hier vor allem der »Mann Gottes«, der in besonderer Nähe zu Gott steht und, von ihm berufen und befähigt, anderen auf vielfältige Weise den Zugang zu Gott erschließt.[90] Äußerste Nähe zu Gott und äußerster Einsatz für das Heil aller Menschen kennzeichnen dieses »Priestertum«. Schon so gesehen ist Jesus Christus der Priester schlechthin.

Darüber hinaus aber verwendet die Heilige Schrift den Priesterbegriff auch in der engeren kultischen Bedeutung auf Christus. In diesem Sinn hat das Priestertum Christi allen »Kult« der Menschheit erfüllt und »aufgehoben«. Denn sein Priestersein war ganz und gar eigener Art. Er war gerade darin Priester, dass er *sich selbst* als Opfer darbrachte, dadurch Versöhnung und Heiligung bewirkte und den neuen, endgültigen Bund Gottes mit den Menschen aufrichtete. Dieser Tatbestand wird zwar nur im Hebräerbrief ausdrücklich reflektiert (9,11 ff), ist aber sachlich an vielen Stellen im Neuen Testament greifbar, nämlich überall dort, wo von Jesu Hingabe für uns die Rede ist, so z.B. in Eph 5,2: »Christus hat uns geliebt und sich für uns hingegeben als Gabe und als Opfer, das Gott gefällt.« Jesu Opfer gipfelte im Kreuzestod, umfasste aber sein ganzes Leben. Denn von seiner ganzen Existenz gilt, dass er gehorsam war bis zum Tod, ja bis zum Tod am Kreuz (vgl. Phil 2,8). So ist alles Wirken Jesu, Verkünden und Heilen, Trösten und Leiten, von seiner Hingabe an den Vater geprägt, da es darauf abzielt, ein Volk zusammenzuführen, das mit ihm den Weg der Selbstdarbringung zum Vater geht. Jesu »priesterlicher« Dienst – so Schlier – besteht mithin im »Opferdienst seiner Gott gehorsamen Selbsthingabe für die Menschen …, m.a.W., das Priestertum Jesu Christi ist von seinem Propheten- und Hirtenamt zu unterscheiden, aber nicht zu trennen.«[91]

Dass aber ein Priester mit seinem eigenen Blut vor Gott hintritt (vgl. Hebr 9,12), dass also der priesterliche Dienst in der Selbsthingabe besteht, ist ein Paradox, welches die bisherigen Vorstellungen von Priestertum total umformt, ja geradezu umbricht, so dass man von daher Christus nur mit erklärenden Zusätzen als Priester bezeichnen kann: es ist ein qualitativ neues und einmaliges Priestertum, in dem alles übrige Priestertum der Menschheit auf-gehoben wird (in der dreifachen Hegelschen Bedeutung von »aufheben«: tollere, elevare, conservare). Darum kann es neben und nach ihm kein anderes selbständiges Priestersein mehr geben, sondern nur die sakramentale Darstellung und das Wirksam-werden-Lassen seines Priestertums.

So gesehen ist es methodisch falsch, von einem allgemeinen religionsgeschichtlichen Priesterbegriff, der vom kultischen Opfer her geprägt ist, auszugehen und zu fragen, ob dieser für das apostolische Amt Geltung habe. Verfährt man so, kann das Ergebnis nur sein: »Paulus versteht sich ... nicht als Priester, im Gegenteil: er hebt alles Priesterliche auf, indem er es degradiert zur Bildsprache für sein ›unpriesterliches Tun‹.«[92] Aber das »Unpriesterliche« ist gerade das, was alles Priestertum in Jesus Christus zur Erfüllung bringt: es geht nicht um kultisch-sazerdotale Opfer, sondern um die in Christus verwirklichte Selbsthingabe an Gott. Diese soll durch das apostolische Amt alle Zeiten und Räume erreichen als Angebot und Einladung, als Befähigung und Herausforderung, auf dass alle Menschen – jeder gemäß seiner eigenen Berufung, aber mit den anderen zusammen – den Weg der Selbsthingabe Christi nachgehen.

Es gibt eine Reihe von Hinweisen dafür, dass Paulus selbst seine Beauftragung mit dem »Wort der Versöhnung« als priesterliche Tätigkeit versteht. In 1 Kor 9,13 f wird der Dienst am Evangelium geradezu in Parallele gesetzt zum alttestamentlichen Dienst am Altar. Die Verkündigung des Evangeliums von der Hingabe Jesu und die Aufforderung, in sein Opfer einzugehen (Röm 12,1; 6,19 u.ö.), sind gleichsam das neue »priesterliche Amt«.[93] Paulus beschreibt es so: Gott hat die Gnade gegeben, »damit ich als Diener (wörtlich: Liturge) Christi Jesu für die Heiden wirke und das Evangelium Gottes wie ein Priester verwalte; denn die Heiden sollen eine Opfergabe werden, die Gott gefällt, geheiligt im Heiligen Geist« (Röm 15,16). Ähnlich heißt es in Phil 2,17: »Wenn auch mein Leben dargebracht wird zusammen mit dem Opfer und Gottesdienst eures Glaubens, freue ich mich dennoch, und ich freue mich mit euch allen« (vgl. auch 2 Tim 4,6). Paulus versteht mithin seine apostolische Tätigkeit als »öffentlich-amtliche Opfer-leiturgia für das Gemeinwesen der Welt.«[94]

Gewiss mag man dies als Bild oder Metapher bezeichnen. Aber es ist nicht nur ein Bild. »Für Paulus ist an die Stelle des alttestamentlichen (und damit jedes) Opfervollzuges die Verkündigung des Evangeliums getreten. Der priesterliche Dienst ist für den Apostel eingegangen in den Apostolat, der Dienst am Evangelium ist«; denn in der apostolischen Verkündigung wird Jesu Selbsthingabe an die Welt Gegenwart, sie tritt uns »im Modus des Wortes entgegen. Ja, man kann sagen, im apostolischen Evangelium lässt der Herr selbst uns sein Opfer und darin sich im Modus des Wortes widerfahren.« So ist das Priestertum Jesu Christi »im priesterlichen Dienst des apostolischen Evangeliums mittelbar wirksam.«[95] Darum kann auch das apostolische Amt »priesterlich« genannt werden. Es ist dies also nicht, weil es für den Kult verantwortlich ist oder »Opfer« darbringt, sondern weil es die Selbsthingabe Jesu für uns bezeugt, diese dadurch als Gabe an uns, aber auch als Aufgabe für uns (den Weg der Selbsthingabe Jesu nachzugehen) vergegenwärtigt und auf dieses »Programm« hin Menschen sammelt sowie Gemeinden gründet und leitet.

Dass aber im Neuen Testament priesterliche Terminologie nur mit großer Diskretion gebraucht und die Priesterbezeichnung (mit Ausnahme des Hebräerbriefes) weder auf Christus noch auf das kirchliche Amt angewandt wird, findet darin seine Erklärung, dass man sich in der ersten Phase der Kirche vom Judentum und jüdischen Kult absetzen musste. Demgegenüber ist zu dem Zeitpunkt ein massives Eindringen priesterlicher Nomenklatur in die Kirche zu beobachten, da *erstens* nicht polemische Abgrenzung, sondern der Gedanke der neutestamentlichen Erfüllung der vorchristlichen Heilsordnung vorzuherrschen begann, und *zweitens* da die Kirche in heidnisches Milieu vordrang, wo der Titel Priester einen hohen soziologischen Rang bezeichnete (beides geschah etwa zur Zeit Cyprians).

4. Priesterliches Volk und priesterliches Amt

Gilt das, was bisher über das apostolische Amt und dessen priesterlichen Charakter ausgeführt wurde, aber nicht ausschließlich vom Apostel selbst, d.h. vom Zwölferkreis und dem »hinzugefügten« Apostolat des Paulus, allenfalls auch noch von den übrigen Zeugen der Auferstehung?

Die Apostel haben in der Tat eine besondere Autorität vom Herrn selbst empfangen; sie haben damit einen eigenen »Ursprung« und sind deshalb den Gemeinden vorgeordnet, ja sie lassen durch ihren Dienst erst das Volk Gottes entstehen. So sind sie das bleibende Fundament der Kirche. Geht dann aber, wenn die Apostel verstorben und Gemeinden durch sie gegründet sind, ihre besondere Funktion nicht in das Volk Gottes als ganzes ein, so dass – auf dem Fundament der Apostel – *entweder* »alle Getauften« jetzt »Amtsträger« sind[96] *oder* dass besondere Ämter nunmehr aus der Kirche herausgesetzt werden? Entspricht dies nicht auch der schlichten Beobachtung, dass der nachapostolische Amtsträger aus einer schon bestehenden Gemeinde herauswächst, insofern er seinen Glauben von der Kirche empfängt und von ihr geweiht und beauftragt wird? So gesehen wäre die Struktur des nachapostolischen Amtes, weil es »seinem Wesen nach aus dem Geheimnis der priesterlichen Kirche herauswächst«,[97] eine andere als die des Apostolats. Das nachapostolische Amt hätte dann keinen eigenen, in Christus selbst wurzelnden Ursprung mehr und stünde nicht mehr im (christologisch begründeten) Gegenüber zur Gemeinde, sondern zeigte sich ausschließlich als (delegierte) Funktion der Gemeinde selbst. Es stellt sich also die Frage: Steht – unbeschadet der einmaligen, unwiederholbaren Stellung der Apostel – das kirchliche Amt dennoch insofern *in Kontinuität* zum apostolischen, dass es kraft besonderer Sendung und Befähigung *nicht allein* seinen Ursprung in der Gemeinde, sondern in Jesus Christus hat, so dass es seine besondere Aufgabe und Autorität nicht von der Kirche, sondern vom Herrn selbst empfängt?

Auf den ersten Blick könnte es so scheinen, als ob tatsächlich der priesterlich-apostolische Dienst der Gemeinde als ganzer obliegt. Denn an einigen zentralen Stellen der Schrift ist vom Priestertum des ganzen neutestamentlichen Bundesvolkes die Rede: Christus hat sich ein Volk von Priestern erworben. So heißt es in Offb 1,5: »Er liebt uns und hat uns von unseren Sünden erlöst durch sein Blut; er hat uns zu Königen gemacht und zu Priestern vor Gott, seinem Vater.« Dieses »Priestertum« besteht darin, dass die Erlösten durch Christus »Gott allezeit das Opfer des Lobes darbringen, nämlich die Frucht der Lippen, die seinen Namen preisen« (Hebr 13,5). Der Lobpreis Gottes bildet auch den Mittelpunkt des zentralen Textes 1 Petr 2,9: »Ihr aber seid ein auserwähltes Geschlecht, eine königliche Priesterschaft, ein heiliger Stamm, ein Volk, das sein besonderes Eigentum wurde, damit ihr die großen Taten dessen verkündet, der euch aus der Finsternis in sein wunderbares Licht gerufen hat.« In der *eucharistia* des Volkes breitet sich die *eucharistia*, die Christus selbst dem Vater dargebracht hat, gleichsam aus, sie wird Gegenwart in den vielen Brüdern und Schwestern Christi. Diese priesterliche Liturgie des ganzen Gottesvolkes ist nicht beschränkt auf Lobpreis und Anbetung, sie will das ganze

Leben ergreifen. Eben darin besteht der »wahre Gottesdienst«: sich selbst in allen Bereichen seiner Existenz dem Vater hinzugeben »als lebendiges und heiliges Opfer« (vgl. Röm 12,1). Es ist ein Opfer, das sich in gegenseitigem Dienst, in Hilfeleistung und Liebe vollzieht und das im zeugnisgebenden Leiden (Martyrium) mit Christus und für Christus zur Vollendung kommt. Deshalb werden auch besonders die Märtyrer »Priester Gottes und Christi« genannt (Offb 20,6).

So gesehen geht also die priesterliche Sendung Jesu auf ganze Volk Gottes über; es wird zum priesterlichen Volk. Von diesem Bewusstsein ist die frühe Theologie der Kirche voll.[98] Darum konnte das 2. Vatikanische Konzil nicht nur an die Heilige Schrift, sondern auch an eine große Tradition anknüpfen, als es hervorhob: In Christus werden »alle Gläubigen zu einer heiligen und königlichen Priesterschaft, bringen geistige Opfer durch Jesus Christus Gott dar und verkünden die Machttaten dessen, der sie aus der Finsternis in sein wunderbares Licht berufen hat. Es gibt darum kein Glied, das nicht Anteil an der Sendung des ganzen Leibes hätte« (PO 2). Alle sind »zum Volk Gottes gemacht und des priesterlichen, prophetischen und königlichen Amtes Christi auf ihre Weise teilhaftig und üben zu ihrem Teil die Sendung des ganzen christlichen Volkes in der Kirche und in der Welt aus« (LG 31).

In diesem Sachverhalt gründet das eigentliche Wesen des »Laientums«, das eben nicht negativ, als »Nichtteilhabe am Amtspriestertum«, beschrieben werden darf, sondern nur positiv: Es ist die Berufung zur unmittelbaren Teilhabe an der Christus-Wirklichkeit, die als Gabe und Aufgabe in jedem Getauften und Gefirmten weitergeht. Darum liegt auch das »allgemeine Priestertum« *vor* dem »amtlichen« (Zeichen dafür ist im übrigen das Faktum, dass nur ein Getaufter geweiht werden kann).

Dieses »Priestertum aller Gläubigen« bedeutet nun aber in keiner Weise die Relativierung eines eigenen priesterlichen Amtes. Dafür sind zwei Gründe maßgebend:

(1) Das allgemeine Priestertum besagt nicht, dass jeder Einzelne »sein eigener Priester« wäre; die Aussage ist vielmehr strikt kollektiv zu verstehen: sie bezieht sich primär auf das Volk Gottes im Ganzen (auf den Einzelnen nur, insofern er zu diesem gehört).[99] Denn mit der Bezeichnung »priesterliches Volk« wird auf die neutestamentliche Gemeinde ein Ehrentitel Israels übertragen. Dieser sagt nichts aus über ein bestehendes oder nicht bestehendes, so oder anders geartetes Amt,

sondern ruft die Kirche auf, wie Israel als ein für Gott geheiligtes Volk zu leben.[100] Das hier gemeinte »Priesterliche« ist gekennzeichnet durch die besondere, geradezu vertrauliche Nähe und Zugehörigkeit des erwählten Volkes zu Gott, durch deren »priesterliche Berufung« zum Lobpreis Gottes, durch die Bestellung zur Zeugenschaft für das Evangelium und durch die »priesterliche Haltung« der dienenden stellvertretenden Hingabe aller in und an der Welt. Dadurch ist die Gemeinschaft der Getauften einbezogen in die (priesterliche) Proexistenz Jesu. So ist das »allgemeine« oder »gemeinsame« Priestertum eine unmittelbare, spezifische Teilnahme am Priestertum Christi, die gewissermaßen in sich steht und zwar in dem Sinn, dass es nicht des Blicks auf das Amtspriestertum als »Ergänzung« bedarf, ja den Gedanken an das »Amtspriestertum« und an das Verhältnis zu ihm gar nicht aufkommen lassen muss, um in seiner eigenen Wirklichkeit verstanden zu werden. Und dennoch:

(2) Der priesterliche Charakter des ganzen Gottesvolkes schließt nicht aus, sondern ein, dass dieses selbst in seinem innersten Wesen und Lebensvollzug sakramental differenziert ist. Denn die Zugehörigkeit zum Volk Gottes, die Hingabe aller an den Vater und der Dienst an der Welt ist einzig und allein möglich durch Jesus Christus, ist ein ständiges Mit-Sein und Mit-Gehen mit ihm. Christus aber vermittelt uns *sich selbst*, sein *Wort* und die *Gabe seines Geistes* auf »sakramentale Weise« weiter, nämlich in den von ihm in Dienst genommenen und befähigten Zeichen, die auf seine Person verweisen und diese »repräsentieren«, d. h. wirksame Gegenwart werden lassen. Zu diesen vermittelnden Zeichen gehört zunächst einmal und wesentlich das *apostolische* Amt. In ihm vermittelt sich das bleibende »Voraus« Christi an das Volk Gottes weiter und wird dadurch zum bleibenden Fundament der Kirche. Dieses in die Kirche eingeschriebene und sie tragende *Fundament der Apostel* bedarf aber nach Ende der apostolischen Zeit selbst personaler Träger – Amtsträger. Denn das Fundament ist ja nicht etwas unbestimmt-ungreifbar An-»Wesendes«, sondern es nimmt in personaler, bevollmächtigter Bezeugung wirksame Gestalt an. So gibt es bereits in den authentischen Paulusbriefen ein »Schema«, eine Verstehensweise, wonach der Apostel mit seiner Autorität nicht nur durch seine Briefe, sondern auch durch seine Abgesandten und Mitarbeiter in den Gemeinden gegenwärtig ist. An dieses Schema konnten die Pastoralbriefe geradezu bruchlos anknüpfen: Der Apostel und damit die apostolische Tradition ist im

(nachapostolischen) kirchlichen Amt wirkmächtige Gegenwart. Darum stehen auch die nachapostolischen Amtsträger wie die Apostel selbst im Dienst Christi. Sie sind – wie die Apostel – seine »Repräsentanten«.

Das Neue des nachapostolischen Amtes liegt darin, dass dieses sich konstitutiv an das apostolische Erbe gebunden sieht: es geht gerade darum, dass durch das nachapostolische Amt die Kirche in der durch die Apostel grundgelegten Apostolizität erhalten bleibt. Darum kann man in gewisser Weise sagen: Im nachapostolischen Amt tritt dem einzelnen Glaubenden das entgegen, was die kirchliche Gemeinschaft als Ganze zusammenhält und was ihr Grund ist: das »Apostolische«. So vermerkt zu Recht Medard Kehl:

> »Im Amt ›repräsentiert‹ sich die Gemeinschaft sichtbar und spürbar für die einzelnen; hier zeigt es sich unübersehbar, dass die Kirche … mehr ist als die Summe der einzelnen Glaubenden; dass sie ihnen wirklich vor-gegeben ist und mit ihren Gaben und Forderungen ganz konkret an den einzelnen herantreten kann. … Dadurch wird der Glaube des Einzelnen aus einer möglicherweise recht unverbindlichen und subjektiven Willkür herausgeholt und hineingeformt in die größere Gemeinsamkeit des kirchlichen Glaubens.«[101]

In diesem Sinn wurzelt das nachapostolische Amt ganz und gar *in der Kirche*, es entsteht *mit ihr* und steht *in ihr*. Nicht nur dass es seinen spezifischen Dienst zusammen mit anderen Diensten und charismatischen Begabungen erfüllt, sondern auch in dem Sinn, dass es an den in die Kirche eingesenkten apostolischen Ursprung gebunden ist und bereit sein muss, »sich durch die Gemeinschaft der Gläubigen belehren zu lassen, die es selber belehren muss.«[102] Doch gehört es als Dienst am Volk Gottes mit zu dessen »Bedingungsgefüge« (Stefan Knobloch). In diesem Verhältnis hat es als *Amt* die besondere Aufgabe, »dahin zu wirken, dass die Kirche ihre Apostolizität, d.h. ihre Rückbindung an das anfängliche Christuszeugnis nicht vergisst. Aber es steht in der Gemeinde, und es konstituiert diese nicht«[103], wie J. Roloff vermerkt. Das ist freilich nur die eine – richtige und wichtige! – Seite; Amt *ist* Amt der Kirche, und als solche vertritt es das »Prae« der auf dem Fundament der Apostel aufgebauten Kirche gegenüber dem einzelnen. Aber das apostolische Fundament ist – wie wir gesehen haben – in seiner tiefsten Wirklichkeit die Vermittlung des unbedingten »Voraus« Christi selbst (nicht nur vor dem Einzelnen, sondern auch vor der Kirche als Ganzer). Insofern sind die, welche das apostolische »Voraus« repräsentieren, zugleich und ebenso Repräsentanten und Gesandte Christi, die mithin auch in einer doppelten Bindung stehen: an das apostolische Fundament der Kirche und an den sie durch die Weihe sendenden und ermächtigenden Herrn.

Dieser christologische Ursprung auch des nachapostolischen Amtes kommt in einer Reihe von neutestamentlichen Texten zum Ausdruck. In Apg 20, 28 ff wird die Bestellung in das (nachapostolische) Amt der Presbyter bzw. Episkopen als vom Hl. Geist bewirkt verstanden und zugleich als Ausübung des Hirtenamtes, d. h. jenes Amtes, welches das zentrale Tun Jesu Christi selbst kennzeichnet: »Gebt Acht auf euch und die ganze Herde, in der euch der Heilige Geist zu Bischöfen bestellt hat, damit ihr als Hirten für die Kirche Gottes sorgt, die er sich durch das Blut seines eigenen Sohnes erworben hat«. Ähnlich wird im ersten (nachapostolischen) Petrusbrief (5, 1) der fiktive Apostel Petrus als Mitpresbyter neben die späteren Presbyter gestellt. Hier ist es Christus der Hirt selbst, der sein Amt Menschen, nämlich Petrus und den »Mitpresbytern«, überträgt, bis er selbst wieder als Hirte erscheinen wird (1 Petr 5, 4). Das Gleiche zeigt sich in Eph 4, 11, wo der Autor die Dienste der eigenen (nachapostolischen) Zeit, nämlich die der Hirten und Lehrer, mit der Stiftung des apostolischen Uramtes durch Christus gewissermaßen in einem Atemzug zusammenschließt: »Und Er (Christus) gab den einen das Apostelamt, andere setzte er als Propheten ein, andere als Evangelisten, andere als Hirten und Lehrer, um die Heiligen für die Erfüllung ihres Dienstes zu rüsten für den Aufbau des Leibes Christi.« Der Autor kann deshalb diese unterschiedlichen Ämter zusammenschließen, »weil – so M. Theobald – nach seiner Überzeugung alle diese Funktionen, Dienste oder werdenden Ämter trotz bestehender Unterschiede zwischen ihnen doch dem *Wesen* nach übereinkommen: nämlich *Gaben des erhöhten Christus* zu sein.«[104] Ja, eigentlich sind nicht die Dienste als solche die Gaben, »sondern die sie ausfüllenden *Menschen* sind Geschenk Christi!»[105] Er selbst ist es, der durch die Einsetzung (auch!) der nachapostolischen Amtsträger seinen »Leib«, d. h. seine eigene heilsgeschichtliche Fülle, die Einheit von Gott und Mensch sowie der Menschen untereinander, »erbauen« lässt.

Joseph Ratzinger fasst den Sachverhalt so zusammen: »Als Ergebnis … können wir festhalten, dass das Neue Testament selbst den

Bindestrich zwischen Apostelamt und Presbyteramt gesetzt hat, so dass die strukturellen Gegebenheiten des einen auch diejenigen des anderen sind.«[106] Zugleich wird das innerste Motiv für das nachapostolische Amt genannt: Durch das apostolische Zeugnis ist zwar das bleibende »Fundament« gelegt, aber der »Aufbau« des priesterlichen Gottesvolkes geht weiter, und er geht auf die gleiche Art weiter, wie der apostolische Grund gelegt wurde: durch beauftragte Gesandte, die sich als »Gottes Mitarbeiter« darum zu bemühen haben, dass die Brüder und Schwestern ihren Dienst erfüllen können, dass Gottes »Ackerfeld« Frucht bringt und Gottes »Bau« zur Vollendung kommt (1 Kor 3,9). Somit ist auch das nachapostolische Amt vom Gedanken der Sendung durch Christus und der Christus-Repräsentanz geprägt.[107]

Man könnte einwenden, dass doch jeder Christ einem andern gegenüber Christus »repräsentieren« kann. Das ist richtig! Und das hat man auch immer in der Kirche gewusst: zumal in den Bekennern, Blutzeugen, Heiligen wird die Christusautorität lebendige Gegenwart.[108] Doch hat die *sakramental-amtliche* Christus-Repräsentation zwei Spezifika: (1) Sie ist nicht so sehr auf den Einzelnen als vielmehr auf die Gemeinde/Kirche bezogen. Es ist im formalen Sinn die repraesentatio Christi *capitis*, d.h. die Vergegenwärtigung Christi als des Herrn und Hauptes seiner Kirche. (2) Sakramental-amtliche Repräsentation sagt etwas über deren besondere Weise aus: Im Amt bindet der Herr seine Heilsgaben nicht an den »Erweis des Geistes und der Kraft« eines Menschen, also an die subjektive, je nachweisbare charismatische Begabung einer Person, sondern an die durch Weihe und Geistmitteilung übertragene amtliche Sendung, auf Grund deren der Gläubige sicher sein darf, in den Amtshandlungen Christus selbst zu begegnen. So bindet die zunächst befremdliche Objektivität des Amtlichen, in der sich die wirksame Heilszusage Christi vermittelt, den Gläubigen gerade nicht an eine menschliche Person, sondern an die objektive Wirklichkeit Christi selbst. Darüber wird noch ausführlicher die Rede sein (S. 109ff).

Jedenfalls zeigt sich: das gemeinsame Priestertum aller Gläubigen und das besondere »priesterliche Amt« liegen auf zwei ganz verschiedenen Ebenen. Das Erste besteht im priesterlichen Lebensvollzug aller Getauften mit Christus, das Zweite ist »die fassbare Erscheinungsweise der priesterlichen Mittlerschaft Christi«. Damit sind die kirchlichen Amtsträger »lebendige Werkzeuge des Mittlers Christus, und nicht Delegierte des priesterlichen Volkes.«[109] So geht im priesterlichen Amt, das in der »Objektivität« der Weihe, d.h. in einem Handeln Christi, seinen Ursprung hat, ein wesentlicher Grundzug des apostolischen Amtes weiter: Der Herr selbst beruft und ermächtigt Menschen, damit diese ihre Brüder und Schwestern »zum Aufbau des Leibes Christi zurüsten« – durch Predigt und heilige Zeichen, durch hirtliche Weisung und Diakonie.

Diesen Sachverhalt fasst die Verlautbarung des Päpstlichen Rats für die Laien, »Priester in Laienvereinigungen«, kurz und prägnant so zusammen: »Als Beauftragter Christi zum Dienst an diesem ›auserwählten Geschlecht‹ und als Garant für die Bewahrung seiner Identität trägt der Priester die amtliche Verantwortung, dass das gemeinsame Priestertum gelebt wird … Alles priesterliche Tun dient demnach der Verpflichtung, die heilschaffende Begegnung mit dem Herrn jedem und allen zu vermitteln« (Vorwort).

§ 2 Vom neutestamentlichen zum nach-neutestamentlichen Amt

1. Kontinuität in Diskontinuität

Der historische Übergang vom apostolischen zum nachapostolischen Amt braucht hier nicht im Einzelnen nachgezeichnet zu werden,[110] zumal (noch?) keine volle Übereinstimmung in der historisch-exegetischen Rekonstruktion besteht. Ob es überhaupt einen einheitlichen kontinuierlichen Übergang gibt, ist fraglich, da im Neuen Testament keine auf einen Begriff zu bringende Amtsordnung und Amtstheologie zu finden ist. Rein historisch gesehen, mag durchaus die skeptische Bemerkung von W. Pesch zutreffen: »Es gibt keine klare Lehre der paulinischen Schriften und schon gar nicht des gesamten Neuen Testaments über das Priestertum und über die Grundelemente des Amtes in einer christlichen Kirche. Es gibt nur gelegentliche und miteinander nicht immer in Einklang zu bringende, ja sich manchmal widersprechende Bemerkungen einzelner Theologen in einzelnen Schriften für einzelne Gemeinden.«[111] Die kirchliche und theologische Lehre vom Amt bedarf keiner billigen historischen Harmonisierung und Glättung. So kann durchaus die These von H. Schlier angezweifelt werden: Die nachapostolischen Ämter »stehen nicht nur in faktischer und zugleich idealer Kontinuität mit dem apostolischen Amt, sondern auch in formell gewirkter und rechtlicher, und nicht nur in der Kontinuität von Funktionen, sondern auch der Ermächtigung, des Auftrags und der Sendung.«[112] Denn wenn auch sicher schon Paulus apostolische Vollmachten delegiert hat, ist es mehr als fraglich, ob es dabei auch eine »Nachfolge«-Delegation gab.[113] Überdies ist die konkrete Amtsstruktur bis zu Anfang des 2. Jh. vielfältig und fließend, und erst ab dieser Zeit setzt sich allmählich das sog. dreigliedrige Amt (Bischof, Priester, Diakon) durch. Jesus selbst hat nun einmal nicht – wie Leo Karrer treffend formuliert – die Strukturen von Kirche »bis ins Detail unverrückbar festgelegt. Er hat eine Nachfolge-Bewegung ausgelöst, die sich – je mehr sich die Zeit hinzog – auch gesellschaftlich konsolidieren musste«[114] und eben dafür auch Ämter herausbildete. Dabei spielte für deren konkrete Ausgestaltung die Frage eine entscheidende Rolle, wie die von Jesus herkommende »Identität« auch bei fortschreitend zeitlicher Entfernung vom identitätsstiftenden Ereignis gewahrt werden könnte.[115]

Diese ersten nachapostolischen Dezennien lassen sich wohl als eine Zeit des Versuchens und Tastens deuten. Man kann sich die mannigfaltigen Umstrukturierungen dadurch verständlich machen, dass, sieht man die Kirche im Bild eines Bauwerks, für den Aufbau eines Hauses andere Arbeiter benötigt werden als für die Verwaltung, Ausgestaltung und Erneuerung eines schon bestehenden Baues.[116] Aber auch eine solche Erklärung kann durchaus offen bleiben. Denn von theologischem Gewicht ist nur die eine, außerordentlich überraschende Tatsache: Nach nur wenigen Jahren, in denen Pluralismus und Variationsbreite in den Amtsstrukturen vorherrschen, stellt sich das nachapostolische Amt als eine einheitlich konturierte Größe vor, die in selbstverständlicher Kontinuität mit dem apostolischen Amt steht und als solche akzeptiert ist. Die Schnelligkeit und Einheitlichkeit der Entwicklung sowie das übereinstimmende theologische Verständnis von Amt werden oft durch Sätze wie: Das spätere kirchliche Amt hat »sich« allmählich aus neutestamentlichen Ansätzen heraus entwickelt, vertuscht. Wenn man bedenkt, dass die Kirche von Syrien bis Rom ohne zentrale Lenkung in weniger als 30 Jahren (bei den damaligen Kommunikationsmöglichkeiten!) überall die gleiche »Lösung« fand, so bedarf dieses Faktum selbst einer Begründung und kann seine letzte Erklärung nicht in solch mysteriösen Aussagen wie: es hat »sich« entwickelt, finden. Offenbar führte das Gewicht der ansatzhaften neutestamentlichen Amtstheologie selbst (sowie das Drängen des in der Kirche wirkenden Geistes) zu diesem erstaunlichen Faktum.[117]

Schon im ersten Klemensbrief (um 90) wird die Kontinuität, ja die »Sukzession« des apostolischen Amtes reflektiert:

> »Die Apostel empfingen die frohe Botschaft für uns vom Herrn Jesus Christus; Jesus, der Christus, wurde von Gott gesandt. Christus kommt also von Gott und die Apostel von Christus. Beides geschah also in guter Ordnung nach Gottes Willen. ... So predigten sie in Ländern und Städten und setzten nach vorangegangener Prüfung im Geiste ihre Erstlinge zu Episkopen und Diakonen für die künftigen Gläubigen ein. ... Unsere Apostel wussten auch, dass es Streit geben würde um das Episkopenamt. Aus diesem Grunde nun setzten sie, da sie genauen Bescheid im voraus erhalten hatten, die oben Genannten ein und gaben danach Anweisung, es sollten, wenn sie entschliefen, andere bewährte Männer deren Dienst übernehmen« (1 Klem 42,1 ff. 44,1).

Besonders in der evangelischen Theologie ist man geneigt, die Darstellung des ersten Klemensbriefes als »historische Konstruktion« eines Amtes zu interpretieren, das u.a. Gemeindeleitung und Feier der Eucharistie beinhaltet und sich von den Laien, die hier erstmals als solche ausdrücklich genannt werden (40,5), abhebt. Aber auch wenn »historische Konstruktion« miteinfließt, greift Klemens schon in der Tradition vorhandene Ansätze auf.[118] Denn bereits im Neuen Testament geht kontinuierlich der »Aufbau« der Kirche in analoger Weise weiter, wie schon ihr apostolisches Fundament gelegt wurde, nämlich durch vom Herrn gerufene und befähigte Diener, die nicht nur das apostolische Fundament der Kirche, sondern ihn selbst vergegenwärtigen. Auf dieser Linie hebt zum Beispiel auch Ignatius v. Antiochien zu Beginn des 2. Jahrhunderts hervor: Jeden, den der Herr des Hauses schickt zur Verwaltung seines Hauses, müssen wir so aufnehmen wie den Sendenden selbst« (IgnEph 6,1).

2. Die Bedeutung von Handauflegung und Weihe

Das nachapostolische kirchliche Amt wird durch Handauflegung vonseiten befugter Amtsträger übertragen.

In letzter Zeit versuchte E. Schillebeeckx, die Bedeutung der Handauflegung zu relativieren.[119] Er hält sie zwar für einen sinnvollen Ritus, bezweifelt aber, ob sie immer die conditio sine qua non für die Amtseinsetzung war und weiterhin sein muss. So konnte – nach der Traditio Apostolica[120] und nach anderen Textbelegen – der Confessor (als erwiesener Geistträger!) auch ohne Handauflegung in das Presbyterium aufgenommen werden. Ist im Blick auf diese geschichtlich verwirklichte Möglichkeit vielleicht auch für die Gegenwart und Zukunft der Kirche eine alternative Amtseinsetzung denkbar? Mehr noch: zeigt nicht das Beispiel des ohne Handauflegung in das Presbyterium aufgenommenen Confessors, dass der, welcher sich als Charismatiker erweist und von der Gemeinde als solcher anerkannt wird, damit schon Amtsinhaber ist? Dagegen zu halten ist aber, dass der von Schillebeeckx angeführte Beleg – historisch gesehen – viel zu klein und zu umstritten ist, als dass er solche Folgerungen zuließe. Denn alle Textbelege gehen auf die einzige Stelle bei Hippolyt zurück, und diese wird bereits in der syrischen Übersetzung der »Traditio Apostolica« korrigiert. Zudem ist umstritten, ob der ohne Handauflegung ins Presbyterium aufgenommene Confessor den andern Presbytern nur an Würde gleich war oder ob er auch deren Funktion (z. B. die Feier der Eucharistie, was fraglich ist) übernehmen konnte.[121]

Auch C. Vogel[122] legt reiches historisches Material dafür vor, dass die Handauflegung im Altertum nicht die einzige Weise der Amtsinstallation war. Darüber hinaus zeigt er, dass nicht schon der vollzogene Ordinationsritus den Geweihten gleichsam automatisch zum Amtsträger machte, sondern dass der »ekklesiale Kontext«, vor allem die Anerkennung durch die Kirche, hinzukommen musste. Die daraus gezogene Folgerung, das Wesentliche der Amtsübertragung sei nicht die Weihe durch Handauflegung, sondern die Anerkennung eines Kandidaten als Amtsträger von Seiten der Kirche, überzieht das gebotene historische Material beträchtlich. Denn hiernach vollzog sich die Amtsübertragung immer in einer bestimmten zeichenhaften Handlung oder in einem zeichenhaften Kontext. Was Vogel historisch belegt, ist eine ursprüngliche Vielfalt von in der Kirche anerkannten sakramentalen Zeichen für die Weihe. Insofern diese nur dann sakramentale Wirksamkeit hatten, wenn überdies noch eine Reihe von juridischen und ekklesiologischen Bedingungen erfüllt war (z. B. rechter Glaube des Ordinanden, Wahl durch die Gemeinde bzw. deren Zustimmung, Stehen in der Einheit der Kirche, Zustimmung des Metropoliten usw.), ist dadurch nicht etwa bewiesen, dass die Anerkennung der Kirche das Entscheidende war, sondern nur, dass zur sakramentalen Weihe noch andere Bedingungen hinzukommen mussten.

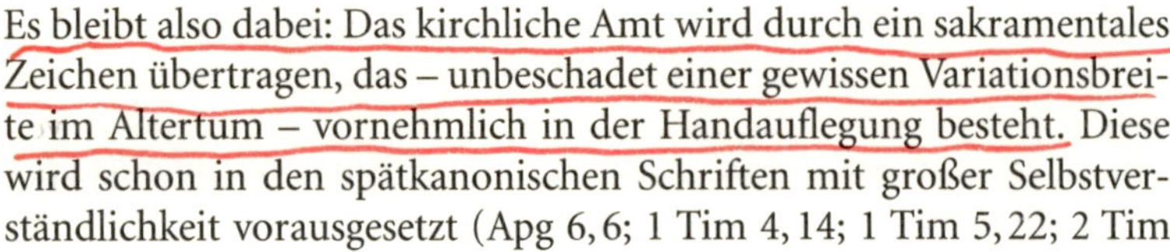

Es bleibt also dabei: Das kirchliche Amt wird durch ein sakramentales Zeichen übertragen, das – unbeschadet einer gewissen Variationsbreite im Altertum – vornehmlich in der Handauflegung besteht. Diese wird schon in den spätkanonischen Schriften mit großer Selbstverständlichkeit vorausgesetzt (Apg 6,6; 1 Tim 4,14; 1 Tim 5,22; 2 Tim

1,6). Sie ist vermutlich aus dem Rabbinat übernommen und wird bereits dort nicht als »Segens- oder Heilsgestus«, sondern als »Beauftragungsritus« verstanden, der die Kraft des Geistes Gottes und die Autorität vermittelt, im Namen Gottes zu sprechen und zu handeln.[123] Die christliche Handauflegung bedeutet darüber hinaus die Bindung an Jesus Christus und an den apostolischen Ursprung der Kirche. Es ist der durch Christus vermittelte Geist, der den Geweihten erfüllt und seine Person für den kirchlichen Dienst in Beschlag nimmt (vgl. 2 Tim 1,6f).

Zu Recht wird darum auch im Priesterdekret des 2. Vatikanischen Konzils (Nr. 12) die Weihe (»consecratio« – ein Wort, das in der Alten Kirche auch für die Taufe verwandt wurde) mit dem johanneischen Begriff der »Heiligung« (vgl. Joh 10,36) zusammengebracht. Geweiht- und Geheiligtsein bedeutet, sich selbst genommen und Gott übereignet sein zum Dienst und zu besonderer Sendung.[124] Darum wird auch bei der Weihehandlung um den Hl. Geist gebetet und in wirksamer Weise die Gabe des Heiligen Geistes verliehen. »Gott verleiht dem von ihm Gerufenen das Charisma, das ihn zur Führung des Amtes ermächtigt«[125] und zum »Instrument« des Kyrios macht.

Daraus folgt ein Zweifaches. *Erstens*: Die heute nicht selten geäußerte Alternative »Amt oder Charisma« ist unhaltbar.[126] Die Bestellung zum Amt geschieht in einer Handlung, die gerade ein besonderes Charisma des Geistes verleiht. *Zweitens*: Die Handauflegung ist mehr als nur eine öffentliche Legitimierung in der Kirche und durch die Kirche. Indem durch ein sakramentales Zeichen der Geist Gottes verliehen wird, ist unübersehbar deutlich, dass von Anfang an die Einweisung ins kirchliche Amt nicht als »Anstellung« oder als »rechtliche Kompetenzerteilung« verstanden wurde, sondern als »Geistmitteilung.«[127] Es reicht also nicht aus zu sagen, die Ordination sei »im Letzten nichts anderes als eine offizielle Beauftragung zum Gemeindedienst.«[128] In der »Ordination« wird nicht einfach ein schon vorhandenes Charisma geprüft und bestätigt, »sondern verliehen«, wie selbst H. Küng zu Recht sagt und fragend fortfährt: »Wird bei der Ordination nicht Wesentliches übersehen, wenn dieses Amtscharisma, diese besondere Geistmitteilung, übersehen wird?»[129] Wie Charisma ohne Amt sich – so Schillebeeckx – »in Schwärmerei, Fanatismus und reinen Subjektivismus zu verflüchtigen« neigt, so verkümmert Amt ohne Charisma »und droht zu einem Machtinstitut zu werden.«[130]

Die Handauflegung besagt nicht, dass das Charisma gleichsam vom Weihenden auf den Geweihten weiterfließt, es ist vielmehr unmittelbare Gabe Gottes, Gabe des Heiligen Geistes selbst. Deshalb wird erstens die Weihe durch Amtsträger vollzogen, also durch solche, die auf Grund ihres Amtes die Priorität des Handelns Gottes darstellen, und zweitens »wird die christliche Ordination nicht schweigend vollzogen, die Gabe wird erbeten.«[131] Darin wird deutlich, dass der Heilige Geist nicht nur Gabe an die Geweihten ist, sondern auch an die ganze betende Gemeinde: in der Weihe geschieht etwas am Geweihten für die Kirche. Jesus Christus sagt sich dem Geweihten wirksam für seinen Dienst an den übrigen Gläubigen zu; der Herr selbst »bindet sich« an den, durch den er hinfort wirksam seine Heilsgaben weiterschenken will.

Die Handauflegung verleiht nicht nur den Geist und überträgt nicht nur amtliche Vollmacht, sondern weist den Geweihten auch in das Kollegium der Bischöfe oder Presbyter ein, das in formaler und materialer Sukzession mit dem apostolischen Amt steht. Die »successio apostolica« ist nicht einfach die mechanische Kette der Handauflegung auf den Einzelnen, sondern das unablässige Herabrufen des Heiligen Geistes auf von Gott gerufene (und – wie wir noch sehen werden – von der Gemeinde zustimmend entgegengenommene) Kandidaten und deren Aufnahme in das apostolische Kollegium, das für die Vergegenwärtigung des normativen apostolischen Ursprungs der Kirche steht. So wird durch Handauflegung, d.h. durch Weihe, Geistmitteilung, Übertragung amtlicher Sendung und Einfügung in die apostolische Nachfolge, ein Mensch befähigt, »in persona Christi« zu handeln.

Insofern dieses zutiefst geistliche Geschehen durch das so gering und zufällig erscheinende sichtbare Zeichen der Handauflegung geschieht, trägt die Weihe etwas ärgerlich Positivistisches an sich. Wieso geschieht amtliche Sendung durch Handauflegung? Wieso nicht anders? Wieso durch solche, die in der successio apostolica stehen? Wieso hat der, dem die Hände aufgelegt wurden, in der Kirche nun eine andere Stellung, Verantwortung, Befähigung?

Dieser »Positivismus« der Handauflegung, dieses vorgegebene »So und nicht anders«, entspricht – wie J. Ratzinger zu Recht sagt – »der Positivität des Christlichen, seinem Von-außen-Sein, das ihm bleibend wesentlich ist. Die Handauflegung ist deshalb primär nicht Symbol für eine Machtübertragung von Seiten der Gemeinde, sondern dafür, dass geistliche Vollmacht im Christlichen nicht von unten und von innen, sondern von oben und von außen kommt, d. h. für das der Gemeinde entzogene Handeln des Pneuma selbst.«[132]

§ 3 Amt und Beauftragung zur Eucharistie

Zu den fundamentalen Aufgaben des kirchlichen Amtes, wie es ab Anfang des 2. Jahrhunderts in seiner Vollgestalt erscheint, gehört auch die Feier der Eucharistie.[133] Wir sahen schon, dass die apostolische Predigt die (priesterliche) Hingabe Jesu Christi als Gabe und Herausforderung vergegenwärtigt, und zwar so, dass es der Herr selbst ist, der sich im Wort des Apostels vergegenwärtigt und auf die gläubigen Hörer zukommt. Doch ist das Wort nicht die einzige Weise seiner Selbstvermittlung, ebenso sind es (besonders) Taufe und eucharistisches Mahl, in denen sich im sakramentalen Zeichen Jesus Christus selbst manifestiert und Anteil an seinem Weg, seiner Wahrheit und seinem Leben gibt. Verkündetes Wort und Feier der Sakramente sind aufs engste einander zugeordnet. Denn es gibt kein Sakrament ohne Wortverkündigung, und es gibt keine Wortverkündigung, die nicht – wenigstens! – das Zeichen, das die hörende Kirche selbst ist, bei sich hat. Wie sich darum im Wort des besonders Beauftragten der Kyrios zusagt, so ist auch er selbst der eigentliche »Gastgeber« der eucharistischen Feier, wenn ihn die von ihm Beauftragten im sakramentalen Handeln »repräsentieren«. Deshalb steht auch der gastgebende Vorsitz bei der eucharistischen Feier denen zu, die zum besonderen Dienst am Wort gerufen sind und die im Namen dieses Wortes Gemeinden gründen und leiten.[134]

Dies ist noch ein Stück tiefer zu sehen, indem man das schon früh gegebene Verständnis von der Eucharistie als Opfer ins Auge fasst. Eine solche Sicht lässt sich bis ins 2. Jh. zurückverfolgen, da man das eucharistische Memoriale des Kreuzesopfers als die Verwirklichung der Verheißung von Mal 1, 11 f und damit als die Erfüllung allen Opferwesens ansah. »Vom Aufgang der Sonne bis zu ihrem Untergang … wird meinem Namen an jedem Ort ein Rauchopfer dargebracht und eine reine Opfergabe.« In der Feier dieses Opfers steht der Amtsträger in sakramental-zeichenhafter Weise für Christus als den eigentlich priesterlich Handelnden. Eben darum lag und liegt es nahe, ihn auch selbst – im sakramentalen Sinn, d.h. insofern er Zeichen für Christus ist – als Priester zu verstehen. Ein Weiteres kommt hinzu: Zwar ist das Opfer Christi »ein für allemal« geschehen und somit Ende und Vollendung aller Opfer – es kann ihm deshalb im eigentlichen Sinn nichts hinzugefügt, nichts ergänzt werden, dennoch ist dieses Opfer »offen« für die Glaubenden, auf dass sie sich, durch Christi Opfer befähigt, in und mit ihm Gott als Opfer darbringen. Eben dies geschieht gleichfalls bei der eucharistischen Feier, in welcher Christi Opfer Gegenwart wird, damit die Gemeinde mit ihm im Hl. Geist sich selbst als Gabe dem Vater schenkt. Insofern nun der dem eucharistischen Geschehen vorstehende Amtsträger das priesterliche Opfer der ganzen Gemeinde betend und handelnd zusammenfasst – der Priester »bringt das eucharistische Opfer im Namen des ganzen Volkes Gottes dar,« sagt das II. Vaticanum (LG 10) –, wird auch unter diesem Aspekt noch einmal neu der priesterliche Charakter seines Tuns deutlich: Der kirchliche Amtsträger steht gewissermaßen im Schnittpunkt der beiden Bewegungen, die zu jedem Opfer gehören, der katabatischen (= von Gott »herabsteigenden«) und anabatischen (= zu Gott »aufsteigenden«) Bewegung. Dabei ist in beiden Hinsichten das amtliche Tun ein sakramentales, Christus bzw. die Gemeinde repräsentierendes priesterliches Handeln.[135] Erhält allerdings in diesem einen, aber differenzierten Geschehen das katabatisches Moment der Eucharistie, also das, was von Gott und Christus her geschieht, nicht den absoluten Vorrang, ist die Gefahr äußerster Verkehrung gegeben. Christliche Liturgie ist nun einmal – so Ratzinger – »nicht ein ritueller Vorgang, bei dem ein sacerdos Gott ein versöhnendes Opfer darbringt, sondern sie ist bevollmächtigte Verkündigung von Tod und Auferstehung des Herrn.«[136] In der Eucharistie feiert der Priester im Auftrag des Volkes nicht vorrangig einen Kult – dann in der Tat wäre nicht einzusehen, warum nicht jeder beliebige oder jeder vom »Volk« Delegierte diesen Kult feiern könnte, nein: in der eucharistischen Anamnese, d.h. in der erinnernden Vergegenwärtigung nimmt Christus selbst, sakramental vergegenwärtigt durch den Liturgen, die Gemeinde in sein Lebensopfer hinein und gibt ihr Anteil an dessen Frucht, wodurch dann ihrerseits die Gemeinde zum Mitopfer mit Christus befähigt wird.[137]

Gewiss, dass die Eucharistie in ganz besonderer Weise Mitte amtlichen Dienstes ist, trifft für die erste Zeit der Kirche nicht zu. Denn – so Schlier

»erst allmählich klärte es sich, dass die Eucharistie die objektivste und innerste Vergegenwärtigung des Opfers Christi und das zentrale Konstitutivum des Aufbaues der Kirche ist, so dass sich der priesterliche Dienst letztlich, aber keineswegs ausschließlich an diese Weise der Vergegenwärtigung des priesterlichen Handelns Jesu Christi gewiesen sieht. Man könnte auch so sagen: erst allmählich klärte sich der innerkirchliche Priesterdienst auf Grund und nach Maßgabe des Priesteramtes Christi, das selbst nicht ausschließlich, aber zuletzt und zuerst in seiner gehorsamen Selbsthingabe bestand, und als solches sich in seinem Propheten- und Hirtenamt notwendig und untrennbar von seiner Hingabe auslegte und so sich auch in diesem vollzog. Von daher ist das kirchliche Priesteramt, das eben dieses Opfer Christi vergegenwärtigt, eines und doch vielfältig, so dass es sich nicht nur auf die Eucharistie bezieht, wohl aber diesen Modus der Vergegenwärtigung des Opfers Jesu Christi in seiner Mitte hat.«[138]

Der kirchliche Amtsträger hat also den Vorsitz bei der eucharistischen Feier nicht, weil er Priester ist, sondern: Weil er den Vorsitz bei jener Feier hat, in welcher sich das Opfer Christi vergegenwärtigt, ist er (auch) Priester.

Doch ist mit all dem noch nicht der alles entscheidende Gesichtspunkt genannt. Die Eucharistie ist nicht nur die Vergegenwärtigung des Opfers Christi, auf dass wir in deren Feier in seine »Bewegung« zum Vater hin eingehen (besser: von ihm hineingezogen werden), sie ist vor allem das *Sakrament der Einheit*. Der Prozess der Communio-Werdung, der das Zentrum der Heilsgeschichte bildet und das Wesen der Kirche ausmacht, erreicht in der Feier der Eucharistie seinen Höhepunkt. »*Ein* Brot ist es. Darum sind wir die vielen *ein* Leib. Denn wir haben alle teil an dem einen Brot.« (1 Kor 10,17). Das heißt: »Kommunion« des »Leibes Christi« bedeutet nicht nur Empfang des »Christus solus« (um eine Formulierung Augustins aufzugreifen), nämlich sakramentaler Empfang von Jesus Christus allein, sondern des »Christus totus«, des »ganzen Christus«, Empfang von »Haupt und Gliedern« des einen Leibes. Anders gesagt: In der Kommunion empfangen wir – so Augustinus – »unser eigenes Geheimnis«, empfangen wir mit dem Herrn (auch) uns selbst, die wir Glieder an Seinem Leibe sind. *Indem wir in der Feier der Eucharistie, in der sakra-*

mentalen Vergegenwärtigung seiner Lebenshingabe, uns in sein Opfer hineinnehmen lassen, werden wir mit ihm und untereinander eins, vernetzt zur Kirche.

Deshalb heißt es in der augustinischen »Eucharistie-Katechese«: »Ihr selbst seid Christi Leib und Glieder. … Darum liegt euer eigenes Geheimnis auf dem Tisch des Herrn; euer eigenes Geheimnis empfangt ihr. Was ihr selbst seid, darauf antwortet ihr mit Amen. … Denn ihr hört: Leib Christi, und ihr antwortet: Amen. Seid also ein Glied von Christi Leib, damit euer Amen wahrhaftig sei. … Seid, was ihr empfangt, und empfangt, was ihr seid.«[139] In ähnlicher Weise erinnert LG 26 an ein Wort Leos d. Gr.: »Denn nichts anderes wirkt die Teilhabe an Leib und Blut Christi, als dass wir in das übergehen, was wir empfangen.« Siehe auch das schöne Wort von Henri de Lubac: »L'Eglise fait l'Eucaristie« – »L'Eucaristie fait l'Eglise«.[140]

Es ist deshalb eine schlimme, geradezu skandalöse Sache, dass das Eucharistieverständnis von vielen Priestern und Laien immer noch durch und durch »individualistisch« verkürzt und dazu noch auf den »Empfang Christi« oder gar die »Gegenwart Christi« reduziert wird. Als ob es nicht unzählige Weisen der Gegenwart Christi gäbe! Als ob Christus nicht auch im Wort, in der gläubigen Gemeinschaft, in der Begegnung mit dem Armen wahrhaft und wirklich gegenwärtig wäre! Es geht in der Eucharistie nicht einfach um seine »Gegenwart«, sondern um sein spezifisches Wirken, das in den verschiedenen Weisen seiner Präsenz anders akzentuiert ist.

Darum ist es auch theologisch außerordentlich problematisch, zwecks »Steigerung« der Gegenwart Christi (also ob diese sich »steigern« ließe!) *in unseren Ländern* (außerhalb der Krankenkommunion) einen Wortgottesdienst + Kommunionausteilung zu halten. Gerade dadurch wird der Wortgottesdienst um seine ihm eigene »Würde« gebracht.[141] Allein um die Gegenwart Christi zu erfahren, bedarf es nicht unbedingt der Eucharistie. Notwendig jedoch ist sie dazu, den *einen* Leib Christi, Haupt und Glieder, »aufzubauen«. Dass die Eucharistie tatsächlich darauf zielt, ist theologisch völlig klar: In den Termini klassisch-scholastischer Sakramententheologie ist die »res sacramenti« (also das, worauf das Sakrament eigentlich hinausläuft) die »unitas corporis Christi«, dagegen ist der Empfang des Herrenleibes und die Einheit mit Christus »nur« »res et sacramentum« (d. h. eine erste Frucht des Sakraments, die noch auf die letzte Frucht hin »unterwegs« ist)!

Nicht nur die Communio des Leibes Christi, auch die Missio der Kirche in die Welt gründet in der Eucharistie. Denn Christus ist nicht für einige wenige (die gerade zur Eucharistiefeier versammelt sind) in den Tod gegangen, sondern für alle, die er zur großen Communio Gottes zusammenführen will. Darum hat sich die in der Eucharistie durch Christus zusammengefügte Communio der Glaubenden notwendig in die Welt auszuweiten. Sie wird zur Missio, die sich nicht zuletzt auch in der »diakonia«, im Dienst an den Armen und Notleidenden, vollzieht.[142]

Da Communio und Missio, die beiden Grundelemente der Kirche, in der Eucharistie gründen, vollzieht sich Kirche-Sein und -Werden letztlich nicht durch alle möglichen pastoralen Initiativen und Aktionen (siehe dazu S. 240f), sondern durch Christus selbst, der uns in der Eucharistie »im Mysterium« zusammenführt,[143] damit wir dieses »Mysterium« im Alltag »real« werden lassen. Eben weil Christus selbst es ist, der in der Eucharistie handelt, muss er auch »sakramental«, d.h. durch einen auf Grund von Weihe und Sendung Beauftragten und damit »objektiv« auf Christus Verweisenden »repräsentiert« werden.

Durch die Bindung der Eucharistie an das kirchliche, Christus darstellende Amt wird handgreiflich deutlich, dass die Gemeinde nicht über die Eucharistie verfügt, sondern dass Christus selbst der Gastgeber ist, von dem die Gemeinde sie als zukommende Gabe des Herrn empfängt. Darüber hinaus garantiert der Amtsträger, der sein Amt im Kollegium der Mitepiskopen und Mitpresbyter ausübt, dass die Gemeinde-Eucharistie in Einheit mit den anderen Kirchen gefeiert wird.

Von der ausdrücklichen Zuordnung der eucharistischen Feier zum kirchlichen Amt her erklärt sich auch, dass fortan im wachsenden Maß die »alten« Amtsbezeichnungen »Vorsteher«, »Presbyter«, »Diener« durch die des »Priesters« ersetzt werden und das kirchliche Amt sich dezidiert als Priesteramt versteht. Diese Terminologie hat sich seither eingebürgert und muss auch nicht eliminiert werden, wenn man sich über deren genaue Bedeutung und Grenzen im Klaren ist: Das »Priesterliche« des Amtes hat sich am spezifischen Priestertum Christi auszuweisen und darf nicht auf den sazerdotal-kultischen Aspekt eingeschränkt werden.

In den letzten Jahren mehren sich – zumal angesichts des Priestermangels – Stimmen, die nach der Möglichkeit einer von Laien geleiteten Eucharistiefeier fragen oder sie bereits praktizieren.[144] Die entsprechende Theorie oder auch Praxis wird von verschiedenen Autoren auf verschiedene Weise begründet: a) Man weist darauf hin, dass in der Urkirche vermutlich Laien den Vorsitz bei der Eucharistiefeier hatten; b) man hält zwar am Prinzip des Ignatius v. Antiochien fest: »Nur *die* Eucharistie gelte als rechtmäßig, die unter dem Vorsitz des Bischofs oder dessen gefeiert wird, den dieser dazu beauftragt« (IgnSmyr 8, 1), glaubt aber, daß auch Nicht-Presbyter vom Bischof beauftragt werden konnten und können; c) man bezieht sich auf den in der

Geschichte der Kirche verankerten Gedanken einer »Not-Eucharistie«. Prüfen wir diese verschiedenen Argumentationszusammenhänge.

Zu a): Ob in der apostolischen und frühchristlichen Zeit die Feier der Eucharistie von besonderen Amtsträgern geleitet wurde oder nicht, lässt sich kaum mehr mit Sicherheit entscheiden. Das einzige Mal, wo im NT vom Vorsteher der Eucharistie die Rede ist, ist es bezeichnenderweise der Apostel Paulus, welcher predigt und Eucharistie feiert (Apg 20,7.11). Aber sehr weit trägt diese Auskunft nicht. Auch der Hinweis, dass nach Aussage der Didache (10,7) »Laien«-Propheten Eucharistie feiern konnten, bildet keine Entscheidungshilfe. Denn es ist äußerst fraglich, ob es sich hier um charismatische »Laien« (im modernen Sinn) handelte oder nicht viel eher um nichtlokale (Wander-)»Apostel«, die durchaus über besondere Vollmachten verfügten, da diese in Did 13,3 als »Erzpriester« der Gemeinde bezeichnet werden. Das argumentum ex silentio (das heißt: wir wissen nichts von einem amtlichen Vorsitz) steht (ebenso wie die umgekehrte These) auf schwachen Füßen.[145] H. Küngs Behauptung: »In Korinth wurde die Eucharistie ohne einen ständigen, für alle verantwortlichen Gemeindeleiter gefeiert,»[146] basiert nicht nur auf einem solchen argumentum ex silentio, sondern steht auch einigen historischen Fakten entgegen, so z.B. dem, dass – wie J. Kremer schreibt – die eucharistischen Zusammenkünfte »in einer patriarchalisch strukturierten Welt stattfanden, wo der Vorsitz einer Hausgemeinde und besonders eines religiös geprägten Festmahles (Pascha-Mahl) nicht in das Belieben der Einzelnen gestellt war, sondern sich in festgelegter Ordnung vollzog.«[147] Mit dieser These greift J. Kremer eine exegetische Studie von B. Holmberg auf, welche nachweist, dass zu der gemeinde-ordnenden Tätigkeit des Paulus die Suche nach einem gastgebenden Hausvater gehörte, der vermutlich dann auch dem Gottesdienst vorstand.[148] Im übrigen ist bereits ab Ignatius (um 110) und Justin (um 150) unbestritten klar, dass der Amtsträger auch der Vorsteher der Eucharistiefeier ist.[149]

Jedenfalls vollzog sich die Feier der Eucharistie von Anfang an auf apostolische Weisung hin und im Kontext einer apostolischen Ordnung. Von hier aus mag der Weg bis zur späteren *ausdrücklichen* Bevollmächtigung von Amtsträgern zur Feier der Eucharistie noch weit sein: prinzipiell ist der Unterschied nicht sehr groß. Schließlich aber ist – ganz unabhängig vom Gewicht der einzelnen Argumentationsschritte – zum pauschalen Ergebnis von H. Küng, es sei »nicht einzusehen, warum das, was zur Zeit des Paulus in Griechenland gültig war, im heutigen Italien ungültig sein soll«, ebenso pauschal zu bemerken, dass es in der Kirche unumkehrbare Entwicklungen gibt. So konnte man vor dem sog. Apostelkonzil noch als allgemein geltend verkünden, die Beschneidung sei unabdingbare Voraussetzung für den Glauben an Jesus Christus, nachher aber nicht mehr. Denn jetzt war die Kirche zu einer geistgewirkten Einsicht gekommen, hinter die sie ohne Identitätsverlust nicht zurückgehen kann. Auch die eindeutige und klare Zuordnung des eucharistischen Vorsitzes an den ordinierten Gemeindeleiter entspringt einer vertieften Einsicht in das Wesen von Amt und Eucharistie.

Zu b): Ebenso bleibt das Argument, auch Nicht-Priester seien zur Eucharistiefeier beauftragt worden, unbewiesen. Denn ob die (ungeweihten) Presbyter der Apostolischen Tradition Hippolyts auch Eucharistie feiern konnten, ist umstritten. Und selbst wenn sie es konnten, handelte es sich nicht eigentlich um »Laien«, sondern um Presbyter, die auf andere Weise in das Presbyterium aufgenommen waren.[150]

Zu c): Der Hinweis, es gebe in der Geschichte der Kirche die Idee einer »Not-Eucharistie«, trägt ebenfalls nicht. Denn die von E. Schillebeeckx angeführte diesbezügliche Bemerkung von Tertullian[151] stammt aus dessen nichtkatholischer, nämlich montanistischer Zeit.[152] Damit ist auch schon der geistesgeschichtliche Hintergrund für Theorie und Praxis eines Eucharistievorsitzes durch Laien angedeutet: In der Geschichte der Kirche waren es immer charismatisch-enthusiastische Sekten, also Bewegungen, welche die sakramentale, »institutionelle« Heilsvermittlung leugneten oder relativierten, die den Laien das Recht zum Eucharistievorsitz zusprachen.

Dennoch: dass es in extremer Notsituation, etwa in einer verfolgten Kirche ohne Priester, sinnvoll sein könnte, die Zeichen der eucharistischen Feier auch ohne geweihten Amtsträger zu setzen, um so die memoria des Herrn zu feiern, lässt sich wohl kaum absolut ausschließen. (Allerdings kann man fragen, ob nicht eine verfolgte christliche Gemeinschaft in der Wirklichkeit ihres Lebens so eng mit dem Herrn und seiner eucharistischen Todeshingabe verbunden ist, dass das in einer [Not-]Eucharistie gefeierte sakramentale Zeichen gar kein »Mehr« an Communio mit dem Herrn und untereinander vermittelt und deshalb auch keinen solch unbedingten Rang einnimmt.) Ob eine Feier der »Not-Eucharistie« den schlechthin gleichen sakramentalen Wert besitzt wie andere Eucharistiefeiern auch, mag dahingestellt sein. Schließlich gibt es gerade im Bereich der Zeichen nicht nur ein schlichtes »sic an non«, sondern fließende Übergänge, wie ja auch der Übergang zwischen den sogenannten Sieben Sakramenten und den unzähligen »Sakramentalien« gar nicht so scharf zu markieren ist. Anders aber ist die Sachlage zu beurteilen, wenn ein Einzelner oder eine Gemeinschaft sich über die kirchliche Ordnung hinwegsetzen und eigenmächtig ohne Priester Eucharistie feiern. Eine Eucharistiefeier gegen das Amt wäre nach W. Kasper »ein die Eucharistie in ihrem tiefsten Wesen aufhebendes Unding; was Zeichen der Einheit sein sollte, würde zum Ausdruck des Streits.«[153] Darum ist auch der Meinung von E. Schillebeeckx zu widersprechen, wonach man kirchliche Praxen entwickeln könne, die »vorläufig« in Konkurrenz zur offiziell geltenden kirchlichen Praxis stünden, in der Hoffnung, dass das derzeit noch Illegitime später legitimiert werde.[154] Was Sakrament der Einheit ist, würde gerade so zum Zeichen der Zwietracht und damit jedes Sinns beraubt.

3. Kapitel

Die theologische Bedeutung des Amtes als Christus-Repräsentation

§ 1 Zum Begriff »Repräsentation« bzw. »in persona Christi agere«

1. Zeichen Christi

Das kirchliche Amt, das bei allem bleibenden Vorrang des apostolischen Amtes in historischer und inhaltlicher Kontinuität mit diesem steht, weist die grundsätzlich gleiche Struktur und innere Form auf wie dieses: Es vergegenwärtigt – im ständigen Bezug auf das maßgebende apostolische Zeugnis – in der Kirche und für die Kirche Wort und Wirken Jesu Christi selbst und steht somit als »Repräsentant Christi« den übrigen Gläubigen und ihren geistgewirkten Fähigkeiten (auch) gegenüber. Das ist durchgehende Überzeugung der katholischen Theologie. Auch sog. »progressive« Theologen, wie z. B. E. Schillebeeckxs vertreten diese Auffassung.[155]

Ebenso herrscht darüber heute eine weitverbreitete Übereinstimmung in den ökumenischen Gesprächen über das kirchliche Amt.[156] So heißt es etwa im Konsenspapier »Das geistliche Amt in der Kirche« (1981): »Grundlegend für das rechte Verständnis des Amtes ist es für Lutheraner und Katholiken, ›dass das Amt sowohl gegenüber der Gemeinde wie in der Gemeinde steht‹.«[157] Auch das sog. »Lima-Papier« (1982) der Kommission für Glaube und Kirchenverfassung des Weltkirchenrates, das weltweit eine ungewöhnlich große Wirkungsgeschichte auslöste, dabei freilich auch zeigte, wie schwer man sich in den Kirchen der Reformation mit dem Amt tat und noch tut, enthält eine ähnliche Aussage: »Die ordinierten Amtsträger sind Repräsentanten Jesu Christi gegenüber der Gemeinschaft und verkünden seine Botschaft der Versöhnung. Als Leiter und Lehrer fordern sie die Gemeinschaft auf, sich der Autorität Jesu Christi, des Lehrers und Prophet … zu unterstellen. Als Hirten unter Jesus Christus, dem obersten Hirten, sammeln und leiten sie das zerstreute Volk Gottes in Antizipierung des kommenden Gottesreiches.«[158] Schließlich sei wegen der besonderen Bedeutung für den deutschen Sprachraum eine Passage aus den Materialien der »Gemeinsamen Ökumenischen Kommission« (1986) angeführt: Es »handeln die Amtsträger in Ausübung ihres Auftrags auch nach reformatorischem Verständnis nicht in eigenem Namen, sondern repräsentieren die Person Christi. ... Der in Wort und Sakrament eigentlich Handelnde ist Jesus Christus selbst durch die Kraft des Heiligen Geistes.«[159] Diese Einstellung gründet in einem neu(?)-akzentuierten Ordinationsverständnis. »Wo gelehrt wird, dass durch den Akt der Ordination der Heilige Geist den Ordinierten mit seiner Gnadengabe für immer zum Dienst an Wort und Sakrament befähigt, muss gefragt werden, ob nicht in dieser Frage bisherige kirchentrennende Unterschiede aufgehoben sind. Unvereinbar mit diesem Verständnis von Ordination ist es für Katholiken und Lutheraner, die Ordination nur als Art und Weise einer kirchlichen Anstellung oder Amtseinweisung zu verstehen.«[160]

Der Begriff »Repräsentation« bzw. das damit verbundene »in persona Christi agere«, was im Vorangehende schon häufig verwendet wurde, ist – gerade wegen seiner Missverständlichkeit – im Folgenden noch weiter zu klären.

Zunächst einmal ist Repräsentieren / Repräsentation nicht zu verstehen im modernen Sinn einer juristisch bevollmächtigten Vertretung, sondern im zeichenhaft-sakramentalen Sinn als ein »Vergegenwärtigen«, genauer: als ein wirksames in Erscheinung-Treten, ja Sich-Ereignen des abbildlich Vergegenwärtigten.[161] Der Repräsentant steht dabei strikt im Dienst der durch ihn repräsentierten Wirklichkeit.[162] Eben deshalb geschieht die Beauftragung zur Christus-Repräsentation durch einen Weiheakt, und zwar durch einen Akt, der mehr bedeutet als nur eine (unter Gebet und Handauflegung sich vollziehende) Einsetzung in die öffentliche Verantwortung zur Wahrnehmung kirchlicher Aufgaben, er ist auch keine bloß rechtliche Übertragung von bestimmten geistlichen Vollmachten, er kann auch »nicht auf die Anerkennung eines bereits vorhandenen Charismas (so R. Sohm ...) oder auch auf eine bloße Beauftragung durch die Gemeinde beschränkt werden.«[163] Vielmehr wird durch die Weihe ein Mensch sich selbst genommen, buchstäblich »ent-eignet«, auf dass er »ein sichtbares Zeichen für das gegenwärtige priesterliche Wirken des erhöhten Herrn« sein kann.[164]

Der Grundgestus des Amtes ist deshalb der Johannes-Gestus »Ich bin es nicht!« Joh 1,20). Ein anderer ist es, auf den ich nur hinweise – in Wort und Zeichen. Solche Christus-Repräsentation hat deshalb keineswegs eine quasi-mystische Identifikation von Christus und kirchlichem Amt zur Folge, auch wenn dieses Missverständnis in der Vergangenheit, zumal durch die Ausdrucksweise vom »sacerdos – alter Christus«, nicht immer vermieden wurde. Doch wenn man in Rechnung stellt, dass zwischen Zeichen und Bezeichnetem eine ungeheure Differenz liegt, so ist klar, dass der kirchliche Amtsträger »die zeichenhafte Repräsentation Christi ... nicht als Identifikation, sondern in der jeder Repräsentation / Stellvertretung eigenen Differenzierung gegenüber dem Repräsentierten« leistet.[165]

Gewiss kann – davon war schon die Rede – *jeder Getaufte* dem anderen gegenüber Christus repräsentieren, d.h. etwas von seinem Wort und seiner Gestalt vergegenwärtigen und weitergeben. Doch ist der entscheidende Unterschied zum Weiheamt zweifach: (1) Der Amtsträger repräsentiert Christus gerade als den »Herrn der Kirche«, als den, der sich selbst sein Volk zusammenruft, zusammenhält und zum gemeinsamen Ziel führt (in theologischer Fachsprache: repraesentatio Christi *capitis*); (2) der Amtsträger repräsentiert Christus nicht auf Grund seines persönlichen Glaubens, seiner charismatischen Begabung oder seines guten Willens, sondern auf Grund seines sakramental verliehenen *Weiheamtes*. Nicht sein eigenes (individuelles) Wort, nicht sein eigenes (individuelles) Verhalten macht Christus präsent, sondern die Ermächtigung durch die Weihe, kraft derer Christus selbst buchstäblich durch ihn handelt. Schon Thomas v. Aquin weist darauf hin, dass, wenn Gott Menschen braucht, um sein Heilswerk zu verwirklichen, diese nicht aus eigener Kraft handeln *können*. Darum muss die Einweisung in das priesterliche Amt »ein gnadenvermittelndes Sakrament sein, welches die geistliche Kraft (virtus) für die rechte Ausübung des Amtes schenkt, und die dazu befähigt, dem Aufbau des Leibes Christi ohne Gefahren für das eigene Seelenheil zu dienen.«[166] Thomas argumentiert hier bemerkenswerterweise nicht »positivistisch« von der faktischen »Einsetzung« des kirchlichen Amtes durch Christus, sondern vom inneren geistlichen Erfordernis her, welches das priesterliche Tun mit sich bringt. Die »Christus-Repräsentation« erfordert eine sakramentale Ermächtigung. Nur so kann ein Mensch Wort und Handeln Christi weitergeben und nur so ist der Priester dann auch die unerlässliche Bedingung dafür, dass Kirche, dass gemeinsames Priestertum ausüben kann – in der Dopplung der Grundvollzüge von Communio und Missio.

Die Christus-Repräsentanz des Priesters hat somit nur ein einziges Sinnziel: Die Kirche erfährt an den Knotenpunkten ihres Lebens ganz konkret, dass Jesus Christus selbst ihr Herr (»Leiter«) ist: Hirte, Priester, Lehrer. Keine Form von Gemeindeleitung, keine anderen Dienste in der Kirche im Großen und in den Gemeinden im Kleinen dürfen diese Wahrheit verdunkeln. Nicht Menschen, mögen sie auch mit noch so großen und zahlreichen Gaben des Geistes ausgestattet sein, »machen« Kirche, leiten die Gemeinde, bringen Communio zustande, sondern allein Christus. Mit den Worten von Karl-Heinz Menke:

> »Es muss im Bewusstsein gerade des sogenannten einfachen Gläubigen deutlich bleiben: Nicht deshalb, weil einer bestimmte Funktionen erfüllen kann oder de facto realisiert, nicht deshalb, weil einer theologisch kompetent und rhetorisch begabt ist, ist er Gemeindeleiter, sondern weil er durch die Handauflegung des Bischofs dazu ermächtigt ist. Christus ist das Haupt der Kirche; und das muss strukturell sichtbar bleiben. Die … Autorität dessen, der anderen die Worte des ewigen Lebens zuspricht, beruht nicht auf irgendwelchen Begabungen oder Kompetenzen, sondern auf einer sakramental begründeten Vollmacht.«[167]

Eben darin liegt die Bedeutung des Weiheamtes. Wenn an den Knotenpunkten kirchlichen Lebens nicht ein Herr XYZ handelt, weil er besonders gut ist, sich die Kompetenz dafür erworben oder die Gemeinde ihm solche zugewiesen hat, sondern weil er durch Weihe »legitimiert« ist, so weist gerade die Weihe über die Person des Amtsträgers hinaus auf den ihn Weihenden, auf Christus hin. Es wird also nicht eine menschliche Autorität an die Stelle Christi gesetzt, sondern Er selbst sakramental, d.h. im wirksamen Zeichen, das auf ihn verweist und in dem Er sein eigenes Handeln unverbrüchlich zusagt, zur Geltung gebracht. »Die Sinnspitze allen amtlichen Tuns zielt deshalb darauf, die Gemeinde auf Christus, als auf ihren Ursprung und ihr Haupt, auf ihr bleibendes Gegenüber und in ihr handelndes Subjekt, hin offenzuhalten.«[168] So weist der Priester – wie eine Erklärung der Deutschen Bischofskonferenz von 1996 sagt – »auf die fundamentale Abhängigkeit der Kirche von Jesus Christus hin und bezeugt, dass die Gemeinde nicht aus sich selbst lebt und für sich selbst da ist.«[169]

2. *»Ich bin es nicht!«*

Damit ist die »priesterliche Amtsautorität« radikal relativiert, d.h. von sich selbst weg verwiesen (»Ich bin es nicht«!) und bezogen auf Christus sowie auf den Dienst für die Mitchristen. Bertram Stubenrauch beschreibt das Geschehen der Ordination pointiert so: »Getaufte sind persönlich gerufen, aus der Reihe der Übrigen herauszutreten, um ein eigenes Sakrament zu empfangen; aber sie werden zu ihren Brüdern und Schwestern zurückgeschickt mit dem Auftrag, sich selbst nicht wichtig zu nehmen.«[170] Damit ist jeder klerikalistische und triumphalistisch-hierarchische Thron umgestoßen. Amt ist Dienst und nichts sonst, – mit den Worten von H. U. v.Balthasar – »Eignung als Enteignung; Leitung aber vom letzten Platz her.«[171] Deshalb ist mit dem theologischen Schlüsselwort »Amt als Christus-Repräsentation« ein kritischer Maßstab gegeben, an dem der Amtsträger sich ständig zu überprüfen hat. Ja, der Begriff der Christus-Repräsentation ist wohl jener an das Amt anzulegende kritische Maßstab, der in seiner Schärfe durch überhaupt kein anderes Kriterium übertroffen werden kann. Es gibt schlechterdings keine radikalere Infragestellung eines Amtsträgers, als ihn mit der Frage zu konfrontieren: Stehst du wirklich für einen anderen, für Christus, für den dienenden und gekreuzigten Herrn, und vermag die Gemeinde dies auch zu erkennen und zu akzeptieren, dass du in deinem amtlichen Tun und persönlichen Verhalten für ihn stehst? Alle anderen sich oft so amtskritisch gebärdenden Normen und Gesichtspunkte sind demgegenüber schlechthin »harmlos.«[172]

Im Blick auf Christus ist das kirchliche Amt wesenhaft »Vikariat«, reiner Verweis, vermittelnde Transparenz auf Christus; im Blick auf die Mitchristen darf es nur als radikale Proexistenz ausgeübt werden. In dieser Hinsicht hat auch das II. Vaticanum die herkömmlichen Vorstellungen von amtlicher Vollmacht und Autorität neu interpretiert: Einziger Sinn und Inhalt »hierarchischer potestas« ist der Dienst an den anderen,[173] »so dass auch nur ein einziger Zug ›pascha‹-ähnlicher Selbstzweckhaftigkeit oder absolutistischer Herrschaftsmanieren eine Pervertierung der Amtlichkeit bedeutete.«[174] Denn weil Jesus Christus unter uns war »als einer, der dient,« (Lk 22,27), darf auch seine amtlich-sakramentale Vergegenwärtigung nur in der Weise des Dienstes, nicht der Macht geschehen (vgl. Mt 20,25 ff), wenn Macht in jenem Sinn genommen wird, der neuzeitlich damit verbunden ist: Selbstbezüglichkeit und Selbstsucht, Herrschaftsgebaren, Rücksichtslosigkeit und Eigensinn.

Der Dienst Christi wird im Neuen Testament näherhin als diakonia bezeichnet, ein Wort, dessen Grundbedeutung »Tischdienst« ist. Aber da der Mensch der Antike gerade diesen Dienst als entwürdigend empfand, nimmt diakonia den zugespitzten Sinn von »niedrigem Dienst«, »Sklavendienst« an. Es ist ein Dienst, bei dem man sich schmutzig macht, der nichts gilt, auf den jedermann herabsieht. So wird das entsprechende Hauptwort διάκονος (diakonos) fast bedeutungsgleich mit δοῦλος (doulos = Sklave). In solchem »Sklavendienst« bestand die Sendung Christi (vgl. Phil 2,7). Deshalb kann auch das kirchliche Amt keinen anderen Dienst vergegenwärtigen. So ist es nicht verwunderlich, dass das Neue Testament zur Bezeichnung des kirchlichen Amtes keines der üblichen Worte verwendet, die die griechische Sprache und Kulturwelt kennt und die alle das Moment der Macht- und Hoheitsstellung betonen, sondern dass es nur das eine Wort gebraucht: diakonia. Als solchen Sklavendienst versteht auch Paulus sein apostolisches Amt. Er, der sich selbst häufig als »Sklave Christi« bezeichnet, schreibt ebenso: »Ich habe mich für alle zum Sklaven gemacht, um möglichst viele zu gewinnen« (1 Kor 9,19). Ein bei ihm häufig wiederkehrender Ausdruck für den Dienst an der Gemeinde ist κωπιᾶν (kopian – »sich abschinden«, »sich kaputtmachen«). Dass dies wörtlich zu nehmen ist, zeigt exemplarisch für viele andere Stellen 1 Kor 4,11 f: »Bis zur Stunde hungern und dürsten wir, gehen in Lumpen, werden mit Fäusten geschlagen und sind heimatlos ... Wie der letzte Dreck der Welt sind wir geworden, verstoßen von allen bis heute« (siehe auch besonders 2 Kor 11,23 ff).

Mit diesem Amtsverständnis ist jedem Priester ein Spiegel vorgehalten: Amt in der Kirche kann sich nur als schlichte, wenn man so will: demütig-dienende Hingabe verwirklichen. Es begründet keinerlei persönlich bevorzugte »Elite« in der Kirche, keine Art übergeordnete Klasse mit klerikalem Standesbewusstsein und -dünkel. Gewiss, es gibt von Gott her Auserwählung und besondere Berufung. Die ganze Heilige Schrift kennt keine Gleichmacherei; es gibt Aussonderung, Sonderstellung, Sonderauftrag. Aber – und das rückt erst alles ins richtige Lot! – besondere Berufung heißt in der Schrift immer Last der Sendung, Sklave-Sein für andere, Sich-dreckig-Machen in unrentablen Diensten. Einer größeren Berufung korrespondiert die größere Bürde und damit die größere Verdemütigung des Gerufenen. Zu Recht schreibt H. U. v. Balthasar:

> Im Neuen Bund »stünde der Dienst nicht wirklich im Zeichen Christi, wenn das verliehene Amt nicht an der Struktur seines einzigen Amtes teilnähme, das sein Wesen darin hat, dass die ganze

> Person für das Amt gebraucht wird. … Was Wunder deshalb, wenn die ganze Sorge des Herrn in der Zurüstung seiner Apostel auf ihr Amt, insbesondere des Felsenmanns, auf Demütigung ausgeht …? Die neutestamentliche Ent-persönlichung in das Amt hinein ist, richtig begriffen, nur als die höchste Anstrengung der Person, alles, was sie ›hergibt‹, in das Amt herzugeben, verstehbar. … Die Werkzeuglichkeit des katholischen Priesters stammt aus derjenigen Christi, und diese führt unerbittlich bis zum Kreuz. Petrus wird ohne Mitleid dahinein exerziert.«[175]

So führt das neutestamentliche Priestertum nicht in die »Hochwürdigkeit«, in einen Stand besonderer Auserwähltheit, in eine »Überkaste«, sondern in den schmutzigen Dienst. Dieser Dienst, nicht aber eine soziologische Funktionalisierung oder eine plattfüßige Ent-Theologisierung des Amtes, die in manchen Kreisen sogenannter progressiver Theologie nicht immer vermieden wird, ist die wahre »Entideologisierung« des sakral überlasteten Priesterbildes der Vergangenheit. Augustinus hat dieses Amtsverständnis in folgende Worte gekleidet: »Er, der dich [Gemeinde] befreit hat durch sein Blut, hat mich zu deinem Sklaven gemacht.«[176] Darin besteht also das »Besondere« des kirchlichen Amtes: die Berufung zum schlichten, unprätentiösen (Sklaven-)Dienst.

3. Handlungsbezogen

Zur rechten Sicht des priesterlichen Dienstes ist ein Weiteres in Rechnung zu stellen: Amtliche Christus-Repräsentanz vollzieht sich nicht als eine Art substanzhafter Vergegenwärtigung Christi, so dass der Priester in seinem Wesen ein »zweiter Christus« und seine amtliche Vollmacht ein sich auf alle Lebensbereiche erstreckender »Seins-Besitz« wäre. Vielmehr vermittelt der Priester das Heilswerk Christi in bestimmten, fest umrissenen sakramentalen Zeichen*handlungen*. Dagegen könnte man einwenden: Aber der Priester ist doch Priester, auch wenn er keine Amtshandlungen ausübt! Das ist in gewisser Weise richtig: Die Gnadengabe, die bei der Weihe verliehen wird, ist ein »Charisma«, das bleibend zuerteilt ist, wie 2 Tim 1,6 zu erkennen gibt (siehe auch 1 Tim 4,14). Priestersein besteht nicht nur in Funktionen; der Geweihte ist von Christus in bleibendem Dienst genommen. Und doch ist die sakramental vermittelte Gegenwart Christi im Amtsträger nicht als statisch-substanzhafte Präsenz zu denken. Vielmehr ist das Priestersein handlungsbezogen, die amtliche Christus-Repräsentation hat ihren »Ort« in bestimmten sakramentalen »Situationen«: Wortverkündigung, Sakramentenspendung, Gemeindeleitung (letztere im Sinne von Zurüstung der Gemeinde zur Nachfolge Christi).

Schon auf dem 2. Vatikanischen Konzil erhoben sich sehr kritische Stimmen gegen ein mögliches »wesens-ontologisches« Missverständnis von Priestersein. Die im Priesterdekret des Konzils gewählten Formeln, wonach der Priester z. B. die Fähigkeit hat, »in der Person des Hauptes Christus handeln zu können« (PO 2), wollen bewusst das Handlungsbezogene der sakramentalen Christusvergegenwärtigung herausstellen. Gewiss gründet das priesterliche Handeln-Können im »Sein«. Aber dieses Sein ist – wie Thomas v. Aquin formuliert – eine »potentia« bzw. ein »habitus«, zu deutsch: eine »Tätigkeitsvorprägung« (O. H. Pesch),[177] die nur in bestimmten (sakramentalen) Handlungen aktualisiert wird. Das ist auch die klare Meinung des Kirchenlehrers Robert Bellarmin, der das »an Christi Statt« (= »in persona Christi«) des Priesters ausdrücklich auf dessen amtlich-sakramentales *Handeln* einschränkt. Es heißt bei ihm z. B.: »Daher opfert Christus durch den Niedrigeren, die Kirche durch den Höheren. Der Priester ist nämlich, *insofern* er ein solcher [= Opfernder] ist, höher als das Volk, und er ist gerade *mit Bezug auf* die zur Debatte stehende Angelegenheit nicht Diener der Kirche, sondern Diener Christi, des ursprünglichen Mittlers.«[178] In diesem Text steht das »an Christi Statt« unter einer doppelten Einschränkung: *Insofern* Christus durch den Priester sein Opfer vergegenwärtigt, steht dieser »höher« als das Volk, und *in Bezug auf* sein qualifiziertes sakramentales Handeln ist er nicht Diener der Kirche, sondern Diener Christi. Nur also in bestimmten Handlungen steht der Priester dem übrigen Gottesvolk als Amtsträger gegenüber.

So gesehen müssten wohl manche priesterlichen, besser: klerikalen Standesformen, angefangen von einem bestimmten Wohn-, Kleidungs- und Lebensstil bis hin zu gesellschaftlichen Sonderstellungen und Privilegien einer kritischen Prüfung unterzogen werden. Vor allem ist zu fragen, was das unselige pseudohierarchische Titulaturen-Unwesen in der Kirche des dienenden, demütigen und gekreuzigten Christus, der auf den allerletzten Platz gegangen ist, zu suchen hat. Was sollen Titel wie »Heiligkeit«, »Seligkeit«, »Eminenz«, »Exzellenz«

»hochwürdigste und hochwürdige Herren«? »Unter euch soll es nicht so sein«, hat der Herr seinen Jüngern eingeschärft. Nicht so, wie es sonst auf der Welt zugeht: mit Macht- und Ehrenstellungen, Titulaturen und Orden (siehe auch Mt 23,6 ff). Und doch werden im Gegensatz zum Wort Jesu »Monsignori« (»Herren«), Prälaten und dergleichen erkoren, dekoriert und in absonderliche Gewänder gesteckt.

Man möge bitte nicht dagegen einwenden, die Verleihung von Ehrentiteln gälte nur der öffentlichen Anerkennung von Leistungen hochverdienter Priester. Zwar ist Anerkennung etwas entscheidend Wichtiges, aber muss sie nicht in anderen Formen erfolgen als in den gerade indizierten? Ja, erspart sich ein Bischof nicht gerade *wirkliche* Anerkennung, die doch wohl in seiner persönlichen anerkennenden Verbundenheit mit den Priestern bestehen sollte, wenn er statt dessen in Rom einen Titel erkauft und ihn bestimmten Leuten »umhängt«? Kurz nach dem Konzil hatten eine Reihe von Diözesen beschlossen, keine klerikalen Titulaturen mehr zu vergeben. Viele dieser Diözesen sind leider unter dem Druck von karrieresüchtigen Priestern zur alten Praxis zurückgekehrt. Über H. U. v. Balthasar wurde mir glaubhaft berichtet, er habe vor dem Papst »auf den Knien gelegen«, um ihn zu beschwören, das evangeliumswidrige Titulaturen-Unwesen abzuschaffen, sei aber nicht »erhört« worden. Die Glaubwürdigkeit des Amtes als einer nur vom Dienst her bestimmten Größe wird dadurch gewiss nicht gesteigert.

Der Bedeutung des Amtes soll im Folgenden noch unter einem anderen Gesichtspunkt nachgegangen werden.

§ 2 Sakramentalität und Amtlichkeit der Repräsentanz

Der Priester »repräsentiert« Christus nicht primär kraft seiner persönlichen Begabung und Tüchtigkeit, sondern auf Grund seines durch Weihe übertragenen Amtes. Das Wort »Amt« ist für nicht wenige Zeitgenossen ein negatives Reizwort. Man assoziiert damit leicht das Unpersönlich-Institutionelle, Bürokratische, Verwaltungsmäßige, Organisatorische, das sich dem Personalen nicht selten abweisend gegenüberstellt. Der Einzelne »fühlt sich einem übermächtigen, unpersönlichen Apparat ausgeliefert.« Das gilt auch vom Amtlichen in der Kirche. Gerade die »Amts«-Kirche »erweckt oft den Anschein einer ›unpersönlichen Funktion‹, ja sogar des ›Personlosen‹, worin nicht mehr viel von der personalen Liebe ihres Herrn und Meisters aufleuchtet. Sie entgeht genau so wenig wie andere Institutionen der Gefahr der Lähmung und Erstarrung, der Gewohnheit und Fixierung, der Degeneration zum bürokratisch-verwalteten Apparat, in dem jedes persönliche Leben zu ersticken droht.«[179] So gesehen steht das »Amtliche« gerade im Gegensatz zum »Persönlichen«, vor allem zur persönlichen Freiheit. Dies ist aber nur eine – die pervertierte – Form des Amtes, die es zwar gibt, die aber nicht das Eigentliche betrifft. Amtliche Vermittlung muss nicht kontra personale Unmittelbarkeit stehen, sondern läßt sich geradezu als deren Ermöglichung zu verstehen.

Denn im kirchlichen Amt bindet der Herr sein Heilswirken nicht an das subjekthafte Können bestimmter Personen, sondern an eine dauerhafte, eindeutig bestimmte »institutionelle«, d.h. überindividuelle Größe, die gerade als solche über sich selbst hinausweist auf den Ursprung und inneren Grund des Amtes, auf Jesus Christus selbst. Er verweist Menschen nicht an ihn verstellende »Vertreter« (im schlechten Sinn), er überlässt die Weitergabe seines Heilswerks nicht der Zufälligkeit und Willkür, der Zweideutigkeit und Gefährdetheit der je persönlichen Fähigkeit von heilsvermittelnden Personen, sondern er gibt sich und sein Heil weiter, indem er selbst sich durch Weihe und Sendung ein »übersubjektives« Zeichen seiner Gegenwart schafft: das Amt. Daher bedeutet die »Amtlichkeit« der Heilsvermittlung für den Glauben etwas zutiefst Befreiendes. Seine Unmittelbarkeit zu Gott wird nicht verstellt und niedergehalten: weder durch die Bindung an die religiöse Großartigkeit und das subjektive religiöse Pathos einer Person, noch durch deren Grenze und Misere.

Nicht auf die »Persönlichkeit« des Amtsträgers wird der Glaubende verwiesen, um Christus zu begegnen, sondern auf sein durch Weihe übertragenes Amt, das sich in bestimmten, von Christus garantierten Amtsfunktionen realisiert. So ist das Institutionell-Überindividuelle des Amtes nur die sichtbar-zeichenhafte Vermittlung der Unmittelbarkeit zu Gott, und nicht deren Zerstörung. Dies hat schon Augustinus herausgestellt:

> »Es hätte der Herr Jesus Christus, wenn er gewollt hätte, irgendeinem seiner Diener die Macht verleihen können, seine Taufe gleichsam an seiner Statt zu spenden, indem er die Gewalt zu tau-

fen von sich weggab und irgendeinem Diener übertrug und der auf den Diener übertragenen Taufe dieselbe Kraft gab, die die vom Herrn gespendete Taufe hätte. Das wollte er deshalb nicht, damit die Hoffnung der Getauften auf dem ruhte, von dem sie wussten, dass er sie getauft hat. Er wollte also nicht, dass der Diener seine Hoffnung auf den Diener setzte.«[180]

Der »Diener« ist in seinem Mitwirken nur Zeichen für das, was der Herr *selbst* tut. Darum ist Amt, als Christus-Repräsentation verstanden, keine »Herrschaftsideologie, sondern Ausdruck der Glaubensüberzeugung der Kirche, dass Christus allein Herr der Kirche ist.«[181] Auch handelt es sich beim priesterlichen Amt nicht um die »Versachlichung« einer ursprünglich in charismatischer Qualität gründenden Autorität, wie Max Weber meint,[182] vielmehr hat die »Versachlichung« selbst theologische Qualität: überpersönliches (und in diesem Sinne »sachliches«) Zeichen für den Herrn zu sein.

So ist gerade das »Amtliche« in der Kirche »Sakrament Christi«. Von der Priesterweihe und von den aus ihr entspringenden priesterlichen Tätigkeiten gilt das, was für alle Sakramente gilt: ein Stück sinnenhaft-fassbarer Wirklichkeit (Brot, Wein, Handauflegung, eheliches Jawort oder auch – die gleichen Zeichen im Lebenskontext – das gemeinsame Mahl, die amtliche Tätigkeit des Priesters, die Lebensform der Ehe) werden durch das Wirken Christi und seines Geistes transparent für weit Höheres; etwas Irdisches und darum so leicht Übersehbares, Gewöhnliches und Niedriges wird zum Zeichen des Höchsten und Bedeutsamsten; in ihm gewährt Christus sich selbst und seine Gabe.

Man muss einmal darüber staunen, dass schon im zwischenmenschlichen Bereich lächerlich kleine Zeichen auf etwas Großes hinweisen und dieses präsent machen können. Leonardo Boff schildert in seiner »Kleinen Sakramentenlehre« eine Situation seines Lebens. Er ist Südamerikaner und lebte längere Zeit in Deutschland. Hier erhielt er eines Tages einen Brief mit der Nachricht vom Tod seines Vaters. Und diesem Brief war der Stummel jener Zigarette beigegeben, die der Vater als letzte geraucht hat. Seit dieser Zeit bewahrt er den Stummel auf. Denn – so schreibt er – »von diesem Augenblick an ist der Zigarettenstummel kein einfacher Zigarettenstummel mehr. Denn er wurde zu einem Sakrament, lebt, spricht von Leben und begleitet mein Leben. … In unserer Erinnerung lässt er die Gestalt des Vaters gegenwärtig werden, der jetzt – nachdem schon einige Jahre vergangen sind – der Archetyp unserer Familie und Beziehungspunkt … geworden ist.«[183] Ein völlig wertloser Gegenstand, ja das Wertloseste, was es gibt – ein Zigarettenstummel, kann schon unter Menschen zum »Sakrament«, zu einem Zeichen werden, das unendlich über sich hinaus auf etwas äußerst Kostbares hinzeigt und dieses vergegenwärtigt. Die Differenz zwischen Zeichen und Bezeichnetem steht dem nicht im Wege.

Ähnliches, ja noch viel Tiefreichenderes ist von den sakramentalen Zeichen des christlichen Glaubens zu sagen. Zwischen Zeichen und Bezeichnetem ist eine ungeheure Differenz, die nur im Glauben überwunden wird. So sagt schon Augustinus: »Dinge heißen deshalb Sakramente, weil wir etwas an ihnen sehen, aber etwas anderes an ihnen ein-sehen. Was wir sehen, hat sinnenhafte Gestalt; was wir ein-sehen, birgt in sich geistliche Frucht.«[184] Nur die Augen des Glaubens vermögen zu erkennen, dass gerade in der Niedrigkeit, Armseligkeit und Vieldeutigkeit von Zeichen der Herr selbst wirkt. Auch das durch Weihe übertragene Amt ist ein solches – in sich gesehen – leicht übersehbares, niedriges, oft sogar erbärmliches, vieldeutiges Zeichen, das über sich hinaus auf das Heilswerk Christi weist und dieses vergegenwärtigt. Als solches sakramentales Zeichen steht der Amtsträger der Gemeinde (auch) gegenüber. Insofern es sein Amt ist, das auf Christus verweist, ist ausgeschlossen, dass die Person des Priesters sich selbst an die Stelle Christi setzt.

Freilich, je entschiedener der Priester um der Glaubwürdigkeit und Fruchtbarkeit seines Amtes willen sich auch existentiell – ganz die eigene Person zurücknehmend – in den Dienst seiner »Sache« stellt und Christus auch in seinem persönlichen Leben transparent macht, um so weniger anstößig, um so einladender und wirksamer wird sein amtliches Tun sein. Davon wird noch die Rede sein (S. 289 f).

Indem der Herr sich im Amt »repräsentieren« lässt und konstitutive kirchliche Heilsvollzüge an das durch Weihe legitimierte Amt bindet, halten die Amtsträger der Gemeinschaft der Glaubenden ganz konkret vor Augen, dass die Kirche auf Christus verwiesen und nicht Eigentümerin, geschweige denn Herrin der Heilsgaben ist. Damit ist durch die Amtsstruktur gleichsam in die Kirche eingeschrieben, dass sich die Gemeinschaft der Glaubenden niemals selbst genügen kann: sie verfügt nicht selbst über das Wort, so dass sie sich nach eigenem Gutdünken Lehrer suchen könnte (vgl. 2 Tim 4,3 f); sie verfügt nicht über die Sakramente, so dass sie diese jederzeit, wenn sie nur wollte, zu feiern vermöchte; sie verfügt nicht über ihre Ordnung, so dass sie sich enthusiastisch über sie hinwegzusetzen imstande wäre. In der Differenz des Amtlichen zum je persönlich gelebten Glauben erscheint somit die Grunddifferenz, welche die Kirche ausmacht: sie ist ek-klesia, von Gott zusammengerufen, sie hat ihren Grund außerhalb ihrer selbst: in Jesus Christus.[185]

§ 3 Dimensionen der Amtsstruktur

1. Einheit von Zeugnis und Zeuge

Die theologische Bedeutung des kirchlichen Amtes konkretisiert sich noch in folgender Hinsicht: Der Kirche steht, insofern sie »creatura Verbi« ist, das Wort Gottes als heilend-heiligende Zusage und kritische Instanz gegenüber. Aber es ist nicht ein gleichsam »hypostatisiertes«, verselbständigtes Wort, sondern es ist ein Wort, das – wie die Schrift durchgehend zu erkennen gibt – gebunden ist an den beauftragten Zeugen,[186] der im gehorsamen Hören auf das Wort zum Zeugnisgeben gesandt wird. Es gibt also eine wechselseitige Beziehung zwischen Wort Gottes, das in der personalen Bezeugung sein Wirken entfaltet, und Zeugenamt, das sich im Hören auf und im Gesandtwerden durch das Wort konstituiert: Der Zeuge muss hören auf etwas Ursprüngliches, das ihm selbst entzogen ist; das ursprüngliche Wort dagegen, das der Zeuge hört, ist auf ihn als den Ort und die Weise seines Erscheinens angewiesen, es findet durch ihn erst mitteilbare Gestalt. So stehen Wort und Zeuge in einer unaufbrechbaren Geschehenseinheit. Diese hat ihren unüberbietbaren Höhepunkt in Jesus Christus selbst, der »seine Sache in Person ist«, d.h., bei dem es eine völlige Identität gibt zwischen dem, *was* verkündet wird, und dem, *wer* verkündet. Von ihm aus geht diese Einheit von Wort und Zeuge, die sich auch schon in der Sendung der alttestamentlichen Propheten findet, im kirchlichen Amt weiter. Es ist »eine Grundstruktur der Kirche, nach der die Sache des Evangeliums an gesandte und vollmächtige Zeugen des Evangeliums gebunden ist.«[187] Dies ist auch eindeutige Aussage der Schrift. Schon unsere exegetischen Anmerkungen zu 2 Kor 5,18 f zeigten, dass mit der »Sache« der Versöhnung gleichursprünglich der Dienst der Versöhnung gestiftet ist (eine ähnliche Verschränkung beider Größen findet sich in Röm 10,14 f u.ö.). Daraus folgert E. Schlink:

> »Paulus hatte vom Evangelium in einer Weise als von seinem Evangelium gesprochen, dass der Apostel und das Evangelium nicht voneinander gelöst werden können. Freilich ist von autoritativer Bedeutung nicht nur der Inhalt des apostolischen Zeugnisses, sondern auch der Akt des apostolischen Zeugendienstes. Anerkennung der Apostel besteht nicht einfach in Rezitation

apostolischer Worte, sondern ist Fortfahren in dem, was die Apostel getan haben.«[188]

Wenn aber dieses »Fortfahren« des apostolischen Handelns sich nicht nur auf die Weitergabe von Inhalten bezieht, sondern ebenso auf die Art und Weise, wie die Weitergabe geschieht, so muss das Wort Gottes auch weiterhin in strikter Bindung an bevollmächtigte Zeugen verkündet werden. Zum bleibend Apostolischen der Kirche gehört also nicht nur der Inhalt ihrer Verkündigung und ihres Glaubens, sondern ebenso die Weise, wie dieser Inhalt weitergegeben wird, nämlich durch bevollmächtigte Bezeugung. Und dies geschieht im kirchlichen Amt.

Löst man die wechselseitige Beziehung von Zeuge und Zeugnis auf, so sind zwei (gegenläufige) Gefährdungen gegeben: (1) Das von der Bindung an bevollmächtigte Zeugen gelöste Wort wird zum »unverfügbaren Wortereignis«, das dort und dann eintrifft, wo immer und wann immer es will. Damit wird es nicht nur ungreifbar, sondern in letzter Konsequenz auch »manipulierbar« durch denjenigen oder diejenigen, die sich selbst als »Ort« dieses Ereignisses vorstellen (protestantische Gefahr). (2) Wo – umgekehrt – das Amt nicht mehr strikt an das Wort gebunden ist, verliert das Amt seinen eigentlichen Existenzgrund, den unbedingten Verweischarakter auf das Wort Gottes, und bindet dann den Hörer an die eigene menschliche Autorität (katholische Gefahr).

Nur in der unauflösbaren Beziehung von Zeugnis und bevollmächtigtem Zeugen, einer Beziehung, die im kirchlichen Amt weitergeht und zu der die Weihe befähigt, bleibt die Kirche als creatura Verbi unter dem Wort Gottes.

2. Vermittlung der »Hirtensorge« Gottes

Die theologische Bedeutung eines besonderen priesterlichen Amtes innerhalb des Volkes Gottes lässt sich noch in folgender Hinsicht aufschlüsseln. Nach einem Wort von Heinz Schürmann ist »Mitte und Höhepunkt aller neutestamentlichen Aussagen über das Vorsteheramt« die Aufgabe des Hirten.[189] Ursprünglich und im eigentlichen Sinn kommt unter dem Bild des Hirten der ganze »Einsatz« Gottes für Israel zur Sprache. Aber Gott, der wahre und eigentliche

»Hirt« der Menschen, schenkt schon im Alten Testament Hirten, in denen seine Hirtensorge konkrete Gestalt annimmt und erfahrbar wird. Zuletzt ist es Jesus, der in seinem radikal selbstlosen Einsatz für die Herde in aller Deutlichkeit zeigt und verwirklicht, was Gottes Hirtentum für sein Volk bedeutet. Das die ganze Existenz beanspruchende Hirtenamt Jesu geht weiter im apostolischen (Joh 21,15–19) und nachapostolischen Amt (Eph 4,11). Am Bild des Hirten ist ablesbar: »Hirt und Herde [stehen] in einem ursprünglichen Gegenüber, das jede Identifizierung ausschließt, aber ein gegenseitiges Hingeordnetsein aufeinander bedeutet. … Opposition und Reziprozität beherrschen das Bild Hirt-Herde.«[190] Dies aber hat nichts, aber auch gar nichts mit einer angemaßten Superiorität des Hirten über die Herde zu tun, mit hierarchischem Kastenwesen und falschen, unfrei machenden Autoritätsansprüchen, wie schrill auch immer hier heute die »Schlachtrufe« klingen mögen. Schon im Alten Testament ist das Leben der von Gott eingesetzten Hirten »eine Kette von Mühsalen, sie werden bis zum Letzten ausgenützt, ihre Fehler werden streng geahndet. … Sie erleben Nachstellung, Rebellion, Verrat …, werden immer mehr zu ›Fürleidern‹ für das Volk.«[191]

Ganz auf dieser Linie liegt es, dass Christus der »geschlagene Hirte« ist (Mk 14,27). In seiner Nachfolge bekommt Petrus zugleich mit der Übertragung des Hirtenamtes die Verheißung, sich selbst radikal enteignet und ans Kreuz geführt zu werden. Ähnlich muss Paulus in der Verteidigung seines Amtes von sich sagen: »Von allen Seiten werden wir in die Enge getrieben und finden doch noch Raum; wir wissen weder aus noch ein und verzweifeln dennoch nicht; wir werden gehetzt und sind doch nicht verlassen; wir werden niedergestreckt und doch nicht vernichtet. Wohin wir auch kommen, immer tragen wir das Todesleiden Jesu an unserem Leib, damit auch das Leben Jesu an unserem Leib sichtbar wird.« (2 Kor 4,8 ff). Gerade als »dem Tod ausgelieferter« Hirt kann er der Gemeinde Gehorsam und Folgsamkeit abverlangen.

Nicht anders ist es mit dem nachapostolischen Amt, wie es im ersten Petrusbrief greifbar wird. Hier ermahnt der (fiktive) Petrus als »Zeuge der Leiden Christi« seine »Mitpresbyter«, für die anvertraute Herde Sorge zu tragen und »forma gregis« zu sein (1 Petr 5,1 ff), eine Formel, die E. Schillebeeckx mit »Identifikationsgestalt« der Gemeinde umschreibt.[192] Diese Ermahnung steht in einem Kontext, welcher die hirtliche Sorge in das Leiden für und das Mitleiden mit der Herde hineinstellt (vgl. auch Hebr 13,17).

In all diesen Texten ist nichts von hierarchischem Triumphalismus oder elitärer Standesheiligkeit zu verspüren, wohl aber von einem besonderen, weder auf die Gemeinde als ganzer noch auf andere »charismatische« Berufungen rückführbaren Dienst der Leitung und der Hingabe an die Herde. Dieses Amt ist nicht zerlegbar in Einzelfunktionen, so wie die Aufgabe des Hirten unteilbar ist. Es geht dabei auch nicht – jedenfalls nicht primär – um die soziologisch von jeder gesellschaftlichen Einheit geforderten Funktionen der Organisation und Administration, sondern um das Mühen und Leiden, ja um das Ans-Kreuz-Gehen dafür, dass Christus in der anvertrauten Herde Gestalt annimmt, gemäß dem Paulus-Wort: »Meine Kinder, noch einmal leide ich Geburtswehen um euch, bis Christus in euch Gestalt annimmt« (Gal 4,19). Es geht darum, dass die Getauften »für die Erfüllung ihres Dienstes gerüstet werden, für den Aufbau des Leibes Christi« (Eph 4,12), d.h. für die Sammlung der ganzen Menschheit zum Gottesvolk.

So sehr gerade die Rolle des Hirten dessen »Gegenüber« zur Herde zum Ausdruck bringt, so darf doch nicht übersehen werden, dass auch der Hirt mit wenigstens gleichem Gewicht seinen Ort ganz und gar in der »Herde« hat. Denn *erstens* bedarf er seinerseits wie jeder Christ und zusammen mit jedem anderen sowohl der rettenden Gnade des »Erzhirten« Christus, wie auch menschlicher Hirten, die *ihm* das Wort Gottes zusprechen, *ihm* die Sakramente spenden und *ihn* zur Einheit rufen; *zweitens* sind Hirt und Herde trotz ihrer verschiedenen Funktionen unbedingt aufeinander verwiesen und in einem vielfachen gegenseitigen geistlichen Austausch des Gebens und Nehmens zur Einheit des Volkes Gottes zusammengespannt; und *drittens* lässt der Hirt Mitchristen an seiner Verantwortung teilnehmen: als besonderer hirtlicher Dienst an den vielen anderen Charismen hat der Amtsträger geistliche Begabungen zu wecken, zu entdecken und zur Übernahme von Aufgaben in Kirche und Welt anzuspornen. So gehört zum Hirtenamt in der Kirche, dass es umgeben ist von vielen *Mitarbeitern und Helfern*, von denen schon Paulus erwartet hat, dass diese auch von den Gemeinden anerkannt werden, ohne dass sie schon dadurch selbst zu verantwortlichen Hirten werden. Damit stellt sich noch einmal die Frage nach dem Verhältnis von Priester und Laie.

§ 4 Priester und Laie – ein »wesenhafter Unterschied«? (II. Vaticanum)

Betrachtet man das kirchliche Amt – wie wir es bisher getan haben – unter dem (einseitigen und im Folgenden noch zu ergänzenden) Gesichtspunkt der Christus-Repräsentanz, so ist es *innerhalb des Volkes Gottes* ein wesentliches *Sakrament* Christi, d. h. ein vergegenwärtigendes Zeichen und Werkzeug seines Handelns.

Wenn man nun aber bedenkt, dass *vor* der Ausfächerung von verschiedenen besonderen kirchlichen Ämtern, Diensten und Funktionen die gemeinsame Berufung aller steht, mit ihren je spezifischen Begabungen und Fähigkeiten am Leben der Kirche teilzunehmen, so fragt sich, ob es überhaupt sinnvoll ist, von »Laien« zu sprechen und sich dabei die Kirche als in zwei Blöcken (»Ständen«) aufgeteilt vorzustellen, von denen der eine eben »die Laien«, der andere »die Amtsträger« (bzw. – heute sehr beliebt! – »die Amtskirche«) bildet.

Dieses Bild von den zwei Blöcken oder Ständen wird seit Stephan v. Tournai (12.Jh.) noch dahin verschärft, dass man von »zwei Volksgruppen«, ja von »zwei Völkern« spricht, die in einem einzigen Staat unter einem König leben.[193] Ein solches Vorstellungsbild stammt aus einer Zeit, da tatsächlich der Klerus (zusammen mit den Ordensleuten) eine zahlenmäßig große Gruppe darstellte (zur Zeit der Reformation war z. B. in Köln jeder Zehnte Kleriker oder Ordensmann/-frau), und – vor allem! – wo die Berufung jedes Christen zur Heiligkeit, zur Teilhabe am dreifachen »Amt« Christi und zur Sendung in die Welt ein gut Stück weit vergessen war. Statt dieses nun wirklich überholten Bildes sollte man einem Fingerzeig des II. Vaticanum folgen (der freilich auf dem Konzil nicht völlig zum Tragen kam[194]) und statt von »Laien« besser von »Christen« – »Christifideles«, wie das Konzil sagt – sprechen. Von denen haben dann einige den besonderen Dienst des sakramentalen Leitungsamtes inne.

Wie man in einem Staatsvolk nicht unterscheidet zwischen Bürgern und Beamten, sondern auf die Bürger blickt, von denen einige Beamte sind, so müsste es bezüglich der Nomenklatur analog auch in der Kirche sein. Im Staat sagt auch niemand auf die Frage: »Sind Sie Bürger?« – »Nein, ich bin Beamter!«, oder auf die Frage: »Sind Sie Beamter?« – »Nein, ich bin Bürger!« Immer ist man zunächst und grundsätzlich Bürger, der ggf. als Bürger dann auch noch Beamter ist. Und zwar Beamter nicht als »Steigerung« des Bürgerseins, sondern als Dienst für dieses. Ähnlich ist und bleibt in der Kirche auch der Priester grundsätzlich »Laie«, Angehöriger des Volkes Gottes, »christifidelis«, jemand, der an Christus glaubt. Priestersein ist nicht dessen Steigerung, sondern Dienst an den Glaubenden. Deshalb meint A. Weiser, »dass es wohl günstiger wäre, auf den Hilfsbegriff ›Laie‹ zu verzichten.«[195] »Laie«

könne man – so M. Kaiser auf der gleichen Linie – allenfalls als einen »technischen Hilfsbegriff, als Kurzbezeichnung für Kirchenglieder, die nicht Kleriker sind« verwenden.[196] Aber wird dann nicht wieder unterschlagen, dass auch der Amtsträger in einem guten Sinn »Laie« bleibt, Glied des »λαὸς θεοῦ« (laos theou), des Gottesvolkes, und dass er, wie jeder andere auch, auf die sakramentale Heilsvermittlung durch (andere) Amtsträger angewiesen ist?

Nein, die Amtsträger sind keine separate Sondergruppe, der »eine Block« von »zwei Blöcken in der Kirche, sondern sie stehen im Dienst der einen gemeinsamen Kirche. Deswegen ist aber der Priester nicht einfach »Organ« der Gemeinde, sondern – wie die Gruppe von Dombes sagt – »auch ein ›Gesandter‹, den sie von Christus empfängt. Seine Funktionen zeigen in der Existenz der Kirche die Priorität der Initiative Gottes und seiner Autorität an, die Kontinuität der Sendung in die Welt, das Band der Gemeinschaft, das der Geist unter den verschiedenen Gemeinden in der Einheit der Kirche knüpft.«[197] Durch diese christologisch-sakramentale Sicht des Amtes wird die brüderliche Einheit des Gottesvolkes nicht gestört und seine grundsätzliche Gleichheit nicht beseitigt, sondern nur seine innere Strukturierung aufgedeckt. Wie Jesus Christus selbst nicht die Communio seiner Jünger »störte« oder »sprengte«, sondern sie mitten in ihrer Gemeinschaft als »Haupt« (d.h. als ein zwar besonderes, aber doch deren inneres Wesensmoment) zusammenhielt, so trennt die besondere amtlich-priesterliche Sendung nicht von der Gemeinschaft der Getauften, sondern führt »tiefer in das Leben der Kirche ein.«[198] Das von Christus her autorisierte Amt und die vom Heiligen Geist erfüllte und mit seinen Gaben bedachte Gemeinschaft der übrigen Getauften leben »in ihren gegenseitigen Beziehungen … ihre Abhängigkeit gegenüber dem einzigen Herrn und Hohenpriester.«[199]

Diese gegenseitigen Beziehungen sind im Leben der Kirche gerade in der Verschiedenheit der Akzentuierung aufeinander verwiesen. Der Akzent (!) der amtlichen Tätigkeit liegt auf dem »konzentrierenden Tun«: Der Priester soll im Namen und in der Vollmacht Christi durch Lehre, Heiligung und Leitung die Gemeinde zusammenführen und zusammenhalten. Die vorherrschende Perspektive seines Tuns ist die kirchliche Communio. Demgegenüber liegt der Akzent (!) der übrigen Christen auf dem »ex-zentrischen Tun«, auf der Missio: Auf Grund von Taufe und Firmung, befähigt durch die Eucharistie und gehalten durch die schon bestehende kirchliche Communio ist jeder

Glaubende gerufen, das »Stück Welt«, das ihm in Familie, Beruf, politischer Verantwortung und Freizeit anvertraut ist, mit dem Evangelium zu durchdringen und es in die große »Einheitsbewegung« Gottes hineinzuführen. So gesehen ist es – wie das II. Vaticanum sagt – »Sache der Laien, kraft der ihnen eigenen Berufung in der Verwaltung und gottgemäßen Regelung der zeitlichen Dinge das Reich Gottes zu suchen. Sie leben in der Welt. … Dort sind sie gerufen …, durch das Zeugnis ihres Lebens, im Glanz von Glaube, Hoffnung und Liebe Christus den anderen kund zu machen.« (LG 31). Damit wird keineswegs und in keiner Hinsicht die Sendung des Laien geringer eingeschätzt als die des Priesters. Im Gegenteil! Völlig zu Recht bemerkt H.-J. Görtz: »Die Sendung des Laien ist der ursprüngliche Vollzug von Kirche.«[200] Denn in der Bewegung auf die Welt zu kommt erst die Sendung der Kirche zu sich selbst. Wenn darum die Laien und ihre Sendung nicht im emphatischen Sinn Kirche wären, käme die Kirche nie zur Welt, sie würde in sich selbst ersticken und ihrer eigentlichen Berufung untreu werden. So aber ist »jeder Laie kraft der ihm geschenkten Gabe zugleich Zeuge und lebendiges Werkzeug der Sendung der Kirche selbst.« (LG 33).

L. Karrer und andere Theologen melden Vorbehalte gegen die Charakterisierung des Laien als »Christen, die in die Welt gesandt sind« an.[201] Auf dieser Linie polemisiert etwa H. Haslinger:

> »Wer zwischen einem ›Weltdienst‹ und einem ›Heilsdienst‹ unterscheidet, wer diese Unterscheidung mit der Trennung von Laien und Klerikern parallelisiert, wer daraus verschiedene Lebens- und Tätigkeitsbereiche von Laien und Klerikern, die Existenz einer separaten Strukturschiene der Laien neben der ›eigentlichen‹ Kirche oder gar eine Domestizierungsbedürftigkeit der Laien als kirchendestruktives Potential ableitet und wer schließlich auf diesem Hintergrund die geschichtlich-gesellschaftlichen, die alltäglichen ›profanen‹ … Dimensionen der menschlichen Existenz bzw. die darauf abgestellten Praxisformen abwertet gegenüber einer davon getrennten fiktiven Sphäre des Sakralen, der Heilsvermittlung und der diesbezüglichen Praxisformen, kann sich nicht auf das Zweite Vatikanische Konzil … berufen.«[202]

Doch all das ist mit »Weltdienst« des Laien nicht gemeint, und wenn es gemeint wäre, ist es schlichtweg falsch. Natürlich gilt das Wort des II. Vaticanum: »Die Laien betätigen ihr vielfältiges Apostolat sowohl in der Kirche als auch in der Welt« (AA 9; siehe auch AA 5). Es geht nicht um »Ausschließlichkeiten«, sondern um Akzente und Schwerpunkte. Und hier liegt der Schwerpunkt der Missio bei den Laien. Dies kann man nur solange als etwas »Sekundäres« betrachten, als man die beiden Grundvollzüge der Kirche »Missio« und »Communio« als parataktisch nebeneinander liegende Vollzugsfelder betrachtet und das der »Communio« als höher erachtet. »Missio« und »Communio« gründen aber im Leben des drei-einen Gottes selbst und müssen von hier aus verstanden werden: Gott selbst ist in seinem innergöttlichen Leben »Communio«, und diese göttliche Communio geht aus freiester Entscheidung der Liebe durch die Missio von Sohn und Geist in die sich ihr verweigernde und widersprechende Welt ein, um diese trotzdem in die eigene Communio einzubergen. Gottes Communio nimmt also die »Form« der Missio und zwar einer sich entäußernden, bis zum Letzten hingebenden »Missio« an. Deshalb darf auch kirchliche Communio, wenn sie sich an Sein und Verhalten Gottes orientiert, sich nicht als »Endzweck« betrachten, sie darf nicht eine in sich geschlossene »Heimat« der Gläubigen sein, womöglich eine Art »religiöser Kuschelecke«, wo man sich unter Seinesgleichen wohlfühlt, nein, Missio, und zwar sich radikal für die Welt engagierende Missio *ist die notwendige Gestalt der kirchlichen Communio.*[203] So gesehen aber geschieht durch die Missio des Laien »ein positives Ans-Licht-Heben dessen, was Kirche insgesamt auszeichnet und was sie als ihre Aufgabe in der Welt empfangen hat. Der Laie im positiven Sinn ist also jener Christ, welcher das Kirche-Sein und die Sendung der Kirche in der Welt exemplarisch verdeutlicht. ... Er ist gewissermaßen der ›Ernstfall‹ des Christen in der Welt.«[204] Natürlich kann sich auch der kirchliche Amtsträger von dieser Aufgabe nicht suspendieren. Aber insofern er als *Schwerpunkt* seiner Tätigkeit das Amt der kirchlichen *Einheit* zugewiesen bekommen hat, soll er – mindestens da, wo es möglich ist – »über den Parteien«, über den verschiedenen Optionen und Polarisierungen, die zwangsläufig mit dem Weltengagement verbunden sind, zu stehen versuchen. Politisierende Prälaten und in wirtschaftliche Prozesse verstrickte kirchliche Kurien sind der Kirche noch nie gut bekommen.

So gibt es zwischen kirchlichem Amt und den übrigen Laien eine echte Ergänzung. Nimmt man noch hinzu, dass, so wie die Gemeinde an die Vermittlung des Amtes gehalten ist, der Amtsträger – wie wir noch weiter sehen werden – als Bedürftiger und Empfangender auf die Mitchristen verwiesen ist, in denen der Hl. Geist am Werk ist, so zeigt sich: Amt und gemeinsames Priestertum der Getauften sind »im eigentlichen Sinn nicht als Über oder Unter, Mehr oder Weniger, Primär und Sekundär, sondern als je ursprüngliche und werthafte Gestalten der Beziehungshaftigkeit und wechselseitigen Verwiesenheit zu sehen.«[205]

Das 2. Vatikanische Konzil hat auf dieser Linie den missverständlichen, oft missverstandenen und »unglücklichen« Ausdruck[206] vom »wesenhaften Unterschied« zwischen amtlichem und gemeinsamem Priestertum gebraucht. Beide Formen des priesterlichen Dienstes differieren – wie das Konzil sagt – »essentia et non gradu tantum« (LG 10), das heißt: der Grund ihrer Unterscheidung liegt nicht eigentlich im »Graduellen«, d.i. in der Über- bzw. Unterordnung: das amtliche Priestertum hat nicht einfach größere »Rechte« und »Vollmachten«, es ist nicht ein planes Mehr, und das gemeinsame Priestertum der Getauften ist nicht ein Weniger. Die Differenz zwischen beiden ist »essentia«, »von wesenhafter Art«, d.h. beide stehen, zwar einander zugeordnet, doch auf einer ganz anderen Ebene, die gerade nicht durch Über- oder Unterordnung, durch »mehr« oder »weniger« hinlänglich beschrieben wird. »Essentia« – »wesenhafter Art« meint, »dass das besondere Priestertum nicht einfach eine kontinuierlich verlaufende Steigerung oder Intensivierung von Würde und Sendung des gemeinsamen Priestertums ist, sondern eine neue ›Art‹ priesterlicher Sendung und Vollmacht.«[207] Die Unterscheidung zwischen amtlichem und laikalem Priestertum ist nicht primär jurisdiktioneller, sondern sakramentaler Art, d.h., sie liegt, wie wir gesehen haben, auf der Ebene des – freilich wirksamen und bedeutungsvollen – Zeichens. In seinem »relativen« Gegenüber zur übrigen Gemeinde ist, wie schon oft herausgestellt, der Priester das wirksame Zeichen dafür, dass Christus Herr seiner Kirche und in ihr mit seinen Heilsgaben gegenwärtig ist.[208]

4. Kapitel

Amt als »Repräsentation« der Kirche. Zur ekklesial-pneumatologischen Begründung des Amtes

Bisher haben wir das Priesteramt vorwiegend unter christologischem Aspekt betrachtet: Der Amtsträger handelt sakramental als »Repräsentant Christi«, besser noch: Christus handelt in und an der Kirche so, dass er sich dabei auch (!) besonderer Amtsträger als seiner Mitarbeiter bedient. Aber diese seit dem Mittelalter in der westlichen Kirche vorherrschende Sicht ist ein-seitig im wahrsten Sinn des Wortes. Amt ist nicht nur Amt Jesu Christi, sondern auch Amt der Kirche; der Priester ist nicht nur Werkzeug des erhöhten Herrn, sondern auch Organ der Kommunität. Denn das Wort, das er verkündet, ist der Glaube der Kirche, so sehr, dass er nichts predigen darf, was nicht in ihrem Glaubensvollzug verankert ist. Die Sakramente, die der Priester feiert, sind nicht nur Sakramente Christi, sondern auch Feiern der Gemeinschaft, so dass es geradezu für deren Gültigkeit erforderlich ist, dass der Amtsträger die Intention hat, »zu tun, was die Kirche tut«. Und mit größter Selbstverständlichkeit findet sich bis zum hohen Mittelalter in der Kirche die Überzeugung ausgesprochen, dass die ganze priesterliche ecclesia das eucharistische Opfer durch den Priester darbringt, und nicht etwa nur der Priester im Auftrag Christi die Eucharistie für die Gemeinde feierte.[209] Kurz: Es entspricht ältester kirchlicher Tradition, dass der Priester nicht nur »in persona Christi«, sondern auch »in persona ecclesiae« handelt. Amt ist nicht nur sakramentale Christus-Repräsentation, sondern auch sakramentale Repräsentation der Kirche.

Deshalb müssen wir unsere bisherigen, vorwiegend christologisch zentrierten Überlegungen, auf dass diese in die rechte Balance kommen, in eine ganz neue Richtung weiter fortsetzen. Dabei werden zunächst theologiegeschichtliche Darlegungen im Vordergrund stehen. Denn in ihnen wird eine theologische Dimension greifbar, die in der westlichen Kirche seit dem Ausgang des Mittelalters oft übersehen wurde, für eine ausgeglichene Theologie des Amtes aber von höchster Bedeutung ist.

(Vom eiligen Leser, der sich nicht für theologiegeschichtliche Einzelheiten interessiert, können die Seiten 123–129 ohne Nachteile für das Verständnis der weiteren Ausführungen überschlagen werden.)

§ 1 Exegetische und theologiegeschichtliche Hinführung

1. Der Repräsentations-Gedanke in der Alten Kirche

In der ganzen antiken Kultur trifft man auf die Idee einer sogenannten »korporativen Persönlichkeit«. Dieser Begriff beinhaltet, dass »eine ganze Gruppe, einschließlich ihrer toten, lebenden und noch kommenden Mitglieder, wie ein einziges Einzelwesen handeln kann, und zwar durch irgendeines ihrer Mitglieder, das sie zu vertreten berufen ist.«[210] In diesem Einen, zumeist dem Vater oder Führer des Gemeinwesens, ist das Ganze vollkommen enthalten.[211] Das also, was die Wirklichkeit einer sozialen Größe ausmacht, verdichtet sich zeichenhaft – anschaulich und wirkmächtig – in diesem Einen, der infolgedessen zugleich repräsentiert und führt.[212] Das ist nicht so zu verstehen, als ob im Sinn neuzeitlicher Staatstheorien die Gesellschaft durch einen rechtlichen Akt (z. B. Wahl) einer Person Handlungsvollmacht delegiert, wie dies etwa im modernen Staat für den Regierungschef gilt, auch nicht so, als ob ein Einzelner durch Zustimmung der anderen zu einem (auswechselbaren) Repräsentations-»Symbol« der betreffenden Gemeinschaft gekürt wird, wie es heute z. B. ein Bundespräsident sein kann. In beiden Fällen wird die Gesellschaft zwar durch eine Person repräsentiert, doch meint die antike Idee der korporativen Persönlichkeit darüber hinaus, dass eine bestimmte Sozietät deshalb in einer Person repräsentiert ist, weil diese im organischen Lebenszusammenhang der Gemeinschaft der sichtbare Kristallisationspunkt des gemeinsamen Wollens, Handelns und Erleidens ist.

Wir haben in unserer Gesellschaftsordnung kaum etwas, was der alten Idee einer korporativen Persönlichkeit vergleichbar ist, weil »Repräsentation« seit Beginn der Neuzeit fast ausschließlich im juridischen Sinn einer Vollmachtsübertragung verstanden wird. Nur in wenig institutionalisierten Kleingemeinschaften (Familie, Freundeskreis usw.) gibt es noch Analoges, wenn sich z. B. im Vater oder in der Mutter die Familie repräsentiert »fühlt« oder wenn sich ein Freundes- oder Aktionskreis um ein Mitglied versammelt, das gleichsam die »Symbolfigur« dieses Zusammenschlusses ist. Hier finden wir noch das, was für die antike Idee einer korporativen Persönlichkeit das Wesentlichste ist, dass sich nämlich in einer einzelnen Person Lebensgestalt, -schicksal und -ziel einer Gemeinschaft buchstäblich »konkretisiert« (concrescere = zusammenwachsen). Solche Konkretisierung kann auf vielfache Weise geschehen, nicht nur durch Teilhabe und Miterleiden des gleichen Schicksals, sondern auch durch ein besonderes, kreatives Wachhalten des gemeinsamen Ziels und der gemeinsamen Tradition, durch eine herausragende Sensibilität für die Anliegen und Intentionen der Gemeinschaft sowie durch Formulierung und »Darstellung« des gemeinsamen Wollens (was das Einholen von Rat und Zustimmung vonseiten der anderen sowie das Bemühen um eine einheitliche Meinungsbildung durchaus miteinschließt).[213] Auf Grund solcher lebendiger organischer Beziehungen können »repräsentierende« Korporativperson und betreffende Gemeinschaft zu auswechselbaren Größen werden.

Wir werden später noch sehen, wie die Idee der korporativen Persönlichkeit theologisch zu vertiefen ist. Jedenfalls erklärt sich schon von dieser in der Antike geläufigen Vorstellungsform her, dass im Neuen Testament mit großer Selbstverständlichkeit der Amtsträger nicht nur Christus, sondern auch die Kirche repräsentiert. So bildet z. B. der Zwölferkreis der Jünger Jesu nicht nur den (entfernteren) Ursprung des Apostolats, sondern er ist gleichzeitig die Keimzelle des neu zu versammelnden Gottesvolkes, das durch sie repräsentiert wird. Das heißt also: Bereits für Jesus wird das ganze künftige Volk durch »Einzelne«, und zwar durch jene, die später Apostel sein werden, »dargestellt«. Dieser Sachverhalt geht nachösterlich weiter. Im »Wir« der apostolischen Predigt (z. B. Apg 2,32) spricht sich nicht nur das Bekenntnis des »collegium apostolicum« aus, sondern der Glaube der Kirche. Besonders deutlich wird dies wiederum an Paulus. Gerade er, der seiner direkt vom Herrn empfangenen Berufung zum Apostel Jesu Christi unbedingt gewiss ist und der das, was er verkündet, nicht »von einem Menschen übernommen oder gelernt, sondern durch die Offenbarung Jesu Christi empfangen« hat (Gal 1,12), zieht »nach Jerusalem hinauf«, um sein Evangelium dort vorzulegen, »damit er nicht ins Leere laufe« (Gal 2,1 f) und das heißt, damit er *das* Evangelium verkündet, das *in der ganzen Kirche* verkündet wird.

Das Apostelamt des Paulus ist also unter zwei Gesichtspunkten zu sehen. Er ist Apostel auf Grund der Berufung durch den auferstandenen Herrn, aber er ist es nur, indem er das Evangelium zusammen mit den übrigen Aposteln, ja mit der ganzen Kirche und all seinen Gemeinden bezeugt. Wenn also der Apostel spricht und handelt, so spricht und handelt in ihm die ganze Kirche. Darum stellt er sich auch mit seinem Tun – selbst dort, wo er Autorität ausübt – in die Gemeinschaft aller hinein. Seine »Kinder« sind immer auch zugleich seine »Brüder«. Er »findet immer neue mit ›syn‹ (›mit‹) zusammengesetzte Wortbildungen, um die Gemeinsamkeit im Wirken, Kämpfen, Beten und Trostfinden, im Leiden, Freuen und Triumphieren mit seiner Gemeinde hervorzuheben. Wo er mahnen muss, schließt er sich meist durch einen mehr als nur schriftstellerischen Plural mit seinen Hörern zusammen.«[214] Er ist überzeugt, dass das, was er als Wort des Herrn zu sagen hat, zugleich dem entspricht, was die Gemeinde in ihrer tiefsten Wirklichkeit: in ihrer Geistwirklichkeit ein-sieht, anerkennt und ausführt (vgl. 1 Kor 10,15; 14,37 u.ö.). So »repräsentiert Paulus, wenn er in eine neue Stadt Kleinasiens oder Griechenlands kommt, nicht einfach nur Gott oder Jesus Christus, sondern auch die christliche Kirche.«[215]

Auch die ältesten nach-neutestamentlichen Schriften sind vielfach Briefe von – ununterscheidbar! – Amtsträgern/Gemeinden an Amtsträger/Gemeinden. Hieronymus fasst diesen Sachverhalt später in folgende (kaum übersetzbare) Worte: »Klemens schrieb ex persona Romanae Ecclesiae (= in seiner Person die Römische Kirche darstellend) an die Kirche der Korinther.«[216] Auf der gleichen Linie heißt es bei Cyprian: »Der Bischof ist in der Kirche, und die Kirche ist im Bischof.«[217] Damit ist nicht gemeint, dass der Bischof einfach die Kirche ausmacht, sondern dass er sie nach Art einer korporativen Persönlichkeit darstellt, »repräsentiert«, was gleichzeitig besagt, dass die Kirche sich im Bischof dargestellt weiß. Darum ist auch in altkirchlichen Texten häufig zu beobachten, dass in den zentralen kirchlichen Vollzügen, wie Eucharistie und Buße, Amtsträger und Kirche nicht nur miteinander wirken, sondern dass in der Darstellungsform die Subjekte gelegentlich auch ineinander »verschwimmen«: Wo nur vom Bischof die Rede ist, ist oft die ganze Gemeinde mitgemeint; wo nur die Kirche genannt wird, ist ein spezifisches Tun des Amtsträgers eingeschlossen. Kurz: Stets wurden im selbstverständlichen Lebensvollzug der Kirche die Amtsträger nicht nur als »Repräsentanten« Christi, sondern ebenso als »Repräsentanten« ihrer Gemeinden verstanden.

2. Mittelalterliche Reflexion über die »doppelte« Repräsentation

Ausdrücklich reflektiert wurde die »Doppelstellung« des Priesters, d.h. das Zueinander seiner beiden Funktionen, »im Namen Christi« und »im Namen der Kirche« zu handeln, erst im 11./12. Jahrhundert an einem auf den ersten Blick überraschenden Problem: Was ist mit einem Priester, der durch Häresie, Exkommunikation oder Degradation sein Amt verloren hat? Wohlgemerkt: Es geht nicht um einen »unwürdigen« Priester, sondern um jemanden, dessen Band zur Kirche ganz zerrissen ist. Das Problem mag ausgefallen erscheinen, aber man darf nicht vergessen, dass die damalige kirchliche Situation von Investiturstreit und Simonie, von Schisma und Häresie bestimmt war und damit die Frage virulent wurde, ob ein von der Kirche getrennter Priester – ein simonistisch geweihter Priester wurde als schismatisch betrachtet! – noch Eucharistie feiern, also die integrierende Mitte und Aufgipfelung seines priesterlichen Amtes vollziehen könne.[218] Nein!, entschieden Petrus Lombardus und eine Reihe anderer Theologen vor und nach ihm, denn bei der Konsekration – hierin liegt für die mittelalterliche Theologie die Mitte der Eucharistie – »spricht niemand ›offero‹, sondern ›offerimus‹, d.h., er spricht gleichsam im Namen der Kirche (ex persona ecclesiae)« (sent. in IV libris 13, 1,4). Darum kann ein Priester, der von der Einheit der Kirche getrennt ist bzw. dem die Kirche die priesterliche »auctoritas« entzogen hat, dieses Sakrament nicht feiern. Ihm fehlt die Fähigkeit, »im Namen der Kirche« zu handeln.

Bevor wir sehen, dass diese Antwort des Lombardus unzureichend ist, lohnt es sich, einen Blick auf die genauere Bedeutung und den Hintergrund des Ausdrucks »im Namen der Kirche« (in [ex] persona ecclesiae) zu werfen. Denn diese Formulierung begegnet uns in der damaligen Zeit stereotyp noch zur Lösung zweier anderer Probleme: *Erstes Problem*: Wie kann jemand, der nicht bereit oder fähig ist, einem andern zu verzeihen, dennoch die Vaterunser-Bitte »wie auch wir vergeben unseren Schuldigern« beten? *Zweites Problem*: Wie kann jemand, der nur einen bruchstückhaften Glauben hat (»fides informis« = Glaube ohne Liebe), dennoch das Credo bekennen?

Beide Probleme artikulieren einen Widerspruch zwischen innerem Vollzug und äußerem Zeichen. Dieser Widerspruch löst sich dann auf, wenn der betreffende – innerlich nicht disponierte – Gläubige sein Gebet bzw. sein Bekenntnis vollzieht »in persona ecclesiae«. Denn im Vaterunser und im Glaubensbekenntnis drücken sich primär Gebet und Glauben der ganzen Kirche aus; das eigentliche Subjekt dieser Gebets- und Bekenntnishandlung ist die Kirche. Wenn also ein Einzelner betet, auch wenn er es nur unvollkommen vermag, partizipiert er an Gebet und Glauben der kirchlichen Gemeinschaft. Er verbindet sein (vielleicht sehr defizientes) persönliches Tun mit dem Vollzug der ganzen Kirche und stellt es gleichsam in sie »hinein«. Die Formulierung »in (ex) persona ecclesiae« bringt also zum Ausdruck, dass es Glaubensvollzüge gibt, deren eigentliches Subjekt die kirchliche Communio ist und die für den Einzelnen nur dann sinnvoll sind, wenn er sich mit der Einheit der Kirche verbindet.

Damit ist nun auch der Hintergrund skizziert, weshalb Petrus Lombardus die Eucharistiefeier durch einen von der Kirche getrennten Priester für null und nichtig hält: ein solcher kann nicht jene Worte des Glaubens (»offerimus«) sprechen, die primär der »persona ecclesiae« gehören. Nur wenn er »in persona ecclesiae« handeln kann, ist sein priesterlicher Dienst sinnvoll.

Gegen diese Lösung, die auf Grund der Autorität des Petrus Lombardus, dessen Sentenzenkommentar *das* Schulbuch des Mittelalters war, sich als recht zählebig erwies, wandte sich Thomas v. Aquin (und schon vorher Albert d. Gr. und andere Theologen) mit folgenden Argumenten: Bei der Feier der Eucharistie handelt und spricht der Priester zunächst einmal »in persona Christi«, er ist auf Grund der Weihe *dessen* Instrument geworden.[219] Und weil diese Befähigung unverlierbar ist, kommt *immer* das Sakrament, die Vergegenwärtigung der Kreuzeshingabe Jesu für uns, zustande. Insofern hat Petrus Lombardus mit seiner totalen Nichtigkeitserklärung der durch einen von der Kirche getrennten Priester gefeierten Messe unrecht. Aber dies ist nur *eine* Seite. Bei der Feier der Eucharistie geschieht nicht nur etwas von Christus, sondern auch von Seiten der Kirche her: ihr Mitopfer mit Christus. Dies aber – und hier schließt sich Thomas dem Lombarden an – kann in der Tat durch einen aus der Einheit der Kirche gefallenen Priester nicht sakramental dargestellt werden. *Insofern* ist das Sakrament nichtig.

Wir sehen: Für Thomas ist die Eucharistie – aber auch alle anderen ekklesialen Grundvollzüge – durch ein doppeltes Element charakterisiert. »Der Priester spricht bei der Messe, wenn er betet, zwar ›in persona ecclesiae‹, mit der er in Einheit verbunden ist. Aber bei der Konsekration spricht er ›in persona Christi‹, den er auf Grund der Weihebefähigung vertritt.« (STh III, 82, 7 ad 3) »Wenn er betet«: Damit sind nicht irgendwelche Gebete während der Messe gemeint, dieser Ausdruck bezieht sich vielmehr auf das »Beten«, das Petrus Lombardus mit »offerimus« – »wir opfern« zusammengefasst hat, ein Gebet, das der Priester im Namen der Kirche spricht. Bei der Eucharistie (und analog bei anderen Heilsvollzügen) handelt also der Priester auf *zweifache* Weise:

Erstens: durch ihn konsekriert Christus, d.h., er selbst kommt heiligend auf uns zu, nimmt uns in die Gemeinschaft mit sich auf, macht uns fähig, an seiner Hingabe an den Vater teilzunehmen und führt uns zur Gemeinschaft untereinander zusammen. Hier handelt der Priester sakramental-zeichenhaft »im Namen Christi«. *Zweitens:* durch ihn spricht die Kirche ihr »offerimus«, d.h. sie vollzieht in der sakramentalen Feier ihr (Mit-)Opfer mit Christus und durch ihn an den Vater. In dieser Hinsicht handelt der Priester »im Namen der Kirche«.

Dieses zweifache priesterliche Handeln ist begründet in der doppelten Bewegung, durch die das ganze Heilsgeschehen ausgezeichnet ist: Gott kommt in Christus zum Werk der Versöhnung und Communio-Stiftung auf die Menschen zu (»katabatische« = hinabsteigende Bewegung), und die Glaubenden vermögen dann, von Gott befähigt, mit Christus den Weg der Hingabe zum Vater zu gehen (»anabatische« = aufsteigende Bewegung). Die Einheit dieser doppelten »Bewegung« hat ihren Grund in der Person Christi, der als Mittler zwischen Gott und den Menschen sowohl vom Vater her auf uns zukommt, als auch mit uns zusammen den Weg zum Vater geht. Darum geschieht in den großen Vollzugsformen des Heilsgeschehens, in Wort, Sakrament und Communio-Stiftung, immer ein Zweifaches: Wort *und* gläubige Antwort; Heiligung *und* antwortende Hingabe, Weisung *und* gehorsames Sich-Fügen und -Einfügen-Lassen. Anders gesagt: Das Wort Christi wird zum antwortend-bekennenden Wort der Kirche, sein Heiligungswerk zum Lebensprinzip des geheiligten Volkes Gottes, seine Lebensgestalt zum Form- und Prägemal kirchlichen Gemeinschaftslebens. Bei all dem handelt es sich nicht um ein Nebeneinander zweier Aspekte, sondern um eine wesentliche doppelpolige Einheit, die darin begründet ist, dass die christliche Heilswirklichkeit nicht nur ein Handeln Gottes am Menschen bedeutet, sondern auch dessen innere Einbeziehung in die »Bewegung« Christi auf den Vater zu. Daraus entsteht gleichsam ein doppeltes »Gesicht« der Kirche: Sie ist einerseits »sponsa Christi«, d.h. Braut, die in armseliger Bedürftigkeit und »Differenz« zum Bräutigam alles von ihm geschenkt erhält, und andererseits ist sie »Leib Christi« und als solche »die Fülle dessen, der alles in allem erfüllt« (Eph 1,23).[220] So kann und muss man Kirche verstehen einmal im Gegenüber zu Christus, der auf sie zukommt, um sie zu erlösen und zur Communio zusammenzuführen, und ein anderes Mal als verbunden mit Christus, ja als »Christus totus« = als Einheit aus Haupt und Gliedern (siehe auch S. 94ff).

Dieser Zwei-Einheit der Gesichtspunkte entspricht genau der doppelte Aspekt, unter dem das kirchliche Amt zu sehen ist. »In persona Christi« ist der Priester Gesandter an Christi Statt; im »Gegenüber« zur Gemeinde bringt er jene Differenz zum Ausdruck, auf Grund deren die Kirche alles, was sie hat, vom Herrn empfängt. Zugleich aber ist der Priester auch »minister ecclesiae«, Zusammenfassung und Organ der glaubenden, betenden und opfernden Kirche.[221] Als solcher handelt er »in persona ecclesiae«, wenn er den Glauben der Kirche verkündet, die Sakramente der Kirche feiert und um die Gestaltwerdung Christi in der Kirche besorgt ist. Weihe bedeutet deshalb nicht nur Sendung durch Christus und Bevollmächtigung, an seiner Statt zu wirken, sondern auch Befähigung und Beauftragung, als ständige »Diener der Kirche« in ihrer Person zu handeln. Auch diese Befähigung ist sakramental-zeichenhafter Art. Das heißt: der Priester handelt nicht *anstelle* der Kirche, gleichsam als ihr

Mandant von ihr delegiert – wir sind hier nicht im Bereich des Juridischen! –, sondern so, dass er jenes Organ und Werkzeug ist, durch welches und in welchem tatsächlich die Kirche handelnd präsent ist. Deshalb kann auch der, der einem unwürdigen, schlechten Priester begegnet (in der Wortverkündigung, bei der Feier der Sakramente, in der Leitung einer Gemeinde), der Kirche als ganzer, die sich in ihm darstellt, begegnen. *Aber das gilt für Thomas mit einer wesentlichen Einschränkung*: »quamdiu ab Ecclesia toleratur in ministerio – *solange er von der Kirche in seinem Amt geduldet wird*« (STh III, 64, 6).

Damit sind wir nun wieder zur Ausgangsproblematik von Petrus Lombardus zurückgekehrt: Kann ein von der Kirche getrennter Priester Eucharistie feiern? Der Lombarde hatte diese Frage mit einem glatten Nein beantwortet. Thomas v. Aquin differenziert hier: Wenn der Amtsträger nicht mehr von der Kirche toleriert wird (wenn er z. B. exkommuniziert oder degradiert ist), kann er auch nicht mehr »in persona ecclesiae« handeln. Und doch kommt, wenn er die Sakramente, z. B. die Eucharistie, feiert, noch ein »gültiges Sakrament« zustande, d. h. es wird das wirksame Zeichen des Heilsangebots Gottes gesetzt, weil der Priester auf Grund seiner Weihe unrücknehmbar »in persona Christi« handeln kann. Aber andererseits »endet« ein Sakrament nicht mit der gültigen Setzung des Heilsangebots Gottes (etwa im Fall der Eucharistie: mit der gültigen Konsekration), vielmehr zielt das Heilshandeln Gottes auf die »unitas corporis mystici« ab, d. h., die vielen Menschen sollen mit Christus und untereinander Einheit finden und mit Christus den Weg zum Vater gehen. Diese »res sacramenti« aber, d. h. das eigentliche Ziel der Sakramente (wie allen Heilsgeschehens), kommt auch für Thomas durch einen Priester, der nicht mehr »im Namen der Kirche« handeln kann, nicht zustande. Sein Tun ist – insofern es antwortend-»anabatisches« Tun ist – unwirksam, weil die Kirche nicht mehr hinter ihm steht.[222] Nur als Organ der Kirche kann der Priester Werkzeug und Diener der »aufsteigenden« Bewegung der Kirche mit Christus zum Vater sein.

Diese theologische Konzeption der Hochscholastik wurde in der Folgezeit »juridisiert«, das heißt: Sprachlicher Ausdruck und Wirklichkeit eines Handelns »in persona ecclesiae« wurden nicht mehr im Horizont einer organisch-sakramentalen Repräsentation, sondern als jurisdiktionelle Ermächtigung von Seiten der Kirche verstanden. Erst die neuere katholische Ekklesiologie, als deren offizieller Beginn etwa die Enzykliken »Mystici corporis« und »Mediator Dei« betrachtet werden können, sowie vor allem das 2. Vatikanische Konzil suchten wieder an die thomanische Synthese anzuknüpfen. So heißt es z. B. in der Kirchenkonstitution dieses Konzils: »Der Amtspriester … vollzieht in der Person Christi das eucharistische Opfer und bringt es im Namen des ganzen Volkes Gott dar« (LG 10). Wie also die Eucharistie Gabe Christi an uns und zugleich unsere Darbringung an Gott ist, so handelt der Priester sakramental sowohl an Christi Statt wie auch im Namen der Kirche: er »repräsentiert« Christus und die Kirche. Aber wie ist dieses »und« näherhin zu verstehen?

§ 2 Amtsverständnis im Lichte des Trinitätsglaubens

1. Die trinitarische Dimension des Heilsgeschehens

Der kurze theologiegeschichtliche Durchblick hat auf einen äußerst wichtigen Doppelaspekt des kirchlichen Amtes aufmerksam gemacht, den es noch zu vertiefen gilt: Amt ist Amt Christi *und* Amt der Kirche. Was ist der letzte Grund und der tiefste Zusammenhang beider Dimensionen?

Es wurde schon auf die Christologie aufmerksam gemacht: Christus selbst ist der Kreuzungspunkt zweier gegenläufiger Bewegungen: er kommt vom Vater her auf uns zu und nimmt uns mit auf dem Weg zum Vater. Die erste Bewegung (die innertrinitarisch dem Ausgang des Logos aus dem Vater entspricht) ist die Bewegung der Sendung. Sendung ist charakterisiert durch ein doppeltes »Gegenüber«: sowohl von Sendendem und Gesandtem wie auch von Gesandtem und dem, zu dem er gesandt ist. Der Gesandte erhält vom Sendenden Auftrag und Vollmacht, aber er muss sich gehorsam ganz in seine Sendung hinein enteignen, damit in ihm der Sendende für die anderen unmittelbar erfahrbar und wirksam werden kann. So ist Jesus Christus der Gesandte Gottes zur Welt. Er hat im Vater sein »Gegenüber«, empfängt von ihm Vollmacht und Autorität und gibt sich ihm ganz im Gehorsam hin. Deswegen kann er für die Menschen, zu denen er gesandt ist, Wort und Liebe Gottes aufstrahlen lassen. »Wer mich sieht, sieht den Vater« (Joh 14, 9). Diese Sendung Jesu geht in jeweils analoger, d. h. in einer durch Ähnlichkeit und (größere) Unähnlichkeit ausgezeichneten Weise auf verschiedenen Ebenen weiter: im apostolischen und nachapostolischen Amt, das auf die Gemeinde hin gesandt ist, und in der Kirche als Ganzer, die zur Welt hin gesandt ist. Überall ist Sendung geprägt durch gehorsame Erfüllung des Auftrags im Blick auf den Sendenden und durch Hingabe und Dienst im Blick auf das Sendungsziel.

Aber die Sendung Christi ist nur eine der von Gott ausgehenden »Bewegungen«. Der Vater sendet nicht nur den Sohn, sondern auch den Heiligen Geist, den Geist der gemeinsamen Liebe von Vater und Sohn, um durch ihn alles Geschaffene in die Einheit des dreifaltigen Gottes »hineinzuziehen«. Deshalb kann die Sendung Christi nicht vom Wirken des Geistes getrennt werden: Im Heiligen Geist geht der Sohn Gottes in die Geschichte ein und wird Mensch (Lk 1, 35), in ihm übt er sein messianisches Amt der Versöhnung und Heilung aus (Lk 4,18), ihn entbindet er für alle Menschen in seinem Kreuzestod (Joh 19,30.34), um sich in ihm mit den Glaubenden zu einem Leib zu vereinen (1 Kor 12,12), der sich im Heiligen Geist zusammen mit Christus dem Vater darbietet. Immer und überall ist es der Geist, der Verbindung, Einheit, Gemeinschaft schafft. Infolge dieser durch den Geist bewirkten Bewegung der Communio wird das charakteristische Element der Sendung Christi: die ihm vom Vater verliehene Vollmacht (ἐξουσία), mit der er den Menschen gegenübertritt, in eine größere Einheit »aufgehoben« (ohne deshalb einfach zu verschwinden).

Im Heiligen Geist also wird das »Differenz« begründende unbedingte »Voraus« Christi gegenüber der Kirche (und Menschheit) in eine höhere Einheit geführt: Christus wird zum Lebensprinzip jedes einzelnen Glaubenden und seines »Leibes«, der die Kirche ist. Sein weisendes Wort und sein einheitsstiftendes Heil, seine Vollmacht und Autorität werden so verinnerlicht, dass Christi Wort und die glaubende Antwort des Menschen, Christi Werk der Einigung und Heiligung und annehmendes Eins- und Geheiligtsein des Menschen sich ganz und gar zusammenfügen, so dass der Glaubende sagen kann: »Nicht mehr ich lebe, sondern Christus lebt in mir« (Gal 2,20), und die Kirche »zur Fülle dessen wird, der alles erfüllt« (Eph 1,23). Deshalb ist *christologisch*, d.h. von Jesus Christus und seiner Sendung her gesehen, die Kirche »Braut Christi«, durch ihn zusammengefügt zur »congregatio fidelium« – zur »Gemeinschaft der Glaubenden«, die sich an seiner Gestalt orientieren und sie gewissermaßen »von außen her« in sich einprägen lassen. *Pneumatologisch*, d.h. im Blick auf das einheitswirkende Schaffen des Geistes betrachtet, ist die Kirche jedoch »Leib Christi«, die seine Herrlichkeit gleichsam »von innen her« aufstrahlen lässt und Christus in seiner vollendeten Gestalt darstellt (vgl. Eph 4,13; 2 Kor 3,18).

Somit ist das Volk Gottes geprägt von der »objektiven Gestalt« Christi und vom »inneren Leben« des Geistes, von der »äußeren organischen Erscheinung« und von innerer »geistiger Kraft«.[223] Die äußere, objektive »christologische« Gestalt teilt mit und trägt die Präsenz des Geistes, und der Geist drängt dazu, allem Lebendigen die Gestalt Christi einzuprägen. Gestalt will Leben werden, Leben will Gestalt finden. Beides sind untrennbare Aspekte, die sich so wenig widersprechen wie Vater, Sohn und Heiliger Geist und die anzeigen, dass die Kirche als Geschöpf des Dreieinigen Gottes in einer großen trinitarischen Bewegung steht: Sie ist das Volk Gottes des Vaters, das er durch den Sohn im Heiligen Geist schafft und dem infolgedessen je verschiedene und doch sich ergänzende Grundzüge eingeprägt sind.

Zu Recht betont Hermann-Josef Pottmeyer, der gleichfalls die unterschiedlichen trinitarischen Bezüge aufzeigt:

> »Wird einer dieser trinitarischen Bezüge unterbewertet oder vergessen, wird das Leben der Kirche als Abbild des dreifaltigen Gottes zutiefst gestört. Wird der Bezug zum Vater vergessen, schwindet die gemeinsame Würde und Sendung aus dem Blick, die Grundlage der communio. Wird die Kirche nicht mehr als Leib Christi verstanden, bricht die communio … der Glaubenden auseinander in die vielen, die sich gegeneinander auf den Geistbesitz berufen. Wird schließlich vergessen, dass die Kirche Tempel des Heiligen Geistes ist, erstarrt sie zu einer Hierokratie [= Priesterherrschaft], dem Zerrbild der communio.«[224]

Damit sind wir auch schon bei den Konsequenzen, die sich aus einer trinitarischen Sicht der Kirche für eine Amtstheologie ergeben.

2. Amt im Schnittpunkt von auctoritas (Christi) und communio (des Heiligen Geistes)

Von der trinitarischen Struktur der Kirche her ist auch das priesterliche Amt geprägt. *Christologisch* ist es auf Grund von Sendung und Weihe dazu bestimmt, das Einheit stiftende Wirken Christi in Wort, Heiligung und Weisung sakramental weiterzugeben. So handelt es »in persona Christi« und repräsentiert den anderen Getauften gegenüber den Herrn der Kirche. *Pneumatologisch* dagegen steht das Amt mitten  im Lebensgefüge der Kirche als *deren* amtliches Organ. Als solches bezeugt es den Glauben der Kirche, stellt es den priesterlichen Charakter des ganzen Gottesvolkes dar, hat es den Vorsitz in der liturgischen Feier, wo die Gemeinde den Empfang der Gaben Gottes preist, und vergegenwärtigt es die geistgewirkte Einheit der Kirche – die Einheit aller mit Christus und die Einheit der Glieder untereinander. So gesehen handelt der Priester »in persona ecclesiae« und repräsentiert die Kirche vor Gott und vor der Welt.

Wird das Amt nur christologisch verstanden, steht es isoliert unter dem Vorzeichen von auctoritas und potestas (Christi).[225] Wird es ausschließlich pneumatologisch begriffen, ist es ein Dienst unter den anderen geistgewirkten Diensten. Weil aber die Kirche das unteilbare Werk des dreieinigen Gottes ist, wird sie vom Vater begründet als ein Volk, das zwar eins ist (im Heiligen Geist) und das doch in seiner Gestalt so strukturiert ist, dass in dieser Einheit der Vorrang Christi, sein Wort und sein Heil im Amt sakramental-greifbar in Erscheinung tritt.

Zum Verständnis des Amtes kann man also weder ausgehen von Christus allein her (Tendenz der westlichen Theologie)[226], noch allein von der charismatischen Gemeinde als Werk des Geistes her (Gefahr der reformierten Amtstheologie), sondern vom Vater, der Christus und Geist in untrennbarer Einheit sendet, um sich sein Volk zu schaffen, das auf Grund des zwei-einen Wirkens von Christus und Geist von vornherein und nicht erst nachträglich eins ist in der Differenz verschiedener Dienste, in denen das Amt *als Amt*[227] gegenüber dem Laientum die Sendung Christi sakramental zu vergegenwärtigen hat, das Laientum aber den Empfang des Heilswerkes Christi bezeugt, dessen innere geistgewirkte Fruchtbarkeit zur Geltung bringt und an Kirche und Welt weitergibt. So besteht die Kirche, trinitarisch gesehen, von vornherein in der Einheit und Differenz ihrer verschiedenen Berufungen. Was von Christus und seiner Kirche gilt: »Der Leib ist die Fülle des Hauptes, und das Haupt ist die Fülle des Leibes,»[228] gilt auch vom Verhältnis Amt und Gemeinde: nur in ihrer gegenseitigen Differenz und Zuordnung ereignet sich die »Fülle Gottes«.

Weil der Priester »in persona Christi« das Haupt der Kirche, »in persona ecclesiae« den durch den Heiligen Geist zusammengefügten und von ihm erfüllten Leib Christi darstellt, fügt die Ordination den Amtsträger auch in eine doppelte Beziehung ein: zu Christus, in dessen Namen und Vollmacht er für das Gottesvolk handelt, und zur Kirche, deren Glauben er zusammenfasst, deren Feiern er vorsteht und deren Einheit er abbildet, wenn (und solange als) die Kirche sich tatsächlich im Amtsträger »repräsentiert« weiß. Dieser Doppelaspekt des Amtes entspricht frühester Vätertheologie. Y. Congar hat darauf hingewiesen, dass man schon in den Schriften der Apostolischen Väter beides nebeneinander findet: »außerordentlich starke Aussagen im Sinne der Hierarchie und Aussagen im Sinne des Gemeinschaftsprinzips.«[229] Hängt das Amt, insofern es Repräsentation der Kirche ist, wesentlich von der Zustimmung der Gemeinschaft ab, so steht es als

Christus-Repräsentation den übrigen Gläubigen gegenüber. Doch ist es auch als solches von der Communio der Kirche umfangen und getragen. Denn es kann ja nur dort wirksam werden, wo es – mindestens grundsätzlich – von der Kirche als sakramentale Vermittlung der Christus-Wirklichkeit anerkannt wird. Eben darum ist sakramentale Vermittlung auch nur im Lebenszusammenhang der Kirche möglich.

Das kann an folgendem Beispiel verdeutlicht werden: Das Auge hat für den Menschen die besondere, unauswechselbare Funktion, Wirklichkeit zu erblicken und zu vermitteln. Dabei ist es nicht das Auge, welches sieht, sondern die ganze Person *durch* das Auge. Wird es aus dem Organismus herausgeschnitten, ist es nicht mehr Auge, nämlich Sehorgan, im eigentlichen Sinn. Getrennt vom Organismus ist sowohl das spezifische Sein des Auges zerstört wie auch der ganze Organismus, insofern er nicht mehr sehen kann. Das spezifische Sein des Auges »beruht darin, das Sehen des Sehenden zu ermöglichen, also weder selbst zu sehen noch im Sehen gesehen zu werden. Das Auge hat sein Sein in der reinen Vermittlung. Im Maße es für sich gesondert hervortritt – wenn es erkrankt –, wird das Sehen unmöglich. Im Maße das Auge zu einem gesehenen wird, wird das Sehen unmöglich. Und wo es das einzig Gesehene ist, dort ist der Sehende als Sehender nicht mehr, dort ist er erblindet. Rein phänomenal betrachtet, ist die Blindheit der Zustand, wo das Auge das einzig Gesehene geworden ist. Da ist es total hervorgetreten und hat sein Sein als Vermittlung aufgehoben.«[230] Nur im Ganzen des Organismus kann das Organ seinen besonderen Dienst der Vermittlung tun.

Die Beziehung auf das kirchliche Amt liegt auf der Hand: Auch dieses kann seinen besonderen Vermittlungsdienst »in persona Christi« nur erfüllen, wenn es sich nicht vom Organismus der Kirche absondert oder sich selbst zum Gegenstand der Aufmerksamkeit macht, sondern wenn es als reines Dienstamt in jener organischen Einheit steht, die der Heilige Geist zusammenhält und mit Leben erfüllt.

Die trinitarische Struktur des Amtes fasst treffend das ökumenische Konsenspapier der Gruppe von Dombes über »Das episkopale Amt«[231] zusammen: »Jedes gesellschaftliche Organisationsmodell bringt das Netz der in einer Gesellschaft gelebten Beziehungen zum Ausdruck. Was nun durch die Gesamtheit der Amtsbeziehungen in der Kirche sichtbar werden muss, ist die Aufnahme der Gaben des Geistes, die Öffnung gegenüber der Herrschaft Christi und die kindhafte Anbetung des Vaters.« Eben diese Pluralität (= Trinität) der Aspekte kommt tatsächlich im kirchlichen Amt zum Ausdruck: »in persona Christi« repräsentiert das Amt die heilbringende Herrschaft Christi, »in persona ecclesiae« stellt es den Empfang der Gaben des

Geistes dar und in und mit der übrigen Gemeinde zusammen hat es zum Ziel die Anbetung des Vaters. Weil die beiden Aspekte des Amtes, Amt als Christus-Repräsentation und Amt als Repräsentation der Kirche, trinitarisch vermittelt sind, ist es letztlich nicht von Bedeutung, bei welchem Element man zum Verständnis ansetzt. Beginnt man beim ersten, so muss gleich hinzugefügt werden, dass das Handeln »in persona Christi« nur möglich und sinnvoll ist, weil Christus sich einen Leib bereiten will, der kraft der Fruchtbarkeit des Heiligen Geistes für sein (amtlich vermitteltes) Handeln offen und bereit ist. Beginnt man beim zweiten Element, so ist hinzuzufügen, dass die Kirche über nichts aus sich selbst verfügt, sondern sich von Christus beschenken lassen muss, und zwar auf jenem Weg, den er selbst will: durch sakramentale Vermittlung, zu der auch das kirchliche Amt gehört. Wo immer man ansetzt: es ist ein Prozess gegenseitiger Vermittlung,[232] so wie auch Christus den Heiligen Geist, der Heilige Geist aber das Heilswerk Christi vermittelt: Ohne den geistgewirkten Glauben der Kirche könnte der Priester gar nicht Christus repräsentieren, da sein Wort und Handeln den Glauben und damit ein entsprechendes inneres Wollen voraussetzt. Umgekehrt aber findet der Geist gerade durch die sakramentale Christus-Vermittlung des Amtes seine ihm zukommende Gestalt und Ausdrücklichkeit.

3. Trinitarische Spannung und menschliche Konflikte

Wenn auch Amt und Gemeinde – trinitätstheologisch gesehen – in Einheit und Differenz strikt aufeinander verwiesen sind, so kann dieses gegenseitige Verhältnis durchaus unterschiedliche konkrete Formen annehmen, es kann auch die Gestalt des Konflikts tragen. Denn das Leib-Christi-Werden der Gläubigen ist unter den Bedingungen unserer sündigen Existenz und Geschichte kein harmonischer Prozess wachsender innerer Bereitschaft, die durch den Dienst des Amtes vermittelten Gaben Christi anzunehmen. Deshalb wird dem amtlichen Handeln »im Namen Christi«, der Wortverkündigung, Heiligung und Leitung, nicht in jedem Fall die willig-spontane Entgegennahme der Gemeinde im Heiligen Geist korrespondieren. Vielmehr kann es sein, dass manche Christen das Amtlich-Institutionelle nicht als sichtbar-objektive Gestalt des im Geist subjektiv-innerlich gewirkten Lebensvollzugs der Kirche zu sehen vermögen, sondern als fremde, ja entfremdende und störende Autorität, angesichts deren Widerspruch, Kontestation, ja Verachtung am Platz sind.

Ganz allgemein gilt: wo der Mensch auf äußere »Macht«-Ausübung stößt, tritt ihm zunächst Befremdliches, ja Entfremdendes entgegen. Weil und insofern das »Äußere« nicht aus der eigenen Freiheit hervorgeht, scheint es deren Einschränkung oder gar Zerstörung zu bedeuten. Erst da, wo »Macht« aus Einsicht anerkannt und bejaht wird, bedeutet sie nichts Entfremdendes mehr; in der inneren Zustimmung kann Freiheit sich das zunächst »Äußere« und Entgegenstehende zu eigen machen und mit ihm die übergreifende Communio von »Fremdem« und »Eigenem« bilden.[233] Diese allgemein anthropologische Gegebenheit gilt auch für das Verhältnis von (freiem) Subjekt und (»von außen« kommendem) Amt. Wo der einzelne Gläubige oder eine Gemeinde einsieht und bejaht, dass im Amt die äußere Gestalt jenes befreienden Lebens entgegengehalten wird, zu dem der Geist innerlich bewegt und antreibt, da besteht kein Konflikt zwischen Freiheit und Amtsautorität.

Aber was ist, wenn die innere Zustimmung verweigert wird? Dann bleibt Macht als reiner Anspruch und nackte Forderung (im Sinne von sakramentalem Aufleuchten der Autorität und des Anspruchs Christi) bestehen. Denn mit Macht sprach Christus sein »Bekehret euch!« (Mk 1,15), mit Macht drohte er das Strafgericht an (Mt 11,20 ff), mit Macht führte er die Auseinandersetzung mit der pharisäischen Religionspartei (vgl. bes. Mt 23). Dieser Konflikt geht weiter in der »Macht«-Ausübung des apostolischen und nachapostolischen Amtes.[234] Denn weil der Amtsträger nicht nur Gottes Erbarmen, sondern auch Gottes Forderung zu verkünden hat, trifft er auf den Widerspruch einzelner Adressaten, ja ganzer Gemeinden. Angesichts dessen wird die Amtsautorität, wenn sie dennoch unbeirrbar ihren Auftrag erfüllt, zur leidenden Autorität. »Wer sich zum Ohrenkitzel Lehrer verschafft ([2 Tim] 4,3) und das Evangelium durch Fabeleien ersetzt (4,4), braucht für diese Fabeleien nicht zu leiden. Wer aber nüchtern, treu und unbestechlich am wahren Evangelium festhält, muss für das Evangelium leiden und erweist gerade so die Wahrheit des Evangeliums.« Die Bereitschaft, für das Evangelium zu leiden, wird »zum Ausweis und zur Signatur des wahren Verkündigers.«[235] Damit ist in das »Amtliche« des Amtes etwas zutiefst Personales integriert: Wer für andere harte »Macht«-Institution sein muss, ist gerade darin zur persönlichen Leiden- und Zeugenschaft gerufen.

Aber nicht nur die Gemeinde kann die grundsätzliche Zuordnung von Amt und Gemeinde stören, dadurch dass sie dem amtlichen Tun »an Christi Statt« die Zustimmung verweigert: auch der Amtsträger kann der Grund für tiefgehende Konflikte sein. Dort zum Beispiel, wo er sein Amt in Willkür, Herrschaftsallüren und Selbstherrlichkeit ausübt, statt Christus zur Geltung zu bringen und der Gemeinde zu dienen, ebenso dort, wo er sich selbstgefällig über die Gemeinde hinwegsetzt, ohne sich um deren Einsicht und Zustimmung zu bemühen sowie ohne auf sie zu hören und von ihr zu lernen. Kurz: Wenn die »Schafe« im Amt nicht mehr die Stimme des wahren Hirten Christus erkennen können, ist der Priester die Ursache von Konflikten zwischen Amt und Gemeinde. Schon im Alten Testament wird den »Hirten, die sich selber weiden« (vgl. Ez 34,2), d.h., die auf sich selbst, auf Vorteil und Macht bedacht sind und ihre Autorität über die Herde missbrauchen, das Strafgericht Gottes angesagt. Solchen falschen Hirten gegenüber wird nun umgekehrt – wie Geschichte und Gegenwart zeigen – die Kirche zur Gemeinschaft derer, die an ihren Amtsträgern leidet und sie gelegentlich nur mit Mühe ertragen kann, indem sie zwar vielleicht noch deren »amtliches« Handeln entgegennimmt, ihrem persönlichen Amts- und Lebensstil aber die Zustimmung verweigern muss. Solche Konflikte, in denen das »Gegenüber« von Amt und Gemeinde nicht Ausdruck ihrer unterschiedlichen – in der trinitarischen Beziehung gründenden – Berufung ist, sondern sich als Widerspruch und Opposition zeigt, geben zu erkennen, dass der Prozess des Kirche-Werdens gestört ist. Die nicht gelungene Übereinstimmung von der im Amt sakramental erscheinenden objektiven Christusgestalt und dem im Geist verwirklichten subjektiven Leben der Kirche drängt das Amt in die reine Amtlichkeit, in die »Verhüllungs- und Verdemütigungsform reiner Vollmacht.«[236] Diese gehört mit zur Vorläufigkeit und Sündhaftigkeit der Geschichte, die einmal vergehen wird, wenn der Geist alles erfüllen und Gott alles in allem sein wird.

Nicht nur auf Grund der angezeigten Konflikte, sondern auch wegen des unterschiedlichen Standorts, den eine Gemeinde im Prozess des Kirche-Werdens einnimmt, kann das konkrete Verhältnis von Amt und Gemeinde sehr unterschiedliche Formen annehmen. In einer lebendigen, vom Geist erfüllten Gemeinde kann der Amtsträger seine Beauftragung, an Christi Statt zu handeln, auf die sakramentalzeichenhafte Christus-Darstellung beschränken und sich im Übrigen eher als Dienstorgan der Gemeinde verstehen. In einer »toten« Gemeinde dagegen wird im Priester sehr viel mehr der Aspekt des Mit-Vollmacht-gesandt-Seins, kraft dessen allererst Gemeinde zu schaffen ist, hervortreten. Immer aber werden beide Momente der Verwirklichung des Amtes gewahrt bleiben müssen: Amt ist Amt Jesu Christi und Amt der Kirche.

4. Amt und Zustimmung der Kirche

Zwar ist es Gott selbst, der durch Jesus Christus im Heiligen Geist sein Volk zusammenführt, aber dies geschieht nicht ohne die antwortende Zustimmung der Menschen, Leib Christi werden zu wollen und miteinander seinen Weg nachzugehen. Es sind Menschen *in ihrer Freiheit*, die Gott das Opfer des Lobes und der Hingabe darbringen. Darum setzt auch das Tun des Priesters, insofern er »in persona Christi« handelt, die Bereitschaft gläubiger Menschen voraus, sich durch ihn, und d.h. durch den Herrn selbst, zum Leib Christi formen zu lassen. Deshalb kann auch die Amtsautorität keine andere sein als »die Autorität des bittenden Christus.«[237] Sie kann (und darf) im Grunde nur werbend, ja beschwörend sagen: »Wir *bitten* an Christi Statt: Lasst euch mit Gott versöhnen!« (2 Kor 5,20)

Die Autorität des Amtes setzt aber nicht nur die grundsätzliche Zustimmung der Glaubenden voraus, sondern, insofern es »in persona ecclesiae« handelt, auch deren Einverständnis, einen bestimmten Menschen als Amtsträger haben zu wollen. Anders gesagt: Weil Amt (auch) Kirche repräsentiert, zeichenhafte Zusammenfassung und Handlungsorgan der Gemeinschaft ist, bedarf es der Zustimmung der durch den Heiligen Geist zusammengefügten Gemeinschaft. Zwar stellt die Weihe als »Inbeschlagnahme« eines Menschen durch Christus den Geweihten in das amtliche Gegenüber zur übrigen Gemeinde; dass dieser aber zugleich amtlich-sakramental die Gemeinde darstellt, ist nicht möglich ohne deren Zustimmung. Weil beide Momente, Christus- und Kirchen-Repräsentanz, ein und dieselbe Person betreffen, können auch Weihe und Amtsausübung auf Grund von Weihe nicht ohne Einverständnis der Kirche geschehen.

Von daher werden zwei theologiegeschichtliche Befunde verständlich:

(1) Es ist alte kirchliche Tradition, wonach es Umstände gibt, unter denen nicht mehr toleriert werden kann, dass ein Amtsträger im Namen der Kirche handelt (wiewohl die Kirche nicht verhindern kann, dass er – in pervertierter Weise! – »in persona Christi« weiterwirkt). Für die Kirche des Mittelalters waren solche Umstände sehr umgrenzte Ausnahmefälle. Nichts steht dagegen, den Umfang solcher Fälle zu erweitern.[238] Jedenfalls ist mit dem Faktum, dass der Priester auch »in persona ecclesiae« handelt, die Überzeugung verbunden, dass diese Fähigkeit nicht eo ipso durch die Weihe allein bleibend gegeben, sondern bestimmten Bedingungen unterworfen ist. Nur wenn das Zeugnis des Geistes in der Kirche mit der Bezeugung seitens der Amtsträger übereinstimmt, vermögen die »Schafe« darin die Stimme des »Hirten« zu erkennen und ihm zu folgen (Joh 10,4). Deshalb können und dürfen die kirchlichen Amtsträger nicht handeln, ohne dass ein (grundsätzliches!) Einvernehmen zwischen ihnen und ihren Mitchristen besteht oder hergestellt wird. Von dieser Überzeugung ist die Kirche bis ins Mittelalter hinein voll. So konnte Cyprian – er steht exemplarisch für viele andere – schreiben: »Seit Beginn meines Bischofsamtes habe ich es mir zur Regel gemacht, nichts nach meiner persönlichen Meinung zu entscheiden, ohne euren Rat und ohne die Stimme meines Volkes zu hören.«[239]

(2) Die Weihehandlung selbst ist von alters her charakterisiert durch zwei Elemente:

Erstens: Das Volk Gottes präsentiert solche Personen zur Weihe, in denen es kraft des in ihm wirkenden Geistes die Gabe zu erkennen glaubt, dass diese Hirten und Vorsteher sein können.

In den ersten Jahrhunderten der Kirche war es vielfach die Lokalgemeinde, die ihre Vorsteher vorschlägt. Ja, nach einigen alten Canones waren »absolute Ordinationen«, d.h. solche, die nicht in Bezug auf den Dienst in einer konkreten Lokalkirche geschahen, verboten, so etwa nach Can. 6 des Konzils von Chalcedon« (COD 66). Dieser lautet: »Niemand … darf ›absolut‹ geweiht werden; vielmehr ist ihm klar eine Kirche (ekklesia) zuzuweisen, in der Stadt, auf dem Land oder die der Gedächtnisstätte eines Märtyrers oder eines Klosters. Wer hingegen doch ›absolut‹ geweiht wird, dessen Handauflegung ist nach Beschluss der Heiligen Synode ungültig.«[240] In der mit der Weihe gegebenen Zuordnung zu einer Gemeinde wird deutlich, dass kirchliches Amt nichts »in sich« ist, sondern ganz »für andere« da ist.

Für E. Schillebeeckx ist dieser Canon geradezu der Ausgangspunkt zur Wesensbestimmung der Ordination im ersten christlichen Jahrtausend: Ordination ist nach ihm die »›Inkorporation‹ als Amtsträger in eine Gemeinde, die einen bestimmten Mitchristen beruft und als ihren Vorsteher bezeichnet.«[241] Damit wird deutlich, dass der Amtsträger – nach Schillebeeckx – seine Befugnisse zur Gemeindeleitung via Gemeinde vom Heiligen Geist (durch Handauflegung und Epiklese) erhält. »Nur jemand, der von einer bestimmten Gemeinde berufen wird, ihr Vorsteher und Leiter zu sein, darf die ›Ordinatio‹ empfangen.«[242] Die Deutung, die Schillebeeckx damit dem Can. 6 von Chalcedon gibt, ist eindeutig überzogen und zutiefst ungeschichtlich. Denn erstens: Nirgendwo ist davon die Rede, dass Berufung und Sendung des Amtsträgers durch die Gemeinde geschieht. Zweitens: Es geht im Can. 6 gar nicht im strengen Sinn um das Verhältnis von Amtsträger und Lokalgemeinde. Vielmehr sind Hintergrund dieses Canons Streitigkeiten über die Jurisdiktion und gewalttätige Demonstrationen von Mönchen gegen die zuständigen Bischöfe. »Angesichts dieser Missbräuche und Unordnungen galt es nun, die Gewalt des Bischofs über seine Kleriker zu stärken. Diese sollen vor allem an eine Kirche gebunden werden und unter der Oberhoheit des Bischofs stehen, selbst wenn sie einem Kloster oder sonst einem Heiligtum zugewiesen sind.«[243]

Can. 6 beschäftigt sich also nicht eigentlich mit dem theologischen Zusammenhang von (Lokal-)Gemeinde und Amt, sondern mit der rechtlichen Stellung und Zuordnung des Presbyters zu dem für ihn zuständigen Bischof. »Dem Konzil ging es nicht um unsere heutige Fragestellung, dass nämlich aus einer Gemeinde jemand zur Weihe präsentiert wird; dem Konzil war es ein Anliegen, die ›herren- und bischoflosen‹ Kleriker in eine bestimmte Ordnung zu bringen.«[244] Dabei zeigt sich gerade das Gegenteil von dem, was Schillebeeckx und andere mit Can. 6 beweisen wollen, dass nämlich der Priester nicht zunächst und zuerst einer lokalen Gemeinde, sondern einem Bischof (der natürlich für eine Gemeinde oder für Gemeinden zuständig ist) zugeordnet wird. Doch wenn auch Can. 6 anders als nach Schillebeeckx zu deuten ist, bleibt richtig, dass im Altertum die relative, d. h. auf eine bestimmte Gemeinde bezogene Ordination der Normalfall gewesen zu sein scheint. Jedoch war dieses Prinzip nicht überall, vermutlich nicht einmal ursprünglich in Geltung. Ein genauerer Blick auf die Quellen lehrt – wie G. Kretschmar betont –, dass »christliche Ordination ursprünglich – wenn wir die Pastoralbriefe hier ansetzen dürfen – eigentlich doch nicht primär auf Einsetzung in vorgegebene kirchliche Stellen zielte. Das ist auch später nicht vergessen worden. Es gab neben dem Ortsbischof früh, und im Mittelalter erneut, den Missionar, der nicht von einer Gemeinde gewählt ist, sondern sie sich erst erpredigt und sammelt. Auch er ist gesandt wie der Gemeindehirte. Hier liegt auch das Recht der im Mittelalter angelegten und in der Neuzeit Brauch gewordenen, nicht auf eine Stelle bezogenen, in diesem Sinne also absoluten Ordination.«[245]

Mitwirkung und Zustimmung der Gemeinde bei der Ordination

eines Amtsträgers waren jahrhundertelang üblich und galten als notwendig. Davon wird noch im Zusammenhang der Bischofsernennungen (S. 184ff) die Rede sein. Das bedeutet nicht, dass jeder Weihekandidat von einer bestimmten Gemeinde mehrheitlich gewählt sein musste, auch war es »nicht die Gemeinde, welche die Priester bestellt; dies ist Pflicht der Bischöfe, die darin Werkzeug des Herrn sind. Aber die Gemeinde trägt Sorge dafür, sich die Priester zu verschaffen, deren sie bedarf.«[246] Deswegen haben sich auch in den ersten christlichen Jahrhunderten die Gemeinden nicht gescheut, heftigen moralischen Druck auf geeignete Männer auszuüben und ihnen mit Nachdruck vorzuhalten, dass sie als Amtsträger gebraucht würden (vgl. S. 371).

Die Formen der Zustimmung der Gemeinde bei der Weihe ihrer Amtsträger sind vielfältig. Weil die ursprünglich persönliche Wahl unter den Einfluss von Gruppeninteressen und politischer Macht geriet, wurde das Wahlrecht mehr und mehr zurückgedrängt bis dahin, dass sich heute die Mitwirkung des Volkes nurmehr in der zustimmenden Akklamation ausdrückt, wie sie sich in den Ostkirchen etwa im Zuruf des »axios« oder in der Westkirche im bestätigenden »Amen« findet. Mag darin das Mittun der Gemeinde bei der Ordination auch auf ein Minimum reduziert worden sein und dürfte es heute angebracht erscheinen, nach neuen Formen der Mitwirkung des Volkes Gottes zu suchen (s. S. 188f): auf jeden Fall gehört die Zustimmung der Kirche konstitutiv in die integrale Weihehandlung hinein.

In der Wahl oder Zustimmung der Gemeinde, also im Entscheid »von unten her«, äußert sich das Wirken des Heiligen Geistes »von oben her«. Gott beruft auf menschliche Weise; deshalb ist der ganze Berufungs-»Prozess« eines Menschen durch eine vielfache menschliche Vermittlung geprägt: Durch Anstöße von außen und Befähigung von innen lässt Gott in einem Christen den Gedanken und Wunsch aufkommen, Priester zu werden; durch die Gemeinde lässt er das ihm erteilte Charisma bestätigen und ihre Bereitschaft erklären, den Kandidaten als ihren Amtsträger anzunehmen. Durch die Zulassung zur Weihe seitens schon geweihter Amtsträger werden das persönliche Sich-berufen-Fühlen und die Zustimmung der Gemeinde gleichsam vom »amtlichen Außen« her geprüft und in die »christologische Differenz« gebracht. So kann dann die Berufung in der Weihe, einem Geschehen von Christus her, ihre Aufgipfelung finden. Zum Berufungs-»Prozess« gehört also das Mitwirken der Kirche wesentlich hinzu, es ist mithin nichts Sekundäres. Präsentation und Zustimmung von Seiten der Gemeinde sind keine Höflichkeitsfloskeln oder rein zeremonialen Gesten, sondern Ausdruck der innersten trinitarischen Struktur der Kirche, in der die christologische und pneumatologische Bewegung ständig ineinandergreifen: Der in der Kirche als Ganzer wirksame Geist sucht nach Übereinstimmung mit der Gestalt des im Amt sakramental dargestellten Christus-Zeugnisses, und das Amt ist gebunden an das Evangelium Christi, das in der Kirche im Heiligen Geist geglaubt und gelebt wird. Sehr schön fasst Peter Hünermann diese beiden Aspekte folgendermaßen zusammen:

> »Ebenso wesentlich wie das Amt das ›Zuvor‹ der Offenbarung repräsentiert – unter dem formalen Gesichtspunkt –, ebenso ist es zugleich – unter dem Gesichtspunkt der Realität – geboren aus der Gemeinde. … Das Amt als bevollmächtigte Sendung stammte nicht wirklich aus der Leben zeugenden Vollmächtigkeit Jesu Christi …, wenn es nicht zur Auferbauung von Gemeinden führen würde; wenn aus dem amtlichen Wirken nicht Gemeinden erwüchsen, die vom Heiligen Geist bewegt, das Bedürfnis nach diesem Dienst und geeignete Kandidaten für diesen Dienst in ihrem Schoß entstehen ließen. … Umgekehrt gilt: Die Gemeinde, welche zur Subjekthaftigkeit erwacht ist und gerade um des eigenen Glaubenslebens willen die Notwendigkeit des Dienstes sieht, weiß sich selbst als Werk des Herrn. Sie bekennt, dass sie sich dem erhöhten Herrn und seinem Geist, nicht sich selbst verdankt. So erkennt sie auch, dass der Dienst, dessen sie bedarf, ein Dienst sein muss, der in der Vollmacht des Herrn, nicht einfach im Namen der Gemeinde ausgeübt wird. In der Präsentation geeigneter Kandidaten, in der Bitte um ihre Ordination und die Einreihung dieses Gemeindegliedes in die apostolische Sukzession der Amtsträger vollzieht sich so die Gemeinde selbst als vom Geiste Jesu Christi getragene und belebte Ortskirche.«[247]

Schließlich und endlich zielt die geistbezeugende Mitwirkung der Gemeinde darauf ab, fähige, würdige, geistbegabte Hirten zu erhalten, die sich ganz in den Dienst Christi und der Gemeinde stellen. Deshalb wird z. B. bei Cyprian die Bestellung des Amtsträgers vor der ganzen Gemeinde mit dem Hinweis begründet, dass das Volk »das Leben des einzelnen vollständig kennt und den Charakter eines jeden im Umgang mit ihm durchschaut hat.«[248]

Vielleicht liegt ein gut Stück verbreiteten Unbehagens am kirchlichen Amt heute gerade darin, dass das Amt von vielen gerade nicht als aus der Gemeinde geboren und sie »repräsentierend« erfahren wird[249] und dass die in der Zustimmung des Volkes sich äußernde pneumatologisch-ekklesiale Dimension des Amtes zu einer Zeremonie erstarrt und verkürzt ist.

Zweitens: Wenn die Gemeinde der Weihe eines Kandidaten zugestimmt hat, werden ihm die Hände von solchen aufgelegt, die bereits in der amtlichen Sendung Christi stehen. Die Handauflegung bedeutet – wie wir bereits (S. 89ff) sahen – ein Zweifaches: (1) erbitten die weihenden Amtsträger unter Gebet und Handauflegung die sakramentale Vollendung der schon anfänglich unter Beweis gestellten Geistesgaben des Kandidaten durch Gott und sagen ihm diese auf Grund der Verheißung Christi wirksam zu. So wird der Geweihte zum »Repräsentanten« Christi, zu dessen Mitarbeiter und sakramentalem Zeichen; (2) aber wird der Kandidat in das Kollegium der Bischöfe oder der Presbyter aufgenommen, das in formaler und inhaltlicher Kontinuität mit dem apostolischen Amt steht. So wird der Geweihte – und durch ihn auch die Gemeinde – ins Ganze der kirchlichen Communio hineingestellt.

Der Doppelcharakter des Amtes – Amt Christi und Amt der Kirche – wird mithin im Doppelcharakter des Weihevorgangs selbst zum Ausdruck gebracht.[250] Traditionell gesprochen, könnte man geradezu von »materia« und »forma« im Weihegeschehen sprechen: Die Zustimmung der Kirche macht den Kandidaten dazu geeignet (macht ihn zur »materia«, setzt ihn »in potentia«), dass ihm von Christus her (vermittelt durch beauftragte Amtsträger) das eigentlich Prägende (»forma«) der besonderen Sendung und Geistbefähigung zuerteilt wird. Dieser Doppelcharakter ist auch schon in der Apostelgeschichte angedeutet: »Wählt ihr aus eurer Mitte Männer, … wir werden ihnen diese Aufgabe übertragen« (Apg 6,3). Die Zustimmung des Volkes macht den Weihekandidaten dazu geeignet, im Namen der Kirche handeln zu können, die Handauflegung nimmt ihn für die Sendung durch Christus in Besitz. Nur da, wo Kirche sowohl (christologisch) im Wirken des Amtes den Vorrang der unverfügbaren Gabe Gottes erkennt, als auch sich (pneumatologisch) im Amt repräsentiert sieht, kann sie sich als Werk des dreieinigen Gottes erfahren, worin Amtsträger und Laie nicht Kontrahenten, sondern Brüder mit verschiedenen Aufgaben und »Rollen« sind.

§ 3 Amt und Charisma

Ob der Priester nun in der christologischen Beziehung des Wirkens »an Christi Statt« oder in der pneumatologischen Relation seines Handelns »im Namen der Kirche« gesehen wird: er ist in jedem Fall Amtsträger, d. h. sein Wirken ist nicht primär an seine Person, sondern an sein sakramentales Amt gebunden (vgl. S. 109 ff). Weil aber dieses als reine Vermittlung unendlich weit über sich selbst hinausweist, mehr noch: weil Amt (nur) die christologische Vermittlung und Gestalthaftigkeit des vom Heiligen Geist unmittelbar in den Gläubigen gewirkten göttlichen Lebens darstellt, wird das Heilshandeln Gottes im Amt und im amtlichen Tun nicht »kanalisiert«, eingegrenzt. Der Geist Gottes schenkt vielmehr den Glaubenden die Vielfalt seiner Gaben und Befähigungen (Charismen), deren Grund und (Christus-)Gestalt zwar an die amtlich-sakramentale Vermittlung gebunden, deren Fülle und Fruchtbarkeit aber sein unverfügbar-maßloses Geschenk ist. So erweckt der Geist in der Kirche auch Sendungen und geistliche Aufbrüche, deren Initiativen nicht nur nicht vom Amt ausgingen, sondern sich oft genug gegen den Widerstand von kirchlichen Amtsträgern durchsetzen mussten. So hat der »Laie«, d. h. jedes Glied des Volkes Gottes, in seinem persönlichen Glaubensleben und seiner Sendung für andere eine Eigenständigkeit vor Gott, nämlich eine besondere Berufung und unverwechselbare Unmittelbarkeit, die sich nicht vom Amt herleiten.

Es ist durchaus möglich, und es ist schon sehr oft in der Geschichte so gewesen, dass das für die Kirche einer bestimmten Zeit Rettende und Heilende und die für eine Epoche entscheidenden geistlichen Impulse nicht durch das Amt, sondern durch charismatische Laien in die Kirche eingebracht wurden. Man denke nur an das idealtypische »Gegenüber« von Papst Innozenz III. und Franziskus. In Innozenz steht das Amt in der ganzen Fülle und Großartigkeit seiner Amtlichkeit vor uns, in Franziskus dagegen der kleine, unscheinbare, von Gott gerufene Laie.[251] Wer hat aber für die Kirche die größere Bedeutung gehabt? Gewiss Franziskus! Dieses »Gegenüber« von Amt und

Laie wiederholt sich vielmals in der Kirche bis heute und bis in die kleinsten Gemeinden hinein. Oft ist es der Laie, und gerade nicht das Amt, das die Gemeinde, ja die Kirche in ihrem eigentlichen Leben trägt und prägt. Deswegen verweist auch die charismatische Begabung jedes Getauften den Amtsträger als Bedürftigen und Empfangenden wesentlich auf das ganze Volk Gottes, in dem der Heilige Geist am Werk ist.

Und doch: weil in Christus Gottes Heil endgültig »Fleisch« geworden ist, d. h. sichtbare Gestalt und eindeutige Form angenommen hat, muss sich jede geistliche Gabe, jedes persönliche Zeugnis und jede besondere Sendung in das apostolische, auf Christus verweisende Zeugnis und in den auf apostolischer Sendung beruhenden Weg der Kirche einfügen. Nur so erweist sich das Charisma als Frucht des Heiligen Geistes und nicht als Produkt subjektiver Willkür. Darum gilt: »Prüft die Geister, ob sie aus Gott sind; denn viele falsche Propheten sind in die Welt hinausgezogen. Daran erkennt ihr den Geist Gottes: Jeder Geist, der bekennt, Jesus Christus sei im Fleisch gekommen, ist aus Gott.« (1 Joh 4,1 f). Das heißt: Der »Charismatiker« ist erst dann eine Autorität, erst dann ist seine Befähigung als Gabe des Heiligen Geistes erprobt, erst dann hat er richtungweisende Bedeutung für die Kirche, wenn er sich mit seiner Geistesgabe in einem Prozess der »Unterscheidung der Geister« als wahr erwiesen hat. Und zu diesem Prozess gehört wesentlich die Übereinstimmung mit dem »Fleisch«, d. h. mit dem überlieferten, durch das Amt garantierten apostolischen Glauben der Kirche. »Hat einer die Gabe prophetischer Rede, dann rede er in Übereinstimmung mit dem Glauben« (Röm 12,6). So gesehen, ist das Amt, welches das Wort Gottes mit Vollmacht und Autorität zu bezeugen hat, ein Kriterium der Echtheit des (von ihm nicht hervorgebrachten oder zu »verwaltenden«) Charismas.[252]

Wo sich aber ein Charisma als Gabe des Heiligen Geistes erwiesen hat, tritt es gegebenenfalls mit einem umfassenden Anspruch auf Gehör der gesamten Kirche (auch dem Amt) gegenüber und kann Fügsamkeit und Gehorsam fordern. Man denke nur an die vielen großen »Laien«-Heiligen und ihre kirchliche Sendung. Mehr noch: wie ein in der Prüfung bewährter Charismatiker »im Namen Christi« sprechen kann, so kann sich auch in ihm die »geistliche Kirche« repräsentieren. Ja, man muss sagen: Für die Alte Kirche waren diejenigen, in denen sich vorzüglich Kirche kristallisierte, die »geistlichen

Menschen«, Märtyrer, Mönche, Heilige. Aber diese charismatische »Repräsentation« steht nicht im Gegensatz zum amtlich-sakramentalen Handeln, sondern setzt es voraus. Nur wenn und insoweit sich das Charismatische in die durch das Amt vermittelte und durch das Amt (auf Grund der wirksamen Verheißung Christi) garantierte Christus-Gestalt der Kirche einfügt, kann es die durch den Geist bewirkte Fruchtbarkeit und Heiligkeit der Kirche darstellen – und dies oft weit mehr als das Amt, das durch die Heiligkeit des Laien nicht selten gedemütigt und gerade durch solche Verdemütigung zur Heiligkeit geführt wird.

So zeigt sich auch hier noch einmal, dass das Amt und die mit Charismen begabten übrigen Gläubigen strikt aufeinander verwiesen sind – im Mit-Sein und Gegenüber-Sein. Augustinus hat diese »Dialektik« des Amtes in das bekannte Wort gekleidet: »Wo mich erschreckt, was ich für euch bin, da tröstet mich, was ich mit euch bin. Für euch bin ich Bischof, mit euch bin ich Christ, jenes bezeichnet das Amt, dieses die Gnade. Jenes die Gefahr, dieses das Heil.«[253] J. Ratzinger bemerkt dazu kommentierend: »Für sich gesehen und auf sich allein hin gesehen, ist jeder Christ nur Christ und kann gar nichts Höheres sein. Es gibt die Einheit und Unteilbarkeit des einzigen christlichen Rufes. ›Ad se‹ ist jeder nur Christ, und das ist seine Würde. ›Pro vobis‹, d. h. in der Relation auf die andern hin, allerdings in einer unumstößlichen und den Betroffenen in seinem ganzen Sein tangierenden Relation, wird man Träger des Amtes. Amt und Relation sind identisch, Amtsein und Relationsein fallen ineinander. Das Amt ist die Relation des ›Für euch‹.«[254] Und Ratzinger schließt seinen Kommentar: »Welchen Anspruch ein solches Verständnis des Amtes an seinen Träger stellt, braucht man gewiss nicht eigens zu betonen.«

5. Kapitel

Exkurse: Aktuelle Einzelprobleme des kirchlichen Amtes

§ 1 Was ist mit den neuen pastoralen Diensten der Laien?

Von der im Vorangehenden gegebenen Grundlegung des kirchlichen Amtes her ist auch die Diskussion über die neuen neben- und hauptamtlichen pastoralen Dienste der Laien, also über Gemeinde- wie Pastoralreferenten u.dgl. zu führen. Wohlgemerkt: es geht hier nicht um den Dienst, den Beitrag, das Engagement von Laien innerhalb und außerhalb der Kirche, wie sie *jedem* Getauften auf Grund des »gemeinsamen Priestertums« aller zukommt, sondern es geht um die Frage: Welchen »status« haben die Laien, die entweder haupt- oder nebenamtlich in der Kirche tätig sind und dazu noch mit einem im engeren Sinn »seelsorglichen Auftrag« für die Gemeinde betraut sind? Die Diskussion darüber ist seit Jahren im Gange, erhielt aber nach Erscheinen der römischen Instruktion »Über die Mitarbeit der Laien am Dienst der Priester«[255] neue Brisanz.[256] Nicht wenige von ihnen übernehmen in den Gemeinden Aufgaben, die ehemals dem Priester zustanden. Damit stellt sich die Frage: Sind die »Laien« damit faktisch zu »Amtsträgern« geworden? Sollen sie es erst noch werden? Oder was sind sie, was sollen sie sein? Zur Zeit zeichnen sich in dieser Frage drei Grundpositionen ab.

1. Drei Grundpositionen

(1) Wo es sich bei den neuen Diensten um pastorale Dienste von Laien-Mitarbeitern und -Helfern handelt (noch einmal: es geht nicht um laikale Dienste schlechthin, sondern um eine auf Dauer angelegte, mitwirkende Hirten-Tätigkeit von Laien), bleiben die Dienste – so: H. Socha – »auf die zuständigen ordinierten Hirten hingeordnet und von ihnen abhängig.«[257] Das entspricht auch klar dem 2. Vatika-

nischen Konzil. Denn dieses kennt neben der allgemeinen, allen geltenden Sendung auf Grund von Taufe und Firmung eine besondere Berufung von bestimmten Laien »zur unmittelbaren Mitarbeit mit dem Apostolat der Hierarchie. … Außerdem haben sie die Befähigung dazu, von der Hierarchie zu gewissen kirchlichen Ämtern herangezogen zu werden, die geistlichen Zielen dienen« (LG 33).[258] Es ist also eine Mitarbeit (cooperatio), ein Ausüben bestimmter »munera« (Aufgaben), die durch Delegation (Erteilung von »Missio«) seitens des kirchlichen Amtes geschieht, wodurch die Betreffenden enger mit den »officia« (Ämtern) der Hirten verbunden sind, ohne dass diese damit zu Amtsträgern im engeren,[259] theologischen Sinn werden.[260] Das gilt auch für den Fall, dass Laien gemäß Can. 517 § 2 bei Fehlen eines eigenen Pfarrers die Ausübung der Pfarrseelsorge übertragen wird. Denn dies kann nur geschehen unter gleichzeitiger Ernennung eines Priesters als »moderator«, ein Begriff, der im Zusammenhang nur als »geistliche Gemeindeleitung« zu verstehen ist.[261] Wenn also auf Grund dieses Kanons ggf. auch Laien (oder Diakonen und Ordensleuten) eine besondere Handlungsvollmacht zur Wahrnehmung der Seelsorge in einer bestimmten Gemeinde übertragen wird, ist dafür der Begriff »Gemeindeleitung durch Laien« deshalb nicht sehr geeignet, weil er äußerst vieldeutig ist (siehe dazu auch S. 253). »Hoffnungen in diese Richtung müssen enttäuscht, Befürchtungen können zerstreut werden.«[262]

Dabei hat sich die Situation seit Beginn der neuen pastoralen Dienste erheblich gewandelt. Ursprünglich hatte man gar nicht daran gedacht, ihnen eine mehr oder minder selbständige gemeindeleitende Aufgabe zu übertragen, sondern wollte ihren Einsatz auf bestimmte (Einzel-)Bereiche des christlichen und kirchlichen Lebens beziehen. So heißt es etwa in der »Ordnung der pastoralen Dienste«[263]: »Es kommt ihnen insbesondere zu, innerhalb des pastoralen Dienstes bestimmte Sachgebiete bzw. bestimmte Lebensbereiche des christlichen Weltzeugnisses zu betreuen.« Klaus Hemmerle kommentierte dies vor Jahren folgendermaßen: »Zum einen kann er [der Träger eines solchen laikalen Amtes] die Situationen, in denen alle Gemeindeglieder stehen, vom Evangelium her verdeutlichen, aufschließen, kann er in derselben Position und Situation wie die anderen – und nicht aus der Position des Gegenüber, des Amtes – diesen helfen, ihr Leben in der Welt und in der Kirche aus dem Evangelium zu gestalten.«[264]

Dieser Gesichtspunkt lässt sich theologisch noch weiter vertiefen, wie dies jüngst z. B. E.-M. Faber getan hat: Ausgehend davon, dass das Weiheamt Zeichen und Werkzeug des »ab extra« (d. h. vom Herr der Kirche zukommenden) »Neuen« ist, weist sie darauf hin, dass »dieses Geschenk von außen …

auch angeeignet, eingesetzt, fruchtbar gemacht werden« muss. Von da her fragt sie: »Könnte es nicht fruchtbar sein, den Dienst der PR [Pastoralreferenten] auf diesen Prozess der Aneignung und Umsetzung zu beziehen? … Den nicht-ordinierten Ämtern wäre … [dann] die Aufgabe der Einholung des Neuen in den Lebensvollzug zuzuschreiben«[265] und zwar in allen Dimensionen des Privaten und Gesellschaftlichen, des Binnenkirchlichen und der kirchlichen Sendung in die Welt. Damit wird deutlich herausgestellt, dass der »amtliche« Einsatz der neuen pastoralen Dienste auf einer ganz anderen Ebene als der des Weiheamtes liegt.

(2) Die zweite Position geht davon aus, dass die neuen pastoralen Dienste heute de facto vielfach mehr oder minder selbständige Hirten einer (Teil-)Gemeinde sind, beauftragt mit der Verkündigung und der Feier des Gottesdienstes; sie sind als solche von der Gemeinde anerkannt und vom Bischof nicht selten als Nachfolger eines (fehlenden) Priesters gesandt. Damit aber sind sie nicht einfach mehr Laien, sondern besitzen – wie dies schon früh K. Rahner, dann vor allem P. Hünermann und jüngst besonders G. Bausenhart herausgestellt haben[266] – ein Amt in der Kirche, nicht nur in einem weiten, soziologischen, sondern im tiefsten theologischen Sinn der amtlichen »Christus-Repräsentanz«. Deshalb sollte ihnen auch – so die Vertreter dieser Position – Teilhabe am Weiheamt zugesprochen werden. Verschiedentlich wird darauf aufmerksam gemacht, dass die Kirche von Anfang an einen großen Spielraum besaß, ihre Ämter so zu gestalten, dass sie den jeweiligen Herausforderungen der Gegenwart entsprachen. So gab es lange Zeit den »niederen Klerus« auf Grund »niederer Weihen« (die sog. »ordines minores«), von denen man *heute* sagt, dass sie nicht eigentlich zum »Ordo« gehörten und im Grunde Laiendienste waren. Aber dies wurde lange Zeit durchaus auch anders gesehen.[267] Auch das dreigliedrige Amt (Bischof, Priester, Diakon) stammt in dieser Konkretion letztlich und endlich von kirchlicher Einsetzung her. Warum – fragt man – kann die Kirche nicht auch heute den Ordo so neu gliedern, dass die neuen pastoralen Dienste tatsächlich eine (gestufte) Teilhabe am Ordo erhalten? Jedenfalls – so M. Seybold – bedarf die Kirche »ganz sicher einer Entfächerung des kirchlichen Amtes, aber nicht aus dem Sakrament hinausführend, sondern innerhalb des Sakraments, das eben nicht pseudosakral kultisch verengt [d. h. im traditionellen Sinn: sazerdotal] gefasst werden darf.«[268]

Wie diese neue Entfächerung des Ordo konkret bestimmt und verstanden werden könnte, darüber gehen die Meinungen auseinander. So sehen z. B. P. Hünermann und M. Kehl im heutigen Pastoralassistenten/-referenten eine Aktualisierung des neutestamentlichen und altkirchlichen Amtes des Lehrers.[269] Wie auch immer, jedenfalls gilt – so ganz dezidiert L. Karrer:

> »Wer im Auftrag der Kirche einen qualifizierten und pastoralen Dienst in den Gemeinden oder auf Pfarrverbandsebene ausübt, nimmt einen Dienst bzw. ein kirchliches Amt wahr und ist somit von dem her, was er oder sie tut, theologisch als ›Amtsträger‹ oder ›Amtsträgerin‹ zu verstehen. Männer und Frauen, die in diesem Sinn einen konkreten Auftrag erhalten, übernehmen einen Dienst als ein ›Amt in der Kirche‹.«[270]

(3) Die dritte Position wendet gegen die zweite ein, dass damit faktisch der Kirche überhaupt nicht »geholfen« werde. Was sie benötigt, ist nicht eine neue Form des »niederen Klerus«, der im Grunde eine neue Verklerikalisierung der Kirche und Entmächtigung des gerade neu entdeckten Laien bedeuten würde.[271] Hat Hubert Windisch so Unrecht, wenn er schreibt: »In den letzten Jahrzehnten ist … zusehends eine insgeheime Bevormundung der Gläubigen durch ›Pastoralprofis‹ entstanden. Auf weite Strecken hin ist die Kirche schon in die Professionialisierungsfalle getappt.« Damit ist gemeint, dass es »eine Überquantität an Profis in der Kirche« gibt und eine »qualitative Schieflage von Professionalität«, welche »gläubige Mündigkeit durch amtliche Bevormundung zu erzeugen glaubt.«[272] Nein, die Kirche bedarf keines neuen »niederen Klerus«. Wessen sie bedarf, sind Priester. Und wo kein Priester am Ort mehr ist, bedarf man ortsansässiger Laien, die »Kontakt- und Ansprechpersonen sein können, welche mehr oder weniger das konkrete Leben einer Gemeinde moderieren, motivieren und auch inspirieren,»[273] die aber nicht als »Ersatz« an die Stelle von Priestern treten oder durch Teilhabe am Amt der spezifisch priesterlichen Tätigkeit möglichst nahe kommen wollen.

Und überdies: Wollen »die« – oder jedenfalls eine Mehrheit der – Inhaber von Laienämtern eine Klerikalisierung, besser: eine Hereinnahme in das kirchlich-sakramentale Amt? Und wenn sie es wollen, sind sie sich dann über die Konsequenzen im Klaren? Der geweihte Amtsträger gibt dem Bischof das Versprechen des Gehorsams und damit der ständigen Verfügbarkeit. Ist man also, wenn man eine Partizipation am Ordo anstrebt, bereit, jede Stelle, auf die der Bischof sendet, anzunehmen? Ist man bereit, jenseits der Vierzigstundenwoche seinen Dienst zu tun? Ist man bereit, falls die Kirche nicht mehr über genügende Geldmittel verfügt, sich auch mit dem Sozialsatz zu begnügen (was jedenfalls vom Priester erwartet werden muss)?

Schließlich: Faktisch üben (viele) Pastoralreferenten gar nicht ein »niederes Amt« aus, sondern werden in die Rolle von Priesterersatz und Gemeindeleitung hineingedrängt (oder drängen sich auch selbst hinein). Damit entsteht eine – wie W. Kasper zu Recht sagt – theologisch und psychologisch untragbare Schizophrenie:

> »Theologisch, weil eine solche Spaltung von Wort und Sakrament, von Weihe und pastoraler Sendung das eine kirchliche Amt spaltet, ja es in seiner inneren Sinngestalt zerstört und alle Fortschritte des letzten Konzils auf eine tiefere Verbindung von Wort und Sakrament sowie von Weihe- und Jurisdiktionsvollmacht schon im Ansatz wieder zunichte macht. Psychologisch, weil dadurch nicht nur die Gemeinden, sondern auch die Priester und Priesteramtskandidaten und nicht zuletzt die Pastoralassistenten selbst in ihrem Kirchen- und Amtsverständnis verunsichert werden.«[274]

Diese »Verunsicherung« würde aber gewiss durch eine Art von neuen »minores« nicht beseitigt, sondern allein durch die Priesterweihe. Denn – so Socha – es »kann in der Kirche rechtliche Autorität nur derjenige innehaben, der das Hirtensakrament der Ordination empfangen hat. Dieses kirchliche Strukturprinzip wird verletzt, wenn PR (Pastoralreferenten) allein kraft eines Rechtsaktes Leitungsbefugnisse wahrnehmen, wenn sie – zumal als Bezugspersonen in vakanten Pfarreien – die Kirche vertreten, ohne ihr gegenüber zur Christus-Repräsentation ermächtigt zu sein.« Deshalb kann und darf die Frage nicht lauten: »Geht es denn nicht ohne Ordination?, vielmehr hat zu gelten: Träger diakonaler und presbyteraler Dienste sind durch das Weihesakrament auszurüsten, damit die Verwiesenheit auf Gottes Erbarmen eindeutig sichtbar bleibt.«[275]

Dem kann nur zugestimmt werden. Sollte allein die kirchliche Zölibatsregelung ein Hindernis für die Weihe sein, was ich persönlich nicht glaube (siehe dazu Anm. 276), müssten die Zulassungsbedingungen geändert werden – bei allem, was noch einschränkend zu dieser Frage gesagt werden wird (vgl. S. 307ff). Denn kirchliche Regelungen, mögen sie auch noch so sinnvoll sein, dürfen nicht zerstörerisch in die sakramentale Struktur von Amt und Kirche eingreifen.

Somit scheinen eigentlich nur die erste und dritte Position sinnvoll zu sein, realistisch davon ist jedoch wohl nur die erste. Denn es dürfte in absehbarer Zeit sicher nicht mit einer einschränkungslosen Aufhebung der bisherigen Weihebedingungen zu rechnen sein, und selbst wenn der sog. »vir probatus« eingeführt würde, dürfte dies kaum zu einer wirklichen Entlastung führen, da sich dann erst realistisch die Frage stellt, wie viele dazu bereit sind, sich mit Haut und Haaren dem kirchlichen Amt zu verschreiben[276] (zum »vir probatus« siehe S. 310; zur Frage des sog. »Priestermangels« S. 224).

2. Anmerkungen zum Begriff »Seelsorger« und »Seelsorge«

In diesem Zusammenhang ist auch zu fragen, ob und inwieweit die Inhaber der neuen pastoralen Dienste »Seelsorger« sind und sich als solche vorstellen und benannt werden können. Hier lauern in der Nomenklatur einige Falltüren.

Zunächst einmal wird man sagen, dass *jeder Christ* auf seine Weise Seelsorger ist, nämlich jemand, der auf Grund seines Christseins zur Heilssorge für andere betraut ist. Das ist nichts Neues.[277] Immer hat man z. B. gewusst und gesagt, dass die Eltern die ersten Seelsorger ihrer Kinder sind, wie auch, dass jeder Christ – wie S. Pemsel-Maier formuliert – »Gottes Zuwendung zum Menschen in dieser Welt greifbar und sichtbar zu machen« hat.[278] Erst recht kann in einem richtigen Sinn eine Gemeinde als »Subjekt und Träger der Seelsorge« bezeichnet werden. Aber wird deshalb ein Christ, *jeder* Christ sich einem andern gegenüber als »Seelsorger« vorstellen oder bezeichnen, wenn er etwa einen Krankenbesuch macht oder einem andern helfend beisteht?

Der öffentliche Sprachgebrauch ist hier ein anderer: Seelsorger ist hiernach eine »Berufsbezeichnung«, die bislang ausschließlich auf den katholischen oder evangelischen Amtsträger angewandt und als solche verstanden wurde (wobei es in der Tat für die evangelischen Amtsträger in dieser Hinsicht letztlich nicht von Belang war und ist, ob sie ordiniert oder nicht ordiniert sind). Diese Nomenklatur ist nun offenbar dabei, sich zu verändern. Auch hauptamtliche, zur Mitarbeit am kirchlichen Amt beauftragte katholische Laien, also die Inhaber der neuen pastoralen Dienste, nehmen immer mehr für sich in Anspruch, »Seelsorger« zu sein. Diese Bezeichnung ist deshalb nicht unproblematisch, weil sie ganz einfach zu Missverständnissen führt.[279] Wohl deshalb vermeiden es auch die deutschen Bischöfe, in ihren öffentlich-amtlichen Äußerungen, Laien als Seelsorger zu bezeichnen. Die Schweizer Bischöfe gebrauchen die Bezeichnung »Laienseelsorger / Laienseelsorgerinnen.[280] Stellen sich aber tatsächlich die Laiendienste so vor: »Ich bin Laienseelsorger!«? Und wenn ja, wie soll sich dann der Priester vorstellen? »Ich bin Priester-Seelsorger!«? Das bedeutet eigentlich etwas anderes, nämlich Seelsorger *für* Priester.

Theologisch angemessener und eindeutiger wäre es, wenn die Träger pastoraler Laiendienste sich vorstellen würden mit: »Ich bin von der katholischen/evangelischen Seelsorge!«, insofern sie ja – wie das Konzil sagt – zur unmittelbaren *Mitarbeit* am Apostolat der Hierarchie bestellt sind. Es fragt sich natürlich, ob die faktische Entwicklung noch aufzuhalten ist. Vermutlich nicht! – bedauerlicherweise. Denn es ist an ein Wort von Konfuzius zu erinnern. Gefragt, was er als erstes tun werden, wenn er ein Land zu regieren hätte, antwortete er: »Ich würde den Sprachgebrauch verbessern!« Und die Erläuterung zu dieser überraschenden Aussage: »Wenn die Sprache nicht stimmt, so ist das, was gesagt wird, nicht das, was gemeint ist; ist das, was gesagt ist, nicht das, was gemeint ist, so kommt das Tun nicht zustande. … Also dulde man keine Willkürlichkeit in den Worten.«[281]

Diese sprachliche Kritik ändert natürlich nichts an der Sachlage, dass jeder Christ auf seine Weise und die neuen pastoralen Dienste gewiss auf eine gesteigerte Weise »Seelsorger« *sind.*

Geht man von diesem Faktum aus, so stellt sich die Frage: Was ist in diesem breiten Spektrum seelsorglicher Verantwortung und seelsorglichen Tuns eigentlich der »Ort« des Priesters?

Wenn das Ziel allen Handelns Gottes die *Einheit* ist, Einheit von Gott und Mensch, Einheit untereinander und Einheit im eigenen Herzen, und wenn Gott Menschen zum Mithandeln an dieser Einheit beruft und befähigt, auf dass sie diese einheitschaffende Zuwendung Gottes greifbar und sichtbar machen, so muss der, welcher diese »Zuwendung« weitergibt, sie selbst zuvor empfangen haben. Genau dafür steht – wie wir schon eingehend behandelt haben – das priesterliche Amt, welches die zuvorkommende, die Gabe der Einheit vermittelnde Zuwendung Gottes sakramental repräsentiert, damit diese dann durch alle Christen im eigenen Leben verwirklicht und »seelsorglich« weitergegeben werden kann. Im Kontext dieses sakramentalen priesterlichen Handelns hat sich die Bezeichnung eingebürgert, wonach der Priester »Leiter« der Seelsorge ist, so wie er »Leiter« einer Gemeinde ist, die als ganze und in all ihren Gliedern »Subjekt« der Seelsorge ist. Man *kann* das so formulieren, zumal wenn man bedenkt, dass »Seelsorge« mit »Pastoral« gleichgesetzt wird und »Pastoral« nichts anderes als das lateinische Pendant zu »Tätigkeit eines *Hirten*« ist. Tatsächlich ist nun der Priester dadurch »Hirt« der Gemeinde, dass er den »Erzhirten« (1 Petr 5,4) vergegenwärtigt, von dem alle Gabe und Aufgabe, Hirte zu sein, herrührt. Nur ist der Begriff »Leitung« (der Seelsorge) ziemlich ungenau. (Siehe dazu auch S. 253.) Denn natürlich kann auch ein Laie in einem noch zu bestimmenden Sinn »Leiter« einer Gemeinde, einer Gemeinschaft oder von gemeinsamen kirchlichen Aktionen sein, welche seelsorgliche Ziele verfolgen. Wenn vom *Priester* ausgesagt wird, dass er »Leiter« der Seelsorge ist, so geht es nicht um *irgendeine* Leitungsfunktion, sondern um die Vermittlung der jeder pastoralen Tätigkeit zu Grunde liegenden sakramentalen »Vor-Gabe« der Christus-Wirklichkeit. Auf dieser Vor-Gabe beruht die Sendung aller Christen zur Heilssorge füreinander, zum Dienst an der Einheit mit Gott, untereinander und im eigenen Herzen.

§2 Können Frauen zu Priestern geweiht werden?

Nachdem man/frau – auf Grund des biblischen Befundes und einer fast zweitausend Jahre langen, ungebrochenen kirchlichen Tradition – es als selbstverständlich hingenommen hat, dass nur Männer zu Priestern geweiht werden konnten, stellt sich im Rahmen der neuzeitlichen Frauenbewegung mit Nachdruck die Frage neu: War und ist das Nein zur Frauenordination nur Konsequenz einer patriarchalen Gesellschaftsordnung, welche der Frau die Ausübung jeder Form von öffentlicher Tätigkeit, Herrschaft und Macht untersagte bzw. sie dazu für unfähig erklärte[282], oder beruht es auf einer der Kirche vorgegebenen und deshalb bleibenden An-Ordnung Jesu Christi? Ist ersteres der Fall, so ist es heute unter geänderten gesellschaftlichen Voraussetzungen ein Unrecht gegenüber der Frau (und so empfinden es nicht wenige), sie weiterhin von der Weihe auszuschließen; ist das zweite der Fall, so ist genau anzugeben, wo denn diese Weisung, an welche die Kirche sich zu halten hat, tatsächlich gegeben ist, ja es ist zu fragen, ob nicht sogar umgekehrt Hinweise im NT zu entdecken sind, die *für* eine Weihe der Frau sprechen.

Über beide Aspekte dieses Problems wird in den letzten Jahren heftigst gestritten, so dass eine wenigstens kurze Beschäftigung mit dieser Frage unumgänglich ist.

1. Einige Streiflichter zu Geschichte und Stand des Problems

Es ist keine Frage, dass in der zweitausendjährigen Geschichte der Kirche die Überzeugung lebendig war, dass Frauen nicht zum Priester geweiht werden können,[283] zu deutlich schien das Gewicht der Tatsache zu sein, dass Jesus nur Männer zu *besonderer* Sendung beauftragt und nicht einmal Maria, deren heilsgeschichtliche Sendung unbestritten war und ist, mit in den Kreis *dieser* Jünger aufgenommen hatte. Es kam hinzu, dass es in der Geschichte immer von der (Groß-)Kirche getrennte Gruppen und Sekten waren, die – meist gnostisch-leibfeindlich orientiert und das heißt auch: die sexuelle Differenzierung vergleichgültigend – eine Ordination von Frauen vertraten und praktizierten. Und natürlich spielte in der theologisch-philosophischen Argumentation der patriarchale Hintergrund eine äußerst wichtige Rolle. Die Frau war nach mittelalterlicher Auffassung unfähig, öffentliche Leitungsgewalt auszuüben. War *dies* schließlich und endlich der entscheidende Faktor? Im Blick darauf, dass es nicht nur eine Reihe von fraulichen Herrschergestalten gab, sondern auch mächtige Äbtissinnen, die eine Vielzahl von Priestern (herum-)kommandierten und sich diese gleichsam als »sakrale Dienstboten« hielten, darf dies immerhin bezweifelt werden (wenngleich dieses Faktum – vielleicht die Ausnahme, welche die Regel bestätigt – auch nicht überbewertet werden soll).

Die neuere Diskussion gründet nicht nur in dem im 19. Jh. beginnenden, dann aber nach den beiden Weltkriegen mit Macht fortschreitenden Prozess der Frauenemanzipation, sondern auch in theologischen Reflexionen im Bereich der evangelischen Theologie. Da hier das kirchliche Amt primär vom allgemeinen Priestertum, d.h. von der Taufe her verstanden wird und sich vielfach nur als dessen (um der öffentlichen kirchlichen Ordnung willen gegebene) Funktion darstellt (vgl. Anm. 158), ergibt sich geradezu schlüssig, dass auch

Frauen ordiniert werden können, ja sollen. Denn auf Grund der Taufe besitzen sie die gleiche Würde und Stellung wie der Mann, wohingegen das unterschiedliche Geschlecht die amtliche »Funktionalität« überhaupt nicht betrifft. So begann man noch in den 40er Jahren des vergangenen Jahrhunderts in Holland, dann fortschreitend in nahezu allen westlichen evangelischen Kirchen, Frauen zu Pastorinnen und Bischöfinnen zu ordinieren.

In der katholischen Kirche wurde die Frage so recht erst nach dem II. Vaticanum virulent. Auch hier spielten eine entscheidende Rolle die Herausstellung des allgemeinen Priestertums sowie eine mehr »funktionale« Sicht des Amtes (man sprach nicht mehr so sehr vom »Sein« als vielmehr vom »Handeln« in persona Christi) und natürlich auch die Öffnung der Kirche zur Welt (wobei die moderne Welt gerade auch durch Frauenemanzipation und -gleichberechtigung gekennzeichnet ist).[284]

Auf diesem Hintergrund veröffentlichte die Römische Glaubenskongregation 1977 mit Billigung von Papst Paul VI. das bereits 1976 fertiggestellte Dokument »Inter insigniores«, das eine lebhafte theologische Diskussion auslöste.[285] Die vatikanische Veröffentlichung erkannte einerseits in positiver Weise die gewandelte Stellung der Frau in der modernen Gesellschaft an, legte aber andererseits eine Reihe von Argumenten und Gesichtspunkten dafür vor, weshalb sich die katholische Kirche »aus Treue zum Vorbild ihres Herrn nicht dazu berechtigt [sieht], die Frauen zur Priesterweihe zuzulassen.« Es wird nicht nur auf die ununterbrochene kirchliche Tradition hingewiesen, sondern auch auf das schon erwähnte Verhalten Jesu, keine Frauen mit einer besonderen »amtlichen« Sendung zu beauftragen. Das Gegenargument, Jesus sei in diesem Punkt ein »Kind seiner Zeit« gewesen und habe, um damals verstanden zu werden, gar nicht anders handeln können, weist das Dokument zurück mit Hinweis auf die Tatsache, dass Jesus durch sein frauenfreundliches Verhalten (z. B. durch die Öffnung des Kreises der ihm nachfolgenden Jünger auch für Frauen [vgl. Lk 8,1 ff][286]) durchaus mit den Konventionen seiner Umwelt brach, also gerade nicht ein »Kind seiner Zeit« war. Dennoch fände sich bei ihm nicht die Spur einer »amtlichen« Beauftragung zur öffentlichen Zeugenschaft, wie sie einigen Jüngern zukam. Dieses Phänomen werde bestätigt durch das Verhalten der frühen nachösterlichen Kirche, die in diesem Punkt peinlich genau der Praxis Jesu folgte. Obwohl sie bei ihrer Missionstätigkeit im hellenistischen

Raum auf heidnische Kulte mit Priesterinnen stieß und ihr damit problemlos die Möglichkeit eröffnet war, dieser soziokulturellen Vorgegebenheit zu entsprechen und Frauen zu ordinieren, tat sie es nicht, obwohl andererseits wiederum »ohne die engagierte und kirchlicherseits voll anerkannte Mitwirkung von Frauen die Ausbreitung des Christentums undenkbar gewesen wäre.«[287]. Theologische Überlegungen über den tieferen »symbolischen Sinn« von Mannsein und Frausein in Kirche, die gegen die Priesterweihe von Frauen sprechen, schließen das Dokument ab.

Diese römische Stellungnahme beendete keineswegs die innerkatholische Diskussion, sondern heizte sie eher an,[288] ja, sie beschlagnahmte in der Folgezeit einen Großteil der geistigen und geistlichen Energien der katholischen Theologie und Kirche. Dies war wohl mit ein Grund dafür, dass Papst Johannes Paul II. am 22.4.1994 das Apostolische Schreiben »Ordinatio sacerdotalis« veröffentlichte. Hierin erklärt der Papst in feierlicher Form (»declaramus«!) unter Heranziehung des o.g. Dokuments der Glaubenskongregation sowie mit Hinweis auf die ständige Tradition der Kirche und nicht zuletzt auf seine eigene besondere Autorität (»die Brüder im Glauben zu stärken«: Lk 22,32), »dass die Kirche keinerlei Vollmacht hat, Frauen die Priesterweihe zu spenden und dass sich alle Gläubigen der Kirche endgültig (»definitiv«) an diese Entscheidung zu halten haben.« Nach der Veröffentlichung dieser hochgradigen päpstlichen Lehrentscheidung erhob sich eine lebhafte Diskussion über deren genauen Verbindlichkeitsgrad. Im Herbst erließ die römische Glaubenskongregation dazu eine »Antwort«, worin es heißt: »Diese Lehre erfordert eine endgültige Zustimmung, weil sie, auf dem geschriebenen Wort Gottes gegründet und in der Überlieferung der Kirche von Anfang an beständig bewahrt und angewandt, vom ordentlichen und universalen Lehramt der Kirche unfehlbar vorgetragen worden ist.«[289] Da dennoch auch unter namhaften Theologen die Diskussion über die Frauenordination nicht abreißt, dürfte diese Qualifikation sehr hoch gegriffen sein. Jedenfalls ist für eine Reihe von Theologen eine Revision dieses autoritativen päpstlichen Lehrentscheids nicht absolut und unter allen Umständen ausgeschlossen.

Damit ist der Stand der gegenwärtigen lehramtlichen Position und theologischen Diskussion kurz skizziert. Bei all dem darf auch nicht außer Acht gelassen werden, dass gerade der apodiktische Ton von

»Ordinatio sacerdotalis« bei nicht wenigen Frauen äußersten Unwillen erzeugte, ja sogar tiefe Verletzungen hervorrief. Hätte sich dies nicht durch einen sensibleren Ton vermeiden lassen, ja hätte das Lehramt sich nicht auf eine eingehendere theologische Begründung einlassen müssen, die dann durchaus auch Raum für eine gewisse künftige Offenheit hätte gewähren müssen?

Diese Frage ist der Grund dafür, warum im folgenden Abschnitt ein gewisser »Stilbruch« auf eine andere »literarische Form« hin stattfindet. Statt die gegenwärtige Diskussion im Einzelnen darzustellen und darin die eigene Meinung zu begründen, soll im anschließenden Abschnitt in Form eines »*Entwurfs* für einen nicht geschriebenen Papstbrief« eine »tour d'horizon« des Problems der Frauenordination vorgenommen werden. Darin wird auch meine eigene Einstellung hinlänglich deutlich werden.

2. Entwurf *für einen nichtgeschriebenen Papstbrief zum Thema »Ordination der Frau«*

Verehrte katholische Frauen,
in letzter Zeit wird immer häufiger und dringender der Wunsch, ja das heftige Verlangen an mich herangetragen, auch Frauen die Priesterweihe zu erteilen. Bitte, glauben Sie mir, dass ich dieses Anliegen von Herzen verstehe. Denn die »Verweigerung« scheint – jedenfalls auf den ersten Blick – gegen jene Würde und Gleichberechtigung zu sprechen, welche die moderne Gesellschaft der Frau zuerkennt und die ich selbst bei vielen Gelegenheiten – zuletzt ausführlich in »Mulieris dignitatem« (1988) – mit Nachdruck herausgestellt habe.

Dennoch kann ich aus mancherlei Gründen wenigstens derzeit Ihrem Wunsch nicht entsprechen. Ich möchte Ihnen diese Gründe vorlegen. Auch wenn ich gar nicht erwarte, dass sie von Ihnen allen akzeptiert werden, ist es mir wichtig, dass Sie mindestens das eine anerkennen: Als Letztverantwortlicher der katholischen Kirche stehe ich vor einem äußerst komplexen Problem, das einfache und schnelle Lösungen nicht zulässt.

Die Gründe sind unterschiedlichen Charakters und auch ganz und gar unterschiedlichen Gewichts.

(1) Wie Sie wissen, glaubte die Kirche fast 2000 Jahre lang den Willen des Herrn zu erfüllen und nach seiner Norm und seinem Leitbild zu handeln, wenn sie nur Männern die Priesterweihe erteilte. Wenn nun heute zahlreiche Theologen meinen, in diesem Punkt könne die neutestamentliche Ordnung und die ihr folgende kirchliche Praxis relativiert oder revidiert werden, da es sich hier nur um einen Reflex auf damalige gesellschaftliche Vorgegebenheiten (»Patriarchat«) handle, so mögen diese Stimmen *vielleicht* Recht haben, aber ein sicheres Argument bieten sie nicht, zumal es bis heute kompetente Theologen gibt, die diese Behauptung mit guten Gründen in Frage stellen.[290] Jedenfalls sehe ich mich außerstande, mich *allein* auf Grund von fragwürdigen Überlegungen über eine so lange und ununterbrochene Tradition der Kirche hinwegzusetzen.

(2) Es muss deutlich gesehen werden, dass der Wunsch nach der Priesterweihe der Frau sich fast ausschließlich aus den fortgeschrittenen westlichen Industrieländern erhebt,[291] während er in anderen kirchlichen Regionen auf z. T. völliges Unverständnis stößt. Würde heute bei den katholischen Frauen der Welt ein Abstimmung über diese Frage stattfinden, stünde das Ergebnis mit Sicherheit fest: ein Nein zur Frauenordination. Das muss nicht immer so bleiben. Aber im Augenblick würde die Ermöglichung des Frauenpriestertums noch einmal (vielleicht ein letztes Mal) den Vorrang der Kirchen (West-) Europas und Nordamerikas in der Weltkirche bestätigen. Oder anders gesagt: Im »Hochspielen« des Verlangens nach der Frauenordination zeigt sich – verzeihen Sie, wenn ich das in aller Deutlichkeit so sage – noch einmal ein kräftiger Euro- bzw. Amerikozentrismus, der die Kirchen Europas und Nordamerikas für den Nabel der Weltkirche hält und sich ohne Rücksicht auf die Situation in den übrigen Kirchen durchsetzen möchte. Dem muss ich klar und eindeutig widerstehen.

(3) Mehr noch, ich bin ganz sicher, dass die Einführung der Frauenordination jetzt oder in absehbarer Zukunft zu einem Schisma in der katholischen Kirche führen würde, wie es diese noch nicht erlebt hat. Die Vorgänge in der anglikanischen (und auch altkatholischen) Kirchengemeinschaft können uns hier nur dringend warnen. – Damit sind wir schon bei den anderen uns nahestehenden Kirchen.

(4) Die orthodoxen Kirchen lehnen einmütig die Priesterweihe der Frau ab, sogar als »formale Häresie«, ebenso viele Christen, Amtsträger und Theologen, die im hochkirchlichen Luthertum zu Hause sind. Für diese ist sogar die katholische Kirche die entscheidende Bastion dafür, im westlichen Christentum das ursprüngliche Wesen des Amtes zu verteidigen. Was die orthodoxen Kirchen angeht, würden alle Anstrengungen auf eine – doch (so Gott will) recht nahe vor uns liegende – Einheit zunichte gemacht, sollte unsere Kirche eine neue Praxis einschlagen.

Die Einstellung der orthodoxen Kirchen sowie vieler hochkirchlicher Gruppierungen weist aber noch auf etwas Tieferes hin. Was eigentlich – so kann man fragen – verbindet die römisch-katholische Kirche, die orthodoxen Kirchen und die hochkirchlichen Gemeinschaften miteinander, dass sie, *ohne sich je abgesprochen zu haben*, das Frauenpriestertum ablehnen? Ein wichtiges Element, das sie miteinander verbindet, ist das sog. sakramentale Denken, eine sakramentale Sicht der Wirklichkeit. Das heißt: Das, was ist und was wir mit unseren Sinnen sehen, ergreifen und erfahren können, weist auf ein Tieferes hin, auf ein »Geheimnis«, das sich letztlich erst im Blick auf Jesus Christus enthüllt.

(5) Diese sakramentale Sicht der Wirklichkeit hat für unsere Frage eine wichtige Bedeutung. Danach sind nämlich Mann- und Frausein nicht nur »biologische Größen«, und Sexualität ist nicht nur das zufällige bzw. einen evolutiven Vorteil bringende Ergebnis des Evolutionsprozesses, sondern in ihnen verbirgt sich Tieferes. Das wissen auch die großen mythischen und religiösen Überlieferungen der Menschheit, wie wir sie z. B. im asiatischen und afrikanischen Raum antreffen. Das Männliche und das Weibliche sind gewissermaßen »Seinsprinzipien« (vgl. Yin – Yang), welche die Wirklichkeit bestimmen und ordnen. Eine letzte (anthropologisch gewendete und auch wohl enggeführte) Folge dieser Anschauung finden wir heute in einigen tiefenpsychologischen Schulen, für welche sich in Mann- und Frausein je unterschiedlich akzentuierte Tiefenschichten des Menschseins ausdrücken und darstellen. In der Frau zeigt sich das »symbiotische Element«, also die Tatsache, dass jeder Mensch aus der Einheit mit der Mutter anhebt und sich ständig nach mütterlicher Einheit zurücksehnt. Im Mann zeigt sich das Element der Differenz bzw. des Andersseins (»Alterität«), welches den symbiotischen Kreis des Kin-

des aufbricht und es zum eigenen Weg stimuliert.[292] Beide Dimensionen, die der Symbiose und der Alterität, beziehen sich aber nicht nur auf das Mutter- bzw. Vatersein, sondern durchziehen das ganze Leben des Menschen. In der leibhaftigen Sexualität, im leibhaftigen Mann- und Frausein, finden sie sichtbaren Ausdruck und eine je verschieden akzentuierte Zuspitzung (natürlich in geschichtlich sich wandelnden und gesellschaftlich vermittelten Formen).

Dieses psychologische Modell kann vielleicht ein wenig die noch tiefere Sicht plausibel machen, die der christliche Glaube eröffnet: Im Neuen Testament wird verschiedentlich zum Ausdruck gebracht, dass alles, aber auch alles auf Christus hin geschaffen ist und in ihm zur Vollendung kommt. Alles! Dazu gehört gewiss auch die geschlechtliche Differenzierung, die so tiefgreifend das menschliche Leben bestimmt. Auch sie zeigt ihre letzte Begründung und findet ihre letzte Erfüllung im Blick auf Christus und den Heilsplan Gottes mit der Menschheit. Sehr abgekürzt kann man diese Sicht so zusammenfassen: Im Mannsein des Gottessohnes kommt zum Ausdruck, dass die Menschheit Heil und Vollendung nur durch die »Alterität« Gottes, sozusagen »ab extra« – »von außen« her, durch das göttliche »Ganz-anders-Sein« findet. Im Frausein der Schöpfung (genauer: der Kirche) hingegen stellt sich dar, dass diese – vermählt mit Christus und erfüllt mit seinem Geist – zum »Zusammenleben« (»Symbiose«), zum Einssein mit Gott berufen ist, ja dazu, dass sie zusammen mit dem Sohn Gottes den »einen Leib Christi« bildet.

Auf diesem Hintergrund wird auch verständlich, warum diejenigen Menschheitsreligionen, die ein stark »symbiotisches« Verhältnis zur Gottheit vertreten (z.B. Fruchtbarkeitsreligionen) häufig weibliche Priesterinnen als Repräsentanten des Göttlichen haben, während Religionen, in denen die Transzendenz der Gottheit hervorgehoben wird, männliche Priestergestalten aufweisen.[293] Der christliche Glaube stellt insofern eine gewisse Vermittlung beider Perspektiven dar, als das »ab extra« kommende »Anderssein«, die »Transzendenz« des göttlichen Handelns, durch einen männlichen Amtsträger symbolisiert wird,[294] das symbiotische Moment dagegen, die Gegenwart Gottes im Heiligen Geist und dessen Fruchtbarkeit, durch die Weiblichkeit der Kirche als ganzer (»Mutter Kirche« und ihre symbolische Darstellung in Maria) sowie durch glaubende Frauen, die nicht zufällig, intensiv wie zahlenmäßig, mehr als die Männer das kirchliche Leben tragen. Das ist kein Wunder. Denn die Frau verkörpert das eigentliche Wesen der Kirche (die zur »symbiotischen« Gemeinschaft mit Gott gerufen ist). Deshalb gibt es sogar und soll es auch geben einen gewissen Vorrang des »Weiblichen« in der Kirche.

Gewöhnlich wird in einer symbolontologischen Sicht des Heilshandelns Gottes auf die »Hochzeitlichkeit« des Bundes von Gott und Mensch abgehoben[295]: Die Inkarnation des ewigen Gottessohnes in einem Mann macht deutlich, dass Gott (Christus) der Bräutigam und die Menschheit (Kirche) die Braut ist. In *Mulieris dignitatem* habe ich selbst dazu geschrieben: »Vor allem in der Eucharistie wird … in sakramentaler Weise der Erlösungsakt Christi, des Bräutigams, gegenüber der Kirche, seiner Braut, ausgedrückt. Das wird dann durchsichtig und ganz deutlich, wenn der sakramentale Dienst der Eucharistie, wo der Priester ›in persona Christi‹ handelt, vom Mann vollzogen wird.« Für einige Theologen[296] gehört es gar *zum Wesen des Weihesakraments*, »dass der Geweihte in seiner Person und der sich in der Leiblichkeit des Menschen symbolisierenden Beziehung des Mannes zur Frau das personale Gegenüber Christi als Haupt zur Kirche, die sein Leib ist, darstellt und zeichenhaft manifestiert. Nur im personalen Gegenüber von Mann und Frau und in ihrer personalen Gemeinschaft kann das Gegenüber und die Einheit von Jesus Christus und Kirche greifbar werden.« Daraus ergibt sich als Konsequenz: »Da der Priester in seiner Person Christus repräsentiert, und zwar nicht in der bloß faktischen Eigenschaft des männlichen Geschlechts, sondern in der symbolischen Vergegenwärtigung dieser in der Polarität menschlicher Geschlechtlichkeit fundierten Relation Christi zur Kirche (Haupt-Leib, Bräutigam-Braut), die im Mannsein Jesu Christi … gründet, bedarf der Priester nicht nur der Übertragung der Vollmacht. Er muss als die sakramentale Darstellung dieser heilsbegründenden Relationalität Christi zur Kirche und der ehelichen Einheit mit ihr Christus ähnlich sein.«[297]

Dieser Symbolismus hat gewiss seine ganz große Bedeutung, da sowohl im Alten wie im Neuen Testament das Gottesvolk sehr oft unter dem Bild der Frau dargestellt wird (Jungfrau, Tochter Sion; Witwe Jerusalem; geliebtes anverlobtes Israel; apokalyptische, von 12 Sternen bekränzte Frau; »Frau Kirche«, der Christus sich als angetrauter Mann hingibt [Eph 5,25ff] usw.). *Und doch* ist (1) das Bild von der Kirche als Braut *ein* ekklesiales Bild unter anderen, so dass manche vielleicht einwenden könnten, es dürfe nicht zum punctum saliens der ganzen Problematik avancieren, und (2) ist dem von der Wissenschaft geprägten heutigen Menschen ein von Psychologie und Religionswissenschaft (mit-)begründeter Zugang zur Geschlechtersymbolik, wie ich ihn eben skizziert habe, vielleicht leichter nachvollziehbar.

Verehrte Frauen, ich weiß sehr wohl und bin mir dessen voll bewußt, dass solche – hier nur in äußerster Kürze skizzierten – Überlegungen für viele unverständlich sind und als unsinnig abgetan werden.[298] Und ich selbst gestehe ganz offen, dass ich mir über das *Gewicht* dieses

Arguments für eine endgültige Entscheidung in der Frage der Frauenordination nicht recht im Klaren bin.[299]

Dass aber solche Überlegungen heute einfachhin »abgetan« werden, zeigt m. E. nachdrücklich, wohin wir in den westlichen Industrieländern gekommen sind. Denn hier ist in der Tat Sexualität weithin reduziert auf den buchstäblich »kleinen biologischen Unterschied«. Sie wird nur noch rein funktional gesehen im Kontext von Kinderzeugung, sexueller Partnerschaft und Lustgewinn. In der sexuellen Differenzierung drücken sich nicht mehr die beiden großen Varianten des Menschsein aus, sondern nur biologische Funktionen – die oberflächlichste Sicht von Sexualität, die es vermutlich je in der Menschheitsgeschichte gegeben hat. Spezifisches Mannsein und Frausein sind zusammengeschmolzen auf einen letzten Rest, der durch die Technik extrauteriner Reproduktionsbiologie und durch die beabsichtigte Gleichsetzung von nicht-heterosexuellen Partnerschaften noch einmal mehr relativiert wird.[300] Dass von einer solchen Grundeinstellung aus eine (tiefen-)symbolische Sicht von Mann und Frau unsinnig erscheint und völliges Unverständnis auslöst, ist nur konsequent. Und in der Tat: Wenn Mannsein und Frausein völlig identisch sind bis auf den »kleinen biologischen Unterschied«, ist nicht einsehbar, warum Frauen nicht zu Priestern geweiht werden können. Und wenn Priestersein nur eine Funktion ist (die der Leitung etwa), so ist nicht einzusehen, warum nicht genau so gut eine Frau diese Funktion wahrnehmen kann.

Doch muss sehr ernst gefragt werden, ob der Verlust sakramentalen Denkens und die damit gegebene anthropologische und theologische Vergleichgültigung des Geschlechtlichen nicht zu einer schrecklichen Verarmung des Menschseins führt. Man muss ja nur einmal in die gegenwärtigen westlichen Gesellschaften blicken: Diese sind weithin bestimmt von »Geschlechtslosigkeit mit männlichem Vorzeichen.«[301] In ihr gibt es weithin nur noch *ein* Leitbild für Menschsein, das des Mannes, bestimmt von Leistung, »Willen zur Macht« und individuellem Selbstverwirklichungspathos. Viele Frauen merken gar nicht, dass sie unter dem Programmwort »Emanzipation« und »Abschied von der bisherigen – in der Tat überholten! – Frauenrolle«, ohne es natürlich zu wollen, ganz auf dieses männliche Leitbild hin gestylt werden. Darum ist die Frage nach dem spezifischen Mann- und Frausein – auch ganz unabhängig vom Problem der Frauenordination – eine der entscheidenden Fragen der Gegenwart.[302] Und vielleicht ist die katholische Kirche mit ihrer Zurückhaltung bezüglich der Frauenordination – wie der große Basler Theologe Hans Urs v. Balthasar sagt – »das letzte Bollwerk in der Menschheit einer echten Würdigung der Differenz der Geschlechter.«[303]

Doch zurück zum Thema »Priesterweihe der Frau«! Die Tatsache, dass der Ruf nach Frauenordination gerade aus jenen Gesellschaften kommt, wo der oberflächlichste Begriff von Sexualität herrscht, den die Menschheit je kannte, gibt mindestens zu denken. Deshalb könnte überhaupt erst dann grünes Licht für die Priesterweihe von Frauen gegeben werden, wenn auch die Christen jener Kulturen zustimmen, in denen Mannsein und Frausein noch in einer größeren Tiefe verwurzelt sind. Sollte dies einmal geschehen – mit großer Mehrheit auf einem Ökumenischen Konzil –, dann sähe ich in der Tat die *Möglichkeit*, von der bisherigen Praxis abzugehen.

Damit ist auch schon gesagt, dass ich nicht der Auffassung bin, die Frage sei absolut endgültig und für alle Zeit entschieden. Auch wenn ich selbst es nicht erwarte, *könnten* sich in ferner Zukunft in allen Kulturen der Erde die Grundeinstellungen so ändern, dass der Weg zur Frauenordination offen stünde. Aber für die Gegenwart und für eine mittelfristige Zukunft kann ich wegen der Fülle und Konvergenz der genannten Gründe in Verantwortung vor Gott und den Menschen meine Zustimmung dazu nicht geben.

Deswegen braucht die Diskussion über diesen Punkt nicht abgebrochen zu werden. Nur bitte ich alle in der Kirche Verantwortlichen und Theologen, die geistigen Kräfte und geistlichen Energien nicht auf diese innerkirchliche Frage, mag sie auch ein noch so großes Gewicht haben, zu konzentrieren und dabei zu übersehen, dass heute weit dringlichere Fragen anstehen.

Bedeutet dies, dass die katholische Kirche weiterhin eine »Männerkirche« bleibt, wie es ihr von feministischer Seite vorgeworfen wird, nämlich eine Kirche, die von Männern geleitet, bestimmt, geprägt wird und in der Männer das »Sagen« haben?

Dieser Vorwurf hat aus zwei Gründen eine gewisse Berechtigung:

(1) Es hat sich in der Vergangenheit das sakramentale kirchliche Amt, welches doch allein darin seine Berechtigung hat, dass es ganz von sich weg auf Christus verweist, allzu sehr mit Formen weltlicher, patriarchalischer Machtausübung verbunden. Damit wurde verdun-

kelt, dass die Macht Christi: seine Ohnmacht ist, die Leitungsgewalt Christi über die Kirche: sein Vorangehen ans Kreuz, die Größe Christi: sein demütiger Dienst und die Autorität Christi: seine werbende Einladung zum Glauben. Dass statt dessen das Christus repräsentierende Amt von frühester Zeit an bis heute immer wieder die »Macht« Christi mit der Macht dieser Welt verwechselt, stellt seine spezifische Gefährdung, ja seine diabolische Versuchbarkeit dar. Als Inhaber des höchsten kirchlichen Amtes, das selbst am meisten dieser Versuchung erlegen ist, bitte ich dafür von ganzem Herzen um Vergebung. Gleichzeitig lege ich den Bischöfen ans Herz, dafür Sorge zu tragen, dass sie selbst und ihre Priester mit höchster Sensibilität und Aufmerksamkeit der Versuchung zur Machtausübung widerstehen. Ich weise die Regenten und alle sonst in der Priesterausbildung Tätigen mit allergrößtem Nachdruck darauf hin, künftig bei der Aufnahme von Priesteramtskandidaten und bei der Zulassung zur Weihe in diesem Punkt höchste Vorsicht walten zu lassen. Alle Ehrgeizlinge, Karrieristen, Machthungrige, aber auch psychisch Angeschlagene, die ihre eigene Schwäche durch Machtausübungen über andere zu kompensieren suchen, sind vom Amt fernzuhalten.[304] Auch ich werde mich künftig bei der Besetzung römisch-kurialer Stellen strikt an dieses Kriterium halten und will versuchen, die schlimmsten gegenwärtigen Fehlbesetzungen zu korrigieren.

Ich bin mir jedenfalls völlig darüber im Klaren, dass der Vorwurf, die Frau sei in der Kirche nicht gleichberechtigt, so lange mit einem gewissen Recht erhoben wird, als das kirchlich-sakramentale Amt als Machtbefugnis oder gar als »Steigerung« des Christseins angesehen und ausgeübt wird (und nicht als von sich weg-weisende sakramentale Größe).

(2) Der Vorwurf der »Männerkirche« hat nicht nur insofern Berechtigung, als das sakramentale Amt sich selbst oft pervertiert hat, sondern auch, als Frauen zu wenig Möglichkeit hatten und haben, sich auf ihre spezifische Weise und mit ihren besonderen Fähigkeiten in das kirchliche Leben einzubringen, obwohl doch gerade sie das Wesen der Kirche am deutlichsten »symbolisieren«. Am ehesten ist die Gestaltungskraft von Frauen noch an der »Basis«, sprich: in den einzelnen Ortsgemeinden möglich, doch auf regionaler und weltkirchlicher Ebene fehlte und fehlt weithin das spezifisch weibliche Charisma. Hier sind Sprache, Stil, Erscheinungsbild, Reaktionsmuster u.dgl. noch durchgehend primär »männlich« geprägt.

Darum ordne ich kraft der mir zukommenden petrinischen Autorität an:

(1) Die Domkapitel (und ähnliche Gremien) sind in der bis jetzt geltenden Form abzuschaffen und so zu erneuern, dass mittelfristig ungefähr die Hälfte dieser Gremien, die den Bischof beraten und in seinem Auftrag die Diözese verwalten, von Frauen besetzt sind.

(2) Nach Bischof und Generalvikar, die als Inhaber eines Weiheamtes Männer sind, soll die dann folgende kirchliche Amtsstelle (Kanzler, stellvertretender Generalvikar o.dgl.) mit einer Frau besetzt werden. Ebenso sind die leitenden Stellen der Diözesanverwaltung nach Möglichkeit paritätisch zu besetzen.

(3) Die Bestimmung, dass zur Übernahme des Kardinalats das Weihesakrament erforderlich ist (Can. 351 § 1), wird hiermit revoziert und damit das Kardinalat mit allen Rechten und Pflichten auch für Frauen geöffnet. Auch hier soll das Ziel eine gewisse Parität sein.

(4) Analoges gilt von kurialen Stellen. Für höhere Chargen ist nicht mehr die Bischofsweihe vonnöten (es ist ohnehin ein unsinniger Brauch, Bischöfe ohne wirkliche Diözese zu weihen!). Somit sind für Frauen die gleichen Ämter in der höchsten kirchlichen Verwaltung geöffnet wie für Männer.

Verehrte, liebe katholische Frauen,

an diesen Bestimmungen mögen Sie ersehen, dass es mir ein wirklich tiefes und ernstes Anliegen ist, der Frau jede nur denkbare Möglichkeit der Mitwirkung am kirchlichen Leben und dessen Leitung und Formung zu ebnen. Und gerade weil das kirchliche Leben sich nicht im Tun des Amtes erschöpft, ja nicht einmal darin seinen Kulminationspunkt hat (auch wenn es konstitutiv daran gebunden ist), ist das Engagement von Frauen – wie auch von männlichen Laien – nicht auf den zweiten Rang verwiesen. Wenn ich darum aus den genannten Gründen kein Ja zur Frauenordination sagen kann, bedeutet dies in meinen Augen keinerlei Einschränkung ihrer Wirkmöglichkeit. Das Weiheamt ist »nur« die sakramentale Darstellung Christi und nicht die (einzige) Instanz, welche die Kirche leitet und gestaltet. Das Amt ist nur eine – eine zwar unabdingbare, aber doch nur eine – Weise, das kirchliche Leben im Geist des Evangeliums zu prägen. Darum darf und soll das Amt nicht unter der Devise stehen: Machtausübung, Alleinentscheidungsinstanz, Omnikompetenz.[305] Neben ihnen haben die Laien und darunter auch, ja sogar in besonderer

Weise die Frauen ihr Charisma einzubringen und ihre Aufgabe, Bedeutung und Einflussmöglichkeit wahrzunehmen. Für dieses Ziel setze ich meine ganze Autorität ein.

§ 3 Bemerkungen zum diakonalen und episkopalen Amt

1. Das eine Weihesakrament und die drei Amtsstufen

Das *eine* kirchliche Amt sowie das *eine* Weihesakrament realisieren sich seit sehr alter Zeit auf drei Stufen, auf der des Bischofs, Priesters und Diakons. Die verwickelte Geschichte dieses Faktums kann und braucht uns hier nicht zu beschäftigen.[306] Erst seit dem II. Vaticanum ist vollends geklärt, dass es sich tatsächlich nur um ein einziges Weihesakrament und um das eine kirchlich-sakramentale Amt handelt, das im Bischofsamt seine integrale Fülle findet. Demgegenüber sind Presbyterat und Diakonat eine je unterschiedliche Teilhabe am Amt des Bischofs.

Indem das 2. Vatikanische Konzil den Diakonat wieder aus einer bloßen Durchgangsstufe zum Priesteramt, in die er infolge einer komplexen geschichtlichen Entwicklung geraten war, befreit und wieder als eigenständiges Amt eingesetzt hat, ist auch die Möglichkeit gegeben, das Verhältnis der drei Weihestufen neu und angemessener zu begreifen. Während man lange Zeit ihr Zueinander im Bild einer Stufenleiter verstand:

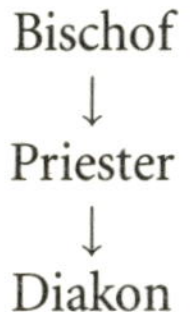

ist es wohl richtiger – den meisten Theologen zufolge – ihr Verhältnis in folgendem Bild zu erfassen:

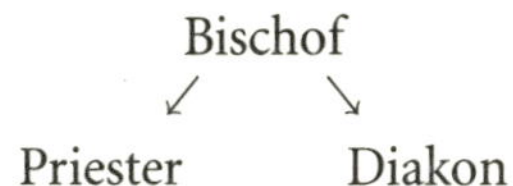

Das bedeutet: Das Bischofsamt, die Fülle des sakramentalen Amtes, gibt auf unterschiedliche Weise den beiden anderen Weihestufen Anteil an seiner Sendung und seinem Auftrag.[307] Diakonat und Presbyterat sind sozusagen die beiden Hände des Bischofs, durch die er sein Amt wahrnimmt. Im priesterlichen Dienst »pluralisiert sich« das Leitungsamt des Bischofs auf eine Vielzahl von Ortsgemeinden und Gemeinschaften hin. In ihnen setzt der Priester den Bischof »gegenwärtig« (LG 28; SC 42); in seinem Auftrag leitet er einen Teil des dem Bischof anvertrauten Volkes Gottes, predigt er und spendet er die Sakramente.[308] Indem er durch die Weihe zum Dienst in einer bestimmten Diözese bestellt und in deren Presbyterium aufgenommen ist, deren »Einheitsprinzip« der Bischof darstellt, ist die vom Priester geleitete Gemeinde mit dem Bischof und anderen Gemeinden vernetzt. »Außerhalb« dieser strikten Verknüpfung mit dem Bischof und dessen Presbyterium ist der einzelne Priester im Grunde »nichts«.[309] Deshalb spricht sich auch das Kirchenrecht gegen jeden »clericus vagus«, gegen herumvagabundierende Kleriker aus, die nicht einem Bischof zu- und untergeordnet sind und nicht im Beziehungsnetz eines bestimmten Presbyteriums stehen. Doch vom Presbyter soll in diesem Kapitel nicht weiter eigens die Rede sein, weil davon ja das ganze übrige Buch handelt.

2. Das Amt des Diakons

(a) Probleme

Während im Priesteramt das Leitungs-, Verkündigungs- und Heiligungsamt des Bischofs »pluralisiert« und auf eine bestimmte Gemeinschaft hin »konkretisiert« wird, hat der Diakon Anteil am diakonalen Auftrag des Bischofs. Ursprünglich trägt der Bischof selbst den Titel »Pater pauperum« – »Vater der Armen«, er selbst ist (und bleibt!) verantwortlich für den Dienst an den Notleidenden, Unterdrückten, Fremden und Marginalisierten. Aber gerade weil dieser Dienst einerseits kraftaufreibend und zeitaufwendig ist und weil er andererseits zu den Grundvollzügen der Kirche zählt, der genau so wichtig (!) ist, wie der Dienst am Wort, am Sakrament und an der Gemeindeleitung, gibt es den Diakon, welcher den Bischof (und natürlich auch den ihn »vertretenden« Priester) in dieser Aufgabe unterstützt, ja diese Aufgabe – in grundsätzlicher Zuordnung zu Bischof und Priester – auch in eigener, im Sakrament gründender Kompetenz wahrnimmt.[310]

Die soeben dargestellte Bestimmung des Diakonats wird durchaus nicht von allen geteilt. Ja, man hat sogar scherzhaft und spitzzüngig gesagt, dass seit der Revitalisierung des Diakonenamtes durch das letzte Konzil der Diakon ein Stück weit das *ist*, was er in Messen mit diakonaler Assistenz nach der Wandlung proklamiert, er ist ein »Mysterium fidei« – ein »Geheimnis des Glaubens«. Das unklare Profil des Diakons hat mancherlei Gründe. *Ein* Motiv für die Wiedereinsetzung des ständigen Diakonats war der Versuch vieler Konzilsväter der 3. Welt, das »pseudohierarchische« Amt des Katechisten, das für viele Kirchen dieser Länder absolut lebensnotwendig ist, durch die Diakonenweihe in die kirchliche Hierarchie aufzunehmen. Abgesehen davon, dass diese Rechnung nicht aufging – in ganz Afrika haben sich nach dem Konzil nur einige wenige Katechisten zu Diakonen weihen lassen –, wurde von dieser Intention aus das re-installierte Amt stark unter den Gedanken eines irgendwie gearteten Leitungs- und Verkündigungsdienstes, ja sogar eines vorrangig sakramentalen Tuns (Taufe, Kommunionausteilung, Eheassistenz) gestellt – ganz gemäß der tatsächlichen Tätigkeit der Katechisten. So erschien der Diakon als eine Art »Mini-Priester«. Daneben waren auf dem II. Vaticanum noch andere Intentionen für die Wiedereinführung des ständigen Diakonats wirksam. Gerade diese äußerst differenten Zielvorstellungen und praktischen Erwägungen waren wohl mit ein Grund dafür, dass es dem Konzil nicht gelang, trotz lebhafter Debatten dem neu installierten Amt eine innere Mitte und eindeutige sakramentale Gestalt zu geben. Denn was die verschiedenen Intentionen zusammenhielt, waren allein die – im übrigen sehr unterschiedlich verstandenen – pastoralen Notwendigkeiten. Man stellte für den Diakonat additiv alle möglichen liturgischen, kerygmatischen, pastoralen und administrativen Funktionen zusammen (vgl. LG 29), Funktionen, deren Vielfalt und Unverbundenheit nur durch den überlieferten Oberbegriff »non ad sacerdotium, sed ad ministerium manus imponuntur« zusammengehalten wurden. Diese funktional-additive Sicht, welche die Frage nach dem Zentrum dieses Amtes, nach dessen gestaltgebender Mitte ausklammert, wurde noch bestätigt durch das Motuproprio Pauls VI. »Sacrum diaconatus ordinem« (18. Juni 1967). Darin wird der Diakonat durch eine Zusammenstellung dessen umschrieben, was er »alles kann«. Zu Recht bemerkt dazu H. Vorgrimler: »Eine Theologie des Diakonates lässt sich … von diesen Vollmachten her nicht entwerfen.«[311] Ja, durch die konturenlose Addition von Funktionen und Vollmachten, wie sie aus Schrift und Tradition übernommen sind, wird die Herausstellung einer sakramentalen Gestalt eher verhindert.

Dieser Trend, dem Diakon ganz unterschiedliche Aufgabe zuzuweisen, konnte und kann sich dadurch bestätigt sehen, dass die kirchliche Idee vom Diakonat schon von Anfang an äußerst zwiespältig war. Jede auf Schrift und

Tradition gründende Auflistung diakonaler Funktionen krankt nämlich an einer, sich schon in der Apostelgeschichte findenden fundamentalen Unklarheit: Auf der einen Seite nämlich wird das Amt der »Sieben«, auf die sich in den wichtigsten kirchlichen Regionen (z. B. in Rom) stets das Diakonenamt berufen hat, als »Dienst an den Tischen« eingeführt und damit als Entlastung des apostolischen Amtes, das sich »als Dienst am Wort und am Gebet« (Apg 6,4) versteht. Auf der anderen Seite aber werden sie in »presbyteraler« Tätigkeit, nämlich als Verkünder des Wortes Gottes und als Taufspender geschildert. Nicht wenige Historiker nehmen an, dass Lukas in diesem Punkt Traditionen vorlagen, die er selbst nicht entwirren konnte, nämlich einmal Traditionen über das »Siebener«-Amt als »Dienst an den Tischen« und zum anderen über den Diakonat als Leitungsamt der hellenistischen Gemeinde oder Gemeindegruppe in Jerusalem. Von dieser bereits lukanischen Unklarheit geht ein unklares Bild des Diakons in der Geschichte weiter: nämlich es ist ein Amt, das immer wieder auf der einen Seite dem diakonisch-caritativen Tun der Kirche zugeordnet ist und auf der anderen Seite auch liturgische und kerygmatische Funktionen ausführt.

Dieses »hybride« Berufsbild wurde in den ersten Jahrhunderten noch dadurch verstärkt, dass der Diakon als kirchlicher Vermögensverwalter – zu Recht!, wenn man darauf blickt, dass alles kirchliche Vermögen grundsätzlich und primär den Armen gehört – aufs engste dem Bischof zugeordnet war und diesem dann auch in liturgischen Tätigkeiten zur Seite stand (Taufassistenz). Schließlich kam noch ein kirchlicher Grundsatz ins Spiel, wonach nämlich jeder Dienst in der Kirche sich auch auf seine Weise in der (feierlichen, die Kirche in besonderer Ausdrücklichkeit repräsentierenden) Liturgie darstellen soll. Da der Diakon nun ohnehin bei der Gabenbereitung die Gaben des Volkes in Empfang nahm, den größeren Teil für die Bedürftigen beiseite legte, den kleineren für das eucharistische Mysterium auswählte und zum Altar brachte sowie dann auch sinnvollerweise diese Gaben – nach der Konsekration nun Zeichen für Leib und Blut Christi – bei der Kommunionausteilung an die Gläubigen »zurück«-gab, erlangte sein Dienst auch eine immer größere liturgische Bedeutung (was erst recht für den ostkirchlichen Diakon zutrifft, von dem aber jetzt nicht weiter die Rede sein soll). So konnte tatsächlich der Eindruck entstehen, der Diakon sei so etwas wie ein Mini-Priester. Auf dieser Schiene ging dann – unter Einbeziehung noch anderer Faktoren – die Entwicklung faktisch weiter bis hin zum Diakonat als Vor- und Eingangsstufe zum Presbyterat. Wenn nun auch das Konzil das Diakonenamt wieder neu eingeführt hat, beseitigte es doch die Unklarheit über das Wesen dieses Dienstes nicht, genau so wenig, wie es offene Fragen löste, die sich daraus ergeben, dass es in der Westkirche lange Zeit keinen kontinuierlichen (eigenständigen) Diakonat gab. Zu den offenen Fragen gehören Probleme wie z. B.: Ist der Diakon auch heute – wie unter ganz anderen Bedingungen in der Frühen Kirche – nur dem Bischof zugeordnet oder auch dem Priester? Gehört der Diakon zum Presbyterium, oder müsste es ein »Diaconeum« geben?

So ist das hochwichtige, der Kirche äußerst notwendige Amt des Diakons bis heute theologisch unterbelichtet und wird auf ganz unterschiedliche Weise in den verschiedenen Diözesen ausgeübt.[312] In dieser äußerst unbefriedigenden Situation kann man nur wünschen, dass die höchste kirchliche Autorität endlich Klarheit schafft. Denn die Geschichte zeigt, dass die Kirche die Kompetenz dazu hat, innerhalb eines zwar vorgegebenen, aber weiten Rahmens durch amtliche Entscheidung die genaue Gestalt und Sinngebung eines Sakraments näher zu bestimmen, zu präzisieren oder zu vereindeutigen.

In der gegenwärtigen Theologie werden in dieser offenen Situation derzeit drei verschiedene Modelle vorgelegt und diskutiert. Sie seien im folgenden kurz genannt.

(b) Drei Modelle

(1) Diakonat als »Dienstamt«

In engem Anschluß an das II. Vaticanum und an das Motuproprio Pauls VI. lässt es dieses Modell bei einer additiv-funktionalen Sicht des Diakonats bewenden, eine Sicht, die sich unter dem Begriff des ministeriums, des »Dienens«, zusammenfassen lässt.

Verfährt man so, dann lässt sich allerdings kaum der Eindruck vermeiden, der Diakonat werde hier bestimmt durch eine Fülle von Dienstfunktionen, *die der Unterstützung des Priesters dienen*, die also nicht zuletzt aufgrund der pastoralen Notsituation infolge des sog. Priestermangels auftreten. Damit aber liegen Sinn und Wesen des Diakonats im Grunde außerhalb seiner selbst, nämlich in seiner Beziehung auf das Priesteramt, dem er dienend zur Seite steht.

Paradox ist dabei Folgendes: Wie in dieser additiv-funktionalen Sicht der Diakonat sein Selbstverständnis faktisch als Priesterunterstützung erhält, ist es vice versa auch möglich, ihm sein Selbstverständnis vom Laikat her zuzusprechen. Schon Karl Rahner bemerkte, dass der Diakonat »überhaupt keine Aufgaben und Funktionen [umfasst], die, eine Ermächtigung durch die Kirche vorausgesetzt, nicht auch von Laien ausgeübt werden könnten.«[313] Wieso machen dann aber die verschiedenen diakonalen Funktionen die unterste Stufe des Weihesakramentes aus? Gibt es sozusagen zweierlei Weisen des Dienens in der Kirche: Die eine Weise, die man als normaler Laie innehaben kann, und die zweite Weise, aber für den gleichen Dienst, die sich nur dadurch von der Ministerialität des Laien unterscheidet, dass auf den Diakon, nicht aber auf den Laien, die besonderen Gnadengaben des Geistes herabgerufen werden? Hierzu bemerkt Bischof Karl Lehmann: »Auf die Frage, ob der Diakon entscheidend etwas anderes tut als das, was Laien auch tun können, kann man im Grunde nur antworten, dass dem, der gewisse Funktionen und erst recht ein Bündel von solchen in der Kirche ausübt, die Anerkennung als Berufung und Beruf und erst recht die Zusage einer sakramentalen Gnade für diesen Dienst nicht versagt werden sollen.«[314]

Heißt dies, dass es bei einer bestimmten quantitativen Bündelung verschiedener, an sich auch laikal möglicher kirchlicher Dienste so etwas wie einen qualitativen Umschlag gibt, der dann auch im Sakrament besiegelt werden sollte? Müsste man aber dann nicht konsequenterweise alle, die in einer größeren und intensiveren Breite kirchliche Dienste ausüben (also auch Pastoral- und Gemeindereferenten, aber auch sonstige Gemeindedienste) zum Diakon weihen? Jedenfalls wäre eine solche Praxis von diesem Modell her schlüssig. Es bleiben allerdings die Fragen: Ergibt das »Dienen« als solches schon ein eigenes und spezifisches Amt? Ist Dienen im Grunde nicht Aufgabe eines jeden Christen? Wird nicht, wenn der Diakonat ausschließlich unter diesem Gesichtspunkt betrachtet wird, die theologische Gestalt des Laien entwertet? Und überdies scheint es fraglich zu sein, ob der Diakonat als »Sammelbecken« verschiedenster divergenter Aufgaben eine sakramentale Gestalt ergibt.

(2) »Komplementäres Amt«

Der zweite Versuch, die sakramentale Gestalt des Diakonats zu bestimmen, lässt sich überschreiben mit »Diakonat als komplementäres Amt«.

Dieser Versuch geht auf einige Überlegungen von Karl Rahner zurück, die dann besonders von Johannes Caminada aufgegriffen wurden (der darüber bei Rahner promovierte), und die dann auch, je unterschiedlich akzentuiert, von anderen Theologen übernommen wurden, z. B. von Alois Winter und – in modifizierter Form – von Peter Hünermann. Zu dieser Konzeption kurz und holzschnittartig Folgendes: Ausgangspunkt dieses Modells ist die Beobachtung, dass eine christliche Gemeinde grundsätzlich durch zwei »gegenläufige« Bewegungen gekennzeichnet ist:

(a) Durch eine konzentrische Bewegung: Diese Bewegung versammelt die Menschen auf die Gemeinde und zwar letztlich auf ihr Zentrum, die Eucharistie, hin. Ihren sakramental-zeichenhaften und amtlichen Ausdruck findet diese Bewegung im Amt des Presbyters, der sich ja vom Dienst der Einheit und damit von der Gemeindeleitung her versteht und der folgerichtig auch der Eucharistiefeier als dem Mittelpunkt des Lebens der Gemeinde vorsteht. Das presbyterale Handeln ist also auf das Zentrum der Kirche/Gemeinde hin ausgerichtet.

(b) Gemeinde ist aber auch gekennzeichnet durch eine exzentrische

Bewegung: Diese beinhaltet konkret den »Dienst der Kirche an der Welt«, einen Dienst, der bei den konkreten Bedürfnissen, Ansprüchen, Vorstellungen und Nöten der Menschen ansetzt. In der exzentrischen Bewegung richtet sich die Kirche auf die hin, die außerhalb ihrer in der Gesellschaft oder gar am Rande der Gesellschaft stehen. Sakramental-zeichenhaft und amtlich stellt sich diese exzentrische Bewegung im Amt des Diakons dar. Sein Handeln steht »mitten in der Welt«.

So gesehen ist der Diakon notwendig. Denn die beiden gegenläufigen Bewegungen können – so die Vertreter dieses Modells – nicht allein vom Presbyter wahrgenommen werden: »Wenn nämlich der Priester heute seiner Aufgabe gerecht werden will, muss er dauernd den Standort und die Richtung seiner Tätigkeit wechseln. … Zum Dilemma kommt es, wenn er beides zugleich tun sollte, was doch höchstens nacheinander geschehen kann.«[315] Gelöst wird der Konflikt nur dadurch, dass das Priesteramt durch das »gegenläufige« Amt des Diakons ergänzt wird. Da der Diakonat seinen Ort an der »Peripherie«, sozusagen »unten beim Volk« hat, stellt seine Amtsstufe gewissermaßen den »horizontalen« Aspekt des einen kirchlichen Amtes dar; seine Amtsstufe weiß sich eher auf Grund eines persönlichen Charismas begründet, während das episkopal-presbyterale Amt seine Begründung eher »von oben« erhält und deshalb weniger im persönlichen Charisma als in der durch Weihe erteilten Amtsbefähigung seinen Grund hat.

Kann man aber wirklich die beiden gegenläufigen Bewegungen der Kirche und die ihr zugeordnenten Ämter so trennen, dass man »polarisiert« zwischen persönlichem Charisma des Diakons und presbyteralem Amtscharisma, zwischen den Bedürfnissen und Nöten der Menschen, für die der Diakon einsteht, und dem versammelnden Handeln der Kirche, für welches das presbyterale Amt steht wird? Und zudem: Gilt das, was hier vom Diakon gesagt wird, nicht vom Laien, insofern sein theologischer »Ort«, wie W. Kasper einmal kurz und bündig formuliert hat, »die Spannung zwischen dem Außen und Innen der Kirche« ist?[316] Werden durch diese Konzeption des Diakonats Taufe und Firmung nicht letztlich ausgehöhlt, und wird nicht wieder einmal als A und O der Kirche das Amt gesetzt?

(3) »Repraesentatio Christi diaconi et ecclesiae servientis«

Dieses dritte Modell, das ich mir selbst zu eigen mache, sieht folgendermaßen aus: Wie das priesterliche Amt (in Anteilhabe am bischöflichen) die »repraesentatio Christi capitis et unitatis ecclesiae« ist – »die sakramentale Darstellung Christi als des einheitsstiftenden Herrn der Kirche *und* der Einheit der kirchlichen Communio«, so beinhaltet das diakonale Amt (in ähnlicher Anteilhabe) die »repraesentatio Christi diaconi et ecclesiae servientis«- »die sakramentale

Darstellung des dienenden Christus *und* der dienenden Kirche«. Christus selbst war unter uns »als einer, der dient« (Lk 22,27). Er wandte sich in Liebe den Armen, Bedrückten, Kranken und Verachteten zu, um auch sie in »seine Familie« aufzunehmen und so wirklich allumfassende, nichts auslassende Gemeinschaft unter den Menschen zu schaffen. Die Kirche hat diesen Dienst Christi aufzugreifen. Daran dass auch der Ärmste, Leidende, Behinderte, Outcast, also der in den Augen der Welt Unwichtigste und Wertloseste, Adressat intensivster, liebender Zuwendung ist, zeigt sich, dass der Auftrag der Kirche, »sacramentum unitatis« zu sein (vgl. S. 62), schlechthin grenzenlos, universal ist. So wie Christus selbst an den »allerletzten Platz« der Schöpfung ging, in die äußerste Zerspanntheit zur Herrlichkeit Gottes (vgl. Phil 2), und gerade auf diese Weise alles umfing und umgriff, was je existierte, so ist auch die Diakonie der Kirche das Zeichen dafür, dass die ihr aufgetragene Einheit restlos *alles* zu umfassen hat.

Angesichts dieser so entscheidend wichtigen Sendung der Kirche vergegenwärtigt der Diakon sakramental-zeichenhaft nicht Christus als »Hirt und Haupt« seiner Kirche, sondern als »diakonos«. Das meint keinesfalls, dass die übrigen Amtsträger – Bischof und Presbyter – dem »Dienen« enthoben sind. Denn das kirchliche Amt als ganzes ist unter das Programmwort des »Dienens« gestellt. Der Diakon repräsentiert jedoch – innerhalb des einen, dem Volk Gottes dienenden Amtes – in besonderer Weise, nämlich amtlich-sakramental, die »diaconia Christi«. Seine Leitungsbefugnis ist nicht wie die des Presbyters auf die Einheit der Gemeinde gerichtet, sondern auf die Erweckung und Begleitung caritativen Tuns. Das entspricht auch dem Befund der Frühen Kirche, wo dem Diakon vorrangig der caritative Tätigkeitsbereich zugeordnet ist. Der Diakon steht dafür ein, dass es keine Gottesliebe gibt ohne Nächstenliebe. Zu den wesentlichen diakonalen Aufgaben zählt darum die Sorge um den Liebesdienst des Volkes. Er soll die Gemeinde zur »diakonischen Gemeinde« zurüsten und befähigen, damit sie ihre »Teilhabe an der Heilssendung der Kirche« (LG 33), zu der alle Christen auf Grund von Taufe und Firmung berufen sind, glaubwürdig und wirksam erfüllen kann. In der kategorialen Seelsorge, für die der Bischof in seiner Ortskirche je nach entsprechenden Notwendigkeiten für die »diaconia Christi« letztverantwortlich ist, stünden dem Diakon zum Beispiel folgende Aufgaben zu: Leitung der Caritas, Krankenhausseelsorge, Begleitung gesellschaftlicher Marginalgruppen (in Pflege-, Alten- und Behindertenheimen, in Einrichtungen für psychisch Kranke, für Strafgefangene und Haftentlassene usw.), Leitung kirchlich-sozialer Beratungsstellen (Ehe-, Familien- und Erziehungsberatung, Beratung und Begleitung von Menschen in Krisensituationen, Telefonseelsorge); Verantwortung für die kirchliche Entwicklungshilfe; Sorge für Vereinsamte, Singles, Nichtsesshafte; Verwaltung kirchlichen Eigentums, das ja immer auch eine starke soziale Bindung hat und dgl. mehr. Im Blick auf einige dieser kategorialen Aufgaben könnte man sich auch einsetzen für die Kompetenz des Diakons zur Krankensalbung sowie für die – in der Geschichte ja durchaus eine Zeitlang praktizierte – Beichtvollmacht des Diakons[317] und zwar für Kranke und Strafgefangene. (Beides setzt allerdings eine gesamtkirchliche Kompetenzzuweisung voraus!). In all dem repräsentiert der Diakonat sakramental den dienenden Christus selbst, aber auch die Gemeinde, insofern diese zum Eingehen in die diakonische Haltung Christi berufen ist und sich von Christus selbst in diese Haltung hineinnehmen lässt.

Liturgische und kerygmatische Funktionen kommen dem Diakon nach diesem Modell nicht aus sich heraus zu, sondern nur, insofern sie sich aus dem Diakonat selbst ergeben. Das bedeutet zweierlei: (1) Was die liturgische Feier angeht, so gilt: Wie alle Funktionen der Gemeinde sich bei hochfestlichen Anlässen liturgisch »darstellen« können, so gilt dies natürlich auch vom diakonalen Dienst. (2) Zum diakonalen Tätigsein gehört auch und wesentlich das einladende und mahnende Wort. Das bedeutet aber: Die diakonale Predigt ist ihrer Intention nach nicht einfach gleich der episkopalen und presbyteralen Predigt. Die diakonale Predigt hat ihr Spezifikum in der Zielrichtung, die Gemeinde als diakonale Gemeinde aufzubauen, ohne dass diese spezifierende Differenz zu einer kleinlichen Kasuistik führen müsste. Aber zu meinen: der Diakon solle in einer Gemeinde halt im Wechsel mit dem Pfarrer predigen, weil beider Predigt die gleiche Funktion hätten, geht an der hier gemeinte Sachlage vorbei. Die »Ordnung der pastoralen Dienste« deutet dies auch an, wenn es dort heißt, der Diakon »wirkt mit bei Gottesdienst, Sakramentenspendung, Predigt und Glaubensunterweisung. … Die Weise, wie er diese wesentlich zu seinem Dienst gehörenden Aufgaben wahrnimmt, soll von der diaconia Christi geprägt sein.«

In diesem dritten Modell des Diakonats erhält der Diakon eine von Schrift und Tradition abgedeckte, sinnvolle sakramentale Gestalt, die umso wichtiger ist, als durch ihn eine der Grundfunktionen der Kirche, die diaconia, ein nachdrückliches Gewicht erhält. Eigentlich dürfte es keine Gemeinde ohne Diakon geben. Presbyterales und diakonales Amt stehen in diesem Entwurf nicht in einem Unter- bzw. Überordnungsverhältnis, sondern im Verhältnis der universaleren repraesentatio Christi capitis und der konkreteren repraesentatio Christi diaconi. Aber grundsätzlich befinden sich Presbyter und Diakon gewissermaßen auf einer Ebene. Erst im Bischof kommen dann beide Ämter zusammen.

(c) Diakonat der Frau?

In den letzten Jahren mehren sich die Stimmen, die auch Frauen den Zugang zum Diakonat ermöglichen wollen.[318] Einige verstehen den Diakonat der Frau als »Etappensieg« auf dem Weg, ihr den Zugang zu *allen* kirchlichen Ämtern zu eröffnen; andere zielen (zunächst wirklich) allein auf dieses Amt. Da erstere Intention schon Gegenstand unserer Erörterung war, befassen wir uns nur mit letzterer.

Das Problem des Frauendiakonats ist insofern anders gelagert als die Frage nach dem Priestertum der Frau, als es – allerdings regional recht unterschiedlich – Jahrhunderte hindurch in der Kirche tatsächlich das Amt von Diakoninnen gab.[319] Könnte es nicht wieder aufleben?[320]

Dass diese Frage nicht umstandslos mit Ja beantwortet werden kann, hat darin seinen Grund, dass dieser altkirchliche Frauendiakonat nie völlig mit dem Männerdiakonat identisch war, also nicht einfach das weibliche »Pendant« zum männlichen Diakonat bildete.[321] Zwar wurde er in manchen kirchlichen Regionen durch Handauflegung und Epiklese übertragen und hatte seinen ekklesiologischen Ort »zwischen« Diakon und Subdiakon. Doch die Aufgabe der Diakonin war vor allem die Mithilfe bei der Frauenseelsorge: Taufassistenz, Ölsalbung der weiblichen Katechumenen, katechetische Unterweisung und Pflege von kranken Frauen, Besuche und pastorale Dienste in den Frauengemächern. Dagegen gibt es kein Anzeichen für eine Aufgabe im Zusammenhang mit der Eucharistie. Es war der Diakonin verboten, (außer bei Frauen und Kindern) zu lehren und zu taufen.[322]

Ferner gab es trotz aller zu beobachtenden Analogie mit dem Männerdiakonat (bis *nahe* zur Gleichheit) in den Ordinationsriten nie eine absolute Identität. Unterschiede bei der Ordination waren etwa folgende: »Die Trageweise der Stola (diese entspricht jener der Subdiakone, nicht aber der Diakone), die Haltung bei der Weihe (der zu weihende Diakon beugt das rechte Knie und berührt mit seiner Stirn den Altar, während die Diakonin aufrecht verharrt und lediglich ihr Haupt neigt) und die Rückgabe des Kelches« nach der persönlichen Kommunion, während der männliche Diakon die Kommunion austeilt.[323] In diesen kleinen, aber offenbar wohlüberlegten Differenzen wird die Tendenz sichtbar, die Diakonin von allen sazerdotalen Aufgaben bzw. »vom Altar« fern zu halten.

Diese historische Grundlage lässt sich nun entweder kreativ weiterdenken auf einen heute möglichen identischen Diakonat von Mann und Frau hin, aber sie lässt sich auch interpretieren als Indiz für eine bleibende Differenz zwischen sakramentalem Diakonat des Mannes und diakonalen Aufgaben der Frau. Da aber die heutige Frage nach dem Diakonat der Frau ohnehin meist mit der Forderung verbunden wird, für die Gegenwart ganz neu den Diakonat sowohl von Mann wie von Frau zu bedenken und zu etablieren, hat die Beurteilung des historischen Befundes kein letztlich entscheidendes Gewicht. Es wäre ohnehin ein Anachronismus, das altkirchliche Amt der Diakonin – so Elisabeth Schüssler – »einfach wieder ins Leben zu rufen und in unsere Zeit zu stellen. Es hat seine geschichtliche Aufgabe erfüllt und ist aus der Situation der altchristlichen Kirche heraus zu verstehen.«[324] Die Frage ist nur, ob – wenn dieses Amt neu ersteht – dieses zum Ordo, zum Weihesakrament, gehört oder ein (qualifiziertes) laikales Amt ist.[325] Wenn zum Ordo, so stellt sich das Problem, das schon im Zusammenhang des Frauenpriestertums behandelt wurde, neu: Gehört zur »repraesentatio Christi« das Mannsein des Repräsentierenden? Wenn (!) ja, so gelten auch für den Diakon, der ja gleichfalls Christus sakramental repräsentiert, die gleichen Bedingungen. Jedenfalls kann unter der Perspektive der sakramentalen Repräsentation die Differenz von »Diakonin ja – Priesterin nein!« wohl kaum begründet werden.[326]

Nein, *wenn* es wirklich durchgreifende Gründe für die Nichtordination der Frau zum Priesteramt gibt, – wirklich *wenn*! –, *dann* kann man m. E. nicht die gerade auch vom II. Vaticanum betonte Einheit des Weihesakraments dadurch aufsplittern, dass man eine bestimmte Stufe der Frau öffnet, die anderen Stufen dagegen nicht. Ja, es ist mit so anerkannten, gewiss nicht »konservativen« Theologen wie Hans

Jorissen zu fragen, ob die Einheit des Ordo »nicht wenigstens eine prinzipielle Offenheit des Diakons zum Empfang der Priester- bzw. Bischofsweihe voraussetzt.«[327]

Alles in allem scheint mir der Ruf nach der Ordination der Frau zur Diakonin im Grunde das zu sein, was er in Wirklichkeit auch wohl bei vielen Frauen ist: der Ruf nach einem Etappensieg, dem dann aber weitere Siege folgen müssten. Und selbst dieser Weg wird von manchen Frauen in Frage gestellt, wenn der Kampfruf einer Reihe von amerikanischen Feministinnen, die sich ohnehin gegen jede »Ideologie des Dienens« seitens der Frau richten, ertönt: »No Mini-Ministries!« Insofern ist die Frage nach dem Diakonat der Frau verwiesen auf die Lösung der Frage nach einer möglichen Frauenordination überhaupt. Und »das ist – wie wir sahen – ein weites Feld!« (Theodor Fontane).

3. *Das Bischofsamt*

(a) Grundsätzliches

Das II. Vaticanum hat wohl zum ersten Mal eine ausführliche Theologie des Bischofsamtes vorgelegt, die tief vom communialen Kirchenverständnis des Konzils geprägt ist. Ausgangspunkt ist die fundamentale Aussage, dass die Kirche Christi »wahrhaft in allen rechtmäßigen Ortsgemeinden der Gläubigen anwesend ist, die im Neuen Testament selbst Kirchen heißen. Sie sind nämlich je an ihrem Ort im Heiligen Geist … das von Gott gerufene neue Volk.« (LG 26). Mit anderen Worten: Kirche ist im ersten Ansatz Ortskirche, d.h. Bischofskirche, Diözese.

Die Orts- bzw. Bischofskirchen sind also nicht Teile der Universalkirche und erst recht nicht Verwaltungsstellen eines großen Apparates, sondern die lebendigen Zellen, in denen sich das Wesen der Kirche *ganz* vollzieht und nicht nur zum Teil. Unter einer Bedingung freilich! Dass die einzelne Ortskirche sich nicht in sich abschließt, sondern selbst in Communio mit den übrigen Kirchen Gottes steht. Dann aber gilt von den Ortskirchen – und damit treffen wir auf eine der wichtigsten ekklesiologischen Aussagen des Konzils –: »In ihnen und aus ihnen besteht die eine und einzige katholische Kirche« (LG 23). Das heißt: Die eine Kirche Gottes *verwirklicht sich konkret* in der

Vielfalt von Ortskirchen und ihrem Beziehungsnetz. Deswegen ist die katholische Kirche eine Einheit in und aus Vielheit, sie ist ihrer Struktur nach ein »corpus ecclesiarum« (LG 23).

In diesem Kirchenbild spielt der Bischof eine, ja die entscheidende Rolle. Durch ihn wird die Vielfalt der Personen und Charismen, Kräfte und Bewegungen, welche die Ortskirche ausmachen, zur Einheit zusammengeführt und so im communialen Kräftespiel zusammengehalten. Er ist das Prinzip der Einheit in der ganzen Vielfalt seiner Kirche. Aber er besitzt dieses sein Einheit stiftendes Amt nur in der Weise, dass er durch die Weihe in das collegium episcoporum – Bischofskollegium aufgenommen ist. Hier, im weltweiten Kollegium, repräsentiert jeder einzelne Bischof die spezifische Eigengestalt und Eigenart seiner Ortskirche, die gerade durch den sie repräsentierenden Bischof in Communio mit den übrigen Ortskirchen steht. Weil und indem der Bischof sein Amt wesenhaft als Mitglied des Bischofskollegiums besitzt und nur so ausüben kann, hat er sich selbst und hat sich die Kirche, die er repräsentiert, einzubringen *in das* und offen zu halten *für das* Ganze der communio ecclesiarum. So ist der Bischof nach der Konzeption des II. Vaticanum sowohl Zeichen und Werkzeug der Einheit seiner Kirche als auch zugleich Zeichen und Werkzeug der Communio zwischen den Kirchen. Diese Theologie des Bischofsamtes hat nun tiefgreifende Konsequenzen für dessen praktische Ausübung.[328] Nicht zuletzt deshalb, weil davon die Priester nicht unbetroffen sind, seien dazu einige Erwägungen vorgelegt.

(b) Einheitsprinzip der Ortskirche – »Gelenk« zwischen Orts- und Universalkirche

Wenn der Bischof das »Prinzip der Einheit in der Vielfalt« seiner Diözese ist, so kann er seinen Dienst der Einheit überhaupt nur leisten mittels der zu ihm gehörenden Priester, die ihn durch ihren einheitsstiftenden Dienst in Gemeinden und Gemeinschaften »vertreten«. Daraus folgt zwingend: Ohne seine Priester ist der Bischof buchstäblich »machtlos«, bleibt sein Amt »leer«, ist er in gewisser Weise ein »Nichts« (so wie umgekehrt die Priester ohne Zuordnung zum Bischof ein »Nichts« sind [vgl. S. 168]). Darum kann es keine wichtigere, keine durch nichts, gar nichts übertreffbare Aufgabe für den Bischof geben, als enge Gemeinschaft mit seinen Priestern zu halten, als für sie da zu sein, tröstend, ermutigend, helfend. Und dies nicht nur in einer wohlgemeinten geistlichen, aber folgenlosen Intention, sondern in konkreter, erfahrbarer Praxis.

Zu solcher Praxis einige Gesichtspunkte: Ich halte es – offen gesagt – für eine »unmögliche Möglichkeit«, wenn Priester nicht die Gelegenheit haben, wann immer sie es wünschen, innerhalb von wenigstens 3–4 Tagen mit ihrem Bischof ein Gespräch zu führen, – wenn der Bischof sie nicht wenigstens gelegentlich besucht (und nicht nur bei offiziellen Visitationen!) – wenn sie nicht in kleineren oder größeren Gruppen von Zeit zu Zeit mit dem Bischof zusammenkommen zum pastoralen Austausch, gemeinsamen Gebet und Schriftgespräch oder ganz einfach zum geselligen Beisammensein.[329] Dabei darf nicht übersehen werden: Viele Priester haben – wohl auf Grund der Weihe und des Weiheversprechens – ein durchaus »emotionales« Verhältnis zum Bischof. Damit erhoffen sie sich aber auch, von ihm wahrgenommen und – warum nicht? – auch gelegentlich anerkannt und gelobt zu werden.[330] Und natürlich darf man auch erwarten, dass der Bischof sich in kleinen regelmäßigen Abständen im Theologenkonvikt/Seminar sehen lässt, um Kontakt mit seinen künftigen Mitarbeitern aufzunehmen und persönliche Beziehungen zu pflegen. – In Afrika und Südamerika kenne ich aus eigener Erfahrung zahlreiche Bischöfe, in deren Haushalt jeden Tag eine größere Menge von Mittagsmahlzeiten vorbereitet wird, weil jeder Priester weiß, dass er bei einem Aufenthalt in der Diözesanmetropole, jederzeit hochwillkommen, zum Essen beim Bischof eingeladen ist und auch sicher sein kann, dort noch andere Mitbrüder zu treffen. In solchen Diözesen habe ich nie vernommen, dass Priester vom Bischof oder vom Ordinariat als von »denen da oben« sprachen, die »eh nicht wissen, wie es uns ›da unten‹ geht!« Der Bischof ist dort wirklich der »Bruder«, der das Presbyterium auf ganz persönliche Art zusammenhält und Freud und Leid mit seinen Priestern teilt. Natürlich bringt Derartiges in den ungleich größeren Diözesen Mitteleuropas gewaltige »Umstände« mit sich. Aber wenn man bedenkt, dass es aus dem genannten Grund für den Bischof nichts Wichtigeres als die Beziehung zu seinen Priestern gibt, müssten sich unter *allen* Umständen wenigstens Schritte in die aufgezeigte Richtung tun lassen. Das dürfte im Übrigen für viele Diözesen die Regionalisierung in eine Reihe von relativ selbständigen Bischofsämtern, denen ein Weihbischof mit delegierter Jurisdiktion vorsteht, voraussetzen. Der Ordinarius loci wäre dann praktisch so etwas wie ein subsidiär wirkender Metropolit.

Wenn der Bischof ein wirklich persönliches Verhältnis zu seinen Priestern hat, darf und soll er auch das ihm gegebene freiwillige Gehorsamsversprechen einfordern, wenn und wo es das Wohl der Diözese verlangt. Jedenfalls dürfte er nicht so verfahren, wie es häufig geschieht, dass nämlich den psychisch schwachen oder den »frommen« Priestern (die sich nicht »wehren« können oder wollen) alles mögliche aufgelastet wird, die »starken« aber, denen gegenüber der Bischof sich nicht durchzusetzen »wagt«, einfach »davon«-kommen. Ähnliches gilt auch von Reaktionen auf Missstände. Es ist für mich nicht begreifbar, dass man in Ordinariaten möglichst lange (bis es gar nicht mehr anders geht) eine Vogel-Strauß-Politik dort betreibt, wo ein Priester notorisch mit einer Frau zusammenlebt, seine Gemeinde terrorisiert, sie finanziell ausbeutet, sich Eigenmächtigkeiten erlaubt (wie Interkommunion gewähren; zugunsten ökumenischer Gottesdienste sonntägliche Eucharistiefeiern ausfallen lassen; Kleinkindern, die bei der Kommunion der Erwachsenen mitgeführt werden, Gummibärchen oder Kuchen austeilen; Usurpationen von Diakonen oder Laientheologen im sakramentalen Bereich gestatten, z. B. Mitsprechen der Wandlungsworte u.dgl.). All das ist hier und dort *notorisch*, und dennoch geschieht in vielen Diözesen bei all dem *nichts*![331] Hier müssten doch wohl gelegentlich – Priestermangel hin, Priestermangel her – auch klare Trennungslinien gezogen werden.

Ebenso erwarten manche Priester ein klares bischöfliches Wort in Konfliktsituationen, mit denen sie sonst allein gelassen blieben. Dem *Bischof* obliegt es, bestimmte pastorale Tätigkeiten, die z. B. den Pfarrer überfordern, zu verbieten, weil dieser andernfalls den Forderungen der Gemeinde ausgeliefert ist. Der Pfarrer muss der Gemeinde in bestimmten Fällen sagen können: Der *Bischof* verbietet dies; der *Bischof* möchte dies oder jenes! Solche »Schützenhilfe« darf ein Priester von seinem Bischof erwarten.

Aber nicht nur im Verhältnis des Bischofs zu seinen Priestern sind Schritte nach vorn erforderlich, sondern m. E. auch bezüglich des eigenen Lebensstils. Ich kenne persönlich eine Reihe von jüngeren Bischöfen, die, als sie ernannt wurden, einen neuen bischöflichen Lebensstil anstrebten und die dann doch nach einiger Zeit zu »Opfern« von »Vorgaben« wurden, die noch immer aus der ehemals »fürstbischöflichen« Vergangenheit herrühren. Insofern sind manche Bischöfe auch eher »Opfer« als »Täter« eines bestimmten Lebens- und Arbeitsstils. Um diesen einmal überpointiert (!) und sicher nicht (!) für alle Bischöfe zutreffend herauszustellen: Besteht nicht bei manchen Bischöfen die *Tendenz*, ihr Leben in einem »goldenen Käfig«, dem Palais, zu verbringen, – gutversorgt von dienstbaren Ordensschwestern, – für sich zelebrierend in der eigenen Hauskapelle, – von Welt und Menschen wohlabgeriegelt durch Sekretariat und Vorzimmer, – Dokumente, Akten und (von Vorzimmer und Pressestelle vorsortierte) Medienberichte studierend, – nur bei offiziellen Gelegenheiten (Visitationen, Firmungen, Weihen, Sitzungen) Kontakte nach außen aufnehmend bzw. wohlausgewählte Besuche, vor allem von kirchlichen Insidern und gesellschaftlich relevanten Persönlichkeiten empfangend?

Als ich vor einigen Jahren auf einer Priesterversammlung einer deutschen Diözese über »vita communis« als Lebensform des Diözesanpriesters referierte, stimmte mir in der nachfolgenden Diskussion der Ortsbischof heftig zu und warb eindringlich bei seinen Priestern für dieses Lebensmodell. Darauf sprang ein Priester auf und sagte erregt ungefähr Folgendes: »Und wie leben Sie, Herr Bischof? Bei Ihnen (gemeint waren auch Domkapitel und Ordinariat) lebt doch jeder für sich, jeder in seinem ›Käfig‹, jeder isoliert vom anderen!« – In der Tat: eine Reform priesterlichen Lebensstils kann nur eine »reformatio in capite et membris« sein, wobei das »caput« voranzugehen hat.

Könnte z. B. der Bischof nicht mit den Hauptverantwortlichen seiner Diözese (die er sich ja ganz frei wählen kann: Generalvikar, Leiter des Pastoralamtes, Verwaltungschef usw.) in einer »vita communis« zusammenleben (oder jedenfalls Elemente davon praktizieren)? Beispiele dafür gibt es auch in deutschsprachigen Diözesen. Und wäre dies nicht auch eine unglaubliche zeitliche und kräftemäßige Entlastung? Wenn man davon ausgeht, dass der Bischof in seiner Diözese – ähnlich wie der Pfarrer in seiner Gemeinde – den *geistlichen* Leitungs- und Einheitsdienst auszuüben hat (was nicht heißt, dass er nur der »Spiritual« seiner Diözese ist [dazu Näheres S. 252 f]), so sollte er alles delegieren, was Verwaltung betrifft und sich selbst (analog dem Pfarrer) nur die Grundoptionen und fundamentalen Zielvorgaben vorbehalten. Eben dies könnte aber fast ohne jeden Zeitaufwand »auf ganz natürliche Weise« geschehen, wenn es ein gemeinsames Leben von Bischof und Verwaltungsleitung gäbe.

Zeitaufwendig – bis dahin, dass große Zeitpotentiale buchstäblich verschlungen werden – ist auch die geforderte oder erwünschte Anwesenheit des Bischofs sowie sein entsprechendes Engagement in den verschiedensten Gremien, sei es in Verwaltungsgremien, sei es in den mannigfaltigen, nachkonziliär noch vermehrten »Räten« und »Mitentscheidungs-Institutionen«. Aber vergeht man sich wirklich gegen den »Geist des Konzils«, wenn man heute feststellt, dass viele (nicht alle!) dieser Gremien sich festgefahren und ihre evangeliumsgemäße Dynamik verloren haben? Hier kann m. E. die Devise nur lauten: Institutionsarbeit zurückfahren zugunsten personaler und interpersonaler Beziehungen!

Auch das Verhältnis zu den Gläubigen könnte ohne großen Zeitaufwand enger und lebendiger werden, wenn die Kathedralkirche nicht einfach einem Dompfarrer überlassen würde und der Bischof darin nur bei aufwendigen, exzeptionellen Gottesdiensten auftauchte. Warum kann er, statt in seiner Hauskapelle, nicht auch werktags im Dom zelebrieren (ohne Aufwand, schlicht und einfach wie jeder Priester) und anschließend auch mit den mitfeiernden Gläubigen (kurzen) Kontakt aufnehmen, wenn der eine oder andere es wünscht? Warum nicht auch gelegentlich in den Beichtstuhl gehen? (Der Papst hat dafür Zeichen gesetzt!).

Und was ist mit den zahlreichen Repräsentationsaufgaben, wie sie seitens der »Öffentlichkeit« vom Bischof erwartet werden? Hier ein Festakt, dort eine Einweihung, – hier ein Antrittsbesuch, dort Kontakt mit staatlichen Stellen, Medien, gesellschaftlich relevanten Gruppen, – hier eine Institution, die den Bischof gern bei sich sehen möchte, dort der Wunsch des Oberhirten selbst, mit dieser oder jener Gruppe Verbindung aufzunehmen? Gerade diese hier nur angedeutete »Palette« ist ein Fass ohne Boden, das jeden verschlingt, der sich darauf einlässt, und das jedem Bischof genug »Entschuldigungen« parat hält, sich von den oben genannten, absolut vorrangigen Aufgaben zu dispensieren. »Mehr als ich bisher schon tue, kann ich beim besten Willen nicht tun!«

Hier sind in der Tat Grundoptionen vonnöten. Wie es den Priester als

»Hans-Dampf-in-allen-Gassen« gibt, so auch den entsprechenden Bischof, und wie vom Priester Konzentration erfordert ist (siehe S. 240ff), so auch vom Bischof. Wo die zuletzt genannten Aufgaben tatsächlich alle Zeit und Kraft für sich beanspruchen, ist radikale »Askese« angesagt.[332] Warum soll ein Bischof nicht einen oder mehrere »ständige Delegierte« zur Wahrnehmung der zuletzt genannten Bereiche ernennen.[333]

(2) Da der Bischof nicht nur den Dienst der Einheit in der Vielfalt seiner Diözese auszuüben hat, sondern auch das »Gelenk« zwischen eigener Ortskirche und Weltkirche darstellt, besteht ein zweiter Schwerpunkt seines Tuns darin, in Kontakt mit anderen Bischöfen (und durch sie mit deren Diözesen) zu stehen – zunächst auf regionaler, dann auch auf weltkirchlicher Ebene (und nicht zuletzt auch auf ökumenischem Plateau).

Hier gibt es schon viele erfreuliche Ansätze, zumal durch »Partnerschaften« mit Diözesen der dritten Welt. Hier sind bereits viele Beziehungen entstanden, die nicht nur (einseitige) Hilfeleistung, sondern auch persönlichen Kontakt, Austausch und Besuch einschließen (nur dass die Bischöfe der dritten Welt es oft gar nicht verstehen, warum die Bischöfe hierzulande so wenig Zeit haben, wenn sie zu Besuch kommen!). Bei all dem hat freilich die regionale Zusammenarbeit der Bischöfe einen gewissen Vorrang.

Dies zugegeben, verschlingt dennoch die regionale Überorganisation – z. B. der deutschen Kirche – gelegentlich viel, zu viel Kraft und Zeit. Immer wieder müssen Bischöfe von ihren Diözesen abwesend sein, weil ihre Anwesenheit in überdiözesanen Gremien, Räten, Institutionen verlangt ist. Hier könnte und müsste m. E. sehr vieles abgebaut, vereinfacht und/oder an andere kirchliche Instanzen delegiert werden. Das, was vom Pfarrer zu fordern ist, gilt vom Bischof kat'exochen. Es geht nicht an, die zur Verfügung stehenden Zeitpotentiale und Energien völlig durch institutionalisierte Vorgegebenheiten ausschöpfen und das personale Beziehungsnetz dabei mehr oder minder leer ausgehen zu lassen. Eine kriteriologische Frage für Grundentscheidungen könnte z. B. sein: Was würde in den deutschsprachigen Kirchen alles unterbleiben, stünden die bisherigen Geldmittel und vom Staat eröffneten institutionellen Möglichkeiten nicht mehr zu Verfügung, und was würde dann bleiben können und müssen? Eine solche Frage eröffnet den Horizont für das – jenseits aller aufwendigen Strukturen und Organisationen – bleibende »eine Notwendige«. Bedenkenswert ist hier auch die Bemerkung von J. Ratzinger im Rheinischen Merkur v. 20. 12. 1991: »Ich bin der Meinung ..., dass die Kirche weit überinstitutionalisiert ist und dass wir wenigstens die Hälfte dieser Institutionalisierung beseitigen sollen, um uns wieder bewegen zu können.«

Gewiss, vieles von dem hier Angeführten klingt utopisch und ist es auch wohl. Vielleicht müssen auch auf der Ebene des kirchenleitenden Amts noch viele traditionelle Formen und Mechanismen zerbrechen (wie es längst in anderen Ländern und Kontinenten der Fall und wie es hierzulande für das Priesteramt schon in einem fortgeschritteneren Maß geschehen ist), ehe ein wirklicher Neuanfang geschehen kann. Denn wie sagt Léon Bloy? »Reformen in der Kirche kommen durch zweierlei: entweder durch den Heiligen Geist oder durch die Kosaken. Meist durch die Kosaken!«, d. h. meist durch Zwänge von außen. Vielleicht muß gerade die (reiche und gesellschaftlich einflussstarke) Kirche in den deutschsprachigen Ländern erst noch sehr viel ärmer und machtloser werden, damit das Amt, auch das kirchenleitende Amt zu einer neuen Praxis findet.

(c) Bischofsamt und Zustimmung der Gläubigen

Es war bereits im Zusammenhang mit dem Priesteramt ausführlich davon die Rede sein (S. 138 ff), dass und warum von alters her zur Weihe eines bestimmten Kandidaten die Zustimmung der Gläubigen erforderlich war. Für das Bischofsamt war diese Zustimmung wegen der engen Beziehung zu den Priestern besonders auch von Seiten der Presbyteriums erforderlich, besser: von Seiten des ganzen Gottesvolkes *unter besonderer Berücksichtigung der Priester.* Da es in den letzten Jahrzehnten viel Unmut über die Art und Weise der Bischofsernennungen seitens der römischen Zentrale gegeben hat und deshalb in einigen Diözesen das Verhältnis zum Bischof arg gestört ist, seien zur Frage des Modus der Bischofsernennung einige Hinweise aus der Geschichte gegeben.[334]

Wir sahen bereits, dass die Mitwirkung des Volkes Gottes bei der Amtsbestellung nichts oder nur wenig mit demokratischer Mitbestimmung im neuzeitlichen Verständnis zu tun hatte, sondern mit dem in der Zustimmung des Volkes sich äußernden »pneumatologischen Moment« des Amtes. Zudem haben Volk und Presbyter auch insofern ihr Wort mitzusprechen, als das bischöfliche Amt nicht nur Christus, sondern auch das Gottesvolk zu repräsentieren hat und es die Mitte des Presbyteriums sein soll. Deshalb ist die Mitwirkung bei der Bischofsernennung ein pneumatisches, ein Geist-Geschehen.

Dabei war immer klar, dass man sich bei der »Wahl« bzw. beim zustimmenden Akt des Volkes nicht, wie bei heutigen demokratischen Abstimmungen, mit womöglich hauchdünnen Stimmenmehrheiten über Minderheiten hinwegsetzen darf nach dem Motto: Stimmenmehrheit ist Stimmenmehrheit! Vielmehr erstrebte man ein einmütiges Urteil an, »unanimitas«, wie es heißt. Wo »unanimitas« gegeben war, dort und nur dort wusste man den Hl. Geist am Werk. Es war hierbei ähnlich wie auf Konzilien, wo ja auch nicht abgestimmt wird mit dem Ziel, *irgendeine* Stimmenmehrheit, sondern Einmütigkeit zu erreichen. (Dabei ist nirgendwo festgelegt, bei welcher Quote »moralische« Einmütigkeit anfängt und aufhört!) In diesem Sinn hat es – soweit wir dies zurückverfolgen können – von Anfang der Kirche an bei der Bestellung der Amtsträger eine auf einmütige Zustimmung abzielende Mitwirkung des Volkes Gottes gegeben, und zwar eine Mitwirkung, die als konstitutiv, als absolut wesentlich und notwendig angesehen wurde.

Einige Beispiele: Schon in der Didache findet sich die Anweisung: »Wählt euch Bischöfe und Diakone, würdig dem Herrn, Männer voller Milde und frei von Geldgier« (15,1). In dem um 95 geschriebenen ersten Klemensbrief heißt es, dass die Amtsträger der Gemeinde von den Aposteln oder angesehenen Männern »unter Zustimmung der ganzen Gemeinde« eingesetzt wurden (44,3). Diese Formulierungen weisen übrigens auf Apg 6,3 zurück, wo die Wahl der Diakone mit der Aufforderung der Apostel eingeleitet wird: »Brüder, wählt ihr aus eurer Mitte sieben Männer von gutem Ruf und voll Geist und Weisheit; wir werden ihnen diese Aufgabe übertragen.«

In der TradAp. (Nr. 2) lautet die Anordnung: »Zum Bischof soll geweiht werden, wer vom gesamten Volk erwählt ist. Ist er ernannt und hat er die Zustimmung aller,« sollen ihm am darauffolgenden Sonntag die anwesenden Bischöfe »unter Zustimmung aller« die Hände auflegen. Schließlich bezeugen die sog. »Apostolischen Konstitutionen« (VIII,4,2), dass »als Bischof ein Mann geweiht wird, der in allen Stücken tadellos und vom ganzen Volk gewählt ist«. Fehlte solche formelle Zustimmung der Gemeinde, wurden gelegentlich Bischofswahlen für ungültig erklärt.[335] Diese Linie geht in der ganzen Frühen Kirche weiter. Ausdrücklich mahnt noch im Jahre 428 Papst Coelestin I. – übrigens der gleiche Papst, der sich gegen eine besondere Kleriker-Kleidung aussprach –: »Man soll keinen Bischof gegen den Willen des Volkes einsetzen.«[336] Diese Überzeugung, dass im Geschehen der Amtsbestellung das Mitwirken des Volkes Gottes erforderlich ist, geht schließlich in das Decretum Gratiani (um 1140) ein, wo es heißt: »Die Zustimmung ist Sache des Volkes« (D 62) und: »Es ist klar, dass von der Wahl die Laien nicht ausgeschlossen werden dürfen ...« (D 63).

Bleiben wir zunächst aber im kirchlichen Altertum. Die konkrete Weise der Mitwirkung des Volkes bei der Bischofsbestellung war im allgemeinen wohl nicht die letztentscheidende Wahl. Diese dürfte meist in den Händen der Nachbarbischöfe gelegen haben. Vielmehr ging es um die einmütige Zustimmung zu diesem oder jenem Kandidaten. Dabei spielte schon früh das Urteil der Presbyter eine ganz besondere Rolle. Sie bildeten ja das Kollegium des künftigen Bischofs und waren seine unmittelbaren Mitarbeiter. Mindestens seit dem dritten Jahrhundert lag darum die Führung und Initiative bei der Wahl im allgemeinen bei ihnen. Jedenfalls wird in den uns überkommenen Texten ihre besondere Rolle hervorgehoben. Ein Beispiel: In einem Brief Cyprians über die Wahl des Papstes Cornelius (251–253) heißt es: »Cornelius wurde zum Bischof erhoben aufgrund des Urteils Gottes und seines Gesalbten, aufgrund des Zeugnisses (testimonio) fast aller Kleriker, aufgrund der Abstimmung (suffragio) des damals anwesenden Volkes und der kollegialen Mitwirkung (collegio) altbewährter Priester und aufrechter Männer.«[337]

Wie ging nun die Entwicklung weiter?

Generell muss man wohl sagen, dass die Kirche mit der zustimmenden Wahl durch das Volk zwiespältige Erfahrungen machte. Man wurde mit der Zeit skeptisch, ob sich in der unanimitas der Wahl in jedem Fall der Hl. Geist äußerte. Schon Origenes bemerkt, dass das Volk oft »seine Gunst beeinflusst von lärmender Propaganda oder auch vom Geld gibt.«[338] Es zeigte sich, dass die Tatsache einer Wahl nicht schon die Bestellung des wirklich Fähigsten und Würdigsten garantierte.[339] Wir wissen z. B. von Wahlen römischer Bischöfe, bei denen der Adel auf die Wahl des Volkes durch Bestechung und Erpressung gelegentlich massiv Einfluss nahm.

Ein Weiteres kam hinzu: Als Konsequenz des damaligen soziologischen Umfeldes ergab sich ganz von selbst, dass die Zustimmung des Volkes gleichsam »hierarchisiert« war. In der Polis gaben Honorationen den Ton an, und entsprechend wird es in den Gemeinden gewesen sein. Dies wird sich nach der sog. Konstantinischen Wende zugunsten der Honorationen und der Mächtigen noch erheblich verstärkt haben. Denn schließlich erhielt das Bischofsamt nun auch ein enormes politisches Gewicht und kam so zwangsläufig in politische Interessenkonflikte. Man konnte nicht mehr dem breiten Volk allein oder primär überlassen, wer Amtsträger wurde. Erst recht wurde der Anteil des Volkes im germanischen Bereich zurückgedrängt. Hier übernahm der Potentat ganz selbstverständlich die Einsetzung der Bischöfe und erzwang sie nicht selten durch brutale politische Gewalt. Interessanterweise waren es hier die Päpste, die dagegen das Recht des Volkes zur Mitwirkung einschärften. Die Regel Coelestins I: »Nullus invitis detur episcopus« – »Man soll keinen Bischof gegen den Willen des Volkes einsetzen« wurde von verschiedenen Nationalsynoden aufgegriffen und neu eingeschärft, letztlich freilich ohne großen Erfolg. Wo noch eine Wahl stattfand, vor allem in den alten, auf römische Gründung zurückgehenden Städten, hatte diese eher den Charakter einer petitio an den politischen Machthaber, der seinerseits die Vollmacht zur letzten Entscheidung an sich gerissen hatte.

Dieser sich allmählich immer mehr durchsetzende »Rollentausch«, wonach nicht mehr kirchliche und geistliche Kompetenz, sondern politische Macht zum entscheidenden Faktor der Bischofsbestellungen wurde, war ein zentraler Anlass der sog. Gregorianischen Reform und des Investiturstreits, insofern hier unter der Führung des Papstes die Bischofsbestellungen wieder als geistliches Geschehen reklamiert und der politische Einfluss zurückgedrängt wurde. Als Ergebnis wurde schließlich und endlich das Laienelement aus dem Innenraum der Bischofsbestellung ausgeschlossen und das laikale Mitwirken nur noch entweder als petitio oder als nachträgliche Zustimmung zu einer schon getroffenen Entscheidung verstanden.[340] Damit ist die weitere geschichtliche Entwicklung vorgezeichnet. Sie bringt – theologisch gesehen – keine neuen Gesichtspunkte. Bemerkenswert ist allenfalls noch, dass sich auf dem Trienter Konzil Stimmen erhoben, die sich leidenschaftlich gegen die alleinige päpstliche Ernennung der Bischöfe (wie auch gegen den fürstlichen Einfluss – nämlich gegen das vom Papst als Privileg verliehene landesfürstliche Nominationsrecht – sowie gegen die Wahl durch das Domkapitel) wandten. So forderte Kardinal Guise von Lothringen die Rückkehr zur altchristlichen Form der Bischofswahl. »Unserem Heiligen Vater würde ich auf den Knien den dringenden Rat geben, sich von dieser Last [der Bischofsernennungen] zu befreien: so würde er weniger Gefahr (für sein Seelenheil) eingehen, da meist für die Kirche keine gute Wahl getroffen wird, und er so darüber nicht Rechenschaft ablegen müsste.«[341] Dagegen lautet sein Vorschlag, zur Bischofswahl durch das Volk zurückzukehren, zu dem, »was Christus angeordnet hat (!) und was in der Urkirche beobachtet wurde.«[342] Doch geriet dieser Vorschlag gleichsam in die Zange zwischen päpstlicher und episkopalistischer Konzilspartei, da selbst manche Episkopalisten befürchteten, dass beim damaligen Niedergang des Glaubens das Volk Gottes kein geeignetes Wahlgremium sei. So bemerkte der Erzbischof von Rossano: »Nichts ist wetterwendischer als das Volk. Man muss voraussetzen, dass es mehr von Propagandalärm, Gunst, Vorteilen, Bitten und manchmal Bestechung motiviert wird als von Klugheit.«[343] So wurde auch durch das Trienter Konzil die eingeschlagene Richtung, die letztlich auf die heutige papalistische Alleinkompetenz bei Bischofsernennungen hinauslief, nicht unterbrochen.

Wir sahen: Ursprünglich spielten bei der Bischofswahl nicht nur das Volk als ganzes, sondern unter ihnen auch besonders die Priester eine hervorragende Rolle wegen ihrer spezifischen Nähe zum Bischof. Darüber hinaus haben, weil das Bischofsamt nicht nur auf die Ortskirche bezogen ist, sondern die Brücke zwischen Orts- und Universalkirche darstellt, die Nachbarbischöfe bei einer Bischofsweihe – soweit wir das zurückverfolgen können – eine konstitutive Rolle gespielt. Sie galten als Vertreter des collegium episcoporum, in das der zu Weihende aufgenommen wird. Wir treffen hier auf einen Faktor, der neben der Zustimmung des Volkes (und der besonderen Rolle des Klerus darin) von ganz wesenhafter Bedeutung war. Im einzelnen hat dabei die Rolle der mitwirkenden Bischöfe sehr unterschiedlich ausgesehen. Entweder fertigten die Nachbarbischöfe eine Vorschlagsliste an, aus der die Ortskirche einen Kandidaten auswählte, oder sie schlugen selbst jemanden vor, dem diese zuzustimmen hatte, oder sie gaben einem Vorschlag von Seiten des Klerus, dem das Volk bereits die Zustimmung erteilt hatte, ihr letztes und entscheidendes Plazet.

Bei dieser endgültigen Entscheidung der Nachbarbischöfe ging es nicht nur darum, das ortskirchliche Geschehen zu »überwachen« und den Kandidaten zu ordinieren, d. h. ihn durch Weihe in die christologische Sendungslinie einzubeziehen, sondern es galt vor allem auch, das letzte Wort über die Aufnahme des Betreffenden in das collegium episcoporum zu sagen. Auf dieser Linie dekretierte bereits das Konzil von Nizäa (325) in Can.4, dass ein Bischof nie von einem einzigen Bischof eingesetzt werden solle, sondern nach Möglichkeit von allen Bischöfen derselben Provinz; stoße dies jedoch auf praktische Schwierigkeiten, sei er wenigstens von dreien zu weihen (eine Bestimmung, die bis heute noch in der Liturgie der Bischofsweihe weiterwirkt).

So sieht man, dass die Wahl des Bischofs durch die Ortskirche nur *ein* Element im hochkomplexen Prozess der Bischofsbestellung war.

Es ist gewiss die wichtige Aufgabe einer künftigen Kirchenordnung, das Bischofsamt (wie auch das Priesteramt) wieder mehr in die pneumatische Wirklichkeit der ganzen Kirche zurückzusetzen, indem möglichst viele Instanzen an der Nominierung von Amtsträgern beteiligt werden. Nur so lässt sich der Isolierung vor allem des kirchenleitenden Amtes von der »Basis« Einhalt gebieten und der in den letzten Jahren aus verständlichen Anlässen gesteigerten Forderung nach Mitbestimmung entgegenkommen.

Allerdings sollte man nüchtern feststellen, dass hinter den jüngsten Forderungen vieler Katholiken nach Mitwirkung bei Bischofsbestellungen nicht selten auch fragwürdige Motive stehen (1) und überdies eine große Ratlosigkeit (2).

(1) Es stehen oft fragwürdige Motive dahinter, gegen die m. E. Einspruch am Platz ist. So ist das Verlangen nach Mitwirkung nicht einfach zu begründen mit der platten Forderung, die Kirche habe sich der demokratischen Gesellschaft anzupassen. Die Mitwirkung des Volkes Gottes wurde seit neutestamentlicher Zeit immer als ein pneumatisches Geschehen, als geisterfülltes Zeugnis verstanden. Dieses mag sich unter heutigen Bedingungen auch in demokratischen Verfahrensformen äußern (können), ist aber seiner Struktur nach anders geartet. Mitwirkung kann weiterhin nicht heißen, alle Kompetenz der Ortskirche zuzusprechen. Das Bischofsamt hat ebenso eine universal-

kirchlich-kollegiale Struktur, die auch bei der Bestellung wirksam werden muss. Mitwirkung bedeutet ferner nicht, in einem »antirömischen Affekt« dem Papst alle Kompetenz absprechen. Denn sein Amt der Einheit erfordert, dass er, als Haupt des Bischofskollegiums für das Ganze der Kirche verantwortlich, seine implizite oder explizite Zustimmung für ein neues Mitglied des collegium episcoporum gibt. Sein Amt der Einheit kann es überdies gelegentlich erforderlich machen, dass er zwar subsidiär, aber mit Vollmacht dort eingreift, wo eine Ortskirche oder auch ein Teilkirchenverband nicht mehr fähig ist, sich selbst in der »Freiheit des Geistes« geeignete Kandidaten zu bestellen. »Es kann auch einmal nötig sein, die Selbstgenügsamkeit und Provinzialität einer Ortskirche von außen her aufzubrechen. Ebenso muss die Möglichkeit bestehen, Minderheiten innerhalb einer Ortskirche von außen her zu unterstützen.«[344] Das alles ist zu bedenken, wenn man zu Recht die Forderung nach Mitwirkung erhebt, sich dabei aber nicht in neue fragwürdige Einseitigkeiten verwickeln will.

(2) Hinter der Forderung nach Mitwirkung des Volkes Gottes bei Bischofsbestellungen steht nicht selten eine große Ratlosigkeit darüber, wie sich denn konkret eine solche Partizipation unter heutigen Bedingungen realisieren könnte. Die Geschichte lehrt, dass die Mitwirkung immer auch von historisch sich wandelnden sozialen Bedingungen abhängig war. In einer relativ kleinen Gemeinde, wo man sich kennt und wo persönliche Beziehungen herrschen, sieht Mitwirkung anders aus als in großen, zumeist anonymen gesellschaftlichen Gebilden, die zudem für alle möglichen Einflüsse von außen anfällig sind. Die Kirche hat die Erfahrung machen müssen, dass selbst eine große »unanimitas« nicht immer Zeichen des Heiligen Geistes ist, sondern sehr wohl manipuliert sein kann. Wie können heute ungeistliche Einflüsse z.B. unter dem Druck der Medien verhindert werden, so dass die Zustimmung des Volkes eine geisterfüllte ist und bleibt? Vermutlich wird das nur durch Repräsentation mittels kleinerer Gremien gelingen, wo der Kontext des Glaubens gewahrt ist und wo »der Sinn für das Mysterium durch das Gebet geweckt und gefördert wird und in dem für genügend Stille und religiösen Freiraum … gesorgt ist. Man sollte sogar traditionelle Konzentrationsformen, wie das Fasten, nicht ausschließen. In einer solchen religiösen Atmosphäre kann eine gegenseitige Beratung und ein Austausch von Argumenten, Informationen, Eindrücken geschehen.«[345]

Entscheidend dürfte bei all dem nicht sein, ob jemand – womöglich auf Grund einer Meinungsbefragung – die Mehrheit des Volkes Gottes hinter sich bringt, sondern »ob er das Vertrauen seiner eigentlichen Mitarbeiter, das heißt der Priester und ebenso heute der Laienmitarbeiter besitzt.«[346] Schließlich müssen die Bischofskonferenz sowie das größere regionalkirchliche Umfeld mitberücksichtigt werden. Leicht ist es nicht, für diese verschiedenen Gesichtspunkte und beteiligten Faktoren die notwendigen Strukturen und Voraussetzungen zu schaffen. In dieser Ratlosigkeit, wie das alles rechtlich geregelt und ordnungsgemäß ablaufen kann, sollte man vielleicht nicht ganz so forsch auftreten, wenn man den bisherigen Modus zu Recht beklagt, sondern auch die Schwierigkeiten und Aporien berücksichtigen, die im komplexen Verfahren einer Bischofsernennung zumal unter heutigen Bedingungen auftreten.

Solange aber eine neue rechtliche Ordnung zur Bischofsbestellung mit *vorhergehendem* Konsens des Gottesvolkes und seiner priesterlichen Amtsträger nicht besteht, sollte sich jeder Bischof »auf Biegen und Brechen« darum bemühen, wenigstens einen *nachfolgenden* Konsens zu erlangen. Nur so lässt sich das bischöfliche Amt in rechter Weise ausüben.

Dritter Teil
Priester sein konkret

Priestersein wird konkret *im pastoralen Dienst*, in der sog. »Seelsorge«. Diese besteht – allgemein gesagt – darin, »die christliche Gemeinschaft durch die Verkündigung des Wortes Gottes sowie durch die Feier der Sakramente zu sammeln und aufzuerbauen und das Leben der Gemeinschaft in seinen liturgischen, missionarischen und diakonischen Bereichen zu leiten.«[347] Solche Seelsorge liegt nun gewiss nicht in der Alleinkompetenz des Priesters. So sagt auch das II. Vaticanum ausdrücklich, dass die kirchlichen Amtsträger »von Christus nicht bestellt sind, die ganze Heilsmission der Kirche an der Welt allein auf sich zu nehmen.« (LG 30). Wohl aber verdeutlicht der Priester durch sein Weiheamt, dass Jesus Christus der »Erzhirte« (1 Petr 5,4), der eigentliche Seelsorger seiner Kirche, ist und bleibt. Deshalb steht an den Kristallisationspunkten der Seelsorge ein »amtliches«, d.h. auf Christus verweisendes und ihn zur Geltung bringendes Tun. In diesem Sinn hat der Priester die »Leitung« der Seelsorge (vgl. S. 154). Diese verwirklicht sich aber nicht »im Allgemeinen«, so wie das – von der Sache her notwendig – in den vorangehenden theologischen Erörterungen behandelt wurde, sondern sowohl in *biographischer* wie in *soziokultureller* Konkretheit. Das heißt: Zum einen muss jeder einzelne Priester die ihm angemessene und seiner Begabung und Veranlagung entsprechende Form des pastoralen Dienstes finden, zum andern hat die konkrete Gestalt des Amtes und seiner spezifischen Tätigkeit der geschichtlichen Lage von Gesellschaft und Kirche, aber auch der persönlichen, heute oft durch Überlastung und Stress, Freudlosigkeit und Resignation bestimmten Situation vieler Priester zu korrespondieren.

Beiden Gesichtspunkten soll im Folgenden nachgegangen werden.

Erstes Kapitel

Persönliche Ausformungen der Amts-Gestalt

Als innere Mitte des kirchlichen Amtes stellte sich uns die recht verstandene »repraesentatio Christi et ecclesiae« dar. Gibt es angesichts dieser »Wesensbestimmung« überhaupt noch einen Spielraum dafür, unterschiedliche Varianten des Priesterseins zu verwirklichen? Ist damit nicht schon alles Entscheidende gesagt und festgelegt?

§ 1 Einheit und Vielheit im priesterlichen Amt

Christus ist vom Vater gesandt als Lehrer, Priester und Hirt, so lautet eine aus alter Tradition herrührende Auffächerung der Sendung Christi (vgl. S. 76 f). Wenn nun das kirchliche Amt für Christus steht, ist es gleichfalls in diese »Dreifächrigkeit« der Aufgaben hineingestellt. Von hier aus wurde in den letzten Jahrzehnten oft gefragt, ob es bei aller Anerkennung der Untrennbarkeit dieser drei Dimensionen nicht doch *ein* Element gibt, welches die beiden anderen enthält bzw. integriert und damit einen Vorrang vor den anderen beanspruchen kann. Auf diese Frage gibt es in der neueren Theologie verschiedene Antworten.

1. Integration im Dienst am Wort

An zwei Stellen wird in den Dokumenten des 2. Vatikanischen Konzils die »Verkündigung des Wortes« als erste Aufgabe des priesterlichen Amtes genannt (LG 28; PO 4). Auch die Diskussionen auf dem Konzil zeigen, dass eine Reihe von Konzilsvätern den »Dienst am Wort« als das alles andere einbegreifende Zentrum priesterlichen Tuns verstanden wissen wollte. Deshalb meint Joseph Ratzinger, dass vom Konzilstext her »das in seiner ganzen Tiefe verstandene Wort das Umfassende und Gründende ist, das die beiden anderen [Formen amtlichen Wirkens] als die zwei Artikulierungsweisen seines Vollzugs aus sich entlässt und sie zugleich ständig in sich umgreift.«[348] Ähnliches vertritt auch Karl Rahner.[349] Die Kirche ist für ihn insgesamt das »Sakrament«, d.h. Zeichen und Zeugnis des eschatologisch siegreichen Heilswortes Gottes in Jesus Christus. Dieses Wort, das auf unterschiedlichen Stufen, in mannigfaltigen Formen und in verschiedenen »Dichtheitsgraden« ergeht, hat seinen Höhepunkt in der Proklamation von Tod und Auferstehung Christi bei der Eucharistiefeier. Der zum Dienst am Wort bestellte Priester ist deshalb und diesbezüglich auch zum Dienst an dem im sakramentalen Geschehen sich zuspitzenden Wort und an der auf das Wort hin zu versammelnden und vom Wort her zu leitenden Gemeinde geweiht. So integriert der Dienst am Wort auch die sazerdotale und hirtliche Funktion des Amtsträgers.

2. *Integration im sazerdotalen Tun*

Es war vor allem Heinrich Schlier, der die Sendung Jesu Christi und dann auch die des Amtes als eine zutiefst »priesterliche« begriff (vgl. S. 78ff). Sowohl das kirchliche Verkündigungs- als auch das Hirtenamt habe die Vergegenwärtigung der radikalen Hingabe Jesu an den Vater »um unseres Heiles willen« zum Ziel. Dieses »neue« Priestertum Christi findet in allen amtlichen Tätigkeitsbereichen, vor allem aber in der Feier der Eucharistie seine sakramentale Darstellung.

3. *Integration im Hirtenamt*

Christus selbst versteht es nach Aussage des Neuen Testaments als seine Sendung, »die versprengten Kinder Gottes wieder zu sammeln« (Joh 11,52); er will als der gute Hirt auch die zusammenführen, welche noch nicht zu seiner Herde zählen (vgl. Joh 10); es ist sein letzter Wille und sein letztes Vermächtnis, dass alle eins seien (Joh 17). Entsprechend stellt sich die Kirche von Anfang an als der eine Leib Christi dar, der Zeichen und Werkzeug der vom Herrn gestifteten Einheit ist (vgl. z.B. 1 Kor 12; Gal 3,28; Eph 1,14ff u.ö.). Diese Einheit ist ständige Aufgabe, nicht nur, weil sie durch Sünde und Egoismus gefährdet ist, sondern auch weil die Vielfalt der vom Geist gewirkten »Charismen«, Befähigungen und Dienste in die Bewegung des »Füreinander« gebracht werden müssen. Deshalb bedarf es eines Amtes, das als »Hirtenamt« den »Dienst an der Einheit und am Frieden in der Kirche« zum zentralen Inhalt hat. Vor allem Walter Kasper hat dies als Zentrum des priesterlichen Amtes herausgestellt. »Es soll die verschiedenen Charismen einander zuordnen, sie in ein sinnvolles Zueinander bringen, Charismen entdecken, ihnen aber auch Raum schaffen, sie ermuntern, sie aber auch zur Ordnung rufen, wenn sie die Einheit in der Kirche grob gefährden und stören.«[350]

Weil die Einheit der Kirche Einheit unter dem und durch das Wort Gottes ist, begreift das Hirtenamt die Verkündigung mit ein, und weil die Einheit sich am deutlichsten in der Feier der Sakramente verwirklicht, kommt den Hirten hier der Vorsitz zu. Ebenso stellt H. U. v. Balthasar in seinen letzten Veröffentlichungen über das Amt besonders dessen hirtliche Aufgabe heraus.

4. Exkurs: Integration in spezifischer Sendung

J. Ratzinger vertritt zwar den Vorrang der Wortverkündigung (vgl. Abschnitt 1), sieht aber den eigentlichen Integrationspunkt des priesterlichen Amtes in einer Dimension, die allen drei Zentralvollzügen zugrunde liegt, nämlich in der besonderen *Sendung* durch Jesus Christus, genauer: im Einbezogensein in die Sendung Christi. So gesehen, bedeutet Priestersein wesentlich »Vikariat«, »Stellvertretung«; es nimmt immer nur den »vorletzten Platz« vor dem Herrn ein, der durch den Dienst des Priesters *selbst* zu den Menschen kommen will.

> Dieser »Auftrag, Gesandter Jesu zu werden, fordert vom Menschen nicht nur ein bestimmtes Tun, er tangiert sein Sein. Wenn priesterliches Sein und Stehen in der Sendung Gesandtsein ist, so heißt dies, dass für den Priester das Sein-für-einen-anderen konstitutiv ist. Wer eine Sendung annimmt, gehört sich in einem doppelten Sinne nicht mehr selbst: Er ist sich enteignet zugunsten dessen, den er vertritt, und zugunsten derer, vor denen er ihn vertritt. So bedeutet Stehen in Sendung noch einmal eine Zerspannung der Existenz nach zwei Seiten. Es bedeutet, ganz vor dem zurückzutre-

ten, der sendet; als Herold und Bote nicht sich selbst zu bringen, sondern sich aus dem Spiele zu lassen; nicht sich selbst zu verkündigen, sondern ohne Veruntreuung des übergebenen Wortes den Weg und den Blick freizugeben für den andern; bereit sein, ›abzunehmen, damit er zunehme‹.«[351]

Diese doppelte, gleichsam in Vertikale und Horizontale sich erstreckende »Selbstlosigkeit« des Amtsträgers, zu der ein besonderer Ruf Christi einlädt und die Weihe befähigt, macht nach Ratzinger das »Wesen« priesterlichen Dienstes aus.

Die Integration des dreifach-einen Amtes von der Sendung her schließt nicht aus, dass man im Sinne der ersten drei Integrationsmodelle auch die verschiedenen Aufgabenbereiche unterschiedlich gewichtet (wie Ratzinger dies selbst auch bezüglich der Priorität der Wortverkündigung tut).

§ 2 Biographische Pluralität der Synthesen

Welche dieser vier Synthesen hat die meisten Argumente für sich? In dieser Weise dürfte das Problem falsch gestellt sein. Denn wir sahen bereits, dass das Sinnziel allen Handeln des drei-einen Gottes die *Einheit* ist. Infolgedessen hat auch der priesterliche Dienst sein Zentrum darin, Menschen zur Einheit (mit Gott, untereinander, im eigenen Herzen) zu führen und in dieser Einheit zu bewahren. Daraus ergibt sich, dass die Mitte des kirchlichen Amtes der Hirtendienst ist, wie es in Abschnitt 3 zusammengefasst wurde. *Dennoch:* Gerade weil die drei Bereiche des Amtes untrennbar und nur inadäquat unterscheidbar zusammengehören, weil alle Dimensionen ineinandergreifen und sich gegenseitig erhellen, stellt sich die Frage nach ihrer je unterschiedlichen Gewichtung im konkreten Leben des einzelnen Priesters neu. Anders gesagt: Die angeführten verschiedenen Integrationsmodelle können auch verstanden werden als verschiedenartige Ansätze und Akzentuierungen in der konkreten Amtsausübung des Hirtendienstes. So gesehen haben sie keine Wahrheit »in sich«, sondern hängen wesentlich von der persönlichen Berufung und Befähigung des einzelnen Priesters sowie von dem ihm übertragenen besonderen Tätigkeitsfeld und der jeweiligen Zeitsituation, also – wenn man so will – von seiner Biographie ab. Anders ist der pastorale Dienst eines Gemeindepfarrers, anders der eines Krankenhausseelsorgers, anders der eines Theologieprofessors; aber immer ist es eine spezifische Vergegenwärtigung des »Hirtenamtes Christi«, seiner einheitsstiftenden Heilssorge für die Menschen.

Von daher stellt sich die zutiefst spirituelle Forderung, dass der einzelne Priester im Hören auf den ganz persönlichen Ruf und im geistlichen Austausch mit seinen Brüdern sich fragt, wo denn sein ganz besonderer Auftrag, sein Schwerpunkt und »Stil« liegt oder zu liegen hat. Damit entsteht eine legitime Vielfalt von »Priesterbildern«, die erst in dem Augenblick verzerrt werden, wo das Zentrum »Hirtendienst« und die Dreifächrigkeit des Amtes zugunsten von ein oder zwei isolierten Elementen verdunkelt wird. Zu Recht schreibt Paul Josef Cordes:

> »Der Religionsdiener, der in den Raum des kultischen Dienstes verbannt wird; der Gemeindeleiter, der sich auf das Management und die Koordination der pfarrlichen Ressortträger zu beschränken hat; der ›Prophet‹, der nur Impulse gibt, der aber nicht ortsansässig das Wachstum begleitet und dessen Wort sich nicht im sakramentalen Zeichen verdichtet – sie alle verkörpern nur ›Kümmerformen‹ des einen Amtes. Trotz der brennenden Notwendigkeit der Spezialisierung scheint eine solche Reduktion des Amtes auf eine der drei amtlichen Funktionen aus Gründen der Amtstheologie höchst problematisch; und schon heute gibt es Gelegenheit, in ›Zelebrationspriestern‹, ›Wanderpredigern‹ oder ›klerikalen Managern‹ die problematischen pastoralen Konsequenzen solcher Aufspaltung kennenzulernen.«[352]

Diese ungemein zutreffenden Aussagen von Cordes, der heute als Kurienbischof in Rom tätig ist, geben auch für manche anderen »Kümmerformen« des geistlichen Amtes zu denken. Was ist mit einem Theologieprofessor, der keiner Gemeinde mehr vorsteht bzw. ihr als Priester zugeordnet ist? Was mit einem römischen Kurialen, der ab einer bestimmten Dienststufe – auf Grund einer sehr fragwürdigen Anweisung Papst Johannes' XXIII. – notwendig zum Bischof geweiht werden muss, auch wenn er nur Administrationsaufgaben erfüllt? Was mit einem Ökonomen kirchlichen Vermögens, dessen Tätigkeit sich in reiner Verwaltung erschöpft? So wichtig auch die Wahrnehmung kirchlicher Leitungs- und Spezialaufgaben sein mag: der damit beauftragte Priester (oder Bischof) ist und bleibt der ganzen amtlichen Sendung verpflichtet. Denn das priesterliche Amt ist ein gestalthaftes Ganzes, das als solches auf die Gestalt Jesu Christi verweist. Es lässt sich nicht von einzelnen Aufgaben oder gar nur von einigen sakramentalen Vollmachten her bestimmen.[353]

Es ist damit ähnlich problematisch, wie mit der gegenwärtig so »beliebten« Frage: Was »kann« der Laie, was »kann« nur der Priester, bzw.: Was kann der Amtsträger alles weggeben, das dann der Laie tut? Lässt man sich auf eine solche Frage ein, wird das Amt gleichsam entblättert wie eine Rose, von der man Blatt für Blatt wegnimmt, um endlich zum eigentlichen Wesen der Rose zu gelangen, – bis am Ende vielleicht noch zwei Blätter übrig bleiben, im Klartext: die Vollmacht zur Eucharistiefeier und zur sakramentalen Absolution. Aber was beim Entblättern der Rose bleibt, ist keine Rose mehr, und entsprechend ist das, was im Rahmen einer derartigen Fragestellung vom Amt bleibt, kein Amt mehr, sondern ein Zerrbild von Amt. Auch Christi Person und Sendung lässt sich nicht in Einzelelemente oder -vollmachten zerlegen. Es ist ein gestalthaftes Ganzes. An dieser Gestalt hat, wie wir sahen, die theologische Tradition drei voneinander untrennbare und nicht adäquat unterscheidbare Strukturelemente herausgestellt, weswegen auch der »an Christi Statt« handelnde Amtsträger die drei-eine Aufgabe hat, Verkünder des Wortes, Priester und Hirte zu sein. Alle drei Aufgaben gehören unteilbar zum kirchlichen Amt, da sie alle auf die eine »Sinnspitze«, nämlich auf Einheit, Gemeinschaft, Communio bezogen sind und letztlich auf die eucharistische Mitte zielen. Sie zeigen, dass das Priesteramt nicht einfach in sakralen Einzelvollmachten und -funktionen besteht, sondern etwas Ganzes und Gestalthaftes ist, in dem die Gestalt Christi selbst erscheint und gegenwärtig ist.

Wie kann darum eine Weihe dort sinnvoll sein, wo jemand weder Wille noch Fähigkeit noch Gelegenheit besitzt, die »Gestalthaftigkeit« des Amtes zu verwirklichen und womöglich nur eine institutionell abgesichertere und hervorgehobenere Stellung in der Kirche sucht?

So ist und bleibt es für jeden Priester ein geistliche Aufgabe par excellence, im Rahmen eines integral verstandenen Priesteramtes seinen konkreten Ort zu erfragen und zu verwirklichen. Ein Kriterium dafür ist das, was man »Stimmigkeit« nennen kann, Stimmigkeit zwischen dem, was ich persönlich bin und kann *und* dem, was ich als Priester zu tun habe. So schreibt Hubertus Brantzen:

> »Das, was ich beruflich vollziehe, muss mit dem übereinstimmen, was ich persönlich will. Immer dann entstehen innere Spannungen, Frustration und Stress, wenn ich beruflich ja sage, wo ich persön-

> lich nein sagen möchte, wo ich als Pfarrer und Vertreter der Kirche etwas tun soll oder muss, was ich persönlich nicht will, wo ich als Pfarrer in eine Stellung … hineingedrängt werde, die mir persönlich zuwider ist.«[354]

Freilich wird eine gewisse »Unstimmigkeit« und Spannung zwischen Persönlichem und Amtlichem bleiben (müssen!): Als Priester stehe ich im Dienst einer Wirklichkeit, die mich immer »überfordert«, da sie nicht mit meinen eigenen Antrieben und Wünschen identisch ist. Und doch: Je besser beides zur Deckung kommt, umso mehr hat man seinen persönlichen Stil, Schwerpunkt und »Ort« als Priester gefunden.

Zu diesem »Ort« zählt aber nicht nur eine bestimmte Schwerpunktbildung in einer der drei Grundgestalten des amtlichen Dienstes, vielmehr können und müssen dahin auch manche, oft sehr abgelegene und weit ausgreifende An-Wege führen. Deshalb schließt der konkrete priesterliche Dienst auch viele Dimensionen ein, die auf den ersten Blick nicht zum amtlichen Tun gehören. Nicht zuletzt begreift er die »menschlichen« Verhaltensweisen des Amtsträgers ein, ja fordert sie heraus. Denn der Dienst der Einheit setzt – so Kasper –

> »schon vom Menschlichen her eine gewisse Eignung zu dieser Aufgabe voraus: Fähigkeit zum Kontakt und zum Gespräch mit den Menschen, Sorge um die Not und das Glück der anderen, aber auch die menschliche Gabe, einer Gemeinschaft vorstehen und sie unter Wahrung der Freiheit führen zu können (einschließlich der Fähigkeit zur Organisation); dies erfordert ein verbindliches und verträgliches, ausgleichendes Wesen; Voraussetzung dafür sind eine gewisse Menschenkenntnis, ein sicheres Urteil, ein unbefangener Blick, Kommunikationskraft, Initiative und Phantasie.«[355]

Wenn solche Eigenschaften auch Gnadengaben Gottes sind, so ist deswegen menschliche Anstrengung nicht aus-, sondern eingeschlossen. Jedes Bemühen um wahrhaft menschliche Tugenden und Verhaltensweisen, die wiederum nach Veranlagung, Charisma und lebensgeschichtlicher Prägung sehr unterschiedlich sein können, kann für den Priester zugleich Teil seines pastoralen Dienstes sein. Das Paulus-Wort: »Niemand geben wir auch nur den geringsten Anstoß, damit unser Dienst nicht in Verruf kommt« (2 Kor 6,3), weist darauf hin: Wer schon als Mensch Anstoß gibt, stellt seinem priesterlichen Wirken ein Hindernis entgegen. Mehr noch: ohne »menschlichen Unterbau« ist der pastorale Dienst in Gefahr, zum reinen Ritus oder zur belanglosen Erbaulichkeit abzusinken. In menschlichen Verhaltensweisen steht die Glaubwürdigkeit und Fruchtbarkeit amtlichen Handelns auf dem Spiel.

Wenn z.B. die Taufe eines Menschen (auch) dessen Eingliederung in die Kirche bedeutet, so beginnt diese reale Eingliederung schon in der Art und Weise, wie die Familie, die ein Kind zur Taufe anmeldet, im Pfarrhaus vom Priester (dem »Repräsentanten Christi und der Kirche«) empfangen und behandelt wird. Ähnlich ist auch die amtliche Verkündigung des Evangeliums eingebettet in das größere Ganze »alltäglichen« Sprechens, und die amtliche Gemeindeleitung hat ihre »Basis« im tagtäglichen Verhalten des Pfarrers zu seinen Mitmenschen. Darum gehören zum priesterlichen Dienst nicht nur Wortverkündigung, Sakramentenspendung und Leitung einer Gemeinde im engeren Sinn, sondern auch das Präsentsein unter den Menschen und die wachsame Aufmerksamkeit für das, was jeweils »die Stunde geschlagen hat«.

Der mittlerweile verstorbene Aachener Bischof Klaus Hemmerle stellte dies in sehr persönlicher Weise folgendermaßen heraus: »Ich denke an ganz alltägliche Dienste: einem andern helfen, einem anderen etwas schenken, für einen anderen da sein, für einen anderen Zeit haben; vielleicht auch einmal einem anderen einen Dienst tun, für den wir nicht geweiht sind, sondern einfach einen Dienst, wie ihn jeder Nächste seinem Nächsten tun müsste, wenn er Christ ist. Dies scheint mir für den Priester sehr wichtig zu sein. Ich bin immer wieder dankbar dafür, dass ich auch Dinge zu tun habe, die nicht nur Priester zu tun haben, ganz einfache Dinge, Banales, Drückendes, Bürokratisches. Selbstverständlich bin ich für eine vernünftige Ordnung, für eine richtige Einteilung der Kräfte; aber im geistlichen Leben ist es wichtig, dass ich nicht bloß meine eigenen Funktionen abhake und damit ein ›Funktionär‹ werde, sondern dass ich den Dienst Christi in einem konkreten Dienen an anderen und im Dasein für andere vollführe. Ich muss mit dem Schmutz der Alltäglichkeit, mit der Banalität dessen, was zum Menschsein gehört, zusammenkommen, und zwar nicht nur als Manager oder Organisator, sondern als einer, der dient. Ich sollte nicht nur einmal am Gründonnerstag, sondern an jenem Gründonnerstag, der immer ist, anderen die Füße waschen.«[356]

Gerade auch dieser banale, alltägliche Dienst wird biographisch sehr unterschiedlich aussehen, bedarf aber in jedem Fall der spirituellen Aufmerksamkeit und Wachsamkeit auf den Ruf Gottes, der stets neu und unvermutet in den Herausforderungen des Alltags ergeht.

Zum priesterlichen Dienst gehört auch die – wiederum vom einzelnen je unterschiedlich zu praktizierende – Dimension des Politischen. Freilich ist gerade hier höchste geistliche Unterscheidung gefordert, auf dass der Priester (wie auch eine Gemeinde oder Regionalkirche) sich nicht von einer bestimmten Gruppe, Partei, Interessenvertretung, Berufsgenossenschaft und – vor allem! – vom »Klima« einer bestimmten Gesellschaftsordnung (sei sie nun »bürgerlich« oder »fortschrittlich«) vereinnahmen lässt. Denn dann besteht die Gefahr, dass ein entsprechendes politisches Engagement der Kirche nur partikuläre Interessen »absegnet« und dass durch kirchliche Gutheißung bestimmte gesellschaftliche Institutionen und Handlungen legitimiert werden. Deshalb bedarf es gerade im Bereich des Politischen der »Unterscheidung der Geister«. Das gilt für jeden Christen und jede christliche Gemeinde, das gilt aber in besonderer Weise für den Priester, der als »Repräsentant Christi« auch Zeichen jener – recht verstandenen! – Überparteilichkeit sein sollte, die Jesus selbst verwirklicht hat, da er es ablehnte, in Rechtsstreitigkeiten einzugreifen (Lk 12,13ff) oder politische Werturteile zu fällen (Lk 13,1ff) und statt dessen die Menschen auf das »eine Notwendige« hinwies.

Gewiss gab und gibt es politische Situationen, wo das kirchliche Amt mit Mut und Macht gegen das gesellschaftlich Böse ihr »Es ist dir nicht erlaubt!« zu sprechen und gegebenenfalls handelnd zu verwirklichen hat, nämlich dort, wo die Würde des Menschen, die Freiheit der Kinder Gottes und die gute Lebensordnung der Schöpfung auf dem Spiel steht. Wo aber diese Situation nicht gegeben ist, hat der Amtsträger sich eher (!) zurückzunehmen und konkrete gesellschaftspolitische (Einzel-)Entscheidungen einer vom Glauben erleuchteten »politischen Vernunft« zu überlassen. Das bedeutet keineswegs gesellschaftspolitische Abstinenz, denn

> »gesellschaftlich relevant wird die Kirche und wird vor allem der Priester nicht dadurch, dass er mit etwas anderen und mit etwas erhabeneren Worten wiederholt, was viele andere auch schon sagen und meist früher und vor allem viel besser sagen als wir. Gesellschaftlich relevant wird der Priester vor allem dadurch, dass er seinen eigenständigen Dienst tut, den sonst niemand tun kann. Das Sprechen von Gott ist die dem Priester eigene Weise politischer Diakonie. Gerade als Mann des Glaubens und als Mann des Gebe-

> tes kann er den Laien Licht und Kraft sein für den ihnen aufgetragenen Dienst in der Welt.«[357]

In all diesen Bereichen geht es darum, dass jeder einzelne Priester die vorgegebene Grundgestalt des Amtes auf seine ihm höchst eigene Weise konkretisiert. Hier gilt – analog – das von Martin Buber überlieferte Wort von Rabbi Sussja: »In der kommenden Welt wird man mich nicht fragen: ›Warum bist du nicht Mose gewesen?‹ Man wird mich fragen: ›Warum bist du nicht Sussja gewesen?‹«[358]

Zweites Kapitel

Amt unter soziokulturellen Bedingungen oder: Wohin geht die Kirche – wohin das Amt?

Das priesterliche Amt und sein pastoraler Dienst stehen nicht in einem luftleeren Raum, sondern sind mitgeprägt von den herrschenden geschichtlichen und soziokulturellen Faktoren. Das wurde bereits im Abschnitt über »Umbrüche im Amtsverständnis« (S. 26ff) deutlich, wo unter der Leitfrage nach dem Verhältnis von Priester und Laie die geschichtlichen Veränderungen bezüglich der Stellung des Amtes in der Kirche skizziert wurden.

Dieses Wahrnehmen von sich ändernden Situationen ist im Folgenden auszudehnen auf die Frage: Was charakterisiert die *heutige* gesellschaftliche und kirchliche Situation und welche Antwort ist auf deren Herausforderung zu geben, gerade auch vonseiten des kirchlichen Amtes? Es lässt sich ja wohl von niemandem übersehen, dass heute das kirchliche Leben in unseren westlichen und – künftig auch wohl – östlichen Industrienationen in einem radikalen Umbruchsprozess steht. Die Art und Weise, wie angesichts dessen die Kirche sich jetzt und in Zukunft darstellen wird, und die derzeitigen fundamentalen Veränderungen im Verhältnis von Kirche und Gesellschaft haben mit Sicherheit einen ebenso tiefgreifenden Wandel in der Verwirklichung des Priesterseins zur Folge. Davor die Augen zu verschließen oder diesen Wandel nur »blinzelnd« und, ohne daraus Folgerungen zu ziehen, wahrzunehmen, würde ein schuldhaftes Versagen vor dem Anspruch Gottes bedeuten, der – nach Aussagen des II. Vaticanums – gerade in den »Zeichen der Zeit« in Erscheinung tritt. Diese »Zeichen der Zeit« reden heute eine sehr deutliche Sprache. Auch wenn die Entwicklung nicht überall zeitgleich verläuft und deshalb in bestimmten Gegenden das überkommene Gemeinde-, Seelsorgs- und Amtsmodell (noch!) durchaus sinnvoll weitergeführt werden kann, ist der Trend doch unverkennbar.

§ 1 Kirche im Umbruch

1. Das Phänomen

Für den gegenwärtigen Umbruch in der Kirche seien zunächst einige Stichworte genannt: Da ist die wachsende Zahl derer, die aus der Kirche schon ausgetreten sind oder dafür wenigstens eine gewisse Bereitschaft zeigen; da ist der rapide Rückgang *von* und das wachsende Desinteresse *an* christlichen Glaubensüberzeugungen (selbst in zentralen Fragen, wie Gottesbild, Christusverständnis und eschatologischer Hoffnung, ganz zu schweigen vom Bedeutungsverlust des Konfessionellen); damit verbunden ist der Abbruch der selbstverständlichen Weitergabe des Glaubens in Familie und Gesellschaft. Da ist ferner die deprimierend zurückgegangene und weiter zurückgehende öffentliche religiöse Praxis (religiöse Kindererziehung, Gottesdienstbesuch, Sakramentenempfang, gemeinsames Gebet, christliche Lebensordnung und christliches Brauchtum, Leben nach kirchlichen Weisungen) und nicht zuletzt das Nachlassen von Priester- und Ordensberufen.

Wenn man all das statistisch erfasst[359] und die Zahlen der letzten Jahre in einer graphischen Kurve darstellt, so zeigt sich ein rasanter Abstieg, der – wenn auch nicht gegen Null so doch – zu weiterem Absacken und zu totaler Überalterung der engagierten Gäubigen führt und in der Folge auf sehr geringe positive Zahlenwerten hin tendiert. Mit anderen Worten: Kirche – und zwar Kirche als »Überzeugungsgemeinschaft«, die als Mittlerin der Heilszuwendung Gottes und seiner Wahrheit anerkannt ist – wird zur (kleinen?) Minderheit.

Prophetische Geister haben dies schon lange vorhergesagt. So schrieb Alfred Delp bereits während des 2. Weltkriegs: »Wir sind Missionsland geworden. Diese Erkenntnis muss vollzogen werden. Die Umwelt und die bestimmenden Faktoren allen Lebens sind unchristlich.«[360] Dieses Wort wurde auf dem Mainzer Katholikentag von Ivo Zeiger SJ aufgegriffen. Aber im Zuge der nach dem 2. Weltkrieg zunächst stattfindenden restaurativen »Renaissance« und dann noch einmal im Zusammenhang des (vorübergehenden) kirchlichen Aufbruchs nach dem II. Vaticanum schloss man zunächst die Augen vor diesem Faktum, obwohl bedeutende Theologen, wie z. B. Karl Rahner[361] immer wieder gegen den Stachel des »Weiter so!« lökten. Dennoch wurde – mit den Worten Delps – diese Erkenntnis nicht »vollzogen«. Zu lange träumte man »den Traum eines homogenen christlichen Abendlandes« (K. Rahner). Dieser Traum ist jetzt wohl endgültig »ausgeträumt«. Denn wenn man sich nicht weiter Sand in die Augen streuen will, hat man aus vielen guten Gründen wohl davon auszugehen, dass die Talsohle der Reduktion des Christlichen noch *lange nicht* erreicht ist.

Gewiss, Ulrich Ruh mag recht haben, wenn er schreibt: »In ihrem Bestand als Großkirche ist sie [die katholische Kirche] weder akut noch mittelfristig gefährdet. Es ist nicht damit zu rechnen, dass sie in einem überschaubaren Zeitraum auf das heutige Niveau kleinerer Religionsgemeinschaften in Deutschland abschmilzt oder dass andere Religionsgemeinschaften zu einer zahlenmäßigen Stärke heranwachsen, die der katholischen oder auch der evangelischen Kirche entsprechen.«[362] Und doch weiß auch er, dass der Kirche eine radikale Zäsur bevorsteht, insofern die Zahl der in der katholischen Tradition verwurzelten und aus ihr lebenden Menschen in Zukunft *wesentlich* geringer werden wird. Das muss nicht bedeuten, dass viele oder gar die meisten Menschen völlig mit der Kirche brechen. Eher wird das Gegenteil der Fall sein. Es wird sich aber vermutlich die Weise der Zugehörigkeit radikal ändern. Stichwortartig wird gelten: »Festhalten an kirchlichen Ritualen zu den Lebenswenden, Gottesdienstbesuch nur zu besonderen Anlässen. … Außerdem wird der Anteil der ›Synkretisten‹ unter den katholischen Kirchenmitgliedern weiter steigen, also der Katholiken, die Bestandteile der eigenen christlich-kirchlichen Überlieferung mit anderen religiösen bzw. säkular-religiösen Deutungsmustern und Sinnangeboten verbinden.«[363]

In all dem vollziehen sich derzeit radikale Änderungen und sie werden sich weiter vollziehen. Denn die Zahl der jetzt schon bemerkenswert vielen Christen ist ständig am Wachsen, die dem Satz zustimmen: »Ich fühle mich als Christ, aber die Kirche bedeutet mir nicht viel.«[364] Doch das, was vordergründig als Prozess radikaler Entkirchlichung erscheint, ist eher der Ausdruck eines neuen »Modus« von so etwas wie Transzendenz- bzw. spezifisch religiösen Erfahrungen.[365], nämlich des Modus der Privatisierung, Ent-Institutionalisierung und säkularistischen Transposition.[366] Insofern trifft die Beobachtung von M. N. Ebertz zu: »Die persönliche Religiosität wird zwar weitgehend noch als christliche verstanden, löst sich aber immer stärker aus traditionalen kirchlichen Bindungen und Glaubensvorstellungen und wird immer weniger als explizit kirchliche Religiosität praktiziert,«[367] gemäß der Devise: »Religion ja – Gott nein!« (J. B. Metz).

Worin besteht nun genau der radikale Wandlungsprozess, in dem sich die Kirche befindet, woher rührt er, wohin führt er, wie ist er zu beurteilen, welche Herausforderungen, gerade auch für das Selbstverständnis des priesterlichen Amtes und seiner Amtsausübung bringt er mit sich? Zahlreiche Instanzen: Theologen, Philosophen, Soziologen, Demoskopen führen zur Beantwortung dieser Fragen eine Fülle von Gesichtspunkten an. Hier seien *nur einige Perspektiven* genannt und zwar solche, die allein den spezifisch *kirchlichen* Umbruchsprozess ins Auge fassen. Denn man darf nicht übersehen, dass heute auch andere gesellschaftliche Gruppierungen in einer tiefgreifenden Krise stecken: Familie, gewachsene Dorf/Stadt-Struktur, Gewerkschaften, Sozialverbände, Parteien. Viele Krisenerscheinungen, wie etwa steigende Austrittszahlen,[368] fehlender Nachwuchs und nachlassendes Engagement der Jugendlichen, Traditionsbrüche bzw. mangelnde Kontinuität in der bisherigen Identitätsfindung, grundsätzliche Kritik an allem Institutionellen und »Amtlichen«: all das hat die Kirche mit diesen Gruppen bzw. Institutionen gemeinsam. Viele Krisenphänomene, unter denen die Kirche leidet, sind somit gar keine spezifisch kirchlichen Erscheinungen. Auf diese aber wollen wir uns im Folgenden beschränken.

»Der Bruch zwischen Evangelium und Kultur ist ohne Zweifel das Drama unserer Epoche«, vermerkte schon 1975 Papst Paul VI. in seiner Enzyklika »Evangelii nuntiandi« (Nr. 20). Dabei ist der »Kultur«-Begriff in den romanischen Ländern viel weiter als der unsrige. Er deckt ziemlich genau das ab, was wir unter der Art und Weise verstehen, wie eine Gesellschaft sich innerlich begreift, wodurch sie sich äußerlich kenntlich macht und was sie an inneren Werten verleiblicht. So gesehen ist zwischen Kultur und Evangelium, wie es in der Kirche gelebt und verkündigt wird, – um mit Lessing zu sprechen – »ein garstig breiter Graben« entstanden, der nur noch von wenigen übersprungen wird. War früher die Kirche die entscheidende Prägeform unserer Gesellschaft bis dahin, dass beide Größen nahezu identisch waren – wer in die abendländische Gesellschaft hineingeboren wurde, war faktisch eo ipso Glied der Kirche mit allen Konsequenzen: was in der Kirche gelehrt wurde, war auch in der Gesellschaft Gesetz und Command, Brauchtum, Sitte und Gewohnheit (und umgekehrt), so ist dieses In-eins-Fallen schon seit längerem im Prozess einer Auflösung begriffen, die gegenwärtig offen zu Tage tritt. Immer mehr Menschen trennen sich innerlich und zunehmend auch äußerlich von der Kirche, für immer weniger Zeitgenossen spielen christliche Glaubensinhalte und -formen eine Rolle, immer geringer wird der Einfluss der Kirche und ihrer Verkündigung auf die Gestaltung des öffentlichen Lebens. Immer bedeutungsloser wird vor allem die für das gesellschaftliche Zusammenleben der Menschen und ihre gemeinsame Lebensorientierung so unabdingbar wichtige Integrationskraft der Kirche. Ebertz weist darauf hin, dass, folgt man den Ergebnissen demoskopischer Erhebungen »kein Lebensbereich … als so ›unwichtig‹ angesehen [wird] wie der explizit religiöse, und kein anderer als dieser wird von so wenigen Menschen als ›sehr wichtig‹ angesehen.«[369] Und nach einer ausführlichen Darlegung und Analyse des statistischen Materials kommt er zu der Schlussfolgerung: »Die Kirchen verlieren nicht nur an subjektiver Bedeutung in den persönlichen Relevanzhierarchien, an politischer Unterstützung, an Vertrauen und an öffentlicher Kommunikationspotenz, sie haben auch die Definitionshoheit des Religiösen im Land, der religiösen Inhalte und der religiösen Rollen verloren.«[370] Es kommt hinzu, dass in der positiven Rangordnung gerade Jugendlicher politische Institutionen und Kirchen die letzten Plätze belegen, während Umweltorganisationen, Menschenrechtsgruppen usw. vorne liegen. Kurz: »Das Gesamtfeld Religion gehört nicht mehr zu den selbstverständlichen Gegebenheiten, in denen sich das Leben bewegt.«[371]

Auf Grund all dieser Gegebenheiten fragen manche Christen, unter ihnen auch nicht wenige Priester, ängstlich: Wird die Kirche bei uns[372] untergehen, wie sie schon in der Vergangenheit in einigen Regionen, wo sie einstmals blühend da stand, untergegangen ist (Nordafrika, Ostsyrien)? Das muss keineswegs so sein! Was in den genannten Krisenphänomen zum Ausdruck kommt, ist nicht der bevorstehende Untergang der Kirche, sondern der grundsätzliche Wandel einer bestimmten *Gestalt* der Kirche. Darum ist nicht Pessimismus oder gar Resignation angesagt, sondern ein nüchternes, realistisches Zur-Kenntnis-Nehmen eines Wandels, der immer beides besagt: Untergang und Aufgang, Zu-Ende-Gehen und neue Chance. Wodurch aber ist der Wandel bedingt? Gehen wir zunächst einigen seiner essentials nach. Auch wenn es hier zu weit führen würde, genauere Analysen anzustellen[373], seien einige Faktoren genannt, welche nicht nur die heutige Situation verstehbar machen, sondern auch praktische Konsequenzen für die künftige Sozialgestalt der Kirche und ihr seelsorgliches Handeln sowie für die Weise des Priesterseins andeuten.

2. Der Hintergrund

Hat man das Nachlassen des kirchlichen Lebens und der religiösen Prägekraft noch vor einigen Jahren mit dem Stichwort »Säkularisierung« zu verstehen gesucht, so haben sich seither andere Deutungsmuster eher durchgesetzt.

Erstens: »Modernität« ist gekennzeichnet durch den Prozess zunehmender gesellschaftlicher Differenzierung. Das heißt: War früher die Gesellschaft ein mehr oder minder geschlossenes Ganzes, in dem »Teilbereiche« wie Religion, Familie, Beruf, Bildung, Politik, Wirtschaft, Kultur sich zur Einheit einer Lebenswelt zusammenfügten, meist unter der Führung der Religion und ihrer Wertvorstellungen, so haben sich in der Gegenwart auf Grund gewachsener und weiter wachsender Komplexität und Spezialisierung der Sachgebiete samt deren spezifischer Rationalität die Einzelbereiche zu mehr oder minder autonomen Institutionen, die je für bestimmte Inhalte und Ziele zuständig sind, verselbständigt. Das hat für den Einzelnen zur Folge, dass er sich in diesen ausdifferenzierten Bereichen je unterschiedlich nach deren Regeln und Erfordernissen zu verhalten hat, zugleich aber auch ganz verschiedene Erwartungen an sie richtet. Man tritt ihnen gewissermaßen als Kunde oder Klient entgegen, »identifiziert sich aber nicht total mit einem Teilsystem bzw. mit der Institution, von der man lediglich eine kompetente Dienstleistung erwartet. Im praktischen Alltagsleben sind dem Einzelmenschen somit unterschiedliche Rollen und häufiger Rollenwechsel zugemutet.«[374] Der Einzelne ist in diesem ständigen Wechsel der Rollen, von denen keine ihn »ganz er selbst« sein lässt, in hohem Maß auf sich gestellt. Kein Wunder, dass er sich von der Unübersichtlichkeit des (gesamt-)gesellschaftlichen Lebens und der Anstrengung des differenzierten Rollenspiels gern in einen Raum geborgener Privatheit und Intimität zurückzieht, um sich bei sich selbst bzw. bei Gleichgesinnten abzuschotten und hier in der privaten Lebenssphäre seine Lebenserfüllung zu finden – in kritischer Distanz zu allem Institutionellen, zu allem, was Forderungen stellt, zu allem, was »jetzt schon wieder etwas von einem will« (Ämter, Autoritäten, politische Verantwortung), oft in der Haltung eines überzogenen Selbstverwirklichungskultes, in (»toleranter«) Gleichgültigkeit und Indifferenz gegenüber dem anderen, in Desolidarisierung mit den Leidenden.

In diesem Prozess der Moderne, der übrigens keineswegs nur negativ und deshalb zu verteufeln ist – doch das zu erörtern, ist jetzt nicht unser Thema[375]–, ist auch die Religion zu einem ausdifferenzierten gesellschaftlichen Teilbereich geworden. Die Kirche ist »ein Subsystem unter vielen. Sie ist toleriert und akzeptiert, wenn sie sich an die Spielregeln der gesellschaftlichen Aufgabenteilung hält. Sie ist dann für die religiöse Sinndimension und existentiellen Bedürfnisse der Menschen zuständig, die die anderen Subsysteme nicht wahrnehmen können oder wollen.«[376] So hat sie als »sinnstiftende Überhöhung des eigenen Selbstverwirklichungsideals« (M. Kehl), als »Veranstalter volkstümlicher Bräuche« sowie als Sozialagentur und Dienstleistungsbetrieb für von der Gesellschaft als wichtig angesehene diakonale Aufgaben ihren anerkannten Platz. *Mehr* darf sie aber auch nicht einfordern. Kirche – wie auch jede andere religiöse Instanz – wird nicht mehr als »Repräsentantin« der den Menschen in Anspruch nehmenden Wahrheit Gottes angesehen. »Transzendente Wahrheit« ist weithin zur Sache des Gefühls und Gegenstand einer vagen sakralen Sehnsucht geworden – selbst bei solchen, die sich Christen nennen.[377] Als »Lebensraum Kirche« ist sie ohnehin nur noch wenigen bekannt. So aber hat der Einzelne nicht nur in der fragmentarisierten Gesamtgesellschaft, sondern auch in der Kirche die ehemals bergende Gemeinschaft verloren. Er muss sich selbst aus dem unüberschaubaren Angebot, das ihm aus den Teilbereichen zukommt, seine eigene Lebens- und Sinnwelt schaffen. Kein Wunder, dass die Zahl der Konfessionslosen ständig im Steigen begriffen ist.

Im Zusammenhang dieser Entwicklung ist damit zu rechnen, dass sich auch das institutionelle Verhältnis von Kirche und Staat (Gesellschaft) radikal ändern wird. Schon jetzt *würde* bei einer Koalition von SPD, Grünen und PDS die Regierungsmehrheit der Bundestagsabgeordneten konfessionslos sein. Geht die Entwicklung derart weiter, ist nicht auszuschließen, dass – so Werner Hofmann – »im Bereich der einfachen Gesetzgebung Gesetzesänderungen erfolgen, die die Situation der Kirchen erheblich erschweren. So ist es z. B.

möglich, mit einfacher Mehrheit den staatlichen Einzug der Kirchensteuer zu beseitigen und die Kirchen damit in erhebliche Schwierigkeiten zu bringen.«[378] Angesichts dieser sehr realistischen Perspektive spricht sich sogar Kardinal Ratzinger »nicht grundsätzlich dagegen« aus, »dass man in entsprechenden Situationen auch zu stärkeren Trennungsmodellen schreitet« und gibt zu überlegen, »welche Formen der Verbindung von Staat und Kirche wirklich von innen her durch Überzeugungen gedeckt und dadurch fruchtbar sind, und wo wir nur Positionen aufrechterhalten, auf die wir eigentlich kein Recht mehr haben.«[379]

Ein Zweites hängt mit dem Prozess der gesellschaftlichen Differenzierung, in dem die Kirche zu einer separaten Größe unter anderen geworden ist, eng zusammen, bzw. ein Zweites radikalisiert das bisher skizzierte Phänomen noch beträchtlich: Da ist die durch die neuen Bedingungen der Arbeitswelt und durch die erleichterten Verkehrs- und Kommunikationsmöglichkeiten entstandene gewaltige *Mobilität* und *Globalität* unseres Lebens sowie die globale *Vernetzung* aller Ereignisse durch die omnipräsenten Medien und deren Informationsweitergabe. Dadurch wird jeder tagtäglich nicht nur mit einer Unmenge von Fakten konfrontiert, sondern darin auch mit einer Fülle von »Möglichkeiten«, nämlich mit alternativen Lebensformen, Wertvorstellungen, Meinungen, religiösen Gestaltungen und ethischen Engagements. All das stellt den Einzelnen nicht nur in Frage, sondern provoziert auch dazu, sich selbst in diesem »unendlichen Möglichkeitsfeld« den eigenen Platz zu bestimmen. Indem die moderne Welt dem Individuum unablässig »Wahlmöglichkeiten« vorhält, steht das, was früher »Schicksal« war (nämlich das Hineingeborenwerden in eine bestimmte Gesellschaft und Klasse, Berufswelt und Religion) nunmehr zur freien, persönlichen Entscheidung an. Die eigene Entscheidung hat jedoch eine ungeheure Labilität, da sie sich stets aufs Neue durch das Konfrontiertwerden mit anderen Wahlmöglichkeiten in Frage gestellt sieht. Jede Bindung wird damit tendentiell zu einer nur vorläufigen, zur Bindung »auf Zeit«. Und eben dies hat da, wo an sich stabile persönliche und soziale Bindungen gefordert sind, z.B. auch im Bereich des Glaubens, tiefgreifende Konsequenzen. Die Kirche muss hinnehmen, dass sie nicht mehr die alleinige Omnikompetenz in Sachen Religion besitzt. Auch Religion wird zu einem »Angebotsmarkt«, der »werbend« nach »Kunden« Ausschau hält. Ja, dieses Bild vom »Markt« lässt sich noch weiter ausmalen: Nehmen wir nur einen Supermarkt, in welchem Produkte gleicher Art nur von verschiedenen Herstellern mit unterschiedlicher Verpackung nebeneinander liegen und um die Gunst der Käufers wetteifern (z. B. Waschpulver). Oft macht das billigste Produkt das Rennen, manchmal auch das am bequemsten einzusetzende, meist aber das am besten verpackte oder/und in der medialen Werbung am attraktivsten herausgestellte. Viele Kunden nehmen einmal dies, einmal jenes Produkt, wohl wissend, dass im Grunde kaum ein Unterschied zwischen ihnen besteht. Ähnlich ergeht es dem heutigen »Markt« der Weltanschauungen, Sinnangebote und religiösen Institutionen. Auch sie werden vielfach als ein variationsreiches »Möglichkeitsfeld« für den freien, je nach gusto sich wandelnden »Konsum« des Kunden betrachtet.

Ein *Drittes* tritt noch ins Spiel: Auf Grund der neuzeitlichen Pluralisierung und größeren Ausdifferenzierung der Gesellschaft gibt es kaum noch einheitliche, in sich geschlossene Lebensräume, die eine homogene und deshalb auch stabile Sozialisation des Kindes und ein konstantes tragendes Netzwerk für den Erwachsenen ermöglichen. Selbst relativ »heile« Familien müssen heute angesichts der vielen unterschiedlichen »Räume«, in denen das Kind aufwächst und geprägt wird, davor kapitulieren, der nachfolgenden Generation eine erprobte Tradition wie etwa die des christlichen Glaubens ungebrochen weitergeben zu können. Dies hat wiederum weitreichende Konsequenzen für Glaube und Kirche. Denn da, wo alle den gleichen religiösen Glauben bekennen und sich im gleichen Raum der Kirche befinden, kann der Einzelne – wie Peter Berger ausführt – »seinen Glauben aufgrund des sozialen Konsenses leicht und spontan aufrechterhalten. Das ist jedoch nicht mehr möglich, wenn der Konsens sich aufzulösen beginnt, wenn einander widersprechende ›Realitätsexperten‹ auf den Plan kommen. Früher oder später muss sich der Mensch also fragen: ›Glaube ich denn nun *wirklich*?‹«[380] Und diese Frage wird zwangsläufig an der eigenen religiösen *Erfahrung* überprüft. Wo und wie denn sonst? Weil aber auch Erfahrungen nicht ohne gesellschaftliche Vermittlung sind und *religiöse* Erfahrungen zudem nicht in gleichem Maß jedem zuteil werden und diese selbst bei besonderen religiösen Erfahrungsträgern (Propheten, Mystikern, Heiligen) nicht ohne Anfechtung und Dunkel und auf dem Hintergrund langer Zeiten von Erfahrungsentzug gegeben sind, ist es für religiöse Erfahrungen typisch, dass sie sich in Traditionen verleiblichen. Solche Traditionen dienen dazu, Erfahrungen – gewissermaßen in »gefrorener«, institutionalisierter Form – an diejenigen weiterzugeben, welche sie selbst nicht gemacht haben oder nicht immer machen, sich wohl aber dafür offen halten, dass sich solche in der Tradition kristallisierten Erfahrungen auch in ihrer Lebensgeschichte wieder »verflüssigen« können. Voraussetzung dafür ist freilich, (a) dass man Traditionen einen Vertrauensvorschuss gibt und sie als für sich verbindlich übernimmt und (b) dass man die Geduld und den langen Atem dafür aufbringt, auf solche »Verflüssigungen« zu warten. Beides ist nun aber in unserer »Erlebnisgesellschaft«, wonach sich alles unmittelbar und sofort in einem ganz und gar befriedigenden emotionalen Glückszustand und einer geradezu dionysischen Faszination auszahlen muss, radikal erschwert, zumal die bisherigen religiösen Traditionen in einer Form weitergegeben werden, die – wenigstens ihrer äußeren Gestalt nach – keine allzu großen Erwartungen wecken. Und so sieht sich das der Einzelne auch in Sachen Religion auf sich selbst, auf mögliche eigene Erfahrungen verwiesen. Aber genau dieser Rückgriff auf die *nur eigene* religiöse Erfahrung reicht nie und nimmer aus, um beim Zerbrechen eines homogenen gesamtgesellschaftlichen Konsenses und beim Abbruch der Weitergabe einer religiösen Tradition sozusagen »einspringen« zu können. Eben deshalb bietet die derzeitige religiöse und parareligiöse Landschaft auch einen ganz und gar konfusen Eindruck, und der tradierte christliche Glaube scheint darin kaum eine große Zukunft zu haben. In der Tat hat er unter den gezeichneten Bedingungen nur dann eine Chance, wenn es gelingt, ihm einen hinreichend plausiblen gesellschaftlichen Erfahrungsraum (und wäre es auch nur der einer kleinen Minderheit) und das Netzwerk von tragenden persönlichen Beziehungen zu schaffen – im Gegenüber zu anderen Erfahrungsräumen und Netzwerken.

Aufgrund dieser kleinen (unvollständigen) Skizze des Hintergrunds der derzeitigen kirchlichen Situation ist klar, dass bei uns in absehbarer Zukunft die Kirche, *insofern sie sich als »Überzeugungsgemeinschaft« versteht*, eine *Kirche der Minderheit* sein wird. Die Entwicklung dahin ist zwar – wie schon vermerkt – regional sehr unterschiedlich, doch ist die Tendenz überall gleich: alarmierend zurückgehender Gottesdienstbesuch, nachlassende Bereitschaft, sich von kirchlicher Lehre und Weisung prägen zu lassen, fehlendes Engagement in Gemeinde und kirchlichen Gruppierungen, verbreitetes Unvermögen der Familien, den Glauben weiterzugeben, und – daraus resultierend – ein hilfloses Nicht-Wissen und Nicht-praktizieren-Können des Glaubens, *dagegen* Akzeptanz der Kirche in Bereichen, in denen der Mensch – auch heute (wie immer) *homo religiosus* – seine Hilflosigkeit und Angewiesenheit auf »etwas Höheres« erfährt: in Geburt, Ehe, Tod sowie Akzeptanz in Sachen soziales Engagement und Diakonie[381] (wobei nicht selten beides: kirchliche Segenshandlungen und karitative Tätigkeiten in reiner Konsumhaltung entgegengenommen werden). So also der Trend!

Ist das alles eine Horror-Vision, der totale Zusammenbruch einer ehemals heilen Welt, Zeichen für den apokalyptischen Endkampf, wie es von fundamentalistischen Kreisen interpretiert wird? Ganz und gar nicht! Was wir derzeit erleben, ist vielmehr – wie schon angedeutet – ein *Gestaltwandel* der Kirche, der Wandel ihrer bisherigen äußeren *Sozialgestalt*, der nicht nur Neuanfang und Chance bedeutet, sondern auch wohl kaum ohne tiefgreifende, die bisherigen Fundamente buchstäblich »erschütternde« Umwälzungen und ohne die Erfahrung von endgültigem »Abschiednehmen« und unwiederbringlichem »Zerfall« vor sich geht.

§ 2 Sozialgestalten der Kirche

Was heißt in diesem Zusammenhang genau »Sozialgestalt« der Kirche? Dieser Begriff weist auf eine vielfache polare Spannung hin, die offenbar zum Wesen der Kirche gehört: *Auf der einen Seite* ist die Kirche zu allen Völkern und allen Menschen gesandt, um ihnen das Evangelium zu bringen und sie zum Volk Gottes zu vereinen. Dazu muss das Evangelium (und damit die Kirche selbst) in die ihr vorgegebene Welt mit ihren unterschiedlichen, jeweils partikulären kulturellen Traditionen buchstäblich ein-gehen, »sich inkarnieren«. Das heißt aber *auf der andern Seite*: Die universale Sendung der Kirche findet, solange die Weltzeit dauert, nur ansatzweise, ausschnitthaft, »im Fragment« Echo und Verwirklichung. Aus dieser Spannung zwischen aufgegebener Universalität und faktischer Partikularität folgt ein Weiteres: Immer bleibt da eine Differenz zwischen kirchlichen Ausdrucksformen, die sich dem Evangelium verdanken und von ihm geprägt sind, *und* solchen, die der jeweiligen vorgegebenen kulturellen Tradition, geschichtlichen Situation oder auch sündhaftem menschlichem Machtstreben entspringen. Aus dieser faktischen »Differenz« resultieren sich geschichtlich wandelnde *Sozialgestalten* der Kirche, in denen sich diese – je nach Epochen, Kulturen und gesellschaftlichen Bedingungen – in anderer Weise als soziale Größe eigener Art in ihrem gesellschaftlichen Umfeld ausdrückt, wahrnehmbar macht und verhält. In solchen unterschiedlichen kirchlichen Gestalten kommt mithin immer ein Doppeltes zum Ausdruck: die universale Sendung der Kirche und deren faktisch begrenzte, nur ausschnitthafte Verwirklichung im Kontext einer bestimmten Gesellschaft und Kultur.

In der Geschichte gab es schon eine Reihe von »Metamorphosen«, von Wandlungen der Sozialgestalt der Kirche, in welcher diese ihr bisheriges »Kleid« gleich einer Raupe abgestreift hat, um eine neue Gestalt zu gewinnen. Dafür seien im Folgenden in idealtypischer Sicht einige Beispiele aus der Geschichte kurz skizziert und zwar so, dass dabei auch jeweils deren Chancen und Grenzen sowie die unterschiedliche Ausprägung und Funktion des kirchlichen Amtes angedeutet werden.

In den ersten drei/vier Jahrhunderten finden wir kleine, oft unscheinbare christliche Gemeinden, »Diaspora«-Gemeinden, die sich im Gegensatz zu ihrer heidnischen Umwelt als – wie man heute gern sagt – »Kontrastgemeinschaften« verstanden gemäß dem Paulus-Wort: »Ihr sollt rein und ohne Tadel sein, Kinder Gottes ohne Makel inmitten einer verdorbenen und verwirrten Generation, unter der ihr als Licht in der Welt leuchten sollt!« (Phil 2, 15). Als eine wie schon Israel »unter die Völker zerstreute« Gemeinschaft (vgl. Tob 13, 3), nahm die so strukturierte Kirche ihre universale Sendung dadurch wahr, dass sie das Licht des Evangeliums in einer dunklen Welt aufleuchten ließ und so Orientierung und Zeichen der Hoffnung aufrichtete – vor allem durch das persönliche Glaubenszeugnis der einzelnen Gemeindeglieder, aber auch durch das kollektive Zeugnis einer vom Evangelium bestimmten Lebensordnung. »Seht, wie sie einander lieben!«

Nicht zuletzt nahm dabei die Sorge für in Not geratene Menschen einen großen Raum ein. So schreibt Justin: »Alle, die Besitz haben, kommen den Bedürftigen zur Hilfe, und wir unterstützen uns gegenseitig. Wer im Überfluss lebt und abgeben will, gibt freiwillig, jeder soviel, wie er kann. Was dabei zusammenkommt, wird dem Vorsteher übergeben; er unterstützt die Waisen, Witwen, Kranken, Armen, Gefangenen und Fremden, die zu Gast sind; kurz: er hilft allen, die in Not sind.«[382] Dieser Dienst an den Notleidenden war nicht auf die eigene Gemeinde begrenzt, sondern weitete sich auf die heidnische Umwelt aus. Es waren vor allem Härtefälle, alleinstehende Personen ohne Verwandtschaft, Vertriebene, Gestrandete, die von den Gemeinden unterhalten wurden. So sieht selbst ein Christenhasser wie Kaiser Julian der Abtrünnige als Gründe für die Durchschlagskraft des Christentums dessen »Philanthropie gegenüber Fremden.«[383]

Unter universalem Horizont stand aber nicht nur die Bereitschaft zur allumfassenden Caritas, sondern auch das Faktum – worauf alle frühchristlichen Apologeten mit Nachdruck hinweisen, dass in den Gemeinden für die Wohlfahrt von Kaiser und Reich gebetet wurde und man der Überzeugung war, damit das Wichtigste für die öffentliche Ordnung und den allgemeinen Frieden zu tun.

Das kirchliche Amt verstand sich in dieser Zeit vornehmlich als Ferment der Einheit in der Gemeinde selbst und als Knotenpunkt, durch den im Netzwerk der vielen Kirchen die Lokalgemeinde mit anderen verbunden war. Richtete sich das unmittelbar dem Bischof zugeordnete Amt des Diakons auf den Dienst an den Notleidenden, so bestand die »Seelsorge« von Bischof und Presbytern in der Feier der Heiligen Mysterien, im fürbittenden Gebet, im Nachsinnen über das Wort Gottes und dessen Weitergabe in Katechese und Predigt sowie im Ausüben von Schiedsgericht und (Buß-)Disziplin sowie natürlich im individuellen Beistand und Trost.

Gerade diese Sozialgestalt der Kirche: kleine Gemeinschaften, die im Kontrast zur gegenwärtigen Gesellschaft leben und durch persönliches Zeugnis das Evangelium weitergeben, findet in der Gegenwart wieder besondere Aufmerksamkeit und Sympathie. Wohl deshalb, weil wir heute wieder in einer vergleichbaren Situation leben oder zu leben beginnen: als kleine Minderheit in einer »neu-paganen«, nämlich nicht-mehr-christlichen, ja weithin säkularisierten Gesellschaft. Aber man darf bei aller Großartigkeit doch die Grenzen dieser kirchlichen Sozialgestalt nicht übersehen: Die Kirche, die zur universalen Sendung in die Welt berufen ist, hielt sich damals zwangsläufig noch in einer gewissen Abgeschlossenheit vom »normalen« gesellschaftlichen Leben, von den politischen Machtzentren, von den kulturprägenden Institutionen auf. Sie griff noch nicht, konnte noch nicht eingreifen in die »Großstrukturen« der Welt, die schließlich auch von Christus und seinem Heil erreicht werden sollen.

Letzteres geschah im 4./5. Jahrhundert. Es war der Übergang von einer Minderheitskirche zu einer gesellschaftsprägenden und -bestimmenden Größe. Dieser führte zu jener Einheit, die wir rückblickend »das christliche Abendland« bzw. »die Christenheit« nennen. Der Wandel, der sich damals zutrug und manchmal ungenau als »konstantinische Wende« bezeichnet und heute oft negativ beurteilt wird, war gewiss nicht einfach der große Sündenfall der Kirche. Doch gilt auch hier, dass *jede* Gestalt ihre Vorzüge und ihre Grenzen aufweist. Das Großartige der mittelalterlichen Kirchengestalt bestand gewiss darin, dass die Kirche hier ihre von Christus übertragene universale Sendung zu allen Menschen und in alle Bereiche der Welt hinein in geradezu flächendeckender Weise wahrnehmen konnte. Das Evangelium hatte sich wirklich überall hin und in alle Dimensionen hinein ausgebreitet. Die europäische Welt – und eine andere kannte man im Wesentlichen nicht, bzw. eine solche wurde nur als »Peripherie« betrachtet – war, extensiv gesehen, in nahezu all ihren Elementen verchristlicht. Aber wegen der Verschmelzung von Kirche und Welt entstanden auch vielfache Gefahren und Engpässe. So konnte (1) Christsein kaum noch als ein »Herausgerufenwerden« und als Sache der persönlichen Glaubens*entscheidung* angesehen werden. Christsein war für die meisten ein Resultat des soziokulturellen Umfelds, nicht Ergebnis einer irgendwie gearteten Entscheidung. Deshalb wurden auch die christlichen Grundperspektiven allzu oft den Plausibilitäten der Gesamtgesellschaft angepasst (hier versuchten dann die Ordensleute als die »eigentlichen« Christen den Kontrast des Evangeliums zu leben). (2) Es entbrannte, gerade wegen ihrer engen, allzu engen Verbindung ein schlimmer, lang andauernder Konkurrenzkampf zwischen kirchlicher und weltlicher Macht, auf Grund dessen sich (3) das kirchliche Amt – evangeliumswidrig – allzu sehr nach Analogie weltlicher Herrschaft verwirklichte.[384] Durch all das wurde die Botschaft des Evangeliums verwässert, jedenfalls nicht klar genug profiliert.

Damit ist auch schon das kirchliche Amt und seine Tätigkeit angesprochen. Obwohl es bei der Größe des Zeitraums kaum möglich ist, allgemeine, sich durchhaltende Strukturlinien zu zeichnen, lässt sich generalisierend sagen, dass beim bischöflichen sowie bei dem im urbanen Raum tätigen priesterlichen Amt der Schwerpunkt auf der – zusammen mit den »weltlichen« Autoritäten wahrgenommenen – Leitung, Verwaltung und Verteidigung der »christianitas« lag, während sich im ländlichen Raum das Amt eher auf die Spendung von Sakramenten und Sakramentalien beschränkte und zudem Aufgaben im Bereich von allgemeiner Bildung und Lehre übernahm. Natürlich spielten bei all dem auch immer Predigt und Katechese sowie soziale Tätigkeiten eine Rolle, aber erstere wurden in bestimmten Zeiten so wenig wahrgenommen, dass dafür Einzelne und geistliche Gruppen (z. B. die Bettelorden) sowie – später! – typische »Seelsorgsorden« (z. B. Jesuiten) in die Bresche sprangen.

Machen wir einen Sprung mitten in die Neuzeit hinein. Hier bildete sich im 19. Jahrhundert, als nach dem Zeitalter der Religionskriege, nach Aufklärung und französischer Revolution die einheitliche christianitas zerbrach und die Kirche nicht mehr identisch war mit der sie umgebenden (sich zunehmend säkularisierenden) Welt, eine neue Variante der bis dahin herrschenden kirchlichen Sozialgestalt heraus: die der *societas perfecta*. Das heißt: Kirche verstand sich als eine eigene, »autonom« in sich stehende Gesellschaft, welche die bestimmenden Faktoren und Gebilde der »weltlichen« Gesellschaft in ihrem eigenen Binnenraum sozusagen verdoppelte und christlich »reproduzierte«.[385] So gab es katholische Schulen, Büchereien und Bildungseinrichtungen, katholische Sozialeinrichtungen und gesellschaftliche Verbände (bis hin zu katholischen Gewerkschaften), katholische Kunst und Literatur. Folglich konnte es geschehen, dass ein Katholik – so U. Altermatt –

> »in einem katholischen Spital geboren wurde, vom Kindergarten bis zur Universität katholische Schulen besuchte, daneben katholische Zeitschriften und Zeitungen las, später die Kandidaten der katholischen Partei wählte und in zahlreichen katholischen Vereinen als aktives Mitglied mitmachte. Es war ebenfalls nicht ungewöhnlich, wenn sich der gleiche Katholik gleichzeitig bei einer katholischen Krankenkasse gegen Unfall und Krankheit versicherte und sein Geld auf einer katholischen Sparkasse anlegte … Die katholische Subgesellschaft … bot damit dem einzelnen Katholiken so etwas wie eine Ersatzheimat.«[386]

Die Kirche verdoppelte also gewissermaßen die Welt: alles, was es »draußen« gab, gab es auch »drinnen«. Und bei diesem »Drinnen« spielte trotz aller – in den »verdoppelten« Institutionen gewachsenen – Bedeutung der Laien das kirchliche Amt die entscheidende Führungsrolle. In der entstehenden »Katholischen Aktion« war Laientätigkeit äußerst erwünscht, aber unter der Leitung und nach Anweisung des kirchlichen Amtes. Überall hatte dieses – in Fortsetzung seiner ehemaligen Autorität – das erste und letzte Wort. Seelsorge bestand nicht nur in der Spendung der Sakramente, in Katechese und Predigt sowie in individueller Hilfeleistung, sondern es kam hinzu die Leitung und Begleitung der vielen, nunmehr in kirchlicher Kompetenz stehenden Institutionen und Organisationen, Verbände und Gruppen. Jetzt spitzte sich das Bild vom Priester und Seelsorger als eines omnikompetenten Kirchenmannes zu.

Auch diese kirchliche Sozialgestalt war ein Versuch, entsprechend der neuen geschichtlichen Situation die Welt mit dem Evangelium zu durchdringen. Aber der Preis war hoch: Er bedeutete auch eine gewisse Abschottung der Kirche von der »wirklichen« Welt, ein »Sich-selbst-Genügen« der Kirche mit dem Raum, über welchen sie Gestaltungsmacht besaß. Darüber hinaus gründete bei nicht wenigen der christliche Glaube eher in den Plausibilitäten des katholischen (Binnen-)Kulturraums (»Kulturkatholizismus«) als in eigenen Glaubensüberzeugungen. Auch hier also: Vorzüge und Nichtaufgehendes, Chancen und Grenzen.

§ 3 Und heute? Kirche als »hybrides Mischgebilde«

Blicken wir von dieser sehr holzschnittartigen Skizze auf unsere derzeitige Situation: Es dürfte – wie vorhin dargestellt – kein Zweifel daran bestehen, dass lang währende Realisationsformen der Kirche nach einem komplexen Umschichtungs- und Differenzierungsprozess tatsächlich gegenwärtig dem Untergang geweiht sind. Aber wohlgemerkt: es sind »Formen«, »Gestalten« der Kirche, nicht sie selbst! Und wie es scheint, *ist schon* eine neue Gestalt im Werden begriffen.

Wie sieht sie aus? Wie wird sie – vermutlich – aussehen? Oder besser: In welche Richtung sollen wir gehen, um die sich jetzt zeigenden Ansätze einer neuen kirchlichen Sozialgestalt (und darin auch einer neuen Gestalt kirchlichen Amtes) dahin zu führen, dass sie den »Zeichen der Zeit« entsprechend und zugleich evangeliumsgemäß sind? Einfach »weiterzuwurschteln« unter der Devise »Halten, was zu halten ist – retten, was zu retten ist!« führt überhaupt nicht weiter. So begibt man sich nur der Möglichkeit, kreativ-gestalterisch in die laufenden Prozesse einzugreifen. Also: »Wohin geht die Kirche?« (M. Kehl).

Die Antwort ist deshalb nicht einfach zu geben, weil die Kirche, will sie beidem, den »Zeichen der Zeit« und dem Evangelium entsprechen, ein »hybrides Mischgebilde« sein wird. So die m. E. recht zutreffende Charakterisierung durch Ebertz[387]. Diese Kennzeichnung ist nur auf den ersten Blick überraschend, neu und zudem auch wenig einladend. Aber sie kann sich – wie wir sehen noch werden (S. 231 f) – ganz und gar auf Jesus selbst berufen. Nicht von ungefähr ist auch für Augustinus die Kirche ein »corpus permixtum« – »eine höchst gemischte Gesellschaft«. Nur dass sich für den Bischof von Hippo dieses »komplexe Vermischtsein« auf die *innere* Wirklichkeit der unsichtbar zur Kirche Gehörenden bezog, während sich heute und in absehbarer Zukunft das Vermischtsein auch in *äußeren* Phänomenen und Strukturen darstellt. Sehen wir genauer zu, indem wir in den nächsten beiden Abschnitten die beiden Elemente, die sich schon jetzt und erst recht in Zukunft in der Kirche »vermischen«, näher ins Auge fassen.

1. Kirche als »Überzeugungsgemeinschaft«

(a) Auf dem Wege zu einer neuen Gestalt

Schon ein einfacher Blick in die Statistik sowie erst recht sozialwissenschaftliche Analysen und Diagnosen zeigen: Heute wird man nicht mehr Christ, weil man als »normaler« Deutscher, Österreicher, Schweizer usw. eben Christ ist, d. h. weil die Gesellschaft, in die man hineingeboren wurde, eine geschichtliche Symbiose mit christlicher

Tradition eingegangen ist; sondern man wird Christ, weil man kraft freier Entscheidung dem Evangelium Glauben schenkt und bewusst sein Leben darauf ausrichtet. Eben dies aber wird mehr und mehr die Sache einer Minderheit sein. So jedenfalls stellt sich die derzeitige faktische Entwicklung der Kirche mit ihrem rasanten Rückgang an überzeugten und überzeugenden Christen dar. Und in nächster Zeit wird die Kirche mit Sicherheit noch mehr an extensiver Ausbreitung, an gesellschaftlicher Macht und soziokulturellem Einfluss verlieren. So wird sie an sich und ihren Institutionen Sterben und Tod hautnah erfahren. Doch sie wird – hoffentlich! – diesen »Untergang« so hinnehmen und verstehen, wie es dem Herzstück des Glaubens entspricht: »Das Weizenkorn muss sterben«, aber: »Im Tod ist das Leben«; im Untergang ist Aufgang, ist neues Leben; im Sterben kündigt sich eine neue Zukunft an.

Und das dürfte in der Tat die »Kehrseite der Medaille« sein: Im »Sterben« der bisherigen Sozialgestalt der Kirche ist eine Chance gegeben, nämlich die Chance, intensiver, wahrhaftiger, kompromissloser, d.h. ohne Schielen darauf, ob man ein breites gesellschaftliches Echo findet oder nicht, das Evangelium zu leben und in der Welt zu bezeugen. Das *Evangelium*! Und das heißt Nachfolge des Gekreuzigten, Leben nach den »Seligpreisungen« (Armut und Gewaltlosigkeit wird da »zugemutet«) und das Überzeugtsein vom Nichtaufgehen des Lebens in der Welt und der Erwartung des Kommenden. So steht dann nicht mehr der »Kompromiss« mit der Welt im Vordergrund, sondern das Ganz-ernst-Nehmen des Evangeliums. Die Kirche wird sich in neuer Weise daran erinnern, »in der Fremde«, »in der Zerstreuung« zu sein (vgl. 1 Petr 1,1), als »Fremde und Gäste in dieser (ganz anders orientierten) Welt zu leben« (1 Petr 2,11). Darin wird sie der Gestalt der Kirche in den ersten Jahrhunderten ähnlich sein. Denn ob wir es wollen oder nicht: alles deutet darauf hin, dass Christen zur »Diaspora-Kirche« werden in einer ihnen gegenüber zunehmend gleichgültiger werdenden Gesellschaft. Die Kirche wird ihre Lebensordnung gegen andere Wertvorstellungen verwirklichen und ohn- mächtig und angefochten ihrem gekreuzigten Herrn folgen – in der Hoffnung, gerade auf diese Weise selbst Leben zu erlangen und Leben weiterzugeben. Denn – so hat die Würzburger Synode bekannt und so wartet dieses Bekenntnis noch auf seine Einlösung –:

»›Die Welt‹ braucht keine Verdoppelung ihrer Hoffnungslosigkeit durch Religion; sie braucht und sucht (wenn überhaupt) das Gegengewicht, die Sprengkraft gelebter Hoffnung. Und was wir ihr schulden ist dies: das Defizit an anschaulich gelebter Hoffnung auszugleichen. In diesem Sinn ist schließlich die Frage nach unserer Gegenwartsverantwortung und Gegenwartsbedeutung die gleiche wie jene nach unserer christlichen Identität: Sind wir, was wir im Zeugnis unserer Hoffnung bekennen?»[388]

Nur wenn Kirche sich wahrhaft darum bemüht, »Salz der Erde« und »Licht der Welt« zu sein, kann sie als Gemeinschaft-in-Christus auf neue Weise die frohe Botschaft von der jetzt schon anbrechenden und einmal sich ganz vollendenden Communio Gottes in der Welt zur Geltung bringen. Vielleicht vermag sie so auch ein einladendes, faszinierendes Zeichen sein in einer Gesellschaft, die *trotz*, nein: *wegen* ihrer Pluralisierung und der daraus resultierenden bedrohlichen Atomisierung und Vereinzelung der Individuen nichts *mehr* ersehnt als verlässliche zwischenmenschliche Beziehungen – Beziehungen, die nicht auf Illusionen und gegenseitigen moralischen Ansprüchen beruhen und unter ständigem Legitimations-Druck stehen, sondern die »schön« sind, d.h. stimmig, wahr und erfüllend, Beziehungen, die Dauer und Zukunft haben. In dieser Hinsicht ist in der heutigen Gesellschaft eine deutliche »Drift« auf neue Gemeinschaftsformen hin zu beobachten, freilich auf »neue Gemeinsamkeiten unter der Bedingung der Individualisierung.«[389] »Es sind – so Ebertz – Kommunikations- und Handlungs-, insbesondere Orientierungs- und Zugehörigkeitseinheiten, die sich allerdings weniger … an sozialmoralischen Kriterien (nach dem Schema gut/böse) denn an sozialästhetischen (nach dem Schema schön/hässlich) konstituieren.«[390] Das heißt: Man sucht Gemeinschaften, die faszinierend, beglückend, bereichernd sind. Gerade solchen Erwartungen aber könnten Gemeinschaften in der Kirche, die – bei aller Zwielichtigkeit, die ihr unter den Bedingungen der Pilgerschaft durch Zeit und Geschichte zukommen, – nicht von der eigenen Leistung leben,[391] sondern ihr Licht von der Herrlichkeit des Auferstandenen her empfangen und ihre Prägung von der Schönheit Christi und seines Evangeliums beziehen, entgegenkommen. Angesichts der extremen Individualisierungsprozesse der Neuzeit und der verbreiteten Vereinsamung des Subjekts könnte Kirche in dieser Hinsicht neue Anziehungskraft entfalten und erhebliche Plausibilität gewinnen.

Allerdings lauert hier auch eine gefährliche Fußangel, nämlich die Tendenz, Kirche vornehmlich in einem intensiven Gemeindeleben (»Pfarrfamilie«) zu realisieren. Es ist jener – oft unbewusste – Wunsch, sich zusammenzuschließen mit solchen, »mit denen man eine gemeinsame Sprache und Lebenskultur teilt, die Tendenz, sich aus Teilnehmern zusammenzusetzen und zu ergänzen, die in Mentalität und sozialem Gehabe … zueinander passen, aber weder repräsentativ noch immer faktisch offen sind gegenüber den Sichtweisen, Sorgenbereichen und Erwartungen der übrigen Kirchenmitglieder (und Nichtmitglieder!).« Kurz: es herrscht ein Harmoniebedarf, der die Kommunikation mit »dem Fremden«, »dem Anderen« verhindert oder wenigstens mit Ängsten und Misstrauen betrachtet. Deshalb findet sich gerade in solchen Gemeinden, die auf ein intensives Gemeindeleben bedacht sind, oft eine »ästhetische Milieuverengung«, die erheblich dazu beiträgt, »viele Menschen in Distanz, ja in absoluter Beziehungslosigkeit zum kirchlichen Leben zu halten, nicht zuletzt auch Jugendliche.«[392] Hier zeigen sich die bedrohlichen Folgeerscheinungen jener bis in die 60er Jahre des vorigen Jahrhunderts hinein in der katholischen Kirche absolut ungekannten Gemeindetheologie, um nicht zu sagen -ideologie, wie sie im Gefolge des II. Vaticanums aufkam und für Deutschland ihre »höhere Weihe« auf der Würzburger Synode (ganz gegen beider Grundtendenz!) erhielt. Zu Recht schreibt dazu Ebertz:

> »Dass sich die Kirche heute weitgehend selbstreduziert auf ›Gemeinde‹ und ihre Pastoral, auch und gerade ihre derzeitige ›Notstandspastoral‹, beinahe exklusiv durch dieses parochiale ›Nadelöhr‹ presst, drängt sich der soziologischen Diagnose immer deutlicher als *Selbstblockade* der Kirche auf, ja gewissermaßen als ›sozialpathologische‹ *Selbstbeschädigung ihres missionarischen Anspruchs*. Sie riskiert zumindest, einen von hier ausgehenden – durch die strukturelle, kulturelle und individuelle Pluralisierung zweifellos begünstigten – Trend von einer Teilkultur in eine religiöse Subkultur zu beschleunigen. Damit steht die Kirche vor der Herausforderung, selbstaktiv neue Wege zu jenen anderen Milieus … zu suchen, wenn sie ihre Botschaft überhaupt tradieren und auf dem Markt der Sinnstiftungen zur Geltung bringen soll. Die … Frage stellt sich, ob diese Wege überhaupt noch mit einem weitgehend auf ›Gemeinde‹ verengten Pastoral und Pastoraltheologie begehbar sind.«[393]

Wegen dieser fatalen Folgen ist die Leitvorstellung einer »Gemeindekirche« in zweifacher Hinsicht aufzubrechen.

(b) Communio als *Missio*

Communio und Missio sind die beiden »Grundbewegungen« der Kirche. Die Bewegung der Communio vereinigt »die zerstreuten Kinder Gottes« (Joh 11,52), indem sie diese auf das eine Zentrum – auf das Leben mit Christus im Heiligen Geist als Kinder des einen Vaters – hinbewegt und zusammenhält. So ist die Kirche als Communio die »Ikone der Trinität«: Als »Einheit in Vielheit« und »Vielheit in Einheit und auf Einheit hin« spiegelt sie das Leben des drei-einen Gottes wider. Die (Neu-)Entdeckung der Kirche als Communio auf allen Ebenen ihres Lebens war eine der Großtaten des II. Vaticanum. Auch wenn diese Idee noch längst nicht in alle Köpfe und Herzen der Gläubigen, zumal der Amtsträger, und erst recht nicht in die Strukturen der Kirche eingedrungen ist, findet sie doch mindestens auf den unteren Ebenen der Kirche breiten Widerhall, auch wohl deshalb, weil sie dem Verlangen des heutigen Menschen nach verlässlicher Gemeinschaft entspricht. Die »vor Ort« sich vollziehende Gemeinschaft im Glauben und in sakramentaler Feier drängt danach, sich in gelingenden menschlichen Gemeinschaften oder wenigstens in gemeinsamem Tun und Erleben auszudrücken und erfahrbar zu machen. Dies kann auf der Ebene intensiver Pfarrgemeinden geschehen, im Bereich kirchlicher Verbände und Gruppen und nicht zuletzt in den neuen Geistlichen Gemeinschaften. Überall zeigt sich eine Sehnsucht und ein Drängen nach einem erfahrbar glückenden »Miteinander«. Gegenüber diesem Bemühen um Communio steht die Aufmerksamkeit für die Missio deutlich an zweiter Stelle. Die Bewegung der »Konzentration« ist so einlinig, dass die gegenläufige zentrifugale Bewegung des Herausschreitens an die Peripherie kaum zum Zuge kommt. Daher rühren ja auch die negativen Folgen der neuen Gemeinschaftsformen, wie sie im Vorherigen angeführt wurden. Man sucht, das Bedürfnis nach Aufhebung der Vereinzelung und nach Harmonie in einer religiösen »Kuschelecke« zu befriedigen und freut sich des darin schon angebrochenen »Heils« oder ärgert sich über das ausbleibende.[394] Damit ist aber das Verhältnis von Communio und Missio auf den Kopf gestellt. Alle Evangelien haben als *Pointe* die Sendung der Jüngerschaft in die Welt, nicht das Verweilen auf dem »Tabor« glückender Gemeinschaftserfahrung. Muss also Missio den Vorrang vor Communio haben?

Diese Frage geht von der falschen Voraussetzung aus, dass beide

Grundbewegungen entweder Alternativen sind (entweder – oder) oder Parataxen (sowohl – als auch). Im Blick auf den drei-einen Gott, dessen Bild die Kirche ist bzw. sein soll, zeigt sich etwas anderes: Die Communio, die Gott selbst in seinem innertrinitarischen Leben ist, öffnet sich in Schöpfung und Geschichte ganz und gar zur Missio in die Welt. Gott verbleibt sozusagen nicht in seinem seligen communialen Leben; er tritt aus der eigenen Communio heraus, schenkt alles her, behält sich nichts vor. Er gibt seinen Sohn einer sich ihm verweigernden Welt hin und sendet den Geist, der sich mit dem Stöhnen und Seufzen der Schöpfung vereint (vgl. Röm 8,26). So *wird* Gottes eigene Communio aus der Freiheit seiner unergründlichen Liebe zur Missio. Im Blick auf den drei-einen Gott gilt also die Gleichung: Communio = Missio, oder besser: Das gemeinsame göttliche Leben vollzieht sich als Missio, als Heraustreten aus dem eigenen Lebenskreis, als Hingabe an das »Andere«, »Fremde«, »Sich-Verweigernde«. Wenn Kirche sich also als »Ikone« des dreifaltigen Gottes verstehen darf, so kann sie auch ihre eigene Gemeinschaft nicht anders verwirklichen, als wie Gott es tut: *als Missio.* Anders gesagt: Authentische, gelingende, glückende Communio der Kirche auf allen Ebenen besteht gerade in der Missio, nämlich in der gemeinschaftlich wahrgenommenen Verantwortung für die Welt und ihre Sendung in die Welt. Nur so kann sie wirklich »Salz der Erde« und »Licht der Welt« sein (Mt 5,13 f). So heißt es auch im Beschluss der »Würzburger Synode« »Missionarische Dienste«: »Eine Gemeinde oder ein Christ, die sich nicht an dieser Sendung beteiligen, leben im Widerspruch zum Wesen der Kirche.«[395] Mit anderen Worten: Die Synode bestimmt an dieser Stelle Gemeinde letztlich nicht von der »Sammlung« (Communio), sondern von der Sendung her.

(c) Bischofskirche, nicht Pfarreikirche

Es ist auffällig, dass das II. Vaticanum, wenn es von der Orts- oder auch Teilkirche spricht, (mit wenigen Ausnahmen) nicht die Pfarrei meint, sondern die Diözese, d. h. die vom Bischof geleitete Ortskirche. Ihm, dem Bischof, kommt die Leitung einer Teilkirche kraft »göttlicher Sendung« zu (LG 20). Die Diözese ist »der Teil des Gottesvolkes, der dem Bischof in Zusammenarbeit mit dem Presbyterium zu weiden anvertraut wird. Indem sie ihrem Hirten anhängt und von ihm durch das Evangelium und die Eucharistie im Heiligen Geist zusammengeführt wird, bildet sie eine Teilkirche, in der die eine, heilige, katholische und apostolische Kirche Christi wahrhaft wirkt und gegenwärtig ist.« (CD 11). Blickt man dabei nun auf den letzten Urgrund der Teilkirche, so wird diese konstituiert durch die unter dem Vorsitz des Bischofs gefeierte Eucharistie. Diese bischöfliche Eucharistiefeier liegt mithin aller territorialen Aufgliederung der Bischofskirche in Pfarreien u.dgl. voraus, ja, auf die Bischofskirche hin ist jede – unter dem Vorsitz eines Priesters als bischöflichen Mitarbeiters gehaltene – Eucharistiefeier einer Lokalgemeinde hingeordnet[396]: Nur insofern diese »in Gemeinschaft mit unserem Bischof NN« und durch ihn »mit unserem Papst NN« gefeiert wird – wie es in jedem Hochgebet der Messe heißt – stellt sie die Gläubigen in das Netzwerk der Communio Gottes, in die Einheit des Leibes Christi hinein, ist sie wahrhaft »sacramentum unitatis«.[397]

Deshalb geht es – so zu Recht Joachim Kittel – beim Kirchesein »nicht zuerst um ein bestimmtes, klar definiertes Territorium, sondern die personale Hirtenaufgabe des Bischofs und des Presbyteriums bezieht sich auf einen ›Teil des Gottesvolkes‹, auf eine bestimmte Gemeinschaft der Gläubigen, deren Versammlung zwar je orthaft, nicht jedoch territorial gebunden im Sinne administrativ verfügter Grenzen ist.«[398] Der administrativ verfügten territorialen Struktur kommt deshalb eine lediglich subsidiäre Bedeutung zu. Dies mit Nachdruck herauszustellen, ist gerade in einer Zeit, wo »neue Gemeinsamkeiten *unter der Bedingung der Individualisierung*« gesucht werden (s. S. 219), von ganz großer Bedeutung. Die (territorial strukturierte) Pfarrgemeinde darf sich diesen heutigen Herausforderungen nicht als »heilige Kuh« entgegenstellen. Der Seelsorge hat es nicht mehr *in erster Linie* um eine flächendeckende, alles nivellierende und damit »milieuverengende« (Pfarr-)Gemeindebildung, als vielmehr um die Schaffung eines Netzwerks verschiedenster Gemeinschaftsformen zu gehen. Die Kirche der Zukunft wird eine »Gemeinschaft von Gemeinschaften« sein. Auf dieser Linie setzt sich auch der Soziologe Ebertz für eine »Kommunikationspastoral« sui generis ein,

> »die freilich nicht auf die Abschaffung jeder Gemeindepastoral zielt, aber sich auch nicht vor dem ›Tribunal‹ derjenigen Gemeindeaufbauleuten zu rechtfertigen hätte, die Kirche an der ›Basis‹ kaum anders denn in der Sozialgestalt einer flächendeckenden parochialen Gemeinde der konzentrischen Kreise zu denken vermö-

gen. Sofern die parochiale Gemeinde mit ihren zentripetalen Kräften, ›vom Zentrum her ausgreifend, alles in ihre Mitte zu saugen versucht‹[399], gerät sie offenbar nicht nur an Grenzen, sondern trägt dazu bei, Kirche faktisch in die Milieuverengung zu steuern.«[400]

Milieuverengung insofern, als in vielen kleineren Pfarreien gar nicht mehr jenes »Angebot« an *ganz unterschiedlichen* Gemeinschaften, Gruppierungen, gemeinsamen Aktionsprojekten, kurz an unterschiedlichen »ästhetischen Milieus« (M. N. Ebertz) vorliegt, das allein die Erwartung und Sehnsucht des heutigen Menschen nach – je auf den Einzelnen zugeschnittener – Gemeinschaft zu entsprechen vermag. Indem nur ein bestimmtes, homogenes »Milieu« von Mitchristen und Sozialgebilden vorliegt, werden viele, zumal Jugendliche, vor dieser Verengung (»ästhetischen Milieuverengung«: Ebertz) kapitulieren.[401]

(d) Exkurs: Probleme rings um die neuen »Seelsorgeeinheiten«

Vor diesem Hintergrund ist sowohl das Faktum zu beurteilen, dass Priester in zunehmender Zahl mehrere (kleinere) Pfarreien zu übernehmen haben, als auch die derzeitigen Bemühungen vieler Diözesen, neue »Seelsorgeeinheiten« zu schaffen. Weil unter den gegenwärtigen Bedingungen die Konzentration der Seelsorge auf kleine, kumulativ geführte Pfarreien sich als ein Unding erweist, ist die Schaffung neuer »Seelsorgeeinheiten« (ein aus dem Französischen [unité pastorale] übernommenes Un-Wort) grundsätzlich positiv zu werten.[402] Doch geht dieses Unternehmen zumeist von zwei äußerst fragwürdigen Voraussetzungen aus: (1) Wie kann unter den Bedingungen ständig wachsenden Priestermangels dieser Mangel sinnvoll »verwaltet« werden?[403] (2) Wie kann dies geschehen, ohne dass allzu große Veränderungen (z. B. Auflösung bestehender Pfarreien, grundsätzliche Änderung der bisherigen seelsorglichen Praxis) ins Werk gesetzt werden müssen?[404] Beide Voraussetzungen sind durch und durch fragwürdig. Denn weder die Verwaltung eines Mangels noch die Tabuisierung von Veränderung können zur Gestaltung einer tragfähigen Zukunft führen.

(ad 1) Das ständige »Gerede« vom Priestermangel ist durchaus zu hinterfragen. Schon die Tatsache, dass seit Ende des 18. Jh. *ohne Unterlass* von Priestermangel gesprochen wird,[405] sollte stutzig machen. Die Idee eines Mangels kommt m. E. allein dadurch auf, dass man bestimmte »pastorale« Aufgaben und Funktionen vorgibt, die – dazu noch – in bestimmter Weise durch Priester verwirklicht werden sollen, und dann feststellt, dass die Zahl der Priester *dafür* nicht ausreicht. Aber was ist, wenn das Problem ganz woanders, nämlich im Ansatz liegt? Mit welchem Recht und welcher Begründung werden jene Vorgaben gesetzt, angesichts derer die Zahl der Priester zu klein ist?[406] Und überdies: Selbst wenn man die Vorgaben nicht in Frage stellt, wird mindestens in absehbarer Zukunft das Problem nicht Priester-, sondern Gläubigenmangel heißen. Schon jetzt (!) ist in der Erzdiözese Köln die Zahl der Priester pro Kirchenbesucher höher als vor 30 Jahren.[407]

(ad 2) Man glaubt, mit der Zurückhaltung oder sogar Weigerung, bestehende Pfarreien aufzulösen (oder besser: zusammenzulegen bzw. zu relativieren), einem Prinzip treu zu sein, welches auf der Würzburger Synode lautet: »Lebensraum der Menschen als Handlungsraum der Kirche.«[408] »Lebensraum« aber ist – so sagt man – die Orts- bzw. Wohngemeinde, in welcher mithin die Kirche (wenigstens) als Pfarrgemeinde präsent sein muss (wenn schon kein eigener ortsansässiger Pfarrer mehr zur Verfügung steht). Das aber ist aus verschiedenen Gründen in Frage zu stellen. Denn der wirkliche Lebensraum der Menschen ist schon längst nicht mehr die Ortsgemeinde, auch wenn die Entwicklung in diesem Punkt – wie auch sonst – ungleichzeitig verläuft. Heinrich Pompey fasst die hier zu berücksichtigenden soziologischen Phänomene sehr gut folgendermaßen zusammen:

> »Die Lebens- und Erlebnisräume der Menschen, in denen der Glaube verkündet, gefeiert und gelebt werden muss, erstrecken sich für den größten Teil unserer Gemeindemitglieder weit über den derzeitigen Pfarrbereich hinaus. Ihr Leben ist eher an außergemeindlichen Orten verankert: Schule, Betrieb, Sportstätte etc. Ebenso oft sind die Lebensräume telekommunikativ, d. h. viel großräumiger definiert. Lebens- und Leidenserfahrungen eines bestimmten Handlungsortes werden an Ort und Stelle miteinander geteilt bzw. die erfahrene Freude wie das erfahrene Leid telekommunikativ oder an neutralen Orten – wo man nicht sofort von anderen erkannt wird – z. B. in einem Café etc. ausgetauscht und verarbeitet. Das Gespräch mit dem Nachbarn hat gegenüber früher an Bedeutung verloren. Selbst familiäre oder sonstige Alltagsprobleme bespricht man lieber telefonisch mit einem entfernten Berufskollegen, einem Freund aus einem Fortbildungskurs etc. Der nahe Nächste wird sogar eher gemieden oder nur höflich begrüßt, wie die Kommunikationspraxis von Mehrfamilienhäusern zeigt.
>
> Die Beziehungsnetze haben sich räumlich erweitert. *Großräumliche Beziehungsnetze* sind *heute leichter möglich*, zumal durch eigene und öffentliche Verkehrsmittel auch der Face-to-Face-Kontakt schneller herzustellen ist. Ob alt oder jung: alle bedienen sich dieser neuen Möglichkeiten der Vernetzung. …
>
> Dass viele Gemeinden psycho-sozial zu klein sind, ist an den Selbst- und Fremdhilfegruppen unserer Städte und Landkreise abzulesen. Gruppen für Alleinerziehende überschreiten z. B. die territorialen Grenzen der bisherigen Gemeinden bzw. kommen gemeindlich und damit oft kirchlich nicht zustande, weil die Gemeinden zu klein sind. …
>
> Zu einer gleichen Divergenz zwischen Gemeindewelt und Lebenswelt

> kommt es im Freizeitbereich, z. B. in der Discowelt der Jugendlichen. Dort treffen die Jugendlichen die Mitschüler ihrer Schule, die jungen Kollegen aus den Betrieben und andere Jugendliche. Nur zufällig kommt jemand noch aus der eigenen kleinen Heimatgemeinde. Die Lebenscommunio junger Menschen ist umfassender. ... Die Sport- und Freizeitaktivitäten der Erwachsenen sind mit dem gemeindlichen Lebensraum nicht mehr identisch. ... Soziales Leben entschwindet aus den Gemeinden ...«[409]

Diese ausführliche Phänomenbeschreibung war notwendig, um deutlich zu machen: Es zeigt sich heute eine Mobilität, die, ob man will oder nicht, eine klare Unterscheidung zwischen Nur-Wohnort (im allerengsten Sinn) und Lebensraum (wie Ausbildungs- und Arbeitsplatz, Freizeittreff, Shopping, Freundeskreis und Sozialstationen verschiedenster Art) mit sich bringt. Aus diesen und vielen ähnlichen *Fakten* und nicht aus an der Vergangenheit orientierten Wunschträumen sind für die Zukunft der Kirche (und d. h. auch für die Art und Weise der Seelsorge und des Stils priesterlichen Handelns) die notwendigen Konsequenzen zu ziehen. Und diese können nur lauten: Schaffung genügend großer kirchlicher Strukturen bzw. seelsorglicher Räume, in denen sich das gemeinschaftliche Leben aus dem Glauben konzentriert. Das können z. B. – so Kehl – »Pfarreien« neuen Stils sein, »die von ihrer geographischen Lage, ihrer personellen Ausstattung und ihrer Tradition her ein deutlich geprägtes Profil haben, oder auch ... vergleichbare geistliche Zentren (Klöster und Ordenshäuser, Exerzitien- und Bildungshäuser, neue geistliche Bewegungen, Wallfahrtsorte u. ä.).«[410]

An solchen »Kristallisationspunkten« wird Kirche gelebt und erfahrbar als »Gemeinschaft von Gemeinschaften«, von vielen kleinen, überschaubaren, »erlebbaren« und dem »Bedürfnis« des einzelnen (im guten Sinn!) entsprechenden Gemeinschaften. Nur eine solche neue/alte Kirchenstruktur entspricht den »Zeichen der Zeit«, wo – es sei wiederholt – »neue Gemeinsamkeiten *unter den Bedingungen der* [die Neuzeit kennzeichnenden] *Individualisierung*« gesucht werden. Das heißt: Man hält Ausschau nach Gemeinschaften, die man frei wählen kann, die nicht vereinnahmen oder zwangsbeglücken, die hinreichend Partizipation gewähren, Gemeinschaften, in denen personale Beziehungen aufgebaut werden können, wo man das Leben teilen und den Glauben austauschen kann, kurz: die »schön« sind. Kirche der Zukunft wird eine Gemeinschaft von (solchen) Gemeinschaften sein, eine »Beziehungskirche« (K. Nientiedt).

Deshalb sind – als Weg zur Schaffung neuer kirchlicher Strukturen – viele, vielleicht sogar die meisten der noch bestehenden kleinen Pfarreien aufzulösen bzw. zusammenzulegen oder wenigstens (!) in ihrem Gewicht zu relativieren.[411] So heißt es auch im (in Anm. 403 schon erwähnten) Brief des Bischofs v. Münster R. Lettmann: »Die Entwicklung fordert uns heraus, eine Fixierung auf Pfarrgrenzen zu überwinden, die gezogen wurden, als unsere Gesellschaft noch ganz anders lebte. ... Wo heute volkskirchliche Selbstverständlichkeiten immer weniger gegeben sind, wird vielen immer deutlicher bewusst, dass Gemeindegrenzen zu eng abgesteckt sein können.« All das heißt *nicht,* dass damit irgendetwas von lebendigem Glaubensleben »am Ort« aufgegeben oder zerstört werden soll. Was lebt, soll weiterleben! Und *vielleicht* »behält die Territorialgemeinde – freilich in erneuerter Form – ihre große Bedeutung als erlebbare Glaubensgemeinschaft in räumlicher Nähe, kontinuierliche Quelle des eigenen Glaubens, konkreter Ort praktisch geübter Solidarität und politischer Verantwortung,»[412] wie das Zentralkomitee der Deutschen Katholiken verlautbart. Das »vielleicht« wurde deshalb hinzugesetzt, weil noch nicht zu übersehen ist, eine welch kleine Minderheit von Christen sich in einigen Jahren noch »am Ort« aufhalten wird. Jedenfalls werden sich wohl die Führung der Kirchenbücher sowie Kranken- und Besuchsdienste, Beerdigungen usf. weiter »vor Ort« (oder ringsum *lokale* Zentren) abspielen Also nochmals: Nichts soll zerstört werden! Wohl aber ist die seelsorgliche Energie und Aufmerksamkeit eher auf überörtliche Gemeinschaften zu richten: auf neue »Seelsorgeeinheiten«, spirituelle Gruppen, nichtterritorial organisierte Vereinigungen und Aktionsgemeinschaften. Denn kleinere Einzelpfarreien sind oft »nicht mehr in der Lage …, die Kräfte aufzubringen, die es braucht, um ein waches Gemeindeleben zu tragen.« (Brief des Bischofs v. Münster). Sie sind aufgrund ihrer Überalterung, ihres engen Milieus und der Verdünnung der Gäubigen-Dichte nicht mehr lebensfähig in dem Sinn, dass sich in ihnen jenes Spektrum von Glaubens-, Gemeinschafts- und Lebensformen finden lässt, das unabdingbar zum Leben der Kirche unter heutigen Bedingungen gehört (Gottesdienste für verschiedene Bezugsgruppen, eine Vielzahl von geistlichen Gemeinschaften, Kreise junger Familien, gesellschaftliche Engagements, Selbsthilfegruppen, Sozialdienste, vielfältige Jugendarbeit u.dgl.). Kurz: viele der bestehenden Pfarrgemeinden sind zu klein, um – entsprechend den differenzierten Anliegen, Interessen und Bedürfnissen der Moderne – Gemeinschaften zu finden, in denen suchende Menschen Gemeinschaft mit Gott und Gemeinschaft untereinander finden und das Evangelium verwirklichen können. »Der in unserer bisherigen Gemeindepraxis bisher übliche ›kleinste gemeinsame Nenner für alle‹ hilft immer weniger, den spezifischen Nöten und Bedürfnissen einzelner gerecht zu werden.« (Brief des Bischofs v. Münster). Soll darum nicht die Nähe der Kirche zu den aktuellen Lebensbezügen der Menschen verloren gehen, wird sie notwendigerweise auf längere Sicht – so zu Recht M. Kehl – »wohl mehr in *Kristallisationspunkten* leben als in einem flächendeckenden Pfarrei- oder Pfarrverbandssystem.«[413]

Die Ablösung der bestehenden Pfarrstruktur ist also keineswegs eine Frage des ominösen »Priestermangels« und sollte auch nicht als eine solche hingestellt werden, es ist auch kein Problem, das durch mehr »hauptamtliche Laien« aufgehalten werden kann. Das wenigstens sollte man von den evangelischen Schwestergemeinden lernen, deren Situation trotz einer *personell* hervorragenden Ausstattung mindestens ebenso prekär ist wie die von katholischen Gemeinden. Nein, es geht wirklich um eine neue epochale »Sozialgestalt« der Kirche, die den »Zeichen der Zeit« *und* dem Evangelium zu entsprechen hat. Nur »als ein Netz von lebendigen christlichen Begegnungsorten« (M. Kehl) kann sie heute das sein, was sie vom Evangelium her sein soll: »Salz der Erde« und »Stadt auf dem Berge«.

Dies durch ein »Besitzstandsdenken« zu verhindern (»*Unsere* Pfarrei muss auf jeden Fall bestehen bleiben!«) und nicht loslassen zu wollen angesichts der Herausforderungen der Zeit und des Evangeliums, dürfte im wahrsten Sinne des Wortes Sünde gegen Gott sein, eine Sünde, der die (immanente) Strafe auf dem Fuß folgt: nämlich die weitere Versteppung der Kirche zu einem frommen Traditionspflegeverein oder ihre Reduktion auf ein lebloses Institutionsensemble, wie sie sich leider jetzt schon vielfach darbietet. Einem Besitzstandsdenken »kann es nicht gelingen, die Möglichkeiten und Notwendigkeiten zu erkunden, die Gott uns gerade in dieser Zeit des Umbruchs eröffnen will. Wer möchte, dass alles so bleibt, wie es ist, für den bleibt nichts, wie es ist; es wird weniger. Wer aber … die Herausforderungen in unseren Gemeinden annimmt, … wird auch die darin verborgenen Chancen entdecken« (Brief des Bischofs v. Münster).

Der am häufigsten vorgetragene Einwand gegen die Auflösung einer Pfarrei bzw. deren »Relativierung« ist der, dass die Wohngemeinde bzw. Kommune ihrer Mitte beraubt wird und der Glaube seinen eigentlichen »Lebensraum« verliert. Doch zu diesem Einwand ist schon das Entscheidende gesagt worden: *Für viele ist die (kommunale) Ortsgemeinde nicht mehr* der eigentliche Lebensraum! Hinzuzufügen ist noch dies: Die Tatsache, dass man sich zur Feier der Eucharistie oder sonst zur Teilnahme am pfarrlichen Leben vom Wohnort weg »auf den Weg machen« muss, um als christliche Gemeinde zusammenzukommen, bringt durchaus auch Positives mit sich: Dadurch kann buchstäblich unter die Haut und in die Knochen gehen, dass Kirche evangeliumsgemäß »in der Diaspora«, »in der Zerstreuung« lebt und wandernd auf der Pilgerschaft unterwegs ist; ferner: dass der Glaube nicht identisch ist mit dem Hineingeborenwerden in eine bestimmte Gesellschaft (wie dies im Islam und im Hinduismus der Fall ist). Glaube ist ein Herausgerufensein und -werden, dem in der Heiligen Schrift immer auch ein Sich-auf-den-Weg-Machen entspricht. Was aber speziell die »Mühe« des Weges angeht, so sei nur die »boshafte« Bemerkung angefügt: Wenn man heute schon kilometerweit zum Supermarkt fährt, um dort sein Bier billiger als vor Ort einzukaufen, – sollte da nicht auch die Eucharistiefeier einen längeren Weg wert sein?

Ja, die *Eucharistiefeier*! Jedenfalls sollte es keine Alternative sein, bei Fehlen eines Priesters einen sonntäglichen Wortgottesdienst zu halten. Solche Wortgottesdienste anstelle einer Eucharistiefeier sind *in unseren Ländern*, wo man leicht an einer mehr oder minder nahe gelegenen Eucharistiefeier teilnehmen kann (anders als in manchen anderen Regionen der Kirche, wo der situative Gesamtkontext oft völlig different ist) m. E. ein gefährliches Gift, weil dadurch stillschweigend suggeriert, manchmal auch ausdrücklich ausgesprochen wird: Das Wichtigste ist, dass die Gemeinde sich *am Ort* trifft und *ihre*

Gemeinschaft erfährt. Wenn es dann nicht im Rahmen der Eucharistiefeier sein kann, dann wenigstens in dem eines Wortgottesdienstes (am besten noch mit integrierter Kommunionfeier [zum Letzteren siehe S. 96]).

Aber diese Überzeugung ist zutiefst fragwürdig. Denn jede territoriale Eucharistiefeier ist auf die des Bischofs bezogen und hat von dieser her ihre Bedeutung (vgl. S. 222 ff). Deshalb können die Gläubigen auch in der Teilnahme an der Feier einer anderen (benachbarten oder »fernen«) Ortsgemeinde ihre Einheit untereinander empfangen und – wenn man so will – »erfahren«. Denn jede Eucharistiefeier ist ausgerichtet nicht nur auf die Einheit jener Pfarrei, die gerade Eucharistie feiert, sondern darüber hinaus auch auf die Ortskirche (= Bischofskirche/Diözese) und damit auf die Einheit des ganzen dem Bischof anvertrauten Teiles des Gottesvolkes (also auch der Seelsorgeeinheit), ja mehr noch auf die ganze, im Netzwerk der vielen Ortskirchen sich strukturierenden Universalkirche. Die lokale Eucharistiefeier ist also immer schon – wenn sie legitim ist – entgrenzt auf das Ganze der Bischofs- und Universalkirche hin. »Die Hinwendung zur gemeinsamen Eucharistie in einer anderen Gemeinde ist dann nicht Verlust der eigenen Identität, die nur gewahrt werden kann, wenn sich christliche Gemeinde am Sonntag auf dem eigenen *Territorium* versammelt, sondern gerade Konstituierung jener ekklesialen Identität, die eine christliche Gemeinde erst zur Gemeinde macht,« dass sie nämlich im Netzwerk mit den anderen Gemeinden der Diözese und darüber hinaus – vermittelt über den Bischof – mit der ganzen Weltkirche steht.[414]

Darum scheint mir auch die *unbedingte* Bindung der sonntäglichen Eucharistiefeier an eine bestimmte lokale Gemeinde etwas zutiefst Unkatholisches, Sektenhaftes, Einschnürendes zu sein. Dies vor allem dann, wenn noch dazu als Begründung gegeben wird: Schließlich sei die Eucharistiefeier der wichtigste »Selbstvollzug« der Ortsgemeinde. In einem solchen Satz stecken gleich zwei theologische Fragwürdigkeiten: (1) Die Rede vom »Selbstvollzug«[415] und (2) dessen strikter Bezug auf die Lokalgemeinde. Nein, jede Feier der Eucharistie ist erstens und zunächst einmal *Empfang* einer Gabe, bevor sie in der dankbaren Annahme zum »Selbstvollzug« wird; und sie ist zweitens bezogen auf die Gemeinschaft der Universalkirche (oder sie ist missverstanden oder wird gar pervertiert).

Die große Relevanz dieser Darlegungen für die Praxis der Seelsorge wird im folgenden Kapitel noch deutlich hervortreten.

Somit spricht nichts Wesentliches (es sei denn Gewohnheit und Bequemlichkeit) gegen eine uns vom »Heute«, das immer auch das Heute Gottes ist, abverlangte Neustrukturierung der Kirche, auf dass sie wirklich Zeichen und Werkzeug der Communio Gottes sein kann. Auch für kirchliche Strukturen gilt der Satz: »Im Tod ist das Leben« – »Das Weizenkorn muss sterben«. Billiger ist neues Leben nicht zu haben.

2. Kirche als »religiöse Dienstleistungsgesellschaft«

Die Überschrift klingt, weiß Gott, nicht einladend und freundlich, und sie steht dazu noch in einer ungeheuren Spannung zum vorangehenden Abschnitt »Kirche als Überzeugungsgemeinschaft«. Aber damit wird auch die ganze Amplitude deutlich, in welcher sich heute die Kirche als »hybrides Mischgebilde« vollzieht. Was ist damit gemeint?

Neben der Anerkennung und Inanspruchnahme der Kirche als Institution für soziale und diakonische Tätigkeit hat sich seit den 80er Jahren als Hauptform öffentlicher Kirchlichkeit und Religiosität eine »Passagenreligiosität« durchgesetzt.[416] Ebertz kennzeichnet den Sachverhalt so:

> »Für die Mehrheit der Deutschen scheinen die Kirchen allenfalls noch ›Gehäuse‹ darzustellen, die man zur unbehelligten Pflege der eigenen religiösen Autozentrik nutzt. Die Frage entsteht, ob sich darin nicht eine typische Variante des religiösen Individualismus manifestiert …: Man bastelt seine ›eigene‹ Lebenssinn-Collage, ohne sich aber letztlich radikal auf sich selbst zu stellen oder sich … gemeinschaftlich von den etablierten Kirchen zu lösen. Zugleich unterläuft man allerdings deren obrigkeitliche Heilsverwaltungsansprüche ebenso wie ihre vergemeinschaftende Mitwirkungserwartungen. … Insofern scheinen die beiden Kirchen – ähnlich wie ARD und ZDF in der Medienlandschaft des deutschen Fernsehens, das zugleich spielerisches Schnuppern und punktuelles Zappen erlaubt, ohne konvertieren zu müssen – eine Art Grundversorgungsauftrag im religiösen Feld erhalten zu haben.«[417]

Diese »Grundversorgungsauftrag im religiösen Feld« muss der Tatsache ins Auge sehen, dass die Gottesvorstellung der meisten »religiösen Kunden« (wo eine solche überhaupt noch vorhanden ist), sich längst schon vom christlichen Leitbild (so vor allem von Gott als *personalem* Gegenüber) gelöst hat, alle möglichen synkretistische Formen und Projektionen annimmt und Gott eher als eine Chiffre für die Tiefe menschlicher Existenz, für Transzendenz, Sakralität und höhere magische Mächten versteht. Der »Grundversorgungsauftrag« muss ferner damit rechnen, dass die Taufe von der Mehrheit der Bevölkerung (62%) vornehmlich als Familienfest gesehen wird und darüber hinaus als religiöse Begleitung und Schutzritual gegen womöglich bedrohliche Mächte. Es muss weiter in Betracht gezogen werden, dass 49% der Befragten der Aussage zustimmen, dass man in der Kirche sei, *weil* man auf die kirchliche Trauung oder Beerdigung nicht verzichten möchte. Kurz: »Die absolute Mehrheit der katholischen wie der evangelischen Kirchenmitglieder (1995: 57 bzw. 58%) beantwortet ... die Frage nach dem subjektiven Nutzen der Kirche (›was einem die Kirche bringt, was man Positives für sich herauszieht‹) dahingehend, ›dass man wichtige Ereignisse im Leben kirchlich feiern kann, z. B. Hochzeit, Taufe‹«[418] und – vor allem – die Beerdigung.

In all dem erwarten Menschen von der Kirche »religiösen Service« so wie sie auch soziales und diakonisches Engagement von ihr erwarten. Summa: Die Kirche ist akzeptiert als »Sozialkirche« und als »Passagenritenkirche«. »Der Mechanismus von Angebot und Nachfrage caritativ-diakonischer und passageritueller Dienstleistungen scheint als neuer Integrationsmodus an die Stelle von Glaubensgehorsam und ritueller Normobservanz zu treten.«[419]

Aber – so wird man jetzt mit Nachdruck die Frage stellen müssen – hat das alles noch etwas mit wahrer Kirche zu tun? Ist religiöse Bedürfnisbefriedigung nicht Perversion von Kirche, etwas, das im Übrigen mittlerweile auch von vielen anderen Gremien, Institutionen und Einzelpersonen verwirklicht wird? Muss Kirche, die »Stadt auf dem Berge« sein soll und will, das alles nicht von sich weisen? Hier ist in der Tat eine grundsätzliche Entscheidung vonnöten. Und die sollte in einer eindeutigen Hinwendung zu den Menschen bestehen, die nicht einfach »Heiden« sind oder »Karteileichen« oder gar – wie J. B. Metz sagt – »eine Gesellschaft der religionsförmigen Gottlosigkeit«, sondern die im weitesten Sinn als »Sympathisanten« betrachtet werden können, die sich aus verschiedensten Gründen und bei unterschiedlichsten Gelegenheiten der Kirche zuwenden, ansonsten aber nicht weiter »engagieren« wollen. Das Ja zu solchen Menschen darf nicht der Intention entspringen, auf dem Wege von Kirche als »religiösem Dienstleistungsunternehmen« doch noch so etwas wie »Volkskirche« zu »retten«; es geht vielmehr darum, nach dem Willen Jesu Christi für *seine* Kirche zu fragen. Nun hat der Herr aber, wie wir dem Neuen Testament entnehmen, keine »Gemeinschaft der Heiligen« ins Leben gerufen, keine abgesonderte »Sekte« à la Qumrân, keine religiöse »Sondergruppe«, sondern er hat zugelassen, dass sich Menschen aus unterschiedlichsten Gründen um ihn scharten: um geheilt zu werden (manchmal sogar in fast »magischer Weise«: Mk 5,30), um Sättigung zu finden, um sich segnen zu lassen, um Erfüllung einer vagen Sehnsucht ihres Herzens zu erlangen, um »Sensationen« zu erleben, um seine Worte zu hören und auch um ihm – immer oder nur gelegentlich – zu folgen. All diese »Typen« finden sich um Jesus herum, damals und heute. Ganz auf dieser Linie stellte Albert Görres einmal folgende Liste zusammen:

> »Die Kirche ist, wie die Sonne, für alle da. Für Gerechte und Ungerechte, Sympathen und Unsympathen, Dumme und Gescheite; für Sentimentale ebenso wie Unterkühlte, für Neurotiker, Psychopathen, Sonderlinge, für Heuchler und solche wie Natanael, ›an denen kein Falsch ist‹ (Joh 1,47); für Feiglinge und Helden, Großherzige und Kleinliche. Für zwanghafte Legalisten, hysterisch Verwahrloste, Infantile, Süchtige und Perverse. Auch für kopf- und herzlose Bürokraten, für Fanatiker und auch für eine Minderheit von gesunden, ausgeglichenen, reifen, seelisch und geistig begabten, liebesfähigen Naturen. Die lange Liste ist nötig, um klarzumachen, was man eigentlich von einer Kirche, die aus allen Menschensorten ohne Ansehen der Person, von den Gassen und Zäunen wie wahllos zusammengerufen ist und deren Führungspersonal aus diesem bunten Vorrat stammt, erwarten kann – wenn nicht ständig Wunder der Verzauberung stattfinden, die uns niemand versprochen hat.«[420]

Jesus jedenfalls hat nie und nimmer das geknickte Rohr gebrochen und den glimmenden Docht ganz ausgeblasen. Und seinen Jüngern hat er aufgetragen, den Samen überallhin auszustreuen, nicht das Unkraut auszujäten. Der einzige Vorbehalt (der eigentlich keiner ist) war: Nimmt man euch nicht auf, dann schüttelt den Staub von euren Füßen als Zeugnis wider sie! Deshalb ist die Kirche, die sich auf diese »sehr gemischte« Sammlungsbewegung Jesu bezieht, ein »Acker«, auf dem Weizen und Unkraut wächst, ein »Fischernetz«, das mit guten und stinkenden Fischen gefüllt ist. Erst am Ende wird geschieden, aber vom Herrn, nicht von uns.

Auf diesem Hintergrund ist die heute verbreitete Einschätzung der Kirche als sozialer und religiöser Dienstleistungsgesellschaft doch wohl tiefer zu sehen. Steht dahinter nicht die Sehnsucht nach einem gelingenden Leben, das hier anhebt und sich letztlich erst in einer »sakralen Transzendenz« erfüllt? Darum – so schreibt Medard Kehl –

> »so diffus, so magisch-ritualistisch oder deistisch oder auch gnostisch-naturmystisch der Transzendenzbezug einer kulturell akzeptierten Religiosität auch sein mag – die Menschen scheinen gerade an Grenz-, Wende- oder Höhepunkten ihres Lebens oder auch nur an herausgehobenen Zeiten im Jahresrhythmus doch die *Endlichkeit* ihres Daseins, seine Ausgesetztheit und Ungesichertheit zu spüren. Wohl deswegen wenden sie sich noch immer an die Kirche, um in ihrem rituellen Rahmen eine gewisse religiöse Stabilisierung in der nicht völlig zu verdrängenden Zerbrechlichkeit des Lebens zu finden. Sie möchten sich dabei – theologisch gesprochen – des *Segens Gottes* für ihr Leben vergewissern, eines Gottes, der ihnen weithin fremd ist, von dem sie aber doch vage hoffen, dass es ihn als irgendwie schützende Macht über ihrem Leben und dem ihrer Kinder geben möge. Und für die Berechtigung dieser Hoffnung stehen in ihrem Bewusstsein noch immer die Kirche und gerade auch ihre Priester ein.«[421]

Deshalb kann und darf Kirche sich nicht darauf beschränken, »klein, aber fein« zu sein, »eine kleine Herde«, die sich jedoch als leuchtendes Zeichen der staunenden Welt darbietet, eine hochmotivierte Sekte und ein »Netzwerk« von kleinen Gemeinschaften, in denen Glaube erfahrbar wird und das Evangelium als glückende Lebensregel aufleuchtet. Sie muss akzeptieren, auch in ihrem äußeren Erscheinungsbild unter den Bedingungen der Gegenwart ein »hybrides Mischgebilde« zu sein, wo die einen, die (wenigen) Jünger des »engeren Kreises«, eine besondere Sendung für die übrigen haben, und die anderen für die ersteren eine Herausforderung darstellen, insofern sie an diese die bohrende Frage stellen:

> »Aber vor allem
> Immer wieder vor allem anderen:
> Wie handelt man
> Wenn man euch glaubt, was ihr sagt?
> Vor allem: Wie handelt man?« (Bert Brecht).

Damit sind einige Voraussetzungen geschaffen, um im Folgenden zu fragen: Was bedeutet es angesichts all dessen, Priester in dieser Zeit zu sein? Wie sind die Schwerpunkte seelsorglicher Tätigkeit zu setzen?

Nicht zuletzt aber: Wie kann das alles geschehen, ohne dass der Priester sich noch mehr be- und überlastet fühlt, als es jetzt schon der Fall ist? Wie kann er in Freude »Diener der Freude« für die Gemeinde sein (vgl. 2 Kor 1,24).

Drittes Kapitel

Schwerpunkte priesterlicher Seelsorge

§1 Grundsätzliches

1. Wie Abraham …

Im vorangehenden Kapitel wurden Trends skizziert, die in der gegenwärtigen Umbruchszeit der Kirche so etwas wie Richtungspfeile darstellen, die zu erkennen geben, auf welche neue Sozialgestalt hin die Kirche bereits unterwegs ist, und denen nicht widerwillig, gewissermaßen »zähneknirschend«, sondern ungezwungen und bereit zu gestalterischen Initiativen zu folgen ist, will man den »Zeichen der Zeit« und dem Evangelium entsprechen.

Und doch: auch wenn diese Trends klar und eindeutig sind, bleibt vieles von dem, wie Kirche in 10–20 Jahren dastehen wird, im Detail offen. Offen bleibt damit auch, wie in Zukunft der Dienst des Priesters und die Art und Weise seines Lebens im Einzelnen aussehen wird. Konnte noch vor einer Generation ein junger Mann, der Priester werden wollte, damit rechnen, in fast allem, was die Gestalt seines Lebens und seiner Arbeit angeht, in den Fußstapfen der ihm bekannten Priester weiterzugehen, so hat sich dies bereits heute geändert und wird sich dies mehr noch morgen mit großer Sicherheit ändern. Wer sich heute auf den Weg macht, Priester zu werden, oder wer noch relativ junger Priester ist, wird mit großen, sehr großen Veränderungen zu rechnen haben. Das heißt aber – mit biblischen Worten gesagt: Priesterwerden und Priestersein bedeutet eine Art »Abrahams-Existenz« zu führen. In Gen 12, 1 f lesen wir: »Der Herr sprach zu Abram: Zieh weg aus deinem Land, von deiner Verwandtschaft und aus deinem Vaterhaus in das Land, das ich dir zeigen werde. Ich werde dich zu einem großen Volk machen, dich segnen und deinen Namen groß machen. Ein Segen sollst du sein.« In Hebr 11, 8 wird dieser Text aufgegriffen und präzisiert: »Aufgrund des Glaubens gehorchte Abraham dem Ruf, wegzuziehen in ein Land, das er zum Erbe erhalten sollte; und er zog weg, ohne zu wissen, wohin er kommen würde. Aufgrund des Glaubens hielt er sich als Fremder im verheißenen Land, wie in einem fremden Land auf und wohnte mit Isaak und Jakob, den Miterben derselben Verheißung, in Zelten. Denn er erwartete die Stadt mit den festen Grundmauern, die Gott selbst geplant und gebaut hat.«

Priester sein und als Priester wirken heißt heute: wie Abraham im Glauben aus allen Sicherheiten aufzubrechen in eine Zukunft, »ohne zu wissen, wohin man kommt.« Abraham muss sich sozusagen jeden Abend und jeden Morgen fragen: Herr, wohin jetzt? In welche Richtung soll ich nun aufbrechen? Genau das gehört zum Glauben, wie er an Abraham, dem »Vater unseres Glaubens« (Röm 4) aufgezeigt wird. Glauben heißt nicht: Hütten auf dem Tabor bauen und sagen: Herr, hier ist gut sein, hier lass uns bleiben! Glauben heißt vielmehr, »auf Abruf«, nämlich auf den Ruf Gottes hin, unterwegs »in einem fremden Land« sein, d.h. ohne ein festes Zuhause, vielmehr in Zelten, die man schnell abbrechen kann, mit leichtem Gepäck, ohne eingefahrenen Weg, der einem die Mühe des Auskundschaftens erspart. Diese »Anstrengung« des Glaubens wird jedoch durch zwei Faktoren gewissermaßen wettgemacht, nämlich durch die Verheißung: Du wirst ein Segen sein für die anderen! und durch die Zusage, unterwegs zu einer festen Stadt zu sein, »die Gott selbst erbaut hat«. Heute kann wohl nur der Priester sein und werden, der dazu bereit ist, sich mit Haut und Haaren dranzugeben und aufzubrechen in eine zwar ungewisse, aber von Gottes Verheißung und von der Zusage seines Geistes getragene, umfangene und garantierte Zukunft.

Zu dieser »Zumutung«, als Priester heute eine Art »Abrahams-Existenz« zu führen, haben die Weihekandidaten »Ja« gesagt, als sie auf die Frage des Bischofs bei der Weiheliturgie »Seid ihr bereit, ... *unter der Führung des Heiligen Geistes* die Herde Christi gewissenhaft zu leiten?« ihr Einverständnis gaben und in der Weihe die Befähigung erhielten, *im Geist Gottes* Hirten der Kirche zu sein. Seelsorge besteht also nicht einfach darin, feste Programme auszuführen und »weiterzumachen«, wie »man« so macht, vielmehr gilt es, ein Leben »im Geist« zu führen, und dazu zählt, ständig neu auf den Willen Gottes zu hören, sich ein Gespür dafür anzueignen, was unter seinem »Drängen« hier und heute zu tun ist, und den nächsten Schritt zu tun. Es gibt so etwas wie das Angebot eines »Sakramentes des Augenblicks«, das dazu befähigt, im Wahrnehmen der Gegenwart eben jenen nächsten Schritt zu tun, in dem sich uns die Zukunft Gottes erschließt. Besonders in einer Zeit des Umbruchs wie der unseren, in der niemand mit letzter Klarheit weiß, wohin und wie die »Reise« verlaufen soll, ist die in der Weihe geschenkte Gabe und Einladung, sich der Führung des Heiligen Geistes anzuvertrauen, das eigentlich tragende Fundament.

Auf diesem »Abrahams-Weg« begleitet die Verheißung: Du wirst ein Segen sein! Aber der Priester wird nur dann ein Segen sein können, wenn er viel deutlicher als in früheren Zeiten, da sich kirchliches Amt mit Strukturen weltlicher Herrschaft verband, von sich wegweist im Sinne des Johannes-Gestus »Ich bin es nicht!« Ich stehe nur für einen anderen, der »es ist«. ER, Christus, ist der »Herr« seiner Kirche, nicht wir. Wir leihen ihm gewissermaßen nur Stimme und Hände, Herz und Aufmerksamkeit, damit er durch uns handeln kann. Und nur er, er allein, vermag in der Kraft des Heiligen Geistes Menschen zum Glauben zu bewegen, er allein kann sein Wort in die Tiefe des Herzens legen, so dass es fruchtbar werden kann, er allein ist im Stande, Menschen zu befähigen, sich zu versöhnen und aus ihrem kleinen Ich herauszusteigen, um sich zur großen Communio mit Gott und untereinander zu vereinen. Kurz: ER ganz allein ist im Heiligen Geist der eigentliche »Seelsorger«, wenn man diesen traditionellen Begriff hier einmal aufgreift. Das heißt aber mit anderen Worten: Seelsorge kann und darf nicht als ein »effizientes Handeln« verstanden werden, das wir, die Christen allesamt und insbesondere die Priester, vollbringen.

Das ist noch näher zu erläutern.

2. »Darstellendes Handeln«

Wir kennen aus unserer Erfahrung zwei sich zwar gegenseitig durchdringende und ergänzende, aber doch grundsätzlich verschiedene Weisen von Handeln, von praktischem Tun, und zwar herstellende und darstellende Praxis. In der ersten Weise stellen wir – wie der Begriff sagt – etwas her, wir machen, verändern, produzieren etwas. Das Tun richtet sich auf die effiziente, d. h. wirkmächtige Gestaltung und Herstellung von Objekten, Institutionen, Strukturen oder Prozessen. In einer solchen Praxis bemächtigt sich der Mensch (als »causa efficiens« – wirkende Ursache) der ihm vorgegebenen Wirklichkeit und macht sie seinen Vorstellungen und Zielen »untertan«. In solcher Praxis, die nicht selten dem »Willen zur Macht« (Friedrich Nietzsche) entspringt, verwirklicht sich der Mensch selbst und prägt er der Welt das Siegel seines eigenen Könnens auf. In der Neuzeit steht menschliches Handeln fast exklusiv unter dem Vorzeichen herstellender Praxis. Der Mensch versteht sich als der »homo faber«, der als selbstbewusstes Subjekt die Welt nach seinen Ideen kreativ gestaltet. Solch effizientes Handeln kann aber unmöglich die Weise sein, wie der Mensch seine Berufung und Befähigung zur Mitwirkung am Communio schaffenden Handeln Gottes realisiert, kann er doch weder selbst von seiner durch die Sünde eingetroffenen Isolation loskommen, noch sich aus eigener Kraft in eine Beziehung zu Gott und zum Nächsten hinein-»katapultieren«, noch die verheißene Zukunft des Reiches Gottes, die alles umfassende (»vertikale« und »horizontale«) Communio von sich aus erwirken.

Doch es gibt noch eine andere Weise des Handelns. Und diese ist nach Martin Heidegger das *Vollbringen.* »Vollbringen heißt, etwas in die Fülle seines Wesens entfalten, in diese hervorgeleiten, producere.«[422] Hier ist unter »produzieren« ganz anderes verstanden: Es geht darum, etwas, was dem Menschen vor-gegeben ist oder vor-gegeben wird, zu »vollbringen«, d. h. in eine darstellende Praxis umzusetzen, worin sich das Vor-Gegebene »verleiblicht«, »ausdrückt«, »symbolisiert« und dadurch »die Fülle seines Wesens« entfalten kann.

Was solche darstellende Praxis (oder auch »Ausdruckshandlung«) ist, lässt sich an einem Beispiel aus dem zwischenmenschlichen Bereich illustrieren: Wenn ein Liebender der Geliebten einen Rosenstrauß überreicht, so ist dies zweifellos ein Tun, eine Praxis. Aber es wird weder etwas hergestellt, noch ein Objekt umgestaltet, noch geht es um Selbstverwirklichung des Subjekts. Hier wird vielmehr die gegenseitige Liebe dargestellt, die dadurch – um mit Heidegger zu sprechen – »vollbracht«, »in die Fülle ihres Wesens entfaltet« wird. Gewiss, darstellendes Handeln kann durchaus ein herstellendes Tun einbegreifen. Beispiel: Ein Entwicklungshelfer legt, um der Wassernot eines afrikanischen Stammes zu begegnen, einen Brunnen an. Er stellt also etwas her. Ist aber dieses Tun als »Ausdruck« und »Verleiblichung« seiner Solidarität, Mitmenschlichkeit, ja Liebe gemeint, so wird die »herstellende Praxis« des Brunnengrabens in den Horizont »darstellender Praxis« integriert. Damit werden Motivation, Kontext und Ziel des (scheinbar nur) herstellenden Handelns (des Brunnengrabens) verwandelt. Die herstellende Praxis wird zum Symbol, das über sich hinausweist auf das hin, was es darstellt und worauf es abzielt: auf Liebe, welche im äußeren, besser: im sich ausdrückenden Tun »die Fülle ihres Wesens« entfaltet.

Der Unterschied zwischen darstellender und herstellender Praxis liegt also nicht etwa darin, dass in ersterer weniger »getan« wird als in letzterer. Der Unterschied liegt vielmehr darin, dass in der herstellenden Praxis der Akzent auf dem objektiven Ergebnis, auf dem sichtbaren und messbaren Erfolg, auf dem Resultat, das man für sich und seine Interessen nutzbar machen kann, liegt, während sich »darstellende Praxis« als »Verwirklichung« des Lebens selbst versteht. Weil jemand Liebe als »Leben« in sich trägt, drückt er sie auch nach außen hin aus; weil jemand »kommunikativ« ist, sucht er sich in seinem Verhalten auch entsprechend zu »geben«; weil jemandem Freude geschenkt wird, stellt er sie auch nach außen dar. Immer wird etwas »Vor-Gegebenes« zum Ausdruck gebracht. Und fragt »herstellende Praxis« nach dem »Wozu?« einer Handlung, so stellt sich dieses Problem beim Ausdruckshandeln gerade nicht. Dieses ist rein von sich aus nicht instrumentell auf etwas anderes ausgerichtet; »es ist, was es ist«, es stellt dar, was vor-gegeben ist. In ihm verwirklicht sich in der Differenz von »Sein« und »symbolischer Darstellung« das Leben selbst in der »Fülle seines Wesens«.

Alles Mittun des Menschen mit Gott kann nur von der Art der »darstellenden Praxis« sein, in der sich freilich – und das ist nun entscheidend wichtig! – nicht das (autonome) Subjekt selbst darstellt, sondern jenes Ich, das zum Leben in der Communio mit Gott befähigt und zur Weitergabe der Communio beauftragt ist, jenes Ich, in dem Gott selbst am Werk ist. Das spitzt sich im seelsorglich-amtlichen Handeln des Priesters zu. Er ist ja dazu berufen, sakramental »im Namen Christi« zu handeln, so sehr, dass alles amtliche Tun des Priesters nur das darstellt, ausdrückt, symbolisiert, was Christus selbst tut. Seelsorge kann von sich aus nichts bewirken (»effizient werden«). Sie ist darum nur dann authentisch, wenn sie das verleiblicht und anschaulich macht, was Gott erwirkt oder erwirken will. In einem so verstandenen pastoralen Mittun kommt dann freilich auch das Handeln Gottes selbst »zur Fülle seines Wesens«, da dadurch die grundlose Liebe Gottes – der »Plan seines Herzens«, alles in Christus zur Einheit zusammenzufassen – sichtbar und greifbar in die erfahrbaren Strukturen dieser Welt eingetragen wird. Solches darstellendes bzw.

»sakramentales« Tun ist verbunden mit dankbarer Erinnerung, ehrfürchtiger Anbetung und der Hoffnung, dass – bei allem (Mit-)Tun des Menschen – Gott selbst es ist, der sein Werk vollenden wird. Der Mensch darf es »nur« zum Ausdruck bringen, ohne es je erschöpfen und an sein endgültiges Ziel führen zu können. Aber indem solches Handeln die Zukunft Gott überlässt, kann es sich gerade angstfrei und mutig den Herausforderungen der Gegenwart stellen. Dadurch dass es sich damit »begnügt«, glaubhafte Zeichen des heilschaffenden Gottes zu setzen und das je Mögliche zu tun, wird es frei von allen Formen des Totalitarismus, der meint, das »totum«, das Ganze, selbst machen zu müssen und dabei nur alles überzeichnet, erdrückt, vergewaltigt und in letzter Konsequenz sich doch nur selbst zerstört. Praxis der Darstellung befreit sowohl von der Resignation wie von der Hektik des Handelns um jeden Preis, von jenem lächerlichen, sich überstürzenden Aktionismus, der keine Zeit und keine Distanz kennt, da er meint, ihm und ihm allein sei alles zugelastet. Solche Praxis ist – wie Thomas Pröpper zutreffend bezüglich allen christlichen Handelns ausführt – von der letzten Sorge um ihr »Gelingen« (um das, was »effizient« dabei herauskommt) befreit. Sie wird deshalb »lieber das Eigene einsetzen und die Schutzlosigkeit wählen, als auf die Strategien der Herrschaft und die Mittel des Bestehenden zu setzen und dennoch, da Gott dem einmal Begonnen treu ist, dem Anschein der Vergeblichkeit widerstehen. Also wird sie tun, was Menschen tun können, und dazu Mut finden in dem Glauben, dass Gott selber tut, was Menschen nicht können.«[423]

3. Konsequenzen

Bestimmt diese Grundhaltung das gegenwärtige pastorale Handeln der Kirche? Diese kritische Frage darf die für die Seelsorge Verantwortlichen nicht loslassen, sie ist wie ein Sprengstoff, der vieles von dem, was »man« so heute pastoral für wichtig und richtig hält, in Stücke reißt. Von ihr her müssten eigentlich alle derzeit vorgelegten und praktizierten Seelsorgspläne, -konzepte und -strategien (samt und sonders Begriffe aus dem Kontext »effizienter Praxis«) sowie die Lebensordnung und die »Wertehierarchie« vieler Pastoralämter, Pastoraltheologen und Priester (sowie anderer pastoraler Mitarbeiter) einer unerbittlichen Prüfung, aber auch »Heilung« unterzogen werden. Wie weit ist Seelsorge davon bestimmt, dass sie »nur« sakramental-symbolische Darstellung des Handelns Gottes ist?[424] Muss nicht spätestens vom »Ergebnis« her die gegenwärtige Weise pastoralen Handelns nachdenklich machen? »Trotz immer größerer Anstrengungen sind wir offensichtlich immer erfolgloser.«[425] Sind wir wirklich erfolgloser? Seelsorge als »darstellende Praxis« bedeutet auch:

> »Wenn der Priester mit seinem Dienst ›ankommt‹ bei den Menschen, dann ist es zuerst und eigentlich Gott, der sein Heilswerk durch seinen Beauftragten als seinen Mit-Arbeiter zum Ziel bringt. Und wenn der Priester trotz aller aufgewendeten Mühe beim Adressaten seines Dienstes nicht ›ankommt‹, wenn sein Dienst ausgeschlagen wird, dann ist es auch wieder zuerst Gott, der, wenngleich durch seinen Beauftragten, vergeblich zur Gnadenannahme aufforderte.«[426]

Ist das nicht Trost genug! Die Unwirksamkeit der alltäglichen Arbeit, die von so vielen Priestern erfahren wird, Enttäuschungen, Frustration, Perspektivenlosigkeit sehen von hier aus doch ganz anders aus. Ist die Überzeugung, »nur« das »darzustellen«, nur das in die Dimension der Sichtbarkeit und Erfahrbarkeit zu bringen, was Gott selbst erwirkt, nicht eine befreiende Botschaft, die im wahrsten Sinn des Wortes ent-lastet, d.h. dem Amtsträger die eigentliche Last abnimmt und dem Herrn selbst aufbürdet? Der Priester darf als »Repräsentant Christi« das Wort Christi auf sich anwenden: »Ich tue nichts im eigenen Namen, sondern sage nur das, was mich der Vater gelehrt hat. Und er, der mich gesandt hat, ist bei mir; er hat mich nicht alleingelassen.« (Joh 8,28f).

»Der mich gesandt hat, ist bei mir!« Nicht der Priester »macht« eigentlich Seelsorge, baut Gemeinde auf, vermittelt das Heilswerk Christi, nicht er »macht« kirchlichen »Betrieb« – das heißt: den macht er vermutlich oft und verstellt dadurch das, worum es eigentlich geht: dass Gott selbst in Jesus Christus durch ihn handeln und im »nur darstellenden« Tun des Priesters »zu Wort« und »zu Werk« kommen will. Der Priester ist in einer ähnlichen (!) Stellung wie Johannes der Täufer. Dieser ist nicht selbst das Licht, sondern gibt nur Zeugnis vom Licht (vgl. Joh 1,8). Er ist der »Freund des Bräutigams«, der »dabeisteht«, die Hochzeit aber dem überlässt, dem sie gebührt: Christus selbst (Joh 3,29). Er ist wie der überlang ausgestreckte Zeigefinger des Täufers auf dem Isenheimer Altar: reiner Verweis auf den, der – zwar durch das Zeichen des Beauftragten, aber doch in Wirklichkeit – selbst sein Heilswerk tut.

Das alles sind keine neuen Wahrheiten und Einsichten. Aber sind sie wirklich die selbstverständlichen Grundpfeiler für das Wirken der Priester? Sind nicht viele »vollgestopft und unerfüllt« (H. Nouwen), vollgestopft mit Verpflichtungen, unerfüllt im Herzen? Bei nicht wenigen lässt sich eine zweifache Fehlhaltung feststellen, die trotz ihrer Gegensätzlichkeit die gleiche verkehrte Wurzel hat. Seelsorge ist – jeder weiß es! – ein Fass ohne Boden. Tausend Bitten, Anforderungen und Erwartungen ergehen an den Priester vonseiten hilfsbedürftiger und ratsuchender Menschen, vonseiten der Gemeinde oder vonseiten des Ordinariats. Der eine Teil der Priester reagiert darauf mit unglaublicher Betriebsamkeit. Er versucht, das Mögliche in dieses »Fass ohne Boden« hineinzugeben, fast immer mit dem schlechten Gewissen, dennoch zu wenig zu tun. Stress, Aktionismus und schließlich geistig-geistlicher Leerlauf ist die Folge. Der andere Teil des Klerus reagiert so, dass er sich müde und resigniert auf das absolut Notwendige beschränkt, weil er sich dauernd überfordert fühlt und klar erkennt, dass man sowieso nicht alles tun kann. So findet sich Betrieb und Hektik auf der einen, Müdigkeit und Resignation auf der anderen Seite. Beide Fehlhaltungen kommen jedoch aus der gleichen Wurzel, sie entspringen der falschen Überzeugung: der Priester muss es »machen«! Aber es ist nicht der Priester, sondern Christus durch ihn. Die Gemeinde ist Gottes Bauwerk und Acker (1 Kor 3,9) und nicht in erster Linie Arbeitsfeld des Priesters.

Auch im Verständnis von Seelsorge als »darstellendem Handeln« steht der Priester, sollte der Priester stehen für die Art und Weise der Praxis Jesu selbst. Wie hat er denn gehandelt? Hat er denn allen die frohe Botschaft verkündet, alle Kranken geheilt, alle Hungernden gespeist, alle Armen getröstet, alle Menschen aus ihrer Einsamkeit befreit, universale Communio gestiftet? Auch er hat nicht alles getan! Wenn man heute auf dem Tabor in Israel steht, übersieht man fast den ganzen galiläischen Wirkungsraum Jesu – nach heutigen Maßen nicht einmal der Raum eines kleinen Dekanats. Aber in dieser räumlichen Begrenzung hat Jesus Zeichen gesetzt, glaubwürdige Zeichen der Hoffnung darauf, dass das, was jetzt in kleinen bescheidenen Anfängen aufleuchtet, einmal universale Wirklichkeit werden wird, wenn Gott selbst sein Reich herbeiführt. Wenn der Herr nicht »alles« getan hat, warum meinen die kirchlichen Amtsträger, »alles« tun zu müssen? Warum können nicht Dinge gelassen werden, auch wenn sie, in sich gesehen, noch so wichtig sind? Demgegenüber wäre das, was getan wird, »richtig« zu tun, d. h. im Geiste Jesu, in seiner Haltung, so, dass Er im Tun des Priesters aufleuchten kann.

Die Haltung Jesu wird besonders in der Zachäus-Perikope (Lk 19, 1 ff) deutlich: Ganz Jericho lief zusammen, um Jesus zu sehen, sein Wort zu hören und seine Machtzeichen zu erfahren. Und was tut er? Statt sich mit allen einzulassen, bleibt er bei *einem* stehen, bei Zachäus. »Heute muss ich in deinem Haus zu Gast sein.« Jesus sieht: Dieser Mann braucht mich jetzt! So ist er ganz für diesen einen da, so, als ob alle anderen ringsum für ihn nicht mehr existierten. Wie viele Menschen muss er enttäuschen, da er sich dem einen wirklichen »Muss« stellt, dem Muss des Willens seines Vaters. So handelt Jesus. Keine umfassende Betriebsamkeit, kein Programm, möglichst alle Menschen zu erreichen, kein Rundum-Service: er setzt glaubwürdige Zeichen der Hoffnung, der Liebe, des Erbarmens. Er tut im Dienst des Vaters gelassen das »eine Notwendige«, indem er auf den Anruf der Stunde hört, wo ihm der Wille des Vaters begegnet.

Es ist eine Testfrage an jeden Priester, wie er in Jericho gehandelt hätte und wie er handeln wird. Jericho ist überall da, wo die Menschen- und Arbeitsmenge sich drängt. Auch für den Priester hätte hier das im Vordergrund zu stehen, was bei Jesus wichtig war: im Hören auf den Ruf der Stunde das »eine Notwendige« zu tun, gelassen und ruhig, geistlich und überzeugend, im Wissen, dass Gott durch ihn handelt, jetzt in kleinen Zeichen und Fragmenten, und einmal so, dass Er selbst das universale Reich herbeiführen wird. Diese spirituelle Überzeugung müsste einen ganz anderen Stil der Seelsorge herbeiführen, einen viel geistlicheren, viel gelasseneren Stil, vor allem aber viel Freude, jene Freude, die so oft unter den vielbeschäftigten Amtsträgern fehlt.[427]

Wenn schon keine geistlichen und theologischen Argumente zählen, so vielleicht der Hinweis, dass das hier angesprochene Problem in nächster Zeit immer drängender wird. Denn mit der seelsorglichen Praxis, wie sie von vielen heute noch geübt wird, kann es so nicht weitergehen, ob man nun will oder nicht. Schon die künftige Entwicklung führt das Ganze ad absurdum. Wir werden vermutlich in den nächsten Jahren noch weniger Priester haben. Sollen die wenigen immer mehr tun, sich einem noch immer größeren Stress unterstellen und versuchen »durchzukommen« – oft freudlos, oft müde? Und soll man für einen solchen Beruf dann auch noch mit gutem Gewissen werben können? Wenn schon keine anderen Argumente zählen: mindestens die kommende Entwicklung zwingt zu einer fundamentalen Umorientierung. Es müssen Aufgabenbereiche ganz einfach weggelassen werden, gegebenenfalls mit dem klaren Wissen darum, dass es gelegentlich auch sehr wichtige Dinge sind, die beiseite geschoben werden müssen. Die beliebte Bautätigkeit so vieler Kleriker, die gedrängte Zelebration von -zig Messen, die oft aus Zeitmangel oberflächliche Vorbereitung von Katechese und Schulunterricht, die »Gastspiel«-Rolle des Priesters in allen möglichen Vereinen und Gruppen, sein Mitmachen im politischen Machtpoker auf kommunaler Ebene, das Eingehen auf Repräsentations-»Pflichten« auf allen nur denkbaren Veranstaltungen – wohin soll all das führen, wenn es nicht mehr möglich ist, darin überzeugend Christus aufleuchten zu lassen, die Menschen in seine Nachfolge, in die Communio mit ihm und untereinander und in die Erwartung seines Reiches zu führen? Welchen Sinn soll seelsorgliche Tätigkeit haben, wenn sie nicht mehr zum Eigentlichen führt?

Nicht wenige Amtsträger kümmern sich pausenlos um das Quantum, um die Zahl, um das, was man sehen und aufzählen kann. Gerade die Zahl aber, das Quantum, der messbare Erfolg ist keine Kategorie der Heiligen Schrift, »Erfolg ist keiner der Namen Gottes« (Martin Buber). Weder die große noch die kleine Herde ist ein Ideal, sondern es geht darum, »in persona Christi« Menschen zum Volk Gottes zuzurüsten und auf dem Weg der Nachfolge zu helfen. Dafür hat der Priester zunächst einmal als geistlicher Mensch inmitten der Gemeinde zu stehen und geistlich, d. h. orientiert am Evangelium und in persönlicher Verbindung mit dem Herrn für die Menschen da zu sein. Er hat »nur« das zu tun, was er kann und soweit er es in rechter Weise kann: überzeugend, in Freude, in Hingabe an Jesus Christus und in treuer Dienstbereitschaft an der Gemeinde. Aber nicht der Betrieb macht es, nicht die äußere Zahl, nicht die Statistik, nicht der sichtbare Erfolg. Wie kann der »Sklave« (offensichtlichen, d. h. vordergründigen, quantitativ-sichtbaren) Erfolg erwarten, wenn der Herr vordergründig erfolglos am Kreuz gescheitert ist? Und dennoch tut Gott gerade so sein Werk, wann und wie ER will.

In all dem stellt sich mit Macht die Glaubensfrage. Ist vieles an der bisherigen Weise der Seelsorge nicht auch Ausdruck des Unglaubens bzw. des Nicht-wirklich-glauben-Könnens, dass Gott der eigentliche »Seelsorger« ist? Georg Bitter schreibt einmal sehr eindringlich:

> »Ich unterstelle uns, den ordinierten Hauptamtlichen in der Kirche: Wir leben und handeln wie in einem praktischen Deismus, das heißt, wir leugnen Gott nicht, aber wir rechnen nicht sehr ernsthaft mit seinem Dabeisein in unserer Geschichte. ... Mit welcher Selbstverständlichkeit sprechen wir von pastoraler Planung ..., ohne mit dem Wirken des Christus praesens, des Spiritus creator, dessen Sakrament ja doch die Kirche ist, ernsthaft zu rechnen.«[428]

Wenn man Seelsorge als »darstellendes Handeln« wirklich ernst nimmt, muss sich ein ganz anderer Stil des Priesterseins (und der Seelsorge überhaupt) in der Kirche entwickeln, als wir ihn derzeit antreffen. Sowohl der Geistliche, welcher sich als »Hans-Dampf-in-allen-Gassen« kirchlich-gemeindlichen Lebens, also als »Gemeinde-Manager«, versteht wie auch derjenige, welcher ob des ständigen Gefühls der Überbeanspruchung sich weinerlich deprimiert und resigniert auf sein »Innenleben« zurückzieht und den »Hochwürdigen Herrn« spielt, sind gewiss das Gegenteil dieses »Stils«.

§2 Kristallisationspunkte der Seelsorge

Wie hat nun angesichts der konkreten gesellschaftlichen und kirchlichen Situation heute und in absehbarer Zukunft Seelsorge auszusehen? Ja, was bedeutet eigentlich Seelsorge konkret? Gewiss wird man davon so wenig eine überzeitliche Definition geben können wie vom kirchlichen Amt. Beides gibt es immer nur in geschichtlichen Formen gemäß den jeweiligen soziokulturellen und ekklesialen Bedingungen und Vorgegebenheiten. Leben und Dienst der Kirche sind – so die Gemeinsame Würzburger Synode – »dem Einfluss der Zeit, der Umwelt und ihren Wandlungen unterworfen.«[429] Doch wie in allem Wandel das kirchliche Amt eine »Mitte« hat (»repraesentatio Christi et ecclesiae«), so hat auch die Seelsorge auf eine Mitte hin ausgerichtet zu sein. Sonst gilt tatsächlich das von Hubert Windisch in diesem Zusammenhang angeführte Wort von Mark Twain: »Nachdem wir das Ziel aus den Augen verloren haben, verdoppeln wir unsere Anstrengungen.«[430] Seelsorge kann nur die Mitte haben, die auch die Mitte des Tuns Jesu und der Weitergabe seiner Sendung ist (ja, darüber hinaus auch die Mitte, welche das Sinnziel aller Schöpfung darstellt): *Einheit.* Es gilt, die zerstreuten Kinder Gottes zu sammeln (vgl. Joh 11,52), sie – mit geeintem Herzen – zur Einheit mit Gott und untereinander zu führen. Das und nichts anderes ist das Zentrum allen seelsorglichen = pastoralen = hirtlichen Handelns.[431] Hierzu ist dem geweihten Amtsträger der Leitungsdienst – von dessen notwendigen Differenzierungen noch die Rede sein wird – übertragen.

Gemäß der in Kap. 2, § 3 analysierten »hybriden« Zweipoligkeit, in der heutige Menschen ihre Zugehörigkeit zur Kirche realisieren, oszilliert auch das seelsorgliche Tun notwendig zwischen den beiden skizzierten Polen. Es wird sich einmal auf den Kreis derer beziehen, die sich bewusst und ohne Vorbehalte zum Volk Gottes sammeln lassen und diese ihre Zugehörigkeit in kirchlichen Gemeinden oder Gemeinschaften verwirklichen wollen (»Überzeugungskirche«). Zum anderen wird der Priester aber auch eine wichtige Rolle für den genannten »Grundversorgungsauftrag im religiösen Feld« zu erfüllen haben. Wir werden im Folgenden separat auf beide Bereiche eingehen.

1. Der Seelsorger und die »Kirchennahen«

(a) Das Zentrum: Eucharistie – Wortverkündigung – Diakonie

Wenn Christus der »eigentliche Seelsorger« ist, dann ist priesterliche Seelsorge als Leitungsdienst an der umfassenden kirchlichen Heilssorge dort am intensivsten, trifft dort am meisten ins Zentrum, ist dort am engsten bei ihrer »Sache«, wo sie – vom menschlichen Tun wegweisend – ganz auf das einheitsstiftende Handeln Christi hinzeigt, dieses Handeln im Zeichen vergegenwärtigt und es zur Auswirkung kommen lässt. Das geschieht am deutlichsten in der Feier der Sakramente, zumal der Eucharistie. Diese Behauptung ist nicht etwa nur eine abstrakte Deduktion aus theologischen Prinzipien, sie ergibt sich auch als durchlaufendes »essential« der ganzen Kirchengeschichte. So fasst Karl Suso Frank im Blick auf die Frühe Kirche zusammen: »Die Seelsorge geschieht hauptsächlich in den sakramentalen Feiern und in der Verkündigung des Gotteswortes. Außerhalb des Kirchenraumes geschieht sie in der Caritas, der geordneten Unterstützung der Armen und Hilfsbedürftigen.« Und er fügt ausdrücklich an: »Eine von morgens bis abends durch vielerlei gemeindliche Aktivitäten beanspruchte Gemeinde gibt es in der Alten Kirche nicht.«[432] Übrigens auch nicht in der mittelalterlichen und frühneuzeitlichen! Die Eucharistie ist die Mitte der Seelsorge und des Gemeindelebens. So schreibt auch Thomas v. Aquin: »Bonum commune spirituale totius ecclesiae continetur substantialiter in ipso Eucharistiae sacramento« – »Das geistliche ›Gemeinwohl‹ der ganzen Kirche ist wesentlich im Sakrament der Eucharistie enthalten« (STh III, 65, 3 ad 3).

Die Feier der Eucharistie ist deshalb Mitte der Seelsorge, weil hier die Mitte des Handelns Jesu gegeben ist und das Sinnziel aller Schöpfung: Einheit vollzogen wird. Der Prozess der Communio-Werdung, der das Zentrum der Heilsgeschichte bildet und das Wesen der Kirche ausmacht, erreicht in der Feier der Eucharistie seinen Höhepunkt. Denn »Kommunion« des »Leibes Christi« bedeutet nicht nur Empfang des »Christus solus«, sakramentaler Empfang Jesu Christi allein, sondern des »Christus totus«, des »ganzen Christus«, Empfang von »Haupt und Gliedern« des einen Leibes (siehe S. 95 f).[433] Wir empfangen mit dem Herrn (auch) uns selbst, die wir Glieder an seinem Leibe sind. Indem wir uns in der Feier der Eucharistie in sein Opfer hineinnehmen lassen, werden wir mit ihm und untereinander eins – durch IHN. »Bevor« die Feier der Eucharistie also »Vollzug der Kirche« ist (wie es in der neueren Theologie oft – nicht ganz unproblematisch – heißt (siehe dazu Anm. 415), ist sie – wie jedes Sakrament – eine Situation, in der der Mensch seine leeren Hände ausstreckt, um sie mit den guten Gaben Gottes füllen und sich von ihm leiten zu lassen. Erst aus dem Empfang resultiert dann Anerkennung, Dank, Feier, Aktion. Zu Recht führt Ratzinger im Einzelnen aus:

> »Die eigentliche ›Aktion‹ in der Liturgie ... ist Handeln Gottes selbst. ... Für uns alle geht es gemäß dem Wort aus 1 Kor 6, 17 darum, ›dem Herrn anzuhangen und so eine einzige pneumatische Existenz mit ihm zu werden‹. Es geht darum, dass letztlich der Unterschied zwischen der actio Christi und der unseren aufgehoben werde. ... Die Einzigartigkeit der eucharistischen Liturgie besteht eben darin, dass Gott selbst handelt und dass wir in dieses Handeln Gottes hineingezogen werden. ... Uns in die Aktion Gottes hineingeben, damit wir selber in der Kooperation seien mit ihm – das ist

es, was in der Liturgie beginnen und sich dann über sie hinaus entfalten soll.«[434]

Deshalb heißt Eucharistie feiern auch bekennen: Nicht wir können durch guten Willen, gelungenes Zureden, Organisationstalent, seelsorgliche Projekte und Programme Einheit schaffen – sie ist einzig und allein Werk Christi und seines Geistes, das wir empfangen dürfen. Damit ist in ganz radikaler Weise der Glaube herausgefordert, der darauf setzt, dass unter den bescheidenen Zeichen der eucharistischen Feier Christus wirklich und wahrhaftig sein eigenes Werk der »Seelsorge« tut: ER erwirkt die lebensspendende Einheit mit Gott, untereinander und im eigenen Herzen.

Mit dieser These: Die Mitte der Seelsorge ist die Eucharistie, ist keineswegs in irgendeiner Form einem Sakramentalismus das Wort geredet. Denn natürlich geht es nicht einfach um den »Vollzug« des Sakraments, sondern darum, dass die Beteiligten sich ihm öffnen, dass sie Christus buchstäblich zu Wort und Werk kommen lassen und die empfangene Einheit als Frucht seines Wirkens in sich selbst und untereinander verwirklichen. Das hat gewaltige Konsequenzen für die Art und Weise, wie Eucharistie begangen wird. Denn es stellt sich die Testfrage: Geschieht die Feier so, dass das von Gott gewirkte Mysterium der Einheit den Menschen überhaupt ergreifen kann, so dass sogar ein »Unkundiger« oder »Ungläubiger«, der in der gottesdienstlichen Versammlung anwesend ist – wie Paulus sagt – »sich niederwirft, Gott anbetet und ausruft: Wahrhaftig, Gott ist bei euch!« (1 Kor 14,25).

Hier liegt m. E. sehr viel im Argen. »Als tiefes Schweigen alles umfing, da kam vom Himmel her dein göttliches Wort«, hieß einmal der Introitus der 1. Weihnachtsmesse (heute am 30.12.). Mit anderen Worten: Nur in das schweigende Offensein des Menschen kann Gott sein einheitsstiftendes Wort hineinlegen. Stattdessen sind nicht wenige Eucharistiefeiern – um es einmal eindringlich, drastisch und provozierend zu formulieren – ein einziges gestyltes Gerede, Gedudel und (schein-)kreatives Getue, alles zusammen oft »liturgische Gestaltung« genannt.

Machen wir uns klar, dass ganz allgemein gilt: Damit ein Wort von außen in mich eindringen kann, muss ich schweigen. Ohne inneres Schweigen fügen sich die Worte, die ich vernehme oder die ich von mir gebe, nur zu anderen Worten hinzu, sie bilden einen Wortschwall, aber erreichen nicht die Tiefe des Herzens. Nun ist aber festzustellen, dass für viele Menschen heute, auch für nicht wenige Priester, die äußere und mehr noch die innere Stille fehlt,

d. h. jene Verfassung, die auch im äußeren Lärm und alltäglichen Getriebenwerden Stille und Schweigen, Aufmerken und Hinhören verwirklichen kann. Und wenn sich dann wirklich einmal Zeiten ergeben, die nicht von Terminen besetzt sind, werden diese durch Zerstreuung, durch Aufnahme neuer Tätigkeiten, durch Konsum von allen möglichen Erlebnissen zugestopft. Dieser Vorgang hat bereits den Namen workaholic erhalten und ist damit als eine neue Form von Sucht gekennzeichnet. Ohne Schweigen jedenfalls geht ein Stück wahrer Menschlichkeit verloren, gibt es keinen Tiefgang, keine Gelassenheit, keine Freiheit, sondern nur Verfallensein an das, was gerade von außen her bewegt und erregt. Ohne Alleinsein- und Schweigenkönnen ist geistliches Leben und Ausrichtung auf Gott nicht möglich.

Auf diesem Hintergrund ist kritisch die Weise des Liturgiefeierns in den Blick zu nehmen, wie sie heute in vielen Gemeinden üblich geworden ist. Ein Wort reiht sich an das andere zu einem einzigen riesigen Wortschwall; nur scheinbar unterbrechen Lieder (die selbst auch Worte sind) die Inflation des Verbalen. Es gibt kein wirkliches Einhalten, Stillewerden, inneres Sich-Besinnen und Verkosten. Stattdessen Worte, Worte, Worte, die man dann womöglich noch rechtfertigt mit Verweis auf die postkonziliäre liturgische Erneuerung, die uns die – wie ich meine – pastoral unmögliche 3. Sonntagslesung beschert hat, dazu noch als quasi 4. Lesung den Antwortpsalm[435] und dann noch die erweiterte Möglichkeit kommentierender persönlicher Worte des Zelebranten. Als ob die quantitative Steigerung des Wortes Gottes und seiner Auslegung bereits einen Wert hätte! Nein, die entscheidende Frage ist: Wo bleibt die für das Ankommen des Wirkens Christi absolut notwendige Stille? Man darf nicht vergessen, dass für viele Christen auf Grund ihrer Wohnsituation und ihres alltäglichen Gefordertseins der Sonntagsgottesdienst die einzige Gelegenheit ausdrücklicher Gottesbeziehung ist bzw. sein könnte, wenn Priester sie nicht buchstäblich »zuhauten« mit einer ununterbrochenen – wie P. Zulehner es einmal spitzzüngig formuliert hat – Logorhoe – Wortdurchfall. »Als tiefes Schweigen alles umfing, da kam vom Himmel her dein göttliches Wort«. Das Wort Gottes bedarf unseres Schweigens, sonst kann es nicht ankommen.

Von hier aus stellen sich höchst wichtige Fragen an den zelebrierenden Priester: Strahlt er dieses schweigende Offensein vor Gott und das Sich-Ergreifenlassen vom Wort Gottes aus? Wohlgemerkt: es geht nicht darum, eine Art frommer Selbstdarstellung oder religiöser Inszenierung vorzunehmen, wohl aber geht es darum, dass er es als eine Aufgabe höchster Priorität ansieht, in innerer Sammlung und gläubiger Offenheit der Eucharistie vorzustehen. »Gut zelebrieren bildet eine erste wichtige Katechese über das heilige Opfer«, heißt es im »Direktorium für Dienst und Leben der Priester«.[436] Das aber hat konkrete Voraussetzungen: Vorbereitung im Gebet, rechtzeitiges Eintreffen in der Kirche, Verzicht auf das übliche Sakristei-Gequatsche; dann bei der Feier selbst: innere und äußere Ruhe, bewusstes, d. h. im allgemeinen eher langsameres, jedenfalls kein leierndes oder fromm daher-salbeierndes Sprechen der Texte, würdiger Vollzug der heiligen Zeichen, die keineswegs hier – wie auch bei den übrigen Sakramenten – eines ständigen katechetischen »Deutens« und »Herumredens« bedürfen,[437] längere Zeiten der Stille, damit der Einzelne, auch der Priester selbst, das »verkosten« kann, was gebetet und gehört wurde.

Um das Gemeinte an der Praxis unserer (»ganz normalen«) Pfarrgemeinde zu verdeutlichen: Wir haben im Allgemeinen während der Eucharistiefeier 4–5 *längere* Zeiten der Stille: (1) nach der Einführung, die ggf. mit dem Bußritus verbunden ist oder darin einmündet; (2) nach der Lesung; (3) nach der sonntäglichen Predigt; (4) während der Gabenbereitung (wie anders soll der Mitfeiernde – wie so oft empfohlen wird – sich mit Christus als Opfer »darbringen«, wenn es gar keine Gelegenheit gibt, sein persönliches Leben einzubringen?); (5) nach der Kommunion. Dass diese Zeiten der Stille (nur während der Gabenbereitung spielt die Orgel leise und verhalten) für die mitfeiernde Gemeinde tatsächlich »gefüllte Zeiten« sind, zeigt sich darin, dass man währenddessen praktisch nicht hustet, sich räuspert oder sonstige Zeichen der Unruhe von sich gibt. Dies wurde nicht etwa erreicht durch alle möglichen Unterweisungen und Ermahnungen, sondern ganz einfach dadurch, dass die Priester (derzeit vier an der Zahl) ohne Ausnahme eine Atmosphäre der Ruhe und Sammlung zu vermitteln *suchen*. Dass im Übrigen durch das schweigende Einhalten die Gottesdienstzeit nicht in die Länge gezogen wird, lässt sich leicht erreichen.

In diesem Zusammenhang halte ich es auch für ganz wichtig, dass – entgegen den Rubriken – der Priester zusammen mit den Kommunionhelfern als Letzter kommuniziert. Die Argumente der Liturgiewissenschaftler, (1) es sei von alters her (sogar schon beim jüdischen Pesach) anders gewesen, (2) der Priester halte, wenn er als Erster kommuniziert, der Gemeinde die Vollständigkeit des Mahles (unter den Zeichen von Brot und Wein) vor Augen, (3) man könne nur geben (austeilen), was man selbst vorher empfangen habe, sind kaum tragfähig. Denn (ad 1) die patriarchalische Zeit ist mittlerweile zu Ende; (ad 2) auch der Kelch auf dem Altar ist ein Zeichen für das integrale Mahl; (ad 3) das genannte (philosophische) Prinzip gilt gerade nicht vom sakramentalen (instrumentellen) Handeln (sonst könnte weder ein »unheiliger« Priester durch sein sazerdotales Handeln »heiligen«, noch ein Nichtglaubender gültig taufen). – Dass der Priester am Schluss kommuniziert, ist nicht in erster Linie als Zeichen der »Höflichkeit« gedacht (obwohl auch dieser Gesichtspunkt für manche wichtig ist), sondern ganz im Kontext der für die Eucharistiefeier unumgänglichen Sammlung. Wenn nämlich der Priester als Erster kommuniziert, muss entweder die Gemeinde auf das Ende der persönlichen Andacht des Priesters *warten,* oder – was allermeist [!] geschieht – der Zelebrant lässt zunächst sein »Innehalten« aus und beginnt sogleich oder sehr bald damit, die Kommunion auszuteilen. Beide Möglichkeiten (dass die Gemeinde »staunend« und wartend dem Ende der priesterlichen Andacht entgegensieht, wie auch, dass der Priester selbst keinen ausreichenden Raum zum kontemplativen Innehalten hat) sind m. E. in *gleicher Weise spirituell unzuträglich.*

Jedenfalls ist die »Haltung« des zelebrierenden Priesters weit entscheidender und wichtiger, als das Faktum, dass er bereits vorgängig zur Eucharistiefeier mit der Gemeinde persönliche Beziehungen unterhält. Es gibt ja derzeit »Kreise« in der Kirche, welche es für unannehmbar halten, wenn Priester heutzutage von weit her zur sonntäglichen Eucharistiefeier – wie sie sagen – »eingeflogen« werden. Wieso ist das eigentlich so »schrecklich«? Auch wenn es sinnvoll ist, dass Gemeinde und Zelebrant sich kennen und einander vertraut sind, kann sich doch in dem »Ab-extra-Kommen« des Priesters ein Zweifaches ausdrücken: (1) Entscheidend sind nicht die Person des Priesters und seine persönlichen Beziehungen zur Gemeinde, sondern dass er sakramental »für Christus« steht; (2) entscheidend sind nicht die gegenseitigen Beziehungen, die wir zur Eucharistiefeier *mitbringen*, sondern die wir durch sie *empfangen*. Dass dies »Ab-extra-Kommen« freilich den Priester nicht davon dispensiert, die legitime Erwartung der Gemeinde zu erfüllen, einen Zelebranten empfangen zu dürfen, der sie selbst und vor allem die Eucharistiefeier ganz ernst nimmt, sollte man *eigentlich* nicht betonen müssen. Und doch liegen hier vielleicht die wahren Probleme …

Wo Menschen in der Eucharistiefeier sich dem Wirken Gottes öffnen und sich mit Christus vereinen, da wird das Ziel aller Seelsorge: Einheit als Gabe Gottes empfangen. Es ist vor allem die Einheit mit dem dreifaltigen Gott, die sich in einem Leben in Glaube, Hoffnung und Liebe bewahrheitet; es ist die Einheit mit sich selbst, die aus dem Ja, das Gott auch zu unserer inneren Widersprüchlichkeit und Unversöhntheit spricht, resultiert; es ist schließlich die Einheit mit den Brüdern und Schwestern. »Ein Brot ist es. Darum sind wir, die vielen, ein Leib; denn wir haben alle teil an dem einen Brot« (1 Kor 10,17).

Gerade die Gabe der Einheit untereinander wird eo ipso zur Auf-Gabe: sie soll sich in vielfältiger Weise und mancherlei Zeichen ausdrücken und im Leben realisieren. Angefangen vom herzlichen und ehrlich gemeinten Friedensgruß, der in keiner Eucharistiefeier fehlen sollte, über das Zusammenstehen nach der Messe, dem Glaubensaustausch im Predigtnachgespräch, dem »theologischen Frühschoppen«, »Pfarrcafé« (wie immer die Formen heißen mögen) bis dahin, dass man in Gemeinde und Familie, Nachbarschaft, Freundeskreis und Kollegenschaft zum Ferment der Einheit wird, – einer Einheit, die sich in gegenseitigem Verständnis und Austausch, in gemeinsamer Freizeitgestaltung, in geschwisterlichem Beistand und gemeinsamem sozialen Einsatz für Menschenwürde und -rechte realisiert und die vor allem auch in ständigen Gruppen, Arbeitskreisen, Verbänden, geistlichen Gemeinschaften, die auf bestimmte unterschiedliche Zielsetzungen »spezialisiert« sind, verbindlich gelebt wird. Nicht zuletzt aber soll die Gabe der Einheit überschwingen über das kirchliche Milieu hinaus in die durch Dissonanzen, Konflikte und Feindschaften geprägte »Welt«.

All diese verschiedenen Realisationsformen der Einheit sind Frucht der aus der Eucharistie empfangenen Einheit. Für dieses Fruchtbringen wird der Priester Anregungen geben, er wird – wie immer er es vermag – Menschen zusammenführen, Konflikte zu lösen versuchen und zu Frieden und Versöhnung anhalten. Aber in welchem Maß und wie im Einzelnen die Verwirklichung von Einheit vor sich geht, kann er getrost auch dem geistlichen Spürsinn einzelner Christen und des ganzen Gottesvolkes überlassen. Und hier können und sollen auch die (neuen) pastoralen Laienämter sowie eine Vielzahl von ehrenamtlichen Laiendiensten ihren unumgänglich-wichtigen Einsatz entfalten (siehe S. 148 f). Reinhard Lettmann, der Bischof v. Münster, macht in seinem schon vielfach erwähnten Brief auf das schöne Wort eines orientalischen Märchens aufmerksam, das von einem König sagt: »Er war der Träger der Mitte und konnte in dieser Bedeutung nicht auf die vielen tragenden Säulen verzichten,« – ein Wort, das sich jeder Priester nicht oft genug vorhalten kann.

Das heißt nicht, dass der Priester, zumal wenn er Pfarrer ist, sich gewissermaßen nur als »Spiritual« seiner Gemeinde betrachten darf. Ein Spiritual ist – kirchenrechtlich gesehen – allein für das sog. »forum internum«, für den inneren, individuell-seelischen Bereich zuständig, der Pfarrer aber ist Hirt einer auch »im Außen«, d. h. in Welt und Gesellschaft lebenden und sich darstellenden Gemeinschaft. Deshalb ist er letztverantwortlich für die integrale, d. h. alle Bereiche umfassende Einheit der aus der Eucharistie entspringenden Gemeinschaft. Daraus folgt aber nicht, dass er selbst den zum Leben einer Gemeinschaft dazugehörenden organisatorischen Betrieb zu managen hat. Er muss nicht Büroarbeit machen, das Pfarrbudget durchführen, Anschaffungen tätigen, Bauarbeiten erledigen, pfarrliche Institutionen (wie Kindergarten, Pflegestationen u.dgl.) verwalten. Sein munus regendi, das – nach dem Schreiben der Kleruskongregation von 1999 – darin besteht, »im Namen des Bischofs die Familie Gottes, die als Gemeinschaft von Brüdern nach Einheit verlangt, durch Christus im Geist zu Gott dem Vater zu führen,« hat »nichts mit einer rein soziologischen Auffassung von Organisationsfähigkeit zu tun.«[438] Solches »Organisieren« kann er ganz und gar und, ohne Abstriche an seiner Hirtenaufgabe zu machen, haupt- oder nebenamtlichen Laien überlassen. Dass dies freilich möglich ist und in einem immer weiteren Umfang ermöglicht wird, hat die Diözesanleitung zu gewährleisten; und das sollten die Priester auch von ihr mit äußerstem Nachdruck verlangen. Es geht nicht an, dass einige Diözesanleitungen auf der einen Seite den m. E. gar nicht vorhandenen Priestermangel beschwören und auf der andern nicht die Voraussetzungen dafür schaffen, dass Priester von allen Aufgaben, die überhaupt nicht aus ihrem sakramentalen Amt resultieren, befreit werden.

Damit ist aber deutlich, dass das, was man heute oft ungenau »Gemeindeleitung« nennt und derenthalben vielfach gefragt wird, ob solche Gemeindeleitung durch Laien möglich sei, einen ganz, ganz weiten Anteil von Organisationsfaktoren umfasst, die keineswegs mit dem Weiheamt verknüpft sind,[439] auch wenn sie diesem in bestimmten geschichtlichen Situationen zufielen und bis heute von nicht wenigen Priestern auch recht gern wahrgenommen werden. Lässt sich doch gerade in diesem Bereich zur eigenen Selbstbestätigung (oder Zelebration der eigenen Macht) zeigen, was »man« kann (Bauen, Organisieren, Verwalten)!

Dahinter steckt allerdings auch ein berechtigtes, ernstes Anliegen. Besonders wenn man jung ist, möchte man etwas »Vorzeigbares« leisten; man möchte sehen, was man »geschafft« und »geschaffen« hat. Ein solches Verlangen ist nicht von vornherein etwas Negatives. Der Schöpfer selbst hat wohl dem Menschen den Wunsch ins Herz gelegt, »Spuren« in der Geschichte hinterlassen zu dürfen und nicht einfach aus dem Gedächtnis ausgelöscht zu werden. Für viele Menschen erfüllt sich dieser Wunsch in den Nachkommen, die sozusagen das eigene vergängliche Leben weitertragen. Was gibt es da Analoges für den (zölibatären) Priester? Wäre es nicht angemessener, statt seine Spuren in Bauten, Renovierungen, Organisationen u.dgl. zu setzen, sie in die Herzen der Gemeinde einzusenken, Menschen »durch das Evangelium (im Glauben) zu zeugen« (1 Kor 4, 15), sie zu versöhnen, zusammenzuführen, Beziehungsnetze zu knüpfen und Ferment der Einheit zu sein?

Jedenfalls gehört der Bereich der Organisation und Verwaltung nicht notwendig, ja nicht einmal wünschenswert zum (sakramentalen) Amt. Was dem geweihten Amtsträger hier allerdings zusteht, sind Grundsatzentscheidungen und Grundoptionen, die den Weg und das Ziel der Gemeinde berühren, nämlich den Weg des Evangeliums und das Ziel der Einheit. Von diesen Kriterien her werden sich oft grundsätzliche Fragen stellen, wie z.B.: Wofür gibt die Gemeinde Geld aus? Soll wirklich dies oder jenes gebaut werden? Welche seelsorglichen Mittel können eingesetzt werden, welche nicht? Was ist an Institutionen notwendig, um dem Ruf der Stunde zu entsprechen? Welche Prioritäten sind hinsichtlich von Aktionen, Veranstaltungen, Gruppierungen zu treffen? In einem solchen Kontext kann auch die Kompetenz über Geld und institutionellen Einfluss mit dem Evangelium zu tun haben. Doch hat – nochmals! – der Priester deswegen nicht die Allround-Zuständigkeit. Vielmehr soll er im Bereich der am Evangelium und an der Einheit zu messenden Grundoptionen »nur« seine geistliche Kompetenz und Verantwortung einbringen.[440] In diesem Sinn ist er einzig und allein zuständig für die »geistliche Gemeindeleitung« (was nicht identisch ist mit einem auf das »forum internum« beschränkten geistlichen Bereich!). Es ist also gerade dort, wo man in den neuen Seelsorgeeinheiten die Seelsorge auf eine »kooperative Pastoral« hin neu ordnet, mit Nachdruck darauf zu achten, dass der Priester nicht in die Rolle eines Seelsorgsorganisators und Koordinierungsmanagers gerät. Das kann er getrost anderen überlassen. Warum sollte es in großen Seelsorgeeinheiten nicht Pastoralreferenten geben mit dem ausdrücklichen Auftrag und der Befugnis, die gemeindlichen Aktivitäten zu organisieren und koordinieren? Demgegenüber besteht der priesterliche Dienst in der »geistlichen Gemeindeleitung«, die Walter Kasper kurz so charakterisiert:

> »Sie besteht darin, eine Gemeinde im Auftrag, in der Kraft und nach dem Maß Jesu Christi aufzuerbauen. Dies geschieht dadurch, dass man sie nährt vom Tisch des Wortes wie vom Tisch der Eucharistie, dass man sie reinigt und heiligt, sie zu ihrem Dienst in der Welt befähigt und motiviert, dass man die in ihr wirksamen Charismen integriert und sie in der Einheit mit der gesamten Kirche hält.«[441]

Über diese Faktoren (für die aus der Feier der Eucharistie resultierende Auferbauung der Gemeinde in Einheit und Liebe sowie für Grundoptionen im organisatorischen Bereich verantwortlich zu sein) hinaus ist es von äußerster Wichtigkeit, dass der Priester selbst ein Mensch ist, der sich so wie die andern aus der Feier der Eucharistie dazu befähigen lässt, in dem, wo er ist und was er tut, Einheit zu leben und als Stimulus der Einheit zu wirken.

Die in der Eucharistie geschenkte Einheit ist – wie wir sahen – in gar keiner Weise beschränkt auf die jeweils hier und jetzt zur Feier Versammelten. Obgleich jede Eucharistiefeier, die an einem konkreten Ort mit konkreten Menschen gefeiert wird, etwas Partikuläres ist, öffnet sie doch auf das Ganze hin, steht sie zeichenhaft für das Ganze, vertritt sie das Ganze: nämlich das Mysterium der universalen Einheit des Gottesvolkes. Allerdings hat die aus der Eucharistie resultierende Gabe der Einheit in das Leben des Alltags einzugehen, und das kann für viele (längst nicht für alle!) bedeuten, dass sie konkret wird im Umgang mit den gleichen Menschen, mit denen zusammen man am Sonntag Eucharistie gefeiert hat. Aber grundsätzlich weist die jeweils nur in einem konkreten Ausschnitt zu verwirklichende Einheit in das ganze Beziehungsnetz des Gottesvolkes ein. Darum ist es auch letztlich (!) gleichgültig, an welchem Ort und mit welchen Christen man zur eucharistischen Feier zusammenkommt. Zwar können gutnachbarschaftliche und freundschaftliche Beziehungen unter Christen, mit denen man am gleichen Ort wohnt, im tagtäglichen Lebensaustausch steht und gemeinsam tätig ist, förderliche Voraussetzungen für eine fruchtbare Feier sein, sie sind aber keineswegs unerlässlich. Die eigentliche und wesenhafte Sequenz ist vielmehr eine andere: das Sakrament befähigt *allererst* zu tiefgehenden und tragenden Beziehungen, die *dann auch* das alltägliche Zusammenleben prägen können und sollen.

Weil die Eucharistie *»vor Ort«* nicht der *letztlich* (!) entscheidende Faktor ist – so sehr es auch sinnvoll ist, die Eucharistie als Wurzel und Mitte einer Ortsgemeinde zu feiern –, kann man nur mit großem Nachdruck gegen eine Vervielfältigung von Messen protestieren, die allein deshalb begangen werden, um an möglichst vielen Orten Sonntagsmessen stattfinden zu lassen. Diese aber entarten dann, wenn ein Zelebrant fehlt, leicht zu Wortgottesdiensten, die dann ihrerseits zu zahlreichen Missverständnissen führen[442] und den Eindruck erwecken können, die Feier der Eucharistie sei doch nicht so besonders wichtig.

Vermutlich sind jedenfalls in Deutschland noch nie so viele Sonntagsmessen gefeiert worden wie in den letzten drei Jahrzehnten.[443] Entsprechend sind sie dann auch! Denn die meisten Priester – ich zähle mich dazu – fühlen sich geistlich überfordert, mehrmals nacheinander gesammelt und (buchstäblich) er-griffen, »in persona Christi« die heiligen Mysterien zu feiern. Rein rituelle Vollzüge aber, die man womöglich dann noch als »Dienst am Volk Gottes« hochstilisiert, führen auf die Dauer zum geistlichen Ruin. Aus guten Gründen verbietet darum das Kirchenrecht (CIC 905) eine Mehrzahl von *Sonntags*messen und lässt *nur für den Ausnahme- und Notfall* (der bei uns

m. E. kaum gegeben ist) zwei, maximal (zusammen mit der Vorabendmesse) drei Messen zu. Nicht durch Quantifizierung wird Einheit verwirklicht, sondern durch in zeichenhafter Konkretion glaubhaft vollzogene Intensität und Qualität.

Zur Eucharistiefeier darf auch ruhig die »Mühe« eines längeren Weges gehören. Deshalb kann in den deutschsprachigen Ländern mit Ausnahme von ganz wenigen Diasporagebieten jeder, der will, in einer zumutbaren Entfernung an einer sonntäglichen Eucharistiefeier teilnehmen. Auf dem Lande, zumal in Gebirgsregionen, war es bis vor einigen Jahrzehnten ohnehin normal, zum Besuch der Sonntagsmesse Wege von wenigstens einer Stunde auf sich zu nehmen. So habe ich es selbst als Kind noch erlebt. Und warum sollte man nicht bei der Finanzlage der Kirche, die für so viele nicht wirklich nötige Dinge Geld ausgibt, in bestimmten Gemeinden Busse mit der Destination »Sonntagsgottesdienst« zur Verfügung stellen? Werden diese dann – wie mir glaubhaft versichert wird – nicht in Anspruch genommen, da Menschen sich weigern, im Nachbarort die Eucharistie mitzufeiern, so sollten sie dennoch bereitgestellt bleiben »als Zeugnis wider sie« (vgl. Lk 9, 5).

Deshalb halte ich Anweisungen wie diese: »Wo aufgrund fehlender Priester sonntags keine Eucharistie gefeiert werden kann, soll die Gemeinde zu einem Wortgottesdienst eingeladen werden«[444] für fatal, weil damit *in unseren Regionen* und *unter den derzeitigen Bedingungen* ein falscher »Freibrief« dafür ausgestellt wird, die Feier der Eucharistie doch für nicht ganz so wichtig zu halten.[445]

Wie die Eucharistie stets bestimmte Menschen, die sich hier und jetzt zur Feier versammeln, zur Einheit mit Christus und untereinander zusammenfügt, diese konkrete Einheit aber auf das Ganze der Communio hin entgrenzt, so ist es auch mit dem alltäglichen Leben und Wirken des Priesters. Es hat zwar jederzeit unter dem Programmwort »Einheit« zu stehen, kann aber immer nur eine ausschnitthafte Verwirklichung von Einheit sein. Dies zu sehen, ist wichtig für die zunehmende Zahl von Priestern, die für eine Vielzahl von ursprünglich selbständigen Pfarreien verantwortlich sind und sich gelegentlich verzweifelt fragen, wo sie denn nun zu Hause sein und Gemeinschaft mit den ihnen Anvertrauten leben können. Die Antwort kann nur lauten: Christliche Einheit steht nicht unter der Devise »Seid umschlungen Millionen!« Sie darf gar nicht »überall« und damit »nirgends« sein, sondern sie hat »irgendwo« konkret zu werden. Der Priester muss nicht und kann gar nicht, ohne sich zu überfordern oder total oberflächlich zu werden, mit allen Christen seines womöglich größerer werdenden Seelsorgebereichs persönliche Beziehungen haben. Aber dort, wo er wohnt, und mit denen, die ihn umgeben oder ihn am meisten brauchen, soll er zeichenhaft und glaubwürdig Einheit leben und ein möglichst intensives Beziehungsnetz knüpfen. Dazu gehört vor allem der unbedingte Wille zur Präsenz (frz. présence – ein wichtiges Schlüsselwort der Spiritualität Charles de Foucaulds). Damit ist nicht nur gemeint, dass man »lokal« anwesend ist und verbindliche Verpflichtungen übernimmt, sondern dass man Sprache (»Idiolekt«), Lebensform und Standards, Geschick und äußere Umstände der Menschen, für die man da ist, teilt und wirklich einer von ihnen wird. Nur so kann glaubhaft deutlich werden, dass der Priester seine seelsorgliche Tätigkeit nicht als »Autorität von oben« oder als »elitäres Drüberschweben« verstehen will, sondern als ein Begleiten, Mitgehen und Miteinander-Gehen.

Durch Umtriebigkeit jedenfalls schafft der Priester keine Einheit. Täuschen wir uns nicht: Letztlich hilft man damit niemandem weiter, auch nicht der Gemeinde. Es gilt, der Gemeinde in erster Linie die Einheit, die Gott schenkt, zu vermitteln und nicht das Funktionieren eines gut organisierten Gemeindelebens. Hinter der Betriebsamkeit so mancher Priester kann im Gegenteil unbewusst sehr viel Unglaube stecken, nämlich die Meinung, der kirchliche Amtsträger müsse die Kirche als ein wohlgeordnetes und eingespieltes religiöses Gemeinwesen »machen«. Ja, vielleicht steckt dahinter auch das untergründige Streben, es Gott möglichst gleich zu tun. Es hat einmal jemand gesagt: Was wir da im Lied über Gott singen: »Überall ist er und nirgends« (Gotteslob 270, 2), genau das verwirklicht unser Pfarrer: Überall ist er und nirgends! Aber wohlgemerkt, das sind Prädikate Gottes, die dem Menschen verwehrt sind. Wir müssen nicht »überall« sein und tätig sein. Das, was in der Seelsorge fruchtbar werden kann und soll, wird aus der Eucharistie *empfangen*.

Das hat Konsequenzen, die Bischof Joachim Wanke einmal so formuliert hat:

> Der Priester soll »wissen, dass die ›Frucht‹ seines Tuns von allein wachsen wird, wenn er nur das eine ›Notwendige‹ tut (vgl. Lk 10, 42). Vielleicht können wir es auch so sagen: Wir müssen mehr beim Herrn und bei uns selbst sein, um besser bei den Menschen sein zu können. Wir müssen absichtsloser unter den Menschen sein, um ihnen ein Licht aufstecken zu können. Wir müssen inmitten des allgemeinen Lärms noch viel stiller werden, damit die Hörbereiten aufhorchen könne. Ob wir nicht unseren Dienst noch

stärker ›verfremden‹ müssen, damit er nicht als Service einer Dienstleistungsgesellschaft für sanfte Humanisierung missverstanden werden kann?»[446]

Mit der Eucharistiefeier aufs engste verbunden, ja deren integraler Teil ist die Verkündigung des Wortes Gottes, die zusammen mit der Feier des Mysteriums zum gleichwesentlichen essential priesterlicher Seelsorge gehört. Wie die Feier des Herrenmahls Einheit (in ihrer dreifachen Dimension) schafft und zur Einheit befähigt, so auch das Gotteswort. Damit ist schon gesagt, dass es in der Predigt nicht um irgendwelche »Quisquilien« gehen darf, sondern um die Frohe Botschaft von der Communio, zu der Gott uns einlädt, um die Nachfolge Christi, die den Weg dorthin eröffnet, und um das christliche und kirchliche Leben, das unter der Sinnspitze der Einheit steht. Je mehr die Predigt Auslegung der Hl. Schrift ist (was keineswegs heißt, dass sie sklavisch an biblische Worte, Begriffe und Vorgänge gebunden ist) und je mehr sie sich in das Geschehen der Eucharistie einbindet, umso authentischer wird sie das Wort Gottes weitergeben, so dass ähnlich wie Paulus auch der Priester Gott dafür danken darf, dass die Gemeinde »das Wort, das sie durch die Verkündigung empfangen hat, nicht als Menschenwort, sondern – was es in Wahrheit ist – als Gottes Wort angenommen hat« (vgl. 1 Thess 2, 13).[447]

Dies setzt natürlich eine große Vertrautheit mit der Hl. Schrift voraus sowie ein ständiges Bemühen um ihr Verstehen, nicht nur unter funktionaler Hinsicht (um in rechter Weise zu predigen), sondern im existentiellen Sinn des Sich-selbst-treffen-Lassens vom Wort Gottes, so dass die Predigt in Wahrheit ein »contemplata aliis tradere« wird, eine Weitergabe dessen, was man selbst kontemplativ erfahren hat.

Auch im Hinblick auf die Predigt wird man einer Reihe von Priestern kritische Fragen nicht ersparen können. Ist die Predigt wie die Eucharistiefeier wirklich Herzstück der Seelsorge, Mittelpunkt priesterlichen Tuns? Ist ihre Vorbereitung Schwerpunkt der alltäglichen pastoralen Arbeit? Oder wird sie mit der linken Hand eilig zusammengestrickt, oft aus »Konserven«, sprich irgendwelchen Predigtbüchern oder -zeitschriften, um dann anschließend aufbewahrt und an anderen Orten wieder hervorgeholt werden zu können?[448]

Vor einigen Wochen (im Frühjahr 2000) erreichte viele Priester in Deutschland und Österreich die Reklamesendung eines »Fachverlags für Behörden und Institutionen«, die – übrigens zum peenuts-Preis von DM 228,00 – zum Bezug von »direkt übernehmbaren Musterpredigten für alle Anlässe im Kirchenjahr ...« einlud (gleich ausdifferenziert nach katholischer oder evangelischer Predigt!). Und die Begründung: »Gerade in Zeiten, in denen Sie besonders viel zu tun haben, bringt Ihnen dieses Nachschlagewerk spürbare Entlastung.« Viele empfanden diese Zusendung als Unverschämtheit und Ärgernis. Kann es, darf es bei der Predigtvorbereitung um Zeitersparnis gehen? Gibt es Wichtigeres zu tun, als sich um das Wort Gottes und dessen Weitergabe zu mühen? Aber wird der Verlag ein solches Werk herausgeben, wenn er sich nicht sicher ist, dass zahlreiche Priester und Pastoren darauf »abfahren«? Wohin sind wir mit unserer »effizienten Seelsorge« gekommen!

Doch auch wenn eine Predigt persönlich vorbereitet ist, wird sie sich noch zwei weiteren kritischen Fragen zu stellen haben, Fragen, auf die hin eine fertige Predigt nochmals durchzusehen und ggf. zu korrigieren ist: (1) Ist die ganze Predigt oder Teile und Passagen davon so, dass sie den Hörer wirklich froh macht? Nur dann ist sie Weitergabe des Evangeliums, der Frohen Botschaft par excellence. (2) Enthält die Predigt solche geistlichen Anregungen, dass ein durchschnittlicher Christ damit eine Woche lang seinen Glauben nähren kann? Nur dann übersetzt sie Gottes tröstendes, ermutigendes und forderndes Wort ins Hier und Heute der anvertrauten Menschen.

Zu Eucharistie und Predigt kommt als drittes wesentliches Element der Seelsorge hinzu die Caritas bzw. Diakonie, der Einsatz für die Armen, Bedrängten und Notleidenden. Dieses Element wurde ursprünglich als so wichtig angesehen, dass dafür sogar ein eigenes Amt, das des Diakons entwickelt wurde (siehe S. 168 ff). Aber damit war und ist die Aufgabe der Diakonie nicht an diesen abgeschoben bzw. delegiert. Vielmehr wird auch der Bischof bei seiner Weihe gefragt: »Bist du bereit, um des Herrn willen den Armen und Heimatlosen und allen Notleidenden gütig zu begegnen und zu ihnen barmherzig zu sein?« Und bei der Priesterweihe wird die Frage der Diakonenweihe wiederholt: »Seid ihr bereit, den Armen und Kranken beizustehen und den Heimatlosen und Notleidenden zu helfen?« So gehört die Diakonie wesentlich zu den Aufgaben aller Stufen des Weihesakraments, was nicht zuletzt dadurch ins helle Licht gerückt wird, dass niemand ohne vorherige Übernahme des Diakonenamtes zum Priester (und dann auch zum Bischof) geweiht wird.

Dennoch liegt die Caritas nicht auf der gleichen Ebene wie Eucharistie und Predigt. Während durch Letztere vorrangig die Gabe der Einheit an die gläubig Feiernden vermittelt wird, ist die Caritas primär (wenn auch nicht ausschließlich) die Probe aufs Exempel dafür, dass diese Gabe auch fruchtbar wird, »realisiert« wird, und zwar vorbehaltslos, nichts auslassend, allumfassend. Dass auch und gerade der

Arme, Leidende, Behinderte, Outcast, also der in den Augen der Welt Unwichtigste und Wertloseste, Adressat intensivster, liebender Zuwendung ist, zeigt, dass die aus der Gabe Gottes resultierende Befähigung und Verpflichtung zur Einheit unter den Menschen schlechthin grenzenlos, universal ist. So wie Christus selbst in äußerster Zerspanntheit zur Herrlichkeit Gottes (vgl. Phil 2) an den »allerletzten Platz« der Schöpfung ging und gerade dadurch alles umfing und umgriff, was je existierte, so ist auch die Diakonie der Kirche das große Zeichen dafür, dass die ihr geschenkte und aufgetragene Einheit restlos alles zu umfassen hat. Wenn Eucharistie und Wort Gottes – als Weisen, wie Jesus Christus selbst Einheit schafft – nicht losgelöst werden dürfen von der mit der Gabe verbundenen Auf-Gabe, so gehört dazu auch die radikalste, die an die tiefsten Wurzeln reichende Realisierung der Gabe in der Diakonie. Und vielleicht liegt eine der großen Krisenmomente der Kirche unserer Länder darin begründet, dass sie die »Caritas« weithin an den »Caritasverband« delegiert hat und ständig um sich selbst kreist, anstatt die Bewegung Christi auf den letzten Platz, wo der Arme ist, mitzuvollziehen. Von daher fragt M. Lütz völlig zu Recht: »Muss man sich nicht wundern, dass so etwas junge Menschen nicht begeistert?«[449] Wie kann Kirche ihre wahre Identität finden ohne »Caritas«?

Darum hat der Priester unermüdlich zur Diakonie anzustoßen, herauszufordern, Möglichkeiten zu eröffnen (und im eigenen Leben wirksam werden zu lassen). Doch die konkrete Durchführung wird er dem Diakon, den es im Idealfall in jeder Gemeinde geben sollte, sowie der Aufmerksamkeit, der Achtsamkeit und dem Engagement der Gemeinde überlassen. Die unablässige Mahnung zur Caritas ist heute umso notwendiger, als die Tendenz besteht, den Glauben in »Kuschelecken« zu leben, Einheit unter Gleichgesinnten zu verwirklichen und die Welt draußen vor zu lassen. Oft wird gerade solchen, die das »Prinzip Gemeinde« mit ungeheurem Nachdruck betonen, nicht einmal klar, dass sie sich damit von der Liebe Christi, der eigentlichen Basis ihrer Gemeinsamkeit, entfernen.

> »Sie sind – so lautet das Urteil von Soziologen – statt dessen voller Vorurteile gegenüber Minderheiten und Randgruppen und verleihen ihrem Ressentiment gegenüber Fremden deutlich Ausdruck. Aufgrund ihrer autoritären Fixierung sind sie zu echtem Mitfühlen und Mitleiden nicht in der Lage, sondern können Caritas nur im

Sinne einer ›almosenspendenden und tröstenden Oben-Unten-Beziehung‹ verstehen. Statt in den Außenseitern und Randgruppen die abgespaltenen Teile ihrer eigenen Existenz wiederzuerkennen, was allererst Solidarität ermöglichen würden, sehen sie in den Randgruppen nur das Fremde, Bedrohliche und Angsteinflößende, von dem sie sich abzusetzen bemüht sind.«[450]

Wo solche evangeliumswidrige Haltungen zu Tage treten, ist die Amtsautorität des Priesters zum »agere contra« eingefordert.

(b) Das Umfeld: Sakramentale Sendung – Katechese – Begleitung

Um die genannten drei Wesenszüge priesterlicher Seelsorge lagern sich weitere Elemente, die zwar absolut wesentlich sind, so dass sie nie fehlen dürfen, die aber ihre innere Bedeutung von Eucharistie, Predigt und Diakonie her empfangen.

Da sind zunächst die übrigen Sakramente zu nennen, die entweder zur Eucharistie hinführen (Taufe[Buße] – Firmung) oder deren Konsequenz sind (Ehe – Weihe – Krankensalbung/Letzte Ölung). In all diesen Sakramenten (so wie in einer Reihe von sog. Sakramentalien bzw. Segenshandlungen) handelt der Priester gleichfalls »in persona Christi«, der in diesen Zeichenhandlungen durch beauftragte »pastores« der eigentliche Pastor und Seelsorger ist, indem ER die Menschen zur Einheit mit sich, untereinander und im eigenen Herzen geleitet. Nicht der Priester kann Menschen (wieder) in die Communio mit Gott hineinstellen (Taufe / Buße), nicht er kann den Geist verleihen (Firmung), nicht er zur partnerschaftlichen Treue (Ehe) und amtlichen Sendung (Weihe) befähigen und die Bereitschaft erzeugen, sich auch in Krankheit und Todesnot willig Gott zu überlassen (Ölung/ Krankensalbung). Er steht in all dem für einen anderen, für Christus. Aber was er kann, ist ähnlich dem, was bereits im Zusammenhang der Eucharistie erörtert wurde: es gilt, die Sakramente so zu feiern, dass sie die Bereitschaft des Menschen hervorrufen, die in ihnen symbolisierte Gabe zu empfangen und die in ihnen gestellte Auf-Gabe zu übernehmen.

Letzteres müsste angesichts einer noch z.T. bestehenden volkskirchlichen Sakramentenpraxis sogar Hauptanliegen und vordringlicher Schwerpunkt seelsorglichen Einsatzes sein. Hierfür sei ein längerer Text von K.-H. Menke angeführt, der nicht besser formuliert werden könnte. Es sollte klar sein:

»Die Taufe wird ... nicht deshalb gespendet, weil es außerhalb dieses Zeichens keine Gemeinschaft mit Gott bzw. Christus und also kein Heil gäbe; sondern wer die Taufe empfängt, wird berufen, auf je einmalige Weise die inkarnatorische Bewegung des Sohnes im Heiligen Geist mitzuvollziehen. Dasselbe gilt in noch deutlicherer Weise von der Firmung, von der Priesterweihe und dem Ehesakrament. Diese Sakramente empfängt niemand nur für sich selbst, nicht einmal primär für sich selbst. ... Wir empfangen [sie] ... primär, um das Sakrament ›Kirche‹ sein zu können. Und das müsste besonders deutlich werden in der Feier der Eucharistie. Aber ist zumindest bei denen, die noch Sonntag für Sonntag kommen, bewusst, dass die sakramentale Feier des Todes und der Auferstehung Christi eine Sendung, eine Beauftragung, ein Empfangen um des Gebenkönnens willen ist? Die Frage ›Was bringt das mir? Was habe ich davon?‹ ist keineswegs nur bei jungen Leuten weit verbreitet.

Kurzum: Wir müssen endlich realisieren, dass die Sakramente auf seiten der Empfänger nicht nur einen tiefen Glauben an Christus, sondern auch den Willen voraussetzen, Kirche – Mittel und Werkzeug ›für die anderen‹ – sein zu wollen. Die Fixierung der Pastoral auf die Sakramentenkatechese ist eine Fehlentwicklung, ehrlich betrachtet ein zuweilen verzweifelt anmutender Versuch, die Volkskirche doch noch zu retten. Die Sakramente sind die Vollzüge, durch die und in denen Kirche entsteht oder sich erneuert. Sakramente stehen also nicht am Anfang, sondern eher am Ende aller pastoralen Bemühungen. Wenn Kommunionkinder nicht aus praktizierenden Familien kommen, verkommen die Monate oder Wochen der Vorbereitung der ersten heiligen Kommunion nicht selten zu einer ›Als-ob-Pastoral‹. Analoges gilt von Firmlingen, die einige Wochen oder Monate darauf vorbereitet werden, vor dem Bischof als einem der Repräsentanten der Gesamtkirche – also mit dem denkbar höchsten Grad von Öffentlichkeit und Verbindlichkeit – das Versprechen abzulegen, bewusst Glied der Kirche sein zu wollen. Die Firmkatechese ist in aller Regel ›Als-ob-Pastoral‹: Pastoral, die so tut, als könnten die Adressaten des Firmunterrichts an Christus glauben und sich frei und bewusst mit dieser Kirche identifizieren. Gerade die Sensiblen unter uns halten den

Graben zwischen dem, was da an hehren Versprechungen liturgisch deklamiert wird, und dem, was davon der Realität des gelebten Glaubens entspricht, kaum noch aus. Und diejenigen, die unsere Kirche von außen betrachten, sprechen immer unverblümter von verlogenen Fassaden.«[451]

Menke spricht im Folgenden vom »harten Kern« der Gemeinde, also von dem, was wir hier unter die »Kirchennahen« behandeln. Von ihnen erwartet er, »dass sich dieser harte Kern nicht von ›den anderen‹ absondert, sondern sich als Mittel und Werkzeug Christi im Dienst ›der anderen‹ versteht,« dass sie – anders gesagt – die Sakramente als Beauftragungen und nicht als gemeindliche »Selbstvollzugsfeiern« verstehen.

Es gilt also, die Sakramente als Befähigung und Beauftragung zur Missio zu leben und zu verwirklichen: Das ist der erste und entscheidende Unterschied der Sakramente zu »Segenshandlungen« an »Kirchenfernen«, von denen gleich noch die Rede sein wird. Der zweite Unterschied besteht darin, dass Sakramente dezidiert in einem kirchlichen und daher gemeinschaftlichen Bezugsrahmen stehen. Die Idealgestalt der Taufe ist darum nicht die Einzeltaufe, sondern die gemeinsame Tauffeier, und die Feier des Ehesakraments wird, da sie keine Privatsache der beiden Partner und deren Familien ist, sondern Sache der Kirche, in welcher die Ehe als ecclesiola gelebt wird, am besten in einer gemeindlichen Trauungsfeier mit mehreren Paaren begangen. Gewiss, gerade Letzteres mag noch »Zukunftsmusik« sein, aber die Weichen dafür sind in der Sakramenten- und speziell Tauf- und Ehe-Katechese jetzt schon zu stellen. Nimmt man nun beide Gesichtspunkte zusammen (Die sakramentale Gabe ist wesentlich Auf-Gabe, und: Sakramente sind kirchliche Feiern), so dürfte mittelfristig die sakramentale Praxis wohl eher zu einer Sache der Minderheit werden, so dass die Feier der Sakramente in Zukunft wohl kaum den Priester überlasten wird.[452]

Um das pastorale Kernstück der Predigt schließt sich der weitere Kreis eines vielfältigen katechetischen Bemühens, das vor allem – so wie die Predigt mit der Eucharistie – mit den übrigen Sakramenten und Sakramentalien verbunden ist: angefangen von der Taufkatechese für erwachsene Taufbewerber und Taufgespräche mit den Eltern von Säuglingen – über die allgemeine Kinder- und Jugendlichen-Katechese (Erstkommunion/Firmung) – bis hin zum Glaubensgespräch mit Erwachsenen (nicht zuletzt im Zusammenhang mit der Trauung). Was der Priester in diesem weiten Feld selbst durchführen will und kann, ist von Fall zu Fall unterschiedlich. Ideal ist es natürlich, wenn es für alle katechetischen »Orte« Christen gibt, die diesen Dienst übernehmen. Der Priester kann und soll sich darauf beschränken, solche Dienste zu stimulieren, inspirieren, begleiten und subsidiär tätig zu werden. »Er war der Träger der Mitte und konnte in dieser Bedeutung nicht auf die vielen tragenden Säulen verzichten!« Priesterliche Seelsorge ist in diesem Bereich Dienst an der seelsorglichen Tätigkeit aller oder wenigstens vieler Glaubender. Hier konkretisiert sich das, was »kooperative Seelsorge« bedeutet.

Dabei sollte die Suche nicht unter der Devise stehen, die »Versorgung« der Gemeinde, welche bisher allein oder vorwiegend durch den Priester erfolgte, nunmehr auf möglichst viele Schultern zu legen, um also – wie das Schlagwort heißt – »von der versorgten zur mitsorgenden Gemeinde« zu kommen. Denn so wären – worauf K.-H. Menke zurecht hinweist – die meisten Christen, nämlich jene, die keine Aufgabe in kirchlichen Gemeinden oder Gemeinschaften übernehmen (wollen oder können), immer noch die »Versorgten«. Nein, eine Gemeinde ist dann »Subjekt der Pastoral«, wenn jedes ihrer getauften und gefirmten Mitglieder den Empfang eines Sakraments »als Befähigung zur Proexistenz versteht«[453] und diese Proexistenz in erster Linie dort verwirklicht, wo es lebt. Gleichwohl ergeben sich als »Frucht« aus Eucharistie und Glaubensverkündigung auch gemeinsame Realisierungsformen des Glaubens. Da bilden sich etwa Gruppierungen, die im weitesten Sinn der Glaubensweitergabe und -verwirklichung in der Welt dienen, wie z. B. Bibelrunden, Kreise junger Familien, Besuchs- und Krankendienste, Dritte-Welt-Gruppen, berufsspezifische Verbände, Geistliche Gemeinschaften, kirchliche Jugendgruppen.[454] Solche gemeinsamen Realisierungsformen des Glaubens sind in der einen oder anderen Form unabdingbar, sie folgen aus der Gabe der Einheit und stehen im Dienst der damit gestellten Auf-Gabe. So aber sind sie vor allem Gegenstand (haupt- oder nebenamtlicher) laikaler Kompetenz, angesichts derer der Priester da, wo er darum gebeten wird, den Dienst der geistlichen Begleitung (oder auch »geistlichen Leitung«) zu übernehmen hat.[455] Auf diese Weise tun sich viele noch unerschlossene Möglichkeiten auf, von einer priesterzentrierten und ihn überfordernden Seelsorge loszukommen, um so wie Paulus zusammen mit vielen Mitarbeitern den Seelsorgsdienst am Volk Gottes auszuüben. Jedenfalls bilden all diese Aufgaben keinen Anlass dafür, zum priesterlichen Gemeindemanager zu werden. Im Gegenteil! Je größer der Bereich ist, in dem ein Priester über die wegen geistiger Auszehrung oft zu kleinen Potentiale (ehemaliger) Pfarrgemeinden hinaus tätig wird, umso eher wird er Mitarbeiter finden, die fähig und willens sind, Verantwortung zu übernehmen und mit ihm zusammenzuarbeiten.

Von der dritten Form der Einheit (als Ziel seelsorglichen Handelns) war bisher nur implizit die Rede: von der Einheit, die jeder Glaubende im eigenen Herzen ersehnt, in jenem Herzen, das durch so vielerlei Widersprüche, »Schizophrenien« und Ambivalenzen, Abgründe und Ängste gekennzeichnet ist. Wie kann Einheit und Friede im eigenen Herzen werden? Hier sind an erster Stelle Taufe, Eucharistie und Buße zu nennen, die Sakramente also, in denen das Ja Gottes über uns persönlich ausgerufen wird und einlädt, in dieses Ja hinein unsere ganze Zerrissenheit und Widersprüchlichkeit einzubergen. Da ist weiter die tröstende und orientierende Verkündigung des Gotteswortes, das uns den Frieden zusagt und das Vertrauen schenkt, dass Gott auf den »krummen Pfaden« auch des eigenen Lebens »gerade schreibt«. Insofern dienen Sakramentenspendung und Wortverkündigung auch dieser dritten Form der Einheit.

Darüber hinaus aber ist der Priester auch eingefordert, einzelnen Christen persönlich beizustehen, ihre inneren Konflikte aufzuarbeiten und ihnen geistliches Weggeleit zu geben. Denn – so sagte Papst Johannes Paul II. in seiner Ansprache bei der Generalaudienz vom 19.5.1993 – »die Gemeinschaftsdimension der Seelsorge darf nicht die Bedürfnisse der einzelnen Gläubigen vernachlässigen.« Auch wenn solches pastorales Tun nicht unbedingt an das Weiheamt geknüpft ist, sondern prinzipiell auch von Laien wahrgenommen werden kann (und wird), steht es doch dem priesterlichen Aufgabenbereich in besonderer Weise nahe. Einmal weil geistliche Begleitung nicht selten mit dem Bußsakrament verknüpft ist und zum anderen weil der Priester als »Mann Gottes« eine spezifische geistliche Kompetenz dafür aufweist (aufweisen sollte), Menschen auf dem Weg des Evangeliums weiterzuführen.

Hier möge man nicht einwenden, das sei zu zeitaufwendig. Ich kenne einige (wenige) Pfarrer (darunter auch einen Großstadtpfarrer), die mit ihrer Gemeinde einen Prozess von »Exerzitien im Alltag« durchgeführt haben. Wenn man bedenkt, dass in diesem Rahmen 30–40 Exerzitanten jede Woche zu einem nahezu halbstündigen geistlichen Gespräch zum Pfarrer kamen, sieht man, was möglich ist, wenn ein Priester nur die rechte Mitte für seine Tätigkeit findet.

Aber dazu auch einige kritische Anmerkungen aus eigener Erfahrung: Ich werde sehr häufig gefragt: Können sie mir einen Priester empfehlen, der mich über längere Zeit geistlich begleitet oder mit dem ich ein längeres Gespräch über mein Leben führen kann, das dann in die Beichte einmündet, oder der Zeit hat, dass ich mit ihm über meinen Glauben oder über meine mögliche besondere Berufung zum Priester- und Ordensstand spreche? Diese Anfragen stehen fast immer auf dem Hintergrund von gegenteiligen Erfahrungen: Wir finden keinen Priester, der Zeit und/oder geistliche Kompetenz hat. Ich stehe angesichts solcher Fragen oft hilflos da. Denn selbst in Städten, wo es viele Priester gibt, finden sich meist nur extrem wenige, die diesen Anfragen entsprechen können. Und diese wenigen sind über alle Maßen ausgelastet. So zeigt sich in diesem Bereich noch einmal die ganze Malaise – nicht etwa von »Priestermangel«, sondern – von »Priestermängeln«, die das kirchliche Amt zu einer Art von Gemeindemanagement verkommen lassen.

Haben wir in diesem Abschnitt über Seelsorge an den »Kirchennahen« nachgedacht, so ist nun der andere Pol des »hybriden Mischgebildes« Kirche in den Blick zu nehmen. Dabei ist zu beachten: Es handelt sich um *Pole*. Die Wirklichkeit realisiert sich aber nicht nur an den Polen. *Zwischen ihnen* spielt sich in unterschiedlicher Zuordnung die bunte Konkretheit des Lebens ab.

2. Seelsorge und die »treuen Kirchenfernen« (M. Kehl)

»Treue Kirchenferne« – das ist die wachsende Zahl all jener zumeist »noch gerade« Getauften, die auf der einen Seite weder einen kontinuierlichen Kontakt zur Kirche oder eine ihrer Gemeinden / Gemeinschaften haben, noch die kirchliche Lehre als verbindliche Lebensorientierung annehmen, noch normalerweise den Priester als geistlichen Begleiter oder Berater in Anspruch nehmen möchten. Auf der andern Seite aber akzeptieren sie in recht »verlässlicher« Weise Kirche und Priester, ja suchen sie sogar als Instanz von »Segen« und religiöser Feier, die auf wichtige Lebenssituationen oder hervorgehobene Zeiten im Jahresablauf den Beistand und den Glanz eines

»Höheren« wirft und so tief verborgene, deshalb aber nicht weniger reale religiöse Bedürfnisse befriedigt. Auch die große Zahl dieser »treuen Kirchenfernen« ist der Seelsorge der Kirche und speziell des Priester anvertraut. Den »Kirchenfernen« gegenüber steht der Priester vor allem »für das Heilige« und bringt so die »sakrale oder mystagogische Kompetenz der Kirche« ein.[456]

Damit ist Folgendes gemeint: Die Kirche ist nicht nur »Zeichen und Werkzeug« der großen »Sammlungsbewegung Gottes«, worin er *in der Geschichte* die Menschen zur Communio mit sich und untereinander zusammenschließt. Die Kirche steht auch als »Anwalt des Heiligen« dafür ein, dass der Mensch *von vornherein* – d.h. in seiner Konstitution von Schöpfung her, noch vor aller Dramatik, die sich in der Geschichte zwischen Gott und Mensch ereignet – nichts in sich Geschlossenes, Selbstgenügsames, Gottfernes darstellt, sondern auf Gott, auf sein geschichtliches Handeln und auf Vollendung bei ihm angelegt ist. Auch da, wo ein Mensch (noch) nicht von einer Weise der geschichtlichen Selbstoffenbarung Gottes (die in allen Religionen am Werk ist und in Christus ihre Erfüllung gefunden hat) getroffen ist, sieht er sich doch besonders in »Grenzerfahrungen« vor das »Heilige« gestellt: Er erfährt, spürt, weiß sich davon »angesprochen«, dass in der Welt und im eigenen Leben ein »Mehr« ist, etwas Tieferes und Geheimnisvolles, dessen Undurchschaubarkeit bedrängt, aber auch Hoffnung gibt und Segen ersehnen lässt, ein »mysterium tremendum et fascinosum« (Rudolf Otto).

Diese oft vage und wenig ausdrückliche Erfahrung des »Heiligen« wird nicht selten dort am Werk sein, wo Menschen zur »Kirche«, speziell zum Priester kommen, damit er für sie und über sie betet, Segenshandlungen an ihnen oder ihren Lieben vornimmt und religiöse Feiern und Riten durchführt. Das dürfte auch der tiefere Hintergrund dafür sein, dass Menschen die Kirche als – wie man salopp formuliert – »religiöse Dienstleistungsgesellschaft« betrachten (s. S. 230f). Um dieser tieferen Dimension willen ist deshalb solchen Bitten oder gar Forderungen nach Segen und Ritual auch nachzukommen, selbst da, wo Menschen dem christlichen Glauben fern stehen oder nur ganz vage von ihm erreicht sind. Andernfalls würden wir den Bereich des »Heiligen«, der dem des ausdrücklich »Christlichen« und Kirchlichen sowohl »zuvor«- als auch »zu-Grunde«-liegt, anderen Kräften (esoterischen, neuheidnischen, abergläubischen Zirkeln) überlassen und ihn nicht dahin ausrichten, wo er seine wirkliche Erfüllung findet: in Jesus Christus und seiner Kirche. Vertreter des Sakralen in einer weithin säkularisierten Gesellschaft zu sein (bei allem Diffusen, was das bedeuten kann), gehört deshalb mit zur wesentlichen Aufgabe des Priesters, der als »Mann Gottes« (vgl. 1 Tim 6,11; 2 Tim 3,17) dazu berufen ist, wie Jesus Christus Zeuge des Göttlichen in der Welt zu sein. Selbst in der Weise, wie der Priester lebt, soll und kann für die ihn umgebenden, heute meist nicht mehr sonderlich christlich oder gar kirchlich gebundenen Menschen etwas vom »Heiligen« aufstrahlen. Peter Brown hat in verschiedenen Veröffentlichungen gezeigt,[457] wie in der ganzen Religionsgeschichte die Sehnsucht nach Erfahrung des »Heiligen« sich auf bestimmte Menschen richtet – oft sind es Außenseiter, Sonderlinge, aus der »Normalität« herausfallende »Typen«, an denen eben dieses Heilige spürbar und ablesbar wird. Deshalb sollte man es als Priester auch nicht von vornherein radikal abweisen, »anders« zu sein und »anders« zu leben als die umgebende Gesellschaft (nämlich z.B. zölibatär, bescheiden, »fromm«). Gerade solche »Ab-Sonderlichkeiten« können Zeichen für das Be-Sondere des »Heiligen« sein. Gewiss muss man nicht Priester sein, um das »Heilige« in der Welt zu bezeugen, aber fatal wäre es, wenn es nicht *auch* der Priester täte.

Darüber hinaus kann das Besorgtsein um die Dimension des »Heiligen« und (allgemein) »Religiösen« zum Ausgangspunkt und zum (katechetischen) Ansatz für die Begegnung mit Jesus Christus, dem »Heiligen Gottes«, werden, in dem sich das tiefste Wesen des »Heiligen«, nämlich die Wirklichkeit des drei-einen Gottes und seines Willens zur Einheit mit der Welt enthüllt.

Von hier aus stellen sich für das seelsorgliche Handeln des Priesters sehr konkrete Aufgaben: Als »Mann Gottes« ist er beauftragt zum fürbittenden und stellvertretenden Gebet, besonders auch für die sog. Fernstehenden (vgl. S. 359f). Da, wo Menschen Segenshandlungen, Riten und Feiern erbitten, darf und soll er dem entsprechen, wenn und wo immer das Erbetene offen ist für das »Heilige« und eine Verwechslung mit dem »Magischen« ausgeschlossen ist. Ja, man wird in Zukunft darauf bedacht sein müssen, neue Segensfeiern zu entwickeln und »anzubieten«, die für den Kreis der »Fernstehenden« gewissermaßen an die Stelle der Sakramente treten können.

Denn so wie bisher lässt sich – schon jetzt in manchen Regionen und in absehbarer Zukunft wohl auch in allen übrigen – die sakramentale Praxis (welche die traditionelle volkskirchliche Gestalt des Christlichen voraussetzt) nicht weiterführen, ohne bei der Spendung und Feier der Sakramente zynisch zu werden oder bewusst Perversionen zuzulassen. Taufen ohne berechtigte Hoffnung, dass das Kind je in einen persönlichen Glauben hereinwächst, – Erstkommunion halten und damit zugleich einen »feierlichen« Abschied von der Kirche auf Nimmerwiedersehn begehen, – die Firmung erteilen angesichts der Tatsache, dass die meisten Jugendlichen die Gabe und Auf-Gabe dieses Sakraments gar nicht empfangen wollen, – das Ehesakrament feiern im klaren Wissen darum, dass mindestens 90% der Paare nicht zur unbedingten Unauflöslichkeit der Ehe stehen, sondern diese allenfalls nur »bedingungsweise« akzeptieren (was bekanntlich eine sakramentale Ehe schon von vornherein ungültig macht) – all das lässt sich selbst mit großen Toleranzen nicht mehr guten Gewissens weiter praktizieren, erst recht, wenn man die bereits erörterte »Sendungsstruktur« der Sakramente beachtet (siehe S. 262f).

Das darf aber gerade nicht bedeuten, Menschen, die mit dem Wunsch nach religiösen Handlungen zur Kirche kommen, abzuweisen und/oder sich als Richter über deren Glauben und Intention aufzuspielen. Vielmehr müsste man – entgegen der bisherigen Alternative: Sakramente: Ja oder Nein? – eine wirkliche Alternative zu den Sakramenten vorlegen können: Segensfeiern, die in ihrer äußeren Gestalt (da es ja um die Erfahrung des Heiligen geht) weit festlicher, »üppiger«, ansprechender sein sollten als die Feier der Sakramente.[458] Letztere dürfen für den Glaubenden ruhig etwas Nüchternes an sich tragen, geht es doch um den Empfang von Gaben, die als Auf-Gaben zu übernehmen sind und mithin in den »schmutzigen Dienst« der »Fußwaschung«, in die Nähe zu den Armen und Notleidenden, in den oft »grauen Vollzug« eines christlichen Alltagslebens einweisen. Nur durch eine solche Alternative, die in extremster (!!!) Form lauten könnte: Möchten Sie feierlich den Segen Gottes in dieser oder jener Situation empfangen, oder wollen Sie auf nüchterne Weise einen Auftrag, eine sakramental bestätigte Sendung übernehmen, die unweigerlich auf den Weg der Kreuzesnachfolge Christi führt?, können Menschen vor eine echte, von ihnen selbst (!!!) auszuwählende Alternative gestellt werden.

Es müsste also in Zukunft zur Verfügung stehen

- analog zur Taufe: eine Segensfeier mit dem neuen Erdenbürger;
- analog zur Erstkommunion: ein religiöses Kinderfest, auf dem alle Kinder der Gemeinde vorgestellt und als »potentielle« Gemeindeglieder gefeiert werden (und zwar vor dem Termin, zu dem einzelne Kinder in ganz schlichter Form zum ersten Mal den Leib des Herrn empfangen);
- analog zur Firmung: eine Art von religiös-offener »Jugendweihe« (in Erfurt wird dies bereits versuchsweise praktiziert);
- analog zur sakramentalen Trauung: eine Feier, in dem Segen und Zusage Gottes, aber auch das Interesse der Gemeinde an den jungen Paaren zum Ausdruck kommen.

Die Möglichkeit zu einigen von solchen Segensfeiern ist schon gegeben. So etwa hindert nichts daran, ein »religiöses Kinderfest« oder eine Art »Jugendweihe« zu begehen. Auch könnte man die »Feier der Aufnahme [von schulpflichtigen Kindern] in das Katechumenat« so anpassen, dass daraus eine Segensfeier für Neugeborene wird. Am schwierigsten scheint die Alternative zur kirchlich-sakramentalen Trauung zu sein (obwohl es in den 50er Jahren dazu schon Ansätze in einigen südfranzösischen Diözesen gab).

Bei all dem kann der *einzelne* Priester von sich aus wohl nur sehr ansatzweise Alternativwege zur traditionellen sakramentalen Praxis einschlagen, Alternativen, die nicht den Glauben zu Rabattpreisen verschleudern, sondern in aller Wahrhaftigkeit damit ernst machen, dass Menschen in unseren Ländern nicht mehr wie bisher zum christlichen und kirchlichen Bereich gehören (wollen), dass sie aber trotzdem mit ganz unterschiedlichen Biographien dem Gottesvolk »auf verschiedene Weise ... zugeordnet sind« (LG 13). Indem man ihrem Wunsch nach religiösen Handlungen entspricht, kommt man ihnen – gerade ohne den Anspruch des Evangeliums zu verraten – entgegen, immer auch in der Hoffnung, dass die Station der Segenshandlungen der Ausgangspunkt für einen weitergehenden Weg ist. Wie gesagt: Bei all dem ist zunächst einmal weniger der einzelne Priester (Pfarrer), sondern vor allem die regionale und zentrale Kirchenleitung gefordert, die bisherige sakramentale Praxis zu überdenken und die Bahn für neue Wege frei zu machen. Hier sollte man auch Mut zum »Experiment« (im guten Sinn) zeigen, so wie man z. B. in Erfurt das Experiment einer religiös gefärbten »Jugendweihe« unternimmt.

Man braucht mit dem Neuen nicht zu warten, bis der »letzte Mohikaner« zum Mitmachen bereit ist. Es muss Möglichkeiten zum (verantworteten) »Tutiorismus des Wagnisses« (K. Rahner) geben.[459] Das sollte im Gespräch zwischen Bischof, Priesterschaft und verantwortlichen Laien ausgelotet werden.

Zu warten freilich, dass Menschen mit ihren Wünschen kommen, reicht nicht aus. »Viel eher geht es um eine pastorale Be-Wegung, in der die Kirche die Wege zu den Menschen sucht.«[460] Auch diese ist gewiss nicht allein vom Priester zu unternehmen. Hier sind alle gefordert, die zum engeren Kreis der Kirche gehören. Aber derjenige, der das Amt der geistlichen Leitung inne hat, ist dazu verpflichtet, die Christen unablässig zu drängen, aus den oft sich selbst genügenden Gemeinden, kirchlichen Gemeinschaften und Gruppen heraus »an die Wege und Zäune« zu gehen, um das Evangelium zu verkünden – in Wort und Tat und eigenem Leben. Gerade das Angebot neuer kirchlicher Gemeinschafts- und Aktionsformen (vgl. S. 226) kann »den Nichtgottesdienstbesuchern und -besucherinnen die Chance [bieten], auf dem Weg solidarischen Handelns in Projekten und Aktionen ihren eigenen Glauben und die Kirche wieder neu zu entdecken.«[461] Dabei geht es nicht in erster Linie darum, Außenstehende in die Kirche zu drängen, sondern ihnen überhaupt erst einmal die frohmachende Kraft und das erhellende Licht des Evangeliums zu bringen und das Ferment der Einheit in alle Bereiche der Welt hineinzutragen. Es geht um eine »Seelsorge des Säens«, nicht des »Erntens«.[462] Hier werden alle Christen, und damit auch die Priester, in Zukunft ganz neue Initiativen entfalten müssen, um Menschen »draußen« zu erreichen. Zu nennen sind hier offene Veranstaltungen und Institutionen (Bildungsangebote, Feste, »City-Kirche«, Passantenpastoral, Tourismusseelsorge u.dgl.), die dem bindungsscheuen Menschen von heute einen unverbindlichen Kontakt mit der Kirche eröffnen. Bischof Wanke schreibt dazu:

> »Es mag schwierig sein, die Metapher des ›Marktes‹ auf die Seelsorge anzuwenden, aber Paulus zumindest ›sprach täglich auf dem Markt mit jedem, den er gerade antraf‹ (Apg 17,17). Hier werden wir in der Seelsorge noch viel Phantasie entwickeln müssen, wie eine solche ›Angebotspastoral‹ aussehen könnte. Nicht die Sorge, ob alles sofort akzeptiert und praktiziert wird, sollte bei uns domi-

nieren, sondern die Freude, dass möglichst viele ›den Saum des Gewands Jesu berühren‹ (Mt 9,20).«[463]

Hierzu bieten sich besonders das Angebot von Mitarbeit im Bereich des Diakonischen, die Sorge um Kranke und Strafgefangene, Aktionen für Menschenrechte u.dgl. an. Dem Priester ist die Aufgabe gestellt, die ihm anvertraute Gemeinde unerbittlich auf die Missio als Pointe des christlichen Lebens hinzuweisen.

3. Zusammenfassung

Wir waren von einer doppelten Fragestellung ausgegangen: Erstens: Wohin geht – unter den Bedingungen der Gegenwart und einer absehbaren Zukunft – die Kirche und darin das priesterliche Amt? Zweitens: Wie kann Gemeindeleitung bzw. Seelsorge unter den neuen Bedingungen so verwirklicht werden, dass sie dem Evangelium entspricht und für den Priester keine ständige Überforderung mit sich bringt?

Wir sahen, dass im Zuge der Entwicklung zwar Größe und Komplexität der dem Priester anvertrauten Gemeinde zunehmen, dass aber bei einer rechten Einschätzung seelsorglichen Handelns die Aufgabe des Amtes in eine Mitte gestellt ist, die jedem Amtsträger nicht nur genug »Luft zum Atmen« lässt, sondern auch ein wahrhaft glückendes Leben im Dienst des Evangeliums eröffnet.

Gerade weil Christus selbst der »Pastor« seiner Kirche ist und bleibt und durch menschliche pastores und ihre seelsorgliche Tätigkeit »nur« dargestellt wird, ist der Priester frei von der Last, in »effizienter Weise« jene dreifach-eine Einheit herzustellen, die das Ziel allen Handelns Gottes ist: Einheit von Gott und Mensch – Einheit der Menschen untereinander – Einheit im eigenen Herzen. Nicht ums »Machen« geht es, sondern einmal um die glaubhafte Darstellung des Tuns Christi in Sakrament, Wort, Diakonie und Weise der persönlichen Lebensführung sowie zum andern um die Bereitung der Herzen für die Aufnahme der Gaben Gottes und deren Fruchtbarwerden in der Sendung zu den andern. Im Blick auf diese Mitte sollte der Priester alle Aufgaben des Managements, der Organisation und Verwaltung aufgeben und das »eine Notwendige« tun. Dieses schlüsselt sich etwa in folgende Bereiche auf: Würdige Feier der Eucharistie und der übrigen Sakramente – Segenshandlungen für die »Kirchenfernen« – verantwortliche Verkündigung des Wortes Gottes und Befähigung der Mitchristen zur Katechese in den verschiedenen Situationen und »Orten« – (so weit es möglich ist:) Stimulation, Inspiration und Unterstützung von kirchlichen Gruppierungen – Freisein für und Angebot von geistlicher Begleitung für Einzelne. Dazu kommt als Auftrag für das persönliche Leben: das Bemühen um Gemeinschaftlichkeit und wirkliche Präsenz unter den Menschen.

Mit Letzterem sind wir schon bei der Thematik des vierten Teils, der sich im Einzelnen mit der spirituellen Verwirklichung priesterlichen Lebens befassen soll.

Vierter Teil
Priesterliche Spiritualität

1. Kapitel

Fundamente

§ 1 Eckpunkte einer spezifisch priesterlichen Spiritualität

Nach den Aussagen des 2. Vatikanischen Konzils soll das geistliche Leben des Priesters nichts »Aufgesetztes« sein, kein »geistlicher Überbau« über den grauen Alltag. Auch geht es nicht in erster Linie um irgendwelche zusätzliche Frömmigkeitsübungen und geistliche Gewohnheiten. Vielmehr legt das Priesterdekret des Konzils großen Wert auf die Verbindung von priesterlicher Tätigkeit und Spiritualität. Letztere soll darauf ausgerichtet sein, gerade *im pastoralen Dienst* die Einheit des eigenen Lebens zu finden. So heißt es:

> »Die Priester, die von den überaus zahlreichen Verpflichtungen ihres Amtes hin- und hergerissen werden, werden mit bangem Herzen fragen, wie sie mit ihrer äußeren Tätigkeit noch das innere Leben in Einklang zu bringen vermögen. Zur Erzielung solcher Lebenseinheit genügt weder eine rein äußerliche Ordnung der Amtsgeschäfte, noch die bloße Pflege der Frömmigkeitsübungen, so sehr diese auch dazu beitragen mögen« (PO 14).

Priesterliche Spiritualität hat es also wesentlich mit der Frage zu tun: Wie kann man als Priester in seiner pastoralen Tätigkeit und unter der Last seiner Verpflichtungen Einheit und Ganzheit des Lebens finden? Möglich ist dies nur, wenn der pastorale Dienst nicht allein Lebensaufgabe, sondern auch Weg und »Mittel« zur persönlichen Heiligung ist (vgl. PO 13). Es gilt daher, in der amtlich-priesterlichen Tätigkeit Gott zu finden, indem man in den Herausforderungen, Begebenheiten und Situationen der Seelsorge ihn und seine Liebe zu entdecken und ihr zu entsprechen sucht. Als Antwort auf diese Liebe hat sich die Gegenliebe des Priesters gerade im Dienst für die anvertraute Herde zu verleiblichen. Auf dieser Linie sah das 2. Vatikanische Konzil im Begriff der »caritas pastoralis«, der »Hirtenliebe«, das

»Band der priesterlichen Vollkommenheit ..., das ihr [der Priester] Leben und Wirken zur Einheit verknüpft.« So finden sie Lebenseinheit, »wenn sie sich mit Christus vereinigen ... in der Hingabe für die ihnen anvertraute Herde« (PO 14). Das Zentrum priesterlicher Spiritualität ist somit die »caritas pastoralis«, die »Hingabe für die anvertraute Herde«. Aber dies scheint noch sehr formal zu sein. Daraus resultiert noch keine besondere spirituelle Gestalt.

Angesichts dessen kann man die grundsätzliche Frage stellen, ob es denn – inhaltlich gesehen – überhaupt eine spezifisch priesterliche Spiritualität gebe oder ob nicht der Priester aufgerufen sei, mit den übrigen Gläubigen ganz schlicht die *eine* »christliche« Spiritualität zu verwirklichen? Nun lässt sich durchaus in einem richtigen Sinn sagen, dass es nur *eine* christliche Spiritualität gibt, jene, die ihre Ur-Kunde und Basis in der Hl. Schrift hat. Aber die Schrift selbst ist durch eine solche Fülle und durch einen solchen Reichtum von Aussagen, Weisungen und Perspektiven ausgezeichnet, dass keiner ihnen allen in gleicher Weise und mit gleichem Gewicht als Handlungsmaximen nachkommen kann. Jeder nimmt – anschaulich gesagt – für sich selbst darin »Unterstreichungen« vor; dadurch wird einiges besonders hervorgehoben, anderes tritt eher zurück. So entsteht die Verschiedenheit von Spiritualitäten, die es von jeher in der Kirche gegeben hat. *Gemeinsam* ist allen die Orientierung am Evangelium, die Bereitschaft zur Nachfolge Christi und das Bemühen um ein Leben im Heiligen Geist. *Differenzen* treten auf durch unterschiedliche Akzentsetzungen und Systematisierungen, die jeweils der Berufung und Begabung des einzelnen oder einzelner Gruppierungen entsprechen.

Solche spirituelle Unterschiede bzw. unterschiedliche Spiritualitäten sind nichts Negatives, sondern Zeichen von Leben, Fülle, Kraft. Denn »alles bewirkt ein und derselbe Geist; einem jeden teilt er seine besondere Gabe zu, wie er will« (1 Kor 12,11). Auch für die verschiedenen Spiritualitäten gilt das Bild vom Leib Christi: Die Kirche ist der eine Leib mit den vielen Gliedern. »Wären alle zusammen nur ein Glied, wo bliebe dann der Leib? So aber gibt es viele Glieder und doch nur einen Leib« (1 Kor 12,19f), in dem alle Glieder füreinander da sind und voneinander Nutzen ziehen. Das, was die spezifisch priesterliche Spiritualität von der eines Laien unterscheidet, ist also nicht ein Mehr oder Weniger, ein Besser oder Schlechter, sondern die »besonderen Unterstreichungen«, die derjenige vornimmt, der sich fragt, wie er seinen priesterlich-seelsorglichen Dienst in rechter Weise erfüllen, wie er die »caritas pastoralis« konkret verwirklichen kann.

Was sind das für »Unterstreichungen«? Wir sahen schon: Die Sendung Jesu, das Bereiten und Aufbrechen der Welt auf das kommende Reich Gottes hin, hat in der Kirche weiterzugehen, ja die Kirche ist als »sacramentum unitatis« (LG 1) dazu berufen, im Nachgehen des Weges Jesu dessen Sendung, »die zerstreuten Kinder Gottes zur Einheit zusammenzuführen«, weiterzutragen. Dafür bedarf es – wie wir gesehen haben – besonders beauftragter Jünger, die im Namen Jesu und an seiner Statt das Wort vom Reich und die Botschaft von Gottes törichter Liebe verkünden, die das in Tod und Auferstehung Jesu unrücknehmbar verankerte »Ja« Gottes zum Menschen in sakramentaler Feier vergegenwärtigen, die als Hirten in seine Nachfolge rufen, Gemeinden versammeln und leiten sowie als Organe des Volkes Gottes durch ihren Dienst (»in persona ecclesiae«) das Leben der Kirche vor Gott und vor der Welt ermöglichen. Kurz: Es bedarf solcher, welche die übrigen Gläubigen »für die Erfüllung ihres Dienstes rüsten, für den Aufbau des Leibes Christi« (Eph 4,12). Dazu ist der Priester gesandt, und eben diese Konzentration allen geistlichen Tuns auf die amtliche Sendung hin charakterisiert die besondere priesterliche Spiritualität.

Insofern es zu dieser Sendung gehört, die Selbstbezüglichkeit der Welt und ihre oberflächlich selbstgenügsame Perspektivenlosigkeit aufzudecken und sie aus der Zerstreuung zur Einheit zu rufen (zur Einheit mit Gott, untereinander und im eigenen gespaltenem Herzen), erscheint der priesterliche Dienst heute oft als »Torheit und Ärgernis« (1 Kor 1,23). In eine Welt, die sich zu gern in sich verschließt und deren höchster Wert die Verwirklichung des selbstzentrierten und in sich verliebten Einzelnen ist, passt das Drängen des Reiches Gottes auf Einheit, Gerechtigkeit und Frieden hin nicht hinein. Der Einsatz für das Reich muss es sich gewissermaßen gefallen lassen, als illusionäre Dummheit oder als ärgerlicher Störfaktor angesehen zu werden. Das war schon bei Jesus so (und vor ihm bei den alttestamentlichen Propheten). Deshalb erschien auch das *Entscheidende*, was Jesus tat, nicht als allseits »plausibel«: es war nicht die Vermittlung von Lebenswissen, Sinnorientierung, Gesellschaftsreform, Organisation von Hilfswerken, auch nicht die Befriedigung der religiösen Anlage des Menschen. Im Zentrum seines Handelns stand vielmehr das Kommen des Reiches Gottes, die Zu-Sage und Zu-Vermittlung der Communio Gottes, jener Liebe, die die ganze Welt erfassen und umgestalten will. Dafür suchte er die Menschen zu bereiten, ja »aufzubrechen« und ihnen so allererst Sinnerfüllung für ihr Leben und Hoffnung auf Vollendung zu geben. So hat der »letzte Gesandte« in einer sich gegen die Liebe verschließenden, rebellierenden, selbstgenügsamen und darum auch immer wieder an sich verzweifelnden und in sich erstickenden Welt das »ganz Andere« Gottes und seines Heils in Wort und Zeichen zur Darstellung gebracht – bis hin zum Tod am Kreuz.

Diese Weise der Sendung Jesu – also einerseits sein »Nicht-angepasst-Sein« an diese Welt *und* andererseits sein radikales Engagement *in* dieser und *für* diese Welt, m. a. W. das »In-der-Welt-«, aber nicht »Von-der-Welt-Sein« – hat auch in der spezifischen Sendung des kirchlichen Amtes, insofern es »in persona Christi« handelt, weiterzugehen und dessen Spiritualität (im Sinne von besonderer »Unterstreichung« und »Akzentuierung«) zu prägen. Deshalb ist das priesterliche Amt ein geistlicher Dienst, der auch nur von einem geistlichen Menschen erfüllt werden kann, also von jemandem, »der nicht auf das Sichtbare, Machbare, Planbare als der einzigen Realität schaut, sondern dem unverfügbaren Wirken des Geistes Gottes Raum schafft, der aus dem Unverfügbaren des Geistes Gottes lebt.«[464]

Damit ist auch schon gesagt, dass der Priesterberuf sich nicht einfach einordnen und in Beziehung setzen lässt zu anderen »gesellschaftsrelevanten« Berufen, indem er unter ihnen seinen »Platz« erhält als – karikierend gesagt – eine Art »Mischung« von Sozialpfleger, Erwachsenenbildner, Lehrer, Heilpädagoge, Psychologe, Jugendführer, prophetischer Gesellschaftskritiker, Funktionär für religiöse Sinnerfüllung, Fachmann in Sachen Theologie. Gelegentlich trifft man auf solche Tendenzen. Dahinter steckt auch durchaus ein ernst zu nehmendes Anliegen: Der Priester möchte, wenn er von außen gefragt wird: Was bist du eigentlich, was tust du eigentlich?, etwas gesellschaftlich Plausibles, Anerkanntes und Relevantes vorweisen können. Er möchte verständlich machen, dass sein Dienst etwas höchst Wichtiges für die Menschen ist. Aber vielleicht muss er es heute aushalten, dass sein Beruf heute nicht mehr wie früher einmal einen festen, einsichtigen und allseits akzeptierten Platz in unserer Gesellschaft einnimmt und entsprechende Anerkennung genießt. Hatte denn Jesus einen festen, einsichtigen, allseits anerkannten Platz? Gehörte nicht gerade zu seiner Sendung, dass er »ortlos« war (vgl. Mt 8,20), keine allgemeine Anerkennung fand, sondern im Gegenteil Widerspruch und Nachstellung auslöste und in kein damals geläufiges Schema hineinpasste (vgl. z. B. Mk 8,28)? In seiner Nachfolge müssen es heute wohl alle Christen neu lernen, als »Pilger und Fremdlinge« in dieser Welt zu leben und gewissermaßen eine »Gegenkultur« zu entwickeln. Wenn das aber für alle gilt, dann a fortiori für den Priester. Auf dieser Linie schreibt Hubertus Brantzen:

> »Priesterliches Leben, wie es die Kirche versteht, entwickelt sich immer mehr zu einer Art Gegenkultur. Selbst innerhalb der Gemeinden entsteht eine Distanz zu dieser Lebensform. Echte, ernst gemeinte Frömmigkeit, glaubwürdiges Zeugnis über religiöse Erfahrung, Zuwendung zu den Menschen – wenn es sein muss – rund um die Uhr und Verzicht auf ausgelebte genitale Sexualität wirken gesellschaftlich wie eine kulturelle Zeitbombe. Es ist noch nicht entschieden, ob durch diese Lebenskultur Impulse in die Gesellschaft gegeben werden, die Nachdenklichkeit und neue Suche nach Werten erzeugen. Oder ob dieses Zeugnis als Versuch, Altes und Ewig-Gestriges zu retten, einfach ins Abseits verdrängt werden wird.«[465]

Jedenfalls gehört es zur spezifisch priesterlichen Spiritualität, dieses »Aus-dem-Rahmen-Fallen« (nämlich aus dem Rahmen einer in sich geschlossenen Welt) bewusst zu übernehmen und im eigenen Verhalten quer zu so manchen herrschenden Kategorien und Definitionen, Erwartungen und Träumen dieser vorfindlichen Welt zu stehen.

Doch so sehr das Reich Gottes die Dimensionen des Vorhandenen sprengt, ist der besondere Dienst am Reich nicht rein »jenseitig« oder – im schlechten Sinn – »geistlich«, geht es doch darum, *in* dieser Welt sichtbare Zeichen zu setzen, in denen sich die kommende Communio Gottes im Vorschein und in leisen Anzeichen vorwegentwirft. Solche Vorzeichen sind etwas Konkretes, Anschauliches, Leibhaftiges, das unter verschiedenen geschichtlichen Bedingungen je verschiedene Formen und Gestalten annimmt. So mag in bestimmten Zeiten und Situationen der Dienst des Priesters durchaus *auch* darin bestehen, Bildungsaufgaben wahrzunehmen, alle möglichen Verbände und Vereine zu gründen und ihnen vorzustehen, den Dienst von Jugendarbeit und Sozialpflege zu übernehmen, sich um menschliche Sorgen und Nöte (bis hin zur Entwicklungshilfe) zu kümmern, kurz: sich aufreiben zu lassen von all dem, was Menschen an ihn herantragen. Auch Jesus hat Kranke geheilt, Hungernde gesättigt, Einsame getröstet, Menschen aus ihrer Isolierung zur Gemeinschaft zusammengerufen. Aber er hat es nicht getan, um die Welt gleichsam »in sich« zu verbessern und als verbesserte »in sich« zu bestätigen, sondern er hat durch Heilung und Tröstung, Hilfeleistung und Sammlung Zeichen der Hoffnung gesetzt, in denen sich das Gottesreich, das die Grenzen der Welt sprengt, glaubhaft ankündigt.

Auf dieser Linie ist auch das geistliche Amt aufgerufen, Gemeinden und Gemeinschaften zu gründen und zu begleiten, in denen – sichtbar vor aller Welt – die Zeichen des Reiches aufgerichtet sind, Gemeinden, in denen Menschen miteinander versöhnt, in gegenseitiger Liebe, brüderlichem Frieden und gemeinsamer Freude leben können, im Einsatz für eine bessere Welt, in der durch sie das Ferment der Einheit wirksam wird.

Damit sind die entscheidenden »Eckpunkte« und »Stichworte« einer spezifisch priesterlichen Spiritualität genannt: Der kirchliche Amtsträger ist in der Nachfolge Jesu als »Mann Gottes« zu den Menschen gesandt, als einer, der vom Reich Gottes ergriffen ist und in dessen besonderem Dienst steht, als einer, der als Freund Christi und in seinem Auftrag »caritas pastoralis« verwirklicht und sich den ihm Anvertrauten hingibt, ganz auf der Linie des Schriftwortes: »Ihr seid meine Freunde, wenn ihr tut, was ich euch auftrage. Ich nenne euch nicht mehr Knechte; denn der Knecht weiß nicht, was sein Herr tut. Vielmehr habe ich euch Freunde genannt; denn ich habe euch alles mitgeteilt, was ich von meinem Vater gehört habe. Nicht ihr habt mich erwählt, sondern ich habe euch erwählt und dazu bestimmt, dass ihr euch aufmacht und Frucht bringt, und dass eure Frucht bleibt« (Joh 15,14f).

§ 2 Amt und Heiligkeit

1. *»Character indelebilis« – Zusage Gottes und »Demutszeichen« des Menschen*

Als Zeichen und Werkzeug des in seiner Kirche gegenwärtigen und wirkmächtig handelnden Herrn hat das Amt die gleiche Mitte und Zielsetzung, die auch Person und Werk Christi bestimmten: das Reich Gottes, die alles umfassende Communio Gottes mit den Menschen und der Menschen untereinander. Das gilt zunächst nur vom Amt in seinem sakramental-objektiven Wesen, d.h., insofern dessen Handeln etwas Überindividuell-Institutionelles ist, das zeichenhaft auf das Heilswerk Christi und nicht auf die eigene Person, auf Leistung, Tüchtigkeit und Ausstrahlung des Amtsträgers verweist (vgl. S. 109ff). Wir sahen bereits: Gerade die objektive Amtlichkeit des Amtes bewirkt, dass die Gemeinde nicht an die Person des Amtsträgers, sondern an den Herrn gebunden ist. So wie die Glasfenster eines Hauses nicht störend zwischen Sonnenlicht und Zimmer treten, sondern in ihrer vermittelnden Transparenz den Kontakt zwischen Tageshelle und Innendunkel ermöglichen, so ist auch der Priester nicht gleichsam »zwischen« Gott und seinem Volk »geschaltet«, sondern seine amtliche »Mittlerschaft« gewährleistet die Unmittelbarkeit der Beziehung von Gott und Mensch. Das ist aber nur möglich, wenn das Amt von Christus her eine Befähigung erhält, die es tatsächlich in den Stand setzt, an dessen Statt zu handeln und in sakramentaler Repräsentation auf ihn zu verweisen. Es ist eine Befähigung, die nicht an den personal-existentiellen Vollzug des Priesters, sondern an sein Amt, d.h. an Berufung, Weihe und Sendung gebunden ist.

In der Tradition der Kirche wird diese durch die Weihe verliehene Befähigung »character indelebilis« – unauslöschliches Prägemal – genannt.[466] Unauslöschlich ist es deshalb, weil es in der unverbrüchlichen Verheißung und im reuelosen Willen Christi gründet, durch den Dienst des Geweihten sein Heilswerk weiterzuvermitteln. Weil die Befähigung zum amtlichen Dienst von Gott selbst stammt, gemäß dem Paulus-Wort: »Wir sind dazu nicht von uns aus fähig, als ob wir uns selbst etwas zuschreiben könnten; unsere Befähigung stammt vielmehr von Gott. Er hat uns fähig gemacht, Diener des Neuen Bundes zu sein, nicht des Buchstabens, sondern des Geistes« (2 Kor 3,5f), können Sünde und Versagen des Menschen sie auch nicht auslöschen und zunichte machen. Das »Prägemal« konstituiert also keine »ungebührende Vorzugsstellung des Priesters gegenüber der Gemeinde, sondern primär eine letzte Unabhängigkeit seiner amtlichen Aufgaben von seiner persönlichen Heilssituation vor Gott.«[467]

E. Dassmann macht darauf aufmerksam, dass schon in der Zeit der Frühen Kirche die großen Laientheologen am meisten den Zwiespalt empfunden und ausgesprochen haben, der zwischen den mangelnden persönlichen geistlichen Qualitäten des Bischofs oder Priesters und ihren Amtshandlungen besteht. So sind z. B. für Origenes »arrogantia und superbia … typische Eigenschaften der Kleriker und dass sie selbst nicht erfüllen, was sie die Gläubigen gemäß der Gerechtigkeit des Evangeliums lehren. Oft besitzen kleine und ungebildete Leute eine Vollkommenheit, die Bischöfen und Priestern abgeht.« Gerade so aber wird handgreiflich deutlich, dass die geistlichen Dienste der Amtsträger deren menschliches Vermögen weit übersteigen und deshalb redlicherweise »nur dann ausgeübt werden können, wenn die Kirche durch die Übertragung des Amtes in Ordination und Weihe den Beistand des Heiligen Geistes zu garantieren vermag.«[468]

Wenn der Heilsdienst von der persönlichen Heiligkeit abhinge, wäre nicht nur der Priester total überfordert, auch das endgültige Heilsangebot Gottes in Jesus Christus würde seine Grenzen an der Sünde und Schwachheit des Menschen haben und so gerade in seiner Endgültigkeit in Frage gestellt. Die Lehre vom character indelebilis ist deshalb nicht eine Aussage vom Vorrang des Amtes über den Laien, sondern die Bedingung der Möglichkeit dafür, dass die Kirche auch trotz sündiger und versagender Amtsträger sich mit Gewissheit auf die Zusage Christi verlassen kann: Er selbst ist im Wirken beauftragter Menschen seiner Kirche nahe. Für den Amtsträger jedoch ist der durch die Weihe verliehene »character« ein »Demutszeichen« zur ständigen Erinnerung daran, dass er nicht die Macht hat, das Werk Christi und die Existenz seiner Kirche zu zerstören, ja dieser macht es allererst möglich, »ohne Anmaßung, aber auch ohne Angst und ohne Verlegenheit ein kirchliches Amt zu übernehmen.«[469] Es ist die Weihe, d. h. die Befähigung durch Christus, welche jene Heiligkeit verleiht, die für das priesterliche Wirken notwendig ist. So gesehen ist das Amt von Christus her etwas »objektiv Heiliges« und »objektiv Heiligendes«, das in seinen sakramentalen amtlichen Handlungen auch unabhängig von der persönlichen Heiligkeit Christus repräsentiert.

Es war vor allem Augustinus, der im Donatistenstreit des 4./5. Jahrhunderts herausgestellt hat, dass auch ohne die persönliche Heiligkeit des Amtsträgers dessen amtliche Funktionen von Christus her Wirksamkeit haben. In unendlichen Variationen hämmert Augustinus am Beispiel der Taufe ein: Es kommt nicht darauf an, ob Johannes oder Judas tauft, es ist immer die Taufe Christi. »Die ein Trunkenbold taufte, die ein Mörder taufte, die ein Ehebrecher taufte, taufte, wenn es die Taufe Christi war, Christus. Ich fürchte nicht den Ehebrecher, nicht den Trunkenbold, nicht den Mörder, weil ich auf die Taube [= katholische Kirche] schaue, durch die mir gesagt wird: Dieser ist es, welcher tauft!»[470] Ähnliche Gedanken finden sich auch in der Theologie des Ostens. So weist Johannes Chrysostomus darauf hin, dass auch ein unwürdiger Priester Verwalter der Gnade Gottes bleibt: »Er ist unwürdig? Was tut das zur Sache? Gott hat sich der Ochsen bedient, um sein Volk zu erlösen. Nicht die Lebensführung des Priesters, nicht seine Tugend vollbringen solche Dinge. Alles ist Gnade. Der Priester hat nur den Mund aufzumachen. Gott ist es, der alles bewirkt. Jener vollzieht nur das Zeichen. Das Opfer ist das gleiche, ob das vom ersten besten, ob es von Petrus oder Paulus dargebracht wird. Das eine Opfer ist nicht geringer als das andere, denn nicht die Menschen bewirken seine Heiligkeit, sondern der, welcher die Heiligkeit verleiht.«[471] So ist es auf Grund der Weihe Christus selbst, der in seinem Diener handelt, auch wenn der Träger der Weihe in seinem Leben dem nicht entspricht, was er amtlich tut.

2. »Imitamini quod tractatis!«

Man hat dieses Ergebnis des Donatistenstreits eine der »notwendigsten« und zugleich »fatalsten« Entscheidungen der Kirche genannt. Daran ist etwas Richtiges. Diese Entscheidung war *notwendig*: Es wurde damit deutlich, dass die Gemeinde nicht von der »Privatperson«, ja von der »Privatheiligkeit« des Amtsträgers abhängig ist, sondern von dessen durch Weihe übertragener Befähigung, und das heißt letztlich und endlich von Jesus Christus selbst. *Fatal* aber war diese Entscheidung, weil damit die Gefahr eines lebenserstickenden Funktionalismus und unerträglichen Popentums droht. Mehr noch: Es besteht die Gefahr, dass ein wesentlicher Zug der Offenbarungsbotschaft verdunkelt wird. Denn die Heilige Schrift zeigt auf vielfache Weise: Wo immer Gott Menschen in den Dienst nimmt und sie mit Aufgaben betraut, wo immer Gottes Wort im Menschen in Erscheinung treten will, da ist nicht nur das persönliche Ja des Gerufenen gefordert, sondern auch eine Lebensform, in der das »In-den-Dienst-genommen-

Sein« zeichenhaft-sichtbar und damit glaubwürdig in Erscheinung tritt.

Dazu nur einige Hinweise: Weil Abraham zum »Segen für alle Geschlechter« werden soll (Gen 12,2) und ihm und seinen Nachkommen »eine Stadt mit festen Grundmauern, die Gott selbst geplant und gebaut hat«, zugesagt ist (Hebr 11,10), muss er im Glauben seine Heimat verlassen und ins Dunkle hinein aufbrechen; er wird zum Fremden und Ortlosen. Aber gerade so nimmt der an ihn ergangene Ruf anschauliche Gestalt an. Mose und die Propheten führen diese Einheit von Berufung und Lebenszeugnis weiter. »Ihnen wird Gottes Wort und Weisung anvertraut, aber so, dass sie den ganzen Widerspruch des halsstarrigen Volkes dagegen an ihrem eigenen Leib erdulden, genauer, dass sie darstellen müssen, wie dieser Widerspruch auf Gott wirkt. Dass Gott ›den Hirten schlagen will‹ (Sach 13,7), hat seine Wahrheit, seitdem es im Alten Testament Mittlerschaft gibt.«[472] Bis ins Persönlichste, ja Intimste hinein (die Ehe des Hosea, das Geschick des Jeremia mit seinem Verzicht auf Ehe, Lebensfreude und Erfolg, das Leiden des Gottesknechts, die Asketenexistenz des Täufers) wird ihr Leben von ihrer Berufung her geprägt. Wie könnte es bei Jesus anders sein! In ihm finden wir die vollkommenste Einheit von Sendung und Existenz. Die Gottesherrschaft, die Mitte seiner Sendung und seines Wirkens, ist, »bevor« er sie zu den Menschen trägt, gleichsam in ihm selbst Wirklichkeit. Origenes nennt Jesus Christus geradezu die »Autobasileia«: das Reich Gottes in Person. Er ist das, was er tut, und er tut das, was er ist. Er ist in seinem Leben die Einheit von Zeichen und Wirklichkeit, von Zeugnis und Bezeugtem.

Diese Einheit hat auch das Leben des kirchlichen Amtsträgers zu prägen. Wer amtlich das Heil des Gottesreiches vermittelt, muss in seiner Person davon getroffen und besessen sein. Das wird zumal an Paulus deutlich, dem Modell und Leitbild kirchlichen Amtes. Für ihn ist es ausgemacht, dass Kreuz und Auferstehung (das zwei-eine Ereignis, in dem das Reich Gottes angebrochen ist), bevor sie andern verkündet und der Gemeinde vorgehalten werden, zunächst im eigenen Leben verwirklicht werden müssen: »Immer tragen wir das Todesleiden Jesu an unserem Leib, damit auch das Leben Jesu an unserem Leib sichtbar wird. Denn immer werden wir, obgleich wir leben, um Jesu willen dem Tod ausgeliefert, damit auch das Leben Jesu an unserem sterblichen Fleisch offenbar wird« (2 Kor 4,10f). Das heißt: Kreuz und Auferstehung, das Zentrum, von dem her Paulus als Apostel wirkt, müssen zum Grundprinzip der eigenen Existenz werden und hierin sichtbar in Erscheinung treten. Deshalb verkündet Paulus nicht nur das Evangelium, er stellt es in seiner ganzen Existenz dar.[473] Deshalb kann Paulus auch den Gemeinden zurufen: »Ahmt mich nach, wie ich Christus nachahme« (1 Kor 11,1) – ein vielfältig variierter Imperativ.

In der Lebensweise des Apostels bekommt die Gemeinde das konkrete Modell ihres christlichen Lebens, das von der Nachfolge Christi und der Erwartung des kommenden Reiches bestimmt ist, vor Augen gestellt. Ihr wird sozusagen Christus im persönlichen Leben des Apostels vorgezeigt und vorgehalten. Damit ist nicht etwa eine moralische Vorbildlichkeit gemeint. Denn Paulus verweist gerade auf die Ohnmacht, Leidenserfahrung und Angefochtenheit seiner apostolischen Existenz: Im Durchleiden des Widrigen wird sowohl die Kreuzesgestalt Christi als auch die Wirksamkeit des verborgenen Auferstehungslebens exemplarisch für die Gemeinde sichtbar. Besonders H. U. v. Balthasar zeigt in seinen Schriften immer wieder:

> »Beides, das Sakramental-Objektive und das Existentiell-Subjektive, ist in der Kirche Christi nirgends trennbar. Immer fordert das den Menschen ansprechende Wort Gottes die Antwort des Menschen, um überhaupt in ihm ankommen zu können, und je durchsichtiger die Antwort, desto tiefer dringt Gottes Wort in den Menschen ein. Das Sakramental-Objektive ist die durch Christi Verheißung, aber auch durch die Gegenwart des Amtes in der Kirche verbürgte Vergegenwärtigung der Liebe Gottes in Christus für eine bestimmte Gemeinde oder einen Einzelnen oder eine bestimmte Situation; diese Vergegenwärtigung verlangt aber notwendig die bewusste Realisierung der Gnade durch den oder die Gnadenempfänger.«[474]

Es wäre also eine Perversion, eine Verkehrung im wahrsten Sinn des Wortes, sakramental-amtlicher Repräsentant Christi zu sein und dies auf Grund der Weihe womöglich zu »beanspruchen«, aber die persönliche »Repräsentanz«, d.h. die Christusförmigkeit des eigenen Lebens, als allenfalls frommes und erbauliches, im Grunde jedoch entbehrliches Anhängsel zu betrachten, gleichsam als spirituelle Kleinkunst für geistliche Artisten. Nein, ohne entsprechende personale Vollzüge wird das Weihepriestertum zum religiösen Funktionärstum, unfruchtbar, abstrakt, leblos. Was Wunder, dass dann auch kein

Leben von ihm ausgeht. Theologisch ist ein Amtsträger, der nur sein Amt ausübt, ein »monstrum«, eine »unmögliche Möglichkeit«.[475]

Ein Beispiel: Wenn der Priester bei jeder Eucharistiefeier spricht: »Das ist mein Leib, der für euch hingegeben wird«, dann spricht er diese Worte »in persona Christi« – »an Christi Statt« oder besser, Christus spricht sie durch ihn. Und doch ist es der Priester, der diese Worte spricht. Christi Wort vermittelt sich durch sein Wort. Kann und darf dieses Wort dann nur rituelles, sakramental-amtliches Sprechen sein? Zur objektiv-heilsmittlerischen Gültigkeit mag dies genügen. Doch Christus will in der Ganzheit einer Person in Erscheinung treten. Und darum muss das Wort: »Dies ist mein Leib, der für euch hingegeben wird«, auch zum persönlichen Wort des Priesters werden, im Sinne von: »Hier ist mein Leib, d. h. meine Person, mein Leben, das ich als euer Priester und Hirte für euch, Gemeinde, mit Christus und in Christus hingebe.« Wenn dies nicht *auch* beim Sprechen der sogenannten Wandlungsworte – wenigstens als Wunsch und ehrliche Absicht – mitgemeint ist, entsteht ein knirschender Widerspruch zwischen amtlich-sakramentalem Tun und personalem Leben.

Dieser Widerspruch ist die spezifische Gefahr des Amtsträgers und seine Vermeidung die erste und grundlegende Aufgabe des Priesters. Deshalb ist das Bemühen darauf zu richten, in der Nachfolge Jesu ein »Mann Gottes« zu sein, wie es in der »Ordinationsparänese« von 1 Tim 6,11 heißt, d. h. danach zu streben, die eigene Existenz Gott zu übereignen und dem Reich Gottes zuerst bei sich selbst Raum zu verschaffen.

Dieser geistliche Anspruch an den mit besonderer Sendung beauftragten Jünger tritt vor allem in den zahlreichen Nachfolge-Sprüchen der Evangelien hervor (vgl. bes. Mt 10,5ff; 8,18f; 16,24ff parr.). Hierin zeigt sich, was Jesus von denen erwartet, die er zur Verkündigung des Reiches senden will: Es geht ganz wesentlich darum, dass der beauftragte Jünger in seiner persönlichen Existenz und Lebensform – wie Jesus selbst – den Einbruch der Gottesherrschaft, das »Ganz-Andere« des Reiches in dieser Welt anschaulich darstellt. Deshalb muss der Jünger anders sein – »alternativ leben«, würde man heute sagen; er soll alles verlassen und sich ohne Macht und Mittel auf den Weg machen; arm soll er sein und verfügbar und Zeichen des Friedens und der Versöhnung setzen. Gerade so wird er zum glaubhaften Zeichen der Einheit schaffenden Gottesherrschaft, die in ihrem Anderssein die Maße dieser Welt sprengt. Wie sonst kann denn die Gottesherrschaft glaubhaft verkündet werden, wenn der Bote sie nicht im eigenen Leben zu verwirklichen sucht? Als religiöser Funktionär allein ist sein

Wort und Wirken noch nicht glaubhaft, kann es nicht ins Herz treffen.

Weil der Jünger dorthin gesandt wird, »wohin der Herr selbst kommen will« (vgl. Lk 10,1), kann der Priester seine Sendung nicht ohne persönliches Erfüllt- und Betroffensein von Jesus Christus verwirklichen. Er muss einer sein, der selbst zuallererst auf Gott hört – wie soll er sonst den Willen Gottes an die Menschen herantragen? Er hat einer zu sein, der selbst Christus nachfolgt und wie er von Gottes Liebe durchdrungen ist – wie soll er sonst zur Nachfolge rufen und die Liebe Gottes glaubhaft vermitteln können? Er soll selbst einer sein, der radikal hofft und auf Gottes verheißene Communio Welt baut – wie soll er sonst Sehnsucht und Hoffnung nach Frieden, Versöhnung und Einheit bei den Menschen zu wecken vermögen? Somit *hat* der Priester nicht nur eine amtliche Sendung, sondern er *ist* auch persönlich dazu berufen, das Reich Gottes zur Mitte seines Lebens zu machen und den Weg Jesu in besonderer Deutlichkeit und Eindringlichkeit nachzugehen.

Solche vorbehaltlose Nachfolge ist stets ein Abenteuer, ein Gehen ins Unabsehbare, etwas, das – genau besehen – »alles oder nichts« erfordert. Dietrich Bonhoeffer hat in seinen Darlegungen über Nachfolge im Neuen Testament die Versuchung aufgezeigt, Nachfolge zu etwas Übersehbarem, menschlich Einsichtigem und Verständlichem zu machen, im Sinne: »Der Jünger selbst stellt sich zur Verfügung, hat aber damit auch das Recht, seine Bedingungen zu stellen. Es ist offenbar, dass in diesem Augenblick Nachfolge aufhört, Nachfolge zu sein.«[476] Denn wenn Gottes Ruf an den Menschen herantritt, dann gibt es nur das rückhaltlose Ja. Gewiss, Gott löscht – wie die Schrift sagt – den glimmenden Docht nicht aus, und doch ist er ein verzehrendes Feuer, das *alles* ergreifen will. Darum gilt das Wort S. Kierkegaards: »Sich mit Gott auf irgendeine andere Art einlassen, als dass man verwundet wird, das ist … unmöglich; denn Gottes Wirklichkeit ist ja, *wie* man sich mit ihm einlässt. … Wer sich nicht mit der Art der absoluten Ergebung mit Gott einlässt, lässt sich überhaupt nicht mit ihm ein. Im Verhältnis zu Gott kann man sich nicht bis zu einem gewissen Grad einlassen, denn Gott ist gerade der Gegensatz von all dem, was in einem gewissen Grad besteht.«[477]

Wenn darum der Priester »Mann Gottes« ist und wenn zu seinem Amt die persönliche Christus-Nachfolge und das existentielle In-Besitz-genommen-Sein vom Reich Gottes gehört, so haftet ihm »ein Zug des Radikalen an, der sich durch alle konkreten Lebensformen durchhalten will. Wo immer man diesen Radikalismus aus irgendwelchen weltlichen Gründen temperiert und verpantscht, wird das Amt weniger kraftvoll in seinem Wirken und weniger glaubwürdig dastehen.«[478] Es ist schließlich nicht von ungefähr, dass im Johannesevangelium, worin die Übertragung des Hirtenamtes an Petrus exemplarisch für alle Amtsübertragung steht, als einzige Bedingung zur Übergabe des Amtes die Christus-Liebe genannt wird. »Liebst du mich mehr als diese?« (Joh 21,15). Bezeichnenderweise wird nicht gefragt nach der Hingabebereitschaft für die Menschen, sondern für Christus, denn aus dieser allein vermag jene Hingabe zu entspringen, mit der Christus, der Hirt, sich für die Schafe hingegeben hat und die er auch vom den beauftragten Jünger erwartet.

So gibt die Heilige Schrift auf vielfache Weise zu erkennen, dass nur die Einheit von Sendung und Existenz, das Ineinander von sakramental-objektiver Heiligkeit des Amtes und persönlicher Heiligkeit dem priesterlichen Dienst gerecht wird. Wenn Franz von Sales sagt: »Zwischen dem geschriebenen Wort des Evangeliums und dem Leben der Heiligen ist kein anderer Unterschied als zwischen den Noten einer Musik und ihrer Aufführung,»[479] so heißt das für den Priester, dass er nicht nur Noten weiterzugeben, sondern auch etwas von ihnen zum Klingen zu bringen hat, ja dass er selbst zum »Gesang« werden soll.

3. Heiligkeit als Dienst für andere

Es kommt noch ein weiteres hinzu: Der Mensch der Neuzeit ist – anders als früher – skeptisch gegenüber objektiven, allein in formaler Amtsautorität, in vorgegebenen Institutionen und überkommenen Rechtstraditionen begründeten Normen und Ansprüchen. Der Verdacht, es handle sich bei der amtlichen Vermittlung des Christus-Mysteriums um gut verkappte Herrschaftsideologie, um dogmatisch unaufgeklärten Sakramentalismus, um klerikale Gängelungsstrategien, ist schnell bei der Hand. Dahinter steckt ein tiefes und ernstes Anliegen: Der vom Pathos der Freiheit erfüllte neuzeitliche Mensch vermag nur dann das »Objektive« für sich als bedeutsam und sinnerfüllend zu erfahren, wenn er auch darin die Gestalt der Freiheit entdeckt, wenn er – anders gesagt – im Buchstaben den Geist, im gegenständlichen Zeichen den personalen Vollzug, in der Amtsautorität die selbstlose Demut (Diemuot = Gesinnung eines Dienenden), kurz: wenn er im amtlich-institutionellen Vorgang den existentiellen Vollzug zu spüren vermag.[480]

Wieviel in der Kirche verbreitete und angestaute Amtskritik, die sich oft so »sachlich« gebärdet, indem sie den ganzen wissenschaftlichen Apparat historisch-kritischer Exegese, Dogmenhermeneutik und Soziologie bemüht, entspringt im Grund der persönlichen Enttäuschung und dem existentiellen Unvermögen, das (objektiv-heilige) Amt im Kontext vollzogener Heiligkeit zu erfahren! Um dieser Schwierigkeit zu begegnen, hat der Amtsträger die Pflicht, nicht nur »amtlich« an Christi Statt zu handeln, sondern so, dass durch ihn das Heilswerk Christi als wirklich-wirksames befreiendes Angebot den Menschen begegnen kann. Dazu gehört, dass der Amtsträger – wie es schon in Tit 1,8 heißt – »als Hausverwalter Gottes keinerlei Anlass zur Kritik geben sollte.« Dazu gehört vor allem, dass der Priester in seiner persönlichen Existenz der Erstbetroffene ist und in seinem Lebensvollzug von der Nachfolge Christi und vom Kommen des Reiches geprägt ist. Zwar hängt die objektive Wirksamkeit der Wortverkündigung, Sakramentenspendung und Gemeindeleitung nicht davon ab, ob er persönlich als Glaubender, Hoffender und Liebender lebt, aber dennoch garantiert nur ein solcher auf das Ganze und auf die Dauer gesehen, dass die amtlich-objektive Heilsvermittlung an ihr Ziel kommt. Denn das Wort wird nur dann gläubig empfangen, das Sakrament fruchtbar gefeiert und Weisung innerlich bereitwillig entgegengenommen, wenn der Wille des Empfängers sensibel gemacht und geöffnet ist. Darum hat der zum priesterlichen Tun Ermächtigte auch »Recht und Pflicht, jenen Kontext der Glaubensaussagen herzustellen,« in dem allein das sakramental-objektive Tun »jene ›Disposition‹ oder ›Situation‹ finden« kann, in welcher die sakramentalen Handlungen überhaupt »glaubend gehört werden können, innerhalb der sie wirklich zu sein vermögen.«[481]

Die »Heiligkeit« des Priesters geht somit in gewisser Weise mit in das »Glaubensmotiv« des Empfängers ein. Geist entzündet sich an Geist, Glaube am Glaubenden, Nachfolge am Jünger, der schon nachfolgt, und Freiheit vermag sich nur an erfahrener Freiheit zu vollziehen. Somit gibt es eine »letzte Untrennbarkeit zwischen Amt und Existenz.«[482] Wer behauptet, der Priester sei zwar zur Heiligkeit berufen, »aber zu keiner anderen Heiligkeit als jeder andere Gläubige auch,«[483] übersieht nicht nur die in der Schrift bezeugte und aufgetragene Einheit von Sendung und persönlichem Zeugnis, sondern auch die spezifisch neuzeitliche Situation, die mehr als sonst einer personalen, glaubwürdigen Heilsvermittlung bedarf. Deshalb ist der Priester zwar nicht zu einer größeren Heiligkeit berufen, wohl aber gehört zur spezifischen Motivation und spezifischen Gestalt seiner Spiritualität das Bemühen um die Einheit von amtlicher Sendung und persönlicher Heiligkeit.

4. Auf Lebenszeit

Die Einheit von Amt und Existenz, von »objektiver« und »subjektiver« Heiligkeit ist auch der letzte Grund dafür, dass das priesterliche Amt das ganze Leben prägt und einfordert, nicht nur qualitativ, sondern auch quantitativ-diachronisch, d. h. durch Inbeschlagnahme der ganzen Lebenszeit. Zu Recht schreibt Gottfried Bachl:

> »Wenn es um Hingabe geht oder Einsatz, was kann der Mensch anderes und Wichtigeres einsetzen und hergeben als seine Lebenszeit? Und wenn Hingabe und Einsatz radikal und total sein sollen, wie könnte das in Wahrheit möglich sein, wenn nicht die ganze Lebenszeit gemeint wäre …? Die Kostbarkeit der Zeithabe erscheint in allen Bereichen menschlicher Erfahrung, vom ›Zeit ist Geld‹ bis hin zu einem ›ich habe Zeit für dich‹, in vielen feinen und groben Unterschieden, die aber allemal gerade in ihrer Vielfalt darauf hinweisen, dass der Mensch ja ein Kapital verwaltet, für das er zuweilen die subtilsten Künste der Sparsamkeit aufwendet. Ohne Zweifel ist der Mensch an diesem Punkt seiner Existenz angeredet, wenn er, christlich gesprochen, in die Hingabe seines Lebens gerufen wird; sie ist wesentlich Zeitgabe.«[484]

Wie kann sich Radikalität in der Zeit anders darstellen als durch radikale Hingabe der Zeit? Von jedem radikalen Engagement, von jeder Lebensentscheidung gelten die Aussagen von J. B. Metz: »Entscheidung kann nicht beliebig oft zur Verfügung sein und stets neu sich wiederholen, will sie nicht selbst noch einmal in ihrer Vorläufigkeit und Unwesentlichkeit entlarvt werden. … Darum hat die Entscheidung die wesenhafte Tendenz zum Singulären, zum Unaustauschbaren und Unwiderruflichen.«[485] Das, was von jeder wichtigen Lebensentscheidung gilt, spitzt sich dort zu, wo es um Sendung durch

Gott und Bereitschaft zu seinem Dienst geht. Schon bei den alttestamentlichen Propheten »beschlagnahmt« Gott das Leben des Berufenen, so dass dieser aus seiner Berufung nicht mehr »heraus kann« (vgl. Jer 20,7 ff). Erst recht trifft dies für den priesterlichen Dienst zu, weil dieser die Selbsthingabe Jesu an die Menschen zu vergegenwärtigen hat und dies glaubhaft nur dann zu tun vermag, wenn er sich selbst zur Hingabe aller Lebenskraft und Lebenszeit herausgerufen weiß. So ist der Priesterberuf wesentlich Lebensberuf (was nicht heißt, dass im Einzelfall das Durchhalten der priesterlichen Sendung zu einer unerträglichen Last werden kann. Siehe dazu S. 339 f).

Die vom Priester geforderte Einheit von Amt und Heiligkeit, von amtlich-objektiven und personalen Vollzügen mag zu bestimmten Zeiten der Kirche sehr zurückgetreten und verdunkelt gewesen sein. Doch hat die Herausforderung dazu nie gefehlt. Von Anfang an hat die Kirche deshalb Kriterien für die Weihebewerber aufgestellt, auf Grund derer man erkennen kann, ob der künftige Amtsträger einen Ruf Gottes und die erforderlichen Geistesgaben besitzt und wirklich bereit ist, seine ganze Existenz in den priesterlichen Dienst hineinzustellen. So heißt es schon 1 Tim 5,22: »Lege keinem vorschnell die Hände auf«, d.h. ohne vorhergehende Prüfung, für die die Pastoralbriefe eine Reihe von Kriterien aufstellen. Diese Kriterien dienen in erster Linie der Vergewisserung der Kirche, aber sie können auch dem Kandidaten helfen, die Authentizität seiner Berufung und das Maß seiner Bereitschaft zum priesterlichen Dienst zu überprüfen.

Unter diesen Kriterien steht bekanntlich auch der Zölibat. Davon wird im nächsten Kapitel ausführlich die Rede sein. Aber schon hier sei angemerkt, dass zu keiner Zeit jemand in ein kirchliches Amt berufen wurde, ohne Kriterien unterstellt zu werden, die gelegentlich tief in das persönliche Leben, ja, wenn man so will, in das »Menschenrecht« des Amtsträgers eingriffen (vgl. 1 Tim 3,2–13; Tit 1,6–9). Wenn z.B. nach 1 Tim 3,2 – wenigstens nach der jahrhundertelangen Auslegung und Praxis der Ostkirchen – vom Episkopen u.a. gefordert war, dass er »nur einmal verheiratet sein darf«, so richtete sich diese Forderung genauso gegen das damals bestehende »weltliche Recht« auf eine zweite Ehe, wie sich heute der Zölibat gegen das »Recht auf Ehe« richtet. Die vor allem in den sechziger Jahren verbreitete Argumentationsfigur gegen den Zölibat, er sei »menschenrechtswidrig«, trifft – genau besehen – in gleicher Weise eine Reihe von anderen eindeutigen biblischen Nachfolgebedingungen.[486]

Die Einheit von Sendung und Existenz, die wir in diesem Abschnitt grundsätzlich bedacht haben, hat konkret zu werden in der Lebensgestalt der besonderen Jüngernachfolge. Dieser soll im Folgenden näher nachgegangen werden.

2. Kapitel

Priester und evangelische Räte

Wie Nachfolge auszusehen hat, kann nicht Ergebnis eigener Reflexion sein, etwas, was man sich selbst zurechtlegt und dessen Maß die eigenen Vorstellungen bestimmen. Der Aufruf zur Nachfolge weist in eine vorgegebene Gestalt ein, die schon im Evangelium deutlich *radikale* Konturen hat (vgl. z. B. Lk 9,37 ff; Mk 10,29 ff parr.).

H.-J. Venetz ebnet die radikalen Nachfolge-Sprüche der Evangelien dadurch ein und relativiert dadurch ihre Herausforderung, dass er als ihren »Sitz im Leben« urchristliche Wandercharismatiker angibt, die neben den andersgearteten ortsansässigen Autoritäten eine bestimmte, partikuläre und darum nicht für alle geltende Form der Jüngerschaft praktizierten. So kann er schreiben: »Es ist nicht nur unrichtig, es ist auch unfair, wenn wir die heutigen Gemeindeleiter … an Jesusworten messen, die damals für Wandercharismatiker gesprochen und überliefert wurden. Unsere Pfarrer, Vikare und Pastoralassistenten sind – normalerweise – keine wandernden Charismatiker, und sie in eine solche Rolle hineinzwingen zu wollen, wäre ein großes Unrecht. Die Worte also vom Verlassen von Vater und Mutter, vom Verzicht auf Reichtum und Besitz, von der Ehelosigkeit um des Himmelreiches willen usw. dürfen nicht auf die heutigen Amtsinhaber im kirchlichen Dienst übertragen werden. Das ist während der ganzen neutestamentlichen Zeit nicht geschehen, und das ist auch heute nicht legitim.«[487] In dieser Interpretation wird aber aus dem Ganzen des Evangeliums ein aufteilbares Angebot verschiedenster Lebensformen. Es wird übersehen, dass das *ganze* Evangelium *jedem Christen* aufgetragen ist, freilich so, dass es sowohl in die jeweils persönliche wie auch gesellschaftliche Situation hinein zu übersetzen (nicht aber zu relativieren) ist. Maß allen christlichen Lebens bleibt stets *das ganze Evangelium*, das freilich – nach Aussage des Neuen Testaments – vom besonders gesandten Jünger auch in einer besonderen und anschaulichen Radikalität zu verwirklichen ist.

Die »Gestalt« neutestamentlicher Nachfolge lässt sich – wie dies schon früh in der Kirche geschah – in drei Grundzügen abkürzend umreißen: Armut – Gehorsam – Ehelosigkeit. Damit sind nicht drei isolierte und klar voneinander trennbare Formen angegeben, sondern Kristallisationspunkte eines Lebens, das sich zu besonderer Christus-Nachfolge eingeladen weiß. Wenn wir im folgenden mit der Ehelosigkeit beginnen, so nicht deshalb, weil diese der wichtigste der drei evangelischen Räte ist – das dürfte die Armut sein –, sondern weil Ehelosigkeit als eine der Weihebedingungen der Westkirche für die Berufung zum Priesteramt eine besondere Bedeutung annimmt und als solche gerade heute umstritten ist.

§ 1 Ehelosigkeit um des Reiches Gottes willen

1. In der Heiligen Schrift

Christus war ehelos. Diese Feststellung ist alles andere als nur die Aussage über den »zufälligen« soziologischen Status von Jesus (»ledig«), zumal das Unverheiratetsein jüdischen Gewohnheiten widersprach. Jesus empfiehlt nach der Darlegung des Matthäusevangeliums seine Ehelosigkeit weiter und macht darin ihren Sinn deutlich: »Manche habe sich selbst zur Ehe unfähig gemacht – um des Himmelreiches willen. Wer das erfassen kann, der erfasse es« (Mt 19,12). Die Ehelosigkeit Jesu ist also auf das Reich Gottes ausgerichtet. Darum müssen auch die Jünger, die er in den besonderen Dienst des Reiches stellt, alles verlassen: Frau, Kinder, Vater und Mutter. So besteht »in den synoptischen Evangelien ein tiefer Zusammenhang zwischen dem Verlassen des Besitzes und der Familie einerseits und dem Dienst am Evangelium vom Reich Gottes andererseits. … Jesus war ehelos nicht aus Bequemlichkeit, nicht aus Verachtung der Geschlechtlichkeit oder aus Angst vor dem Wesen der Frau, sondern weil er bis in eine letzte Tiefe fasziniert und erfüllt war vom Reich Gottes.«[488] In diese seine »Faszination« ruft er auch die Jünger hinein.

Freilich, die letzte Satzhälfte von Mt 19,12 deutet an, dass dies offenbar nicht alle »fassen« – begreifen und realisieren – können. Denn die Ehelosigkeit um des Reiches Gottes willen gründet letztlich im unverfügbaren Ruf Gottes, in den man sich nicht argumentativ »hineinvermitteln« kann. (Diese Einschränkung gilt auch für den in diesem Kapitel unternommenen Versuch der »Vermittlung«). Paulus führt das im Matthäusevangelium überlieferte Logion weiter, wenn er sagt: »Ich wünschte, alle Menschen wären (unverheiratet) wie ich.

Doch jeder hat seine Gnadengabe von Gott, der eine so, der andere so« (1 Kor 7, 7). Unverheiratetsein ist eine besondere Gnadengabe, denn: »Der Unverheiratete sorgt sich um die Sache des Herrn; er will dem Herrn gefallen. Der Verheiratete sorgt sich um die Dinge der Welt; er will seiner Frau gefallen. So ist er geteilt« (1 Kor 7, 32f).

Wie kommt Paulus zu solchen Aussagen? Das stärkste Motiv, ehelos zu bleiben, ist für ihn die damit gegebene Freiheit für Christus. Demgegenüber sieht er die Ehe als ein »Institut der Gebundenheit« (wobei die Sexualität im engeren Sinn nur *einen* Faktor darstellt). Ehe steht nach ihm »für Bindung an Weltdinge. Alle Sorgen des Menschen sollen auf Christus gerichtet sein, nicht auf eine andere Person und die damit zusammenhängenden Weltdinge (1 Kor 7, 26–35).«[489] Mag dies auch eine einseitige Sicht der Ehe sein: auf jeden Fall setzt sich Paulus für die »Ungebundenheit« und das »Ungeteiltsein« *als ganzheitliche, Leib und Seele umfassende Bindung an Christus, als »Besorgtsein« um die Sache des Herrn ein.*

Wie »Besorgtsein-um-die-Sache-des-Herrn« und »Ungeteilt-dasein-für-ihn« heute verstanden werden können, erläutern folgende Sätze von Heinrich Spaemann:

> »Ich bin in den Dienst des Feuers genommen. Dass ich anstecke, ist wichtiger als alles. Praktisch bedeutet das, dass ich Zeit, Herz, Leben ungeteilt freihalten soll für das offenbarende und rettende Wort des Herrn, damit es mich selbst erreicht, damit ich es selbst erst lebe, konkretisiere, um es mit meiner Existenz zu verdeutlichen und so weiterzusagen. Und das wohl ist Sinn auch meines Zölibats: dass ich die brennende Erwartung einer Wirklichkeit, die alles im Hiesigen und Vorläufigen erfahrbare Glück überbietet, wachhalte – in totaler Verfügbarkeit für jene Menschenbrüder, denen ich diese Wirklichkeit nahezubringen habe, mit denen ich sie teilen soll. Ich kenne sie im vorhinein nicht. Ich weiß nicht, wie weit das Beziehungsnetz Liebe reicht, das ich mit zu knüpfen und auszuwerfen habe – das freilich zunächst meine Gemeinde ist oder werden soll, seinem Wesen nach aber keine Begrenzung kennt. Gebundenheit an eine natürliche Familie, an Frau und Kinder würde notwendig von vornherein Begrenzung bedeuten, aufgrund des Erstanspruchs, den dieser Beziehungsbereich mit all der Verantwortung, die ich für ihn zu tragen hätte, notwendig geltend macht.«[490]

So gesehen gründet der neutestamentliche Ruf zur Ehelosigkeit keineswegs – auch bei Paulus nicht, wie oft behauptet wird – in der Naherwartung des Reiches Gottes. Vielmehr wird sie – wie K. Niederwimmer zeigt – nahegelegt »als jene Form christlicher Existenz, in der sich der totale Gehorsam gegenüber dem Kyrios besser verwirklichen lässt. Wer dem Kyrios gehört (und das ist schließlich das entscheidende Datum des paulinischen Christseins), soll ihm ganz gehören, wer ihm ganz gehört, kann nicht einem anderen auch gehören. In diesem Sinn ist die ehelose Existenz diejenige, in der sich die neu gewonnene Freiheit besser verwirklicht.«[491] Solche Auslegung eines (unverdächtigen) evangelischen Exegeten mag für manchen Zeitgenossen ärgerlich sein. Aber sie ist genauso ärgerlich wie das provokante Verhalten Jesu selbst und seine provozierende Anforderung an die Jünger. K. Niederwimmer weist in diesem Zusammenhang auch darauf hin, dass in dieser Perspektive das eigentliche Problem für die Urkirche nicht die Ehelosigkeit, sondern die Ehe war (so wie nicht die Armut, sondern der Besitz problematisch war).

Doch verfehlte man den Sinn der Ehelosigkeit um des Reiches Gottes willen völlig, würde man dabei die Ehe disqualifizieren oder schätzte man sie als gering ein. Im Gegenteil: Nur wer vielleicht schmerzlich erfährt, auf was er verzichtet, wenn er nicht heiratet, nur wer weiß, dass er in der Ehe glücklich werden und Erfüllung finden kann, vermag auch im wahren christlichen Sinn auf sie zu verzichten. Aber schon das Wort »verzichten« trifft – so sehr es einen auch richtigen und guten Sinn haben kann – nicht eigentlich die Sachlage, wie die folgenden Überlegungen zeigen sollen.

2. Dimensionen der Ehelosigkeit

(a) Eheloses Leben als Solidarität und Form »seelsorglicher Liebe«

Zunächst einmal: Die Ehelosigkeit Jesu entsprang nicht einem »Verzicht«, d.h. einem »Weniger« an Liebe, sondern einer unerhörten Fülle von Liebe, die sich nicht durch einen Partner begrenzen und auf die eigene Familie einschränken lassen möchte, sondern statt dessen bereit ist, vielen Menschen Partner zu sein und viele als seine »Familie« zu betrachten, so wie Jesus, auf seine Jünger weisend, sagen konnte: »Das hier sind meine Mutter und meine Brüder« (Mt 12,50 parr.).

Letztlich kann Ehelosigkeit um des Evangeliums willen nur aus Sehnsucht nach der »größeren« Liebe gelebt werden. Denn »Enthaltsamkeit als asketische Leistung ist nicht viel sinnvoller, als würde einer nur noch einäugig oder gehörlos leben wollen.«[492] Sie ist nur sinnvoll und lebbar, wenn aus ihr die größere Hingabe des Herzens an Gott und die vielen Brüder und Schwestern resultiert. In einer Weiheansprache drückte der ordinierende Bischof dies einmal so aus: »Was Sie heute beginnen, kostet Ihr Herz. Gebe Gott, dass Sie es nie billiger tun.«[493]

In besonderer Weise sucht deshalb der freiwillig Ehelose wie Jesus die Solidarität mit jenen Ehelosen, für welche die Ehelosigkeit im Sinne von Einsamkeit »gerade keine Tugend ist, sondern gesellschaftliches Lebensschicksal; Ehelosigkeit drängt zu den in Erwartungslosigkeit und Resignation Eingeschlossenen,»[494] zu jenen, die in unserer Gesellschaft heute vereinsamt, isoliert sind und keinen Menschen haben.

> »Der Ehelose ist für sie ein Zeichen der Hoffnung, dass auch ein Leben im Fragment menschlich und mit Würde bestanden werden kann, eine stille, unaufdringliche Geste der Brüderlichkeit. Der Platz des Ehelosen ist dort, wo das Leben Fraktur schreibt, wo geschlagene Wunden nicht mehr heilen. Das schwindet aus dem Bewusstsein vieler Zeitgenossen, und wohl nur dem Leidenden bleibt es vorbehalten, die ausgestreckte Hand zu erkennen und zu ergreifen. Die gelebte Spiritualität des Priesters hat diesen Gesichtspunkt zu integrieren, vermehrt in einer Gesellschaft, die das Leiden als gemein-menschliches Existenzial mit Geschick und Konsequenz auszublenden sucht. Viel zu wenig wird bedacht, dass auch der Verheiratete über weite Strecken seines Lebens an der Ehelosigkeit teilhat.«[495]

So ist der Zölibat Zeichen der Solidarität mit vielen dem Priester anvertrauten Menschen, ja, in seinem tiefsten Wesen ist er sogar die Voraussetzung *aller* Seelsorge, selbst der Seelsorge durch solche, die verheiratet sind oder die ihre »Seelsorge« als Psychotherapeuten ausüben. Das ist die These eines anregenden Büchleins des (selbst verheirateten) Psychotherapeuten St. Blarer.[496] Danach ist *für jede Form* von Seelsorge eine Liebe gefordert – Blarer nennt sie »therapeutische Liebe« –, die darin besteht, sich dem anderen ganz hinzugeben, ihn anzunehmen und zugleich loszulassen. Seelsorge setzt – so gesehen –

»die *Kunst der ehelosen, zölibatären Liebe* voraus. ... Es ist eine Liebe mit starkem Eros, mit großer Intensität und heilender Kraft. Aber es ist nicht partnerschaftliche Liebe, die auf das gemeinsame Leben und auf das gemeinsame Einswerden in ganzheitlicher Lebensgemeinschaft ausgerichtet ist.« *In diesem Sinn* (also im Sinn von »therapeutischer Liebe«) kann die Kirche – wie Blarer vermerkt – für verheiratete und unverheiratete Seelsorger eine »Zölibats*verpflichtung*« geradezu fordern. »Doch dass die Gnadengabe der zölibatären Liebe auch zur Grundlage der Gestaltung des ganzen persönlichen Lebens wird, kann die Kirche nur wünschen, empfehlen und fördern.«[497] Eine solche Lebensform ist ein besonders deutlicher Ausdruck seelsorglicher Liebe und zugleich ein wichtiger Dienst an den Eheleuten.

(b) Ehelosigkeit und Ehe

Durch das Zeichen der Ehelosigkeit um des Reiches Gottes willen wird die Ehe, höchster Wert der Schöpfung – immerhin zielt nach Gen 1,27 das ganze Schöpfungswerk auf die Gemeinschaft von Mann und Frau ab –, dezidiert in den Bereich des Vorletzten verwiesen: Der Mensch geht nicht in einer menschlichen Beziehung auf und findet hierin nicht sein Genüge. Klaus Demmer schreibt zu Recht: »Keine eheliche Gemeinschaft ist so gelungen und so intensiv, dass nicht auch Räume des Unausgefüllten zurückblieben. Menschen können einander nur in Gott lieben, und das heißt, auf Hoffnung hin. Es kommen Zeiten, in denen man aneinander vorbeizuleben scheint, das erfordert Geduld und Toleranz. ... Dem erfahrenen Seelsorger wird ohnehin klar, dass seine jugendlichen Vorstellungen von der Ehe eher in das Reich der Idylle gehören.«[498] Zur inneren Erfüllung kommt der Verheiratete nur dann, wenn sich beide Partner freigeben für die »letzte Größe«: das kommende Reich Gottes. Indem Ehelosigkeit die Ehe (aber auch die in der ganzen Geschichte der Menschheit drohende Vergötzung und Überschätzung des Sexus) in ihrem Absolutheitswert durchkreuzt und damit – im besten Sinn! – »relativiert«, zeigt sie an, wie Ehe wahrhaft glückend verwirklicht werden kann, nämlich in jener Freiheit, die aus dem Glauben an das kommende Reich Gottes erwächst.[499] Denn nur in der Hoffnung auf die Aufhebung aller Entfremdung im Reich Gottes, nur in der gläubigen Erwartung, dass darin auch alles Misslingende und Begrenzte zur Erfüllung kommt, hat das Nichtintegrierbare, das jede Ehe trotz aller Liebe schmerzlich an sich selbst erfährt, einen Integrationspunkt. Bis dahin aber kann der freiwillig Ehelose den Verheirateten zeigen, dass man aus der Freiheit des anbrechenden Reiches leben, dass – so E. Klinger – »Zwischenmenschlichkeit auch in der Distanz ertragen werden kann und im Unpersönlichen und Nichtintegrierbaren noch einmal höchste Personalität, Gnade, Gott selber anwesend ist … Personalität im Raum der Entfremdung zeigen, das heißt zölibatär leben.«[500]

Zudem zeigt sich durch die Jahrhunderte – so ausdrücklich (auch von eigenen Erfahrungen her) der Psychotherapeut St. Blarer –, dass Eheleute trotz aller gegenseitigen spirituellen Befruchtung – sich kaum selbst gegenseitig zur geistlichen Tiefe führen konnten, sondern zölibatärer Begleiter bedurften (ähnlich dem Faktum, dass Ehepartner sich nicht gegenseitig therapieren können). Daran sollte dem begleitenden zölibatären Priester die *positive* Bedeutung seiner Ehelosigkeit aufgehen. »Je mehr der Zölibat erkannt wird als eine für wahre Seelsorge notwendige, aufbauende und tief beglückende Liebeskraft, umso eher verliert er den Beigeschmack des Verbotes, der Einschränkung und des oft schwer einsehbaren Triebverzichtes.«[501]

Freilich hat nicht nur die Ehelosigkeit Bedeutung für die Ehe, sondern auch umgekehrt die Ehe für die Ehelosigkeit. T. Salomon, Mitglied der Geistlichen Gemeinschaft »marriage encounter«, formuliert den Zusammenhang zwischen Ehe und Ehelosigkeit auf sehr persönliche Weise folgendermaßen:

> »Ich bin davon überzeugt, dass eines ohne das andere nicht möglich ist, beide gehören notwendig zusammen. Sakrament der Ehe ist auf Dauer nur zu leben, wenn einer da ist, der die beiden Ehepartner immer wieder auf ihre Berufung – Zeichen für die Liebe Gottes zu sein – aufmerksam macht. Wer könnte das wohl besser als der, der bewusst sagt: ›Ich will nicht nur für einen Menschen mich ganz einsetzen und da sein, sondern für Euch alle, für eine (ganz konkrete) Gemeinschaft.‹ So wie der Mann und die Frau bei der Spendung des Sakramentes vor der Gemeinde ihre Entscheidung bekennen, dem Partner in ihrem Leben Priorität zu geben und mit ihrem Bemühen um Einheit und Liebe anderen Gott zeichenhaft erfahrbar machen zu wollen, so weist der Priester mit seiner Entscheidung, für (viele) Menschen da sein zu wollen, mit ihnen in Beziehung zu leben, unter ganz bewusstem Verzicht auf die Bindung an einen Partner, darauf hin, dass unser ganzes menschliches Bemühen um Einheit und (Liebes-)Beziehung in Gott seinen Ursprung und seine Erfüllung findet. Das heißt Ehelosigkeit um des Himmelreiches willen. Die Kraft, diesen Lebensstil durchzuhalten, wird (kann, muss) der Priester wesentlich von dieser

Gemeinschaft bekommen, die ihm zeigt, dass es sinnvoll ist, sich für die Liebe einzusetzen, die ihm Beispiel gibt und ihn mitträgt.«[502]

Bedenkt man diesen Zusammenhang von Ehe und Ehelosigkeit, ist es wohl nicht von ungefähr, dass heute der Krise der Ehelosigkeit um des Reiches Gottes willen eine tiefgehende Krise der Ehe entspricht – und umgekehrt. Ein Grund mehr dafür, dass die Kirche sich nicht nur verstärkt um eine Ehepastoral zu bemühen hätte, sondern auch um einen nachdrücklichen Einsatz für die Ehelosigkeit im Geist des Evangeliums!

(c) Ehelosigkeit als »eschatologisches Zeichen«

Die Ehelosigkeit um des Reiches Gottes willen zielt aber nicht nur auf die größere Weite der Liebe ab und sie ist nicht nur Zeichen der Freiheit für die Ehe, sondern – und damit kommen wir an den Kern der Sache – sie kann zur vielleicht eindringlichsten Bezeugung des Kommens des Reiches werden. Paul Claudel bemerkt im »Seidenen Schuh« (aus der Sicht des Mannes): »Die Frau ist ein Versprechen, das nicht gehalten wird.« Das heißt: In der Liebe zwischen zwei Menschen winkt die Verheißung letzter Lebenserfüllung. Doch dieses Versprechen wird enttäuscht, muss enttäuscht werden. Menschliche Liebe ist zwar etwas Großes, das Größte in der Welt. Doch ist sie selbst in ihrer höchsten Weise nur Vorschein und Angeld und damit Hoffnungszeichen für ihre eigene (!) letzte Erfüllung, die allein Gott zu geben vermag. Dies ist nicht so zu verstehen, als ob eheliche Liebe in Konkurrenz zur Gottesliebe stünde und womöglich nur zweckhaft auf diese ausgerichtet wäre. Es gibt nur eine Liebe, die Gott selbst ist. An ihr hat – gerade auch! – die Ehe An-Teil. Aber der Teil ist nicht das Ganze.

Gewiss, auch der freiwillig Ehelose verwirklicht nicht die »ganze Liebe«, aber er hält in seiner »unnormalen« Lebensform zeichenhaft-sichtbar den Stachel aufrecht, dass man auf ein »Versprechen« bauen darf, das gehalten wird, nämlich auf die Verheißung des Reiches, in dem sich alle Sehnsucht des Menschen nach Liebe erfüllt. Freilich kann und soll auch der Verheiratete in dieser Haltung des hoffenden Glaubens leben. Er kann und soll angesichts des kommenden Reiches »seine Ehe so führen, als führe er sie nicht« (vgl. 1 Kor 7,29), nämlich so, dass sie nicht Letztwert ist, sondern sich öffnet für den kommenden Herrn. Insofern ist in jeder gelingenden christlichen Ehe ein Moment der Ehelosigkeit mitzurealisieren: die Freigabe der Ehe und des

Ehepartners für die größere Erfüllung. Doch nimmt beim freiwillig Ehelosen dieses unbedingte Setzen auf das Reich eine besonders anschauliche Gestalt an. Es bleibt nicht im verborgenen Innern des Glaubensvollzugs, es ist auch nicht nur Gegenstand eines verbalen Bekenntnisses, sondern eine Wirklichkeit, die er in allen Phasen seiner Existenz, zumal im leiblichen, sensitiven und emotionalen Bereich wahrhaft lebt. Die Strukturen dieser Welt, zu denen wahrhaftig das Heiraten und das Geheiratetwerden gehören – nicht nur als ein Wert unter anderen, sondern als die alles einbegreifende Spitze geschöpflicher Werte – werden vom Ehelosen gleichsam aufgesprengt, weil er auf ein unbedingtes Versprechen baut und von diesem Versprechen her lebt.

Auf die Ehelosigkeit trifft somit in besonderer Weise das schöne Bild zu, das K. Rahner einmal für alle evangelischen Räte gebraucht hat. Gewöhnlich sagt man: Lieber ein Sperling in der Hand als eine Taube auf dem Dach. Wer dagegen nach dem Evangelium ehelos lebt, bekennt: Nein, ich setze auf die »Taube«, nämlich auf das kommende Reich Gottes. Denn »die ›Taube auf dem Dach‹ ist nur … dann wahrhaft geglaubt, wenn man in Tat und Wahrheit ›den Spatz in der Hand‹ fliegen lässt, und zwar bevor er einem genommen wird und bevor die Taube schon ergriffen ist.« Im Klartext: Der »hoffende Glaube als Ausgreifen nach der Zukunft Gottes … kann sich real nur vollziehen und seiner Existenz vergewissern in einer Aufgabe innerweltlicher Werte. Nicht als ob diese in einem direkten Gegensatz zu Glaube – Hoffnung – Liebe ständen und nicht auch positiv in ihren Vollzug integriert werden könnten,« *aber* sich innerweltlicher Werte, besonders auch des höchsten, der Ehe, erfreuen, das kann man auch ohne hoffenden Glauben auf das Reich Gottes. Ein Glaube, der radikal auf das Kommen des Reiches setzt, kann sich mit ganzer Ernsthaftigkeit seiner selbst nur vergewissern und nach außen bezeugen, wenn Werte gelassen werden, »denen positiv und direkt zu entsagen überhaupt nur sinnvoll berechtigt ist im Akt des sich eröffnenden Auslangens nach der Gnade,« nach dem anbrechenden Reich. So wird der Verzicht auf Werte, wie auf den der Ehe, zur konkreten Vollzugsgestalt des Glaubens. Er ist »von sich selbst aus Ausdruck und Erscheinung des Glaubens, der im Ergreifen der Gnade Gottes sich von dem unbefangenen Aufgehen in der Welt distanziert,«[503] und darin die Hoffnung auf das Kommende aufleuchten lässt.

Wohlgemerkt: Mit all dem ist nicht gesagt, dass Ehelosigkeit in sich schon »höher« oder »werthafter« ist als eheliches Leben. Gerade auch die bewusste gläubige Verwirklichung einer sakramentalen Ehe ist ein hoher geistlicher Anspruch und stellt ein eindringliches Glaubenszeugnis dar, das nicht geringer ist als die Ehelosigkeit um des Reiches Gottes willen. Nicht um ein »besser« oder »höher« geht es in diesem Zusammenhang, sondern um das *deutlichere Zeichen* (der Komparativ will darauf verweisen, dass *jedes* Zeichen immer auch ambivalent bleibt und niemals eindeutig ist).

3. Amt und Ehelosigkeit

(a) Konvergenzen

Blickt man auf die ganze Breite der Sinnhaftigkeit ehelosen Lebens gemäß dem Evangelium und würdigt man vor allem die Ehelosigkeit als »eschatologisches Zeichen«, so hängen Zölibat und amtliches Priestertum doch viel enger zusammen, als dies in den schon zum Klischee erstarrten Polemiken der letzten Jahre, zumal in der leichtfertigen Redeweise vom »starren Zölibatsgesetz der Kirche« zum Ausdruck kommt. Der priesterliche Zölibat bedeutet: sich in der Mitte seiner Existenz von der Aufgabe amtlicher Christus-Repräsentanz in Beschlag nehmen zu lassen. Er hat zur Folge, dass das, was die Mitte amtlicher Tätigkeit ist und wofür der Priester einzutreten hat – dass nämlich das Reich Gottes im Kommen ist und »die Gestalt dieser Welt vergeht« (1 Kor 7,31) – mit letztem personalem Gewicht verkündet wird. Besonders in der Ehelosigkeit konkretisiert sich das bei der Weihe zugerufene Wort: »Imitamini quod tractatis« – »Tut das in eurem Leben, was ihr amtlich vollzieht!« Die Existenz des Priesters soll die Bestätigung dessen sein, wovon er dauernd spricht und was er sakramental feiert: Tod und Auferstehung Christi, Hoffnung auf sein Kommen in Herrlichkeit, auf das ewige Leben, in dem man »nicht mehr heiratet oder geheiratet wird« (Mk 12,25 parr.). Was gibt es für Alternativen? Wie denn sonst kann Zeugnis gegeben werden von der kommenden Welt Gottes? Etwa durch die wohleingerichteten Pfarrhäuser unserer westlichen Länder? Oder durch einen bürgerlich etablierten Lebensstil, den mittlerweile auch die meisten Priester mitmachen? Oder durch öffentlichen Einfluss und Vermengung mit weltlicher Macht, die die Kirche in vielen Teilen der Welt noch verteidigt? Bedarf es um der Glaubwürdigkeit der amtlichen Verkündigung nicht eines Zeugnisses, das den amtlich Beauftragten etwas »kostet« und zu erkennen gibt, dass der Verkündiger der erste Hörer seiner Worte ist?

Nicht selten begegnen solche Fragen dem Einwand, die Ehelosigkeit sei kein Zeugnis mehr; ein Zeichen habe seine Zeichenhaftigkeit verloren, wenn es nicht mehr verstanden würde; genau das treffe heute für die Ehelosigkeit zu; sie würde nicht einmal mehr von den »guten Katholiken« als Zeichen wahrgenommen. Dem ist entgegenzuhalten, dass – nach katholischer Theologie – zum Zeichen (Sakrament) wesentlich das deutende Wort gehört. Wenn also wirklich (!) die Gemeinden das Zeichen der Ehelosigkeit nicht mehr verstehen und mittragen, ist es eine ernste Frage an die Verkündigung und Katechese: Auf welche Weise und wie oft wird dieses Zeichen überhaupt noch gedeutet? Diesbezügliche Nachfragen zeigen oft erschreckende Ausfallserscheinungen. Kein Wunder, dass so wenig geistliche Berufe geweckt werden!

Der Zölibat ist aber nicht nur ein »eschatologisches Zeichen«, sondern darüber hinaus auch ein ständiger »Stachel im Fleisch«, der ein Leben lang bohrend fragt, ob das Gesetz, nach dem man angetreten ist, sich nämlich für den priesterlichen Dienst herzugeben, noch Geltung hat, ob das Reich Gottes wirklich die »eine Perle« ist und der »Schatz im Acker«, für den alles andere drangesetzt wird. Gerade das ehelose Leben stellt einen hohen existentiellen Anspruch und ist ein Maßstab, an dem ein junger Mensch die Ernsthaftigkeit seines Engagements und die Intensität, mit der er sein Leben für den Christus-Dienst einzusetzen bereit ist, messen kann – und zwar ein Leben lang.[504]

Last, not least macht die Ehelosigkeit den Priesters frei für den ungeteilten Dienst an der »Sache Christi«. Der Hausvater der »Familie Gottes« und Hirt seiner Herde soll auch ganz für sie da sein und seiner Liebe jene Weite geben, auf die schon Jesus hingewiesen hat, wenn er seinen Jüngern »neue« Brüder, Schwestern, Mütter und Kinder zugesprochen hat (Mk 10,30). In diesem Sinn betont auch Papst Johannes Paul II. in seinem »Schreiben an die Priester« (1979)[505]: Der Zölibat ist nicht nur ein eschatologisches Zeichen, »sondern er hat auch große soziale Bedeutung für die Dienste am Volk Gottes im gegenwärtigen Leben. Der Priester wird durch seinen Zölibat zum ›Menschen für die anderen‹, und zwar anders als jemand, der sich mit einer Frau zu ehelicher Gemeinschaft verbindet und so ebenfalls als Ehemann und Vater zum ›Menschen für die anderen‹ wird, vor allem im Bereich der eigenen Familie. ... Indem der Priester auf diese dem Verheirateten eigene Vaterschaft verzichtet, gewinnt er eine andere Vaterschaft, ja fast sogar eine andere Mutterschaft, wenn er an die Worte des Apostels von den Kindern denkt, für die er Geburtswehen leidet.«

(b) Verpflichtung zur Ehelosigkeit?

Gewiss, als Weihebedingung könnte der Zölibat zurückgenommen werden. Die unbedingte Verbindung von Zölibat und Weihe ist – wie jeder weiß – kirchlichen Rechts, genauer noch: westkirchlichen Rechts.[506]

Als solcher hat er eine wechselhafte Geschichte hinter sich. Neueste Studien[507] zeigen, dass der Zölibat – geschichtlich gesehen – in der schon ganz früh (vielleicht schon in den ntl. Pastoralbriefen) vom Presbyter (bzw. Bischof und Diakon) geforderten Enthaltsamkeit gründet. D.h. der höhere Klerus konnte ursprünglich zwar heiraten, musste aber sexuell enthaltsam leben. Er durfte, falls er verheiratet war, mit seiner Frau keinen ehelichen Umgang haben; und der noch unverheiratete oder verwitwete Klerus durfte keine Ehe eingehen. Diese Vorschrift zur Enthaltsamkeit – so fasst St. Heid seine Studie zusammen – »knüpft an die im Juden- und Heidentum selbstverständliche Praxis kultischer Enthaltsamkeit an. Sie ist für die gesamte Antike ein eminenter Ausdruck religiöser Ehrfurcht vor Gott. ... [Sie] gehört schlicht zum Berufsethos des Priesters der Antike. Um so mehr sieht man sie für die christlichen Priester geboten. ... [Als kultische Askese hat sie dann] zugleich einen Gestaltwandel vollzogen. Sie hat in erster Linie mit geistiger Opferbereitschaft zu tun, mit der Hingabe an die priesterliche Selbstopferung Christi.«[508]

Auch in der Frühen Kirche wusste man schon, dass solche völlige Enthaltsamkeit ein besonderes »Charisma« ist, das aber im Gebet erlangt werden konnte (!). Deshalb erfragte man vor der Weihe die entsprechende Bereitschaft dazu. Hatte ein Kandidat diese dann erklärt, ging man davon aus, dass er das erbetene Charisma besitzt. War er verheiratet, musste auch die Frau (die ja damit gleichfalls zur Enthaltsamkeit verpflichtet war) ihre Bereitschaft erklären.

Die Regel der Enthaltsamkeit, aus der dann organisch die Weisung zum zölibatären Leben des höheren Klerus erwuchs, hatte in der Frühen Kirche einen ganz hohen Grad an Plausibilität. Er war ein Signal für den Einbruch der durch das Christentum gekommenen »neuen« Einstellung zu dieser »Weltzeit«[509] und – besonders für die Frau – ein Element der »Emanzipation«[510]. So gesehen gründete zölibatäres Leben sogar ursprünglich in einer »Laienbewegung«, die dann auf den Klerus ausgriff. Für den Priester war der Zölibat ein Zeichen dafür, dass er ständig »vor Gott« lebte und ganz für die Gemeinde da war, aber auch für das »Kontrafaktische« (J. B. Metz) des Christentums als »Abweichung« von der gewöhnlichen Weltförmigkeit.

Wenn also auch der Zölibat nur »kirchlichen Rechts« ist, wurzelt er doch tief in der Heiligen Schrift, in der Geschichte der Kirche und im Wesen des amtlichen Dienstes. Sollte man deshalb statt der heute so beliebten und doch so total fruchtlosen Zölibatsdiskussion nicht besser von der de facto bestehenden und – mindestens (!) mittelfristig – weiterbestehenden Verbindung beider Größen ausgehen und auf die innere Bedeutung und Chance, die in dieser Einheit steckt, blicken? Indem die abendländische katholische Kirche diese als Weihebedingung voraussetzt, bringt sie unüberbietbar deutlich zum Ausdruck, dass sie nur »Charismatiker«, d. h. solche, die besondere Gnadengaben des Heiligen Geistes empfangen haben und nach weiteren streben, als Amtsträger will. Sie zeigt in dieser Praxis, dass es ihr um die – schon in der Schrift bezeugte – Einheit von geistlichem Amt und geistlicher Existenz geht. Auf dieser Linie bemerkt auch Gerhard Lohfink, der sich unter bestimmten Voraussetzungen für die Aufhebung des Zölibatsgesetzes einsetzt:

> Ich habe »eine tiefe Sympathie dafür, wenn die Kirche gerade von den Verkündigern des Evangeliums radikale Zeichen der Jesusnachfolge wie Besitzverzicht oder Ehelosigkeit erwartet. Deshalb bin ich auch nicht in der Lage, die bisherige Zölibatsgeschichte ausschließlich negativ zu sehen. Trotz aller Fehlmotivationen – leider hat bis in unser Jahrhundert hinein die Idee der kultischen Reinheit des Priesters eine verhängnisvolle Rolle gespielt – scheint mir aus der Zölibatsgeschichte ein tiefes, instinktsicheres Wissen über den inneren Zusammenhang zwischen Verkündigung des Evangeliums und Nachfolge Jesu zu sprechen.«[511]

Die Ehelosigkeit ist ein deutliches Zeichen dafür, dass der, der amtlich Christus zu »vergegenwärtigen« und wie dieser für das Kommen des Reiches Gottes einzustehen hat, dieses sein Amt auch existentiell lebt. Und wenn es richtig ist, dass zur Kirche, die ja das Evangelium zu leben hat – insgesamt gesehen –, wesenhaft das Zeugnis der Ehelosigkeit um des Reiches Gottes willen gehört, so wäre es sicher nicht wünschenswert, wenn dieses Zeugnis nur oder überwiegend im (laikalen) Rätestand, nicht aber bei denen zu finden ist, die amtlich Kirche zu vertreten haben.

Der heute oft geäußerte Einwand, es sei doch etwas anderes, zur »charismatischen« Ehelosigkeit oder zum Amt berufen zu sein, und darum solle man die Ehelosigkeit in die freie Entscheidung des einzelnen Amtsträgers stellen, damit sei auch das Problem des Priestermangels gelöst, übersieht nicht selten – bei aller Berechtigung im einzelnen – wesentliche Momente:

(1) Oft wird ein falsches und einseitiges Verständnis sowohl von Charisma als auch von Freiheit zugrunde gelegt. Ich stimme hierin mit Jacob Kremer überein: »Nicht selten wird in neuester Zeit der kirchlichen Zölibatsverordnung entgegengehalten, sie stehe im Widerspruch zu 1 Kor 7,7, wo Paulus die Ehelosigkeit als ›Charisma‹ bezeichnet. Bei diesem Einwand wird ›Charisma‹ meist als eine quasi von Geburt an vorgegebene Befähigung zur Ehelosigkeit aufgefaßt. Dies entspricht aber keineswegs der Auffassung des Apostels von ›Charisma‹; denn Paulus bezeichnet damit Dienste und Begabungen, die der Heilige Geist in der Gemeinde wirkt und denen sich der einzelne verschließen oder öffnen kann. … Paulus kann deshalb die Gemeinde von Korinth mahnen: ›Eifert aber um die größeren Charismen!‹, d. h. gebt dem Geist Gottes in eurer Mitte und eurem Leben immer mehr Raum. Die kirchliche Forderung der Ehelosigkeit als Voraussetzung für die Zulassung zur Priesterweihe geht davon aus, dass dem Bewerber dieses Charisma zuteil wurde bzw. wird und Gottes Geist (nicht aber eine natürliche Veranlagung als solche) ihn dazu befähigt, um der Gottesherrschaft willen ehelos zu leben. Die gesetzliche (institutionelle) Regelung hebt den Gnadencharakter nicht auf, sondern dient dazu, einen Raum zu schaffen, der es vielen möglich macht oder erleichtert, sich vom Geist Gottes zu einem solchen Zeugnis für Christus in Dienst nehmen zu lassen.«[512]

In der Tat, man darf nicht übersehen, dass – ganz allgemein! – die freie Entscheidung des Menschen nicht gegen institutionelle und gesellschaftliche Rahmenbedingungen steht, sondern diese voraussetzt. Es ist ein Zerrbild von Freiheit, zu meinen, die freie Entscheidung habe allein ihren Ort in der Einsamkeit des auf sich gestellten Einzelsubjekts, Freiheit verwirkliche sich als Entscheidung gewissermaßen vom »Nullpunkt« aus. Nein, freie Entscheidung hat immer auch gesellschaftliche Voraussetzungen, vermutlich sehr viel mehr, als man sich dessen bewusst ist. Gerade neuzeitliche Tiefenpsychologie und soziologische Gesellschaftsanalyse sollten hier sehr sensibel machen. Freie Entscheidung bedeutet stets ein freies Ja (oder Nein) zu Vorgegebenheiten, sie ist vermischt mit Motiven und Impulsen, die uns durch unser Situiertsein in Gesellschaft und Geschichte erreichen (vermittelt durch Erziehung, Sprache, gesellschaftliche Wertvorstellungen und Moden).

Gewiss kann die Kirche – um auf die Fragestellung nach dem Zölibat zurückzukommen – die gesetzliche Vorbedingung ehelosen Priestertums ändern und die Wahl der Lebensform dem einzelnen überlassen. Dennoch wäre auch dann dessen freie Entscheidung nicht ohne Vorgegebenheiten, nur wäre es dann nicht mehr die Vorgegebenheit kirchlicher Ordnung, sondern es träten deutlicher ganz andere Konditionierungen auf den Plan: das ganze Schwergewicht gegenwärtiger gesellschaftlicher Zwänge und Pressionen zur Ehe, die geballte Suggestion heutiger Pansexualisierung, die Schwierigkeiten (besonders: Einsamkeit, Verlust an Gemeinschaft und Geborgenheit), die aus der »Ortlosigkeit« des Ehelosen im derzeitigen sozialen Kontext erwachsen[513] usw. Somit kann das derzeitige Festhalten an der konkreten kirchlichen Ordnung, nur Ehelosen die Weihe zu erteilen, auch (!) als ein »alternativer Pflock« gegen die ganz anders orientierten heutigen gesellschaftlichen Konditionierungen verstanden werden. Vor allem aber braucht die institutionelle Verbindung von Charisma der Ehelosigkeit und Berufung zum Amt keine Einschränkung der Freiheit zu bedeuten, sondern sie kann – gut biblisch – eine Herausforderung sein, nach diesem Charisma zu »streben«.[514]

(2) Die oft ausdrücklich[515] oder unterschwellig geäußerte Meinung, ohne Zölibatsverpflichtung würde die Kirche genügend Priesternachwuchs haben, ist mindestens bezüglich der jungen Leute fragwürdig. Gewiss, eine Reihe von männlichen Laientheologen geben an, sich ohne Zölibatsverpflichtung zum Priester weihen zu lassen. Jedoch ist zu bezweifeln, ob diese Selbstinterpretation, auf die Masse (nicht: auf einige wenige) gesehen, zutreffend ist. Zwar artikulieren sich bei manchen Laientheologen die Vorbehalte gegen das Amt im Zölibat wie in einem Kristallisationspunkt; die Frage ist aber, ob sich bei Wegfall des Zölibats die Vorbehalte nicht in einem anderen Kristallisationspunkt äußern würden. Deshalb scheint mir die Beobachtung von E. Schillebeeckxs, der Zölibat bedeute für viele einen exponierten Faktor der offiziellen Kirche und die Ablehnung des Zölibats deshalb auch ein Symptom des Unvermögens vieler, sich mit der offiziellen Kirche zu identifizieren, ungleich zutreffender (siehe Anm. 276).

Und zudem: *Wäre* die Aussicht, ohne Zölibatsverpflichtung mehr Priester haben zu können, ein Grund diesen abzuschaffen? Kardinal Lustiger spricht von einer »geistlichen Wahl«, die die Westkirche getroffen hat, »die Ordinationen zum Priestertum nicht mit den einfachen pastoralen Bedürfnissen zu verquicken«. Nicht um eine »Logik der Bedürfnisse« gehe es, sondern um eine »Logik der Gnade«, die auf Heiligkeit, Liebe und Glauben der Gemeinde setzt. »Wenn eine christliche Gemeinde wahrhaft heilig ist, wird sie auch fruchtbar sein, und Gott wird nicht verfehlen, aus ihr zahlreiche und vielfältige Berufungen zu erwecken. … Es geht nicht darum, mehr oder weniger Priester zu ›haben‹. Es geht darum zu hoffen, dass unsere in den Augen der Menschen sterbenden Gemeinden aufleben im Geist.«[516] Und müsste nicht dieses »Sterben« so zahlreicher Gemeinden eher zur Besinnung aufrütteln, als dass man völlig unfruchtbare Zölibatsdiskussionen führt und fragt, ob der Weg zum Priestertum nicht auch weiter und gefälliger geöffnet werden kann. Muss man wirklich auf Mahatma Ghandi verweisen, der selbst das Gelübde der Ehelosigkeit ablegte und dazu bemerkte:

»Ein Volk, das keine solchen Männer besitzt, ist wegen dieses Mangels umso ärmer«?[517]

(3) Die gelegentlich geäußerte Meinung, man sei zwar – im Sinne des Evangeliums – für freiwillige Ehelosigkeit, nicht aber für deren Verkoppelung mit dem Amt, erweckt so lange den Verdacht, eine rein verbale Beteuerung zu sein, als man sich nicht mit allen Kräften (und womöglich im eigenen Lebensvollzug) für die Ehelosigkeit in der Kirche engagiert und damit auch ein Klima schafft, in dem sich Berufung zur Ehelosigkeit ereignen kann. Hier stimme ich G. Lohfink voll zu: »Bevor die Verknüpfung von Gemeindeleitung und Ehelosigkeit aufgehoben werden kann, müsste sich … eine lebendige, am Evangelium orientierte Spiritualität der Laien im kirchlichen Dienst durchgesetzt haben: eine Spiritualität, die das Charisma der Ehelosigkeit nicht nur positiv beurteilt, sondern es auch in Einzelfällen immer wieder selbst hervorbringt. Nur so könnten auf die Dauer die berechtigten Ängste und Sorgen beseitigt und der Weg für eine Aufhebung des Zölibats freigemacht werden.« Lohfink selbst hält eine solche Aufhebung für wünschenswert.

> »Aber eben nur unter der Bedingung, dass die Lebensmöglichkeiten für das Charisma der freiwilligen Ehelosigkeit überall in der Kirche wachsen: positive Einstellung zur Ehelosigkeit; lebendige, überschaubare Gemeinden; lebendige, am Evangelium orientierte Spiritualität. Aus den genannten Gründen halte ich es für falsch, ja geradezu für schädlich, lediglich für die Abschaffung des Zölibats einzutreten, wenn nicht gleichzeitig mit derselben Deutlichkeit und Dringlichkeit für die Pflege des Charismas der Ehelosigkeit gekämpft und um eine vertiefte Spiritualität gerungen wird. Der isolierte Ruf nach Abschaffung des Zölibats wird sogar das Gegenteil von dem bewirken, was er eigentlich will: Er wird bei vielen Katholiken das Misstrauen stärken, dass da lediglich ›abgebaut‹ werden soll, ja, er wird geradezu die Angst vor einem Typ von kirchlich ›Bediensteten‹ beschwören, die nur noch Beamte und Funktionäre sind, aber nicht mehr sich selbst und ihr ganzes Leben in den Dienst des Evangeliums stellen. … [Deshalb gilt:] In dem Augenblick, wo eine genügend große Zahl von Religionslehrern, Pastoralreferenten, Priestern, Theologieprofessoren und Bischöfen in der Nachfolge Jesu lebten, könnte das Zölibatsgesetz als mahnendes Zeichen fallen: Es wäre einfach überflüssig.«[518]

Ob der letzte Satz zutrifft, sei dahingestellt, jedenfalls könnte trotz aller Konvergenzen zwischen priesterlichem Amt und Ehelosigkeit unter bestimmten Bedingungen die altehrwürdige institutionell-kirchenrechtliche Verbindung von beiden fallen.[519] Aber damit dürfte nicht das ersatzlos gestrichen werden, was der Zölibat konkret zum Ausdruck bringt und erwirkt: die Einheit von amtlicher Sendung und Existenz. Wo also jemand aus guten Gründen der Überzeugung ist, dass es in Zukunft auch die Gestalt ehelichen Priestertums geben sollte, müsste er ein Modell entwickeln, worin dann auf andere, aber analoge Weise diese Einheit verwirklicht werden kann.

Ein solches Modell könnte der »vir probatus« sein, d. h. die Weihe eines Mannes, der durch die bisherige Praxis eines reifen christlichen Lebens gezeigt hat und weiter zeigt, dass sein amtliches Tun durch ein Leben der Nachfolge existentiell abgedeckt ist. Die Einheit von Amt und Existenz würde bei ihm durch erwiesene Lebenspraxis »verifiziert«, bei einem jungen Mann dagegen, durch die Bereitschaft (und erst anfängliche Praxis), sich auf ein Leben besonderer Jüngernachfolge, das auch die Ehelosigkeit umschließt, einzulassen. Damit wäre auch ein Modell für das Nebeneinander von ehelosem und verheiratetem Priestertum gegeben. Allerdings darf man nicht vorschnell meinen, mit einer solchen Regelung seien schon alle Schwierigkeiten gelöst. Immerhin scheint im »vir probatus« noch das einzige realistische, brauchbare Modell für ein verheiratetes Priestertum vorzuliegen. Ist es wünschenswert? Man vergesse nicht, dass dann neue Probleme auf die Kirche zukommen. Wie werden wir mit der »Zweiteilung« des Klerus zurecht kommen? Was ist mit den scheiternden Ehen solcher »viri probati«? Immerhin wird von verheirateten evangelischen Pfarrern – mindestens in einigen Regionen – ein recht großer Prozentsatz geschieden. Und gilt nicht vielleicht doch das ungarische Sprichwort: Wenn ein Wagen durch den Fluss fährt, wechselt man nicht die Pferde? Im Klartext: Ist in einer Zeit, wo Ehelosigkeit um des Evangeliums willen *ganz allgemein* (also auch ohne Blick auf das Amt, sondern etwa ebenso auf Ordensberufe von Frauen bezogen) in der totalen Krise steht, die Wende zum »vir probatus« nicht doch ein falsches Signal? Und das angesichts der begründeten Vermutung, dass die wenigen, die als »viri probati« in Frage kämen, dem sog. Priestermangel doch nicht aufhelfen würden? Wie auch immer: Kommt es zur Verwirklichung des »vir probatus«, kann es sein, dass – wie H. U. v. Balthasar sagt – »in einer künftigen Kirche die ehelosen Priester in der Minderzahl sein werden. Es kann sein. Es kann aber auch sein, dass am Beispiel der Wenigen sich eine neue Evidenz von der Richtigkeit und Unentbehrlichkeit dieses Lebens in der Kirche entzündet. Es kann sein, dass wir durch eine Zeit von Hunger und Durst hindurch müssen, dass aber gerade dieses Entbehren neue Berufungen oder, besser gesagt, neuen Großmut weckt, um den Berufungen, die nie fehlen, zu antworten.«[520]

4. *»Größe und Elend« zölibatären Lebens*

Die heutige Zölibatsdiskussion erweckt den Eindruck, die Krise der priesterlichen Ehelosigkeit bestünde in deren gesetzlicher Koppelung mit der Weihe. Dies dürfte nicht zutreffen. Die wahre Krise liegt in der Art und Weise, wie der Zölibat gelebt wird. Schlimm war es in der

Vergangenheit, und schlimm ist es bis heute, dass aus einem geistlichen Gesamtkontext, nämlich aus der Verpflichtung, das amtliche Tun auch in persönlicher Betroffenheit zu leben und zu bezeugen und dem Menschen jene »seelsorgliche Liebe« zukommen zu lassen, von der schon die Rede war (S. 298 f), der Zölibat sich de facto isoliert hat und zu einem exklusiven Schibboleth geworden ist. Statt das ganze Leben in die Nachfolge des Herrn zu stellen, »hält man« den Zölibat. Ist das aber möglich? Offensichtlich nicht oder nicht sehr überzeugend!

Es lässt sich – zumal heute – nicht übersehen, dass das zölibatäre Leben unter der pascalschen Devise von »Größe und Elend« steht.[521] Über »Größe« wurde im Vorangehenden schon genug gehandelt. Wenn jetzt – kürzer! – vom »Elend« die Rede ist, so nicht, weil dieses geringer ist, sondern weil es heute eher »auf der Hand« liegt: Nicht nur dass nicht wenige Priester ein verlogenes Leben führen, indem sie hinter der Fassade der Ehelosigkeit ganz ungeniert eine Quasi-Ehe verstecken, auch die zölibatären Ersatzbefriedigungen drängen sich heute deutlicher auf, so

> »wenn an Stelle der seelsorglichen Liebe das Machtstreben, Überheblichkeit und Selbstbespiegelung getreten sind. Verdrängte Triebimpulse und versteckte Beziehungen haben nicht wenige ›Gottesmänner‹ zu rigiden Moralisten werden lassen, die den Menschen Lasten auflegten, welche sie selbst nicht hätten tragen können. So gesehen lässt sich nur schwer erahnen, wie viel Leid in der katholischen Kirche durch all die Jahrhunderte entstanden ist als Folge des missbrauchten Zölibats. Immer wenn die zölibatäre Lebensweise nicht voll und ganz mit der Person des Seelsorgers im Einklang steht, entspringen daraus Ängste, Hemmnisse und Verdrängungen, die dem wahren zölibatären Liebes-Eros den Boden entziehen können. Es gibt Schätzungen, nach denen etwa 10% der Psychotherapeuten ihren Beruf gelegentlich für sexuelle Beziehungen missbrauchen. Vermutlich ist die Situation bei Seelsorgern ähnlich.«[522]

Daraus zu folgern: also mache man »reinen Tisch« und schaffe den Zölibat ab, übersieht, dass es – analog – auch in den Ehen nicht grundsätzlich besser aussieht. Und zudem: Wer sein zölibatäres Treueversprechen nicht zu halten bereit ist, wie soll da das eheliche gelingen? Wer als Zölibatär ein ich-bezügliches Leben führt, wie soll es dann in der Ehe anders sein? Vor einigen Jahren legte ein Regens seinen Seminaristen einen Katalog mit Eigenschaften und Verhaltensweisen vor, die für ein reifes zölibatäres Leben unumgänglich sind. Nachdem man ausführlich darüber gesprochen hatte, fragte der Regens: Woher – meinen Sie – habe ich diesen »Katalog« wohl? Und seine Antwort: Er stammt von einem Eheberater, der damit Partnerschafts-Trainings für ein glückendes Eheleben bestreitet. Auch in puncto menschlicher Reife sind also

Ehe und Ehelosigkeit strikt aufeinander bezogen. Ebenso darin, dass – so vor einigen Jahren in einer Fernsehsendung der »Altmeister« der katholischen Psychoanalyse, Albert Görres, – der Prozentsatz von glückenden Ehen und gelungenem zölibatären Leben nach seiner beruflichen Erfahrung ziemlich genau identisch sind: 10% der Ehe glücken voll und ganz, weitere 10% einigermaßen, der Rest ist in einer Grauzone oder scheitert. Gleiche Ziffern werden auch vom Zölibat genannt.[523] Deshalb können auch in den meisten Fällen die Probleme, die man mit der einen Lebensform hat, nicht durch Übergang zur anderen einfach gelöst werden.[524] Die »Lösung« muss anders erfolgen.

A. W. R. Sipe entwickelt als Ergebnis seiner großen *empirischen* Studie »Sexualität und Zölibat« das *Profil* von ansonsten ganz und gar unterschiedlichen Priestern, die nach seinen Recherchen ein *glückendes* zölibatäres Leben führen. Was verbindet sie miteinander, was sind die Kriterien ihres glückenden Lebens? Die ersten und grundlegenden Elemente sind: (1) Arbeitsamkeit und Fleiß (Alle sind äußerst tatkräftig und scheuen keinen Einsatz); (2) intensives Gebetsleben (»Alle mir bekannten Männer … widmen täglich mindestens anderthalb bis zwei Stunden dem Gebet.«); (3) communiales Verhalten (»Die Männer hatten ein tiefes Gefühl für Menschen, denen sie verpflichtet waren, und Menschen, auf die sie sich verlassen konnten.«); (4) Sinn für Dienst am andern. Außerdem werden noch genannt: starkes Bedürfnis nach einem Zuhause sowie nach »kultivierter« Nahrung und Kleidung – innere Ausgeglichenheit – Ordnungsliebe – Interesse am Weiterlernen – Sinn für Schönheit.[525]

Fast alle genannten Elemente stimmen mit eigenen Beobachtungen überein. Einige möchte ich noch unterstreichen. Gerade weil dem Zölibatär der Wind scharf um die Ohren weht, da er mittlerweile nicht einmal mehr von Christen, die zur sog. »Kerngemeinde« gehören, in seiner Lebensform unterstützt wird, muss man »die Glaubenswahrheit vom ewigen Leben schon tief ergründen, und man muss eine gesunde Skepsis gegenüber allen Humanismen an den Tag legen, wenn man ein Leben wählt, dass im Fragment verbleibt. Ehelosigkeit wird, wenn man es recht besieht, ausgelitten.«[526] »Ausgelitten« in einer engen persönlichen (Gebets-)Beziehung zu Gott *und* im hingebungsvollen Dienst an den Anvertrauten, vor allem an denen, die die »Fragmentarität« (gleichfalls) in besonderer Weise spüren (siehe S. 298).

Darüber hinaus ist eine starke und gesunde Persönlichkeit verlangt, die ihre eigene Identität nicht auf Kosten anderer und mithin aus der Selbstbezüglichkeit heraus findet, sondern aus dem Hören und Antwortgeben auf den Ruf Gottes. Hier spielt die ignatianische Spiritualität eine unumgängliche Rolle. Nur so wird jene gesunde innere »Sicherheit« gewonnen, von der Demmer sagt, »der Ehelose müsse gesünder sein als seine Kritiker.«[527]

Ebenso wichtig ist ein gemeinschaftlicher Lebensstil, eine Ausrichtung auf Communio hin, wo immer sie möglich ist. Zölibatär sein heißt nicht Single-Dasein, Junggesellentum, sondern als Jünger leben, und das heißt: mit anderen Jüngern zusammen. Zum zölibatären Leben gehört darum, dass man in einem Netz von freundschaftlichen Beziehungen steht und mit Menschen verbunden ist, denen man sich anvertrauen und in deren Gemeinschaft man sich »hineinfallen« lassen kann. Keine überzeugende Weise zölibatären Lebens ist deshalb im Allgemeinen der »Einzelkämpfer«, der irgendwo allein herumhockt, oft ungepflegt, unversorgt, an seiner Einsamkeit leidend.

Keine sehr überzeugende Weise scheint mir auch das Modell »Priester mit Haushälterin« zu sein. Auch wenn eine solche Lebensform moralisch völlig (!) in Ordnung sein kann, stellt sich immer noch die Frage nach der Glaubwürdigkeit. Man muss nur einmal die öffentliche Meinung hören, um die Brisanz der Frage zu ermessen: Ist eine solche »Partnerschaft« zu zweit noch ein »Zeichen«, das doch auch (!) mit der ehelosen Lebensform gegeben sein sollte oder ist es nicht eher ein »Gegenzeichen«? Vor einiger Zeit sagte mir ein bekannter verheirateter Laien-Theologieprofessor, er fühle sich als Verheirateter durch die Art und Weise, wie manche Priester mit ihrer Haushälterin zusammenlebten »beleidigt«. Denn wenn Priester und Haushälterin ihr Leben ganz und gar teilen, zusammen beten, sich austauschen, gemeinsam die Freizeit gestalten, in Urlaub miteinander gehen etc. und nur eines nicht tun, »miteinander schlafen«: »Was – so sagte er wörtlich – für ein Bild von Ehe steckt da dahinter! Soll sich Ehe ›nur‹ dadurch unterscheiden, dass man ›miteinander schläft‹?«

Gegenüber dem Modell »Priester und Haushälterin« scheinen mir (vielgestaltige) Formen einer »vita communis« ungleich überzeugender zu sein, wo entweder nur Priester miteinander leben, beten, arbeiten, sich austauschen, oder auch wo Priester zusammen mit anderen Trägern kirchlicher Dienste (Diakon, Pastoralreferent usw.) ein gemeinsames Leben führen. In jedem Fall bedarf der Priester in einer immer säkularer werdenden Gesellschaft enger persönlicher Bindungen; er bedarf eines durch freundschaftliche und brüderliche Beziehungen geprägten Lebensraums. Auch Jesus rief seine Jünger nicht aus der Familie heraus, um sie zu isolieren, sondern um sie in seine »neue Familie« einzuweisen. Priester sein heißt nicht ein »Insel-Dasein« führen. Nur wer fähig und bereit ist zum Zusammenleben und Zusammenarbeiten,[528] wird in der Zukunft seinen Dienst erfüllen und die Lebensform »Ehelosigkeit« sinnvoll leben können – für die Gemeinde und in der Gemeinde.

Schließlich braucht der zölibatäre Priester – so Demmer – »die Freude an schönen Dingen, er braucht einen Ausgleich, da ihm die Schattenseiten des Lebens doch beängstigend und bedrängend nahe sind.«[529] Dazu gehört auch die Freude am Gespräch, am Lesen, an der Theologie, an der Natur.

Die zuletzt genannten Elemente sind gewiss nicht die entscheidenden. Entscheidend dagegen ist, dass der Zölibat keine isolierte Größe sein kann, wenn er glaubhaft und gelingend gelebt werden soll. Und das ist sicher: Nicht mit zusammengebissenen Zähnen kann heute und in absehbarer Zukunft der

Zölibat übernommen und gelebt werden – gleichsam als »Preis«, den man für die Weihe bezahlt. Er muss sich vielmehr einfügen in ein dazu passendes integrales Lebensprojekt.

5. Kleiner Exkurs: Priester und Homosexualität

War dieses Thema bis vor wenigen Jahren noch ein absolutes Tabu, so wurde dies 1996 durch einen Artikel des Pastoraltheologen Hanspeter Heinz in den »Stimmen der Zeit« jählings gebrochen. Er wies darauf hin, dass sich unter den Priestern ein höherer Prozentsatz an Homosexuellen befinde als in der restlichen Bevölkerung. Gleichzeitig warb er – ganz im Zuge der in den letzten Jahren sich ändernden gesellschaftlichen Einstellung zu dieser Gruppe – entgegen der bisherigen Praxis von Totschweigen, entwürdigendem Nachreden oder anderen Diskriminierungen um Verständnis, Respekt und Hilfe, auf dass die Betreffenden ihre Veranlagung innerlich annehmen könnten.

Der Artikel löste eine Lawine unterschiedlichster Reaktionen aus.[530] Unter anderem führte er zur Einsetzung einer Kommission der Deutschen Bischofskonferenz, die vor allem die Frage der Zulassungsmöglichkeit homosexueller Männer zur Priesterweihe behandeln sollte. Durch Indiskretion wurde in der FAZ vom 1.9.1999 ein Arbeitspapier dieser Kommission bekannt, das eine günstige Antwort in dieser Frage nahelegte.

In der Tat wird man in aller gebotenen Kürze dreierlei zu diesem Thema sagen müssen:

(1) Es braucht gar nicht zu überraschen, dass unter den zölibatären Priester mehr homosexuell Veranlagte sind als sonst im gesellschaftlichen Durchschnitt. Manche mögen sich von der »Männerwelt« der Amtsträger angezogen fühlen, andere werden hier eine Möglichkeit sehen, ihre Veranlagung zu verstecken. Aber für die meisten wird zutreffen, was der Bischof von Trier, Hermann Josef Spital, in einem Artikel in der Süddeutschen Zeitung vom 8.2.1997 schrieb: »Homosexuelle Veranlagung geht oft einher mit einer besonderen Sensibilität und Ausdrucksfähigkeit,« also mit Eigenschaften, die eng mit dem »pastoralen Eros« verbunden sind.

(2) Ebenso zutreffend, ja unbedingt bindend ist ein weiteres Wort dieses Bischofs im gleichen Artikel: »Selbstverständlich ist jeder katholische Priester, unabhängig von seiner jeweiligen Prägung, verpflichtet, sexuell enthaltsam zu leben.« Dabei darf man freilich wohl nicht übersehen, dass es für einen homosexuell veranlagten Priester schwerer ist, den Zölibat zu halten. Denn alle von gesellschaftlichem Brauch und kirchlichem Recht vorgegebenen »Sicherungen« haben den heterosexuellen Priester im Blick[531], so dass der Homophile gewissermaßen ohne Netz aufs Hochseil zu gehen hat. Und dennoch gilt der Zölibat natürlich auch für ihn.

(3) Auch wenn homosexuell veranlagte Männer prinzipiell zur Weihe zugelassen werden können, ist im Einzelfall zu prüfen, ob sie ihre Prägung in-

nerlich annehmen können, sich über die zusätzliche Belastung im Klaren sind und die Bereitschaft haben, wie die anderen auch, ehrlich und wahrhaftig zölibatär zu leben.

6. Integration

Glaubhaft und lebbar ist der Zölibat nur, wenn er hineingebunden ist in das Integrale eines »Lebens nach dem Evangelium«. So sieht auch z.B. Thomas von Aquin die drei evangelischen Räte in einer unzertrennbaren Einheit (z.B. ScG III,131); es sind gleichsam drei Seiten eines einzigen Prismas: nämlich eines Lebens, das sich – evangeliumsgemäß – ganz für Gott frei macht. Die Ehelosigkeit ist somit nur *eine* Seite eines unteilbaren Ganzen. Ist es da verwunderlich, dass sie als isoliertes Bruchstück gar nicht überzeugend gelebt werden kann? Wo man sich nicht auf den ganzen Ruf des Evangeliums zur Nachfolge einlässt, wird der Zölibat zum Fremdkörper in einem Lebensentwurf, der nicht dazu passt und zu dem der Zölibat nicht passt. Unsere Gemeinden haben dafür einen wachen Sinn. Wenn die Leute z.B. sagen: Unser Pfarrer soll doch heiraten, dann ist er zufriedener!, so zeigt sich in solchen Äußerungen, dass der betreffende Priester ohnehin so lebt wie jeder andere auch und deshalb in seinen Lebensentwurf die Ehe auch ganz »natürlich« hineinpasst (abgesehen davon, dass die Leute es manchmal gar nicht ungern sehen, wenn ihr »angepasstes Christentum« nicht durch eine evangeliumsgemäße Lebensart ihres Seelsorgers in Frage gestellt wird).

Wenn nun die kirchliche Ordnung aus angemessenen Gründen vom Priester die Ehelosigkeit um des Reiches Gottes willen verlangt, also erwartet, dass er in diesem Punkt »nach dem Evangelium« lebt, so ist dies überhaupt nicht möglich, ohne auch die anderen Räte in irgendeiner Weise mit zu verwirklichen. Wenn dies nicht geschieht, kann der Zölibat weder überzeugendes Zeichen sein noch in jener Freude, die das Kennzeichen der jünger Christi ist, gelebt werden. Er wird dann nur zur Last und deswegen auch zum Gegenstand persönlicher und kirchlicher »Dauerreflexion«. Zu Recht bemerkt E. Schillebeeckx:

> »Das unverkürzte, krampfhafte Festhalten am Gesetz wird in den Augen vieler um so unglaubwürdiger, weil das Bestehen auf diesem

Gesetz nicht verbunden ist mit der Realität der evangelischen Verfügbarkeit in Armut, Verzicht auf Macht und Ehrentitel und Selbsthingabe an den Mitmenschen. … Was ist der Sinn des Zölibats in einer Kirche, in der man nach Ehre, Besitz und einem komfortablen bürgerlichen Leben strebt? Gewiss, die offizielle Kirche wird auch diese Dinge nicht gutheißen, aber sie werden großzügig geduldet und haben nicht die obligatorische Amtsenthebung zur Folge.«[532]

Wo der Zölibat in ein Leben der Nachfolge integriert wird, ist er auch heute ein überzeugendes und respektiertes Zeichen. Ich habe z. B. nie gehört, dass man die Ehelosigkeit der Brüder von Taizé problematisiert hätte. Hier spürt man, dass sie ihren stimmigen Ort im Ganzen des Lebens hat. Dass auch der priesterliche Zölibat sich stimmig in den Lebensentwurf einfügt, hat ein wichtiges Ziel spirituellen Bemühens des Priesters zu sein. Es kann nur dort gelingen, wo die beiden anderen Formen der Nachfolge, Gehorsam und Armut, eingeübt werden. Dies wird vom Priester ja auch mindestens ansatzweise erwartet: Er verspricht bei der Weihe seinem Bischof Gehorsam, und das Kirchenrecht erwartet von ihm eine gewisse Bescheidenheit in der Lebensführung. Doch führen diese Forderungen gegenüber der eindeutigen Zölibatsverpflichtung oft zu keinen entscheidenden existentiellen Konsequenzen. Darum ist es angebracht, dass wir unseren Blick im Folgenden auf Gehorsam und Armut richten.

§ 2 Gehorsam

1. In der Heiligen Schrift

Jesus war der Gehorsame schlechthin. Im sog. Christus-Hymnus des Philipperbriefes (2,5–11) ruft Paulus der Gemeinde zu: »Seid so gesinnt, wie Jesus Christus, der … gehorsam war bis zum Tod am Kreuz.« Dieser Gehorsam Jesu wird an der angeführten Stelle näherhin verstanden und entfaltet als radikale Selbstentäußerung: Jesus behält sich nichts vor, hält sich an nichts fest, sondern erniedrigt sich und gibt sich total her. Das ist die Grundgestalt biblischen Gehorsams.[533]

Solcher Gehorsam ist wesentlich vom Hören bestimmt (»Ge-*Hörsamkeit*«). Gehorsam ist derjenige, der nicht bei sich bleibt und sich selbst zelebriert, sondern der hinhört auf die Forderung der Stunde, in welcher der Wille Gottes begegnet, und der verfügbar und bereit ist, das zu tun, was er als Forderung Gottes vernommen hat. So versteht der Gehorsame – wie Jesus – sein Leben als »Ent-Äußerung«, d.h. als Aus-sich-Herausgehen auf Anruf hin. So bringt es auch ein weiterer zentraler neutestamentlicher Text über den Gehorsam zum Ausdruck: »Christus spricht bei seinem Eintritt in die Welt: Schlacht- und Speiseopfer hast du nicht gefordert, doch einen Leib hast du mir geschaffen; an Brand- und Sündopfern hast du kein Gefallen. Da sagte ich: Ja, ich komme – so steht es über mich in der Schriftrolle –, um deinen Willen, Gott, zu tun« (Hebr 10,5f). Hiernach versteht Christus seine ganze Existenz (= seinen Leib, der ihm bereitet ist) als etwas, was er hinschenkt, um den Willen des Vaters zu tun. »Meine Speise ist es, den Willen dessen zu tun, der mich gesandt hat, um sein Werk zu Ende zu führen,« heißt es im Johannesevangelium (Joh 4,34). »Meine Speise« – also das, was den innersten Existenzgrund betrifft, aus dem heraus man lebt – besteht darin, sich Gott und seinem Werk zur Verfügung zu stellen.

Diese Grundzüge: Gehorsam als Hingabe der Freiheit, als Entäußerung auf Anruf hin, als radikale Verfügbarkeit sind die entscheidenden Strukturen des biblischen Gehorsams. Bei-sich-Sein des Menschen, Freiheit und Selbstverfügung sind etwas Großes, ja das Größte, was der Mensch überhaupt besitzt. Aber nicht so, wie der Sünder meint, ist Freiheit auf höchste Weise verwirklicht: wenn man tut, was einem jeweils gefällt, wenn Freiheit ins Spiel gebracht wird für sich selbst, für die eigene Lust und die eigenen Wünsche, sondern dort, wo Freiheit eingesetzt und hergeschenkt wird auf den Anruf Gottes hin, der stets neu im Hier und Heute begegnet.

Solcher Gehorsam ist von allen Christen gefordert; allen ruft Paulus zu: »Seid so gesinnt wie Christus Jesus!«; jedoch erwartet Jesus von denen, die er zu besonderem Dienst am Reich Gottes beauftragt, auch eine radikalere, zeichenhaft deutlichere Form dieses Gehorsams. So sind z.B. mit der Jüngeraussendung (Lk 9,57ff; 10,1ff parr.) – neben der Aufforderung zur Armut – Weisungen zu jener radikalen Verfügbarkeit verbunden, die nur eines kennt: den Dienst am Reich. Das gleiche wird an der Existenz des Paulus deutlich, der im Hören auf die jeweilige Situation »allen alles wird«

(1 Kor 9,22), um Menschen für Christus und sein Evangelium zu gewinnen.

Nur wer hörfähig und sensibel für den vielfältigen Anruf der Wirklichkeit ist, besitzt auch die Offenheit, sich von den Nöten, Ängsten und Anliegen seiner Brüder und Schwestern treffen zu lassen. Nur wer sich »ent-äußern«, d. h. wer hörend aus sich heraus nach außen gehen und sich hingeben kann, ist auch fähig, sich aufbrauchen zu lassen von den berechtigten und manchmal auch gar nicht so berechtigten Wünschen und Erwartungen der Menschen um ihn herum. Wer im Gehorsam verfügbar ist, vermag um der andern willen seine Wünsche, Vorurteile, Lieblingsinteressen zurückzustecken; er kann mit den andern zusammenarbeiten, ist fähig, Kritik entgegenzunehmen und ist disponibel für das, was auf ihn zukommt. So ist der Gehorsam die Vorbedingung dafür, in besonderer Weise für andere dazusein. Eben dies aber gehört zum Wesen priesterlichen Dienstes in der Nachfolge des gehorsamen Herrn.

2. Dimensionen des priesterlichen Gehorsams

Priestersein hat es nicht nur deshalb mit dem Gehorsam zu tun, weil das kirchliche Amt sich an den Grundhaltungen Jesu orientieren soll, sondern vor allem deshalb, weil der Amtsträger etwas weiterzugeben hat, das er nicht aus sich heraus besitzt, sondern selbst hörend zum Weitergeben empfangen hat (vgl. 1 Kor 15,3). Wer darum als Priester nicht zuvor hört, bevor er weitergibt, ist im Grunde ein Falschmünzer, der nicht authentische Währung und wirkliche Werte weitervermittelt, sondern mit selbstgefertigtem Talmi täuscht. Darum gründet priesterlicher Dienst entweder im persönlichen Hören auf das Wort Gottes, oder er entartet zum »Popentum«, das nur Funktionen durchführt. Wie kann man einem ratsuchenden Menschen mit Autorität sagen: Tu dies oder jenes!, wenn man nicht zuvor im Gebet die Ohren geöffnet und gefragt hat, was Gott für diesen Menschen will? Wie kann man eine Gemeinde zurüsten für das Reich Gottes und ihr das Gotteswort verkünden, wenn man es nicht zuvor selbst gehört hat?

Auch die verbreitete Unfähigkeit vieler Priester nicht »Nein« sagen zu können – was nicht nur dazu führt, dass sie oft überlastet sind, sondern auch dass sie ihrem Leben und seelsorglichen Handeln keine rechte Gestalt geben können –, ist sehr oft eine Folge nicht praktizierten Gehorsams. Denn Neinsagen kann und darf ich nur um eines größeren, wichtigeren, mich mehr einfordernden *Ja* willen. Weil ich im Hören auf Gott etwas als mich unbedingt angehend erkannt habe, ist dann – gegebenenfalls als notwendige Konsequenz – zu anderem Nein zu sagen (»Spiritualität des Neinsagens«). Und wenn dieses Ja gehorsame Antwort auf einen Anruf Gottes ist, werden evtl. daraus resultierende Konflikte oder der »Liebesentzug« seitens Einzelner, Gruppen oder ganzer Gemeinden mich nicht aus der Fassung bringen – denn ich folge dem größeren Ruf Gottes.

Um aus dem »Hören« auf den Ruf Gottes leben zu können, ist die Praxis des sog. »Gebets der Aufmerksamkeit« von hoher Bedeutung. Was ist damit gemeint?

Es gilt, mit allem Ernst aufmerksam Tag für Tag zu fragen: Wo, in welchen Ereignissen und Begegnungen, in welchen Verhältnissen und Konstellationen meiner kleinen und großen Lebenswelt liegt ein Wort Gottes verborgen? Und weil wir im hektischen Getriebe und programmierten Ablauf des Alltags so oft dessen Anrufcharakter übersehen, brauchen wir irgendwann einmal ein paar Minuten Distanz, um zurück- und vorzublicken, um die vielen, oft so zufällig erscheinenden, so anonym und belanglos ablaufenden Ereignisse des Tages daraufhin abzufragen: »Wo sprach und wo spricht darin Gott?« In ihrem bloßen Ablauf erscheinen die vielen kleinen und wenigen großen Ereignisse, die den Tag ausfüllen, nicht selten als ein »Es«, d. h. als etwas, was sich ergibt, sich einstellt, was »läuft«, was »passiert«. Im schweigenden Innehalten vor Gott soll in der Hörsamkeit des Glaubens aus dem »Es« ein »Du« werden – um ein Wort von Sigmund Freud zu variieren. Das heißt: man lässt die letzten Stunden noch einmal an sich vorbeiziehen und sucht dabei zu erkennen, ob und wo hinter den auf den ersten Blick so beiläufigen Vorkommnissen das Du Gottes stand und steht, der persönlich anspricht und eine persönliche Antwort erwartet. In dieser Praxis, dass man irgendwann einmal am Tag einhält, um fragen, was in ihm an Anruf Gottes darinsteckt, – in dieser Praxis sehe ich ein geistliches »Minimalprogramm«, um aus dem Gehorsam leben zu können. In einem solchen prüfenden und aufmerksamen Einhalten wird gleichsam die oft so geschlossene Welt des Alltags aufgebrochen; die seelsorgliche Arbeit, auch und gerade das routinemäßige Tun, bekommt »Fenster«, die auf das Letzte und Eigentliche hindurchblicken lassen. Es gilt, ganz Ohr zu werden für den Anruf der Stunde, um die pastorale Sendung aus der Verbindung mit dem Herrn heraus ausüben zu können. Ein schönes Wort von Karl Kraus lautet: »Hab ich dein Ohr nur, find ich schon mein Wort.« Es ist ein Akt des Glaubens, Gott sein Ohr zu geben in der Hoffnung, dass er immer wieder ein Wort für uns hat. Gerade an einer solchen Praxis, die Geschehnisse des Alltags auf einen Anruf Gottes hin zu befragen, wird deutlich, dass Spiritualität nichts »Aufgesetztes« und »Zusätzliches« ist, sondern dass es darum geht, im ganz konkreten Leben und in der ganz konkreten pastoralen Tätigkeit Gott zu suchen und zu finden. »Hab ich dein Ohr nur, find ich schon mein Wort.«

Eben diese Art des betenden Nachsinnens vor Gott, etwa 5 – 10 Minuten zu Beginn der zweiten Tageshälfte, wird heute oft das »Gebet der Aufmerksamkeit« genannt. Das ist eine gute Bezeichnung, denn gemeint ist ein Gebet, in dem man sensibel wird und aufmerkt auf das, was bisher am Tag geschah und was noch vor einem liegt. Wer diese Art zu beten beginnt, wird anfangs vermutlich eher erfahren, wie oberflächlich man den Alltag durchlebt, wie man Zeichen übersieht und Anregungen überhört. Aber mit der Zeit wird man sensibler für die Stimme Gottes in den Ereignissen des Alltags, man erkennt mehr und mehr sozusagen seine Handschrift in den Hieroglyphen des Tagesablaufes. Ein solches Gebet ist die große Chance, Kontemplation und Aktion, Gebet und pastorales Tun, »Mitsein« mit dem Herrn und »Gesandtsein« zu den Menschen zu verschränken, wenn man nur aufmerksam genug ist für den Signalcharakter allen Seins und Geschehens.

Über diese gläubige Grundhaltung des Hörens hinaus gibt der Weihekandidat bei der Ordination seine Freiheit für die Seelsorgsarbeit der Kirche her, für welche der Bischof (bzw. der Ordensobere) die letzte Verantwortung trägt. Deshalb verspricht der Kandidat bei der Weihe verbindlich und öffentlich dem Bischof und seinen Nachfolgern Ehrfurcht (Respekt) und Gehorsam. Dieser spezifische Gehorsam ist seinem Wesen nach »funktional«, d. h. er ist dazu da, Leben und Dienst des einzelnen Priesters auf das eine und gemeinsame Ziel der Seelsorge einer Diözese hinzuordnen. Dies ist auch in der Art und Weise des Gehorsamsversprechens bei der Weihe angedeutet: Der Kandidat legt seine gefalteten Hände in die Hände des Bischofs. Dieser Ritus entstammt germanischen Vorstellungen und bringt zum Ausdruck, dass ein Gefolgsmann seinem Herrn Treue (nicht jedoch sklavische Unterwerfung) verspricht. »Die mittelalterliche Gefolgschaft besagt Freiheit, nicht Zwang, Treue und Einsatz, nicht eingedrillten Gehorsam; der Gefolgsmann ist seines Herrn … Mitarbeiter, nicht Lohnarbeiter, sein Vertrauter und Freund, nicht untertäniger Knecht.«[534] In diesem Gefolgschaftsverhältnis des Priesters zum Bischof erkennt ersterer an, dass dieser der »erste Seelsorger« der Ortskirche, er selbst dagegen nur sein Mithelfer ist. Deswegen hat der Bischof in Fragen der Seelsorgsziele und Schwerpunktsetzungen sowie der konkreten Mittel und Formen der Gemeindebildung und -leitung das letzte Wort.

Allerdings haben vor dem »letzten« Wort viele andere Worte, d.h. Gespräche, Gedankenaustausch, gegebenenfalls Diskussionen, Streit und Kompromissbereitschaft zu stehen. All das soll verhindern, dass zwischen den Wünschen, Vorstellungen wie auch dem Seelsorgs-»Stil« des Priesters auf der einen Seite und den Zielen und Anordnungen des Bischofs auf der anderen Seite unnötige Spannungen und Konflikte entstehen. Doch auch im Hinblick auf den Gehorsam des Priesters gilt, was an Jesus ablesbar ist: Wer sich zum Gehorsam verpflichtet, setzt sich von vornherein einer möglichen »Kreuzessituation« aus und erklärt seine Bereitschaft, die durch eine Anordnung eventuell gegebene Frustration und Einschränkung des natürlichen Glücksstrebens hinzunehmen. Das kann z.B. der Fall sein, wenn der Bischof theologische und pastorale Vorstellungen entwickelt, die mit den eigenen nicht übereinstimmen, oder wenn er eine Stelle oder einen Aufgabenbereich zuweist, den man eigentlich nicht übernehmen möchte. Sollten auch nach ehrlichen Auseinandersetzungen (die zur Praxis des Gehorsams gehören!) solche Konflikte nicht gelöst werden können, hat der Bischof das Recht und die Pflicht zu einer vielleicht für den einzelnen schmerzhaften Entscheidung, weil er die letzte Verantwortung für die Seelsorge trägt. Indem der Priester bei der Weihe in Freiheit sein Leben dem pastoralen Dienst in der Kirche übergibt, sagt er zu solchen Kreuzessituationen sein grundsätzliches »Ja«. Da sich im Gehorsamsversprechen bei der Weihe die Antwort auf die Berufung Gottes zum Priestersein konkretisiert, ist es nicht eigentlich der Bischof, dem Gehorsam versprochen wird, sondern Gott, der zu solcher Hingabe der Freiheit lockt und wirbt, und die Kirche, welche die Verfügbarkeit des Priesters braucht. So gesehen besagt Weihe auch verbindliches Lebensopfer für die amtliche Sendung. Opfer aber ist wirklich Opfer, Hergabe seiner selbst, Verzicht auf ein Stück »Selbst«-verwirklichung. Wenn man darum gelegentlich Priester, die in schwierigen Situationen stehen oder die ihnen nicht zusagende Aufgaben und Anweisungen übertragen bekommen, sagen hört: »Ich lass' mich doch nicht verheizen – vom Bischof, vom Ordinariat, vom Pfarrer, von der Gemeinde!«, so ist zu fragen, ob nicht genau dies die Konsequenz des bei der Weihe versprochenen Lebensopfers ist. Wusste man nicht, was man beim Gehorsamsversprechen der Weihe tat, hat man nur »ein liturgisches Spielchen« aufgeführt (H. Brantzen)?

Schon Paulus hat seinen apostolischen Dienst mit dem Brandopfer verglichen, das im Tempel dargebracht wird: »Wenn auch mein Leben dargebracht wird zusammen mit dem Opfer und Gottesdienst eures Glaubens, freue ich mich dennoch, und ich freue mich mit euch allen« (Phil 2,17). Paulus versteht also sein Leben als Ganzopfer für die Kirche. Auf *dieser* Linie verspricht auch der Priester bei der Weihe, sich in letzter Konsequenz »verheizen zu lassen«, ein lebendiges Opfer Christi zu sein, in dessen Todesgehorsam er sich hineinnehmen lässt. Gehorsam ist somit in letzter Konsequenz Lebenshingabe »bis zum Tod am Kreuz«. Billiger gibt es ihn nicht.

3. Konkrete Fragen

Für das tägliche spirituelle Bemühen des Priesters könnte sich die Lebensgestalt des Gehorsams etwa in folgendem »Gewissensspiegel« konkretisieren:

(1) Kann ich hören? Bemühe ich mich darum, aus dem Kreisen um mich selbst herauszukommen und offen zu sein für den Anruf Gottes und des Nächsten? – Solches Hören spielt sich *erstens* im Gebet ab, wo es darum geht, den Willen Gottes für das eigene Leben, für die anvertraute Gemeinde und für die ratsuchenden Menschen zu suchen. *Zweitens* geht es um das Hören auf die Situation, auf die »Zeichen der Zeit«, auf den Anruf der Stunde. Weder der »Anruf« im Gebet noch der im Alltag ist übersehbar und vorweg planbar, so wenig wie der Mann aus Samaria den unter die Räuber Gefallenen in seine Reise vorher eingeplant hatte. Nur wer hörsam ist, erfährt Anruf. Darum: Kann ich hören?

(2) Bin ich, wenn ich gehört habe, verfügbar? Das heißt: Vermag ich mich selbst, meine Planungen, Vorstellungen, Wünsche, Lieblingsideen aufzugeben, um mich dem Gehörten zu stellen und darauf zu reagieren? Bin ich ganz da für die Menschen? Habe ich Zeit für sie?

> »Irgendwo – schreibt Heinz Schürmann – war einmal der Satz zu lesen: Gradmesser des geistlichen Lebens eines Menschen sei die Art und Weise, wie er mit seiner Zeit umzugehen verstehe. In der Tat, wenn das Gesetz unseres Lebens die liebende Hingabe ist – was tut diese zuerst? Sie hat ›Zeit‹. Liebende haben füreinander Zeit. Wenn wir einem Menschen gut sein wollen, müssen wir zunächst einmal Zeit für ihn haben, müssen wir ihm etwas von unserer oft zitierten ›kostbaren Zeit‹ schenken. Damit beginnt auch alle Seelsorge. … Darin verleiblicht sich die Ganzhingabe, dass der Mensch von seiner Zeit nun nichts mehr zurückhält und sie gänzlich in die Verfügung Gottes stellt.«[535]

Lasse ich also meine Zeit aufbrauchen von den Wünschen und Erwartungen der mir Anvertrauten? Bin ich bereit, meine Vorurteile, meine eigenen religiösen Formen und Grundhaltungen zurückzustecken um der Gemeinde willen? Was heißt »allen alles zu werden« in einer Gemeinde etwa, wo es Angehörige vom »Opus Dei« so gut gibt wie den Linksintellektuellen, den mit Agnostizismus und Skeptik liebäugelnden Jugendlichen wie die Schönstattgemeinschaft, die Fokolarebewegung wie die traditionelle Schützenbruderschaft? Bin ich Hierarch, Hochwürdiger Herr, Pascha, oder versuche ich, Pro-Existenz, Dasein für andere zu leben? Schaue ich über meine Gemeinde hinaus auf Weltkirche und Mission, auf das politische Geschehen, auf Dritte-Welt-Problematik und Alternativbewegungen, und versuche ich hier Anruf und Herausforderung zu erkennen und ihr zu entsprechen?

(3) Kann ich mich selbst zurücknehmen, um mit anderen zusammenzuarbeiten? Kann ich mir von Laien etwas sagen lassen, Kritik vertragen? Mache ich andern die Kritik leicht, oder bin ich so abweisend, dass man erst gar nicht wagt, Kritik an mich heranzutragen?

Diese Testfragen, mit denen wohl kein Priester je fertig ist, können das konkretisieren, was der Hymnus des Philipperbriefes mit »Entäußerung« und »Gehorsam bis zum Tod am Kreuz« meint und wozu die *ganze* Gemeinde – und darin vorangehend auch der Priester – aufgefordert wird.

§ 3 Armut

1. Neutestamentliche Motive

Paulus spricht von Christus als von dem, der – da er reich war – um unseretwillen arm wurde, damit wir durch seine Armut reich würden (vgl. 2 Kor 8,9). Die Armut Jesu nahm verschiedene Gestalt an: anders war die Armut in der Krippe von Betlehem, anders das bescheidene Leben in Nazaret, anders die Armut während seines öffentlichen Wirkens. Über diese Zeit berichten alle Evangelien, dass Jesus ein Leben der Mittellosigkeit und Dürftigkeit führte. »Die Füchse haben ihre Höhlen und die Vögel ihre Nester; der Menschensohn aber hat keinen Ort, wo er sein Haupt hinlegen kann« (Lk 9,58). Jesus macht sich abhängig von dem, was die Leute, vor allem wohlhabende Frauen, ihm an Spenden zukommen lassen (Lk 8,2f). Und schließlich finden wir am Ende seines Lebens als äußerste Zuspitzung die radikale Armut am Kreuz.

Wo immer Menschen es mit Jesus zu tun bekommen, werden sie auf ganz verschiedene Weise in seine Armut hineingerufen. Von diesen verschiedenen Weisen bzw. Motivzusammenhängen seien zwei näher entfaltet.

(a) Armut und persönliches Heil

In der Verkündigung Jesu gibt es – negativ – eine Fülle von Warnungen vor den Gefahren des Reichtums und Besitzes und – positiv – die Seligpreisung der Armen. »Selig die Armen ..., aber weh euch, die ihr reich seid; denn ihr habt keinen Trost mehr zu erwarten! Weh euch, die ihr jetzt satt seid; denn ihr werdet hungern!« (Lk 6,24f). Das Reich Gottes wird denen zugesagt, die nicht aus dem Haben- und Geltenwollen heraus leben, die den Grund ihres Lebens nicht in sich und in dem, was sie besitzen, können und vermögen suchen, sondern die leer, offen und verfügbar sind für Gott und seinen Ruf. Der Glaube, den Jesus fordert, ist der Glaube Abrahams, der auf die Verheißung Gottes hin alles lässt: Heimat, Verwandtschaft, ja den einzigen Sohn. Um das Reich Gottes, die *eine* Perle, zu erlangen, muss man alle andern lassen; um den Schatz im Acker zu gewinnen, muss man alles dransetzen (Mt 13,44f). Wer dagegen Reichtum oder Besitz hat, steht in äußerster Gefahr, den Anruf der Gottesherrschaft zu versäumen und den breiten Weg zu gehen, der ins Verderben führt (Mt 7,13). »Wie schwer ist es für den Reichen, in das Reich Gottes zu kommen« (Mk 10,24). Wer reich ist, steht in Gefahr, sich abzusichern und aus dem Eigenen und Verfügbaren heraus zu leben, wie es in Lk 12,19 heißt: »Nun hast du einen großen Vorrat, der für viele Jahre reicht. Ruh dich aus, iss und trink, freu dich des Lebens!« Die Hände des Armen dagegen sind leer, er erwartet alles von Gott und seinem kommenden Reich.

Armut (wie Reichtum) sind hier real als Nicht-Haben (bzw. als Besitz) verstanden, nicht als rein innere Einstellung des Menschen, etwa als spirituelle Haltung der Anspruchslosigkeit oder Indifferenz. Doch schon Matthäus weist in der Bergpredigt durch seinen Zusatz – »Selig die Armen *im Geist*!« (5,3) – darauf hin, dass eine rein äußere Besitzlosigkeit noch nicht die vom Evangelium gemeinte Armut verkörpert. Der äußeren Armut muss die innere Armut korrespondieren, der Geist des Lassenkönnens und der Verfügbarkeit, der Wille, nicht in sich selbst, sondern auf die Verheißung Gottes hin sein Leben zu gründen.

Mit der Aufforderung zur Armut verteufelt das Evangelium Reichtum und Besitz keineswegs. Eigentum und Gebrauch der Dinge sind ja von Schöpfung her etwas Positives; Besitz ist Ausdruck der Freiheit und Unabhängigkeit des Menschen und seiner Weltüberlegenheit. Und auch als freiwillig Armer kann kein Mensch auf alles Haben und jeden Gebrauch von Gütern verzichten. Selbst der Ärmste hat ein Minimum von Eigentum und Verfügungsmöglichkeit. Grundsätzlich sind Besitz und Eigentum also etwas Positives. *Nur*: die Welt und ihre Werte sind nicht mehr so, wie sie ursprünglich von Gott gedacht waren. Sie haben durch die Sünde sozusagen ihre Unschuld verloren. Statt dass der Mensch die Dinge dieser Welt dankbar entgegennimmt, sie im Blick auf Gott und seine Lebensaufgabe sinnvoll gebraucht und Gott dafür dankt, statt dass Besitz und Reichtum transparent sind und bleiben für Gott, vergötzt der Sünder die Dinge; er macht sie zu Letztwerten. So aber wird er durch sie unfrei für das Größere; die Dinge versperren ihm die Sicht auf das Eigentliche. Der Mensch der Sünde definiert sich vom Haben der Dinge her, anstatt diese instrumentell einzusetzen für das Größere der Liebe.

Deswegen bricht Christus in freiwilliger Armut und freiwilligem Verzicht auf Reichtum und Besitz das narkotisierende Geflecht des Habenwollens, Gierens und Sich-Befriedigens an den Dingen auf und stellt so ein neues Modell befreiten Lebens auf, das nicht nötig hat, sich von den Dingen versklaven zu lassen, sondern das frei ist für Gott und seinen Dienst.

Von *allen* Glaubenden wird deshalb eine gewisse Form der Distanz vom Besitz verlangt. Weil es für den Reichen schwer, ja, vom Menschen aus – wie Jesus sagt – unmöglich ist, das Heil zu erlangen (Mt 19,26), weil umgekehrt die Armut sich als die der Zusage der Gottesherrschaft entsprechende Lebensweise darstellt, ist mit dem christlichen Glauben zutiefst die Haltung der Armut verbunden. Das gilt unterschiedslos für alle Christen. Die Seligpreisung der Armen und das Wehe über die Reichen ist allen zugerufen. Das zeigt sich auch in den frühchristlichen Gemeinden, wo offenbar die Zugehörigkeit zur Kirche schon eine Form des Lassens von Besitz implizierte (vgl. Apg 2,44f; 4,34f). Auch das Paulus-Wort, die Christen sollten haben, als hätten sie nicht (vgl. 1 Kor 7,29f), d.h. die Aufforderung, in einer letzten Distanz zum Besitz zu leben, ist an alle gerichtet. Aber innerhalb der allen anempfohlenen Armut und der allen gegebenen Warnung vor dem Reichtum, gibt es verschiedene Formen der besonderen Berufung und Verwirklichung.

(b) Armut und besondere Jüngerschaft

Eine der besonderen Berufungen zur Armut hat ihren Platz in der spezifischen Lebensform des Apostels oder Jüngers Jesu. Gerade im Rahmen der Sendungsreden wird die besondere Gestalt und Funktion dieser Armut vorgestellt: Die Jünger dürfen nichts mit auf den Weg nehmen, keinen Beutel, keine Tasche, kein Geld, weder Brot noch Schuhe, noch zwei Röcke (vgl. Lk 9,1ff; 10,1ff parr.). Sie sollen sich bescheiden mit dem, was man ihnen vorsetzt und anbietet; nichts dürfen sie verlangen. – Das Motiv dieser Jünger-Armut ist ein Dreifaches:

(1) In der Armut des Jüngers steht die Glaubwürdigkeit der Verkündigung des Reiches Gottes auf dem Spiel. Im Armen, Mittellosen, Bescheidenen, in dem, der nichts für sich verlangt, kann der Anspruch der Botschaft rein und unverzerrt ans Licht treten. Auf dieses Motiv wird auch in den paulinischen Schriften aufmerksam gemacht. In Phil 1,17 spricht Paulus davon, dass einige aus Selbstsucht Christus verkünden. Auch wenn solche Verkündigung nicht völlig wertlos ist, läuft sie doch der »Aufrichtigkeit« zuwider und bereitet dem

Apostel Kummer. Dagegen ist es des Paulus Ruhm, von niemandem etwas genommen zu haben, obwohl er – wie es in 1 Kor 9,4 ff ausdrücklich heißt – das Recht hätte, von der Gemeinde unterhalten zu werden. »Aber wir haben von diesem Recht keinen Gebrauch gemacht. Vielmehr ertragen wir alles [nämlich: uns selbst den Unterhalt zu beschaffen] um dem Evangelium Christi kein Hindernis in den Weg zu legen« (V. 12). »Da ich also von niemand abhängig war, habe ich mich für alle zum Sklaven gemacht, um möglichst viele zu gewinnen« (V. 19). Ähnlich fordert der erste Petrusbrief (5,2) die Presbyter auf, nicht aus Gewinnsucht die anvertraute Herde zu weiden. – Die Armut des Verkündigers dient also der unbehinderten Entfaltung des Evangeliums und seiner Glaubwürdigkeit.

(2) In der Armut des Jüngers und Apostels tritt dem Angeredeten der Inhalt der Botschaft selbst zeichenhaft-sichtbar entgegen. Die Armut des Verkündigers ist gleichsam das »Sakrament«, nämlich das In-Erscheinung-Treten des Evangeliums und des Menschen, der sich vom Evangelium, hat treffen lassen. Das Zentrum der frohen Botschaft, dass das Reich Gottes kommt und die Gestalt dieser Welt vergeht, dass der Gekreuzigte der Auferstandene ist, dass Sterben Leben bedeutet und dass wahres Leben nicht gewonnen werden kann ohne Hinsterben, darf der Apostel nicht mit Worten allein, sondern muss es durch sein Leben verkünden. Er selbst hat die Verleiblichung seiner Botschaft zu sein. Das Kreuz Christi, das in der apostolischen Predigt verkündet wird, stellt sich im »Mit-Christus-Gekreuzigt-Sein« der Apostel dar, und dies wiederum verwirklicht sich darin, dass sie »bis zur Stunde hungern und dürsten, in Lumpen gehen … sich abplagen und mit eigenen Händen arbeiten« (1 Kor 4,11 ff). In der Armut des Apostels tritt mithin die Botschaft sichtbar in Erscheinung. Der Verkünder wird so zum lebendigen Zeichen seiner Botschaft, zum Zeichen dafür, dass die Gestalt dieser Welt vergeht und der Herr kommt, uns freizumachen.

(3) Noch ein drittes Motiv für die Lebensform der Armut lässt sich im Neuen Testament aufzeigen: Die im Evangelium geforderte Armut ist – wie es besonders die Szene vom reichen jungen Mann zeigt (Mk 10,17 ff parr.) – Voraussetzung der Nachfolge Jesu und zugleich Hingabe an den Nächsten: Es geht darum, sein Vermögen den Armen zu geben, um Jesus nachzufolgen. So wie die Armut Jesu die Gestalt seiner Liebe zu den Menschen war – »Er ist arm geworden, um uns reich zu machen« (2 Kor 8,9) –, so ist auch die Armut der Jünger ein

Mittel, um die Menschen, insbesondere die Armen, als Brüder und Schwestern Jesu zu lieben. Armut führt zu Solidarität mit den Armen. Nur wer selbst arm ist, kann wirklich ein Freund der Armen, Geringen und Outsider sein. Armut als »Protest gegen die Diktatur des Habens, des Besitzens und der reinen Selbstbehauptung … drängt in die praktische Solidarität mit jenen Armen, für die Armut gerade keine Tugend, sondern Lebenssituation und gesellschaftliche Zumutung ist«, bemerkt J. B. Metz.[536]

2. Die »Armut« und der Priester

Aus all den genannten Gründen steht es dem Priester, der die Botschaft vom kommenden Reich zu vertreten und den Tod und die Auferstehung Christi zu verkünden hat, sehr wohl an, selbst an erster Stelle die erste aller Seligpreisungen zu verwirklichen, und zwar in der doppelten Form (1) einer – wenn schon nicht armen, so doch – einfachen Lebensführung und (2) der besonderen Liebe *zu* und Solidarität *mit* den Armen. Es ist eine ernste Frage an den Priester, ob die Armen für ihn selbst und in der von ihm geleiteten Gemeinde die »Bevorzugten« sind, so wie sie es bei Jesus waren. Oder sind es umgekehrt die Reichen und Gutbürgerlichen, die im allgemeinen mehr »bringen«, die sich »anständiger« zu benehmen wissen und mit denen man »sich sehen lassen« kann? Wer ist der besondere Gegenstand des Interesses und der Zuneigung? Darin dass zumal in der Kirche der westlichen Länder meist der Reiche, der Bürgerliche, der Begüterte und »Anständige« vorgezogen wird, steht – das muss eindringlich gesagt werden – das Evangelium auf dem Spiel, wie es Jak 2,2f zu erkennen gibt:

> »Wenn in eure Versammlung ein Mann mit goldenen Ringen und prächtiger Kleidung kommt, und zugleich ein Armer in schmutziger Kleidung, und ihr blickt auf den Mann in der prächtigen Kleidung und sagt: Setz dich hier auf den guten Platz!, und zu dem Armen sagt ihr: Du kannst dort stehen! oder: Setz dich zu meinen Füßen! – macht ihr da nicht untereinander Unterschiede und fällt Urteile aufgrund verwerflicher Überlegungen? Hört, meine geliebten Brüder: Hat Gott nicht die Armen in der Welt auserwählt, um sie durch den Glauben reich und zu Erben des Königreichs zu ma-

chen, das er denen verheißen hat, die ihn lieben? Ihr aber verachtet die Armen.«

Am Verhalten den Armen, Geringen und Outsidern gegenüber fällt die Entscheidung, ob Armut nach dem Evangelium ein leeres Wort ist oder wahrhaft gelebt wird.

Weiter: Wie verhalten wir uns angesichts der Armut in der Welt, wie behandeln wir den »Lazarus vor der Tür«? Lazarus ist heute überall. Das Fernsehen trägt ihn nicht nur vor unsere Tür, sondern mitten in das schöne Wohnzimmer hinein. Bekommt er nur Brocken, die vom Tisch herunterfallen, oder bekommt er mehr? Verzichten wir auf Überflüssiges, um abzugeben?

Freilich, wir müssen nüchtern sehen, dass die heutige Konsumgesellschaft wesentlich durch künstliche Bedürfnisweckung bestimmt ist, auf dass diese dann durch alle möglichen Erzeugnisse unserer Überflussgesellschaft befriedigt werden. Es ist darum im Einzelfall oft schwer, eine Entscheidung darüber zu treffen, was ein wirkliches Bedürfnis ist und darum auch angeschafft zu werden verdient. Das zum Leben Notwendige oder das, was einer bescheidenen Lebensführung entspricht, gibt keine sonderlichen Probleme auf. Aber was ist mit den vielen künstlichen Bedürfnissen oder auch nur Annehmlichkeiten unserer heutigen Gesellschaft? Wie weit kann da ein einzelner oder eine Gemeinschaft, die sich dem Ruf zur evangelischen Armut stellt, mitmachen? Hier wird es viele schwer entscheidbare Übergangs- und Grauzonen geben.

Als Entscheidungshilfe kann eine Überlegung dienen, die – soweit mir bekannt ist – auf Heinrich Spaemann zurückgeht: Steht man vor einer fraglichen Anschaffung, vor einem problematischen Bau (Pfarrhaus, Kirche …), vor einer aufwendigen Ferienreise u.dgl., so verdopple man in Gedanken den in Frage stehenden Preis und frage sich, ob man bereit ist, den doppelten Preis dafür zu bezahlen. Wenn ja, verfahre man so: Man zahle den geforderten Betrag und gebe die andere Hälfte für die Armen her. Ein solches Vorgehen hat zunächst psychologische Bedeutung: Bei den Entscheidungen über Besitz, Annehmlichkeiten und Vorteilen ist der Arme immer mitbeteiligt, er steht immer neben mir. Dann aber hat das Ganze auch reale Konsequenzen: An allem, was ich habe und mir anschaffe oder worüber ich mich freue, gebe ich anderen Anteil; ich besteuere mich selbst für die Armen und mache mich ihnen – wenn auch nur ein winziges

Stück weit – gleich, um so die vom Evangelium geforderte Liebe zu den Armen zu verwirklichen. Eine solche oder ähnliche Praxis könnte sowohl für die eigenen täglichen Entscheidungen wie auch für die Entscheidungen einer Gemeinde von hoher Bedeutung sein.

Der Blick auf die Armut in der Welt entspricht der heutigen Situation in besonderer Weise. F. Wulf bemerkt zu Recht:

> »Das besondere Gesicht der charismatischen Armut im Christentum heute, wenn sie Antwort auf den Ruf des Evangeliums in die Zeit hinein sein will, scheint die Solidarität mit den geschundenen und versklavten und hilflosen Menschen zu sein, zumal mit jenen, die das Opfer unserer gesellschaftlichen Verhältnisse sind. Solche Solidarität besagt, wenn sie nicht nur frommer Wunsch bleibt, Teilnahme am Leben und Schicksal der anderen.«[537]

Aber die Armut ist nicht nur ein soziologisch-strukturelles Weltproblem. Gerade der Priester, dem das Wort Gottes als »Evangelium an die Armen« (vgl. Lk 4, 18) aufgetragen ist, muss sich auch auf seinen persönlichen Lebensstil hin befragen lassen: Ist dieser so, dass er dem amtlichen Handeln entspricht und der Verkündigung kein Hindernis entgegensetzt? Kann sich z. B. der Ärmste der Gemeinde beim Priester wohlfühlen, oder begegnet er, wenn er Kontakt mit dem Gemeindeleiter aufnimmt, in dessen Wohnung, Kleidung, Gebaren sozusagen einer kulturell anderen Welt? Wo spürt der Priester selbst etwas von der Ungesichertheit, in die die Nachfolge Jesu – wie wir im Evangelium lesen – hineinstellt, oder gilt nur die Devise allseitiger Absicherung und Versicherung? Wo spürt er den Verzicht auf etwas, was er sich eigentlich leisten könnte, damit auch auf ihn das zutrifft, was Paulus über Jesus sagt, dass er, der reich war, um unseretwillen arm wurde, um uns durch seine Armut reich zu machen (vgl 2 Kor 8, 9)?

§ 4 Zusammenfassung

In Ehelosigkeit, Gehorsam, Armut kristallisiert sich eine Lebensgestalt, die versucht, den Weg der Nachfolge Jesu zu gehen. Eine solche Lebensgestalt ist dem Priester um der Einheit von Sendung und Leben, von Amt und Existenz willen in besonderer Weise aufgetragen.

»Stell dein Leben unter das Geheimnis des Kreuzes,« wird bei der Weihe dem Kandidaten zugerufen.

Steht es unter diesem Geheimnis? Und hat der Priester den Mut, in Wort und Lebensform das »befremdliche« Wort vom Kreuz weiterzugeben? Mit den Worten von H. Schürmann:

> »Je verfremdender wir die christliche Botschaft, die Kreuzesbotschaft, sagen, desto helfender, zeitgemäßer und weltzugewandter werden wir sie herausrufen. Haben wir den Mut, unsere Botschaft – in unserem Leben und in unserer Verkündigung – zu verfremden? Nicht nur vom Weltengagement, sondern auch von Weltflucht zu predigen? Nicht nur von der Ehe, sondern auch von der törichten Ehelosigkeit um Christi willen? Nicht nur vom rechten Besitzen, sondern auch von der Armut? Nicht nur von Persönlichkeitsentfaltung, sondern auch vom Gehorsam? Wagen wir die Sprengkraft des Kreuzes noch in angeblichen ›Leerformeln‹, wie ›Opfer‹, ›Stellvertretung‹, ›Sühne‹, zur Sprache zu bringen – und in unserer unsteten ›Hauslosigkeit‹ ohne Weib und Kind davon etwas zeichenhaft sichtbar zu machen, in unserer gehorsamen ›Versetzbarkeit‹, in der Narretei unseres Lebensstils, und in der Annahme des uns hier auferlegten Kreuzes ?»[538]

Für Paulus hängt von der Art und Weise, wie er in seinem Leben das Geheimnis des Kreuzes verwirklicht, das Leben der Gemeinde wesentlich ab. An die apostolische Selbstaussage »Wohin wir auch kommen, immer tragen wir das Todesleiden Jesu an unserem Leib. … Immer werden wir, obgleich wir leben, um Jesu willen dem Tod ausgeliefert« (2 Kor 4, 10 f), fügt Paulus an: »So erweist an uns der Tod, an euch [Gemeinde] aber das Leben seine Macht.« Unter Tod versteht Paulus seine »tägliche Lebenshingabe«. »Täglich sterbe ich,« schreibt er in 1 Kor 15, 31. Von diesem »Sterben« des Apostels, dem das Leben auf seiten der Gemeinde entspricht, heißt es dann weiter: »All das geschieht um euretwegen, damit immer mehr Menschen auf Grund der überreich gewordenen Gnade den Dank vervielfachen, Gott zur Ehre.« (V. 15).

Das geistliche Leben der Gemeinde ist für Paulus also abhängig von seiner Christus-Nachfolge. Wie das Sterben Christi uns allen das Leben vermittelte, so bedeutet auch das Sterben des Apostels Leben für die Gemeinde. Das gilt auch für den Priester: Wo ein Priester sich für die Gemeinde hingibt, da wächst als Frucht das Leben der Gemeinde heran. Das alte Wort: »Sanguis martyrum semen christianorum« – »Das Blut der Märtyrer ist der Samen für neue Christen«, gilt im übertragenen Sinn auch für den Priester. Wer andere für Christus gewinnen will, muss sein Leben einsetzen – existentiell, persönlich, in innerer Betroffenheit. Nur als »Mann Gottes« und »Jünger Christi« kann er glaubhaft und fruchtbar seine amtliche Sendung ausüben.

3. Kapitel

»Abyssus abyssum invocat«

§ 1 »Dunkle Nacht«

Wer in der Nähe des Feuers steht, muss aufmerken, dass er nicht verbrennt; wer hoch hinaufgestiegen ist, kann tief fallen. Solche und ähnliche »Lebensweisheiten« treffen in besonders hohem Maß auf den Priester zu. Er gründet ja nicht nur – wie jeder Christ – sein Leben auf dem Glauben, auch sein ganzer Lebens*inhalt*, die berufliche Tätigkeit, sein konkretes Beziehungsnetz ruht ganz und gar auf dem Glauben auf. Darüber hinaus steckt nicht nur im Priestersein selbst – wie wir sahen – die Herausforderung zu entschiedener Christusnachfolge, diese wird auch in der Reputation und Erwartung seitens vieler Menschen von ihm gefordert. Damit aber ist jeder Priester, ob er will oder nicht, mehr als andere jener tiefgreifenden »Krisis«, die der Glaube mit sich bringt, ausgesetzt: Er muss damit rechnen, die »dunkle Nacht«, wie Johannes v. Kreuz sie nennt, zu erfahren, bedrängt zu werden von der ganzen Angefochtenheit im Glauben (»Ich glaube, hilf meinem Unglauben!«: Mk 9, 24), er muss auf Zeiten der Trockenheit, Dunkelheit, ja vielleicht sogar der (scheinbaren) »Verdunstung« des Glaubens gefasst sein und damit umzugehen lernen. So steht er lebenslang in einer »Spannung«, die nur dadurch »gelöst« wird, dass er sich stets neu der Sorge des himmlischen Vaters, dem tröstenden Wort der Heiligen Schrift und der Führung des Geistes Gottes anvertraut sowie in bergender Gemeinschaft gleichgesinnter glaubender Menschen und »Amtsbrüder« tragenden Halt und geistlichen Beistand findet.

Dennoch ist der Weg des Glaubens für niemanden, erst recht für den Priester nicht, ein strahlender »Siegerweg«. Sünde und Schuld, die Versuchung zur Trägheit und Halbheit begleiten ein Leben lang. Auch die Entscheidung zu einem wahrhaft »geistlichen« Leben verwirklicht sich nicht auf einem kontinuierlichen »Aufstieg« zum »Berge Gottes«, sondern auf einer mühsamen »Gratwanderung«, auf der es auf-, aber unversehens auch wieder abwärts geht, stets begleitet vom Risiko des Absturzes und von der Gefahr unvorhersehbarer Um- und Irr-, ja ungeahnter Abwege.

Deshalb wäre es unrealistisch von der »Spiritualität« des Priester zu handeln, ohne die Abgründe priesterlicher Existenz ins Auge zu fassen. »Abyssus abyssum invocat« – »Ein Abgrund ruft dem andern die eigene Abgründigkeit zu«, lautet ein Psalmvers in der alten Vulgata-Überlieferung (Ps 42 [41],8). »Die eigene Abgründigkeit«, das ist die Erfahrung der »Gottesnacht«, der geistlichen Leere, der Enttäuschungen, der vielfältigen Fehlwege, der inneren Ängste und Verletzungen und abgrundtiefen Traurigkeiten, aber auch deren Kompensation durch Ersatzbefriedigungen aller Art, durch Machtstreben und innere Flucht. Dies in aller Ehrlichkeit und Nüchternheit festzustellen soll nicht dazu führen, sich in Klagen und Jammern festzufahren, sondern um auch den letzten Vers dieses Psalmes von Herzen auszurufen: »Harre auf Gott; ich werde ihm noch danken, meinem Gott und Retter, auf den ich blicke!« (V. 12b). Genau hier liegt der entscheidende Punkt: Aus der eigenen Abgründigkeit auf den zu blicken, der allein daraus befreien kann.

Für diesen Blick aber ist vor allem und in absolut erster Hinsicht *Wahrhaftigkeit* über die eigene Situation vonnöten. Um dieser Wahrhaftigkeit willen soll im Folgenden von den spezifischen Gefährdungen priesterlichen Lebens die Rede sein.

§ 2 Gefährdungen

1. Enttäuschungen

> »Hohe selbstgesteckte Ideale, das Bewusstsein von der eigenen Berufung, die persönlichen Sehnsüchte, die mit dem Priesterberuf verbunden werden, und die Erwartungen der Gemeinden – das alles sind Hypotheken, die kein Mensch und kein Leben einzulösen vermag. Enttäuschungen sind geradezu vorprogrammiert.«[539]

Der Autor dieses Satzes, H. Brantzen, nennt dann differenziert u. a. folgende mögliche Enttäuschungen:

- Enttäuschungen über sich selbst, über den abnehmenden ersten Elan und die ursprüngliche Begeisterung, über die Grenzen der eigenen Kräfte und die Gefühle der Überforderung, über Verletzlichkeit und Erfolglosigkeit in der Seelsorgsarbeit.
- Enttäuschungen über die nichterfüllte Sehnsucht nach Gemeinschaft – weder die Gemeinde noch das Presbyterium sind Räume erfahrbarer Gemeinschaft und Beheimatung.
- Enttäuschungen über fehlende Anerkennung: Man sieht nicht recht, für wen man wichtig ist, für wen man überhaupt etwas bedeutet.
- Enttäuschungen über die Bistumsleitung. »Niemand kümmert sich um mich!«, ist ein häufiger Ausruf von Priestern. Und dessen Variante lautet: »Die da oben wissen eh nicht, wie's einem so geht!« Gerade diese Enttäuschung führt leicht zu einer Haltung ständigen Herumjammerns, -meckerns und -kritisierens.

Solche und andere Enttäuschungen gehören zum Leben. Sie finden sich nicht nur im Leben des Priesters, sondern genau so oder ähnlich im Leben und im Beruf anderer Menschen. Die Frage ist nur: Wie geht man mit Enttäuschungen um? Flüchtet man – bewusst oder unbewust, gewollt oder ohne es selbst recht zu merken – in Süchte und Ersatzbefriedigungen (von Alkohol bis worcaholism), in Krankheiten oder inneren Protest, *oder* werden die zunächst alles verstellenden »Steine« der Enttäuschung zu »Stufen« der Reifung? Enttäuschung – das ist immer auch Ent-Täuschung: Bisher hatte ich mich getäuscht, mir etwas vorgemacht, vielleicht geträumt, jetzt aber finde ich mehr und mehr in die wahre Wirklichkeit. Und dieser Wirklichkeit habe ich mich zu stellen, und nicht falschen Idealen, Utopien, Träumereien. Es gilt, die vielfachen Grenzen anzuerkennen und anzunehmen und »to make the best of it«.

Im Grunde gibt es nur drei Weisen mit Grenzen umzugehen:

(1) Man setzt sich drüber hinweg, d. h. man versteckt sie vor sich und andern, weicht vor ihnen aus, geht zur Tagesordnung über und sucht Absicherung in solchen Dingen, Ordnungen und Strukturen, die (scheinbar) nicht enttäuschen. In einem solchen Kontext kann es auch geschehen – was nicht so selten ist –, dass Priester nach einem

festen Arbeitsvertrag mit begrenzten Stunden und reichlich Urlaub rufen oder, da es einen solchen nicht gibt, sich selbst etwas derartiges zurechtlegen.

(2) Man stößt sich an den Grenzen; man will sie verrücken oder aufbrechen – und schlägt sich dabei an ihnen doch nur wie an einer stabilen Mauer den Kopf blutig. Entweder wiederholt man dann das gleiche Spiel mit dem Ergebnis, dass die Wunde nie zu bluten aufhört, oder man gibt es resigniert auf, mit dem Kopf durch die Wand zu gehen. Im Klartext: entweder kämpft man in einem ständigen, letztlich selbstzerstörerischen Dauergefecht mit allen Mitteln gegen Grenzen an oder man entwickelt eine fruchtlose Dauer-Wehleidigkeit.

(3) Man »leidet« Grenzen »durch«, indem man sie grundsätzlich annimmt und nicht versteckt, indem man sich zu ihnen bekennt und sie nicht verheimlicht. Denn angenommene Grenzen lassen sich »umdefinieren« gemäß der Aussage des Apostels Paulus, der aus der eigenen Erfahrung von Ohnmacht, Misshandlungen, Nöten, Verfolgungen und Ängsten heraus ausruft: »Wenn ich schwach bin, dann bin ich stark« (2 Kor 12,10). Brantzen kommentiert dieses Wort so: »Die Schwächen wandeln sich in Stärken, wenn sie angenommen werden: Die Ohnmacht erleben und ja zu ihr sagen. Misshandlungen, Nöte und Verfolgungen als Lebensaufgaben und Chancen ertragen. Ängste wahr-nehmen und akzeptieren. Paulus fühlt sich berechtigt, diese Umdefinierung vorzunehmen. Sein Grundmodell: … ›Das Schwache in der Welt hat Gott erwählt, um das Starke zuschanden zu machen‹ (1 Kor 1,27). Der Christ ist zu diesem Umdefinierungsprozess für seine eigenen ›Schwächen‹ eingeladen.«[540] Ja, »umdefinierte Grenzen« können dann nicht nur zur Reifung des eigenen Lebens beitragen, sie können auch eingebracht werden in den Dienst und das Dasein für andere. So lautet die Strophe eines Hymnus aus dem französischen »Magnificat«:

»Es gibt keine zärtliche Liebe,
außer jemand ist selbst verwundet.
Niemand vergibt,
wenn er nicht seine Schwachheit gesehen hat.«[541]

Eine talmudische Messias-Legende, die R. Zerfaß aufgreift, stellt den Heilbringer als »verwundeten Arzt« vor. Danach lebt der Messias unerkannt unter den Armen am Stadttor und ist wie sie mit Wunden überdeckt. Doch während alle andern ihre Wunden zum Neuverbinden *gleichzeitig* aufmachen, bindet er nur eine Wunde nach der andern auf. Denn – so sagt er sich – »vielleicht werde ich gebraucht, und dann muss ich bereit sein!»[542] An diese Legende anknüpfend hebt Zerfaß hervor: Auch der Seelsorger trägt wie die ihm Anvertrauten Wunden und Verletzungen und darf sich um sie kümmern. Erst dann und so kann er auch heilend anderen nahe sein. »Darum ist die eigene Schwäche des Seelsorgers kein Manko, sondern eine Qualifikation für die Seelsorge, deren Paulus sich rühmt (2 Kor 11,30).«[543] An den eigenen Grenzen erfährt er die schon erwähnte »Umdefinition«: »Wenn ich schwach bin, dann bin ich stark« (2 Kor 12,10).

So können Enttäuschungen und Verwundungen, Grenzen und Schwächen in wahrsten Sinne des Wortes zu »Stärken« werden, zu Stufen des Voranschreitens auf dem Weg der Liebe. Dass gerade dieses »Priesterbild« in der Literatur (G. Bernanos, G. Greene, St. Andres) seinen Niederschlag gefunden hat, sei nur kurz erwähnt.

Was aber speziell die Enttäuschung »an der Kirche«, d.h. an Diözesanleitung, Mitbrüdern, Laienmitarbeitern, Gemeinden angeht, so ist auf ein Wort zu verweisen, das seit einiger Zeit in amerikanischen Betrieben gebraucht wird: »Love it, leave it or change it!« – »Liebe es, verlass es oder ändere es!« Ja, liebe es! Man kann Menschen, Gemeinschaften oder Institutionen lieben, auch wenn man deren Irrwege und Fehler, Unzuträglichkeiten und Grenzen sieht. Liebe muss nicht warten, bis der oder das andere vollkommen ist. Im Gegenteil! Liebe ist die Bedingung dafür, dass der oder das andere einen Schritt nach vorn tun kann. Und darum gilt, wenn nicht Liebe: »change it or leave it!« Dauerndes »Herum-Motschgern« – wie es gutwienerisch heißt – macht einen nur selbst und andere kaputt und legt sich wie ein bleiernes Tuch über alles kirchliche Leben.

In diesem Zusammenhang der Frage nach dem Stellenwert von Enttäuschungen lässt sich noch auf einen anderen Zug des Evangelium hinweisen: auf das Leben Jesu in Nazaret, eine Dimension, die besonders die Spiritualität Charles de Foucaulds prägte. Was bedeutet dies? Gott wird Mensch!, – das umwerfendste Ereignis der ganzen Menschheitsgeschichte. Aber was tut Gott? Dreißig Jahre lang fristet er sein Leben in diesem letzten Kaff am Ende der Welt, ein Leben so voller Gewöhnlichkeit und Alltäglichkeit, dass Lukas darüber nur zu berichten weiß, *dass* er es geführt hat, dass er darin »gehorsam war« und zunahm nicht allein an Alter, sondern auch »an Weisheit und Gefallen bei Gott und den Menschen« (vgl. Lk 2,52). So aber ist auch Nazaret eine Offenbarungsgestalt der Herrlichkeit Gottes, die »Fleisch« wird und sich »im Fleisch« verbirgt. Kann das nicht auch eine Einladung an den Priester sein, von dem lächerlich geringfügigen, oft so enttäuschenden Kleinkram des Alltags, von seinen Grenzen und Hürden »ganz groß« zu denken? Auch im Nazaret des Priesters ist Gottes Herrlichkeit verborgen.

2. *»Burned-out«*

Manfred Scheuer hat vor einigen Jahren zusammengestellt, was »man« in der heutigen Gesellschaft so vom Priester hält, und in diesem, von außen vorgehaltenen Spiegel sollte man sich selbst – auf je unterschiedliche Weise – zu erkennen suchen:

> »Die Priester sind nicht wirklich am Puls des Lebens, man sieht ihnen die Schwindsucht an. Sie reden von Dingen, bei denen sie existentiell nicht dahinterstehen. Man spürt kein Beseeltsein von Gott, keine Leidenschaft für Gott, keine Sehnsucht nach Gott. Sie versuchen, anderen Gottes- und Glaubenserfahrung näher zu bringen, ohne selbst diese Erfahrung gemacht zu haben. Sie nehmen Gott in den Mund und machen mit ihm und über ihn zu viele Worte. Sie reden zu selbstverständlich, zu professionell … von Gott. Das Wort des Lebens erstarrt dadurch zur Floskel, zur Schablone. … Gegenüber den Suchenden, den Streitenden und Unerfahrenen sind sie zu wenig einfühlsam. Ihre Brunnen sind ausgetrocknet, ihre Quellen versiegt, … das Gebet wird über die Runden gebracht. Der Eros für das Reich Gottes, das Feuer der Begeisterung ist erloschen. Ausgebrannt (burnt out syndrom), Abstumpfung der Gefühle, Verbitterung, lautlose Resignation, innere Emigration … sind weitere Stichworte. Und weil es sich nicht gehört, weil von einem Priester schließlich erwartet wird, dass er aus einer intensiven Gotteserfahrung heraus lebt, wird diese innere Leere vertuscht und so getan, als ob Gott ohnehin der Vertraute wäre. … In der Verkündigung predigen sie wohl den ›lieben‹ Gott. Ihre eigene Existenz schaut aber oft anders aus. Die Schlüsselpositionen ihres Lebens sind durch Leistung und Zahlen besetzt. Muße, Stille, Me-

ditation kommen in ihrer Prioritätenliste nicht vor. Oder sie verkünden den Gott des Lebens und kommen sich selbst als zu kurz gekommen, als minderwertiger Abfall vor.«[544]

Bittere Worte! Selbst wenn diese in ihrer Massierung überzogen sein sollten und gewiss nicht von allen gelten, steht hinter ihnen doch die kritische Anfrage, ob der Priester wirklich ein »Mann Gottes« ist. Ja, die bitteren Worte ließen sich noch leicht vermehren. Alkoholismus, workaholism, unehrliches »zölibatäres« Leben – all das nicht so selten vorzufinden! – lassen die Frage aufkommen, wie weit Priester noch zur ursprünglichen Grundoption ihres Lebens stehen: zur Treue im Dienst Jesu Christi. Und diese Fragen muss der Priester sich gefallen lassen in einer Zeit, wo Arbeitsüberlastung und geistige Überforderung viele müde und resigniert gemacht haben. Soll angesichts solcher Vorwürfe jetzt zur physischen und geistigen Erschöpfung auch noch geistliche Überforderung hinzukommen? Nein, keine geistliche Überforderung, wohl aber eine stets neue Einladung zur ursprünglichen Quellen des Priesterseins zurückzukehren, nämlich zur unbedingten Zusage Jesu Christi, mich in seinen Dienst zu nehmen und niemals allein zu lassen. Eine solche »Rückkehr« ist immer möglich, wie es 2 Tim 1,6f zu erkennen gibt: »Entfache die Gnade Gottes wieder, die dir durch die Auflegung meiner Hände zuteil geworden ist. Denn Gott hat uns nicht den Geist der Verzagtheit gegeben, sondern den Geist der Kraft, der Liebe und der rechten Einsicht!«

Aber was ist, wenn sich bei dem einen oder anderen Priester immer mehr die Überzeugung verdichtet, er habe im Einschlagen des gewählten Weges eine irrige Entscheidung getroffen? Wenn sich die Erfahrung aufdrängt, den Herausforderungen des Zölibats nicht gewachsen zu sein, – die pastorale Tätigkeit nur noch freud- und lustlos zu erfüllen, – den priesterlichen Dienst nur noch als unerträgliche Last zu empfinden?

Sehen wir einmal davon ab, dass solche (zeitweiligen) Erfahrungen mit zur Dunkelheit des Glaubens (siehe S. 333) und zur Sündhaftigkeit des Lebens gehören können, so gibt es daneben doch *auch* das Faktum wirklich irriger, voreiliger oder unreifer Lebensentscheidungen. Manche von ihnen können im Nachhinein, im weiterlaufenden Prozess des Lebens, in reife, persönliche Entscheidungen umgewandelt werden. Doch ist dies nicht immer möglich, so dass bei manchen Priestern das Durchhalten der priesterlichen Sendung zu einer für ihn (und die Kirche / Gemeinde) unerträglichen Last werden kann. Durchhalteparolen und Appelle an Treue und Verbindlichkeit sind in solchen Fällen wenig hilfreich. Es gehört vielmehr zur Endlichkeit und Schuldverflochtenheit unseres Daseins, dass in allen Bereichen ein wirkliches »Scheitern« möglich ist. Aber im Glauben ist auch – *unter allen Bedingungen!* – ein wirklicher Neuanfang zugesagt. Darum gibt es *und soll es auch* die Möglichkeit zur sog. Laisierung geben, d. h. zur Korrektur einer entweder schon *ursprünglichen* Fehlentscheidung oder eines erst durch späteres »Schicksal« oder »schuldhaftes Verhalten« (oder einer unentwirrbaren Mischung von beiden) unerträglich *gewordenen* Fehlweges. Erst die grundsätzliche Möglichkeit zur Laisierung gibt auch die innere Freiheit, sich ohne Angst zu binden und einen verbindlichen, treuen Weg zu gehen. Man darf sicher sein, dass Gott (und deshalb auch die Kirche) nicht in eine ausweglose »Falle« führt, sondern in die Freiheit, und dass selbst da, wo der eigene Weg in einer Sackgasse zu enden scheint, im Hören auf Gottes Wort und Wille immer ein Weg der Freiheit offen steht.

Von daher ist allerdings zu bezweifeln, ob die bisherige Form des Laisierungsverfahrens angemessen ist. Denn wie kann durch einen administrativ-kurialen Akt eine höchst persönliche, vor Gott zu treffende Gewissensentscheidung ersetzt oder legitimiert werden? Wie seltsam klingt es, wenn man – nicht selten! – von laisierten Priester hört: Bei mir ist alles in Ordnung, ich bin von Rom laisiert worden! Ob das »in Ordnung« ist, kann keine Behörde entscheiden, das muss der Einzelne vor Gott und mit Gott ausmachen. Auch wenn das Ausscheiden aus dem priesterlichen Dienst öffentliche Konsequenzen hat, ist es eine zutiefst persönliche Entscheidung, die folglich vorrangig auch nach den Regeln des »forum internum« behandelt werden müsste.[545]

Sehen wir von dieser extremsten Form des Ausgebranntseins ab, so stellt sich die Frage, wie aufs Ganze damit umzugehen ist. Wir können hier das Problem des – auch sonst in der Gesellschaft verbreiteten – Burnout-Syndroms nicht lösen; dies ist nur strikt auf den Einzel-»Fall« bezogen möglich. Manche *allgemeine* Hinweise über den Umgang mit Arbeitsüberlastung und über die Konzentration auf das »eine Notwendige« sind bereits gegeben worden oder werden noch behandelt (siehe etwa S. 237 ff, 363 f). Dazu sei als *allgemeiner* Hinweis noch eine »Weisung« des bekannten, mittlerweile verstorbenen Spirituals Johannes Bours angefügt, die dieser auf einer Tagung von Priesterseelsorgern gab: Auch wenn es keine »Garantie« für ein gelingendes priesterliches Leben gibt, so lässt sich dafür – nach Bours – doch eine verlässliche Zusage machen, wenn zwei Bedingungen erfüllt werden: (1) Niemals das tägliche, längere, *persönliche* (!) Gebet aufgeben, auch nicht in Zeiten der Dunkelheit, Leere und Trockenheit, wo alles zu schweigen scheint und das Gebet zur »Zumutung« wird. Dennoch! (2) Wenigstens *einen* Menschen haben, gleich wer das ist (Freund, geistlicher Begleiter, geistliche Gemeinschaft), mit dem man *alles,* auch seine Abgründe, Anfechtungen, Fehlverhalten offen bespricht.

Von beiden »Bedingungen« wird noch weiter die Rede sein (S. 354ff, 362). Zuvor wenden wir aber noch einer weiteren spezifischen Gefährdung des Priesterseins zu.

§ 3 Klerikalismus

1. Phänomene

»Klerikalismus« ist ursprünglich ein politischer Begriff. Er bezeichnet auf dem Hintergrund der neuzeitlichen Trennung von Kirche und Staat die Kompetenzüberschreitung des Klerus in den politischen Bereich hinein, also dessen Streben, geistliche »Vollmacht« auf politische Macht und politischen Einfluss auszudehnen. Von hier aus ist es nur ein kleiner Schritt zur Bedeutungsausweitung des Begriffs »Klerikalismus«: Überall da, wo geistlicher Dienst zur Herrschaft wird, wo der sakramentale Auftrag, »für Christus zu stehen«, dazu pervertiert wird, persönliche Macht auszuüben, »oben«, an erster Stelle, zu stehen, Vorteile einzuheimsen, sich selbst zu zelebrieren, kurz: wo das Wort nicht mehr beachtet wird: »Kirchliche Vollmacht ist ... Eignung als Enteignung; Leitung aber vom letzten Platz her,»[546] – überall da ist Klerikalismus am Werk. Aber auch da, wo Besserwisserei herrscht, Kritik abgewiesen, von oben herab moralisiert oder ein salbungsvoller, sich allzu beflissen »hingebender« Paternalismus zur Schau gestellt wird. All diese Elemente finden sich zusammengestellt in einem der letzten Gebete K. Rahners, einem Gebet für die Kirche. Darin heißt es folgendermaßen:

> »Wie langweilig, greisenhaft, nur auf das Renommee des Apparats bedacht, wie kurzsichtig, wie herrschsüchtig kommen mir manchmal die Amtsträger in der Kirche vor, wie in einem schlechten Sinn konservativ und klerikal. Und wenn sie dann salbungsvoll dazu sind, wenn sie penetrant ihren guten Willen und ihre Selbstlosigkeit zur Schau tragen, dann wird es noch ärger, weil ich kaum einmal höre, dass sie auch öffentlich und deutlich ihre Fehler und Missgriffe bekennen und wünschen, dass wir heute an ihre Unfehl-

barkeit glauben und vergessen, was sie gestern an kapitalen Schnitzern und Versäumnissen begangen haben … Sie moralisieren viel, aber von dem allen Geist und Herz zersprengenden Taumel der Freude über die Botschaft von Deiner Gnade, in der Du Dich selbst schenkst, ist oft weit weniger zu spüren. Und doch hätte ihre Moralpredigt viel mehr Aussicht gehört zu werden, wenn sie so eine kleine Nebenbemerkung in diesem Lobpreis Deiner herrlichen Gnade wäre, der Überfülle des Lebens, das Du uns mitteilen willst. …

Ich will nicht zu denen gehören, die die Amtspersonen in der Kirche tadeln und noch mehr als sie dazu beitragen, dass Deine Kirche unglaubwürdig erscheint. Ich will mich auch immer wieder um helle Augen bemühen, die die Wunder Deiner Gnade sehen können, die auch heute in der Kirche sich ereignen. Ich gestehe, dass ich diese Wunder deutlicher bei den Kleinen in der Kirche sehe als bei den Großen in der Kirche, denen es doch unvermeidlich meist auch bürgerlich sehr gut geht. Aber vielleicht sind meine Augen trübe, und ich bin affektgeladen gegen Herrschaft und Macht.«[547]

Der Text spricht für sich selbst, er bedarf keines Kommentars. Es ist gewiss eine geistliche Herausforderung ersten Ranges, in sich selbst diesen »Affekt«, diese äußerste Sensibilität gegen die Perversion, gegen die Ver-Kehrung von bevollmächtigtem Dienst in Herrschaft und Macht wach zu halten.

2. »Theologischer« Klerikalismus

Es gibt noch eine sehr viel subtilere Form des Klerikalismus, die – eben weil sie so »subtil« ist und sich dazu noch theologisch rechtfertigt – vielen Priestern gar nicht recht bewusst wird, gerade so aber auch als schleichendes Gift wirksam werden kann. Holen wir dafür ein wenig weiter aus.

Es wurde S. 104ff schon mit Nachdruck herausgestellt, dass das kirchliche Amt »Dienst« bedeutet: in diesem priesterlich-sakramentalen Dienst steht der Priester den Mitchristen »gegenüber«; aber als Christ unter Christen, ja als ein Mitchrist, in dem sich die Kirche in besonderer Weise darstellt, steht er mitten »in« ihr. Von dieser Grundspannung: In-der-Kirche-Sein als eines ihrer (beauftragten) Glieder und Gegenübersein als Zeichen Christi, ist die Reflexion über das kirchliche Amt die ganze Theologiegeschichte hindurch geprägt. Diese Spannung, die nicht aufgelöst werden darf, ist stets eine herausfordernde Gratwanderung. Es hat in der Kirche immer die Gefahr bestanden, einen Pol auf Kosten des andern über- bzw. unterzubetonen. Wurde vor dem II. Vaticanum das Gegenüber des Priesters zur Gemeinde und damit sein Anderssein betont, was nicht selten zu einer einseitigen Überbetonung des »Sakralen« führte (eine Gefahr, die vor allem in klerikalistisch gesonnenen Kreisen nie aufgehört hat und jetzt offenbar wieder zunimmt), so erhielt in den ersten Jahren nach dem Konzil das »In-Sein« vor allem bei jüngeren Geistlichen einen solchen Akzent, dass das Besondere und Spezifische des Amtes in Gefahr stand, verdunkelt zu werden.

Für die konkrete priesterliche Existenz gibt es keinen Passepartout zur problemlosen Bewältigung dieser Spannung. Trotzdem muss als eine Art Grundregel gelten: Weil der Priester an den »Knotenpunkten« kirchlichen Lebens, d. h. bei der Feier der Sakramente, der Wortverkündigung und pastoral-geistlichen Leitung, der Gemeinde im Auftrag Christi gegenübersteht und kraft geistlicher Vollmacht handelt, sollte er dort, wo er seine amtlich-sakramentale Tätigkeit nicht ausübt, umso mehr zurücktreten und das »In-Sein« in der Gemeinde, das Sein-mit-den-Mitchristen-zusammen umso deutlicher verwirklichen. Das heißt: Wo nicht seine geistliche, vom Herrn ermächtigte Autorität im Spiel ist, sollte der Amtsträger auf alles »Gegenüber« verzichten und sich als ein Glied der Gemeinde, als Mitchrist unter Christen verstehen – ganz gemäß der »amtskritischen« Stelle von Mt 23, 8: »Ihr sollt euch nicht Meister nennen lassen. Einer ist euer Meister. Ihr alle seid Brüder. Und ihr sollt euch nicht Lehrer nennen. Einer ist euer Lehrer, Christus. Der größte unter euch soll euer aller Diener sein.«

Dieses Leitbild der Brüderlichkeit gilt für den kirchlichen Amtsträger auch dort, wo er mit Vollmacht im amtlich-sakramentalen Gegenüber zur Gemeinde handelt. Hier hat er sich »auf Biegen oder Brechen« um das Miteinander, um Zustimmung und Übereinkunft mit der ganzen Gemeinde zu bemühen, wie wir es aus den Paulus-Briefen ersehen können. Verschiedentlich bringt der Apostel »die Selbstbegrenzung der Anwendung seiner Autorität ausdrücklich zur Sprache.«[548] Gewiss, er kann auch »mit einer ›nackten‹ Autoritätsausübung drohen, für den Fall, dass die Gemeinde mit ihrer Autoritätskritik aus der kirchlichen Communio des Glaubens- und Liebesgehorsams herausgefallen wäre; aber er versteht eine solche Situation als einen im Grunde unmöglichen Grenzfall, der ein Fiasko der Kirche offenbaren würde: das Zerbrechen der Communio, die nach Paulus ihre innere Form durch das christusförmig gelebte Amt erhält.«[549] So muss die Amtsführung eines Priesters daran gemessen werden, ob er sich wirklich hineinstellt in das Miteinander des Volkes Gottes. Ja, als Konsequenz der Amtstheologie selbst ergibt sich: Wer einen besonderen Dienst für die anderen empfangen hat (repraesentatio Christi), hat sich als repraesentatio ecclesiae in besonderer Weise in das Miteinander gemeinsamen Lebens hineinzustellen.

Und schließlich: Selbst da, wo der Priester in das »Gegenüber« zu den übrigen Gläubigen treten muss, wird er nicht in eine gefährliche Selbstbestimmung und Selbstzentrierung gestellt, sondern er steht – nach alter kirchlicher Tradition – im Beziehungsnetz des »Presbyteriums«, in der Gemeinschaft mit anderen Amtsträgern (vor allem mit dem Bischof), denen er über seinen amtlichen Dienst Rede und Antwort zu stehen hat.

Wird auf diese Weise jede klerikalistische Selbstzelebration in Frage gestellt, so ist der eigentlich »theologische Klerikalismus« sehr subtil.

»Theologischer Klerikalismus« droht dort, wo der Priester ohne Grund seinen »Ort« nur im Gegenüber zur Gemeinde sucht, sich dort »profiliert« und dabei vergisst, dass sein Spezifikum im handlungsbezogenen Dienst an der Gemeinde besteht und nicht im Suchen »geistlicher Selbstbefriedigung« durch Verwirklichung seiner priesterlichen Befugnisse. Weil der Priester immer auch »Laie« (Glied des Gottes Volkes) bleibt, hat dieses »Mitsein« des Amtes mit den übrigen Christen auch seine »Darstellung« zu finden. Und zwar dergestalt, dass der oder die Priester, wo ihr priesterlicher Dienst, etwa für die Eucharistiefeier, nicht erforderlich ist, ganz bewusst mit und unter dem Volk Gottes ihren Platz einnehmen und dadurch zum Ausdruck bringen, dass sie – obgleich geweihte Amtsträger – (immer auch) Glieder des Gottesvolkes unter den anderen Gliedern bleiben, angewiesen auf die Heilsgabe Christi, die ihnen jetzt in der eucharistischen Feier durch den sakramental-amtlichen Christusdienst eines anderen vermittelt wird.

Wo erleben denn die Mitchristen sonst das geistlich-ekklesiale »Mitsein« des Priesters mit ihnen? Wo kommt es sonst zur Darstellung? Folgendes Beispiel dürfte eine absolute Ausnahme sein: Anfang der 70er Jahre hörte ein Theologiedozent in einer Universitätsstadt regelmäßig Beichte. Damals standen noch »Schlangen« vor den Beichtstühlen. Wenn nun »seine Schlange« beendet war, verließ er den eigenen Beichtstuhl und stellte sich an den neben ihm befindlichen an, um dort selbst zu beichten. Wer dies miterlebt hat, dürfte ganz anschaulich begriffen haben, was das Augustinus-Wort konkret heißt: Für euch bin ich Priester (und höre eure Beichte), aber mit euch bin ich Christ (und gehe genauso beichten wie ihr)! Aber solche Beispiele sind äußerst selten. Und eben darum – aber nicht allein darum! – ist die gegenwärtige Konzelebrationspraxis energisch in Frage zu stellen.

3. Klerikalistische Konzelebration?

Zum Hintergrund: Die vom II. Vaticanum auch für die Westkirche eröffnete bzw. weiter ausgedehnte Möglichkeit der Konzelebration[550], d.h. die von mehreren Priestern miteinander getätigte Feier Eucharistie, stand von ihrer Vorgeschichte her unter der Frage, wie unter Vermeidung der Missbräuche von neben- oder hintereinander ablaufenden isolierten Privatzelebrationen dennoch die tägliche Zelebration des Priesters und damit der »Wert der Privatmesse« erhalten bliebe. So äußerte noch in der Konzilsaula Kardinal Spellman die Besorgnis, durch die Konzelebration von 100 Priestern könnte die Kirche um 99 Messen ärmer werden. Die Frage, ob die Quantifizierung von Messen überhaupt sinnvoll sei und ob der Priester möglichst oft von seiner eucharistischen »Vollmacht« Gebrauch machen solle, wurde entweder nicht konsequent gestellt, oder es wurde stillschweigend die durch Pius XII. gegebene Entscheidung vorausgesetzt: »Die These, wonach die Feier einer Messe, an welcher hundert Priester mit religiöser Hingabe teilnehmen, soviel wert sei wie hundert Messen von hundert Priestern gefeiert, ist als irrige Meinung (error opinionis) zu verwerfen.«

Diese Äußerung ist die letzte und äußerst fragwürdige Frucht einer jahrhundertelangen westkirchlichen Entwicklung, wonach in der Messe nicht das Geschehen der Auferbauung des *einen* Leibes Christi gesehen wurde (vgl. S. 95f), sondern der sachhafte (und damit quantifizierbare) Wert der eucharistischen Opfergabe, sowie – entsprechend – im Amtspriestertum die Vollmacht zur »confectio sacramenti«. Anders gesagt: Der Sinn des priesterlichen Amtes wurde bereits in der »in sich« werthaften konsekratorischen Darbringung des Messopfers erblickt. *Gegen* diese theologische Sicht, nach welcher eine möglichst hohe Zahl von Messen und eine möglichst häufige Zelebration der Priester bereits einen Wert darstellt, hatte sich schon vor dem Konzil K. Rahner gewandt, der ausdrücklich darauf hinwies, dass »die Wirkung der bloß ›gehörten‹ Messe für ihn [den Priester] dieselbe ist wie die der von ihm selbst zelebrierten.«[551] Daraus folgt, dass die Frage nach der Konzelebration nicht im Horizont des Interesses anzugehen ist, die vielen Privatmessen durch eine Feier abzulösen, in der die konzelebrierenden Priester auf ähnliche Weise das tun, was sie auch sonst bei der einzeln gefeierten Messe tun: nämlich *als* (konsekrierende) Priester das Opfer Christi gegenwärtig setzen. Nein, wenn eine Konzelebration der Priester überhaupt einen Sinn haben soll, so kann dieser nur auf der Ebene des Zeichens liegen. Dies deutet das Konzil auch mit der Aussage an, dass durch die Konzelebration »die Einheit des Priestertums passend in Erscheinung tritt« (SC 57). Doch die Zeichenstruktur der Konzelebration wurde gleichzeitig (1) verengt und (2) gestört: (1) Sie wurde verengt: Denn der ursprüngliche Textentwurf, in der Konzelebration trete »die Einheit der *Kirche* passend in Erscheinung«, wurde durch die Formulierung »Einheit des *Priestertums*« ersetzt. Das bedeutet: Das Problem der Konzelebration wurde vom konzelebrierenden Priester, nicht von der konzelebrierenden Gemeinde her angegangen. (2) Es wurde die Zeichenstruktur aber auch gestört: Denn der nachkonziliare Ritus knüpft weder an die liturgische Praxis der Alten Kirche noch der orthodoxen Kirchen an, sondern an die erst seit dem 12./13. Jh. in der Westkirche üblichen (Weihe-)Konzelebration, die in ihrer liturgischen Form eine synchronistische Kon-Konsekration vieler Priester ist. Beides führt zu erheblichen Verdunkelungen des Wesens der Eucharistiefeier.

Erstens wird die sakramentale Ausdrucksgestalt verdunkelt. Denn die Eucharistiefeier ist wesentlich das Opfer der Kirche, die Feier aller Gläubigen, die mithin in einem richtigen Sinn »konzelebrieren«. Diese Feier ist aber innerlich strukturiert, und zwar so, dass – wie wir sahen – im Priester auf sakramental-zeichenhafte Weise jene Grunddifferenz in Erscheinung, in welcher die Kirche existiert und in welcher auch erst die Eucharistiefeier möglich ist: Durch das amtliche Tun des Priesters »in persona Christi« wird das »Voraus« des Opfers Christi für uns Gegenwart. Der Priester »repräsentiert« Christus im sakramentalen Zeichen. Genau das aber wird durch eine Konzelebration von Priestern, weil darin gleichzeitig viele »in persona Christi« handeln, *zumindest* verdunkelt und damit die Zeichenhaftigkeit dieses doch gerade zeichenhaften Geschehens in Frage gestellt. Dass bei der Eucharistiefeier Christus sein Opfer Gegenwart werden lässt, dass er es ist, der die Vielen zum Mahl ruft und zur Gemeinschaft versammelt: all das wird zeichenhaft im sakramentalen »Gegenüber« des *einen (!)*, aufgrund der Weihe Christus repräsentierenden Priesters *und* der übrigen Gemeinde dargestellt.

Gegen diese Schlussfolgerung wird gelegentlich der Einwand erhoben, die konzelebrierenden Priester seien ein »unum morale«, insofern ihre Vielzahl durch die Teilhabe an dem einem Priestertum Christi (und durch ihr Vereint-Sein im Presbyterium) zur Einheit zusammengefügt sei; als solche »Einheit« stellten sie den einen Herrn dar. Doch dieser Einwand ist nicht zutreffend. Wenn man nämlich das Verhältnis von Einheit und Vielheit auf seine Ausdrucksgestalt hin befragt (und darum geht es ja: die vielen Priester sollen gemäß diesem Einwand mitsammen den einen Herrn *darstellen*), so gibt es hier eine unumkehrbare Struktur: Die Vielen können zwar im Einen in Erscheinung treten, nicht aber sind die Vielen (als solche) Ausdrucksgestalt des Einen. So werden z. B. die vielen Bürger eines Staates repräsentiert durch eine Person (durch den Bundespräsidenten o. dgl.), nicht aber wird der Eine durch die Vielen repräsentiert. Eine Vielheit kann nur durch Einen zeichenhaft dargestellt werden. Deshalb hat Christus auch durch *eine* Person sakramental repräsentiert zu werden. Auf Grund eben dieses Prinzips weist Thomas v. Aquin auch die Spendung des Taufsakramentes durch eine Mehrzahl von taufenden Priestern zurück. »Der Mensch tauft nur als minister Christi und als dessen Repräsentant. Daher darf es auch, weil Christus Einer ist, nur *ein* minister sein, der Christus repräsentiert.« (STh III, 67, 6). Ausdrücklich entkräftet Thomas den Einwand, was Einer zu tun vermöchte, könnten doch auch viele (»effizient«) *tun*. Denn in der sakramentalen Dimension darf das Verhältnis von Einheit und Vielheit nicht auf der Ebene der causa efficiens (die ja an sich zulässt, dass viele Ursachen [Priester] im einen Tun [Zelebrieren] zusammenwirken) betrachtet werden. Effiziente Ursächlichkeit gilt nach Thomas nur von Tätigkeiten, die »virtute propria« geschehen. Da die Taufe aber »virtute Christi« gespendet wird und dies sakramental in Erscheinung zu treten hat, »wirkt der Eine (Herr) sein Werk durch den einen minister« (ebd. ad primum). Kurz: Auf der Ebene des Zeichens können die vielen Priester nicht den einen Herrn »repräsentieren«.

Was aber die Meinung angeht, in der Konzelebration werde deutlich, dass der einzelne Priester »nur (!) aus seiner Anteilnahme am Hohenpriestertum Jesu Christi und als Glied des ganzen priesterlichen Ordo seine persönliche Weihevollmacht in persona Christi ausübt,«[552] so ist der zweite Teil dieser These schlicht falsch. Zwar fügt die Priesterweihe eo ipso ins Presbyterium ein, so dass man tatsächlich nicht Priester sein kann, ohne gleichzeitig dessen Glied zu sein, aber deshalb empfängt der Geweihte seine besondere Sendung und Beauftragung nicht via Presbyterium, sondern er empfängt sie vom Bischof, der in der Weihehandlung den berufenden Herrn repräsentiert. Deshalb ist es falsch zu sagen, dass der Priester nur als Glied des Presbyteriums sein Priesteramt vollziehen kann.

So bestätigt sich also: Die durch das II. Vaticanum inaugurierte Erneuerung der Konzelebration, die in Ritus und Sinngebung an die bei der (westlichen) Priesterweihe geübte Weihe-Konzelebration anknüpft, bedeutet eine Verdunkelung und Nivellierung der sakramentalen Ausdrucksgestalt der Eucharistie.[553] Denn zur Ausdrucksgestalt der Eucharistie gehört es wesentlich, dass zwar die ganze Gemeinde Eucharistie feiert, aber so, dass darin das Gegenüber von Christus und seiner Kirche kultisch-anamnetische Darstellung findet.[554] Die eine Person des Christus repräsentierenden Zelebranten gehört wesentlich zum sakramentalen Zeichen der Eucharistie.

Zweitens wird das sakramentale Wort vom »kerygmatischen« unzulässig getrennt. Denn die konzelebrierenden Priester treten nicht nur nebeneinander als Zelebranten auf, sie haben auch die Konsekrationsworte gemeinsam zu proklamieren. Den Hintergrund bildet hier die spezifisch westliche Sakramenten- und Messopfertheologie, wonach das Wesen der Messe gerade in der durch Konsekration von Brot und Wein geschehenden Vergegenwärtigung des Kreuzesopfers Christi liegt und der Priester mithin nur dann Messe feiert, wenn er die Konsekrationsworte spricht. In die Kirchen des Ostens haben diese liturgische Praxis und die ihr zugrundeliegende Theologie niemals Eingang gefunden. In einer größeren Treue zur altkirchlichen Überlieferung ist bei der orthodoxen Konzelebration die Stellung des Christus repräsentierenden Priesters eindeutig markiert, insofern die »konzelebrierenden« Priester zwar kultische Nebenfunktionen ausüben, niemals aber nebeneinander der Eucharistie vorstehen: Allein der Hauptzelebrant spricht die Konsekrationsworte. Nach orthodoxem Verständnis bis heute[555] würde das gemeinsame Sprechen der Konsekrationsworte die Einheit der Messe zerstören. Indem aber der nachkonziliare westliche Konzelebrationsritus das gemeinsame Sprechen der Konsekrationsworte verlangt, zeigt er noch einmal in aller Deutlichkeit, dass er de facto einem Ensemble von synchronisierten Einzelmessen nahekommt und unter dem Interesse steht, jedem teilnehmenden Priester »seine eigene Messe« zu ermöglichen.

Das gemeinsame Proklamieren der Konsekrationsworte unterliegt nun aber der gleichen Kritik, die schon vorher geäußert wurde: es verdunkelt das Zeichen, dass Christus selbst es ist, der in diesen Worten vor der Gemeinde seine Selbsthingabe für uns anamnetisch proklamiert; es verdunkelt, dass der Priester hier sakramental »in persona Christi« spricht. Und zudem: Das synchronisierte Sprechen reißt in letzter Konsequenz Wort und Sakrament auseinander, oder genauer: es trennt das sakramentale Wort (im engeren Sinn) vom Wort Gottes, das in der Verkündigung der Kirche überhaupt lebendig ist. Man muss bedenken: In dem zu jedem Sakrament gehörenden Wort findet die Verkündigung der Kirche ihre höchste Zuspitzung, Dichte und Intensität. Das gilt auch bezüglich der Eucharistie. Sie ist und wird (mit)konstituiert durch das Wort, das gerade hier »exhibitiven Charakter« hat, d. h. auf der höchsten Stufe seiner Heilsmächtigkeit erscheint. Nun wird – ganz allgemein – das Wort in der Kirche faktisch (und sinnvoll) verkündigt durch den Zeugen, der für das Wort Gottes eintritt. Verlesung der Heiligen Schrift und Predigt geschehen durch den einzelnen, der im Auftrag Christi und der Kirche das Wort proklamiert. Niemandem würde es einfallen, das Evangelium zu zweit oder dritt oder gar zu fünfzigst vorzulesen. Indem nun aber in der konzelebrierten Eucharistiefeier beim Sprechen der Konsekrationsworte ein – sit venia verbo! – meist nicht sehr wohllautender »Bardenchor« mehr oder minder synchroner Stimmen einsetzt, wird die Einheit des Wortes Gottes aufs Spiel gesetzt: Das konsekratorische Wort erscheint im gemeinsamen Vortrag der Konzelebration als eine Größe, die aus dem vielgestuften kirchlichen Wortgeschehens herausfällt und gleichsam eigenen Gesetzen gehorcht. Der gemeinsam gesprochene Einsetzungsbericht stellt sich nicht mehr als verkündetes Evangelium (das ja sonst immer nur einer verkündet) dar, sondern als eine quasimagische Beschwörungsformel.

Dieser durch das gemeinsame Sprechen entstehenden Verdunkelung des Wortzeichens entgeht man auch dann nicht, wenn man dem Hauptzelebranten einen lauten Vortrag der Wandlungsworte, den übrigen aber ein Sprechen »submissa voce« empfiehlt. Denn ein leises Murmeln oder Flüstern der Zelebranten ist noch einmal mehr ein Hinweis darauf, dass es hier nicht um Verkündigung des Wortes, um öffentliche Proklamation der Selbsthingabe

Jesu geht, sondern um ein rituelles Tun, das den Konzelebranten die Selbstbestätigung gibt, als Priester »in persona Christi« Eucharistie zu feiern.

Man mag gegen die bisher geäußerten Bedenken zur nachkonziliaren Konzelebration einwenden, dass diese nur relativer, nicht aber grundsätzlicher Art seien, insofern es verhältnismäßig leicht wäre, sowohl den »ideologischen Kontext« der Konzelebration (Ablösung der Privatmessen durch eine einzige synchron begangene Feier) als auch den daraus resultierenden Ritus dadurch zu ändern, dass man klar und eindeutig den Hauptzelebranten als den »in persona Christi« sakramental Handelnden herausstellt und die konzelebrierenden Priester nur ihren Platz auf dem Chor einnehmen und bestimmte liturgische (Neben-)Funktionen erfüllen.

Wären also allein durch eine Änderung des Ritus alle Bedenken gegen die Konzelebration beseitigt?

Nein, das sei im folgenden wenigstens kurz angedeutet, und damit kehren wir auch zur Frage nach dem »subtilen theologischen Klerikalismus« der Konzelebration zurück.

Jede sinnvolle Konzelebration unterliegt – außer einer unbedingt erforderlichen Änderung des Ritus – noch weiteren grundsätzlichen Bedingungen, die in den nachstehenden Überlegungen knapp angedeutet werden sollen.

Die älteste Form der Konzelebration besteht darin, dass der Bischof, umgeben von seinem Presbyterium und assistiert von den Diakonen auf der einen und das übrige Volk Gottes auf der anderen Seite, miteinander Eucharistie feiern und in dieser Ordnung sowohl die Einheit der – nicht durch eine Vielzahl von Messen zerspaltenen – Gemeinde als auch deren innere Struktur (das Christus repräsentierende Amt steht im »sakramentalen Gegenüber« zur übrigen Gemeinde) in Erscheinung treten. An dieser Eucharistiefeier nimmt jeder an der Stelle, in der Funktion und in der zeichenhaften Ausprägung teil, die seiner Stellung im Gesamt des kirchlichen Lebens entspricht: der Bischof vertritt kultisch-anamnetisch Christus, d.h., er allein handelt »in persona Christi« und spricht allein das eucharistische Hochgebet. Das Presbyterium tritt als die dem Bischof zur Seite stehende »Ratsversammlung« sowie als Kollegium derjenigen auf, die der Bischof als seine Helfer zur Leitung kleinerer Lokalgemeinden entsendet, sie bestätigen das Tun des Bischofs durch Handausstreckung. Die Diakone haben die Gaben der Gläubigen (aus denen auch die Armenfürsorge bestritten wird) zum Altar zu bringen und bei der Feier Dienste zu leisten. Die übrigen schließlich nehmen als das zum Gotteslob versammelte und zur Sendung in die Welt bereite Volk Gottes an der Eucharistiefeier teil. Sie bestätigen die sakramentale Anamnese durch ihr »Amen«. Kurz: jeder »konzelebriert« (= feiert Eucharistie) an der Stelle und in der spezifischen Ausprägung, die ihn auch sonst in der Kirche bestimmt. Der entscheidende Ansatz zum Verständnis der Konzelebration ist also in der Frühen Kirche nicht die Frage nach dem Priester, ob und was er bei einer solchen Feier Spezifisches tut, ob z. B. der »Wert« seines priesterlichen Handelns erhalten bleibt oder inwiefern sich bei der Konzelebration das Presbyterium in besonderer Weise darstellt – auf diese zweitrangigen Fragen hat leider das II. Vaticanum sein Hauptaugenmerk gerichtet –, sondern es geht primär darum, dass in der konzelebrierten Eucharistiefeier die eine Gemeinde, in der Vielfalt ihrer Dienste und Begabungen um einen Altar geschart, die eine Eucharistie feiert, um sich dadurch von Christus zu größerer Einheit formen zu lassen. So liegt der Sinn der Konzelebration in der sakramentalen Darstellung der Kirche als Communio, d. h. in ihrem spannungsvollen Miteinander von Einheit und Vielfalt. Es geht nicht um ein »mehr« oder »weniger« an Gnaden, sondern um ein »mehr« oder »weniger« an Ausdrücklichkeit dessen, was die Kirche ist. Das bedeutet aber, dass man die Konzelebration nicht rechtfertigen kann, wenn sie aus diesem Kontext herausgebrochen wird, sei es, dass Priester ohne »Volk« konzelebrieren (bzw. dass die Partizipation der Gläubigen in keinem Verhältnis zur Zahl der Priester steht) oder dass Priester ohne den Bischof oder eine andere »Bezugsperson« konzelebrieren, in welcher der Bischof als einheitgebende Mitte des Presbyteriums vertreten wird bzw. in welcher sich in analoger Weise das Verhältnis von Bischof und Presbyterium wiederholt. Kurz: nur dort, wo sich wirklich eine Ortskirche in der Eucharistiefeier als solche in voller Zeichenhaftigkeit darstellt, ist eine Konzelebration der Priester – *nach geändertem Ritus!* – sinnvoll und legitim. Diese Situation dürfte heute aber der Ausnahmefall sein, zumal eine solche Konzelebration – jedenfalls unter den gegenwärtigen pastoralen Bedingungen und seelsorglichen Strukturen der Westkirche – eine gewisse Aufwendigkeit, Feierlichkeit und zeremonielle Imposanz erfordert und mit sich bringt.

Damit hängt aber nun auch jenes Moment zusammen, das den Verdacht des Klerikalismus wachruft: In der konzelebrierten Eucharistiefeier stellt sich das kirchliche Amt faktisch im »sakramentalen Gegenüber« zur Gemeinde dar. Die Konzelebration ist – wie das nahezu alle Autoren unumwunden formulieren – die *hierarchische* Darstellung der Kirche. Dieser Gesichtspunkt ist legitim, insofern das Weiheamt ja das heilende und heiligende Gegenüber Christi zur Kirche sakramental repräsentiert. Und doch ist dies nur eine – wenn auch unabdingbar wesentliche – Sicht des Amtes. Denn der kirchliche Amtsträger steht eben nicht nur »in persona Christi« der Gemeinde gegenüber, sondern mit mindestens (!) gleichem Gewicht in der Gemeinde als Gleicher neben Gleichen. Amt ist (auch) ein Charisma unter und neben den vielen anderen Charismen. Der Geweihte ist und bleibt Bruder neben Brüdern und Schwestern, angewiesen wie sie auf das erlösende Handeln Christi. Diese Einsicht hat

– wie wir schon sahen – beträchtliche Folgen für eine Theologie des Amtes. Wo es nicht um den Christus repräsentierenden Dienst geht, steht der Priester ganz in der Gemeinde, er ist und bleibt »Laie« im theologischen Vollsinn des Wortes. Warum also soll er selbst zelebrieren? »Ich will meine Messe haben!«, sagten mir schon viele Priester. Wieso »meine« Messe? Oder sie sagten: Wenn nicht schon »meine« Messe, dann wenigstens eine Konzelebration, wo ich zumindest gleichfalls »als Priester« tätig bin! Warum eigentlich? Wieso »muss« ich mich von meinen Mitchristen abheben und mich »als Priester« präsentieren? Auf all diese Fragen habe ich noch nie eine sinnvolle Antwort gehört.[556] Vermutlich gibt es sie auch nicht. Was es aber offensichtlich gibt, ist jene »subtile Form des Klerikalismus«, der in der Spannung von Gegenüber-Sein und Mit-Sein das Gegenübersein wählt. »Ich bin schließlich Priester und will als solcher tätig sein, mich als solcher darstellen!« Gegen diese Haltung muss eindringlich gefragt werden: Wo und wie findet die Tatsache ihre sakramentale Darstellung, dass der Amtsträger *in* der Gemeinde steht, dass er sich mit allen anderen zusammen die Heilsgaben Christi vermitteln lassen muss, dass also seine besondere amtliche Stellung nur Dienst für die anderen ist – ein Dienst, der eben dann zum Tragen kommt, wenn er gebraucht wird, und den man nicht zur eigenen Befriedigung oder priesterlichen Selbstbestätigung einsetzt?

Dieses »Mitsein« des Amtes mit den übrigen Christen zur »Darstellung« zu bringen, hat heute eine besondere Dringlichkeit. Denn anders als in früheren Zeiten ist für viele Zeitgenossen die amtliche Sonderstellung eines Menschen in der Kirche (also das »hierarchische Moment«) das eigentlich Problematische und wird nur dort ertragen, wo ganz deutlich wird, dass diese »Sonderstellung« eindeutigen Dienstcharakter hat und der Amtsträger in einem viel fundamentaleren Sinn Bruder im Gottesvolk ist.

Soll also die Konzelebration nicht zu einem subtilen Klerikalismus führen, so ist diese – wohlgemerkt: erst nach Änderung des Ritus! – noch einmal in Balance zu bringen mit jener Art der »Konzelebration«, wo der oder die Priester ganz bewusst mit und unter dem Gottesvolk den Platz einnehmen und dadurch gleichfalls ein Zeichen setzen, dass sie nämlich *erstens* ihr Amt strikt als Dienst verstehen und sich nur dort als Amtsträger »darstellen« wollen, wo dieser Dienst von ihnen gefordert ist, und dass sie *zweitens* – obgleich geweihte Amtsträger – (immer auch) Laien, Glieder des Volkes Gottes unter den anderen Gliedern bleiben.

Auf dieser Linie dürfte auch die Ermahnung des hl. Franziskus v. Assisi an das Generalkapitel von 1224 liegen, dem er wegen Krankheit nicht beiwohnen konnte: »Ich spreche im Namen des Herrn noch den Wunsch und die Bitte aus, dass die Brüder in ihren Niederlassungen nur *eine* Messe am Tag feiern, wie es in der hl. Kirche Brauch ist. Sind aber mehrere Priester zu Hause, so gebe sich der eine um der Liebe Gottes willen [!] damit zufrieden, dass er der Feier des anderen beiwohnt. Der Herr Jesus Christus weiß sowohl die, die anwesend sind, als auch die, die nicht zugegen sein können, mit Gnaden zu erfüllen, wie sie es verdienen.« Hinter dieser Ermahnung dürfte die Betonung der brüderlichen Einheit stehen, die sich dagegen wehrt, die Gemeinde aufzuspalten in solche, die zelebrieren, und solche, die »nur« beiwohnen.

Der Einspruch des Poverello hat auch gegenwärtig nichts an Aktualität verloren. Es ist wohl nicht von ungefähr, dass sich heute manche Laien bei einer Konzelebration »ausgesperrt« fühlen. Die Konzelebration kommt ihnen wie die Neuauflage einer Klerusliturgie vor, die allein der Klerus unter sich »ausmacht« und die staunenden Laien »betrachten« dürfen. Gilt nicht tatsächlich der von A. Kassing veröffentlichte Satz eines Laien: »Die Konzelebration stellt zwar die Einheit des Priestertums deutlicher dar, aber auf Kosten der Einheit der Gemeinde.«[557] So steht die Konzelebrationspraxis in der Gefahr des Klerikalismus,[558] d.h. jener Haltung, worin der Priester sich ohne triftigen Grund ins Gegenüber zur Gemeinde stellt. In Bezug auf die Konzelebration stellt sich mit Nachdruck die Frage, ob der Priester sein Amt als Dienst oder als Berechtigung begreift, ob er – anders gesagt – mit der Haltung ernst macht: »Ob ich der Priester bin, der das Konsekrationsgebet spricht, oder ob das ein anderer Priester tut, ist nicht entscheidend; es handelt sich hier um einen Dienst, nicht um ein Vorrecht.«[559]

Aus all diesen Gründen kann die Konzelebration – nochmals: unter der absoluten Vorbedingung einer grundlegenden Korrektur des Ritus (ohne eine solche Korrektur bleibt sie im wahrsten theologischen Sinn eine Perversion, eine Ver-Kehrung der tiefsten sakramentalen Struktur von Wort und Sakrament) – nur eine festliche »Ausnahme« bei Gelegenheiten sein, wo Kirche sich in ihrer Einheit und Vielheit in besonderer Ausdrücklichkeit darstellt.

Die Darlegungen über die Konzelebration waren sehr ausführlich, vielleicht für einige Leser zu detailliert. Aber sie sollten exemplarisch für das Phänomen eines »subtilen Klerikalismus« stehen, der endlich und letztlich darin besteht, das Amt und seine Kompetenzen hochzustilisieren und dabei zu vergessen oder zu übersehen, dass es evangeliumsgemäß nur »vom letzten Platz« her ausgeübt werden darf. Amt ist Dienst und zwar so sehr, dass – und damit sei nochmals ein Wort von P. J. Cordes wiederholt – »auch nur ein einziger Zug ›pascha‹-ähnlicher Selbstzweckhaftigkeit oder absolutistischer Herrschaftsmanieren eine Pervertierung der Amtlichkeit bedeutete.«[560]

Nachdem von möglichen Abgründen priesterlicher Existenz die Rede war, sollen nun einige geistliche »Stil-Elemente« genannt werden. Dabei soll das Wort »Stil« nicht etwas Besonderes und Außergewöhnliches bezeichnen, sondern darauf hinweisen, dass gerade die genannten »abyssus« nur dann bewältigt werden können, wenn geistlich dem etwas entgegengesetzt wird, was nicht nur einem gelegentlichen Einfall, auch nicht einer allgemeinen Befindlichkeit entspringt, sondern eine konkrete Prägung des Lebens ist, eben: *Stil.*

4. Kapitel

Stil-Elemente geistlichen Lebens

§1 Gebet

1. Gebet und Arbeit

Wo Gespräch aufhört, hört Beziehung auf. Das ist unter Menschen so, und das ist zwischen Menschen und Gott nicht anders. Darum gehört zum Leben des Glaubens wesentlich das Gebet, in dem sich die Beziehung des Menschen zu Gott ausspricht und sprechend verwirklicht. Gebet ist »sprechender Glaube« (O. H. Pesch). Was für jeden Glaubenden gilt, hat noch einmal zugespitzte Bedeutung für den Priester, da dieser kraft seiner Sendung in eine besondere Beziehung zu dem ihn Sendenden gestellt ist. Darum übernimmt der Priester bei seiner Weihe auch die Verpflichtung zum Stundengebet. Wer aber meint, damit habe das Gebet sein Genüge, täuscht sich mit Sicherheit. Denn so wichtig das Breviergebet auch ist, es »lebt« davon, dass es sich auf der Basis eines *persönlichen* Gebets erhebt. Ohne längeres, ausdauerndes, persönliches Beten erstarrt das vorgeformte Gebet zur leeren und toten Form, die schließlich nur noch persolviert, erledigt wird (oder zu der man nur noch greift, »wenn's einem so ums Herz ist«). Ja, man wird sogar fragen müssen, ob manche Priester nicht gelegentlich gut daran täten, ihr Stundengebet für einige Zeit zu lassen, um statt dessen längere (!) Gebetszeiten zu halten, wo sie sich wirklich Gott ganz persönlich aussetzen, nach seinem Willen fragen und ihm Antwort geben.

Persönliche Beziehung erfordert persönliches Gebet. Und dies kann eine gewaltige Herausforderung sein. Denn im Gebet erfährt der Glaubende nicht nur die gütige Nähe Gottes, sondern auch dessen scheinbare Abwesenheit und Verborgenheit und damit die ganze Dunkelheit und Last des Glaubens. Gott tritt nicht gleichsam »automatisch« in unsere Gebetsbereitschaft ein, so dass er unsere Gott-Suche mit seinem tröstenden Wort erfüllt und unserem Unvermögen mit seiner Kraft begegnet. Gott ist kein Götze, den wir im Gebet zu unserer geistlichen Selbstbefriedigung herbeizitieren können. Gott ist der »ganz Andere«, der Verborgene und Sich-Entziehende. Deshalb stillt das Gebet nicht unseren Durst nach Erfüllung unseres Lebens durch Gott, es vergrößert ihn; erst im Reich Gottes wird unser ungestilltes Verlangen erfüllt. Bis dahin heißt es, in der Haltung des Glaubens Gott im schweigenden Warten und im Einhalten vom Tun zu suchen, ohne ihn je ganz finden zu können.

Dabei stellt sich unweigerlich die schmerzliche Erfahrung ein, dem Gebet, der Stille, dem Alleinsein nicht gewachsen zu sein. Es wird greifbar deutlich, wie uns Leistung und Tun, Reden und Lärmen sowie das Verweilen bei unseren Gedanken, Wünschen und Vorstellungen viel angemessener sind als Gebet, Sammlung und schweigendes Warten vor Gott. Kurz: Das Gebet befriedigt uns nicht. Und schon ist die große Versuchung da, es zu lassen und andere, »vernünftigere« Dinge zu tun, Tätigkeiten, die sich mehr auszahlen, als still und unbefriedigt vor Gott zu knien. Wie viele geben nach solchen Erfahrungen das persönliche Gebet auf und stellen es an zweite oder dritte Stelle! Alibis, mit »gutem Gewissen« so zu verfahren, gibt es mehr als genug (auch der Satz »Ich verrichte ja das Stundengebet!« kann ein solches Alibi sein): Da ist dringende Seelsorgsarbeit, da sind die ständigen Störungen, die tausend Pflichten. Und so sagen nicht wenige Priester: Meine Arbeit ist Gebet! Schon hat man sich einer lästigen Pflicht entbunden und die lebensnotwendige Spannung von Gebet und Arbeit zugunsten der letzteren aufgelöst.

Nun kann sich die These »Meine Arbeit ist mein Gebet!« in gewisser Weise auf Ignatius von Loyola berufen. Von einem Novizenmeister befragt, wieviel die jungen Jesuitenscholastiker am Tage beten sollten, gibt Ignatius zur Antwort: Sie sollen sich mit einer Stunde Gebet am Tag begnügen und im übrigen darum bemühen, in ihrer Arbeit, nämlich in ihrem Studium, Gott zu finden. Zu beachten ist hier allerdings zunächst einmal, dass Ignatius voraussetzt, dass die Jesuiten-Fratres tatsächlich eine Stunde am Tag beten. Geschieht dies, so genügt es für den Großteil des Tages, in der Arbeit Gott zu finden. Aber auch das geht für Ignatius nicht automatisch. Er legt vielmehr im Anschluss an diese Weisung dar, dass das Finden Gottes in der Arbeit eine – wie er wörtlich schreibt – »große Selbstverleugnung und Abtötung« voraussetzt. Wie kommt er gerade auf diese Stichworte: Selbstverleugnung und Abtötung?

Man muss dazu wohl bedenken: Arbeit ist in sich gesehen etwas durch und durch Ambivalentes, Zweideutiges. Man kann seine Arbeit z. B. als eine der wichtigsten Weisen der eigenen »Selbstverwirklichung« betrachten und durchführen. Und so ist es ja heute bei vielen Menschen, auch bei manchen Priestern. Sie sind dauernd tätig, dauernd im Einsatz; sie können nicht *einmal* ruhig werden, Abstand gewinnen, sie brauchen die Arbeit, um sich selbst darin zu bestätigen. Bei mancher Arbeit kommt ja in irgendeiner Weise etwas »heraus«. Deswegen erfährt man in der und durch die Arbeit, dass man etwas ist, etwas kann, etwas zuwege bringt. Wenn nun die Arbeit *nur* Mittel zur Selbstverwirklichung ist, kann man Gott nicht darin finden. Deshalb führt Ignatius als Bedingungen die Stichworte »Selbstverleugnung« und »Abtötung« an. Sie wollen zum Ausdruck bringen: Erst wenn man eine andere Grundeinstellung zur Arbeit hat, nicht die der ausschließlichen Selbstverwirklichung und Selbstbestätigung, sondern die des selbstlosen Einsatzes für die anderen, für Gott und sein Reich, erst dann ist sie ein Medium, um darin »beim Herrn« zu sein. Deshalb hat ein völliges Aufgehen in der Arbeit ohne ein Minimum an Gebet und ausdrücklich kontemplatives Einhalten sowie ohne jene Mühe der Selbstverleugnung und Abtötung keinen geistlichen Wert. Längere Gebetszeiten, in denen man Distanz gewinnt, sind unumgänglich notwendig, – auch und gerade für die seelsorgliche Arbeit.

Die Spannung von Gebet und apostolischer Arbeit ist bereits im Leben Jesu zu beobachten (vgl. Mk 1,35 ff), ebenso bei seinen Jügern, die berufen sind, sowohl »mit ihm zu sein« (Mk 3,14) als auch »gesandt zu werden, damit sie predigen« (ebd.). Diese Spannung geht dann durch die Geschichte der Kirche weiter – ablesbar vor allem am Leben der Heiligen. An ihnen zeigt sich: Gebet und Arbeit, Kontemplation und Aktion, Wüste und apostolische Sendung in die Welt bedingen sich gegenseitig und sind ein zwar gespanntes, aber doch notwendig zusammengehörendes Ganzes. Alle Sendung durch Gott in die Welt hinein entspringt dem Hören und Antwortgeben auf sein Wort und weist stets aufs neue in solchen »Dialog« ein. Nur wenn die pastorale Tätigkeit in der Kontemplation gründet, verliert sie das Ziel nicht aus dem Auge, die anvertraute Gemeinde in jene persönliche Beziehung zu Gott zu führen, die sich im Gebet in besonderer Weise ausspricht. Deshalb wurde schon Josua angewiesen, »Tag und Nacht das Gesetz des Herrn zu meditieren, um entsprechend handeln zu können« (Jos 1, 8).

2. Gebet und Priestersein

Das Gebet stellt ein wichtiges Kriterium für das priesterliche Selbstverständnis dar. Denn hier ist der Priester am intensivsten gefragt, als was er sich verstehen will: Als Seelsorgsmanager oder als »Mann Gottes«; als Funktionär oder als der, der seine Arbeit aus dem Mit-Sein mit Christus tut. Ohne Gebet wird Seelsorge mit der Zeit flach und entartet bestenfalls zum funktionierenden Betrieb. Denn wer nicht betet, vermag nicht mehr das Wesentliche zu erkennen, er geht am Anruf Gottes im Alltag vorbei, Wort und Handeln entspringen nicht dem Hören auf Gottes Wort. Ein Bischof hat einmal gesagt: Ich brauche einem Priester nur zwei, drei Minuten bei der Predigt zuzuhören, und ich weiß, ob er betet. – Merkt es nicht auch die Gemeinde?

Ein Priester, der vor Gott und damit vor sich selbst wegläuft und keine wahre Mitte hat, kann auch seinen pastoralen Dienst nicht recht erfüllen. Darum ist dies vermutlich auch das Schlimmste, was einem Priester geschehen kann – und all das kann sehr leicht geschehen! Jeder ist in der Seminarzeit angehalten worden zum Suchen der Nähe Gottes, zu Stille, Einkehr und Gebet. Und kaum jemand wird sich in diesem Punkt in der Seminarzeit nicht ehrlich bemüht hat. Dann kam die Seelsorge, man wurde in Anspruch genommen von tausend Dingen, die Zeit wurde mehr und mehr verplant, die geistigen Energien gingen in die Gemeinde. Was lag näher, als dass man Zeit und Energie dort einsparte, wo es am harmlosesten zu sein schien, nämlich an der Stille, am Gebet, am Hören auf Gottes Wort. Zunächst dürfte sich dann auch wohl gar nichts geändert haben. Und das ist das Gefährliche daran, dass sich zunächst gar nichts zu ändern scheint. Man kann dies mit dem Radfahren vergleichen: Wenn man aufhört, die Pedale zu trampeln, also wenn man keine Energie mehr einsetzt, läuft das Rad trotzdem noch eine ganze Weile weiter. Wenn es gleich stehen bliebe, würde man vielleicht erschrecken und weitertrampeln, aber es läuft ja noch ganz gut. ... So ähnlich ist es auch, wenn man aufhört, Energie, Zeit und Kraft in die persönliche Beziehung zu Christus zu investieren. Zunächst läuft alles noch ganz gut weiter, und man merkt nicht die Zäsur. Nur ganz unmerklich wird alles anders, bis nichts mehr geht – richtig und gut geht.

Gewiss, die vielen Verpflichtungen und Termine der alltäglichen Seelsorgsarbeit, die so oft den guten Willen zum Gebet ersticken, sind nun mal ein Faktum. Aber gehen viele Priester damit nicht sehr widersprüchlich um? Wenn z. B. Schulunterricht zu geben ist, wenn Verpflichtungen für Vorträge, Gruppenstunden, Gottesdienste anstehen, werden die Termine in den Kalender eingetragen und auf Biegen und Brechen eingehalten. Warum werden nicht ebenso Gebetstermine in den Kalender eingetragen und genauso behandelt wie andere Verpflichtungen auch? Wenn dies nicht geschieht, wenn Gebet dasjenige ist, was zuerst aus dem Tagesablauf »herausfällt«, so zeigt sich, dass nicht die vielen Verpflichtungen am Unterlassen des Gebets schuld sind, sondern dass die Werteskala des Lebens insgesamt nicht stimmt.

»Stil«-bildend für das geistliche Leben sollte aber das Gebet nicht nur im Tagesrhythmus sein. Gerade wenn es Tage gibt, die längere Gebetszeiten nicht zulassen, erhält der Wochenrhythmus eine größere Bedeutung, dann auch der Monatsrhythmus. Für letzteren empfiehlt sich die regelmäßige Praxis eines sog. »Wüstentages«[561]: man bricht gewissermaßen aus dem gewöhnlichen Alltag aus, um einen Tag frei zu haben für Gott, fürs Stillewerden, fürs Meditieren und Reflektieren. Und schließlich spielt auch der Jahresrhythmus seine Rolle; hier bieten sich Exerzitien als wichtiger Faktor der Erneuerung an.

3. Kleiner Exkurs: (Gebets-)Beziehung zu Maria?

Einige (wenige) Stimmen beanstandeten, dass in meinem damaligen Buch »Priestersein« überhaupt nicht von der besonderen Beziehung des Priesters zu Maria die Rede war. Nun war und bin ich tatsächlich der Auffassung, dass in diesem Bereich eine gewisse Zurückhaltung durchaus am Platz ist. Wenn man sieht, wie sehr auf diesem Gebiet in der Vergangenheit (psychoanalytisch sehr bezeichnende) Sublimationen stattgefunden haben, wenn man den religiösen Kitsch und hahnebüchenen theologischen Unfug in Rechnung stellt, der noch bis heute herrscht (so heißt es z.B. auf der offiziellen Einladung zum »Jubiläum der Priester« in Rom [14.–18.5.2000] »Die Königin der Apostel empfängt ihre [!] Priester«), wenn man darum weiß, dass in einem deutschsprachigen Seminar ein Drittel der Seminaristen bekennt, sie hätten ihre Priesterberufung durch die Mutter Gottes von Medjugorje empfangen, legt sich eine gewisse »Abstinenz« doch wohl dringend nahe (ähnlich wie nach der überbordenden Mariologie der Zeit Pius' XII. das II. Vaticanum und die postkonziliare Entwicklung wieder zu einer gewissen Nüchternheit zurückkehrten).

Dennoch ist unbestreitbar, dass das priesterliche Amt eine besondere Nähe zu Maria hat. (1) Der Priester steht im Dienst der Kirche. Was Kirche aber

letztlich und endlich ist, zeigt sich in Maria als dem personalen »Realsymbol« und der »vollendeten Gestalt« der Kirche. Maria bezieht in ihre Communio mit dem Gottessohn alle mit ein und fasst in ihr »Ja« alle zur Einheit zusammen. So steht der Dienst des Priester ganz im Horizont der Ecclesia-Maria.[562]
(2) Wenn ein Grundsatz der spezifisch alexandrinischen Theologie lautet: »Was Maria ist, müssen wir werden«, so gilt dies in besonderer Weise vom Priester. Nicht nur im persönlichen Leben, sondern auch in den ihm anvertrauten Christen will Christus neu Gestalt gewinnen, »Fleisch annehmen«, aufs Neue »zur Welt kommen«. Das heißt aber: Nur auf eine »marianische Fruchtbarkeit« hin (H. U. v. Balthasar) hat alles amtliche Tun letztlich Sinn und Bedeutung. Priesteramt und Maria stehen somit in einer engen Beziehung, die sich – je verschieden – dann auch im Gebet und in anderen geistlichen Vollzugsformen ausdrücken darf und soll.

4. Gebet und Stellvertretung

Bei all dem sollte sich der Priester vorhalten, dass das Gebet nicht nur seine »höchstpersönliche« Angelegenheit ist. Es gehört auch zu den Pflichten, die er den anvertrauten Menschen gegenüber hat, und zwar in dreifacher Hinsicht:

(1) Für viele Menschen, mit denen der kirchliche Amtsträger zu tun hat, ist Gott entsetzlich fern, dunkel, tot. Im persönlichen Beten, in dem auch der Priester unweigerlich dem Dunkel des Glaubens begegnet, erfährt er sich solidarisch mit jenen, denen das Glauben schwerfällt. Mit ihnen zusammen erlebt er sozusagen am eigenen Leib das Ringen um Gott: »Ich lasse dich nicht, du segnest mich denn« (Gen 32,27). Dieses Zeugnis seiner oft armseligen Gottsuche im Gebet wird so auch zum solidarischen Mitsein mit der »Welt«.

(2) Die Gemeinde hat ein Recht auf einen Hirten, der nicht dauernd in den Betrieb flüchtet und sich darin selbst davonläuft, sondern der sich Gott und sich selber »stellt«. Nicht einfach einen »gültig geweihten« Priester hat die Gemeinde nötig, sondern einen Priester, der »Mann Gottes« ist, der im Hören auf Gott lebt und als solcher auf die Gemeinde zukommt und für sie da ist. Wie sollen die Priester sonst die Weisung des 2. Vatikanischen Konzils erfüllen, wonach sie niemals »ihre eigenen Gedanken vortragen, sondern immer Gottes Wort lehren sollen.« (PO 4)?

(3) Schon im Alten Testament gehört es zu den wesentlichen Aufgaben der »Gottesmänner«, dass sie stellvertretend für die ande-

ren vor Gott hintreten und sich selbst in die Waagschale werfen für die anderen. So halten sie den Raum für Gott offen in einem Volk, das sich oft genug Gott gegenüber verschließt und verweigert. In dieser Reihe der Gottesmänner, in der auch Jesus steht, ist auch der Priester zum stellvertretenden Beten für die anderen herausgefordert. Er ist – gewiss mit anderen Christen zusammen – gleichsam »ständiger Gebetsdelegierter« für die Gemeinde.[563] Viele Gläubige haben dafür ein selbstverständliches Gespür; sie kommen zum Priester und sagen: »Beten Sie für mich!« Und viele sagen es nicht, aber erwarten es.

Deshalb sollte jeder Priester mit tiefem Ernst überdenken, wie es mit seinem persönlichen Gebet steht, vor allem mit längeren täglichen Gebetszeiten, die der jeweiligen Lust und Laune entzogen ist. Denn – um mit Karl Rahner zu sprechen – »der Glaube des Priesters von heute ist der Glaube des betenden, man könnte fast sagen des mystisch kontemplativen Priesters, oder er ist nicht.«[564]

§ 2 Studium – Geistliche Lesung – Begleitung

Der Priester ist geweiht zum Dienst am Wort. An Christi Statt hat er das Evangelium vom Reich weiterzusagen. Aber es muss so weitergesagt werden, dass es als glaubwürdige, »zündende« Botschaft den Menschen entgegentritt. Im Priesterdekret des II. Vaticanum heißt es darum: »Um Geist und Herz der Zuhörer zu erreichen, darf man Gottes Wort nicht nur allgemein und abstrakt darlegen, sondern muss die ewige Wahrheit des Evangeliums auf die konkreten Lebensverhältnisse anwenden. Der Dienst am Wort wird demgemäß auf verschiedene Weise ausgeübt, je nach den Erfordernissen der Zuhörer und den Gaben der Verkündiger« (PO 4). Das heißt: Das Wort darf nicht »irgend- wie« verkündet werden, sondern so, dass es den jeweiligen Hörer wirklich erreichen kann. Das erfordert Überlegung, Mühe, Studium, zumal in der heutigen Zeit, da die Menschen mit vielen Fragen und Problemen und nicht selten in der Haltung kritischer Skepsis dem Evangelium entgegentreten. Die Glaubensverkündigung hat die Probleme der Menschen aufzugreifen und ihrem kritischen Fragen auch rational-argumentativ standzuhalten. Dies geht nicht ohne Studium (vgl. auch PO 19). Insofern gehört es zu den indispensablen Pflichten des Priesters.

Das können vielleicht folgende drastische Überlegungen verdeutlichen: Einem Chirurgen, der nicht mehr studiert und dem wegen fehlender Informationen über neue Erkenntnisse und Methoden eine Operation misslingt, kann wegen Verletzung der ärztlichen Sorgfaltspflicht der Prozess gemacht werden. Was ist da mit einem Priester, der gleichfalls auf Grund fehlenden Studiums die »Sorgfaltspflicht« bei der Verkündigung verletzt, so dass die Gemeinde in Predigt und Glaubensunterweisung nicht wirklich erreicht wird und das Wort Gottes seine Kraft nicht entfalten kann? Und zudem: Wer überhaupt kein Interesse an Theologie hat, müsste sich doch wohl fragen, was ein Glaube, der nicht mehr Gegenstand des Nachdenkens und der Sehnsucht, darin noch Überraschungen zu entdecken, eigentlich bedeutet.

Auch Johannes Paul II. empfiehlt in seinem Gründonnerstagsschreiben von 1979 mit Nachdruck das ständige Studium der Theologie: »Es genügt nicht, bei dem stehenzubleiben, was wir einmal im Seminar gelernt haben. … Der Prozess der geistigen Bildung muss das ganze Leben hindurch weitergehen. … Für die Menschen … müssen wir *Zeugen* Jesu Christi *mit entsprechender Qualifikation* sein. Als Lehrer der Wahrheit und der Sittenordnung ist es unsere Aufgabe, ihnen überzeugend und wirksam Rechenschaft von der Hoffnung zu geben, die uns erfüllt. Auch dies macht einen Teil der täglichen Umkehr zur Liebe durch die Wahrheit aus.«[565] Studium hat es für den Papst also mit täglicher Umkehr zu tun. Es ist eine wahrhafte Mühe, zu der man sich – täglich! – aufraffen muss. Insofern ist Studium auch ein »Stil«-Element priesterlicher Spiritualität.

Etwas Ähnliches gilt von der regelmäßigen Geistlichen Lesung, d.h. von der Beschäftigung mit literarischen Zeugnissen, welche geistliche Impulse vermitteln. Derjenige, der zur Weitergabe des Glaubens bestellt ist, bedarf ständig neuer Anregungen, um nicht leer zu laufen und nur noch längst verbrauchte Allgemeinplätze und Worthülsen weiterzugeben. Und auch der eigene Glaubensvollzug kann nicht leben von einer »Marschverpflegung«, die man in einem während der Ausbildungszeit fürs ganze Leben gefüllten »Rucksack« mit sich trägt. Jeder Mensch ändert sich im Lauf der Jahre. Lebens- und Arbeitssituationen werden anders, neue Fragen und Schwierigkeiten entstehen, Einsichten und Haltungen, die einmal selbstverständlich waren, werden problematisch. Wer meint, das alles mit sich selbst ausmachen und bestehen zu können, täuscht sich. Er übersieht, dass wir Menschen immer auch – und ganz wesentlich – von Erfahrungen, Einsichten und Ideen anderer leben. Darum braucht besonders der Priester – natürlich nicht nur er! – neben dem persönlichen geistlichen Austausch mit anderen auch die geistliche Lesung, sozusagen als eine permanente geistliche Begleitung. Einer der großen englischen Priesterseelsorger, Ronald Knox, bemerkt in einem Kapitel über die geistliche Lauheit: »Fragen Sie mich nach einem Medikament dagegen, dann ist meine kurze Antwort: ›Geistliche Lesung‹.«[566]

Ob nicht auch deshalb von manchen Priestern so wenig geistliche Anregungen auf die Gemeinde ausgehen, ob nicht auch deshalb manche Predigten so steril, so inhaltslos, so ewig sich wiederholend sind, weil man selbst zu wenig geistliche Anregungen empfängt?

Geistliche Lesung als »permanente geistliche Begleitung«, – dieses »Stichwort« verweist auf einen noch ungleich wichtigeren Faktor, den der »*persönlichen* geistlichen Begleitung«. Wer als Priester dazu gerufen ist, ständig Menschen spirituell zu begleiten, Gemeinden, Gemeinschaften, einzelne Christen, kann und darf nicht selbst ohne solche geistliche Begleitung sein. Wenn man nicht bereit ist, sich einem anderen gegenüber in aller Wahrhaftigkeit und Tiefe zu eröffnen, ihn um Rat und Weisung zu fragen und sich gegebenenfalls mit ihm ernsthaft auseinanderzusetzen, so dürfte dies ein Zeichen dafür sein, dass man im Leben und priesterlichen Handeln lieber eigenen Strebungen, Stimmungen und Wünschen folgt als dem Hören auf Gottes Wort. Wie leicht ist es möglich, sich selbst etwas vorzumachen und einzureden: Dies oder jenes will Gott (oder will Gott nicht), dies oder jenes ist vor Gott schon so in Ordnung usw. Und gerade weil man im Tiefsten ahnt oder weiß, dass das In-Frage-Stehende nicht dem Willen Gottes und seiner Ordnung entspricht, redet man mit niemandem darüber. Man betrügt sich selbst. Dagegen ist die Bereitschaft, sein Leben und Handeln dem Urteil eines anderen (oder anderer) auszusetzen, die Probe aufs Exempel dafür, dass man wirklich das »Gegenüber« Gottes, das sich gleichsam im Gegenüber eines Mitchristen zeichenhaft ausdrückt, sucht und dieses nicht mit seinen eigenen verborgenen Wünschen und Antrieben verwechseln will. Rat, Empfehlung, Weisung und Warnung eines geistlichen Begleiters sind Mittel, um aus dem Kreisen um sich selbst und aus möglicher Selbsttäuschung herauszukommen, ganz abgesehen davon, dass es jedem dringlichst zu empfehlen ist, regelmäßig das Bußsakrament zu empfangen, um sich den eigenen Abgründen und Fehlhandlungen zu stellen und in der Zusage der Vergebung einen neuen Anfang zu machen.

Darum ist es älteste und ununterbrochene Weisung aller geistlichen Lehrer, dass man seinen Weg vor Gott nicht allein, sondern begleitet von anderen oder mit anderen zusammen geht. Sonst ist die Gefahr der Selbstvergiftung viel zu groß. »Über keinen freut sich der Teufel so sehr wie über jene, die ihre Gedanken nicht offenbaren,« heißt eine durchgehende geistliche Weisheit.[567] Weil die Brüder und Schwestern in Christus gleichsam ein »Spiegel« der Stimme Gottes sind, ist es wichtig, »gemeinsam zu erkennen suchen, wo Gott uns in den Ereignissen, Begegnungen und Gedanken unseres Erdentages spürbar berührte, aber auch, wo wir ihn durch unser Verhalten aus unserem Leben hinausdrängten.«[568] Nach einem schönen Wort von Dietrich Bonhoeffer ist es »Christus im Bruder«, der oft mehr erkennt »als Christus im eigenen Herzen«.

Dabei ist es natürlich nicht gleichgültig, wem man sich eröffnet und von wem man Weisungen entgegennimmt. Derjenige, von dem man aus Erfahrung weiß, dass er nur gut zuredet, tröstet, bestätigt, allenfalls ein paar »handgestrickte« fromme Ratschläge gibt, ist meist nicht derjenige, der Verantwortung für mich vor Gott übernimmt und aus dieser Verantwortung heraus mich gegebenenfalls auch einmal hart anpackt und »gegen den Strich bürstet«. Vor allem reicht »Frömmigkeit« allein nicht aus. Schon Teresa von Avila klagte über die frommen und bat Gott stattdessen um gelehrte Beichtväter, nämlich um solche, die selbst über geistliche Erfahrung und geistliche Urteilskraft verfügten und deshalb andere mit Sachverstand beraten könnten.

§ 3 Frei-Zeit

»Ruht euch ein wenig aus!«, ruft Jesus seinen Jüngern zu (Joh 6,30; ähnlich Mk 6,31). Erholung, Freizeit, Urlaub u.dgl. haben es also auch mit dem Leben »im Herrn« zu tun. Was ist dazu im einzelnen zu sagen?

Leben spielt sich in der Polarität von Spannung und Ent-Spannung ab, das heißt für den Menschen: zwischen Arbeit und Freizeit, zwischen belastenden Pflichten und entlastendem »dolce farniente«. Diese Spannung muss wahrgenommen und realisiert werden, soll das Leben nicht zu Grunde gehen. Man wird sogar sagen müssen: Wer nicht angespannt arbeiten kann, kann auch nicht richtig Freizeit haben und Urlaub machen; und wer das nicht kann, kann auch nicht richtig arbeiten. Leben muss beides »können«, und so muss auch das priesterliche Leben beides realisieren. Deshalb gehört es zum Lebensstil des Priesters, sich neben Arbeit, Gebet und Studium auch um Zonen und Räume der Erholung zu sorgen. Zu Recht vermerkt H. Brantzen: »Von solchen Rekreationszeiten können weder das Bild vom selbstlosen Priester, noch ein bischöfliches Dekret, noch die oft maßlosen Anforderungen einer Gemeinde dispensieren. Es müsste zur Erhaltung der eigenen Arbeitskraft persönlich verpflichtend gehören, solche Aus-Zeiten einzuhalten.«[569] Diese werden im einzelnen gemäß persönlichen Vorlieben, Interessen und Wünschen inhaltlich sehr verschieden gefüllt sein.

Auf keinen Fall aber sollte die Begegnung mit Gottes guter Schöpfung, also so etwas wie »Naturerfahrung« fehlen. Denn die ist aufs engste auch mit Gotteserfahrung verbunden.[570] In der Natur kann man die Haltung des Staunens, der Faszination, der Ehrfurcht, des spontanen Gotteslobs lernen. Wie viele Psalmen haben als Grundlage und Ausgangspunkt das Gotteslob angesichts der Herrlichkeit der Schöpfung! Wie können wir sie beten und sie anderen beten lehren, wenn wir nicht gleiche oder ähnliche Erfahrungen machen? Vergessen wir nicht: Jesus war ein Wanderprediger und als solcher in der Natur daheim. Er und seine Jünger sind unterwegs in der Natur und führen hier die entscheidenden Gespräche über das Reich Gottes. Davon künden viele Gleichnisse aus der Natur. Landschaften, Tiere, Blumen, Berge, Seen, Wüsten sind in die Verkündigung des Reiches Gottes hineingenommen.

Bei der Erfahrung der »Natur« geht es nicht nur um ein meditatives Sich-Versenken in die Schöpfungswirklichkeit, sondern buchstäblich auch um ihr Er-Gehen, Er-Fahren. Ulrich Niemann, Jesuit und Psychotherapeut mit einer weitgespannten Praxis an Priestern und Ordensleuten, hat beobachtet, dass fast alle depressiven Geistlichen unter Bewegungsmangel litten. Symptome für dieses Defizit sind Kreislaufstörungen, Kopfschmerzen, Antriebsschwäche, Stimmungslabilität, innere Unruhe, »Erleichterungstrinken« u.a. Zur inneren Zufriedenheit eines Seelsorgers, so seine These, gehört wesentlich körperliche Beweglichkeit. Wer nicht durch Gottes gute Schöpfung geht, wer sich nicht mit seinem Leib bewegt, geht auf Dauer körperlich, psychisch und auch geistlich zu Grunde.[571] Zur Erholung sollte darum für den Priester, der oft viel zu sehr »herumsitzt«, »herumsteht« oder Auto fährt, körperliche Bewegung wesentlich dazugehören.

Ein weiteres wichtiges Element der »Aus-Zeit« könnte und sollte die Hinwendung zum »Schönen« sein. Darauf hat in letzter Zeit vor allem Klaus Demmer hingewiesen:

> »Besonders der ehelose Priester braucht die Freude an schönen Dingen, er braucht einen Ausgleich, da ihm die Schattenseiten des Lebens doch beängstigend und drängend nahe sind. … Man muss eine kultivierte Persönlichkeit sein, wenn man einschneidende Verzichte, ohne menschlich Schaden zu nehmen, bestehen will. Das mag ein wenig verschroben klingen, und mancher Seelsorger wird sagen, er sei nun einmal kein Schöngeist, sondern ein Mann der Praxis, Erlesenheit könne auch Grenzen aufrichten oder den anderen an die Wand drücken. Solch ein Einwand wäre nur zum Teil berechtigt. Ein kultivierter Lebensstil hat zunächst einmal mit Luxus nichts zu tun, Kultur und Einfachheit lassen sich leicht miteinander verbinden.«[572]

Wie auch immer: ohne Ent-Spannung, Erholung und Aus-Zeiten wird das priesterliche Leben auf Dauer freudlos, verdrießlich und träge. Selbst der so entschiedene »Asket« und Gründer eines der strengsten Orden der Kirche, des Kartäuserordens, der hl. Bruno, schreibt als Begründung für Entspannung und Erholung: »Wenn ein Bogen ständig gespannt ist, erschlafft er und vermag seinen Zweck nicht mehr zu erfüllen.«[573] Gerade um kraftvoller »Bogen« zu sein und zu bleiben, hat der Priester der Weisung Jesu zu folgen: »Kommt, ruht euch ein wenig aus!«

§ 4 Priester untereinander und miteinander

Dass es Dauerprobleme im Verhältnis unter Priestern gibt, ist bekannt. Die »invidia clericalis«, d. h. der Neid der Geistlichen über die Erfolge der anderen, ist eine geradezu sprichwörtliche Wendung. Das Verhältnis Pfarrer-Kaplan, Sonderfall des Generationenkonflikts, ist nicht selten spannungsgeladen. Aber solche Schwierigkeiten kommen auch in anderen vergleichbaren Berufen vor; man sollte sie daher nicht überbewerten. Allenfalls stellt sich die Frage, warum »geistliche Menschen«, also solche, die sich von Gott in die besondere Nachfolge Christi gerufen wissen, nicht eher solchen Herausforderungen gewachsen sind. Doch das soll nicht Gegenstand weiterer Ausführungen sein. Hingegen ist von einer Theologie des Amtes her mit Nachdruck darauf hinzuweisen, daß amtliche Sendung, wie sie im Neuen Testament grundgelegt und in der Geschichte der Kirche entfaltet ist, wesentlich Gemeinschaftscharakter hat. Sie ist etwas »Kollegiales«.

Schon Jesus schickt seine Jünger zwei und zwei vor sich her, damit sie »zu zweit«, also »kollegial«, das Reich Gottes in Wort und Tat bezeugen. Er ruft seine Jünger aus der Familie, aus den »alten« menschlichen Bindungen heraus, um sie gleichzeitig in die neue Familie seiner Brüder und Schwestern hineinzustellen. Mag sich diese »Kollegialität« der Jüngerschaft auch zunächst darin äußern, dass sich alle angesichts des Scheiterns Jesu »einmütig« davongemacht haben (Mt 26, 56): durch den Heiligen Geist wurde ihnen jedenfalls eine neue Einmütigkeit, die der gemeinsamen Sendung geschenkt (Apg 2, 1 ff), welche sich fortan in der Kirche durchhalten soll. So spricht schon Paulus in dem für sein Amtsverständnis wichtigen Text 2 Kor 5 in der Wir-Form: wir – Apostel; wir – Gesandte an Christi Statt. Das ökumenische Konsenspapier der Gruppe von Dombes »Le ministère épiscopal«[574] skizziert den neutestamentlichen Befund kurz so: »Die verschiedenen Kirchen angehörenden Hirten üben ihr Amt solidarisch aus. Im Neuen Testament wird hingewiesen auf gegenseitige brüderliche Besuche (Apg 21, 17–18; Gal 2, 1–10), auf den Austausch von Briefen (Kol 4, 16), auf die Aussendung von Amtsträgern in neu entstehende Gemeinden (Apg 11, 19–26; 13, 1–3), auf Kollekten zugunsten von notleidenden Kirchen (2 Kor 8–9), auf gegenseitige Absprachen, um zu gemeinsamen Entscheidungen zu kommen (Apg 15, 1–35).« Auch die jüdische Herkunft des Presbyter-Titels erinnert an dessen kollegialer Struktur: Presbyter ist man im Presbyterium.

Diese wenigen Hinweise zeigen in eine ganz bestimmte Richtung, dass nämlich der besondere amtliche Dienst der Christus-Repräsentation selbst der Einbindung in einer Gemeinschaft bedarf: Der Priester steht im Presbyterium, der Bischof im Bischofskollegium. Gewiss, *vorrangig* besteht der Sinn der kollegialen Struktur des Amtes darin, die durch den Vorsteher repräsentierte Einzelgemeinde oder -diözese in das Ganze der kirchlichen Communio hineinzustellen. Aber Kollegialität bedeutet *auch*, dass der einzelne Amtsträger seiner Gemeinde als jemand gegenübertritt, der in der brüderlichen Gemeinschaft der amtlich beauftragten Jünger Christi eingebunden ist und gerade so auf den Herrn und Meister der Jüngerschaft und auf die Quelle und das Ziel aller Brüderlichkeit verweist.

Die Brüderlichkeit des Amtes verlangt heute nach einer intensiveren existentiellen Verwirklichung. In einer immer »weltlicher« werdenden Gesellschaft bedarf der Priester engerer persönlicher Bindungen und eines durch freundschaftlich-brüderliche Beziehungen geprägten Lebensraumes, wo er als Christ und Priester zu leben vermag. Auch Jesus rief seine Jünger nicht aus der Familie heraus, um sie zu isolieren, sondern um sie in seine »neue Familie« einzuweisen. Diese »neue Familie« ist zunächst einmal die Gemeinde, in der der Priester das Amt des Vorstehers verwaltet und Christ unter Mitchristen ist. Aber sind unsere Gemeinden wirklich Räume gemeinsamen Lebens? Das, was wir Gemeinden oder derzeit und künftig »Seelsorgeeinheiten« nennen, ist oft viel zu groß, zu unüberschaubar, zu anonym, als dass es Medium und tragender Grund lebendiger Gemeinsamkeit sein könnte. Deshalb bedarf es kirchlicher Gemeinschaften, wo Kirche als »Familie Gottes« erfahrbar wird, wo man miteinander den Weg der Nachfolge Jesu gehen kann, ein Raum, in dem einer den andern trägt. Nur solche Gemeinschaften können auch für den Priester bergender Lebensraum sein. Wo dies nicht der Fall ist, wird die Krise der Kirche auch leicht zur Krise des Priesters.

Der Priester steht aber nicht nur als Christ unter Mitchristen in seiner Gemeinde, als besonders Beauftragten prägt ihn auch die Gemeinschaft mit andern beauftragten Jünger. Ist dies nur Ideal oder auch Wirklichkeit?

Das Priesterdekret des II. Vatikanischen Konzils bringt manche Anregungen für die konkrete Verwirklichung priesterlicher Gemeinschaft:

> »Die Ältesten mögen die Jüngeren wahrhaft als Brüder annehmen und ihnen bei den ersten Arbeiten und Schwierigkeiten ihres Dienstes zur Seite stehen. Ebenso seien sie bemüht, deren – wenn auch von der eigenen verschiedene – Mentalität zu verstehen und ihr Beginnen mit Wohlwollen zu fördern. Die Jungen mögen in gleicher Weise das Alter und die Erfahrung der Älteren achten, mit ihnen Fragen der Seelsorge besprechen und willig zusammenarbeiten. Der Geist der Bruderliebe verpflichtet die Priester, Gastfreundlichkeit zu pflegen, Gutes zu tun und ihre Güter zu teilen, wobei ihre besondere Sorge den kranken, bedrängten, mit Arbeit überlasteten, den einsamen, den aus ihrer Arbeit vertriebenen Mitbrüdern gelten soll, sowie denen, die Verfolgung leiden. Sie sollen sich auch gerne mit Freude treffen, um sich zu erholen, in Erinnerung an die Worte, mit denen der Herr selbst die müde gewordenen Apostel einlud: ›Kommt her, ihr allein, an einen einsamen Ort, und ruht ein wenig aus‹ (Mk 6,31). Damit die Priester darüber hinaus im geistlichen Leben und für die Erweiterung ihrer Kenntnisse aneinander Hilfe haben, damit sie besser in ihrem Dienst zusammenarbeiten können und vor Gefahren geschützt sind, die vielleicht dem Einsamen drohen, soll das gemeinsame Leben oder eine Art der Lebensgemeinschaft unter ihnen gefördert werden. … Schließlich werden sich die Priester, aufgrund der gleichen Gemeinschaft im Priestertum, in besonderer Weise denen gegenüber verpflichtet wissen, die unter irgendwelchen Schwierigkeiten leiden. … Mit brüderlicher Liebe und großer Herzensgüte sollen sie aber denen zur Seite stehen, die in irgendwelchen Punkten versagt haben; für sie müssen sie sich mit inständigem Gebet bei Gott verwenden und sich ihnen gegenüber stets als wahre Brüder und Freunde erweisen« (PO 8).

Aber bedarf es nicht verbindlicherer Modelle gemeinsamen Lebens und gemeinsamen pastoralen Handelns in einer Zeit, wo der Priester (zusammen mit anderen entschiedenen Christen) die ganze »Heimatlosigkeit« gläubiger Existenz erfährt? Die Frage: Wo bin ich eigentlich daheim, mit wem kann ich Freud und Leid teilen?, stellt sich drängender denn je. Natürlich könnte man diese Frage rein »geistlich« beantworten: Daheim sind wir erst, wenn wir »beim Herrn« sind, dann, wenn die Zeit unserer »Pilgerschaft« beendet ist; bis dahin sind wir »unterwegs«. Diese an sich richtige Antwort übersieht nur, dass die »Morgenröte« der uns verheißene Zukunft ja bereits anbricht; dass die himmlische Heimat sich jetzt schon in kleinen Zeichen »vorweg-entwirft«. Kirche, gläubige Familien (»ecclesiolae«), kirchliche Gemeinschaften und auch die Bruderschaft der Priester können und sollen solche Vor-Zeichen von Heimat sein.

Nicht zuletzt stellt sich aber auch die Frage, wie denn unter heutigen Bedingungen die Ehelosigkeit um des Reiches Gottes willen gelingen und zu reifem Menschsein führen kann, ohne dass menschliche Werte wie Freundschaft, Kommunikationsfähigkeit, emotionale Expressivität usw. verkümmern. Man kann von Seiten der Kirche nicht eheloses priesterliches Leben fordern, ohne die Voraussetzungen zu schaffen, unter denen es sich verwirklichen lässt. Kann man, darf man überhaupt einen jungen Menschen für das Priestertum zu gewinnen suchen, ohne ihm gleichzeitig eine überzeugende, menschlich und geistlich lebbare, ja anziehende Lebensform anzubieten? Schreckt nicht die derzeitige Weise, wie Priester leben, manch einen ab, diesen Beruf zu ergreifen, weil er nicht irgendwo allein und isoliert »herumhocken« und arbeiten möchte? Gewiss, schon heute gibt es die Möglichkeit, Priesterkreise und Seelsorgeteams zu bilden oder sich einer der zahlreichen Priestergemeinschaften anzuschließen. Vor allem bietet sich die Lebensform der »vita communis« an. Doch scheint das Problem eines verbindlichen gemeinsamen Miteinanders in seiner ganzen Tragweite von vielen Bischöfen und Priestern noch nicht hinreichend erkannt, geschweige denn gelöst zu sein. Es würde auch den Rahmen dieses Buches sprengen, Modelle priesterlicher Lebensformen zu erörtern.[575] Eines aber ist gewiss: der Priester kann nur dann als Gesandter Christi dessen Testament »Alle sollen eins sein!« glaubhaft weitertragen, wenn er selbst sich um diese Einheit mit seinen Amts-»Brüdern« bemüht, wenn er selbst ein »communialer Mensch« zu sein sucht.

Daraus ergeben sich eine Reihe von Fragen an das geistliche Leben des Amtsträgers: Warum ist das Leben nicht weniger Priester ein Insel-Dasein? Muss man als Zölibatär auf Dauer »komisch« werden? Oder wo und wie kann auch er in zwischenmenschlichen Beziehungen, durch Korrektur und Konflikt, durch gegenseitige Anerkennung und Ermutigung reifen (*analog* dem, wie Eheleute aneinander reifen)? Warum ist die Zusammenarbeit unter Priestern oft so mühsam? Kann man es sich in einer Zeit des Umbruchs und der schwieriger werdenden Seelsorge noch leisten, ein »Einzelkämpfer« zu sein (auch wenn es solche Berufungen zu Recht immer geben wird)? Warum ist ein hilfreiches geistliches Gespräch unter Priestern oft so unendlich schwer? Dabei hätte man sich mit Sicherheit ungemein viel zu sagen und zu geben: Schwierigkeiten mitzuteilen, Anregungen auszutauschen und – vor allem – sich gegenseitig zu trösten. Paulus scheut sich jedenfalls nicht zu bekennen, dass er in den Schwierigkeiten und Drangsalen seines Amtes getröstet wurde durch Gemeinden, Mitchristen und vor allem durch apostolische Mitarbeiter (vgl. z. B. 2 Kor 7,6 ff). In der gegenseitigen brüderlichen Tröstung vermittelt sich der Trost Gottes selbst weiter (vgl. 2 Kor 1,3 ff).

§ 5 Sorge um Nachfolger

Soll auch das ein »Stil-Element« geistlich-priesterlichen Lebens sein? Auffällig ist jedenfalls, dass bestimmte Priester über Jahre hinweg eine Anzahl von jungen Männern für den Priesterberuf interessieren, so dass diese dann in ein Seminar oder einen Orden eintreten, während von anderen Priestern keine derartigen Impulse auszugehen scheinen. Offenbar gehört es für erstere zum eigenen Priestersein dazu, sich um Nachfolger zu sorgen. Damit folgen sie einer Spur des Neuen Testaments, wo bereits angedeutet ist, dass der Amtsträger darauf bedacht sein soll, Nachfolger in seinem Amt zu haben (vgl. 2 Tim 2,2). So galt denn auch lange Zeit im Klerus als »ungeschriebenes Gesetz«, jeder solle wenigstens von einem jungen Mann sagen können, dass er ihn, wenn nicht zum Priestertum gebracht, so doch auf dem Weg dorthin begleitet habe. Auch das Priesterdekret des II. Vaticanum weist auf diese Aufgabe hin: Weil man nicht erwarten kann, dass der Ruf zum Priestertum auf außerordentliche Weise an junge Menschen ergeht, ist er »aus Zeichen zu ersehen und zu beurteilen, durch die auch sonst der Wille Gottes einsichtigen Christen im täglichen Leben kund wird; diese Zeichen müssen die Priester aufmerksam beachten« (PO 11).

Normalerweise ruft Gott durch Menschen, und der Priester hat sich zu fragen, ob Gott nicht durch ihn die Bereitschaft eines jungen Menschen, sich senden zu lassen, wecken will. Leben entzündet sich am Leben! Der Wunsch, Priester zu werden, wird wach an exemplarisch vorgelebtem Priestertum. Und dazu gehört auch, dass man auf mögliche Nachfolger bedacht ist, ihnen zur Seite steht und auch einmal ausspricht, dass man Nachfolger haben möchte. Nun gibt es heute nicht wenige Priester, die dies unterlassen, ja gelegentlich sogar bewusst ablehnen. Einige nennen offen den Grund: Da sie selbst in ihrem Amt nicht glücklich und erfüllt sind, wollen sie anderen diesen Weg ersparen. Das ist wenigstens eine ehrliche und deshalb respektable Haltung. Andere dagegen empfinden es als indiskret, junge Menschen auf geistliche Berufe, zumal auf den Priesterberuf hin anzusprechen. Könnte so nicht die notwendige Freiheit beeinträchtigt werden?

Ein Blick in die Geschichte der Kirche zeigt, dass man in der frühen Zeit nicht so »zimperlich« war. Im Altertum hat man entsprechenden jungen Männern derart zugesetzt, Priester zu werden, dass mancher geeignete junge Mann Bischöfen (und Gemeinden), welche Priester suchten, sorgfältig aus dem Weg ging. Das bekannteste Beispiel hierfür ist Augustinus. Bei den (Laien-)Mönchen des Altertums gab es geradezu den Grundsatz: »Meide Frauen und Bischöfe!«, um nicht auf eine dieser beiden so unterschiedlichen Versuchungen hereinzufallen und die mönchische Lebensform aufgeben zu müssen. Ja, im christlichen Altertum galt es als normal, zur Weihe (moralisch) gezwungen worden zu sein (was nicht heißt, dass man auf ein grundsätzliches Einverständnis zur Weihe verzichtete); dagegen war man skeptisch und zurückhaltend dem gegenüber, der sich allzu bereitwillig zur Verfügung stellte.[576] Nicht in der subjektiven »Dauerreflexion« (Bin ich nun berufen oder nicht?) und in der einsamen Entscheidung eines jungen Menschen zum Priesteramt sah man ein Zeichen für den Ruf Gottes, sondern im Drängen von außen, zumal von seiten einer Gemeinde. Und die so gedrängten jungen Männer gaben angesichts der Notlage der Gemeinde, einen Priester haben zu müssen, wenn auch nicht gerade begeistert, meist nach.

Auch heute noch wird man von dieser altkirchlichen Praxis lernen können: Selbst wenn es so etwas wie die Erfahrung eines persönlichen Rufes gibt – letztlich entscheidet über die Berufung zum Priestersein nicht der Betreffende selbst, sondern der Bischof (und die Gemeinde). Das kirchliche Amt ist nicht Gegenstand der Forderung dessen, der sich für berufen hält, sondern man wird damit betraut (Passiv!). Diese Initiative von außen fehlt heute oft. Wenn nicht über Sinn und Notwendigkeit des Priestertums (auch des zölibatären Priestertums) gepredigt wird, wenn nicht Priester und Gemeinden mit Nachdruck jungen Menschen klarmachen, dass sie gebraucht werden und dabei auf die Unterstützung aller rechnen dürfen, darf man sich dann wundern, dass es mit dem Priesternachwuchs im argen liegt? Zurecht haben die Schweizerischen Bischofe in einem Brief an die Gemeinden geschrieben:

»Mit Sorge beobachten wir … in vielen Pfarreien noch immer ein weitverbreitetes und unbekümmertes Anspruchsdenken: [sie] … erwarten von uns Bischöfen selbstverständlich, dass wir ihnen einen Priester zur Verfügung stellen. Aber fragen sie sich auch in genügendem Maße umgekehrt, ob sie in ihren Pfarreien junge Menschen zum kirchlichen und speziell priesterlichen Dienst ermutigen und uns Bischöfen zur Verfügung stellen? Diesbezüglich ist ein großer Bewusstseinswandel notwendig. Wenn die Pfarrei wirklich eine mündige Gemeinde ist, muss sie sich selbst fragen: Welchen Beitrag ist sie zu leisten bereit, damit sich junge Menschen aus ihren Lebensräumen zu einem kirchlichen Dienst entscheiden können?»[577]

Zu bedenken ist auch, dass nicht selten junge Menschen heute ichschwächer als früher sind. Für viele ist es nur schwer möglich, sich selbst zu sagen: Ich möchte Priester werden! Sie trauen es sich nicht zu. Gerade deshalb bedürfen sie der Aufmunterung und Zustimmung von außen, sie haben jemanden notwendig, der ihnen sagt: Du, ich traue dir das zu, du könntest das! Dass dennoch sowohl die Predigt über das Amt wie auch das Gespräch mit jungen Leuten die Haltung der Behutsamkeit und »Delikatesse« erfordert, ist nicht nur eine Frage des Anstands, sondern auch des Glaubens, der weiß, dass letztlich nicht menschliche Aufdringlichkeit, sondern Gott selbst beruft.[578]

Heute wird man in dieser Hinsicht noch diskreter, ja zurückhaltender sein müssen, weil sich unter diejenigen, die sich für das Amt interessieren, auch manch »seltsamer Vogel« einnistet und nicht selten sogar zur Weihe kommt, da eine Reihe von Bischöfen in einer Art Torschlusspanik weihen, was (»eben noch«) zu weihen ist. Immer noch gibt es Diözesen, in denen mehr oder minder jeder ordiniert wird, der – anschaulich gesagt – keine silbernen Löffel gestohlen hat, d.h. der nicht negativ aufgefallen ist, und von dem man den Eindruck hat, dass er wohl den Zölibat halten wird. Tatsächlich durfte man lange Zeit mit gutem Gewissen auch so verfahren, weil man die Hoffnung haben konnte, dass selbst »zarte Pflänzchen« und »seltsame Vögel« später in den Gemeinden von Mitchristen und Mitbrüdern getragen und aufgefangen würden. Eben deshalb brauchte man die Voraussetzungen für die Priesterweihe nicht so »hoch zu hängen«.

Angesichts der heute veränderten Situation kann man aber so nicht weiter verfahren. Es geht nicht an, dass Bischof und Seminarvorstehung gewissermaßen die »Beweislast« haben, wenn sie einen Seminaristen nicht zur Weihe zulassen. Es muss gerade umgekehrt sein: Der Seminarist hat den Beweis zu erbringen, dass er positiv für den Beruf hier und heute geeignet ist. Wohlgemerkt: Dieses Höherhängen der »Messlatte« geschieht nicht etwa, weil man eine »elitäre Priestermannschaft« haben möchte, sondern weil es um die Zukunft von jungen Menschen geht, deren Weg nicht auf Illusionen, Utopien oder Träumereien gegründet sein darf. Wenn man sieht, wie viele Gemeinden sich an ihren Priestern reiben und sie oft nur mit Mühe ertragen, wenn man feststellt, wie viele Priester sich heute ihrer Aufgaben nicht gewachsen fühlen, deswegen todunglücklich sind und daraus entweder die Konsequenz eines Doppellebens oder einer Amtsaufgabe ziehen, wenn in manchen Diözesen ein hoher Prozentsatz der Priester ihr Amt aufgegeben hat und immer noch aufgibt oder wenn es in fast allen Diözesen eine Reihe junger Priester gibt, die 2–3 Jahre nach einer nicht selten aufwendig gefeierten Primiz aus dem Amt scheiden, dann müsste doch eigentlich bei vielen Verantwortlichen der »Wecker rasseln«. Gerade weil Gemeinden zu Recht Priester erwarten dürfen, die ihren Dienst dem Evangelium gemäß ausüben, und gerade weil zu wünschen ist, dass die Priester bei allen Schwierigkeiten, die es auch in ihrem Beruf gibt, Lebenserfüllung, Freude, inneren Frieden finden, und nicht in Tragödien enden, sollte man den Kandidaten klar machen, dass mit diesem Beruf in gegenwärtiger und mittelfristiger Perspektive ein hoher Anspruch verbunden ist und darum nicht jeder, der selbst meint oder von dem »man« meint, »es ginge schon irgendwie«, auch geweiht werden kann.

Es reicht also nicht aus, sich wie ehedem an den bestehenden Verhältnissesn zu orientieren – zu viele Umstände haben sich heute gewandelt und werden sich weiter wandeln. Der Priester der Zukunft wird sich intensiver als früher in die Gemeinschaft des Gottesvolkes hineinzustellen haben, vor allem dadurch, dass er mit den Laien zusammenarbeitet, Verantwortung delegiert, Mitentscheidung praktiziert, dass er den Laien-Mitarbeitern nicht dank besseren Könnens oder verbriefter Rechte als Chef begegnet, sondern »geistlich«: als Bruder unter Brüdern und Schwestern in einer Gemeinschaft von unterschiedlichen Berufungen.[579] Damit ist gegeben, dass der Priester künftig in einem gegenüber früher ungemein gesteigerten Maß gemeinschafts- und kommunikationsfähig zu sein hat. Er wird – weit mehr als heute – unter den Menschen »präsent« sein müssen und keine privilegierte Existenz mehr führen dürfen, wie sie ihm heute schon ab dem ersten Tag im Priesterseminar

»nonverbal« dokumentiert wird, indem er keinen Militär- oder Zivildienst zu leisten, keine Wohnung zu suchen, sich um keine Versorgung zu kümmern braucht. Der »Herr« Seminarist ist ja »etwas Besonderes«. So wird es gewiss nicht weitergehen (und weitergehen dürfen) weder mit den Seminaristen noch mit den Priestern selbst. Denn da sich vermutlich die Kirchensteuer auf Dauer *so* nicht halten lässt und eine kleiner werdende Kirche auf mehr oder minder freiwillige Spenden ihrer Gläubigen angewiesen sein wird, werden künftig dem Priester wohl nicht mehr die wohleingerichteten Pfarrhäuser, Zeichen eines »hochwürdig-bürgerlichen Standes« – welche im übrigen von wirklicher Präsenz unter den Menschen abschirmen –, zur Verfügung stehen, sondern er wird eingeladen sein, unter seinen Brüdern und Schwestern zu leben: in Hoch- und Reihenhäusern, in Mietskasernen und Asylheimen. So sieht auch der Religionssoziologie Michael N. Ebertz die Zukunft des kirchlichen Amtes. In einem Interview bemerkte er: Der künftige Priester wird »eher ein Streetworker als ein Sitzungskatholik, eher ein Partisan als ein Schrebergärtner« sein. Was das bedeutet, kann man ansatzweise schon am Leben des Klerus der Dritten Welt (Lateinamerika), aber auch Frankreichs ablesen. Dort lebt ein Großteil des Klerus mit oder unter dem sozialen Minimaleinkommen, also dem sogenannten »Sozialsatz«. Der Priester der Zukunft wird vermutlich, wenn nicht gerade an der Armutsgrenze, so doch sehr bescheiden leben und darüber hinaus noch verkraften müssen, Verantwortlicher einer Kirche sein, die in ihrem Kern eine nicht unbedingt attraktive gesellschaftliche Minderheit darstellt. All das sollte man den Kandidaten für das Amt ungeschminkt darlegen, selbst wenn niemand mit absoluter Sicherheit sagen kann, ob es genau so oder anders kommen wird?

Jedenfalls stehen wir – wie aufgezeigt – vor einem grundsätzlichen Wandel der Kirche und des Amtes. Und deshalb ist es von allerhöchster Wichtigkeit, bei denen, die sich auf den Priesterberuf vorbereiten, keine Spur von Illusionen zu wecken oder zu belassen oder Kompromisse bezüglich der Weihevoraussetzungen einzugehen – auch nicht angesichts des sog. »Priestermangels«. Zu diesem Thema sollte man eher Ri 7 meditieren: »Der Herr sagte zu Gideon: Die Leute, die du bei dir hast, sind zu zahlreich, als dass ich Midian in deine Gewalt geben könnte. Sonst könnte sich Israel mir gegenüber rühmen und sagen: Meine eigene Hand hat mich gerettet. Ruf daher so laut, dass die Leute es hören: Wer sich fürchtet und Angst hat, soll umkehren.« Dann kehrten tatsächlich zweiundzwanzigtausend um, während zehntausend bei ihm blieben. Dann sprach der Herr abermals zu Gideon: »Die Leute sind immer noch zu zahlreich ...« Schließlich gefällt es Gott, gerade mit einer kleinen Schar, die aber ihr Leben mit Kopf und Kragen einsetzt, Israel zu retten und nicht mit halbherzigen Leuten, die aus irgendwelchen Gründen auch mit von der Partie sein wollen.

So ist die Sorge um Nachfolger eine ambivalente Angelegenheit. Einerseits gilt es, all diejenigen vom Amt fernzuhalten, die diesem unter den Bedingungen der Gegenwart vermutlich nicht gewachsen sein werden. Andererseits wird man mit allen Kräften nach geeigneten Nachfolgern Ausschau halten müssen. Die Sorge darum ist ein Anliegen, das zutiefst mit dem Wesen des Amtes verknüpft ist. Denn jeder Amtsträger steht in der apostolischen Nachfolge und bedarf darum selbst des Nachfolgers. Wenn sich Leben aber am Leben entzündet, ist es eine Frage an das eigene priesterliche Leben, ob davon werbende Impulse ausgehen. Nicht zuletzt am Priester muss aufgehen, dass das Reich Gottes der »Schatz im Acker« ist und die »eine kostbare Perle«, für die man alles hergibt – nicht in der Haltung düsteren Verzichts, sondern in der frohen Gewissheit, Größeres zu gewinnen. Das Überwältigtwerden von Jesus Christus und seinem Evangelium sowie das Fasziniertsein vom Ruf in die Sendung drängt dahin, alles »voll Freude«, wie es in der Hl. Schrift heißt, auf eine Karte zu setzen. Und genau dies: dass das Evangelium eine faszinierende Sache ist, für die es sich lohnt, alles dranzusetzen, sollte am Leben des Priesters ablesbar sein, nicht zuletzt auch für seine potentiellen Nachfolger.

Statt eines Schlusswortes

1. Gebet eines Priesters

Karl-Heinz Menke[580]

Herr Jesus Christus, ich weiß,
dass nicht wichtig ist, ob ich ankomme,
ob ich gelobt werde, ob ich Erfolg und Anerkennung ernte; ich weiß, dass nur eines wichtig ist:
dass ich Dir nicht im Wege stehe,
dass ich Dein Werkzeug bin,
dass ich die Menschen nicht zu mir, sondern zu Dir führe.
Herr Jesus Christus, bewahre mich vor dem Wahn,
ich selbst müsste die Welt retten.
Lass mich nie vergessen, dass Du sie schon gerettet hast; und dass ich nicht am Ende bin,
wenn meine Kräfte mir den Dienst versagen.
Ich bin das Fenster, Du das Licht.
Du kannst durch mich hindurch, was ich nicht kann.
Du fädelst Dich ein in diese Welt
durch mich armseliges dünnes Nadelöhr hindurch.
Das macht mich frei von der Last,
etwas bewirken zu müssen, was meine Kraft übersteigt.

Das macht mir Mut zu der Vollmacht, die Du in mich, in meine Schwäche und Armseligkeit gelegt hast.
Ja, Du in mir!
So froh, so unverkrampft und echt wird mein Leben, wenn ich mich entschieden habe zu Dir in mir.

2. Erwartungen eines Laien an den Priester

Michael Albus[581]

Viele [Priester] sind meine Freunde, andere geben mir Rätsel auf, weil ich nicht mehr erkennen und unterscheiden kann, warum sie gerade Priester geworden sind. Sie könnten Manager sein, Bankbeamte, Finanzsekretäre, Kleinigkeitskrämer. … Es steht mir nicht zu, ein Urteil zu fällen, weil ich darauf baue, dass Gott sieht, was ich nicht sehe. Aber Erwartungen habe ich – weil ich Erfahrungen habe. Ich kenne Priester, die die Existenz von Lebemännern führen: Wein, Weib, Kultur (oder was man dafür hält), Palisandermöbel, Ledergarnituren, das dickste Auto, die besten Restaurants, teuerste Weine, viele Zigarren – und Kreislaufstörungen.

Ich kenne Priester, die sind reine Technokraten der Macht, nicht geistlicher Macht, oh nein! Verwaltungsmacht, Organisationsmacht; bei ihnen kann ich mir nicht mehr vorstellen, dass sie »Diener der Schwachen und Bangen« sind. Sie »bedienen« hohe Herren in Politik, Gesellschaft und Kirche. Vor ihrer Eiseskälte habe ich Angst – nicht nur ich.

Ich kenne Priester, deren Ideal, wenn sie eins haben, darin besteht, gar nicht mehr als Priester erkannt zu werden, unerkannt zu bleiben. Manchmal – das sei zugegeben – aus Gründen, die mir verständlich sind: sie wollen nicht mehr die »Herren« sein, die hochwürdigen und ehrwürdigen. Oft aber auch, weil sie Angst haben, den Erwartungen und Hoffnungen, die Menschen haben, wenn sie sie als Priester erkennen, nicht gewachsen zu sein.

Ich kenne Priester, die lauthals oder stillschweigend uns Laien im Endeffekt doch noch als Menschen betrachten, die nicht so ganz »heilig« sind wie sie. Die uns Laien gern immer noch oder schon wieder als Figuren auf dem Schachbrett ihrer Pastoralspiele einsetzen wollen. Dagegen wehre ich mich, wenn ich solchen Strategen begegne. Wenn ich wütend bin, schimpfe ich sie »Klerofaschisten«. Danach bitte ich Gott um Verzeihung. Aber es gibt sie, die uns Laien wie Material gebrauchen. Manchmal erschrecken sie, wenn ich ihnen sagte, dass ich nicht kann, was sie wollen, weil ich eine Familie habe. Arme Haushälterin, denke ich oft …

Aber: Ich kenne auch Priester, zu denen ich gehen kann, wenn ich danach Verlangen habe, ein Wort zu hören, das ohne Absicht, ohne Hintergedanken gesagt ist, ein Ohr geliehen zu bekommen, das mich wirklich hört und nicht immer sich selber. Es sind solche, die kein Schild an der Tür ihres Pfarrhauses haben mit der Aufschrift: »Sprechstunden von 11 bis 12 und von 16 bis 17 Uhr. Wir bitten, diese Zeiten einzuhalten – außer in dringenden seelsorgerlichen Fällen.«

Ich kenne auch Priester, die inmitten einer satten Wohlstandsgesellschaft ganz einfach leben; sie laufen nicht in Lumpen herum, aber sie tragen auch keine seidenen Anzüge und teuren Krawatten. Sie sind sich nicht zu schade, auch einmal Handarbeit zu verrichten oder, wenn Not ist, auch mal die Kinder in einer Familie zu hüten. Ich kenne Priester, die nicht in jeder Predigt sich nur selbst verkündigen und die sich nicht in jedem Gottesdienst selbst zelebrieren.

Ich kenne Priester, bei denen mir, wenn sie »Brüder und Schwestern« sagen, nicht die Gänsehaut den Rücken herunterläuft, denen man Glauben schenken kann, weil sie selber glauben. Doch: Ich sehe, erfahre und erlebe bei den Priestern – vor allem in der Kirche des eigenen Landes – zuviel Anpassung, zu wenig Widerstand oder – neutestamentlich gesprochen – zu wenig Wandel durch ein neues Denken. In zu vielen Pfarrhäusern sehe ich zuviel Spießbürgertum, zuviel bequeme Barrieren – gebaut als Schutzwall gegen die Not derer, für die man eigentlich da ist. Ich habe den Pfarrer schon erlebt, der wegen eines spannenden Fernsehprogramms nicht zu einem Sterbenden gegangen ist. Es ist unglaublich: aber er wollte nicht gestört sein. Solches ist geschehen mitten in der Kirche in der Bundesrepublik Deutschland. Manchem von diesen Herren würde es gut tun, wenn sie einmal für ein halbes Jahr zu ihren Kollegen in den Elendsvierteln der großen Städte – nicht nur der Dritten Welt – zögen – ohne Dusche und WC, ohne warmes Bad und gepflegte Wohnung – ein halbes Jahr nur – es würde vorläufig genügen. Jedenfalls besser angelegt wäre diese Zeit als der dreiwöchige Luxusurlaub auf Jamaica – kein Märchen, Tatsache.

Das schlimmste für mich aber ist: dass viele Priester gar nicht mehr das wirkliche Leben der Menschen der Familien in ihren Gemeinden kennen. Beim Stichwort »Hausbesuch« fühlen sie sich »gestochen«, rümpfen die Nase, wehren ab. Ich werde wütend, wenn ich dann Predigten höre, die über das christliche Familienleben handeln oder über unseren Lebensstil als Laien. Und manche Priestergruppen täten gut daran, auch mal ein paar Zusammenkünfte mit Familien zu halten, anstatt in immer wieder neuen Versuchen der Selbstbemitleidung oder Selbstbeweihräucherung zu versanden. Warum, so frage ich mich, bekomme ich bei der Frage nach meinen Erfahrungen mit und meinen Erwartungen an Priester mehr Wut und Verzweiflung, als innere Ruhe und Hoffnung? –

Ist »mein Ideal« zu hoch, – meine »Realität« zu weltfremd? Im Religionsunterricht einer mittelbadischen Kleinstadt habe ich noch als Kind den Satz gelernt: »Halte hoch den Priesterstand, der Priester ist von Gott gesandt.« – Nein, so geht das nicht mehr, so wird es nie wieder gehn. – Aber wie wird es gehn, was erwarte ich wirklich?

Ich erwarte vom Priester als erstes, dass er mir Gottes Wort verkündigt und nicht sein eigenes. Sodann, dass er es mir in mein Leben übersetzt. Voraussetzung ist: dass er Gottes Wort kennt und ihm die Wirklichkeit meines, unseres Lebens nicht fremd ist. Ich erwarte vom Priester, dass er bescheiden ist und einfach lebt, dass er schweigen kann, wo andere reden und noch Worte hat, wenn.andere verstummen. Ich erwarte vom Priester, dass er betet, dass er Tiefe hat und mir etwas davon schenkt, wo ich in der Oberfläche des Alltags oft zu versinken drohe. Ich erwarte von ihm, dass er Zeit hat, jetzt und morgen – ohne Terminkalender, weil ich glaube, dass es seine wichtigste Aufgabe ist, für den Menschen, wann immer er kommt und fragt, Zeit zu haben – Gottes Zeit. Der Priester ist für mich Bürge der Zeit, die Gott für mich hat. Ich erwarte vom Priester, dass er liest und nicht aufhört zu fragen – zu viele fragen nicht mehr und können folglich auch nicht mehr antworten. Ich erwarte vom Priester, dass er zu mir, zu uns in die Familie kommt, dass er nicht wartet, bis wir kommen. Ich erwarte viel vom Priester – vielleicht erwarte ich zuviel.

Ich weiß: viel von dem, was ich erwarte, muss ich selber erbringen – ich will es auch. Wichtig scheint mir besonders: er muss leben, was er glaubt. Ich weiß, dass viele junge Menschen, die heute so unruhig sind, danach suchen: nach Glaubwürdigkeit. Glaubwürdigkeit ist das stärkste Argument. Aber das gilt – trotz aller theologischer Unterscheidungen – auch für uns Laien.

Anmerkungen

Erster Teil

[1] Hünermann (1981) 179.

[2] Es sei in diesem Zusammenhang nur darauf aufmerksam gemacht, dass eine Reihe von Laientheologinnen der Schweiz ganz öffentlich damit »drohten«, zu Pfingsten 1999 selbst die Eucharistie zu zelebrieren, falls bis dahin die Frauenordination nicht gestattet sei. Diese Drohung wurde zwar später zurückgenommen, aber dass sie überhaupt möglich war, zeigt, wohin wir mittlerweile gekommen sind. Karrer (1999) 294 schreibt zu diesem Problemfeld: Es gibt Bestrebungen, »die Sakramente auch ohne ausdrückliche Beauftragung bzw. Weihe durch die Kirche zu feiern. Der sakramentale Reichtum der Kirche könnte durchaus verschwinden und Schaden leiden; Sakramente können auch daran sterben, dass sie für emanzipatorische Prozesse instrumentalisiert werden.« Auf der anderen Seite jedoch sei es verständlich, dass Laien angesichts der Verweigerung der Diskussion über die Erweiterung der institutionellen Rahmenbedingungen »zur Selbsthilfe [!] greifen«: ebd. Zu dieser Selbsthilfe forderte im Januar 2000 Herbert Haag in der »Basler Zeitung« ausdrücklich auf. Und in einem auf Umfragen unter Laientheolog(inn)en der Schweiz basierenden Artikel von Gerber-Zeder (1996) heißt es zusammenfassend: »57 % aller LTh [Laientheolog(inn)en] überschreiten zumindest gelegentlich die Schranken, die ihnen im sakramentalen Bereich gesetzt sind«: 186.

[3] Schmidtchen (1973) 47 f.

[4] Kasper (1991) 9.

[5] Congar (1971) II, 23.

[6] Schöllgen (1998) 3.

[7] Näheres dazu bei Neuner (1988) 26–34, 42–56. – Bis dahin hatte der Begriff des »laos«, ganz wie im AT, die Bedeutung von »Gottesvolk« im Gegenüber zu den »(Heiden-)Völkern«. So gesehen waren *alle* Christen ohne Ausnahme »Laien« = Glieder des einen Volkes Gottes.

[8] Siehe Schöllgen aaO. 58.

[9] Besonders Origenes unterstreicht die Aufgabe der Verkündigung. Vgl. Vogt (1974) 41. Ähnlich auch die Syrische Didaskalie: »Der Bischof ist Empfänger, besonders aber Prediger und Verkünder des Wortes Gottes. Er hat sich dem Schriftstudium zu widmen und seinem Volk den Willen Gottes zu Gehör zu brin-

gen«: Schöllgen, aaO. 90. Zur Frage, ob die Predigt zur spezifischen Aufgabe des *ordinierten* Amtes gehörte, gab es in den verschiedenen kirchlichen Regionen z.T. unterschiedliche Praxen. Siehe dazu den knappen Überblick bei Hünermann (1998) 89–95. Was die Frühe Kirche anging, so sind »die Bischöfe die eigentlichen Prediger im Gottesdienst. ... Im Osten kommen die Presbyter dazu, im Westen setzt sich diese Praxis erst vom 5. Jh. ab durch. ... Beispiele ... zeigen darüber hinaus, dass man im Einzelfall Laien predigen ließ, dass aber beim Bischof bzw. beim Klerus gleichsam das Kanzelrecht lag.« (91). Prinzipiell blieb diese Struktur auch später bestehen.

[10] Bereits die Syrische Didaskalie schließt die Mitverantwortung von Laien in der Gemeinde mit groben Worten aus (vgl. Schöllgen ebd. 132). Ebenso wird die »konkurrierende« Seelsorgstätigkeit der Witwen zurückgedrängt: ebd. 147–172.

[11] Umstritten ist (aufgrund von TradAp. 22), ob die Presbyter in Abwesenheit des Bischofs der Eucharistiefeier vorstehen durften. Jedenfalls bildet dies ursprünglich *nicht den Mittelpunkt* presbyteralen Tuns. In dieser Hinsicht geht die Entwicklung in der Zeit nach der TradAp so weiter, daß mit zunehmender Ausbreitung der ursprünglich auf die Polis beschränkten Kirche in das dörfliche Umland hinein der Bischof zur dortigen Feier der Eucharistie Presbyter beauftragte, bis sich daraus schließlich ein ortsfestes nichtepiskopales Amt, eben das des Presbyters = Priesters herausbildete.

[12] Siehe dazu Leuninger (1996) 203 ff.

[13] Deshalb kam auch erst nach einer längeren historischen Entwicklung den Presbytern die Bezeichnung »Priester« zu. Vgl. Kötting (1988) III. – Nachdem erstmals auf dem 1. Konzil v. Konstantinopel der Bischof »hiereus« genannt und schon vorher von Tertullian und Hippolyt auf den Bischof sazerdotale Terminologie angewandt wurde, wird dieser etwa seit Cyprian aufgrund allegorischer alttestamentlicher Exegese häufig sacerdos genannt. Etwa ab der Karolingerzeit weitet sich dieser Titel auch auf den Presbyter aus; erst ab dem 11. Jh. wird er mehr oder minder ausschließlich für den Presbyter gebraucht.

[14] So tadelt Papst Coelestin I. Honoratus, den Gründer von Lérins, der seinen Klerikern Mönchskleidung vorschrieb: »Wir sollten uns von den Leuten ... unterscheiden durch das Glaubenswissen und nicht durch das Gewand, durch den Lebenswandel und nicht durch die Kleidung, durch die Reinheit und nicht durch das, was äußerlich ist«: PL 50, 431. Siehe auch Statuta eccl. ant. 45.

[15] Vgl. Dagron (1994) 272.

[16] Sermo 340,1 (= PL 38, 1483). Siehe auch En. in Ps. 126,3 (= CC 40, 1859).

[17] Aufschlussreich ist hier der mittelalterliche Übertragungsfehler eines Wortes von Papst Leo I.: »Sooft das Gedächtnis des Dir wohlgefälligen Opfers gefeiert wird, wird das Werk unserer Erlösung gegenwärtig gesetzt (exeritur).« Aus diesem Wort »exeritur« machen Kopisten im Mittelalter ein »exercetur«, was den neuen Sinn bedeutet: »wird das Werk unserer Erlösung *vollzogen*«. Man sieht daran, wie aus der ursprünglichen Idee der in der Messe geschehenden sakramentalen »Vergegenwärtigung« des Kreuzesopfers nun die mittelalterliche Idee seiner »Erneuerung« geworden ist. Einzelheiten bei Schillebeeckx (1985) 194. Der Grund für diesen Wandel ist ein fundamentales Defizit an sakramentalem Denken im sozio-

kulturellen Kontext des Germanentums. Vgl. dazu Gerken (1973) 97–125. Zur mittelalterlichen Sicht der Messe als »Versöhnungsmittel« und »Sühnopfer« siehe Angenendt (1997) 488 ff.

[18] Entsprechend – so in STh suppl. 40, 4 – »übt der Priester zwei Tätigkeiten aus: die *hauptsächliche* besteht darin, den wahren Leib Christi zu konsekrieren; und die *zweitrangige* darin, das Volk auf den Empfang dieses Sakramentes vorzubereiten«. Auch wenn man in der »zweitrangigen« Tätigkeit noch den »Rest« einer Hirten- und Lehrtätigkeit entdecken kann, ist es doch bezeichnend, dass für Thomas v. Aquin das christliche Leben insgesamt (und in spezifischer Weise auch das Amtspriestertum) zwar Anteil am Priestertum Christi hat, dass aber dessen Hirten- und Propheten- bzw. Lehreramt an vielen, an sich einschlägigen Stellen überhaupt nicht erwähnt wird. So: STh III, 63, 3. Natürlich kennt Thomas auch die Leitungsvollmacht des kirchlichen Amtes, ebenso die »tria munera Christi«. So heißt es z. B. in STh I/II, 102, 6 ad 4: »regens populum (!) per potestatem divinam«. Doch steht insgesamt das sazerdotale Element bei weitem im Vordergund und bildet den eigentlichen Kristallisationspunkt des priesterlichen Amtes. Siehe die zusammenfassende Bemerkung von Bonino (1999) 53: »Les autres formes des méditation (enseignement, gouvernement) se regroupent comme naturellement autour de la médiation proprement sacerdotale.« Siehe ferner de La Soujéole (1999) 59–74 sowie Remy (1999) 75–117.

[19] Neuner, aaO. 78.

[20] Freitag (1991)I, Freitag (1991)II; Freitag (1990).

[21] Freitag (1991) II, 17.

[22] Duval (1961) 250 f.

[23] »Vielen Priestern war das eucharistische Opfer wichtiger als ihre apostolische Sendung«: Freitag (1999) 282.

[24] Favale (1989) 220. – Um diese Einstellung zu begreifen, ist auch der soziokulturelle Hintergrund, nämlich der wachsende Antiklerikalismus seit der Französischen Revolution, zu beachten. Angesichts dessen musste besonders in Frankreich, aber nicht nur dort, »der priesterliche Stand fast zwangsläufig durch Überhöhung unantastbar gemacht werden, indem alles an ihm dem weltlichen Urteil schlechthin entzogen schien.« Es kam hinzu, dass in der Theologie damals ein kräftiger »Supranaturalismus« vertreten wurde, nämlich ein Denken, das von einer scharfen Trennung der beiden »Stockwerke« Natur und Übernatur ausging. Auch dieses hatte gleichfalls »eine Entweltlichung und Sakralisierung des Amtsträgers zur Folge« hatte: Wollbold (1999) 29 f. – Dass es neben diesem mainstream immer auch andere Akzente gab, sei ausdrücklich hervorgehoben. So findet z. B. der pastoral-missionarische, apostolische, erzieherische und diakonale Aufgabenbereich jetzt in »spezialisierte« Priesterbilder und -spiritualitäten Eingang, die sich in den neuzeitlichen Orden, Kongregationen und Priestervereinigungen verwirklichten.

[25] Pius XII. (1948) 31.

[26] Pius XII. (1951) 13.

[27] Pius XII. (1951) zit. nach Klostermann (1962) 607. Dort auch weitere bezeichnende Texte.

[28] Möhler (1823) 497.

[29] Zu den Aussagen des II. Vaticanums und den amtlichen Lehraussagen der Nachkonzilszeit über die Laien vgl. Weis (1981); Glaubitz (1995); Karrer (1999) 94–145.

[30] Mansi 51/2, 943.

[31] Dieser Vorrang der Gleichheit ist nicht nur in LG herausgestellt, sondern auch in PO. – Cordes (1972) 117 zeigt, dass in der Dekretsgeschichte *zunächst* »fast ausschließlich die Kompetenzen abgegrenzt und Unterscheidendes bedacht und beschrieben wurde.« Jedoch schlug sich »im Fortgang der Beratungen immer deutlicher nieder, dass die Gemeinsamkeit des Volkes Gottes grundlegender ist als alle Differenzierung in ihm. Darum darf man bei allen Aussagen, die eventuell über die Struktur des Volkes Gottes gemacht werden können, die Betonung der Gleichheit seiner Glieder vor Gott niemals überhören. … Was die Zugehörigkeit zum Gottesvolk begründet, schafft im selben Augenblick eine unverlierbare Gleichheit aller.«

[32] Küng (1971) 69.

[33] Boff (1980) 106. – Ähnlich auch Küng, aaO. 77.

[34] Boff (1985) 79. – Dabei wendet Boff nicht selten Begriffe aus dem Arsenal der marxistischen Gesellschaftsanalyse an. So analysiert er z. B. ebd. 235 das kirchenhierarchische System folgendermaßen: »Bischöfe und Priester haben alles bekommen: ein wahrer Kapitalismus. Sie produzieren die religiösen Werte, die das Volk konsumiert«. – Ähnlich wie die Tendenz von Boff ist die des von Hoffmann (1987) herausgegebenen Buches »Priesterkirche«. Ausgehend von der Überzeugung, dass »der Gott Jesu … in der vorfindlichen Kirche nicht mehr als präsent erfahren« wird (8), und getragen vom Glauben, dass »die Gemeinden … sich nur in dem Maße ändern, wie sich ihre Priester ändern und sich nicht mehr als Herren des Glaubens, sondern Brüder im Glauben verstehen« (9), findet sich hier in verschiedenen Variationen sowohl eine ntl. Grundlegung des Amtes wie auch eine Darlegung geschichtlich überholter Priesterbilder und evangeliumswidrig verzerrter Formen des Amtsvollzugs. Hier gibt es viele ärgerlich polemische und unsachliche Interpretationen. Doch ist aus der Tendenz, das Amt aus seiner klerikalistischen Sonderrolle herauszuholen und in die Gemeinschaft des Volkes Gottes hineinzustellen, manches zu lernen.

[35] Das kirchliche Amt (1981).

[36] Christliche Identität und kirchliches Amt. Plädoyer für den Menschen in der Kirche (1985).

[37] (1985) 307.

[38] (1981) 111. – In diesem »Grundsatz« wird im zweiten Amtsbuch (1985) das »ist« in ein »wird erfahren als« umgeändert. Siehe dazu S. 50.

[39] Haag (1997).

[40] ebd. 114.

[41] aaO. 8.

[42] Beispiele für eindeutige Irrtümer: (1) Haag schreibt, dass »nahezu 400 Jahre lang eine ›Priesterweihe‹ für den Vollzug der Eucharistie nicht erforderlich war, … [und] erst seit dem 5. Jahrhundert die Feier der Eucharistie die Mitwirkung eines

sakramental geweihten Priesters erfordert.« (111. 114) Dagegen steht, dass schon in den Ignatius-Briefen (um 110) die Eucharistiefeier an den Bischof gebunden ist und dass nach Justins Apologie (cap.67) (um 150) der Vorsteher das eucharistische Hochgebet spricht. – (2) Für Haag hat es erst seit Augustin (genauer: seit seiner Lehre vom character indelebilis (dazu siehe S. 282 f) eine eigentliche sakramentale Weihe für das Amt gegeben. Bis dahin handle es sich nur um eine Beauftragung zum kirchlichen Dienst mit liturgischer »Verfeierlichung«. Dagegen steht bereits die Überzeugung der Pastoralbriefe, wonach durch Handauflegung die Gabe des Hl. Geistes zum amtlichen Dienst verliehen wird. Erst recht ist dies die Überzeugung der TradAp.

[43] Dassmann (1997) 235 f.

[44] Im Folgenden soll nur auf ein für die Theologie des Amtes folgenreiches Moment des Drewermannschen Buches eingegangen werden. Im übrigen verweise ich auf meinen Artikel von (1990).

[45] Rahner (1963) 745.

[46] Küng, aaO. 77.

[47] Das Folgende greift Darlegungen von Bachl (o. J.)162 auf.

[48] Dass diese Konsequenzen hier und da tatsächlich gezogen werden, weiß jeder, der sich in der derzeitigen kirchlichen Landschaft ein wenig auskennt. Die theologische Legitimation dazu lieferte Schillebeeckx (1980) 121 ff; (1985)144 ff. Siehe auch Anm. 2.

[49] Brox (1982) 152.

[50] Hünermann (1977) 64.68 f. – Auch Dassmann (1974) 90 sieht im Entstehen des Monepiskopats nicht einfach das Ergebnis pastoraler Notwendigkeit »oder soziologischer Beeinflussung (Ämter- und Leitungsstrukturen in der profanen oder religiösen Umwelt), sondern die Konsequenz theologischer Einsichten.«

[51] Schillebeeckx (1985) 167. – Wenn Schillebeeckx damit *einzig und allein* zum Ausdruck bringen will, dass »die Berufung durch die Gemeinde … die konkrete ekklesiale Gestalt der Berufung durch Christus« ist ([1980] 111), so *kann* diese Aussage durchaus einen annehmbaren Sinn erhalten (darauf macht Bausenhart, [1999] 295.335 u. ö. aufmerksam); Schillebeeckx aber geht einen Schritt weiter, indem er mit seiner These nicht (nur) die konkrete *biographische Berufung* des Einzelnen meint, sondern die Entstehung des Amtes als solches im Auge hat. Das zeigt etwa die Aussage: »Es gibt kein ›relevatorisches Surplus‹ *hinter* oder *neben* den sozio-historischen Formen des Amtes«: (1985) 17.

[52] Dem solchermaßen äußerst relativierten Amtsverständnis entspricht bei Schillebeeckx als Idealbild von Kirche eine durch fragwürdige historische Rekonstruktion erschlossene charismatische Urgemeinde. Von ihr heißt es: »Formell-rechtliche Autorität spielte noch keine Rolle. Jurisdiktionelle Autoritätsfragen lassen sich … nirgends wahrnehmen«: aaO. 71. Dann aber findet sich wenige Seiten später die damit kaum zu vereinbarende Aussage über Paulus, bei dem sich »eine Berufung auf seine formelle Autorität eben als vom Herrn Berufener findet«: 82. Zu Recht bemerkt dazu Verweyen (1986) 412: »Hier wird zugegeben und halbwegs doch wieder verwischt, dass es in der Tat bei Paulus Berufung auf *formelle* Autorität gibt, die nicht identisch ist mit der Autorität der *Inhalte* apostolischer

Tradition.« – Eine mit Schillebeeckx vergleichbare Amtskonzeption findet sich auch bei Weß (1983). Siehe dazu meine Auseinandersetzung in: »Priestersein«, Freiburg i. Br. [5]1991, 197 f.

[53] So z. B. der Tübinger Beitrag in: Reform und Anerkennung der kirchlichen Ämter 180: »Wenn auch alle Christen zum Vollzug von Taufe und Eucharistie ermächtigt sind, so ist es doch auf Grund einer besonderen Berufung der Leiter der Gemeinde, der die ständige öffentliche Verantwortung dafür hat«. Das ist perfekt lutherisches Amtsverständnis! Siehe Anm. 158.

[54] Schillebeeckx (1981) 111.

[55] Schillebeeckx (1981) 13.

Zweiter Teil

[56] Siehe dazu wie überhaupt zu diesem Kapitel Greshake (1997) und (1998).

[57] Ganoczy (1972) 2.

[58] Jeremias ([2]1973) 167.

[59] Theissen (1974) 247.

[60] Tertullian, De bapt. VI,1 (= CC 1,282).

[61] Lohfink ([2]1998) 206 (mit Verweis auf weitere Lit).

[62] Hahn (1973) 35; siehe auch Hengel (1968) bes. ab 89.

[63] So auch schon bei Markus. Über die Zwölf vermerkt Gnilka (1999) 172 f: »Aus ihrem Umgang mit Jesus während dessen irdischer Tätigkeit, aus ihrem Mitsein mit ihm gewinnen sie die Fähigkeit zur Zeugenschaft.«

[64] Käsemann ([3]1968) 108.

[65] So ist nach Zmijewski (1986) 7 »das ohne Zweifel wichtigste Verständnis von Amt im Neuen Testament … das des Paulus.« Dabei lässt sich der ntl. Apostelbegriff sowie dessen Verhältnis zum Zwölferkreis nicht auf einen Nenner bringen. Jedoch sind mindestens bei Lukas die Apostel (zu denen auch Paulus zählt) »Prototypen kirchlicher Amtsträger«: Roloff (1978) I, 442. Und so sieht ders. (1965) 176 bei aller Differenz und Akzentverschiebung doch eine durchlaufende Linie, »die von Apg 1, 15–26 über 1 Petr 5, 2 f … zu 1 Clem führt.«

[66] Oder auch: Dienst der Versöhnung. Jedenfalls übersetzt schon die Vulgata διακονία mit ministerium. Selbst bei Luther findet sich die Übersetzung »Amt«. Was das heutige soziologische Amtsverständnis angeht, zu dem die kirchliche Terminologie mindestens keine Äquivokation bilden sollte, betont Schelkle (1983) 212 zu Recht: »Aus Dienst wird Amt, wenn der Dienst auf Dauer mit einer Person verbunden wird.« Und eben dies trifft sowohl auf Paulus wie auf eine Reihe ntl. Dienste zu. Siehe dazu auch Beinert (1997) 102 ff; Bausenhart (1999) 165–176.

[67] Dinkler (1970) 177. – Vgl. diesen Artikel sowie Schulte (1980) 418 ff für das Folgende. Im »Abschließenden Bericht« des Ökumenischen Arbeitskreises ev. und kath. Theologen, in: Schneider / Pannenberg (1998) 376 wird im Blick auf diese Bibelstelle als ökumenischer Konsens formuliert: »Wie die Kirche ihren Ursprung

und Grund im Ganzen des Christusgeschehens hat, so ist auch *das kirchliche Amt mit dem Heilswerk Christi mitgesetzt und gestiftet* (2 Kor 5,18 f). ... Wir stimmen darin überein, dass beides vom besonderen kirchlichen Amt zu sagen ist: Es ist göttliche Stiftung, erwächst also nicht aus einer nachträglichen Setzung oder Delegation der Kirche, und es steht mitten in der Kirche unter ihrem einen Herrn, Jesus Christus.«

[68] Dinkler, aaO. 179.

[69] Vgl. Schulte, aaO. 422 und für das Folgende 426 f.

[70] Persson (1966) 24.

[71] v. Campenhausen (1953) 51.

[72] Dinkler, aaO. 185.

[73] Georgi (1964) 226; siehe auch Dinkler, aaO. 185; v. Campenhausen, aaO. 38 ff.

[74] Schlier (1970) 91.

[75] Dinkler, aaO. 178.

[76] Käsemann (^{4}1964) 112. – Allerdings meint Käsemann, dass die paulinische ἐξουσία in prophetisch-charismatischer Vollmacht und weniger in apostolischer Sendung gründe. Dagegen weist Lohfink (1981) I, 111 darauf hin, »dass Paulus nicht nur als *Charismatiker, sondern gerade auch als Apostel* heiliges Recht setzt und ordnend in das Leben seiner Gemeinden eingreift«.

[77] Schrage (1961) 107.

[78] Eckert (1998) 141 mit Verweis auf: Schröter (1993).

[79] Vgl. dazu Holmberg (1978) 110 ff, 122 ff, 191 ff.

[80] Siehe ausführlich Holmberg, aaO 117 f.

[81] v. Harnack (1910) 154 f.

[82] Müller (1980) 117. – Darum ist der Schluss verfehlt, dass auch die gegenwärtige Kirche »für alle Möglichkeiten grundsätzlich offen bleiben [muss], die in der neutestamentlichen Kirche bestanden haben«: Küng (1981).

[83] v. Campenhausen, aaO. 67.

[84] Zu diesem wichtigen Punkt siehe Bausenhart (1999) 189–213.

[85] Daneben sind in den nichtpaulinischen Gemeinden, etwa in Jerusalem, andere Gruppen als Autorität anerkannt. Ferner gibt es charismatische Wanderprediger sowie – in der Zeit der sog. Pastoralbriefe – ortsansässige Vorsteher. Das im strikten Sinn »apostolische Amt« ist also nie allein.

[86] Schlink (1973) 130.

[87] Siehe dazu Beilner (1964) 28.

[88] Vgl. dazu den geschichtlichen Exkurs bei Persson, aaO. 166–177, ferner: Schick (1982); Ullrich (1993) sowie die Angaben bei Gozzelino (1992) 79–89 Lit.: 80^{2+4}.

[89] Dabei nennt sowohl LG als auch PO die drei Aufgaben in der oben genannten Reihenfolge.

[90] Siehe dazu Scharbert (1964); Deissler (1970) 9–80.

[91] Schlier (1970) 83 f.- Vgl. zum Ganzen auch Congar (1951) 55 f.

[92] Pesch (1970) 71.

[93] Vanhoye (1980) 300.

[94] Schlier (1970) 84.

[95] Schlier (1970) 85.88. – Ebenso Ratzinger (1968) 356 f.

[96] So: Käsemann ([4]1964) 123. Und Käsemann fährt fort: »Man treibt das ministerium verbi divini. ... Man treibt es iure divino: Es ist jedem Christen übertragen und geboten, wenn er nicht aufhören soll, ein Christ zu sein«. Ähnlich Schweizer (1959) 212 u. ö.

[97] Wulf (1968) 152.

[98] Vgl. z. B. die Texte bei Molland (1970) 217 ff; Schelkle (1977) 231 f.

[99] Siehe dazu Goppelt (1978) 143–154; Brox (1979) 97–110; Gnilka (1999) 434.

[100] Die ausführliche Begründung dafür bei Vanhoye (1980) 292 f (Lit.).

[101] Kehl (1981) 37 f.

[102] Internationale Theologenkommission (1975) 120.

[103] Roloff (1999) 122.

[104] Theobald (1998) 33.

[105] Ebd. 45[18].

[106] Ratzinger (1982) 295. – Auch Blank (1982) 176 verbindet 2 Kor 1, 24, also eine Aussage des Paulus über sein apostolisches Amt, mit dem kirchlichen Amt überhaupt. Ebenso stellt Venetz (1981) 154 eine Verbindungslinie zwischen 2 Kor 5, 20 und dem späteren kirchlichen Amt her.

[107] Vgl. Roloff (1978)I 525. Näherhin versteht ders. (1965) 264 den Sachverhalt so: »Die Kontinuität des Evangeliums [verschafft] sich in der Kirche deutlichen Ausdruck ... in Gestalt einer sichtbaren Kontinuität der zu bevollmächtigtem Dienst *vom Herrn selbst berufenen Verkündiger.*« (Hervorhebung GG).

[108] Vgl. Jensen (1993) bes. 292 ff.

[109] Vanhoye (1980) 348. 346. – Auch die Vätertheologie nahm bereits diese Differenzierungen vor. Vgl. z. B. Prosper v. Aquitanien, Expos. in Ps.131, 16 (= CC 68A, 149): »Totus populus christianus sacerdotalis est. Verum plenius hoc ipsi rectores plebis accipiunt qui specialius summi pontificis et mediatoris personam gerunt« (dabei hat das »personam gerere« nahezu die gleiche Bedeutung wie »agere in persona«).

[110] Vgl. dazu z. B. v. Campenhausen (1953); Ratzinger (1969) 109–120; Martin (1972); Schlier (1970) 100 ff; Zollitsch (1974) 88 ff; Venetz (1981)

[111] Pesch (1970) 66.

[112] Schlier(1970) 102 f.

[113] Immerhin findet sich nach Hainz (1972) 295 ff bei Paulus selbst schon so etwas wie die Idee einer Nachfolge im apostolischen Amt, insofern Timotheus nach Phil 2, 19 ff »wohl doch als Nachfolger des Apostels in Aussicht genommen« ist: Hainz (1976) 117. Anders z. B. Vögtle (1977) 536 f.

[114] Karrer (1999) 284.

[115] Siehe dazu Bausenhart (1999) 127–165.

[116] Ein anderes Bild gebraucht Schürmann (1983) 73: »Die Ursprungsgestalt eines soziologischen Gebildes kann – ebensowenig wie die eines Embryos – *nicht schlechthin Maß der Vollendungsgestalt* sein, weil erstens eine ›werdende Gestalt‹ notwendig noch ›embryonale‹ Mängel des Werdezustands an sich hat; wie zweitens ein ›werdendes‹ soziologisches Gebilde sich ja doch auch immer nur in einem Werdeprozess aus dem ›Mutterboden‹ seines Ursprungs herauslöst und eigenständige Gestalt erst allmählich gewinnt.«

[117] Brox (1982) nahm meine Äußerung über das Überraschende dieser Entwicklung zum Anlass, mir ganz einfach die »Kenntnis der Szene urchristlicher Bedingungen« abzusprechen und darauf hinzuweisen, dass das allmählich Konturen annehmende nachapostolische Amt »aus zeitgenössischen Organisationsformen religiöser und anderer Vereinigungen ableitbar ist« (152). Doch darum geht es hier gar nicht. Es geht vielmehr darum, dass das sich nun stabilisierende Amt sich eben *nicht nur* in Analogie zu solchen vorgefundenen Formen verstand, sondern dass der Prozess der Institutionalisierung Hand in Hand mit einer Glaubensreflexion einherging (vgl. S. 49). Und dabei halte ich nun freilich in der Tat die Einheitlichkeit dieser theologischen Amtsbegründung und -ausformung oder – um es im modernen Jargon zu sagen – diese »Ideologisierung« einer soziologischen Notwendigkeit für schlechthin erstaunlich, weil die schon in 1Klem theologisch verstandene Sukzession oder der in den Ignatius-Briefen ausdrücklich vertretene Repräsentationsgedanke weit mehr ist als nur die Übernahme zeitgenössischer Organisationsformen. Im übrigen spricht auch Klauck (1987) 26 vom »Überraschenden«, dass sich der Monepiskopat so schnell durchgesetzt hat.

[118] Vgl. Zollitsch (1974) 88 ff. – Auch nach v. Campenhausen (1953) 98 f »fühlt sich Clemens nicht als Neuerer, sondern als Vertreter der alten, von jeher gültigen Ordnung. ... Das Besondere bei Clemens liegt nur darin ..., dass die Ältestenverfassung einfach um der Ordnung willen geschaffen ist und als solche für immer unter den Schutz eines ausdrücklichen Befehls gestellt wird.«

[119] Schillebeeckx (1981) 58 f.

[120] TradAp.9: »Dem Bekenner, der des Namens des Herrn wegen verhaftet worden ist, soll nicht mehr die Hand zum Diakonat oder Presbyterat aufgelegt werden. Denn er hat den Rang eines Presbyters auf Grund seines Bekenntnisses.«

[121] So weist etwa v. Campenhausen (1953) 91 auf die Variationsbreite der Mitglieder des Presbyteriums hin: »Im Presbyterium sitzen ... nicht nur die eigentlichen Gemeindevorsteher, sondern neben- und gleichberechtigt mit ihnen ›Geehrte‹ aller Art: Propheten, Lehrer, alte und bewährte Fürsorger und Berater.«

[122] Vogel (1972).

[123] Siehe dazu Kretschmar (1975) 62.68.

[124] Auch für Bultmann ([15]1957) 297[3] sind die johanneischen Verben »heiligen« und »senden« ein unzerreissbares korrelatives Begriffspaar.

[125] Lohse (1951) 97. – Lehmann (1973) 255 ff zeigt in einem Abriss, wie dies nach heutiger Exegese das durchgehende Verständnis der ntl. Handauflegung ist.

[126] Gerade auch vom exegetischen Befund her! Das zeigen z. B. Hahn (1979); Kremer (1980); Kremer (1981) 70.

[127] Vgl. Müller (1980) 118.– Auch die streckenweise »amtskritische« Untersuchung von Martin (1972) 66 stellt fest: »Nirgends, wo überhaupt etwas über den Bestellungsmodus ausgesagt wird, ist vorausgesetzt, dass die Wahl oder die Zustimmung der Gemeinde allein für die Bestellung von Amtsträgern genügen«.

[128] So: Ohlig/Schuster (1971) 77.

[129] Küng ([2]1962) 139.

[130] Schillebeeckx (1981) 38.

[131] Kretschmar (1975) 68.

132 Ratzinger (1968) 376.

133 In 1 Klem 44,4 wird den Vorstehern auch der Dienst der »Darbringung der Gaben« zugesprochen. Erst recht ist bei Ignatius v. Antiochien der Bischof der Vorsitzende der Eucharistie, da sich in ihr das Mysterium der Einheit, das der Bischof »repräsentiert«, vollzieht.

134 Vgl. dazu Chauvet (1981) 21–38.

135 Darum ist auch folgende Bemerkung von Vorgrimler (1987) 207 überhaupt nicht zu begreifen: Wird der Priester als Repräsentant sowohl Jesu Christi wie auch der Gemeinde gesehen, so »entsteht im Hinblick auf die konkrete Eucharistiefeier … ein Rollenwechsel, der nur schwer nachvollziehbar und nicht frei von ungewollter Komik [sic!] ist.« Wieso? *Beide* «Bewegungen«, sowohl die katabatische wie die anabatische, gehören zum Wesen Jesu Christi, insofern er vom Vater kommend mit uns zum Vater geht; sie gehören zum Wesen seines Opfers, seiner Lebenshingabe, die uns »von oben« geschenkt wird, damit wir »von unten« mit unserem Opfer antworten, und so gehört auch zum Wesen des sakramentalen Priesterseins ein zeichenhaftes Handeln in doppelter »Bewegung«. Kurz: Der Priester steht beim eucharistischen Opfer in der Doppelfunktion der »repraesentatio Christi« und der »repraesentatio ecclesiae« (darüber später!). »So verstanden ist das besondere Priestertum kein ›drittes‹ Priestertum neben dem Priestertum Christi und dem Priestertum aller Gläubigen, sondern die *sakramentale* Darstellung und Verwirklichung des Priestertums Christi *und* des Priestertums der Gläubigen. Es steht daher auch nicht in Konkurrenz zu diesen«: Hintzen (1991) 44.

136 Ratzinger (1968) 348.

137 Auf Grund solcher Zusammenhänge findet auch in den ökumenischen Gesprächen der Gegenwart sowohl die Sicht der Eucharistie als Opfer wie ebenso eine sazerdotale Sicht des Amtsträgers zunehmend Verständnis und Zustimmung. Vgl. Lehmann/Pannenberg (1986). Hier heißt es u. a.: »Eine Verständigung in dieser Frage [nämlich bzgl. des Opferbegriffs der Eucharistie] erlaubt es den Reformationskirchen, auf ihren Widerspruch gegen die sacerdotale Deutung des geistlichen Amtes zu verzichten. … Die Reformationskirchen … verstehen nach Ausweis ihrer Bekenntnisse und auch in ihrer heutigen Praxis das geistliche Amt nicht nur als Predigtamt, sondern immer auch als Amt der Sakramentsverwaltung«: ebd. 159 (vgl. auch 89 ff). Wie weit freilich evangelische Theologie mitvollziehen kann, dass das Mitopfer der Gläubigen nicht nur je persönlich im Alltag geschieht, sondern auch im sakramentalen Mitopfer mit Christus im Geschehen der Eucharistie, ja wie weit Konsens darin besteht, dass in der Eucharistie die »katabatische« *und* »anabatische« Dimension des (anamnetisch präsenten) Opfers Christi zusammengehören und die Eucharistiefeier deshalb auch das « (Mit-)Opfer der Kirche« ist, muss dahingestellt bleiben. Siehe dazu Hintzen (1991) 76; Hönig (1989).

138 Schlier (1970) 106.

139 Augustinus, serm. 272 (PL 38, 1247); siehe auch serm. 57 (PL 38, 389). Weitere ähnliche Texte bei van der Meer ([3]1951) 389–397; Rocchetta (1993) 11–28. – Das Ziel der Eucharistie, die »unitas corporis Christi«, integriert auch deren andere Aspekte, z. B. den »Opfercharakter«. Denn nach Augustinus ist das wahre Opfer

die »civitas Dei«, die zur Liebe gewordene Menschheit. Siehe dazu Ratzinger (2000) 24, 51, 75f.

[140] de Lubac (1953) 123f.

[141] Dass es unter ganz bestimmten Bedingungen (etwa in Ländern der 3. Welt, wo nur 2–3 Mal im Jahr eine Eucharistiefeier stattfindet) sinnvoll sein kann, einen Wortgottesdienst mit Kommunionausteilung zu halten als Zeichen für eine »irgendwo« gefeierte und auch in der Gemeinde an sich zu feiernde Eucharistie, steht auf einem ganz anderen Blatt.

[142] Deswegen gründet auch das Amt des Diakon (siehe dazu S. 168ff) in der Eucharistie. Vgl. dazu Militello (1993).

[143] Eben das steht hinter der Akklamation nach der Wandlung »Geheimnis des Glaubens«, an der so viele Priester »herumbasteln«, um sie anders zu formulieren und dabei doch nur »verschlimmbessern«. Dieser »Ausruf« will nicht zum Ausdruck bringen, dass jetzt »ein« Glaubensgeheimnis gefeiert wird, sondern dass jetzt unser »ganzer« Glaube »in mysterio«, d.h. im sakramentalen Zeichengeschehen Gegenwart ist (damit er von hier aus im Leben realisiert werde).

[144] Vgl. dazu die »Erfahrungsberichte« aus Basisgemeinden in Conc. 16 (1980) Heft 3, sowie die theologische »Legitimierung« durch Schillebeeckx (1981) 90ff; Küng (1981); Blank (1981) bes. 31ff. – Siehe auch Boff (1980) 100ff; Chauvet (1981) 21–38. – Im Januar 2000 rief Herbert Haag die Schweizer Gemeinden, die keinen eigenen Priester mehr haben, dazu auf, selbst – auch ohne Amt – Eucharistie zu feiern.

[145] Das zeigt Bläser (1973) 42ff eingehend.

[146] Küng (1981).

[147] Kremer (1981) 70. – Auf der gleichen Linie Jaubert (1974) 18, die von einer ordnenden Tätigkeit des Paulus in Korinth spricht, in welcher »die Bedeutung, welche für ihn judenchristliche Modelle haben, nicht übersehen werden darf.«

[148] Kremer, ebd.106ff.

[149] Bei Justin findet sich auch schon die Verbindung von Eucharistievorsitz und Homilie!

[150] Auch die Tatsache, dass auf verschiedenen Regionalkonzilien (1. Konzil v. Arles, Konzil v. Ankyra: Mansi II, 484f, 514ff) die Eucharistiefeier durch Diakone *abgelehnt* und mit Strafen vindiziert wurde, bietet als solche noch keine Basis für den Schluss: Also sei dies geschehen und folglich *grundsätzlich* möglich. Man stelle sich nur vor, westeuropäische Bischöfe würden den Eucharistievorsitz durch Laien nochmals ausdrücklich verbieten. Von einem solchen Verbot her könnte man doch gerade nicht auf eine legitime Möglichkeit schließen. – Im Übrigen behauptet Schillebeeckx (1981) 126 rundweg, dass nach dem antidonatistischen Konzil von Arles Diakone beim Fehlen von Priestern den eucharistischen Vorsitz übernehmen durften. Die angegebene Stelle (Mansi II, 469) gibt keinerlei diesbezüglichen Hinweis. (Handelt es sich um einen Druckfehler?). Jedenfalls ist das Konzil von Arles ausdrücklich gegen alle Arten von Anmaßung der Diakone aufgetreten. Vgl. die in SC 241 (Conciles Gaulois du IVe siècle) 54f angegebene Literatur.

[151] De exhort.cast. 7,3 (= CC 2,1024).

[152] In seiner katholischen Zeit bezeichnet Tertullian es als »typisch häretisch«, »den Laien priesterliche Aufgabe zuzuerteilen« – »nam et laicis sacerdotalia munera iniungunt«: De praescr. haer. 41,8 (= SC 46,148). Selbst in der »Übergangszeit« zwischen katholischem und montanistischem Glaubensverständnis schrieb Tertullian noch: »Wir empfangen das Sakrament der Eucharistie von niemand anderem als vom Gemeindevorsteher«: De cor. 3,3 (= CC 2,1043). Zur umstrittenen tertullianischen Position siehe auf der einen Seite van Beneden (1987) und auf der andern Tixeront (1925); Zannoni (1958).

[153] Kasper (1969) I, 169.

[154] Schillebeeckx (1981) 121 ff.

[155] Siehe Schillebeeckx (1970) 149.

[156] Vgl. dazu Schütte (1974) 48 ff; Meyer (1981) 24.

[157] DWÜ I, 23 mit Verweis auf das sog. »Malta-Papier«.

[158] DWÜ I, 570. – Wie sich allerdings solche Übereinstimmung mit Luthers Amtsverständnis »zusammenreimt«, das gerade noch einmal gründlich und eindringlich von Goertz (1997) untersucht wurde, dürfte schwierig zu verstehen bleiben. In der Zusammenfassung dieser Studie heißt es: »Der dem ordinierten Amt in institutionalisierter Form aufgetragene Dienst ist kein anderer Dienst als der des Allgemeinen Priestertums, zu dem alle Gläubigen berufen und durch ihr Christsein auch berechtigt sind. … Gerade weil *alle* Gläubigen die gleiche Vollmacht auch zu den öffentlichen Formen des Dienstes an Wort und Sakrament haben, würde durch deren *eigenmächtige* Ausübung durch einen einzelnen allen *anderen* diese Möglichkeit vorenthalten werden. Um die zur Verkündigung notwendige Ordnung zu gewährleisten, muss die Gemeinde [!]daher geeignete Personen *berufen* und ihnen die stellvertretende Ausübung der pfarramtlichen Aufgaben delegieren [!]. … Die Frage, ob Luther die Begründung des ordinierten Amtes … in einer unmittelbaren göttlichen Stiftung gelehrt hat … ist also eindeutig zu verneinen«: ebd. 328 f.

[159] Lehmann/Pannenberg (1986) 158. – Siehe auch dies. (1998) 376 f.

[160] DWÜ I, 341.

[161] Theologisch wurde der Begriff »Repräsentation« vor allem geprägt (1) durch ein Nachdenken über die Konzilien als Vergegenwärtigung der ganzen Kirche (so seit Tertullian) und (2) über die Eucharistie als Vergegenwärtigung Christi (Abendmahlsstreit). In beiden Fällen geht es um die *reale Anwesenheit* des Repräsentierten, nicht um eine juridische Stellvertretung. Erst später, ungefähr seit dem 13. Jh., wird allmählich mit dem Begriff der Repräsentation die Idee verbunden, eine Person juridisch zu vertreten. Vgl. zum Ganzen Hofmann (1974); Menke (1991); Cordes (1972) II. – Zur Problematik siehe auch Werbick (2000) 763 f.

[162] »Toujours la représentation est à base de service. Les représentants ne sont là que pour servir«: Darquennes (1952) 36.

[163] Schlink (1973) 134.

[164] Hahn (1973) 35.

[165] Pottmeyer (1980) 60.

[166] Kasper (1999) 117 mit Verweis auf ScG IV,74. Kasper unterstreicht von hier aus, »dass eine Beauftragung zu einem pastoralen und sakramentalen Dienst ohne

sakramentale geistliche Ermächtigung für den betreffenden Menschen eine seelengefährdende Überforderung darstellen würde.«

[167] Menke (1999) 338. Und er fügt zu Recht an: »Natürlich soll die Kirche niemanden zum Sakrament des Ordo zulassen, der nicht begabt ist mit entsprechenden Charismen. Aber nicht die Charismen machen jemanden zum Priester.«

[168] Pottmeyer (1982) 157.

[169] Deutsche Bischofskonferenz (1996) 22.

[170] Stubenrauch (1999) 134.

[171] v. Balthasar (1979) 114.

[172] Auch die noch zu behandelnde andere Komponente des Amtes, dass es nämlich »repraesentatio ecclesiae« ist (S. 122 ff) stellt einen ähnlich kritischen Maßstab dar.

[173] Vgl. z. B. LG 24, 28; PO 2 u. ö.- Siehe dazu auch Cordes (1972) I, 170 ff.

[174] Cordes, ebd. 174.

[175] v. Balthasar (1961) 399 f.

[176] En.in Ps 103, 3,9 (= CC 40, 1507).

[177] Pesch/Peters (1981) 71. – Pesch bemerkt ausdrücklich, »dass es einen reinen ›habitus entitativus‹, also in ein keiner Weise auf das Handeln bezogenes Gehabe in der *mittelalterlichen* Theologie nicht gibt«: aaO. Von daher ist auch verständlich, dass Semmelroth (1969) 185 statt »handeln in der Person Christi« mit »handeln in der *Rolle* Christi« übersetzt. Es geht um eine handlungsbezogene Repräsentation!

[178] R. Bellarmin, Controversiarum de Sacramento Eucharistiae VI, 4, zit. nach Cordes (1972) II, 40. Die diesbezüglichen Diskussionen auf dem II. Vaticanum sind ausführlich dargestellt bei Cordes (1972) I, 176–208.

[179] Kehl (1976) 97. – Siehe dieses vorzügliche Buch auch zum ganzen Abschnitt.

[180] In JoEv V,7 (= CC 36, 44).

[181] Pottmeyer (1980) 60.

[182] Weber (1964) Bd. I, 184; siehe auch Bd. II, 832 ff.

[183] Boff (1976) 29.

[184] Sermo 272 (= PL 38, 1247).

[185] Dieser Gesichtspunkt wird u. a. in den beiden Konsenspapieren »Über die Eucharistie« (I) und »Über das kirchliche Amt« (II) der Gruppe von Dombes (1973) herausgestellt: Die berufenen Leiter, die den Herrn zeichenhaft darzustellen haben, machen sichtbar, »dass die Versammlung über die Handlung, die sie gerade vollzieht, nicht verfügungsberechtigt ist, dass sie nicht Herr der Eucharistie ist: sie empfängt sie von einem anderen, von Christus, der in seiner Kirche lebt« (I, 9, 34).

[186] In diesem Punkt sieht Ratzinger (1969) 106 die eigentliche Differenz zur protestantischen Auffassung. In der reformatorischen Christenheit spielt sich nach ihm »eine gewisse Hypostatisierung des Wortes ab, das nun als eine selbständig der Kirche gegenüberstehende, sich selbst zu erkennen gebende Größe aufgefasst wird und als der selbständig vorhandene kritische Maßstab der Kirche erscheint. ... Die evangelische Theologie definiert die Kirche ohne das Amt und fasst das Wort als selbständiges Korrektiv des Amtes, die katholische Theologie dagegen

sieht das Amt als Kriterium des Wortes an: Sie kennt nicht ein der Kirche gegenüber selbständiges, quasihypostatisches Wort, sondern das Wort lebt in der Kirche, wie die Kirche vom Wort lebt – eine Relation gegenseitiger Abhängigkeit und Beziehung.« – Das mag zwar für bestimmte Richtungen der evangelischen Theologie zutreffen, andererseits aber gibt es auch in der evangelischen Christenheit andere Stimmen. Vgl. die Zusammenstellung theologischer Positionen und amtlicher Äußerungen der VELKD bei Schütte (1974) 62 f.

[187] Kasper (1974) 6.

[188] Schlink (1973) 128 f.

[189] Schürmann (1979) 24. – Vgl. ferner Zollitsch (1974) 264 ff.

[190] v. Balthasar (1970) 43. – Vgl. auch v. Balthasar ([2]1979) 66. Hier bemerkt der Autor in seiner ebenso plastischen wie provozierenden Sprache: »Zwischen Hirten und Herde gibt es keine kontinuierlichen Übergänge; ein noch so begabtes Schaf kann den Hirten nicht ersetzen.«

[191] v. Balthasar ([2]1979) 41.

[192] Schillebeeckxs (1981) 60.

[193] Siehe dazu Neuner (1988) 81 f.

[194] Vgl. ebd. 121.

[195] Weiser (1987) 236. – Auf derselben Linie auch Kaiser (1983) 185 f; Forte (1987) 112 f; Beyer (1988) 232 ff; Glaubitz (1995) 107 ff. – Vertreter der Ostkirchen haben auf der Bischofssynode über die Laien (1987) vorgeschlagen, statt des Begriffs »Laie« das Wort »Gläubige« zu verwenden, und zwar *auch* deshalb, weil ersterer im islamischen Bereich durch und durch missverständlich sei (nämlich im Sinne von »areligiös«, ja »antireligiös«. Siehe dazu Glaubitz, aaO. 220.

[196] Kaiser (1983) 186.

[197] Gruppe von Dombes (1973) II, 4, 37.

[198] ebd. II, 6, 38.

[199] Gruppe von Dombes (1973) I, IX, 35.

[200] Görtz (1991 188. Und Görtz fügt an: »Dass dies [die Sendung der Laien] die Sendung Christi ist, dies zu verdeutlichen ist der Sinn des Amtes.«

[201] Siehe Karrer (1999)105 f.

[202] Haslinger (1996) 322.

[203] Näheres dazu Greshake ([3]1999) 400–410.

[204] Deutsche Bischofskonferenz (1987) 10.

[205] Mödlhammer (1974) 68 f.

[206] So: Lehmann (1969) 156[53].

[207] Lehmann, ebd.

[208] Mit den Worten von Bunnik (1969) 72: »Dieses ›mehr‹ [des priesterlichen Amtes] liegt aber nicht in der Tatsache, dass der Amtsträger Handlungen verrichtet, die der Laie nicht verrichten könnte, sondern in der Tatsache, dass im Sprechen und Handeln des Amtsträgers als solchen die ausdrückliche Garantie liegt, dass hier das Werk vollbracht wird, das der Herr durch seine Kirche vollbracht sehen will.«

[209] Reiches Material dazu bei Congar (1971) I, bes. 30 ff.

[210] Wheeler Robinson (1936) 49. – Vgl. zum Ganzen auch de Fraine (1962).

211 Vgl. Pedersen (1946) 55.
212 Vgl. Darquennes (1952) 39: »Les Corps sont representés par des chefs, qui en même temps les gouvernent.« – Vgl. auch Congar (1971) II, 141 (Lit.).
213 In einem solchen organischen Lebenszusammenhang (und nicht im Kontext juridischer Bevollmächtigung) wurzelt auch das schon im Römischen Recht zu findende und dann von der Alten Kirche übernommene Axiom: »Quod omnes tangit, ab omnibus tractari et approbari debet.« Vgl. dazu Congar (1958).
214 v. Campenhausen (1953) 53 (hier auch die Belege).
215 Holmberg, 186.
216 De vir. illustr. 15 (= PL 23, 663).
217 Ep. 66, 8 (= CSEL 3, 2, 733).
218 Das folgende Material findet sich bei Holböck (1941) 232–238; Landgraf (1955) 223–243; Marliangeas (1978); Congar (1971) I, 83 f, 98 ff, 106 ff.
219 Eine Reihe wichtiger Thomas-Texte dazu finden sich zusammengestellt bei Marliangeas (1978) 93 ff.
220 So ausdrücklich Thomas v. Aquin, In IV sent. 49,4,3, 4.
221 Diesen Doppelaspekt stellt Thomas z. B. hinsichtlich der Letzten Ölung heraus: der Priester vollzieht sie »in virtute totius Ecclesiae, cuius minister exsistit et cuius personam gerit«: ScG IV, 73.
222 Vgl. STh III, 82, 7 ad l. 3; 82, 9 ad 2. Dieser Gedanke wird schon vorher deutlich von Hugo v. St. Viktor ausgesprochen: »Ita ergo verum Christi corpus non est quod conficit schismaticus, quia, cum corpus Christi sacramentum sit unitatis, in ipso utique schismaticus sibi unitatem non conficit qui se ab ipsa unitate dividit«: Summa de sacr. christ. fidei II, II, 13 (= PL 176, 506 A).
223 Es ist ein Spezifikum des Kirchenverständnisses von J. A. Möhler (1957 = 1825) bes. 170 ff, 189 auf die untrennbare Zugehörigkeit beider Aspekte hingewiesen zu haben. Bei Möhler findet sich zur Kennzeichnung der Zwei-Einheit der Aspekte auch die Analogie von Seele und Leib im Menschen (170 f).
224 Pottmeyer (1983) 283.
225 Zumal wenn die spezifische Weise von Autorität und Vollmacht Christi verkannt wird (vgl. dazu S. 104 ff), wird ein solches Amtsverständnis »natürlich oppressiv und fordert revolutionäre Reaktionen heraus«: Zizioulas (1973) 88.
226 Congar (1971) I, 102 weist darauf hin, dass der theologische Traktat Ekklesiologie ab der Mitte des 12. Jahrhunderts wesentlich christologisch und nicht pneumatologisch bestimmt ist. Dies führt in weiterer Konsequenz zur neuzeitlichen Ekklesiologie, in der – ungefähr bis zum 2. Vatikanischen Konzil – Kirche vornehmlich als fortdauernde Inkarnation Christi und damit vom Amtlich-Institutionellen her verstanden wird. Näheres dazu bei Greshake ([3]1999) 377 ff; ders. ([3]2000) 89–102.
227 Diese Spezifizierung ist zur Vermeidung von Missverständnissen deshalb notwendig, weil der Amtsträger als Glaubender natürlich auch immer »Laie«, d. h. empfangendes Glied des Volkes Gottes ist und bleibt (s. S. 117 f).
228 Johannes Chrysostomus, hom. in Eph 1, 3, 2 (= PG 62, 26).
229 Congar ([3]1964) 459 f.
230 Pöltner (1978) 58.

[231] Gruppe v. Dombes (1980) 34.

[232] Hier könnte man einwenden, das Haupt (Christus) könne doch auch ohne seine »Braut« (die Kirche) handeln, und folglich auch der Amtsträger ohne die Gemeinde. Das ist zwar ein in gewisser Weise richtiger, aber doch abstrakter Gesichtspunkt, der schon gar nicht zum Ansatzpunkt einer Amtstheologie gemacht werden darf. Denn erstens gäbe es kein amtliches Handeln, wenn es nicht »irgendwo« Kirche gäbe, in der das Amt (und der Amtsträger) seinen ursprünglichen Ort hätte, und zweitens ist das amtliche Handeln, auch wenn es (noch) keine konkrete Gemeinde gibt (z.B. in Missionen oder in entchristlichten Gegenden) auf Gemeinde hin angelegt und nur in diesem »Daraufhin« sinnvoll.

[233] Vgl. Hünermann (1975) 292f.

[234] Vgl. Lohfink (1981) I, 109ff; v. Campenhausen (1953) 557.

[235] Lohfink (1981) I, 91, 90.

[236] v. Balthasar (1972) II, 296f.

[237] Vgl. dazu Jüngel (1972).

[238] Darüber wird freilich nicht die einzelne Gemeinde entscheiden können, da hier selbst ein einhellig gefasster Beschluss nicht unbedingt vom Heiligen Geist herrühren muss, sondern auch von teuflischen Animositäten getragen sein kann. Vielmehr ist dazu der Konsens einer höheren und deshalb – präsumtiv – objektiveren Instanz erforderlich.

[239] Ep. 14,4 (= CSEL 3,2, 512). – Vgl. auch die sehr bezeichnenden Texte der Alten Kirche bei Congar (1971) II, bes. 70.78f; ders. (1958) 226f; Küng (1967) 518f. – Auf der gleichen Linie spricht die Verlautbarung des Päpstlichen Rates für die Laien (1981) Nr. 4,2 von einer »geistlichen Machtlogik«. Zu dieser gehört es, dass weder der Amtsträger die Gemeinde beherrscht, noch die Gemeinde den Amtsträger, noch eine Gruppierung in der Gemeinde die andere. »Gottes Geist ist nämlich kein Geist der Zwietracht, der Fraktionen und Parteiungen. Die für ihn typische Methode ist nicht die knappe Mehrheitsentscheidung und die Kampfabstimmung. Er wird von denen empfangen, die zum Gebet ›am gleichen Ort zusammen sind‹ (Apg 2,1). Er bewahrt die Gemeinde in Eintracht, so dass sie ›ein Herz und eine Seele‹ (ebd. 4,32) ist. So ist Christi Gemeinde gekennzeichnet durch Einmütigkeit; Spaltungen und Oppositionsgruppen erweisen, dass eine Gemeinde in ihrer Tiefe nicht von Christus her lebt (vgl. 1 Kor 1,10ff).«

[240] Vgl. zu diesem Problemkreis Congar (1971) II,130f; Kretschmar (1975) 43f.

[241] Schillebeeckx (1981) 69.

[242] Schillebeeckx (1980) 208. Vgl. auch ders. (1981) 70: »Zum alten Begriff der ›ordinatio‹ gehört daher wesentlich, und zwar um in Kraft zu sein, die Berufung, das Mandat oder die Sendung durch [sic!] eine bestimmte christliche Gemeinde (Volk und Leiter): Dies ist das Wesen der ›ordinatio‹. … Die ekklesiale Dimension ist das entscheidende Element der ›ordinatio‹ oder Eingliederung.«

[243] Camelot (1963) 178.

[244] Weismayer (1981) 74.

[245] Kretschmar (1975) 67f.- Überdies wurde ziemlich bald die relative Ordination auf eine Lokalkirche hin dadurch überschritten, dass sich die Lokalgemeinde selbst als konkrete Verwirklichung der umfassenderen – freilich nur in Lokalkir-

chen subsistierenden – Universalkirche verstand, und zwar einer Universalkirche, die sich wesentlich als Communio der vielen Kirchen verwirklichte. Das bedeutet, dass Lokalkirche wesentlich Relation zu allen Kirchen ist. Folglich steht auch das Amt der Lokalkirche wesentlich in Relation zur ganzen Kirche. Dies wird darin deutlich, dass der bischöfliche Amtsträger einer Lokalkirche zugleich Glied des universalkirchlichen Kollegiums der Bischöfe ist.

[246] Congar (1966) 194.

[247] Hünermann (1978) 41 f.

[248] Ep. 67, 5 (= CSEL 3, 2, 739).

[249] Man nehme nur das schreckliche Wort »Amtskirche«, worin ja zum Ausdruck gebracht wird, dass es gewissermaßen zwei »Kirchen« gibt, »die da oben« und »die da unten«. Wie wenig das Amt als gemeinde-repräsentativ verstanden wird, zeigt sich auch in so kleinen Details wie dem Faktum, dass auf Einladungen einer Pfarrgemeinde meist nicht nur der Pfarrer unterschreibt, sondern auch der Vorsitzende des Pfarrgemeinderats – als »erster repräsentativer Laie« gewissermaßen »neben« der »amtskirchlichen« Repräsentation, die offenbar nicht als ausreichende Repräsentation der Gemeinde empfunden wird.

[250] Dieser Doppelcharakter wird von Schillebeeckx (1981) durchgehend übersehen bzw. eingeebnet. So wenn er abschließend zur Weiheliturgie schreibt: »Diese Anerkennung eines Christen als Amtsträger durch die Kirche (Volk und Leiter) ist entscheidend.« (79 f). Doch die Anerkennung »von unten« ist nur eine Seite, die »Gabe von oben« die andere. *Beides* wird in der Weihe zum Ausdruck gebracht. Diesen Doppelcharakter stellen Chauvet (1981) 30 und Gy (1974) 607 deutlich heraus.

[251] Der ihm zugeschriebene Diakonat bedeutet, wenn er überhaupt historisch zutreffen sollte, die nachträgliche »klerikale Vereinnahmung« eines ursprünglich laikalen Charismas.

[252] Umgekehrt kann auch ein Charisma Kriterium des Amtsträgers sein: Wenn dieser nicht auf den Geist hört, der in der Kirche wirkt, kann er schismatisch werden und damit – losgelöst vom Leibe Christi – sein Amt verlieren. Und nicht zuletzt gilt – so v. Balthasar (1972) II, 297 –: »Dass Priester sich verfehlen können, dass aus der Gemeinde Anklagen gegen sie vorgetragen werden und dass sie vom Bischof ›in Gegenwart aller‹ zurückgewiesen werden müssen, freilich ›ohne Vorurteile und Parteilichkeit‹, ist schon in den Pastoralbriefen vorgesehen (1 Tim 5, 20 f).«

[253] zit. in LG 32. Siehe Augustinus, serm. 340, 1 (= PL 38, 1483). -Ein ähnlich »dialektischer« Text findet sich in En. in Ps. 126, 3 (= CC 40, 1859): »Custodimus enim vos ex officio dispensationis; sed custodiri volumus vobiscum. Tamquam vobis pastores sumus, sed sub illo Pastore vobiscum oves sumus. Tamquam vobis ex hoc loco doctores sumus; sed sub illo uno Magistro in hac schola vobiscum condiscipuli sumus.«

[254] Ratzinger (1968) 371.

[255] Diese ist in dt. Übersetzung u. a. zugänglich bei Hünermann (1998) 152–183. Dieser Sammelband auf der einen und die Stellungnahme von Windisch (1998) auf der andern Seite markieren die Pole der Reaktion auf diese Instruktion.

[256] Vgl. zur ganzen Diskussion Greshake (1978); Socha (1978) (Lit.); Bausenhart, (1999) bes. 300–321 (Lit.). Eine gute Übersicht über die derzeitige Diskussion bieten auch Hentschel (1986); Bucher (1989); Friesl (1996).

[257] Socha (1978) 403.

[258] Zur Interpretation der einschlägigen Konzilstexte siehe Bausenhart (1999) 300–305.

[259] Natürlich gibt es auch einen »weiteren« Amtsbegriff, der nicht das durch Weihe vermittelte Amt meint, sondern jede auf eine gewisse Beständigkeit hin übertragene Aufgabe, die einem geistlichen Ziel dient (vgl. CIC can. 145). In diesem Sinn haben die neuen pastoralen Dienste natürlich ein Amt in der Kirche inne und sind »Amtsträger«! Siehe dazu z.B. Loretan (2000).

[260] So Johannes Paul II. Über die Mitarbeit der Laien am Dienst der Priester (s. Anm. 255): »Die Erfüllung einer solchen Aufgabe [nämlich pastorale Mitarbeit] *macht einen Laien aber nicht zum Hirten*« (Nr. 23). Auf dieser Linie auch schon früher die Deutsche Bischofskonferenz (1977); sodann dies. (1995). – Gegen diese Position meutern in harschen Tönen Hengsbach/Degen (1997) 233, indem sie feststellen, dass in dieser Perspektive »die hierarchische Position der PastoralreferentInnen und der Priester fest[steht] – und zwar unabhängig von der Funktion und Fähigkeit, einzig auf Grund einer Setzung der Organisation. Die rigide kirchliche Zuordnung von Priester und Leitungskompetenz ist ein Hauptgrund für die Ambivalenz der Berufsrolle der PastoralreferentInnen.« Denjenigen Bischöfen und Theologen, die eine andere Überzeugung vertreten, wird die Frage vorgehalten, »mit welchem Recht sie in der real existierenden Kirche an einer kontrafaktischen Theologie des Amtes festhalten, warum sie mystische Metapher, theologische Reflexion und kirchliche Organisationsgrundsätze laufend miteinander vermischen und wie sie den Verdacht ausräumen, dass sie die Konservierung von Kirchenstrukturen betreiben, die durch die kirchliche Praxis bereits überholt sind.« (240).

[261] Böhnke (1994) 40.

[262] So die Schlussfolgerung der sehr gründlichen Arbeit von Böhnke (1994) 68.

[263] Deutsche Bischofskonferenz (1977) 16.

[264] Hemmerle (1977) 37.

[265] Faber (1999) 115. Siehe auch die Diskussion dieser Position in PB (K) 51 (1999) 282–284.

[266] Vgl. z.B. Rahner (1955) 340 (und danach immer wieder; siehe bes. Schriften VII, 355ff); Hünermann (1977) (und öfter danach); Bausenhart (1999) pass. – Rahner meint sogar, dass ein Laie, sobald ihm eine kirchliche Funktion auf Dauer übertragen wird, schon eo ipso zum kirchlichen Amt gehört. Zur Diskussion dieser frag-würdigen These siehe Corecco (1980).

[267] Siehe dazu Bausenhart (1999) 19–22.

[268] Seybold (1972) 411.

[269] Nachweise und Diskussion dieses Vorschlags bei Bausenhart (1999) 298.

[270] Karrer (1999) 296.

[271] Das Wort von der »Verklerikalisierung« des Laien findet sich schon 1949 bei v. Balthasar (1949).

[272] Windisch (2000) 19 mit Hinweis auf Bätz (1994).
[273] Kasper (1999) 141.
[274] Kasper (1977) I, 130f. – Wenige Jahre später macht Kasper, wie auch andere Theologen und Bischöfe, auf die Gefahr einer – abgesehen von der Spendung der Sakramente – einschränkungslosen Beauftragung zum pastoralen Dienst aufmerksam. Die Kirche tue damit etwas, »was sie ohne Gefahr für ihre sakramentale Grundstruktur ... gar nicht tun kann, vielleicht auf Dauer auch nicht tun darf«: Kasper (1994) 20f. Siehe auch Kasper (1999) 142f. Ähnlich Meyer (1996) 39f.
[275] Socha (1978) 392, 397.
[276] Ich vermute. dass hier eine Beobachtung von Schillebeeckx (1981) 144 zutrifft, wonach der Zölibat für viele Laientheologen einen exponierten Faktor der offiziellen Kirche bedeute und die Ablehnung des Zölibats deshalb auch ein Symptom des Unvermögens vieler sei, sich mit der offiziellen Kirche zu identifizieren. Wenn dies der Fall ist, wird weder die Freigabe des Zölibats noch die Möglichkeit des »vir probatus« sehr viel an der derzeitigen Situation ändern. – Diese Bemerkung von Schillebeeckx wird auch durch eine jüngste Studie über die Berufsziele von Pastoralreferenten bestätigt: Sie wollen das sein, was sie sind, und platzieren hinsichtlich ihres eigenen Berufsziels den Dienst des Pastoralreferenten vor den des Priesters. »Dieser Befund steht der weitverbreiteten Ansicht entgegen, dass Interessierte am Pastoralreferentenberuf eigentlich lieber Priester würden, wenn es hierfür andere Zulassungsbedingungen als gegenwärtig gäbe«: Feeser (1999) 371.
[277] Dieser Eindruck *könnte* durch Pemsel-Maier (2000) 73 erweckt werden, wenn sie schreibt: »Die Wahrnehmung der Seelsorge ist seit dem Neuansatz [!] von ›Gaudium et spes‹ keine rein priesterliche Tätigkeit und nicht auf das Weiheamt fixiert.«
[278] ebd. 73.
[279] So ist bekannt, dass manche Bischöfe schon Briefe erhalten haben, die darüber Beschwerde führen, dass z.B. im Krankenhaus sich jemand als »Seelsorger« vorstellte, der Kranke deshalb der Meinung war, es handle sich um einen Priester, deshalb eine besondere Offenheit an den Tag legte, sich später aber als »getäuscht« empfand.
[280] Vgl. z.B. Sekretariat der SBK (1998) 8.
[281] zit. – mit einigen Modifikationen – nach Cavelli-Adorno (1965) 19.
[282] So etwa Thomas v. Aquin: »Der Grund dafür, dass Frauen in untergeordneter und nicht in leitender Stellung sind, liegt darin, dass sie nicht den genügenden Verstand haben, der für einen Vorsteher vor allem notwendig ist.«: In I ad Cor. l. 7.
[283] Das Material ist jetzt vollständig gesammelt von Müller (1999). – Die Lit. zum Thema Frauenordination ist unübersehbar. Die wichtigste bis 1989 ist zusammengestellt von D. Sattler, in: Schneider (1989) 207–209. Danach: Müller (2000) 52f. Die umfangreichste Monographie zum Thema ist von Hauke (1982) Diese weist jedoch trotz zahlreicher wichtiger Materialien und Argumentationsansätze so viele Mängel und Missgriffe auf, dass es kaum einen versöhnlichen Beitrag zur Sache leistet. Siehe dazu die ausführliche Rez. v. Gössmann (1983).

[284] Lit. dazu in der (Auswahl-)Bibliographie am Ende von Schneider (1989) 201 ff.
[285] Für das deutsche Sprachgebiet vgl. z. B. Lohfink (1977); weitere Lit. bei Schavan (1993). Für die Diskussion im romanischen Bereich siehe die Lit. bei Gozzelino (1992) 118[170–172]. Insgesamt zum theologischen Diskussionsstand bzgl. der Frauenordination siehe Gross (1996).
[286] Weitere Gesichtspunkte dazu auch bei Reininger (1999) 59 f.
[287] Hünermann (1973) 42.
[288] Schärfste Einsprüche kamen vor allem aus Amerika, dem Ursprungsort des theologischen Feminismus. Siehe besonders Swidler (1977).
[289] Communicatio 27 (1995) 212. – Die wichtigsten Reaktionen dazu sind angeführt bei Greshake (1998) 1111.
[290] So z. B. Müller (2000) 65: »Das Votum für eine Abkehr von der einhelligen Praxis der Kirche beruht bisher allein auf der bloßen *Behauptung*, für das Verhalten Jesu und der kirchlichen Autorität seit den Anfängen seien soziologische und anthropologische Vorstellungen einer Minderwertigkeit der Frau maßgebend. Es fehlt der Nachweis, dass das bisherige Glaubensbewusstsein der Kirche bezüglich des Weihesakramentes auf einem solchen Axiom beruht.«
[291] Vor einigen Jahren drückte ein peruanischer Bischof diesen Sachverhalt anschaulich so aus: Wenn eine India mich fragt, warum eine Frau nicht Priester werden könne, kann ich sicher sein, dass in deren Gemeinde eine amerikanische Ordensschwester arbeitet, die diese Frage von außen her an die Frauen herangetragen hat.
[292] Vgl. dazu z. B. Lacroix (2000). Er weist darauf hin, dass in der Reziprozität von Mann und Frau »de la femme l'homme pourra apprendre une certaine culture de l'intersubjectivité, … de la proximité, tandis que de l'homme la femme pourra recevoir une culture de la maitrise, … de l'ailleurs. … Ce que le père a en propre, … cela consiste à rendre présent ce qui vient d'ailleurs«: ebd. 50 f. Für die auch statistisch fassbaren Belege siehe z. B. Vansteenbergen (2000).
[293] Dabei ist es gerade der zölibatäre, meist stark von mütterlichen Zügen geprägte Priester, der in der Religionsgeschichte eine gewisse »Vermittlung« von mütterlichem und väterlichem Gottesbild darstellt, während, religionsgeschichtlich gesehen, Priesterinnen oft von der Symbiose mit der »göttlichen Urmutter« erdrückt werden. Kästner ([11]1991) 267 macht auf ein Wort des Ägypter-Evangeliums aufmerksam: »Ich bin gekommen, die Werke des Weiblichen aufzulösen«. Und er deutet diese Worte im Anschluss an einige Religionswissenschaftler so: »Die Werke des Weiblichen. Das ist das Matriarchale, das Muttergöttliche, das die Welt zum Zuhause, zur Heimat macht und zum immergebärenden Schoße. … Ewige Wiederkehr. Im Grunde stört alles, was dieses Kreisen durchbricht.« Demgegenüber war »die Ankunft Christi die Aufhebung des Muttergöttlichen und also der Ewigen Wiederkehr.« Christus steht für »das andere«, für Gott und die Welt Gottes. Und eben das wird im »Männlichen« symbolisiert. – Einige Hinweise dafür finden sich in äußerst lockerer und unwissenschaftlicher, aber durchaus ernst gemeinter und auf einer Fülle entsprechender Lit. basierender Form bei Zander ([2]1997) 124–131.

294 Es ist also ein törichtes »Gegenargument«, wenn man sagt: Wenn es so wäre, müssten alle katholischen Priester eigentlich Galiläer und Zimmerleute sein, um Christus getreu repräsentieren zu können! Töricht ist dieser Einwurf deshalb, weil es nicht um eine möglichst getreue Kopie Christi geht, sondern um eine in großer Tiefe gründende »symbolontologische« Sicht der Geschlechterdifferenz, die nicht nur christlich ist, sondern in verschiedenen Varianten von vielen Menschheitsreligionen vertreten wird.

295 So besonders im Werk von H. U. v. Balthasar und neuerdings mit großem Nachdruck wieder bei Müller (2000)

296 So z.B. Müller (2000) 75.

297 Müller (2000) 134.

298 Wobei solche Darlegungen sich ebenso durchgehend bei orthodoxen wie auch altkatholischen Theologen finden! Vgl. die Angaben bei Reininger (1999) 430f, 469–481 u.ö. Sollten all diese Theologen verschiedenster Provenienz in Unsinnigkeiten verstrickt sein?

299 Es mag ja sein, dass Hünermann (1997) 120 Recht hat, wenn er bemerkt, dass es beim Handeln »in persona Christi« nicht um die Ähnlichkeit des Handelnden in Bezug auf das Geschlecht geht, sondern nur um ein von Christus her autorisiertes Handeln. Aber was ist, wenn auch im Christentum die sakramentale, d.h. auch zeichenhaft-*leibhaftige* Vermittlung des göttlichen Mysteriums eine größere Bedeutung hat, so wie das offenbar in anderen Religionen und Kulturen der Fall ist?

300 In der derzeitigen Gender-Diskussion gibt es zwar einige Ansätze für eine neue tiefere Sicht der Geschlechter, aber zu irgendwelchen akzeptierten Ergebnissen ist man bisher noch nicht vorgestoßen.

301 Vgl. v. Balthasar (1979) 111.

302 Natürlich können es nur die Frauen selbst sein, die über das Spezifische des Frauseins befinden. Aber auch die Männer sind herausgefordert, neu über ihr Mannsein nachzudenken. Hier stellen sich nicht zuletzt neue Probleme in Bezug auf das Kind. Viele Männer wollen nicht »Vater«, sondern »zweite Mutter« sein (vgl. Lacroix [2000] 51). Sie weigern sich, ihre Rolle anzunehmen, gegenüber dem kindlich symbiotischen Dasein das »Anderssein« der Wirklichkeit darzustellen, so wie sie sich auch weigern, die »Instanz« zu sein, mit welcher der Jugendliche sich auseinandersetzen muss, um seinen unverwechselbaren Eigenstand zu finden. Und vielleicht wird gerade aus der Erfahrung desaströser Konsequenzen, die sich für die kommende Generation ergeben, die Gender-Diskussion noch einmal eine ganz neue Wende nehmen.

303 Balthasar (1979)114.

304 Das bedeutet aber auch, dass die »Töne« mancher Feministinnen, mit denen sie Macht und Einfluss in der Kirche reklamieren, genau so zurückzuweisen sind. Vor einiger Zeit schrieb mir ein Regens: Wenn ich das Kriterium, was ich an junge *Männer* anlege, dass sie nämlich wirklich zum selbstlosen Dienst und nicht zur Machtausübung antreten, an so manche derjenigen Frauen anlege, welche die Ordination verlangen, so könnte ich schon allein wegen ihres Machtstrebens keine von ihnen zur Weihe zulassen.

[305] Darum widerspreche ich aufs Entschiedenste Aussagen wie: »Der Ausschluss von Frauen von den Ämtern führt dabei unweigerlich auch zu einem Ausschluss von Leitungs-und Entscheidungsbefugnissen«: Reininger (1999) 130. Ebenso wie ich der Aussagen widerspreche: »Der Ausschluss der Frauen aus bestimmten Berufen und Bereichen bedeutet im Grunde auch, Charismen, die Gott den Frauen geben kann, im voraus einfach zu blockieren«: Gutting (1982) 31. Bei Letzterem findet eine unreflektierte Verwechslung von (nur darstellendem sakramentalem) Amt und Charisma statt.

[306] Eine gute Übersicht findet sich in Reininger (1999) 616–629 (Lit.).

[307] Vgl. (bzgl. der Alten Kirche) Colson (1962) 29: »Im Bischof ist die priesterliche Funktion nicht von der diakonischen getrennt. Die beiden Aufgaben sind unlösbar miteinander verbunden in der Person des Bischofs und dadurch in einem einzigen Sakrament der Weihe. Aber durch die Weitergabe teilt er diese beiden Aufgabenbereiche in zwei verschiedene Ämter: das Presbyteramt und das Diakonat.«

[308] Das zu beachten ist auch deshalb von großer Wichtigkeit, weil sich heute nicht wenige Stimmen gegen die Praxis erheben, »wildfremde« Priester zur Eucharistiefeier in eine pfarrerlose Pfarrei »einzufliegen« werden, die doch dort gar nicht den Dienst der Einheit zu verrichten und also »nichts verloren« hätten. Ganz abgesehen davon, dass darin gerade auch das »ab extra« des Heils deutlich werden kann (vgl. S. 103f), ist zu beachten, dass jeder Priester einer Diözese den Bischof als den »eigentlichen« Amtsträger vertritt, ja dass darüber hinaus – wegen der Vernetzung aller Diözesen – auch diözesanfremde Priester für den Bischof stehen.

[309] Auch wenn er – in dieser grundsätzlichen Abhängigkeit von Bischof und Presbyterium – auf Grund des Sakraments ebenso eine eigene Kompetenz und Verantwortung in der Leitung der Gemeinde hat und nicht einfach »ausführendes Organ« des Bischofs ist. Vergleichbares gilt im übrigen für den Ordenspriester, für den der Ordensobere in Analogie zum Bischof steht.

[310] An neuester Lit. zum Thema Diakonat siehe Borras/Pottier (1998); Reininger (1999); Müller (2000).

[311] Vorgrimler (1966) 258.

[312] Im Dokument der Deutschen Bischofskonferenz (1995) 54 wird wiederum eine Vermittlungslösung, allerdings unter besonderer Herausstellung der diakonalen Tätigkeit vorgelegt. So heißt es: »Ständige Diakone nehmen aufgrund der sakramentalen Weihe am kirchlichen Amt in den drei Grunddiensten [!] teil. In der Gemeinde sind sie dem Pfarrer zugeordnet und unterstützen seinen [!] Dienst. Ihre spezielle [!] Aufgabe liegt in der Sorge für den diakonischen Auftrag der Gemeinde.«

[313] Rahner (1970) 381.

[314] Lehmann (1993) 24.

[315] Winter (1978) 274.

[316] Kasper (1976) 587.

[317] Dabei haben die Diakone freilich nur »Beichte gehört« (= das Sündenbekenntnis abgenommen und Bußauflagen erteilt), nicht aber selbst rekonziliiert. Doch vielleicht ließe sich letztere, von ihrem Wesen her presbyteral-episkopale Kom-

petenz, auch in einem besonderen Ritus delegieren, der diese Delegation für einen bestimmten Personenkreis (etwa für bettlägerige Kranke und Strafgefangene) verdeutlicht. Siehe dazu auch die historischen Bemerkungen von Müller (2000) 165.

[318] Siehe dazu vor allem die umfassende Studie von Reininger (1999) sowie den von Hünermann u. a. (1997) herausgegebenen Sammelband, ferner Müller (2000).

[319] Siehe bes. Reininger 76–123 (Lit.).

[320] Dass diese Frage auch in der Sicht der römischen Kurie anders gelagert ist als die nach dem Frauenpriestertum und dass sie wirklich noch offen ist, zeigt u. a. der Umstand, dass bei allen Erklärungen zur Frauenordination nur die Priesterweihe gemeint war, alle Aussagen zur Diakoninnenweihe dagegen vermieden wurden und werden. In einem Zeitungsinterview im Jahre 1994 erklärte Kard. Ratzinger ausdrücklich, der Diakonat der Frau sei »eine offene Frage, zu der ich jetzt nichts zu sagen wage.« Zitiert nach Reininger (1999) 29. Anders dagegen Müller (2000) 38 f.

[321] So bemerkt Martimort (1982) 358 kurz und bündig: Die Diakonin ist kein weiblicher Diakon, »c'est un tout autre ministère.«

[322] Vgl. die letzten zusammenfassenden Übersichten: Ansorge (1990) und (1993); Thiermeyer (1993).

[323] Ansorge (1990) 44.

[324] Schüssler (1964) 87.

[325] Diese Frage ist auch in der Orthodoxie, die weiterhin die Tradition von weiblichen Diakonen wachhält, umstritten. Siehe dazu Reininger (1999) 483–527.

[326] Worin sollte die Differenz »Diakonin ja – Priesterin nein!« denn begründet sein? Die damaligen Gutachter für die Würzburger Synode suchten eine entsprechende Differenz dadurch zu konstituieren, dass sie die Nichtzulassung der Frau zum Presbyterat mit Hinweis auf die Sazerdotalität dieser Weihestufe begründeten, dem Diakonat hingegen alles Sazerdotale absprachen. Aber ist das schlüssig? Welche problematische Sicht von der Sazerdotalität des Presbyters steckt dahinter! Andere begründen die Differenz mit dem Argument: Nicht die Christusrepräsentation als solche, sondern die repraesentio Christi capitis sei (allenfalls!) ein Argument für die ausschließliche Zulassung von Männern. Aber es darf nicht übersehen werden, dass auch das Diakonenamt »Amt« (hier-archä) und die diakonale repraesentatio Christi mithin »amtliche« Repräsentanz ist. Wieso sollte also die Geschlechtersymbolik erst bei der spezifisch kirchenleitenden Repräsentanz (repraesentatio Christi capitis) ansetzen?

[327] Vgl. Jorissen (1997) 88. Ähnlich auch der – freilich sehr konservative – Theologe Hauke (1987) 111 und viele andere. Eine ganze Reihe sind aufgezählt bei Reininger (1999) 151[627].

[328] Im Folgenden nehme ich mir die Freiheit, als Priester einige Grundzüge episkopaler Tätigkeit zu entfalten. Wer das tut, muss »memor conditionis suae« sein, wie es früher in der Liturgie der Priesterweihe hieß. In diesem Bewusstsein möchte ich aus der – zugegeben einseitigen – Sicht eines »Außenstehenden« dringende Wünsche und, darin impliziert, auch kritische Anmerkungen an die faktische Ausübung des episkopalen Amtes vorbringen, zumal mir der in Österreich

recht bekannte, mittlerweile verstorbene Weihbischof Florian Kuntner eindringlich ans Herz gelegt hat, ich möge doch nach dem Buch »Priestersein« ein weiteres über das »Bischofsein« schreiben, was ich natürlich ebenso eindringlich abgelehnt habe. Weil aber Priester und Bischof aufs engste einander zugeordnet sind, glaube ich, hier das Thema »Bischof« nicht ausklammern zu dürfen.

[329] Natürlich ist das in großen Diözesen nicht einfach. Aber ich kenne – auch größere – Diözesen in Westeuropa, wo der Bischof *jedes Jahr* eine ganze Woche (bei durchgehender Präsenz!) mit seinen Kaplänen und weitere Wochen mit je differenzierten Pfarrergruppen zusammen verbringt – zum gemeinsamen Studium und Austausch.

[330] Zu Recht vermerkt Brantzen (1998) 126: »Das Lob des Bischofs wird erfahren als höchste Anerkennung getaner Arbeit eines Priesters. ... Wer sagt ihm denn auch sonst Worte wie: ›Mensch, du arbeitest jetzt schon dreißig Jahre in unserem Bistum. Du hast allen Stress und alle Enttäuschungen ausgehalten. Du hast zu deinem Versprechen der Ehelosigkeit gestanden. Ich schätze dich sehr‹? Ein Bischof wird (vielleicht) selten diese Worte in so direkter Weise wählen. Doch seine persönliche Zuwendung hat bereits die Wirkung dieser Worte.« Und wo diese Zuwendung gegeben ist, bedarf es nicht des Firlefanz aller möglichen Titel-Zuweisungen (siehe S. 109).

[331] Ebertz (1998) I, 172f macht in diesem Zusammenhang auf die Folgen aufmerksam: Zahlreiche Fälle eines regelwidrigen oder abweichenden Verhaltens sind »heute für jeden Gläubigen wahrnehmbar, was für die kirchlichen Entscheidungsträger ebenfalls gilt, die zumeist Kontroll- und Sanktionsverzicht leisten. Die damit entstehende, auch und gerade von kirchlichen Amtsträgern forcierte ›*Schwarzmarkt*situation‹ binnenkirchlicher Normen senkt auch und gerade für den kirchlichen Insider den Verbindlichkeitsgrad kirchenoffizieller Glaubens- und Handlungsanweisungen ... und reduziert auch sie auf den Status bloßer Postulate.«

[332] Vor Jahren erklärte ein deutscher Bischof, damals noch Regionalbischof, öffentlich: Wenn ihr Gemeinden mich zur Repräsentation braucht, zu Festakten, Einweihungen und offiziellen Präsenzen, bin ich nicht zur Stelle. Wenn ihr aber einen Einkehrtag wollt, eine Bußfeier, ein gemeinsames Schriftgespräch, dann komme ich! – Ungefähr *so* stelle ich mir »Grundoptionen« vor.

[333] Auch für die *offiziellen* Visitationen könnten solche »Delegierte« zuständig sein. Ich weiß von einer Diözese, wo es einen »Generalvisitator« gibt. Wohlgemerkt: es geht hier um die *offiziellen* Visitationen. Natürlich sollte der Bischof nach Möglichkeit, so oft er kann, viele Gemeinden selbst besuchen. Aber dies geschieht doch am besten »inoffiziell«, unaufwendig, manchmal sogar unangemeldet, ganz schlicht etwa dadurch, dass der Bischof mal hier, mal dort den Sonntagsgottesdienst in einer Gemeinde übernimmt und anschließend ganz und gar selbstverständlich, »locker« und »inoffiziell« mit Priestern und anderen Gläubigen ins Gespräch kommt.

[334] Siehe dazu Greshake (1991) II und die dort gegebenen Belege. Weitere finden sich bei Congar ([3]1964) 288ff; ders. (1958) 224ff; Schillebeeckx (1981) 71ff (Lit.).

[335] Siehe dazu Kötting (1988) 472.

336 »Nullus invitis detur episcopus«: Schreiben Coelestins I. an die südgallischen Bischöfe: PL 50, 579 C.
337 Ep. 55,8 (= CSEL 3,2,629). – Stockmeier (1980) 465 weist darauf hin, dass der Ausdruck »suffragium«, mit dem die aktive Teilnahme des Volkes bei der Wahl bezeichnet wird, der gleiche Terminus ist, welcher die Abstimmung der Bürger in den Komitien zum Ausdruck bringt, der Ausdruck »testimonium« dagegen wohl in Anlehnung an das außergerichtliche Zeugnis der römischen Prozessordnung verwendet wird. »Da der gesamte Abschnitt auf die Rechtmäßigkeit der Erhebung des Cornelius abhebt, darf man in der Erwähnung des iudicium Dei, des testimonium der Kleriker, des suffragium des Volkes und der Unterstützung durch altbewährte Priester jene Elemente einer korrekten Bestellung erblicken, die als maßgeblich galten.«
338 Hom in Num. 22,4 (= SC 415).
339 So schreibt z.B. Augustinus: »Ich weiß, dass nach dem Tod von Bischöfen Gemeinden durch ehrgeizige und streitsüchtige Bewerber oft in Unruhe geraten.« Dies war auch der Grund, warum er selbst bezüglich seiner eigenen Nachfolge anfügt: »Weil ich das weiß, will ich, soweit es an mir liegt, dafür Sorge tragen, dass es in dieser Stadt einen solchen Aufruhr nicht gibt«: ep. 213 (= CSEL 57,732).
340 Um dies richtig einzuschätzen, darf man aber nicht übersehen, dass der in dieser Zeit verwendete Begriff des Laien nicht sehr klar ist. Er oszilliert zwischen dem eines einfachen, »nur« getauften Mitglieds der Kirche und dem des politischen Machtträgers. Das bedeutet: Der Ausschluss der Laien richtete sich nicht einfach gegen das, was wir heute unter Laie (= Glied des Volkes Gottes) verstehen, sondern gegen jene Laienmacht, welche Antipode der geistlichen Macht war; und das waren die Herrschenden: Kaiser, König, Adel. Es geht also hier vorrangig um die laikale Herrschermacht. Was wir heute im vollen theologischen Sinn Laie (= Glied des Volkes Gottes) nennen, hatte sich im Mittelalter infolge von Unwissenheit, Unfähigkeit und politischer Abhängigkeit als konstitutives Subjekt längst aus dem Wahlgeschehen verabschiedet.
341 Conc. Trid. III/1, 613. Vgl. zum Ganzen auch Bernhard (1980).
342 zit. nach Bernhard (1980) 479.
343 zit. nach Schimmelpfennig (1980) 480 (eigene Übersetzung).
344 Schatz (1989) 305.
345 Remy (1980) 513.
346 Schatz (1989) 304.

Dritter Teil

347 Gemeinsame röm.-kath./ ev.-luth. Kommission (1981) 29.
348 Ratzinger (1968) 369.
349 Vgl. z.B. Rahner (1956) 285–312 u.ö.

350 Kasper (1969) II, 111. – Diese Auffassung ist auch in den Text »Die pastoralen Dienste in der Gemeinde« der Gemeinsamen Synode (1976) 619 eingegangen.

351 Ratzinger (1968) 357.

352 Cordes (1972) 152.

353 Das wird handgreiflich auch daran deutlich, dass der Diakonat, der ja eine »Stufe« des kirchlichen Amtes ist, »überhaupt keine Aufgaben und Funktionen [umfasst], die, eine Ermächtigung durch die Kirche vorausgesetzt, nicht auch von Laien ausgeübt werden könnten«: Rahner (1970) 381.

354 Brantzen (1998) 70.

355 Kasper (1970) 58.

356 Hemmerle (1973) 15.

357 Kasper (1978) 200.

358 Buber (1963) 720.

359 Das statistische Material findet sich eindrucksvoll zusammengestellt in den Studien von Ebertz. Weitere Daten finden sich bei Kaufmann (2000) 12 ff; Jugend 2000 (2000); Maier (1999) 144 ff (letzterer unter der bezeichnenden Überschrift »Stirbt die Kirche in den Seelen?«).

360 Delp (1982) 280.

361 So ist der Aufsatz von Rahner (1959) immer noch von einer bestechenden Aktualität. Hier wird die »Grundthese« erläutert: »Die christliche Situation der Gegenwart ist, soweit sie wirklich von heute und morgen gilt, charakterisierbar als Diaspora, welche ein heilsgeschichtliches Muss bedeutet, aus dem wir für unser christliches Verhalten Konsequenzen ziehen dürfen und müssen«: 24. Ich erinnere mich noch gut an meine eigene Kaplanszeit, wo dieser Rahner-Artikel der große »Stein des Anstoßes« für sehr viele Priester und Bischöfe war.

362 Ruh (1955) 9. – Ähnlich Maier (1999) 143.

363 Ebertz ([2]1998) ebd.

364 ebd. 43; siehe auch 50. Auf eine »Variante« macht Kaufmann (2000) 131 aufmerksam: »›Religion muss sein – die Menschen brauchen das‹ ist die einzige Aussage, die sich in einer Umfrage unter Führungskräften nahezu allgemeiner Zustimmung erfreute. Aber ›Religion‹, das ist etwas für die anderen oder für die Allgemeinheit, nicht aber für einen selbst.«

365 Vgl. Luckmann (1985) 40.

366 Zu letzterem vgl. z. B. Schilson (1997).

367 Ebertz (1998) I, 83 f.

368 So schrumpfte z. B. der DGB in den Jahren 1993–1996 von insgesamt 10 290 152 Mitgliedern auf 8 972 672 zusammen, das bedeutet ein Minus von 12,8%. Im gleichen Zeitraum betrug die Abnahme der Katholiken 1,7%, nämlich von 28 003 409 auf 27 533 156. Angaben nach Lütz (1999) 186.

369 Ebertz, (1998) 97. – Ähnliche Einstellungen finden sich auch im ehemals sehr »katholischen« Österreich, wie die demoskopischen Daten der Zeitschrift »Profil« vom 20. 12. 1999 zeigen.

370 Ebertz (1998) I, 132.

371 Daiber (1995) 41. – Siehe auch die jüngste Shell-Studie mit ihrem Fazit: »Insgesamt haben wir eine Entwicklung hinter uns, die den (christlichen) Kirchen

wenig Chancen belässt, unter den derzeitigen Bedingungen und in den bisherigen Formen Einfluss auf die junge Generation zu gewinnen«: Deutsche Shell (2000) I,21.

[372] Nochmals: Alle Ausführungen beziehen sich auf die Kirche in der mitteleuropäischen Länder. In anderen Regionen stellt sich die Situation der Kirche oft völlig anders dar. Allerdings ist in vielen, auch außereuropäischen Ländern wie Nordamerika, die Situation ähnlich. Siehe dazu Cordes (1999) 146ff; Martin (1994).

[373] Siehe dazu etwa Berger (1980); Kaufmann (1989); ders. (2000); Schulze (1992); Gabriel (1992); ders.(1994); Höhn (1994); Daiber (1995); Kehl (1996); Ebertz (1998) I; ders. ([2]1998); Brück/Werbick (1994).

[374] Karrer (1999) 82.

[375] Siehe dazu etwa bei Kehl (1996) 33ff das Kapitel »Gegen die ›Dämonisierung‹ der Moderne«.

[376] Karrer (1999) 82.

[377] Das Ausweichen vor einem unbedingten Wahrheitsanspruch der Religion – eingebettet in die unbedingte Abneigung *allem* Unbedingten gegenüber – entspricht der gegenwärtigen »postmodernen Mentalität«, einer Attitude, die das Ergebnis der abendländischen Christentumsgeschichte und hierin tief eingeschrieben ist. Die Strukturen dieser Geschichte finden sich kompakt und zutreffend entfaltet bei Verweyen (2000).

[378] W. Hofmann, zit. nach Ebertz ([2]1998) 58.

[379] Ratzinger (1996) 166.

[380] Berger (1980) 46.

[381] Dabei ist dieser allseits akzeptierte kirchliche Schwerpunkt nicht ohne Problematik. Ebertz ([2]1998) 39f vermerkt: »Ihren Integrations- und Legitimationsschwund suchen die Kirchen ... durch den Ausbau ihres sozialkirchlichen Standbeins zu kompensieren – erfolgreich ..., aber auch nicht folgenlos«. Denn damit ist ein »Schub« weg »von der Heils- zur Sozialkirche« (46) gegeben; »Wohlfahrt statt Heil« (79). Es kommt hinzu, dass sich »nicht einmal die Hälfte der befragten hauptamtlichen Mitarbeiterinnen und Mitarbeiter diakonischer Einrichtungen ... zu einer ausdrücklich christlichen Motivation ihrer Tätigkeit« bekennt: ebd. 88 mit Verweis auf eine Studie von Nübel (1994).

[382] Justin, Apologia I[a] 67,1 (Girgenti 168f).

[383] Ep.ad Arsacium, in: Sozomenus, Hist.eccl. V,16 (= GCS NF 4, 217). – Als Hintergrund muss man bedenken, dass – sieht man vom Institut der Armenfürsorge und -speisung ab – das »Sozialwesen« der Antike zumeist auf den familiären Raum und hier vor allem auf reiche Familien beschränkt war (Ärzte waren ohnehin den Reichen vorbehalten, Kranken- und Pflegehäuser kannte man nicht).

[384] Häring (1995) 67 bemerkt hierzu sehr eindringlich: »Konstantin und gar manche seiner Nachfolger haben die Kirche benutzt zur Sicherung und Sakralisierung ihrer eigenen Herrschaft, wenn auch nicht alle Bischöfe und Priester sich instrumentalisieren ließen. Es gab weitsichtige und mutige Männer, die deutlich sahen, wie unheimlich hier in einem Staatskirchentum, in einer privilegierten Kirche all die satanischen Versuchungen, von denen das Matthäusevangelium gleich nach der Taufe Jesu spricht, auftauchen und um sich greifen: Degenerierung zu einer

Religion für die eigene Versorgung, den eigenen Profit, das Aufrichten von bischöflichen, erzbischöflichen, fürstbischöflichen Thronen, hochtrabende Titel und damit verbunden allzuleicht hochfahrendes Benehmen gegenüber ›Untertanen‹«.

385 Zu dieser Sozialgestalt vgl. Karrer (1999) 54–72.

386 Altermatt (1975) 564 ff.

387 (²1998) 89.

388 Gemeinsame Synode (1976) 101.

389 Schulze (1992) 75. 278.

390 Ebertz (1998) 261.

391 Und sich dadurch von der gegenwärtigen »Erlebnisgesellschaft« unterscheidet! Siehe Schulze (1992) 37–40.

392 Ebertz (1998) I, 266.269.

393 ebd. 138.

394 Damit hängt auch wohl die wachsende Kirchenkritik der letzten Jahrzehnte zusammen. Bei aller Berechtigung von Kritik ist das derzeitige Übermaß nicht zuletzt auch eine Folge von (notwendig zur Enttäuschung führenden) utopischen Erwartungen, die man an die Kirche (wie auch an andere) Sozialgebilde richtet. Zurecht bemerkt Lütz (1999) 50: »Wer mutwillig eine Ehe in die Krise bringen will, dem muss es bloß gelingen, … wenigstens einem der beiden Partner zu suggerieren, dass es die ideale Ehe gibt. Das reicht. Alles weitere ergibt sich dann von selbst.« Im Streben nach dem Unerreichbaren verhindert man die Verwirklichung des Möglichen. Auch von hier aus zeigt sich die Devise von »Kirchenträumen« als zutiefst problematisch. Siehe dazu Greshake (³1999) 400 ff.

395 Gemeinsame Synode (1976) 826. Ähnlich heißt es in der Rahmenordnung für die pastoralen Strukturen: »Die Gemeinde darf sich nicht selbstgenügsam nach innen abschließen. … Darum ist die christliche Gemeinde von Grund auf missionarisch«: ebd. 690.

396 SC 42 formuliert dies so: »Da der Bischof nicht immer und nicht überall in eigener Person den Vorsitz über das gesamte Volk seiner Kirche führen kann, so muss er diese notwendig in Einzelgemeinden [fidelium coetus – ›Einzelgemeinde‹ ist hier eine durchaus problematische Übersetzung, besser wäre: in einzelnen Gemeinschaften] aufgliedern. Unter ihnen ragen die Pfarreien hervor, die räumlich verfasst sind unter einem Seelsorger, der den Bischof vertritt; denn sie stellen auf eine gewisse Weise die über den ganzen Erdkreis hin verbreitete sichtbare Kirche dar.« Auch wenn hier die Pfarreien hervorgehoben sind, dürfte doch Zapp (1999) 49 im Recht sein, wenn er schreibt, dass für das II. Vaticanum »nicht mehr das Territorial- sondern das Personalprinzip« konstitutiv ist.

397 Das stellt sehr schön Kittel (1999) heraus. – Wo also Priester – wie es gelegentlich geschieht – aus Verärgerung über Bischof und/oder Papst diese nicht in der Eucharistiefeier kommemorieren, führen sie ein bloßes »liturgisches Theater« auf und können es gleich ganz unterlassen, Eucharistie, die so im Tiefsten »pervertiert« wird, zu feiern.

398 Kittel (1999) 18.- So relativiert auch E. Corecco die Bedeutung der Pfarrei, wenn er schreibt: »Im Gegensatz zur Teilkirche (oder Diözese) ist die Pfarrei als

solche keine theologische Wirklichkeit ... Allein die eucharistische Gemeinschaft hat theologischen Charakter«: zit. nach Cordes (1999) 35.

[399] Hartmann (1996) 17.

[400] Ebertz (^{2}1998) 141.

[401] Vgl. dazu auch Wulf (1993).

[402] Siehe dazu die Beiträge in Windisch (Hrg.) (1999). Ferner: Leuninger (1996) 308ff.

[403] Nur als Beispiel für viele, viele andere sei Erzbischof Oskar Saier angeführt, der im Vorwort zum Sammelband von Windisch (1999) 5 schreibt: »Der zunehmende Priestermangel zwingt uns heute dazu, mit Nachdruck auf die Schaffung von Seelsorgeeinheiten und die Verwirklichung eines neuen Stils kooperativer Pastoral hinzuarbeiten.« Zutreffender dagegen der Bischof v. Münster, Reinhard Lettmann, in seinem Brief vom 26.3.2000 an die Verantwortlichen der Diözese: »Der größere soziale Lebensraum wird ... zu einer neuen Herausforderung für die kirchliche Pastoral. Darin die Zeichen der Zeit zu erkennen, ist der tiefere Grund [!], der gegenwärtig nach einer Neustrukturierung unserer Pastoral verlangt. Der äußere Anlass [!] ... ist der Priestermangel und auch die zunehmend schwindende finanzielle Planungssicherheit.«

[404] Es ist kritisch zu fragen, ob etwa die neu zu erstellenden Seelsorgeeinheiten »nicht nur eine Fortführung des Bisherigen unter neuen organisatorischen Zuordnungen wird und somit letztlich nur eine neue Versorgungspastoral auf anderer Ebene ist. Die Gefahr ist ja groß, dass Seelsorgeeinheiten bzw. Kooperative Pastoral eine rein quantitative Neuordnung der Pastoral und somit ein pragmatischer Deckmantel bleibt für nicht bis an die Wurzel ausgetragene seelsorgliche Widersprüche und Nöte, ein neues Kleid also für ein Skelett, ein strategischer Erhalt des Status quo, den es gar nicht mehr gibt«: Windisch (1999) 8.

[405] Siehe Gatz (1995).

[406] Dafür nur ein (quantitatives) Beispiel: Kaiser Josef II. hat per Beschluss dekretiert, dass der Weg der Gläubigen bis zur Pfarrkirche nicht mehr als eine Stunde (zu Fuß) betragen dürfe. Entsprechend wurden auf einen Schlag Hunderte von Pfarreien neu gegründet. Und dieser kaiserlichen Vorgabe soll die Kirche nun weiter folgen und angesichts dessen von »Priestermangel« sprechen? Analoges gilt auch von qualitativen pastoralen Vorgaben. Quo iure bestehen sie, wer dekretiert sie, weshalb müssen sie so bleiben?

[407] Lütz (1999) 177 (mit Nachweis).

[408] Gemeinsame Synode (1976) 690.

[409] Pompey (1999) 84ff. – Schon die Sachkommission IX der Gemeinsamen Synode (1976) machte darauf aufmerksam, dass die Veränderungen in der Gesellschaft, »das Auseinanderstreben der Bereiche von Wohnen und Arbeiten, Bildung und Freizeit« zu neuen Überlegungen für pastorale Strukturen zwingen, im verabschiedeten Beschluss aber werden dann »gutkonstantinisch« Einheit und Partnerschaft von Kirche und staatlich-kommunaler Gliederung herausgestellt (680, 691).

[410] Kehl (1996) 131. – Die Form einer flächendeckenden Seelsorgsstruktur ist erst gegen Ende des 12. Jh. abgeschlossen. Bis dahin, also über 1000 Jahre lang, kam

die Kirche auch ohne eine solche perfekte »Territorialisierung« der Seelsorge aus. Und die heutige Form der Pfarrseelsorge gibt es ohnehin erst seit ca. 200 Jahren. Siehe dazu Trippen (1993); Gatz (1995).

411 Es reicht wohl kaum aus, das alte Pfarrsystem mit den neuen Seelsorgeeinheiten zu »überlagern« und es dadurch faktisch »ausbluten« zu lassen. Denn eine noch fortbestehende »alte« Struktur wird immer weiter »Ansprüche« stellen, sei es auch nur verwaltungsmäßiger und finanzieller Art, die gerade auch den Amtsträger belasten und mit Forderungen oder auch nur Erwartungen konfrontieren, die ihn in seinem »neuen« Dienst einschränken. Zudem ist die traditionelle Struktur, wonach es eine Konvergenz, wenn nicht Identität zwischen Kommune und Pfarrgemeinde, Dekanat und Kreis (bzw. Bezirkshauptmannschaft), Region/Land und Diözese gibt, ein letzter Ausdruck der »konstantinischen« Sozialgestalt der Kirche (vgl. S. 214f) und eines heute immer fragwürdiger werdenden Verhältnisses von Kirche und Gesellschaft.

412 So im Thesenpapier des Ständigen AK (2000) 43. Ähnlich im Brief des Bischofs v. Münster.

413 Kehl (1956) 131. Deshalb fordert Kehl auch – ganz auf der Linie von Ebertz –, dass die neu zu gründenden Seelsorgeeinheiten nicht nur an innerkirchlichen Gegebenheiten zu messen sind, sondern auch an – im weitesten Sinn – kulturellen Erfordernissen, nämlich an der Frage, »ob innerhalb eines bestimmten kulturellen Lebensraums personell und thematisch genügend Schwerpunkte mit den verschiedensten, von uns zu akzeptierenden und zu fördernden geistlich-pastoralen Profilen gesetzt werden. Wenn das der Fall ist, kann Kirche in der Öffentlichkeit wieder mehr erfahren werden als ein Netz von lebendigen christlichen Begegnungsorten, die den voranschreitenden Versteppungsprozess auf signifikative Weise unterbrechen«: ebd. 133 mit Verweis auf Kugler (1995).
Nochmals (um kein Missverständnis aufkommen zu lassen): Auch da, wo Pfarreien (natürlich in staatskirchenrechtlich abgestimmter Weise) aufgehoben oder zusammengelegt werden, muss das nicht den »Tod« der Gemeinschaft von Christen »vor Ort« bedeuten. Hier wird sich vielmehr weitgehend auch die Kompetenz und das Engagement der Laien zu erweisen haben.

414 Kittel (1999) 21.

415 Diese Rede gründet in einer bestimmten Sakramententheologie, und zwar in der von K. Rahner, für den die Sakramente insgesamt »Selbstvollzüge« der Kirche sind. Dieser Ansatz ist schon als solcher nicht ganz unproblematisch, wird aber bei Rahner selbst dadurch in einer gewissen Balance gehalten, dass die Bedingung der Möglichkeit für den »Selbstvollzug« der Kirche das »Apriori« der Gnade Gottes ist, die in der Kirche ihren eigentlichen Ort hat. M. W. hat Rahner aber nie die sakramentale Feier einer Einzelgemeinde als *deren* Selbstvollzug bestimmt. (Schließlich steht mindestens diese nicht »apriori« in der Gnade, sondern muss sie allererst empfangen!). Hier überzeichnen – wie so oft – die theologischen Epigonen den Meister.

416 Ebertz (1998) I, 94.

417 Ebertz (^{2}1998) 82 mit Verweis auf Ruh (1995). Alle im Folgenden genannten Daten und Analysen sind den Studien von Ebertz entnommen.

418 Ebertz (1998) I, 285 mit Verweis Piel (1996) 48 f.
419 ebd. 135.
420 Görres (1988) 134 in einer Auseinandersetzung mit E. Drewermann.
421 Kehl (1999) 169; Siehe auch Kehl (2000). In diesem Zusammenhang problematisiert Kehl auch die bisher geläufige Praxis, den Wunsch nach Segen gleich mit einem Sakrament zu beantworten. Siehe dazu später S. 269 f.
422 Heidegger (1965) 5.
423 Pröpper (1985) 14.
424 Muss es nicht ein Alarmzeichen sein, dass es selbst evangelischen Theologen, wie z. B. K.-F. Daiber (1984) 73 f auffällt, »in welch geringem Maße [in der katholischen Pastoraltheologie] die Sakramentalität der Kirche gewürdigt wird.«
425 Koch (1998) 41.
426 Schulte (1980) 427.
427 Darauf dass überdies der gegenwärtige Seelsorgsstil ausgesprochen kontraproduktiv ist, macht Brantzen (1998) 210 aufmerksam: »Wenn Menschen auf einen Priester zugehen mit Worten wie: Entschuldigung, Herr Pfarrer. Ich weiß, dass Sie viel zu tun haben. Aber könnten Sie vielleicht doch bitte einmal ...?, so sind »solche Sätze keine Würdigung des priesterlichen Engagements, sondern ein Alarmsignal dafür, dass die Menschen beginnen, immer weniger von ihrem Pfarrer zu erwarten.«
428 Bitter (1987)
429 Gemeinsame Synode (1976) 690.
430 zit. in Windisch (Hrg.) (1999) 9.
431 Natürlich lässt sich Seelsorge auch anders »definieren«, so etwa, wenn man sie als »Hinführung zu Christus«, »Auferbauung der Gemeinde« o.dgl. bestimmt. Aber »Hinführung zu Christus« heißt letztlich »Ein-Leib-mit-ihm-Werden«, d. h. in seine *Einheit* mit dem Vater und mit uns Menschen eingehen, und »Auferbauung der Gemeinde« ist ein Aspekt des umfassenden Sinnziels »*Einheit*«. So ließen sich noch viele »Definitionen« durchgehen, die sich – dessen bin ich sicher – alle auf umfassende Einheit hin durchsichtig machen lassen. Vgl. zum komplexen Begriff der Seelsorge Ph. Müller (2000).
432 Frank (1999) 32. 36. – Auch Augustinus fasst das seelsorgliche priesterliche Tun kurz und bündig mit den Worten zusammen: »Verbum et sacramentum dominicum ministramus«: C. Cresc. II, 11,13 (= BA 31,176). Dass dies nicht nur die Auffassung längst vergangener Zeit, sondern bis heute Geltung hat, tritt z. B. im Schreiben des Erzbischofs von Freiburg, Oskar Saier, hervor: »Wege kooperativer Pastoral und Gemeindeleitung ...«, in: Amtsblatt der Erzdiözese Freiburg v. 25. 4. 1996: »Leitung [der Gemeinde und ihrer Seelsorge] geschieht durch das Wort der Verkündigung ..., durch den Dienst der Einheit aus Verantwortung für das Ganze, der sich in der Eucharistie verdichtet und sich in der Diakonie bewährt ...«.
433 Dass keine Missverständnisse entstehen: Natürlich wird in der Feier der Eucharistie auch die Lebenshingabe Christi sakramental »vergegenwärtigt«, natürlich schenkt der Empfang der eucharistischen Gaben auch eine enge Beziehung zwischen Christus und Kommunikanten, natürlich geschieht hier – als Ant-

wort – Hingabe und Anbetung seitens des Menschen. Aber all das ist noch nicht das Sinnziel dieses Sakraments. Siehe S. 95 f.

434 Ratzinger (2000) 149 ff.

435 Um nicht missverstanden zu werden: Damit soll nicht gesagt sein, dass z. B. die atl. Lesungen usw. ausfallen sollen, sondern nur, dass in einer neuen Leseordnung (an der man ja arbeitet) nicht nur eine besser Textauswahl zu treffen, sondern auch die Inflation des Verbalen zu bremsen ist. Diesbezüglich scheinen die Aussichten allerdings trübe zu sein. Offenbar ist vielen Liturgen und Exegeten das pastorale und spirituelle Problem noch nicht hinlänglich deutlich.

436 Kongregation für den Klerus (1994) Nr. 49.

437 Vgl. Hoff (2000) 152.: »Das liturgische Geschehen erscheint um so bedeutungsleerer, je mehr man in es hinein interpretiert. Denn es ist nicht das hinsichtlich seiner Bedeutung transparente, sondern das unscheinbar-verschwiegene Zeichen, das nicht situationsgerecht-verständliche Symbol, sondern das rhythmisch wiederkehrende, befremdlich-unverständliche Spiel von Wort und Gesten, das Rituale zu Trägern einer tieferen Bedeutung werden lässt«. Die Begründung dafür findet sich ebd. Siehe zum ganzen Problembereich auch Lorenzer (1981).

438 Kongregation für den Klerus (1999) 43.

439 Auch in der Gemeinde von Korinth scheint es schon so etwas wie »organisatorische Kompetenzen« gegeben zu haben, die nicht mit denen der »apostolischen Autorität« identisch sind. Denn Paulus setzt in 1 Kor 12,28 die »Gabe der Leitung« (κυβέρνησις) vom apostolischen Dienstamt ab.

440 Und dafür reicht ggf. das Recht zum (begründeten und in ausgiebigen Gesprächen vorbereiteten) Veto gegen eine im Einzelfall vielleicht evangeliums- und einheitswidrige Geldausgabe, Anschaffung, Prioritätensetzung, Gestaltung des Gemeindelebens u.dgl. aus.

441 Kasper (1999) 138. – Zum erwähnten »Tisch des Wortes « siehe S. 258.

442 So ist es keineswegs eine Ausnahme, dass selbst engagierte Katholiken von der »Messe« eines Diakons oder Pastoralreferenten sprechen oder dass Gemeinden sich via Wortgottesdienst lieber »selbst versorgen« wollen, als auf – zugegeben! – oft nicht sehr »attraktive« Priester angewiesen zu sein

443 Dies geschah und geschieht nicht nur, um an vielen Orten Eucharistie zu feiern, sondern auch um ein reichhaltiges »Angebot« zu machen. Gegen eine solche »Angebotskultur« spricht aber die jahrhundertelange Praxis der orthodoxen Kirchen, welche vom frühchristlichen Prinzip ausgehen: *Eine* Gemeinde – *ein* Altar – *eine* Eucharistiefeier. Siehe dazu auch in der folgenden Anmerkung die Anweisungen des Hildesheimer Bischofs.

444 Solche Anweisungen gibt es von Seiten vieler Bischöfe und Ordinariate. Hier wurde stellvertretend für andere Saier (1996) zitiert. – Eine erfreuliche Ausnahme vom Unisono solcher Anweisungen ist der Hirtenbrief des Hildesheimer Bischofs, Josef Homeyer, »Eucharistiegemeinde am Sonntag« (Fastenzeit 2000). Hierin heißt es unter »Aktuelle Folgerungen«: »1. An jedem Sonntag soll in jeder Pfarrkirche und, wo es angemessen erscheint, in Filialkirchen eine Eucharistiefeier (einschließlich der Vorabendmesse) stattfinden (»*Bemüht euch, nur eine Eucharistie zu feiern*« Bischof Ignatius, Antiochien). … Es soll die *eine* Eucharistiefeier als

die *eine* Feier der Gemeinde geben, sie ist Zentrum und Wurzel der *einen* Gemeinde. Diese Einheit soll bezeugt, und sie darf nicht durch eine Angebotskultur in vielen Messen aufgespaltet werden. 2. Wort-Gottes-Feiern – also ohne Kommunionfeiern – sollen vorrangig als Bereicherung des liturgischen Lebens – aber eben nicht als Ersatz für die Eucharistiefeier – regelmäßig gefeiert werden ....«

445 Dass mit all dem nichts gegen Wortgottesdienste an sich ausgesagt ist, sondern nur gegen deren Charakter als Alternative zur sonntäglichen Eucharistiefeier, sollte selbstverständlich sein.

446 Wanke (1984) 23.

447 Bezüglich der Wirksamkeit der Wortverkündigung ist der theologische Unterschied zum Sakrament zu beachten: Während in den Sakramenten die unbedingte Garantie der Zuwendung Gottes gegeben ist, gewinnt in der Verkündigung »das menschliche Gepräge des Amtsträgers eine beträchtliche Bedeutung. ... Je mehr der Amtsträger tatsächlich zum *Diener* des Wortes wird und sich nicht zum Herrn desselben macht, umso mehr kann das Wort seine heilbringende Wirksamkeit spenden«: Kongregation für den Klerus (1999) 18. Da, wo das Wort durch subjektive Liebhabereien des Verkünders vernebelt, wo es »ohne das Mittel der gesunden Theologie« oder »aus Trägheit oder Verantwortungslosigkeit improvisiert« wird, kann es nicht wirksam werden (vgl. ebd. 21). Ist der Priester aber wirklich »Diener des Wortes«, *so partizipiert die Verkündigung des Amtsträgers an der in der Weihe begründeten Zusage Christi, durch den Geweihten zu handeln.* Von daher sollte man auch einmal die Problematik der sog. »Laienpredigt« angehen.

448 Ein dringender Rat meines früheren Spirituals, des weitbekannten P. Wilhelm Klein SJ, lautete: Werfen sie nachher sofort die – natürlich schriftlich vorbereitete – Predigt fort, damit Sie nie in Versuchung geraten, sie nochmals zu halten und sich die je neue Mühe um das Gotteswort ersparen! Ich kann diesen Rat nur weitergeben.

449 Lütz (1999) 132. Und der Autor – Psychotherapeut von Beruf – fügt an, dass er in den 80er Jahren manchen suizidgefährdeten jungen Menschen behandelte. »Was wäre wohl passiert – so habe ich mich da manchmal gefragt –, wenn so ein Verzweifelter auf der Suche nach dem Sinn des Lebens in einer Pfarrgemeinde gelandet wäre, die [damals] gerade eifrig über die Ministrantinnenfrage [heute gibt es ähnliche Quisquilien] diskutierte?« – Im Blick auf die Geschichte vermerkt er kurz und bündig: »Nicht die Kirche hat die Caritas getragen, sondern die Caritas hat die Kirche getragen!« (171).

450 Wirth/Brähler (1995) 140.

451 Menke (1999) 335 f.

452 Zu den ins Gewicht fallenden sog. Kasualien gehört dann nur noch der Beerdigungsdienst, der aber durchaus auch an Laien delegiert werden könnte und in manchen Regionen auch schon delegiert wird. Es ist sogar ein traditionsreicher Laiendienst – man denke nur an die »Fossoren« der frühen Kirche –, ein Dienst, der etwa in Lateinamerika ganz selbstverständlich *nicht* zu den Seelsorgsaufgaben des Priesters gehört, selbst da, wo genügend Priester zur Verfügung stehen. Aufgabe des Priesters ist in diesem Bereich allein das Gebet, insbesondere das eucharistische Gebet für die Verstorbenen. Dass Letzteres nicht je privater, separater

Eucharistiefeiern bedarf, sondern sich z. B. in einem wöchentlichen Totengedenken bündeln lässt, sollte klar sein und ist mancherorts schon eingeführte Praxis. Auch im Blick auf die Beerdigungen zeigen sich also Perspektiven, die mittel- oder langfristig zu einer Entlastung des Priesters führen können, wenn man nur die sich zeigenden alternativen Möglichkeiten (nach entsprechender behutsamer Vorbereitung) aufgreift.

453 Vgl. Menke (1999) 337.

454 »Kirchlich« ist hier im emphatischen Sinn gemeint (als »überzeugungs-kirchlich«). Denn die Zeiten dürften allmählich vorüber sein, wo kirchliche Jugendarbeit auf dem Weg attraktiver Veranstaltungen, Freizeitbeschäftigungen u.dgl. die Jugendlichen anzulocken und zu halten vermochte. Auf Dauer werden wohl nur solche kirchliche Gruppen, zumal von älteren Jugendlichen, Bestand haben, die sich unter dezidiert religiösen Vorzeichen (was alles andere nicht ausschließt) zusammentun.

455 Dazu finden sich gute Bemerkungen bei Brantzen (1999) 217–244. Besonders treffend ist hier (225) die Problematisierung des Begriffs »Letztverantwortung«.

456 Kehl (1999) 169. Siehe auch Ebertz (1998) II, 58 f. – In der neueren Soziologie spricht man statt von der Erfahrung des »Heiligen« eher von »Kontingenzerfahrung« und ihrer Bewältigung durch Religion (Religion als »Kontingenzbewältigung«). Siehe dazu z. B. Luhmann (1977) 182–224; Vögele (1994) 154–166. An der Sachlage selbst ändert sich dadurch nichts.

457 Siehe besonders Brown (1993).

458 Vgl. zum Thema »Segensfeier« Kehl (1996) 143 ff. Gegen den Einwand, durch solche Feiern werde ein Zwei-Klassen-Christentum eingeführt, bemerkt Kehl, dass es diese zwei Klassen (aktive und inaktive Christen) längst gibt und dass Segensfeiern dazu führen könnten, diese Differenzierung nicht »durch unsere Sakramentenpastoral nur weiter zu verschleiern, sondern öffentlich zu bestätigen und verantwortbar darauf einzugehen«: ebd.172[91].

459 Der mittlerweile verstorbene P. Georg Mühlenbrock SJ gab dazu folgende Illustration: Gegen Ende des 2. Weltkriegs fanden ununterbrochen »Frontbegradigungen« (im Klartext: »Rückzüge«) statt. Diese gingen so vor sich, dass man die Truppe teilte. Der eine Teil hielt die alte Stellung, der andere baute eine neue auf. Wenn man sich gleichzeitig auf eine neue Stellung zurückgezogen hätte, wäre die ganze Front vom Feind »eingedrückt« worden. Dies kann eine Metapher für die derzeitige kirchliche Situation sein: Wir brauchen Ortsgemeinden und Regionen, die nicht nur verzweifelt »die Front halten«, sondern »neue Stellungen aufbauen«.

460 Karrer (1999) 101.

461 Ständiger AK (2000) 45. Und erklärend wird angefügt: »Viele sind bereit, in Projekten mit überschaubarem Aufwand und voraussehbarem Erfolg auf begrenzte Zeit mitzuarbeiten, wenn ihnen nicht zugleich der Nachweis ihrer Integration und Identifikation mit Kirche abverlangt wird, den sie aus vielerlei Gründen (z. B. schlechte Erfahrungen mit ›Kirche‹, Angst vor Bindung und Vereinnahmung, Schuldgefühle und Unsicherheiten wegen Abweichens der eigenen Lebensführung von kirchlichen Normen, Entfremdung durch kirchenfernes Umfeld) derzeit nicht erbringen können.«

[462] Karrer (1999) 186.
[463] ebd. 110.

Vierter Teil

[464] Kasper (1978) 208.
[465] Brantzen (1998) 25.
[466] Zu den verschiedenen Verstehensweisen im Laufe der Geschichte vgl. Reform (1973) 199f. – Wenn dieses Prägemal in der kirchlichen Tradition oft als habitus, als innere ontologische Qualität bezeichnet wurde, so ist zu bedenken, dass man im theologischen Bereich einen habitus nicht »hat«, wie man andere ontologische Qualitäten besitzt, sondern dass habitus ein Gehabt- und Gehalten*werden* von Gott her bedeutet. «Habitus est haberi« (Bonaventura).
[467] Deutsche Bischofskonferenz (1969) 53. – Auch bei evangelischen Theologen findet sich diese Position. So z. B. bei v. Campenhausen (1960) 283: »Die Grundlegung des römisch-katholischen Priesterbegriffs hat mit hierarchischer Anmaßung und Knechtung des Laien nicht das Geringste zu tun. Die Vorstellung des priesterlichen Charakters erstrebt nicht die Unabhängigkeit des Priesters von der Gemeinde, sondern sozusagen die Unabhängigkeit von seiner eigenen Person, deren menschliche Schwächen ihren Dienst nicht gefährden dürfen. Bezeichnend für den Charakterbegriff in seinen Anfängen ist darum nicht nur das völlige Absehen von den persönlichen Eigenschaften des Priesters, sondern dass die ganze Frage nicht so sehr vom Priester aus als vielmehr von der Kirche und der Gemeinde aus gestellt wird und das endlich die Frage der Heilsgewissheit – oder jedenfalls Sakramentengewissheit – dabei ausschlaggebende Bedeutung besitzt.«
[468] Dassmann (1973) 12.17.
[469] Dassmann, aaO. 20.
[470] In Joh V, 18 (= CC 36,51 f).
[471] Hom. in 2 Tim 2 (= PG 62, 612). Auch die Kirchen der Reformation hielten an dieser Einsicht fest. So heißt es z. B. in der Apologie der Confessio Augustana, dass auch Heuchler und Böse Ämter in der Kirche haben. »Doch sind die Sakramente nicht ohne Wirkung, weil sie durch Unwürdige vollzogen werden. Denn sie repräsentieren die Person Christi auf Grund der Berufung durch die Kirche; sie repräsentieren nicht ihre eigene Person, wie Christus selbst bezeugt: ›Wer euch hört, hört mich‹ (Lk 10,16). Wenn sie das Wort Christi und seine Sakramente darbieten, wirken sie an Christi Statt.« (VII, 28).
[472] v. Balthasar (1970) 41.
[473] Vgl. Güttgemanns (1966); Lohfink (1981) I, 81 ff.
[474] Balthasar (1980) 47.
[475] Vgl. v. Balthasar (1972) II, 291. – Und v. Balthasar fügt hinzu: »Irgendwo haben das spätere Häretiker wie die Montanisten und Donatisten richtig gefühlt, wenn sie auch die verkehrte Schlussfolgerung daraus zogen, dass ein christlicher

Priester, der seine amtliche Heiligkeit nicht existentiell lebt, unfähig sei, die Gnade Christi dem Gottesvolk zu vermitteln.«

476 Bonhoeffer ([10]1971) 32.

477 Aus den »Tagebüchern«, zit. nach Roos (1967) 47.

478 v. Balthasar (1972) I, 11.

479 Brief an Msgr. Fremyot, zit. nach Congar ([3]1964) 555.

480 Das gilt besonders dort, wo das Amt Forderungen auszusprechen hat. Gerade dann muss klar sein, »dass, wer in der Kirche zu der Demütigung ausersehen wird, amtlich fordern zu müssen, sich selber in besonderer Radikalität absterben muss: Wie könnte er sonst als Sünder den Gefahren entgehen, geistliche mit weltlicher Macht zu verwechseln, die erste durch die zweite zu unterstreichen, zu ›repräsentieren‹, zu missbrauchen«: v. Balthasar (1968) 796.

481 Rahner ([3]1960) 92. – Auch die oben vorangehenden Sätze sind eine Variation Rahnerscher Gedanken.

482 Rahner, ebd. 94.

483 So z. B. Haarsma 1968, 108. Auch Klostermann (1981) 46 meint: »Die einzige, wirklich unabdingbare Voraussetzung zur Bestellung für diesen Dienst ist nach allem Gesagten das Charisma der geistlichen Leitung.« Eine solche These lässt gerade das offen, was sie aussagen will, worin nämlich *geistliche* Leitung beruht.

484 Bachl (o. J.) 159 f. – Siehe auch für das Folgende.

485 Metz (1970) 317.

486 Denn diese greifen alle – wie dies Hengel (1968) zeigt – in Recht, Gesetz und Sitte der damaligen Zeit ein. Wenn sich heute die Argumentationsfigur gegen den Zölibat gewandelt hat und manche nunmehr das »Recht der Gemeinde auf Eucharistie« herausstellen, so stellt sich auch hier die Frage, ob nicht wiederum ein nur unter sehr eingeschränkten Gesichtspunkten geltendes »Recht« sich unangemessen vordrängt. Einem solchen »Recht« hätten vor allem »Pflichten« vorauszugehen, z. B. die Bereitschaft und die Verantwortung der Gemeinden, jenen Kontext zu schaffen, in dem Ehelosigkeit um des Reiches Gottes willen plausibel und lebbar ist.

487 Venetz (1981) 75. – Exegetisch gesehen ist diese Ausführung von Venetz im übrigen außerordentlich fragwürdig. Es lässt sich nämlich zeigen, dass z. B. die Radikalität des Paulus auch Maß bleibt für die ortsansässigen Gemeindevorsteher der Pastoralbriefe. Vgl. dazu Lohfink (1981) I, bes. 80 f.

488 Lohfink (1981) II, 77.

489 Heid (1997) 34.

490 Spaemann (1980) 9.

491 Niederwimmer (1975) 122. Vgl. auch ebd. 112.

492 Dufner (1997) 69.

493 Ein Wort, das Hillenbrand (1992) 53 überliefert.

494 Metz (1977) 64. – An weiterer wichtiger neuerer Lit. zum Thema Zölibat (und z. T. auch zu den übrigen evangelischen Räte sei genannt: Bours/Kamphaus (1981); Hemmerle (1986); Scheuer (1990); Demmer (1991); Müller u. a. (1996); Bonetti (1998); Zander ([2]1997). (Auch wenn letzteres Büchlein in sehr lockerer, fast humoristischer Weise argumentiert, sind die vorgebrachten Gesichtspunkte

durchaus ernst zu nehmen). Für den romanischen Sprachraum findet sich eine vortrefflich aufgeschlüsselte Bibliographie zur priesterlichen Spiritualität bei Bifet (1985) 219–263; Favale (1989) 221 ff.

495 Demmer (1990) 475 f. Der hier genannte Artikel erschien 1991 in erweiterter Fassung als Buch. – Im Folgenden wird aus dem kompakteren Artikel zitiert.

496 Blarer (1996).

497 ebd. 60. 65.

498 Demmer (1990) 476.

499 So heißt es auch im Werk des evangelischen Autors Rohrbach (1976) 181: »Als ein in ... der Freiheit, zu der uns Christus befreit hat, aufgerichtetes Zeichen der Selbstentäußerung von einem Stück geschöpflichen Lebens um einer in radikaler Weise beanspruchenden Berufung willen, ist sie [die Ehelosigkeit] zugleich sinnfälliger Verweis auf die im Licht des ›Letzten‹ sichtbar werdende eschatologische Begrenzung und Relativierung alles ›Vorletzten‹. Und zu ihnen gehört auch die Geschlechtsgemeinschaft von Mann und Frau.« Ebenso Leinweber (1978) 555; Kasper (1977) II, 54.

500 Klinger (1968) 381.

501 Blarer (1996) 89.

502 Salomon (1980) 21. – Ähnlich Kasper (1977) II, 54; Bonetti (1998).

503 Rahner (1956) 423. 422. 424. 427.

504 Auf dieser Linie ist auch zu bedenken, dass *psychologisch gesehen* der Zölibat ein plausibler Schutz davor ist, »dass Menschen mit dem kindlichen Wunsch, als Lokomotivführer oder Priester widerspruchslos ›an der Spitze zu stehen‹, sich mit dem Priestertum selbst eine Freude machen. Der Verzicht, den der Zölibat fordert, ist da wenigstens eine Hürde«: Lütz (1999) 156.

505 in der Ausgabe v. Balthasars ([2]1979) Nr. 8.

506 Genauer müsste man sagen, dass der Westen aus guten Gründen gegenüber dem Osten »den Status des Priesters demjenigen des Bischofs anzugleichen« suchte: Lustiger (1982) 26. Denn im Osten ist der Bischof (wie auch andere höhere Amtsträger) gleichfalls zum Zölibat verpflichtet.

507 Siehe dazu Denzler (1976) 173; Glyson (1970); Heid (1997). – Für das Folgende finden sich die Belege bei Heid und in der dort angeführten Lit.

508 Heid (1997) 321. Und Heid fügt hinzu: »Zudem bewahrt *völlige* [also nicht nur auf bestimmte kultische Handlungen begrenzte und sich nur auf den ehelichen Akt beziehende] Abstinenz die Priester davor, in kleinliche Reinheitsriten abzugleiten. Das kultische Moment ist so weitgehend der Gefahr eines skrupulösen Purismus entzogen.«

509 Vgl. Brown (1991)100f.113: »Weil der Geschlechtsverkehr eng mit dem Bedürfnis zusammenhing, den Tod durch das Zeugen von Kindern zu überwinden, hatte er [in der Antike] immer einen Anflug von Traurigkeit erhalten. ... Folglich geriet der [christliche] Verzicht auf den Geschlechtsverkehr auf einer tiefen symbolischen Ebene in eine Verknüpfung mit der Wiederherstellung einer verlorenen menschlichen Freiheit, mit der Wiedergewinnung des Geistes Gottes und daher mit der Fähigkeit des Menschen, die Macht des Todes zunichte zu machen. ... [Zudem:] Ehelicher Verkehr wurde als die Stütze des gewaltigen Ge-

bäudes des ›gegenwärtigen Zeitalters‹ behandelt. Den Zauber des Bettes zu brechen bedeutete, den Zauber der Welt zu brechen …«.

510 Vgl. ebd. 185: »Die Weigerung zu heiraten spiegelte das Recht eines Menschen … seine Freiheit nicht den Zwängen preiszugeben, die von der Gesellschaft auf die Person ausgeübt wurden.« Und dies Zwänge hießen für die Frau vor allem »Verheiratetwerden« (im Interesse der Ursprungsfamilie) und Kindergebären (im Interesse der neugegründeten Familie).

511 Lohfink (1981) II.

512 Kremer (1981) 72.

513 Früher hatte die priesterliche Lebensform des Zolibats einen plausiblen sozialen »Ort«. Denn Ehelosigkeit war nichts Ausgefallenes oder gar Anstößiges in der Gesellschaft, da es auch andere Stände und Gruppen gab, die normalerweise ehelos blieben (Lehrer, Dienstboten, nicht-erstgeborene Bauernsöhne u. dgl.). In diesen Kontext fügte sich der Zölibat nahtlos ein. Heute könnte man an eine neue Plausibilität im Rahmen des »Single-Daseins« denken. Aber Single-Sein heißt im Allgemeinen nicht, auf sexuelle Beziehungen zu verzichten, sondern sie oft nur als unverbindlich zu exerzieren.

514 Das übersieht Vogels (1978) und (1980) Vgl. zu dessen auch exegetisch völlig unhaltbarer Argumentation Kremer (1980).

515 z. B. Küng (1981); Klostermann (1981).

516 Lustiger (1982) 41.

517 zit. nach Sipe (1992) 75.

518 Lohfink (1981) II, 77 f.

519 Die kirchliche Autorität hat im übrigen mit dem Zugeständnis eines verheirateten ständigen Diakons ja schon in eine eineinhalbtausendjährige Überlieferung eingegriffen, da die Zölibatsverpflichtung in der Westkirche von Anfang an nicht nur für den Bischof und Presbyter, sondern in gleicher Weise auch für den Diakon gegolten hat. Siehe dazu Dassmann (1980).

520 v. Balthasar, zit. nach Kasper (1978) 209, dort ohne Stellennachweis.

521 Siehe dazu mit vielen Materialien Garrido (1987).

522 Blarer (1996) 90.

523 Siehe Sipe (1992) 312 ff. Für ihn gelangen 10% der Priester zu einem wirklich gelungenen Zölibatsleben, 40% »befolgen ihn nur«, der Rest bleibt irgendwo »stecken«.

524 *Im Einzelfall* ist das natürlich sehr wohl möglich! Das bedeutet dann für den Priester »Laisierung« (für den Verheirateten eine zweite Ehe [sei es durch »Ungültig-Erklärung« der ersten, sei es durch eine zu erhoffende Einführung der ostkirchlichen Regelung auch in die römisch-katholische Kirche]). Siehe dazu auch S. 339 f.

525 Die Belege finden sich ebd. 317–328.

526 Demmer (1990) 475 f.

527 Demmer (1991) 13.

528 Ob zu solcher Gemeinsamkeit allerdings auch die Erfahrung von Intimität gehören kann oder gar soll, wie dies Grün/Müller (1995) nahelegen, scheint mir mehr als frag-würdig zu sein.

[529] Demmer (1991) 63.
[530] Eine kurze informative Übersicht bietet Heinz (1997).
[531] So findet man z.B. nichts dabei, wenn ein Jugendkaplan im Zeltlager mit Jungen zusammen in einem Zelt schläft, was mit Mädchen dagegen ein Skandal wäre. Für die andersartigen Reaktionen des Homosexuellen gibt es dagegen solche »Sicherungen« nicht.
[532] Schillebeeckx (1981) 173.
[533] Zum Gehorsam vgl. außer der in Anm. 495 genannten allgemeinen Lit. zu allen drei evangelischen Räten: Müller (1964) (Lit.); Greshake (1964).
[534] Zeiger (1942) 15. – Im Folgenden soll von einer eingehenden Behandlung des derzeit umstrittenen, von Rom verlangten Treueids kirchlicher Amtsträger abgesehen werden. Nicht *dass* ein förmliches Versprechen abgelegt werden soll, muss schon problematisch sein (allenfalls stellt sich die Frage, warum das im Sakrament verwurzelte, dem Bischof *und damit auch dem Lehramt* und seinen Inhalten gegebene Weiheversprechen so wenig gilt, dass es in außersakramentlich-juridischer Form zu wiederholen ist), problematisch sind jedoch bestimmte Inhalte des Treueids, die offenbar durch einen förmlichen Eid »festgezurrt« werden sollen. Siehe dazu Hünermann (2000). Sollten nicht auch die heutigen »Römer« einmal an ein Wort des Tacitus denken: »Bei den Germanen gilt ein Versprechen mehr als römische Treueide«?
[535] Schürmann (1979) 64f.
[536] Metz (1974) 50.
[537] Wulf (1971) 30.
[538] Schürmann (1979) 121f.
[539] Brantzen (1998) 36.
[540] Brantzen (1998) 133.
[541] zit. nach Lettmann (2000) 104f.
[542] Zerfaß ([5]1991) 100.
[543] ebd. 104.
[544] Scheuer (1994) 37.
[545] Deshalb wäre m.E. etwa folgendes Verfahren angemessener als das derzeit geltende: Am Anfang sollte ein Gespräch mit dem Bischof und einem erfahrenen geistlichen Begleiter (Priesterseelsorger, Spiritual) stehen, worin die Situation des Betreffenden ohne Vorhaltungen ernst genommen und behutsam zur Sprache gebracht wird; dann eine mindestens 6 monatige Beurlaubung mit der Auflage, diese Zeit ohne Kontakte mit der bisherigen Stelle und/bzw. mit der möglicherweise in Frage stehenden Partnerin zu verbringen (um in der Distanz die Entscheidung nochmals zu überprüfen); dann eine längere Exerzitienzeit mit nochmaligem Gespräch. Sollte die Entscheidung sich auf diese Weise »bewährt« haben, sollte der *Bischof* die sog. »Laisierung« bestätigend aussprechen können. Damit wäre natürlich der »Fall« nicht abgeschlossen. Natürlich gilt es, weiter den laisierten *Mitbruder* zu begleiten (auch durch finanzielle Unterstützung und andere Weisen der Hilfestellung).
[546] v. Balthasar (1979) 114.
[547] Rahner (1984) 141f.

548 Schlier (1970) 92 mit Hinweis auf 1 Thess 2,7; Phlm 8f.

549 v. Balthasar (1972) II, 296.

550 Das Folgende ist weit ausführlicher sowie mit zahlreichen Belegen und ergänzenden Aspekten dargelegt bei Greshake (1984) II.

551 Rahner (1966) 98f.

552 So Nussbaum (1966), 26f; siehe auch 36.

553 So bemerkte schon der prominente Liturgiewissenschaftler Pascher ([2]1953) 158, 158.: »Man muss gestehen, dass eine eigentliche Konzelebration weniger gut das Abendmahl darstellt und so weniger klar dem ›Tut *dieses*‹ des Auftrags gerecht wird.«

554 Deshalb ist es auch völlig abwegig, wenn Priester miteinander ohne jede Gemeinde konzelebrieren oder auch wenn die konzelebrierenden Priester im Kreis den Altar so umschließen, dass überhaupt kein Gegenüber von Christus und seiner Gemeinde mehr dargestellt wird, sondern diese nur äußerer Anhang der konzelebrierenden Priester ist.

555 Die einzige Ausnahme bildet hier die russisch-orthodoxe Kirche. Es lässt sich aber zeigen, dass die Praxis des gemeinsamen Sprechens der Konsekrationsworte durch westkirchliche Beeinflussung eingeführt wurde. Das gleiche gilt auch von der liturgischen Praxis der unierten Kirche[n], denen seit Ende des 18. Jh. vom Westen her die synchronistische Konzelebration *aufgezwungen* wurde, und zwar – bezeichnenderweise! – als Vorbedingung dafür, Messstipendien nehmen zu dürfen. Dabei ist gerade dieser finanzielle Gesichtspunkt – Gott sei es geklagt! – bei der ganzen Frage der Konzelebration nicht zu unterschätzen. Denn bei nicht wenigen Priestern, nicht zuletzt einer Reihe von Konventen, dürfte das Messstipendium eine wichtige Rolle spielen, da dieses nach geltendem Recht nur dem tatsächlich zelebrierenden/konzelebrierenden Priester zusteht und das demnach für einige Priesterkonvente *in stattlicher Höhe* entfallen würde, wenn statt der früheren, nicht selten großen Zahl der Privatmessen nur noch *ein* zelebrierender Priester der gemeinsamen Eucharistiefeier vorstünde. Dieser Hinweis auf das Messstipendium klingt recht prosaisch, sollte aber – leider! – für diesen Fragekomplex nicht unterschätzt werden. Dies wurde mir nachhaltig durch eine Reihe von Zuschriften, die ich auf meine früheren Beiträge zur Frage der Konzelebration erhielt, bestätigt; es waren Zuschriften, die meine ursprünglich sehr *vorsichtigen* diesbezüglichen Bemerkungen rügten und zum Ausdruck brachten, dass die Rolle des Stipendiums faktisch ungleich höher einzuschätzen sei.

556 Es sei denn, dass man darauf verwies, dass im Kirchenrecht von 1983 die tägliche Zelebration »eindringlich empfohlen« werde (anders als im Codex von 1917, wo dem Priester nur angetragen wurde, mehrmals im Jahr zu zelebrieren). Siehe dazu Hillenbrand (1997) 58ff. Mein Verdacht ist jedoch, dass die Kanonisten, die diese Empfehlung formulierten, gar nicht auf die Idee gekommen sind, dass ein Priester auch an der Messe eines anderen teilnehmen könnte, sei es, dass man die Neuorientierung der Amtstheologie nicht ernstnahm, sei es, dass man – vor allem im Blick auf die kleinen Pfarreien der südlichen Länder – gar nicht die Möglichkeit sah, dass ein Priester normalerweise an der Zelebration eines anderen teilnimmt. – Eine andere Frage ist, ob da, wo der eucharistische Dienst eines Priesters

nicht erforderlich ist, trotzdem – in jedem Fall !– die tägliche Zelebration zu verlangen oder »eindringlich zu empfehlen ist«. Warum eigentlich? Hier sollte man doch sehr vorsichtig sein: Nachdem das II. Vaticanum wieder eine Fülle von Gottesdienstformen ins Bewusstsein gerufen und vor allem dem Wortgottesdienst eine neue Würde zugesprochen hat, kann man wenigstens die Frage stellen, ob man denn immer nur das »Hochgebirge« der liturgischen Formen besteigen und nicht auch (wenigstens gelegentlich) das »liebliche Hügelland« erwandern sollte. – Was aber den möglichen Einwand betrifft, schließlich habe »die Kirche«, sogar auf einem Konzil, diese Form eingeführt und empfohlen, da könne nicht irgendein Theologe kommen und das Ganze in Frage stellen, so ist demgegenüber zu sagen: »Die Kirche« hat auch bis zum letzten Konzil die solitäre Privatzelebration empfohlen und damit zum Missstand einer synchronistischen Zelebration vieler Messen an ein und demselben Ort geführt, was »man« heute am liebsten nicht mehr wahrhaben möchte. So wie ich (mit vielen anderen Theologen) damals diesen Missstand kritisiert und mich niemals an dieser Praxis beteiligt habe, so geschieht es jetzt mit der derzeitigen Konzelebrationspraxis. Sie scheint mir nicht weniger missbräuchlich zu sein.

557 Kassing (1965) 235. – Das Ganze zeigt sich auch in den großen Kollegien, etwa in Rom, wo die jeweilige Kommunität aufgespalten wird in »konzelebrierende« und »nur mitfeiernde« (man beachte die Absurdität der Sprache!) Alumnen und dazu noch die relativ jungen Priester in eine ganz abwegige Praxis des priesterlichen Dienstes initiiert werden, nicht selten allein mit der Begründung, sie müssten sich halt durch »Abzelebrieren« von Meßstipendien ihren Unterhalt verdienen.

558 Schmidt (1963) hat bereits auf einer Studientagung 1963 in Trier auf das merkwürdige Paradox hingewiesen, dass in einer Zeit, wo die Liturgie entklerikalisiert werden soll, diese durch die Konzelebration erneut klerikalisiert wird. Vgl. dazu HlD 17 (1963) 64–68.

559 Taft (1982) 275.

560 Cordes (1972) 174.

561 Näheres dazu bei Greshake/Weismayer (1993) 251 ff.

562 Siehe dazu Müller ([2]1955).

563 Näheres zu diesem »Delegiertsein« bei Voillaume ([5]1955) 107–124.

564 Rahner (1967) 42.

565 Johannes Paul II., Schreiben an die Priester, in: v. Balthasar ([2]1979) 66. – Siehe dazu auch die Dokumente der Bischofssynode von 1990: Tettamanzi (1990).

566 Knox (1961) 101.

567 Miller (1965) 231 (Spruch des Johannes Kolobos, von Abbas Poimen zitiert).

568 Spaemann (1979) 352.

569 Brantzen (1998) 261. – Es wäre auch gut, wenn sich die Praxis einiger (weniger) Diözesen durchsetzen würde, Priestern nach einer Reihe von Jahren jeweils ein Sabbatjahr zu gewähren.

570 Siehe zum Folgenden Scheuer (1994); Greshake (2000) 104 f.

571 Vgl. Niemann (1990).

572 Demmer (1991) 63 f. – Im übrigen kann die Begegnung mit der »Kultur« nicht

nur Gegenstand meiner Erholung sein, sondern auch Mittel, mich – um einer »geerdeten« Seelsorgstätigkeit willen – mit der Wirklichkeit der gegenwärtigen Epoche zu konfrontieren. So fragt z. B. H. Brantzen (1998) 251: »Wo liegen meine Berührungspunkte mit der Zeit, mit der konkreten Gesellschaft, mit dem Lebensgefühl der heutigen Menschen? Wo habe ich meine Hand, mein Ohr am Pulsschlag der Zeit? Film, Theater, Kunst, Literatur können Freizeit und Vergnügen sein, zugleich aber auch die Möglichkeit, Zeitgefühl in sich aufzunehmen und zu verstehen.«

[573] Bruno der Kartäuser, Ep. ad Rad. (= FC 10, 57).

[574] Gruppe v. Dombes (1980) 27.

[575] Siehe dazu Greshake (1989).

[576] Vgl. dazu Congar (1966). – Der moralische »Druck« schloss natürlich auch den Zölibat mit ein, weshalb Augustinus gerade die Enthaltsamkeit dieser gegen ihren spontanen Willen geweihten jungen Männer anderen Christen als leuchtendes Vorbild sexueller Beherrschung vorhielt. Vgl. De coni.adult.II,20,22 (= BA II,232).

[577] Sekretariat der SBK (1998) 14.

[578] Vgl. zum Komplex einer »Berufungspastoral« Swiatek (1996).

[579] Vgl. Freitag (1990).

[580] Menke (1999) 345.

[581] Albus (1982).

Bibliographie

(1) Frühe Kirche und Mittelalter

Apophtegmata patrum = Weisungen der Väter, hg. v. B. Miller, Freiburg i. Br. 1965.
Augustinus, De conjugiis adulterinis (BA 2).
Augustinus, Confessiones (ed. J. Bernhart)
Augustinus, Contra Cresconium (CSEL 52).
Augustinus, Enarrationes in Psalmos (CC 40).
Augustinus, Epistolae (CSEL 57).
Augustinus, In Johannis Euangelium tract. (CC 36).
Augustinus, Sermones (PL 38)
Bruno der Kartäuser, Epistola ad Radulphum (FC 10).
Catechismus Romanus (ed. Rodriguez u.a., Rom 1989).
Coelestin I., Epistolae (PL 50).
Cyprian, Epistolae (CSEL 3).
Didache (FC 1).
Klemens, Epistolae ad Corinthios (FC 15).
Gallische Konzilien des 4. Jh. (SC 241).
Decretum Gratiani (ed. Friedberg, Neudr. Graz 1959).
Hieronymus, De viris illustris (PL 23).
Hugo v. St. Viktor, Summa de sacr. christ. fidei. (PL 176).
Ignatius v. Antiochien (ed. Bihlmeyer).
Johannes Chrysostomus, Homiliae in 2 Tim (PG 62).
Johannes Chrysostomus, Homiliae In Eph (PG 62).
Justin, Apologia I[a] (ed. G. Girgenti, Mailand 1995).
Origenes, Homiliae in Numeri (SC 415).
Petrus Lombardus, Sententiae in IV libris dist. (Spic. Bonav. IVs).
Prosper v. Aquitanien, Expositio in Psalmos (CC 68A).
Sozomenus, Historia ecclesiastica (GCS NF 4).
Tertullian, De baptismo (CC 1).
Tertullian, De corona (CC 2).
Tertullian, De exhortatione castitatis (CC 2).
Tertullian, De praescriptione haereticorum (SC 46).
Thomas v. Aquin, Summa Theologiae (ed. Marietti).
Thomas v. Aquin, Summa contra Gentiles (ed. Leonina).
Thomas v. Aquin, Script. super libros sentent. (ed. Mandonnet/Moos).
Traditio Apostolica (FC 1).

(2) Sonstige Literatur

Albus, M., Erwartungen eines Laien an den Priester, in: LS 33 (1982) 201–202.
Altermatt, U., Abschied vom katholischen Blockdenken, in: Civitas 30 (1975) 562–571.
Angenendt, A., Geschichte der Religiösität im Mittelalter, Darmstadt 1997.
Ansorge, D., Der Diakonat der Frau, in: T. Berger/A. Gerhards (Hrg.), Liturgie und Frauenfrage = Pietas Liturgica 7, St. Ottilien 1990, 31–65.
Ansorge, D., Die wesentlichen Argumente liegen auf dem Tisch. Zur neueren Diskussion um dem Diakonat der Frau, in: HK 47 (1993) 581–586.
Bachl, G., Das Gottesbild und die Entschiedenheit christlicher Berufung, in: Priesterbild im Wandel, FS A. Huber, Linz o. J.
Balthasar, H. U. v., Der Laie und der Ordensstand, Freiburg i. Br. 1949.
Balthasar, H. U. v., Priesterliche Existenz, in: Sponsa Verbi, Einsiedeln 1961, 388–433.
Balthasar, H. U. v., Über das priesterliche Amt, in: Civitas 23 (1968) 794–797.
Balthasar, H. U. v., Der Priester im Neuen Testament, in: GuL 43 (1970) 39–45.
Balthasar, H. U. v., I: Der Priester in der Kirche, in: LS (1972) 4–15.
Balthasar, H. U. v., II: Amt und Existenz, in: IkaZ 1 (1972) 289–297.
Balthasar, H. U. v., Neue Klarstellungen, Einsiedeln 1979.
Balthasar, H. U. v., Kommentar zum Schreiben Papst Johannes Pauls II. an die Priester »Liebst du mich mehr?«, in: Dienst aus der größeren Liebe zu Christus, Freiburg i. Br. [2]1979.
Balthasar, H. U. v., Die Gegenwart des einen Jesus Christus in der Einheit der Kirche, in: K. Lehmann (Hrg.), In der Nachfolge Jesu Christi, Freiburg i. Br. 1980 37–58.
Bätz, U., Die Professionalisierungsfalle. Paradoxe Folgen der Steigerung glaubensreligiösen Engagements durch professionelles Handeln – dargestellt am Beispiel der Verwirklichung pfarrgemeindlicher »Verlebendigungsprogrammatiken« durch hauptamtliche Laientheologen, Fribourg 1994.
Bausenhart, G., Das Amt in der Kirche. Eine not-wendende Neubestimmung, Freiburg i. Br. 1999.
Beilner, W., Zu »Reform und Anerkennung kirchlicher Ämter«, in: ÖKB 107 (1964).
Beinert, W., Der Heilige Geist und die Strukturen, in: G. Koch / J. Pretscher, Wo der Geist des Herrn wirkt, da ist Freiheit, Würzburg 1997.
Berger, P., Der Zwang zur Häresie. Religion in der pluralistischen Gesellschaft, dt. Frankfurt 1980.
Bernhard, J., Das Konzil von Trient und die Bischofswahl, in: Conc. 16 (1980) 478–483.
Beyer, J., Il laicato e i laici nella Chiesa, in: VitaCon 24 (1988).
Bifet, J. E., Teologia del Sacerdocio, Burgos 1985.

Bitter, G., Evangelisation und Inkulturation, in: Presse- und Informationsstelle des Erzbistums Freiburg i. Br. (Hrg.), Information – Berichte – Kommentare – Anregungen, Jan.–März 1987, Nr. 1–3, 5–31.
Blank, J., Was heißt nach dem Neuen Testament: Das Herrenmahl feiern?, in: Was hindert uns? Das gemeinsame Herrenmahl der Christen, Regensburg 1981, 9–55.
Blank, J., Vom Urchristentum zur Kirche, München 1982.
Blarer, St., Die Kunst seelsorglicher Liebe. Plädoyer für einen erneuerten Zölibat, Freiburg/Schweiz 1996.
Bläser, P., Amt und Eucharistie, Paderborn 1973.
Boff, L., Kleine Sakramentenlehre, Düsseldorf 1976.
Boff, L., Die Neuentdeckung der Kirche, Mainz 1980.
Boff, L., Kirche: Charisma und Macht, dt. Düsseldorf 1985.
Böhnke, M., Pastoral in Gemeinden ohne Pfarrer. Interpretation von c. 517 § 2 CIC/1983, Essen 1994.
Bonetti, R. (Hrg.), Verginità e matrimonio, Milano 1998.
Bonhoeffer, D., Nachfolge, München [10]1971.
Bonino, S. -Th., S. Thomas d'Aquin et le Sacerdoce, in: RThom 99 (1999) 26–57.
Bours, J. / Kamphaus, F., Leidenschaft für Gott, Freiburg i. Br. 1981.
Brantzen, H., Lebenskultur des Priesters, Freiburg i. Br. 1998.
Brown, P., Die Keuschheit der Engel, dt. München-Wien 1991.
Brown, P., Die Gesellschaft und das Übernatürliche, dt. Berlin 1993.
Brox, N., Der erste Petrusbrief, Zürich u. a. 1979.
Brox, N., Priesterideal – welcher Preis?, in: Or. 46 (1982) 151–152.
Brück, M. v. / Werbick, J. (Hrg.), Traditionsabbruch – Ende des Christentums?, Würzburg 1994.
Buber, M., Werke, Bd. III: Schriften zum Chassidismus, München – Heidelberg 1963.
Bucher, R., Das entscheidende Amt. Die Pluralität, das Konzil und die PastoralreferentInnen, in: PThL 9 (1989) 263–294.
Bultmann, R., Das Evangelium nach Johannes, Göttingen [15]1957.
Bunnik, R. J. Das Amt in der Kirche, Düsseldorf 1969.
Camelot, P.-Th., Ephesus und Chalcedon = GKÖ 2, Mainz 1963.
Campenhausen, H. v., Kirchliches Amt und geistliche Vollmacht in den ersten drei Jahrhunderten, Tübingen 1953.
Campenhausen, H. v., Tradition und Leben, Tübingen 1960.
Cavelli-Adorno, S., Über die religiöse Sprache, Frankfurt 1965.
Chauvet, L.-M., Le ministère de présidence de l'eucharistie in: L'Eucharistie, Paris o. J. (= 1981) 21–38.
Colson, J., Diakon und Bischof in den ersten drei Jahrhunderten der Kirche, in: K. Rahner / H. Vorgrimler (Hrg.), Diaconia in Christo = QD 15/16, Freiburg i. Br. 1962, 230–253.
Congar, Y., Structure du sacerdoce chrétien, in: MD 27 (1951) 55–58.

Congar, Y., »Quod omnes tangit, ab omnibus tractari et approbari debet«, in: RHDF, ser. 4, 36 (1958) 210–259.
Congar, Y., Der Laie, dt. Stuttgart [3]1964.
Congar, Y., Ordinations invitus, coactus de l'eglise antique au Canon 214, in: RSPhTh 50 (1966) 169–197.
Congar, Y., L'»Ecclesia« ou communauté chrétienne sujet intégral de l'action liturgique, in: La liturgie après Vatican II, Paris 1967, 241–282.
Congar, Y., I: Die Lehre von der Kirche = HDG III 3c, Freiburg i. Br. 1971.
Congar, Y., II: Ministères et communion ecclésiale, Paris 1971.
Cordes, P. J., I: Sendung zum Dienst, Frankfurt 1972.
Cordes, P. J., II: »Sacerdos alter Christus«? Der Repräsentationsgedanke in der Amtstheologie, in: Cath (M) 26 (1972) 38–49.
Cordes, P. J., Nicht immer das alte Lied, Paderborn 1999.
Corecco, E., Die »sacra potestas« und die Laien, in: FZPhTh 27 (1980 120–154.
Dagron, G., Christliche Ökonomie und christliche Gesellschaft, in: J.-M. Mayeur u. a. (Hrg.), Die Geschichte des Christentums, Bd. IV, dt. Freiburg i. Br. 1994, 256–313.
Daiber, K.-F., Katholische Pastoralkonzeptionen, in: Materialdienst des Konfessionskundlichen Inst. Bensheim 35 (1984) 67–74.
Daiber, K.-F., Religion unter den Bedingungen der Moderne, Marburg 1995.
Danielou, J., Der priesterliche Dienst bei den griechischen Kirchenvätern, in: J. Guyot (Hrg.), Das apostolische Amt, dt. Mainz 1961 110–122.
Darquennes, A., Représentation et bien commun, in: Études présentées à la Commission Internationale pour l'Histoire des Assemblées d'États XI, Louvain 1952.
Dassmann, E., Character indelebilis – Anmaßung oder Verlegenheit?, Köln 1973.
Dassmann, E., Zur Entstehung des Monepiskopats, in: JbAC 17 (1974) 74–90.
Dassmann, E., Diakonat und Zölibat, in: Der Diakon, hrg. v. J. G. Plöger / H. J. Weber, Freiburg i. Br. 1980, 57–67.
Dassmann, E., Jesus und die kirchlichen Ämter, in: PB (K) 49 (1997) 234–240.
Deissler, A., Das Priestertum im Alten Testament, in: Der priesterliche Dienst Bd. I (1970) 9–80.
Delp, A., Gesammelte Schriften, hrg. v. R. Bleistein, Frankfurt 1982.
Demmer, K., Kann der Zölibat heute gelebt werden?, in: HerKor. 44 (1990) 473–478.
Demmer, Kl., Zumutung aus dem Ewigen. Gedanken zum priesterlichen Zölibat, Freiburg i. Br. 1991.
Denzler, G., Das Papsttum und der Amtszölibat, 2 Bde., Stuttgart 1973 u. 1976.
Der priesterliche Dienst Bd. I = QD 46, Freiburg i. Br. 1970.

Deutsche Bischofskonferenz, Schreiben der Deutschen Bischöfe über das priesterliche Amt, Trier 1969.

Deutsche Bischofskonferenz, Zur Ordnung der pastoralen Dienste, Bonn 1977.

Deutsche Bischofskonferenz, Stellungnahme der Deutschen Bischofskonferenz zu den Lineamenta der Bischofssynode 1987 = Arbeitshilfen 45, Bonn 1987.

Deutsche Bischofskonferenz, Der pastorale Dienst in der Pfarrgemeinde, Bonn 1995.

Deutsche Shell (Hrg.), Jugend 2000 = 13. Shell Jugendstudie, Opladen 2000.

Dinkler, E., Verkündigung als eschatologisch-sakramentales Geschehen, in: G. Bornkamm / K. Rahner (Hrg.), Die Zeit Jesu, FS H. Schlier, Freiburg i. Br. 1970, 169–189.

Dokumente wachsender Übereinstimmung, Bd. I–II, Paderborn-Frankfurt 1983.1992.

Drewermann, E., Kleriker. Psychogramm eines Ideals, Olten – Freiburg 1989

Dufner, M., Der Leib als Weg der Gotteserfahrung und Gotteserkenntnis, in: A. Grün / W. Müller (Hrg.), Was macht Menschen krank, was macht sie gesund?, Münsterschwarzach 1997, 67–70.

Duval, A., Das Weihesakrament auf dem Konzil von Trient, in: J. Guyot (Hrg.), Das Apostolische Amt, dt. Mainz 1961, 210–250.

Ebertz, M. N., I: Erosion der Gnadenanstalt? Zum Wandel der Sozialgestalt von Kirche, Frankfurt 1998.

Ebertz, M. N., II: Ein Ordnungsruf. Zur sakralen und funktionalen Autorität, in: PB (K) 50 (1998) 58–59.

Ebertz, M. N., Kirche im Gegenwind. Zum Umbruch der religiösen Landschaft, Freiburg i. Br. [2]1998.

Eckert, J., Gottes Bundesstiftungen und der Neue Bund bei Paulus, in: H. Frankemölle (Hrg.), Der ungekündigte Bund? = QD 172, Freiburg i. Br. 1998, 135–156.

Faber, E.-M., Zur Frage nach dem Berufsprofil der Pastoralreferent(inn)en, in: PB (K) 51 (1999) 110–119.

Favale, A., Il ministerio presbiterale, Rom 1989.

Feeser, U., Pastoralreferent(in) als Berufsziel?, in: PB (K) 51 (1999 366–374.

Forte, B., Laie sein, München u. a. 1987.

Fraine, J. de, Adam und seine Nachkommen, dt. Köln 1962.

Frank, K. S., »Die Gemeinde Gottes, die hier in der Fremde weilt«, in: H. Windisch (Hrg.), Seelsorgeeinheiten (1999) 26–36.

Freitag, J., Sakramentale Sendung. Gabe und Aufgabe des sacramentum ordinis, hrg. v. Informationszentrum Berufe der Kirche, Freiburg i. Br. 1990.

Freitag, J., I: Sacramentum ordinis auf dem Konzil von Trient, Innsbruck-Wien 1991.

Freitag, J., II: Schwierigkeiten und Erfahrungen mit dem »Sacramentum ordinis« auf dem Konzil von Trient, in: ZKTh 113 (1991) 39–51.

Freitag, J., Das kirchliche Amt im Spiegel der Catholica, in: Cath (M 53 (1999) 277–312.
Friesl, Chr., Die Utopie als Chance. Lage und Zukunft der LaientheologInnen, Innsbruck-Wien 1996.
Gabriel, K., Christentum zwischen Tradition und Postmoderne = QD 141, Freiburg i. Br. 1992.
Gabriel, K., Woran noch glauben?, in: G. Fuchs (Hrg.), Mystik und Verantwortung, Frankfurt 1994, 63–90.
Ganoczy, A., Communio – ein Grundzug des göttlichen Heilswillens, in: Unsere Seelsorge (Münster) 22 (1972) 1–7.
Garrido, J., Grandeza y miseria del celibato cristiano, Santander 1987.
Gatz, E. (Hrg.), Der Diözesanklerus, Freiburg i. Br. 1995.
Gemeinsame röm.-kath./ev.-luth. Kommission, Das Geistliche Amt in der Kirche, Paderborn – Frankfurt 1981.
Gemeinsame Synode der Bistümer in der BRD, hrg. v. L. Bertsch u. a., Bd. I, Freiburg i. Br. 1976.
Georgi, D., Die Gegner des Paulus in 2 Kor, Neukirchen-Vluyn 1964.
Gerber-Zeder, J. Laientheolog(inn)en: Ein kirchliches Amt ohne sakramentale Beauftragung, in: Schweizer. Kirchenzeitung 12 (1996) 186–191.
Gerken, A., Theologie der Eucharistie, Münster 1973.
Glaubitz, E., Der christliche Laie, Würzburg 1995.
Glyson, R., Les origines du celibat ecclesiastique du premier au septième siècle, Gembloux 1970.
Gnilka, J., Theologie des Neuen Testaments, Freiburg i. Br. 1999.
Goertz, H., Allgemeines Priestertum und ordiniertes Amt bei Luther, Marburg 1997.
Goppelt, L., Der Erste Petrusbrief, Göttingen 1978.
Görres, A., Erneuerung durch Tiefenpsychologie?, in: A. Görres / W. Kasper (Hrg.), Tiefenpsychologische Deutung des Glaubens? Anfragen an E. Drewermann = QD 113, Freiburg i. Br. 1988, 133–174.
Görtz, H.-J., Das kirchliche Handeln des Laien, in: ThPh 66 (1991) 177–191.
Gössmann, E., Ein Rückschritt in der Diskussion der Frauenfrage, in: StdZ 108 (1983) 565–571.
Gozzelino, G., Nel nome del Signore. Teologia del ministero ordinato, Torino 1992.
Greshake, G., Grundzüge der Armut im Leben nach den Räten, in: Ordensnachrichten 89 (1976) 191–203.
Greshake, G., Der theologische Ort des Pastoralreferenten und sein Dienst, in: LS 29 (1978) 18–27.
Greshake, G., I: Gottes Willen tun,. Gehorsam und geistliche Unterscheidung, Freiburg i. Br. 1984.
Greshake, G., II: Konzelebration der Priester. Kritische Analyse und Vorschläge zu einer problematischen Erneuerung des II. Vatikanischen Konzils, in: E. Klinger / K. Wittstadt (Hrg.), Glaube im Prozess, FS K. Rahner, Freiburg i. Br. 1984, 258–288.

Greshake, G., Zur Frage einer »vita communis« von Weltpriestern, in: PB (K) 41 (1989) 170–179.
Greshake, G., »Das ist ein weites Feld ...«. Impressionen zu E. Drewermanns »Kleriker«, in: K. Hillenbrand (Hrg.), Priester heute, Würzburg 1990, 10–31.
Greshake, G., I: Priestersein, Freiburg i. Br. [5]1991.
Greshake, G. (Hrg.), II: Zur Frage der Bischofsernennungen in der römisch-katholischen Kirche, München-Zürich 1991.
Greshake, G., Ordinatio sacerdotalis, in: LThK [3]VII (1998) 1111.
Greshake, G., Der dreieine Gott, Freiburg i. Br. 1997, [3]1999.
Greshake, G., An den drei-einen Gott glauben, Freiburg i. Br. 1998, [3]2000.
Greshake, G., Gottes Wirklichkeit – Mitte priesterlichen Seins und Handelns, in: PB (K) 52 (2000) 99–110.
Greshake, G. / Weismayer, J. (Hrg.), Quellen geistlichen Lebens. Bd. 4: Die Gegenwart, Mainz 1993.
Gross, W. (Hrg.), Frauenordination, München 1996.
Grün, A. / Müller, W. (Hrg.), Intimität und zölibatäres Leben, Würzburg 1995.
Gruppe v. Dombes, »Über die Eucharistie«; »Über das kirchliche Amt«, in: HK 27 (1973) 33–39.
Gruppe v. Dombes, Das kirchenleitende Amt, hrg. v. G. Gassmann u. H. Meyer, Frankfurt 1980, 21–45.
Güttgemanns, E., Der leidende Apostel und sein Herr, Göttingen 1966.
Gutting, E., Menschlich und partnerschaftlich miteinander umgehen. Interview, in: Diaconia XP 17 (1982) 30–32.
Gy, P.-M., La théologie des prières anciennes pour l'ordination des évèques et des pretres, in: RSPhTh 58 (1974) 599–617.
Haag, H., Worauf es ankommt. Wollte Jesus eine Zwei-Stände-Kirche?, Freiburg i. Br. 1997.
Haarsma, F., Einige pastoraltheologische Thesen über den Priester, in: Der Priester in einer säkularisierten Welt, hrsg. vom Institut für europäische Priesterhilfe, Maastricht 1968.
Hahn, F., Neutestamentliche Grundlagen für eine Lehre vom kirchlichen Amt, in: Dienst und Amt, Regensburg 1973.
Hahn, F., Biblische Grundlagen eines kirchlichen Amtsverständnisses, in: Kirchliches Amt und ökumenische Verständigung, Wiesbaden 1975.
Hainz, J., Ekklesia, Regensburg 1972.
Hainz, J., Amt und Amtsvermittlung bei Paulus, in: ders. (Hrg.), Kirche im Werden, München u. a. 1976.
Häring, B., Heute Priester sein, Freiburg i. Br. 1995.
Harnack, A. v., Entstehung und Entwicklung der Kirchenverfassung und des Kirchenrechts in den ersten zwei Jahrhunderten, Leipzig 1910.
Hartmann, R., Abschied von Gemeinde – Schicksal oder Chance der Hochschulpastoral, in: U. Schnieder / St. Kellner (Hrg.), Kirche an der Hochschule, Göttingen 1996.

Haslinger, H., Diakonie zwischen Mensch, Kirche und Gesellschaft, Würzburg 1996.
Hauke, M., Die Problematik um das Frauenpriestertum vor dem Hintergrund der Schöpfungs- und Erlösungsordnung, Paderborn 1982.
Hauke, M., Überlegungen zum Weihediakonat der Frau, in: ThGl 77 (1987) 108–127.
Heid, St., Zölibat in der frühen Kirche, Paderborn u. a. 1997.
Heidegger, M., Brief über den Humanismus, Frankfurt 1965.
Heinz, H., Weder Schuld noch Schande. Eine Zwischenbilanz zur Diskussion über homosexuelle Priester, in: HerKorr. 51 (1997) 460–464.
Hemmerle, Kl., Das geistliche Leben der Priester, hrg. v. Presseamt des Erzbistums Köln, 1973.
Hemmerle, Kl., Einführung in die Thematik, in: Zur Ordnung der pastoralen Dienste, in: Deutsche Bischofskonferenz, Ordnung der pastoralen Dienste, Bonn 1977.
Hemmerle, Kl., Gerufen und verschenkt, München u. a. 1986.
Hengel, M., Nachfolge und Charisma, Berlin 1968.
Hengsbach, F., / Degen, S., Welche Biographien verträgt das kirchliche Amt?, in: J. Hainz u. a. (Hrg.), Den Armen eine frohe Botschaft, FS F. Kamphaus, Frankfurt 1997, 225–250.
Hentschel, W. J., Pastoralreferenten – Pastoralassistenten, Eichstätt – Wien 1986.
Hillenbrand, K., Die Liebe Christi drängt uns, Würzburg 1992.
Hintzen, G., Das gemeinsame Priestertum aller Gläubigen und das besondere Priestertum des Dienstes in der ökumenischen Diskussion, in: Cath (M) 45 (1991) 44–77.
Hoff, J., Das Verschwinden des Körpers. Eine Kritik an der »Wut des Verstehens« in der Liturgie, in: HK 54 (2000). 149–155.
Hoffmann, P., Priesterkirche, Düsseldorf 1987.
Hofmann, H., Repräsentation, Berlin 1974.
Höhn, H. J., Gegen-Mythen = QD 154, Freiburg i. Br. 1994.
Holböck, F., Der eucharistische und der mystische Leib Christi, Rom 1941.
Holmberg, B., Paul and Power. The structure of authority in the primitive church as reflected in the Pauline epistles, Lund 1978.
Hönig, E., Die Eucharistie als Opfer nach den neueren ökumenischen Erklärungen, Paderborn 1989.
Hünermann, P., Gutachten zum Diakonat der Frau, in: Synode 7 (1973) 42–47.
Hünermann, P., Kirche und Amt – Marginalien zum Amtsverständnis, in: GuL 48 (1975) 285–299.
Hünermann, P., Ordo in neuer Ordnung? Dogmatische Überlegungen zur Frage der Ämter und Dienste in der Kirche heute, in: F. Klostermann (Hrg.), Der Priestermangel und seine Konsequenzen, Düsseldorf 1977, 58–94.
Hünermann, P., Eucharistie – Gemeinde – Amt, in: Solidaritätsgruppe katho-

lischer Priester (SOG) der Diözese Speyer (Hrg.), Das Recht der Gemeinde auf Eucharistie, Trier 1978, 30–46.

Hünermann, P., Mit dem Volk Gottes unterwegs. Eine geistliche Besinnung zur Theologie und Praxis des kirchlichen Amts, in: GuL 54 (1981) 178–187.

Hünermann, P., Theologische Argumente für die Diakonatsweihe von Frauen, in: ders. u. a.(Hrg.), Diakonat: Ein Amt für Frauen in der Kirche – Ein frauengerechtes Amt, Ostfildern 1997, 98–128.

Hünermann, P., Der Dienst am Wort und die Homilie, in: ders. (Hrg.), Und dennoch …, Freiburg i. Br. 1998, 86–101.

Hünermann, P. (Hrg.), Und dennoch … Die römische Instruktion über die Mitarbeit der Laien am Dienst der Priester, Freiburg i. Br. 1998.

Hünermann, P., Weitere Eskalation? Die Problematik der neuen »Professio fidei« und des Amtseids, in: HerKorr. 54 (2000) 335–339.

Internationale Theologenkommission, Der apostolische Charakter der Kirche und die apostolische Sukzession, dt. in: IkaZ 4 (1975) 112–124.

Jaubert, A., Les épitres de Paul: Le fait communautaire, in: J. Delorme (ed.), Le ministère et les ministères, Paris 1974, 16–33.

Jensen, A., Cbristusrepräsentation, kirchliche Ämter und Vorsitz bei der Eucharistie, in: FrZPhTh 40 (1993) 292–297.

Jeremias, J., Neutestamentliche Theologie, Gütersloh [2]1973.

Johannes Paul II., Gründonnerstagsbrief an die Priester »Liebst du mich mehr?«, dt. hrg. v. H. U. v. Balthasar, Dienst aus der größeren Liebe zu Christus, Freiburg i. Br. [2]1979.

Johannes Paul II, Apost. Schreiben »Pastores dabo vobis«, dt. Würzburg 1992.

Jorissen, H., Theologische Bedenken gegen die Diakonatsweihe von Frauen, in: Hünermann (1997) 86–97.

Jüngel, E. Die Autorität des bittenden Christus, in: Unterwegs zur Sache, München 1972, 179–188.

Kaiser, M., Die rechtliche Grundstellung der Christgläubigen, in: J. Listl / H. Müller / H. Schmitz (Hrg.), Handbuch des katholischen Kirchenrechts, Regensburg 1983, 171–189.

Karrer, L., Die Stunde der Laien, Freiburg i. Br. 1999.

Käsemann, E., Amt und Gemeinde im Neuen Testament, in: ders., Exegetische Versuche und Besinnungen I, Göttingen [4]1964, 109–134.

Käsemann, E., Der Ruf der Freiheit, Tübingen [3]1968.

Kasper, W., I: Neue Akzente im dogmatischen Verständnis des priesterlichen Dienstes, in: Conc. 5 (1969) 164–170.

Kasper, W., II: Die Funktion des Priesters in der Kirche, in: GuL 42 (1969 102–116.

Kasper, W., Pastorale Handreichung für den pastoralen Dienst. Die Heilssendung der Kirche in der Gegenwart, Mainz 1970.

Kasper, W., Neue Aspekte im Verständnis des Priesteramtes, in: ThPQ 122 (1974) 3–13.

Kasper, W., Einleitung zu »Die pastoralen Dienste in der Gemeinde« = Gemeinsame Synode der Bistümer in der BRD, hrg. v. L. Bertsch u. a., Bd. I., Freiburg i. Br. 1976, 581–596.

Kasper, W., I: Die schädlichen Nebenwirkungen des Priestermangels, in: StZ 195 (1977) 129–135.

Kasper, W., II: Zur Theologie der christlichen Ehe, Mainz 1977.

Kasper, W., Sein und Sendung des Priesters, in: GuL 51 (1978) 196–212.

Kasper, W., Gemeindeaufbau und Gemeindeleitung, Rottenburg 1991.

Kasper, W., Der Leitungsdienst in der Gemeinde = Arbeitshilfen 118, Bonn 1994.

Kasper, W., Theologie und Kirche, Bd. 2, Mainz 1999.

Kassing, A., Konzelebration und eucharistische Gemeinde, in: WuW 20 (1965).

Kästner, E., Stundentrommel vom heiligen Berg Athos, Frankfurt [11]1991.

Kaufmann, F.-X., Religion und Modernität, Tübingen 1989.

Kaufmann, F.-X., Wie überlebt das Christentum? Freiburg i. Br. 2000.

Kehl, M., Kirche als Institution, Frankfurt 1976.

Kehl, M., Die Kirche – das Zeichen der Liebe Gottes unter den Menschen = Theologie im Fernkurs, Lehrbrief 17, Würzburg 1981.

Kehl, M., Wohin geht die Kirche?, Freiburg i. Br. 1996.

Kehl, M., Perspektiven für den priesterlichen Dienst in der gegenwärtigen Glaubenssituation, in: W. Schreer / G. Steins (Hrg.), Auf neue Art Kirche sein = FS J. Homeyer, München 1999, 167–177.

Kehl, M., Kirche als »Dienstleistungsorganisation«, in: StdZ 218 (2000) 389–400.

Kittel, J., Leben aus geschenkter Einheit. Ekklesiologische Anmerkungen zur Theologie der Seelsorgeeinheit, in: Miteinander Kirche sein – für die Welt von Heute, hrg. v. Erzb. Ordinariat, Institut f. Pastorale Bildung, Freiburg i. Br. 1999, 17–21.

Klauck, H.-J., Die Autorität des Charismas, in: E. Klinger / R. Zerfaß (Hrg.), Die Kirche der Laien, Würzburg 1987, 25–37.

Klinger, E., Der Zölibat von der Ehe her gesehen, in: GuL 41 (1968 377–381.

Klostermann, F., Das christliche Apostolat, Innsbruck u. a. 1962.

Klostermann, F., Gemeinde ohne Priester, Mainz 1981.

Knox, R., Semper agens, semper quietus, dt. Wien 1961.

Koch, H., Zur Situation der Pfarrseelsorge, in: PB (K) 50 (1998) 35–41.

Kongregation für den Klerus (Hrg.), Direktorium für Dienst und Leben der Priester, dt. = Verlautbarungen des Apost. Stuhls 113, Bonn 1994.

Kongregation für den Klerus (Hrg.), Der Priester, Lehrer des Wortes, Diener der Sakramente, Leiter der Gemeinde, dt. = Verlautbarungen des Apost. Stuhls 139, Bonn 1999.

Kötting, B., I: Bischofsamt und Bischofswahl, in: ders., Ecclesia peregrinans. Bd. I, Münster 1988, 467–479.

Kötting, B., II: Bischofswahl in alter Zeit. Augustins Sorge um seinen Nachfolger im Bischofsamt, in: Ecclesia peregrinans, Bd. I, Münster 1988, 405–408.

Kremer, J., »Eifert aber um die größeren Charismen!« (1 Kor 12,31b), in: ThPQ 1980, 321–335.

Kremer, J., Zur Diskussion über Priestertum und Zölibat, in: Wiener Diözesanblatt 119 (1981) Nr. 6.

Kretschmar, G., Die Ordination im Frühen Christentum, in: FZPhTh 22 (1975) 35–69

Kugler, K., Statt Kirche – Stadtkirche, in: PB (K) 47 (1995) 305–312; 339–345.

Küng, H., Die Kirche, Freiburg i. Br. 1967.

Küng, H., Wozu Priester?, Zürich u. a. 1971.

Küng, H., Ist die Feier ungültig, nur weil der Pfarrer fehlt?, in: DASBl, Nr. 25, v. 21. 6. 1981.

Lacroix, X., La différence à venir, in: IntamsR 6 (2000) 48–53.

La Soujéole, B.-D. de, Les *tria munera Christi,* in: RThom 99 (1999) 59–74.

Landgraf, A. M., Zur Lehre von der Konsekrationsgewalt des von der Kirche getrennten Priesters, in: Dogmengeschichte der Frühscholastik III,2, Regensburg 1955.

Legrand, H., La présidence de l'eucharistie selon la tradition ancienne, in: Spiritus 69 (1977) 409–431.

Lehmann, K., Das dogmatische Problem des theologischen Ansatzes zum Verständnis des Amtspriestertums, in: F. Henrich (Hrg.), Existenzprobleme des Priesters, München 1969, 21–175.

Lehmann, K., Ämteranerkennung und Ordinationsverständnis, in: Cath. 27 (1973) 248–262.

Lehmann, K., »In allem wie das Auge der Kirche«, 25 Jahre Ständiger Diakonat in Deutschland – Versuch einer Zwischenbilanz, in: AG Ständiger Diakonat in der BRD, Dokumentation der 10-Jahrestagung, 1993, 175–182.

Lehmann, K., / Pannenberg, W., (Hrg.), Lehrverurteilungen – kirchentrennend?, Bd. I–III, Freiburg – Göttingen 1986–1998

Leinweber, W., Der Streit um den Zölibat im 19. Jahrhundert, Münster 1978.

Lettmann, R., Zeit der Gnade, Kevelaer 2000.

Lettmann, R., Brief des Bischofs v. Münster an die Verantwortlichen der Diözese, Münster 2000.

Leuninger, E. Die Entwicklung der Gemeindeleitung, St. Ottilien 1996.

Lohfink, G., Keine Ordination der Frau?, in: ThQ 157 (1977) 144–46.

Lohfink, G., I, Paulinische Theologie in der Rezeption der Pastoralbriefe, in: K. Kertelge (Hrg.), Paulus in den neutestamentlichen Spätschriften, Freiburg i. Br. 1981, 70–121.

Lohfink, G., II: Zwölf Thesen zum Zölibat, in: Chr.i.d.Ggw. 33 (1981) v. 8. 3. 1981, 77.

Lohfink, G., Braucht Gott die Kirche? Freiburg i. Br. [2]1998.

Lohse, E., Die Ordination im Spätjudentum und im NT, Göttingen 1951.

Lorenzer, A., Das Konzil der Buchhalter. Die Zerstörung der Sinnlichkeit, Frankfurt 1981.
Loretan, A., Verheiratete Personen in kirchlichen Ämtern, in: IntamsR 7 (2000) 82–97.
Lubac, H. de, Méditation sur l'Eglise, Montagne 1953.
Luckmann, Th., Über die Funktion der Religion, in: P. Koslowski (Hrg.), Die religiöse Dimension der Gesellschaft, Tübingen 1985.
Luhmann, N., Funktion der Religion, Frankfurt 1977.
Lustiger, J. M., Der Priester und der Anruf der Räte, dt. Einsiedeln 1982.
Lütz, M., Der blockierte Riese. Psycho-Analyse der katholischen Kirche, Augsburg 1999.
Maier, H., Welt ohne Christentum – was wäre anders?, Freiburg i. Br. 1999.
Marliangeas, B.-D., Clés pour une théologie du ministère, Paris 1978.
Martimort, A.-G., Les diaconesses, Rom 1982.
Martin, J., Die Genese des Amtspriestertums in der Frühen Kirche = Der priesterliche Dienst III, QD 48, Freiburg i. Br. 1972.
Martin, R., The Catholic Church at the End of an Age, San Francisco 1994.
Menke, K.-H., Stellvertretung, Einsiedeln-Freiburg 1991.
Menke, K.-H., Gemeinsames und besonderes Priestertum, in: IkaZ 28 (1999) 330–343.
Metz, J. B., Entscheidung, in: HThG(dtv) (1970) 1, 314–321.
Metz, J. B., Zeit der Orden? Zur Mystik und Politik der Nachfolge, Freiburg i. Br. 1977.
Meyer, H., Wer ist sich mit wem worüber einig? Überblick über die Konsenstexte der letzten Jahre, in: P. Lengsfeld / G. Stobbe (Hrg.), Theologischer Konsens und Kirchenspaltung, Stuttgart u. a. 1981.
Meyer, H. B., Entwicklungen im liturgischen Leitungsdienst durch Laien, in: Heiliger Dienst 50 (1996) 31–41.
Militello, C., Eucaristia e diaconia nel BEM, in: Rocchetta, o. c. 61–86.
Mödlhammer, J. W. Anmerkungen zum priesterlichen Amt im theologischen und gesellschaftlichen Heute, in: Heiliger Dienst 28 (1974) 64–74.
Möhler, J. A., Rez. von Th. Katerkamp, Des ersten Zeitalter der Kirchengeschichte erste Abteilung, in: ThQ 5 (1823).
Möhler, J. A., Die Einheit in der Kirche, hrg. von J. R. Geiselmann, Darmstadt 1957 (= 1825).
Molland, E., Opuscula patristica, Oslo 1970.
Mortari, L., Consacrazione episcopale e collegialità. La testimonianza della Chiesa antica, Firenze 1969.
Müller, A., Ecclesia – Maria, Freiburg (Schweiz) [2]1955.
Müller, A., Das Problem von Befehl und Gehorsam im Leben der Kirche, Einsiedeln 1964.
Müller, A., Amt als Kriterium der Kirchlichkeit?, in: Theol.Berichte 9: Kirche und Sakrament, Zürich u. a. 1980.
Müller, G. L., Der Empfänger des Weihesakramentes. Quellen zur Lehre und

Praxis der Kirche, nur Männern das Weihesakrament zu spenden, Würzburg 1999.
Müller, G. L., Priestertum und Diakonat. Der Empfänger des Weihesakraments in schöpfungstheologischer und christologischer Perspektive, Freiburg 2000.
Müller, Ph., Seelsorge, in: LThK 9 (2000) 383–387.
Müller, W. / Scheuer, M. / Herzig, A. (Hrg.), Frei zum Leben. Die Weisheit der evangelischen Räte, Würzburg 1996.
Neuner, P., Der Laie und das Gottesvolk, Frankfurt 1988.
Niederwimmer, K., Askese und Mysterium. Über Ehe, Ehescheidung und Eheverzicht in den Anfängen des christlichen Glaubens, Göttingen 1975.
Niemann, U., Priesterliche Realutopien, in: K. Hillenbrand (Hrg.), Priester heute, Würzburg 1990, 90–133.
Nübel, H. U., Die neue Diakonie, Freiburg i. Br. 1994.
Nussbaum, O., Liturgiereform und Konzelebration, Köln 1966.
Oberlinner, L., Die Pastoralbriefe, I, Freiburg i. Br. 1994.
Päpstlicher Rat für die Laien, Priester in Laienvereinigungen, Vatikanstadt 1981.
Pascher, J., Eucharistie, Münster-Freiburg ^{2}1953
Pedersen, J., Israel, its life and culture, Kopenhagen 1946.
Pemsel-Maier, S., Frauen in der Seelsorge, in: ThPrQ 148 (2000) 70–78.
Persson, P. E., Repraesentatio Christi, Göttingen 1966.
Pesch, O. H. / Peters, A., Einführung in die Lehre von Gnade und Rechtfertigung, Darmstadt 1981.
Pesch, W., Priestertum und Neues Testament, in: TrThZ 79 (1970) 65–83.
Piel, E., Die Kirchenkrise in soziologischer Sicht, in: F. Breid (Hrg.), Die Kirchenkrise, Steyr 1996, 9–51.
Pius XII., Rundschreiben über die hl. Liturgie, dt. Wien 1948.
Pius XII., Rundschreiben, Mahnung an den Klerus der ganzen Welt, dt. Wien 1951.
Pius XII., »De quelle consolation« (1951).
Pöltner, G., Schönheit, Wien u. a. 1978.
Pompey, H., Die sozial-caritative Chance von großgemeindlichen Seelsorgeeinheiten, in: H. Windisch (Hrg.), Seelsorgeeinheiten (1999) 77–96.
Pottmeyer, H. J., Der Papst, Zeuge Jesu Christi in der Nachfolge Petri, in: K. Lehmann (Hrg.), In der Nachfolge Jesu Christi, Freiburg i. Br. 1980, 58–91.
Pottmeyer, H. J., Die zwiespältige Ekklesiologie des Zweiten Vaticanums – Ursache nachkonziliarer Konflikte, in: TThZ 92 (1983) 272–283.
Pretscher, J., Wo der Geist des Herrn wirkt, da ist Freiheit, Würzburg 1997, 83–120.
Pröpper, Th., Erlösungsglaube und Freiheitsgeschichte, München 1985.
Rahner, K., Schriften zur Theologie II, Einsiedeln 1955.
Rahner, K., Schriften zur Theologie III, Einsiedeln 1956.

Rahner, K., Theologische Deutung der Position des Christen in der modernen Welt, in: Sendung und Gnade, Innsbruck u. a. 1959, 12–47
Rahner, K., Kirche und Sakramente, Freiburg i. Br. [3]1960.
Rahner, K., Priester, IV. Dogmatisch, in: LThK [2]VIII (1963) 744–746.
Rahner, K., Die vielen Messen und das eine Opfer, Freiburg i. Br. 1966.
Rahner, K., Knechte Christi, Freiburg 1967.
Rahner, K., Schriften zur Theologie IX, Einsiedeln 1970.
Rahner, K., Gebete des Lebens, Freiburg i. Br. 1984.
Ratzinger, J., Zur Frage nach dem Sinn des priesterlichen Dienstes, in: GuL 41 (1968) 347–376.
Ratzinger, J., Theologische Prinzipienlehre, München 1982.
Ratzinger, J., Das neue Volk Gottes, Düsseldorf 1969.
Ratzinger, J., Salz der Erde, Stuttgart 1996.
Ratzinger, J., Der Geist der Liturgie, Freiburg i. Br. 2000.
Reform und Anerkennung der kirchlichen Ämter. Ein Memorandum der Arbeitsgemeinschaft ökumenischer Universitätsinstitute, München-Mainz 1973.
Reininger, D., Diakonat der Frau in der einen Kirche, Ostfildern 1999.
Remy, G., Le sacerdoce du Christ dans la *Somme de théologie*, in: RThom 99 (1999) 75–117.
Remy, J., Beteiligung des Gottesvolkes an der Wahl und der Ernennung eines Bischofs, in: Conc. 16 (1980) 507–514.
Rocchetta, C. (Hrg.), »Universa nostra caritas est eucharistia«, Bologna 1993.
Rohrbach, W, Humane Sexualität, Neukirchen-Vluyn 1976.
Roloff, J., Apostolat – Verkündigung – Kirche, Gütersloh 1965.
Roloff, J., I: Amt, Ämter, Amtsverständnis IV, in: TRE 2 (1978) 509–533.
Roloff, J., II: Apostel / Apostolat / Apostolizität I, in: TRE 2 (1978 430–445.
Roloff, J., Ordiniertes Amt und Communio, in: B. J. Hilberath (Hrg.), Communio – Ideal oder Zerrbild von Kommunikation = QD 176, Freiburg i. Br. 1999, 115–122.
Roos, H. (Hrg.), Kierkegaard nachkonziliar, Einsiedeln 1967.
Ruh, U., Der unverbindliche Glaube, in: IkaZ 24 (1995) 385–393.
Ruh, U., Sekte oder Volkskirche? Zur Zukunft der katholischen Kirche in Deutschland, in: Salzkörner 5 (1999) Nr. 5.
Saier, O., Wege kooperativer Pastoral und Gemeindeleitung in pfarr-übergreifenden Seelsorgeeinheiten, in: Amtsblatt f. d. Erzdiözese Freiburg v. 25. 4. 1996.
Salomon, T., Diskussionsbeitrag, in: Stud. theol. (Wien) Nr. 13 (4/1980).
Scharbert, J., Heilsmittler im Alten Testament und im Alten Orient, Freiburg i. Br. 1964.
Schatz, Kl., Bischofswahlen, in: StdZ 107 (1989) 291–307.
Schavan, A., Amt, in: LThK I (1993), 560 f.
Schelkle, K. H., Dienste und Diener in den Kirchen der neutestamentlichen Zeit, abgedr. in: K. Kertelge (Hrg.), Das kirchliche Amt im Neuen Testament, Darmstadt 1977, 220–234.

Schelkle, K. H., Die Kraft des Wortes, Stuttgart 1983.
Scheuer, M., Die evangelischen Räte, Würzburg 1990.
Scheuer, M., Gotteserfahrung und Krise, in: PB (K) (1994) 36–44; 68–80.
Schick, L., Das Dreifache Amt Christi und der Kirche, Frankfurt-Bern 1982.
Schillebeeckx, E., Theologie des kirchlichen Amtes, in: Diak 1 (1970) 147–160.
Schillebeeckx, E., Die christliche Gemeinde und ihre Amtsträger, in: Conc. 16 (1980) 205–227.
Schillebeeckx, E., Das kirchliche Amt, dt. Düsseldorf 1981.
Schillebeeckx, E., Christliche Identität und kirchliches Amt, dt. Düsseldorf 1985.
Schilson, A., Die Wiederkehr des Religiösen im Säkularen, in: Anzeiger f.d. Seels. 106 (1997) 342–347; 390–394.
Schimmelpfennig, W., Das Prinzip der »sanior pars« bei Bischofswahlen im Mittelalter, in: Conc. 16 (1980) 473–477.
Schlier, H., Die neutestamentliche Grundlage des Priesteramtes, in: Der priesterliche Dienst I = QD 46, Freiburg i. Br. 1970, 81–114.
Schlink, E., Die apostolische Sukzession und die Gemeinschaft der Ämter, in: Reform und Anerkennung (1973).
Schmidtchen, G., Forschungsbericht über die im Auftrag der DBK durchgeführten Umfrage unter allen Welt- und Ordenspriestern in der BRD, Freiburg i. Br. 1973.
Schneider, Th. (Hrg.), Mann und Frau – Grundprobleme theologischer Anthropologie = QD 121. Freiburg i. Br. 1989.
Schneider, Th. / W. Pannenberg (Hrg.), Verbindliches Zeugnis, Bd. III, Freiburg-Göttingen 1998.
Schöllgen, G., Die Anfänge der Professionalisierung des Klerus und das kirchliche Amt in der Syrischen Didaskalie, Jb.AC.E 26, Münster 1998.
Schrage, W., Die konkreten Einzelgebote in der paulinischen Paränese, Gütersloh 1961.
Schröter, J., Der versöhnte Versöhner, Paulus als Mittler im Heilsvorgang zwischen Gott und Gemeinde nach 2 Kor 2,14–7,4, Tübingen-Basel 1993.
Schulte, R., Mitarbeiter Gottes, in: ders. (Hrg.), Leiturgia – Koinonia – Diakonia, FS Kard. König, Wien u. a. 1980, 391–428.
Schulze, G., Erlebnisgesellschaft, Frankfurt 1992.
Schürmann, H., Die Mitte des Lebens finden, Freiburg i. Br. 1979.
Schürmann, H., Auf der Suche nach dem ›Evangelisch-Katholischen‹. Zum Thema ›Frühkatholizismus‹, in: J. Rogge / G. Schille (Hrg.), Frühkatholizismus im ökumenischen Gespräch, Berlin 1983.
Schüsssler, E., Der vergessene Partner, Düsseldorf 1964.
Schütte, H., Amt, Ordination und Sukzession im Verständnis evangelischer und katholischer Exegeten und Dogmatiker der Gegenwart, sowie in Dokumenten ökumenischer Gespräche, Düsseldorf 1974.
Schweizer, E., Das Amt. Zum Amtsbegriff im Neuen Testament (1959), abge-

druckt in: K. Kertelge (Hrg.), Das kirchliche Amt im Neuen Testament, Darmstadt 1977, 205–219.

Sekretariat der DBK (Hrg.), Priesterliche Lebensform, Bonn 1984.

Sekretariat der SBK, (Hrg.), Brief der Schweizer Bischöfe an die Gläubigen zu ihrer Mitverantwortung für die Förderung von Priesterberufen, Fribourg 1998.

Semmelroth, O., Die Präsenz der drei Ämter Christi im gemeinsamen und besonderen Priestertum der Kirche, in: ThPh 44 (1969).

Seybold, M., »Priester auf ewig«?, in: ThGl 62 (1972) 401–416.

Sipe, A. W. R., Sexualität und Zölibat, dt. Paderborn u. a. 1992.

Socha, H., Der Dienst der Pastoralreferenten und die eine geistliche Vollmacht, in: AKathKR 147 (1978) 377–405.

Spaemann, H., Christliche Konsequenzen, in: Chr. i. d. Ggw. 31 (1979) 352–356.

Spaemann, H., Der Geistliche und der Geist. Vom Geheimnis der »Beziehung« im Leben und Wirken des Priesters. Vortrag beim »Tag der Priester« in der Diözese Speyer am 13. 10. 1980, abgedruckt in: Rundbrief der deutschsprachigen Bruderschaften der Priester-Gemeinschaft JESUS-CARITAS, März 1981.

Ständiger AK »Pastorale Grundfragen« des Zentralkomités der deutschen Katholiken, Die Gemeinde von heute auf dem Weg in die Kirche der Zukunft (Nov.1999), hrg. v. Generalsekretariat des ZK, in: Berichte und Dokumente 111 (Febr.2000) 43–48.

Stockmeier, P., Die Wahl des Bischofs durch Klerus und Volk in der frühen Kirche, in: Conc. 16 (1980) 463–467.

Stubenrauch, B., Priesterlicher Dienst vor dem Anspruch der Lehre, in: ders. (Hrg.), Christsein als Priester, Trier 1999, 115–136.

Swiatek, J., Werden wozu du berufen bist. Wege der Beruf(ung)spastoral, Freiburg i. Br. 1996.

Swidler, A. (Hrg.), Women priest, New York 1977.

Taft, R., Ex oriente lux?, in: ThGw 25 (1982) 266–277.

Tettamanzi, D. (ed.), La formazione dei sacerdoti nelle circostanze attuali, Rom 1990.

Theißen, G., Urchristliche Wundergeschichten, Gütersloh 1974.

Theobald, M., Die Zukunft des kirchlichen Amtes, in: P. Hünermann (Hrg.), Und dennoch … (1998), 29–49.

Thiermeyer, A.-A., Die Diakonat der Frau, in: ThQ 173 (1993) 226–236.

Tixeront, J., L'ordre et les ordinations, Paris 1925.

Trippen, N., Der Wandel der Seelsorge in der Geschichte der Kirche, in: PB (K) 45 (1993) 227–234.

Ullrich, L., Ämter Christi III, in: LThK I (1993), 562–563.

van Beneden, P., Haben Laien die Eucharistie ohne Ordinierte gefeiert?, in: ALW 29 (1987) 31–46.

van der Meer, F., Augustinus der Seelsorger, Köln [3]1951.

Vanhoye, A., Prêtres anciens – prêtre nouveau selon le Nouveau Testament, Paris 1980.
Vansteenbergen, A., Psychological Differences between Women and Men in Marriage, in: IntamsR 6 (2000) 38–47.
Venetz, H.-J., So fing es mit der Kirche an, Zürich u. a. 1981.
Verweyen, H., Rez. von E. Schillebeeckx, Christliche Identität und kirchliches Amt., in: ThRv 82 (1986) 410–413.
Verweyen, H., Theologie im Zeichen der schwachen Vernunft, Regensburg 2000.
Vogel, C., Chirotonie et Chirothésie, in: Iren. 45 (1972) 7–21, 207–235.
Vögele, W., Zivilreligion in der Bundesrepublik Deutschland, Gütersloh 1994.
Vogels, H.-J., Pflichtzölibat. Eine kritische Untersuchung, München 1978.
Vogels, H.-J., Das Recht der Gemeinde auf einen Priester in Kollision mit dem Pflichtzölibat, in: Conc. 16 (1980) 200–204.
Vogt, H. J., Das Kirchenverständnis des Origenes, Köln-Wien 1974.
Vögtle, A., Exegetische Reflexionen zur Apostolizität des Amtes und zur Amtssukzession, in: R. Schnackenburg u. a. (Hrg.), Die Kirche des Anfangs, FS H. Schürmann, Leipzig 1977, 529–581.
Voillaume, R., Mitten in der Welt, dt. Freiburg i. Br. [5]1955.
Vorgrimler, H., Kommentar zu LG 29, in: LThK, Erg.-Bd. I, 256–259.
Vorgrimler, H., Sakramententheologie, Düsseldorf 1987.
Wanke, J., Communio und missio, in: Priesterliche Lebensformen = Arbeitshilfen 36 des Sekretariats der DBK, Bonn 1984, 18–25.
Weber, M., Wirtschaft und Gesellschaft, hrg. v. J. Winckelmann, Köln-Berlin 1964.
Weis, N., Das prophetische Amt der Laien in der Kirche, Rom 1981.
Weiser, A., Diskussion über den Laien, in: Chr. i. d. Ggw. 39 (1987).
Weismayer, J., Theologische Überlegungen zum Amt in der Kirche, in: Wiener Diözesanblatt 119 (1981) Nr. 6.
Werbick, J., Den Glauben verantworten, Freiburg i. Br. 2000.
Weß, P., Ihr alle seid Geschwister, Mainz 1983.
Wheeler Robinson, H., The Hebrew conception of corporate Personality, in: ZAW, Bh. 66 (1936).
Windisch, H., Laien – Priester, Würzburg 1998.
Windisch, H., (Hrg.), Seelsorgeeinheiten und kooperative Pastoral = Freiburger Texte 38, Freiburg 1999.
Windisch, H., Seelsorgeeinheiten und kooperative Pastoral, in: H. Windisch (Hrg.), Seelsorgeeinheiten und kooperative Pastoral (1999) 7–15.
Windisch, H., Einfache Seelsorge, in: Materialdienst (Freiburg) 1 (2000) 17–21.
Winter, A., Das komplementäre Amt. Überlegungen zum Profil des eigenständigen Diakons, in: IkaZ 7 (1978) 269–281.
Wirth, H.-H. / Brähler, E., Sind die Kirchen ein Hort der Solidarität?, in: dies., Entsolidarisierung, Opladen 1995, 122–143.

Wollbold, A., »Klarer als Kristall«, in: R. Marx / P. Schallenburg (Hrg.), »Ihr seid der Brief Christi«, Paderborn 1999, 23–41.
Wulf F., Kommentar, in: Das Zweite Vatikanische Konzil, LThK-Erg.-Bd. III, Freiburg i. Br. 1968, 143–169.
Wulf, F., Charismatische Armut im Christentum, in: GuL 44 (1971) 16–31.
Wulf, H., Unverträgliche Trends, in: LM 32 (1993) 9–11.
Zander, H. C., Zehn Argumente für den Zölibat, Düsseldorf [2]1997.
Zannoni, G., Tertulliano Montanista e il sacerdozio, in: ED, Nov. 1958.
Zapp, H., Kirchenrechtliche Aspekte zur ›Gemeindeleitung‹ bei Priestermangel nach c.517 § 2 CIC, in: H. Windisch (Hrg.), Seelsorgeeinheiten (1999), 45–60.
Zeiger, I., Gefolgschaft des Herrn, in: ZAM 17 (1942).
Zerfaß, R., Menschliche Seelsorge, Freiburg i. Br. [5]1991.
Zizioulas, J. D., Priesteramt und Priesterweihe im Licht der östlich-orthodoxen Theologie, in: Der priesterliche Dienst V = QD 50, Freiburg i. Br. 1973, 72–113.
Zmijewski, J., Paulus – Knecht und Apostel Christi, Stuttgart 1986.
Zollitsch, R., Amt und Funktion des Priesters, Freiburg i. Br. 1974.
Zwank, R., Geschlechteranthropologie in theologischer Perspektive? Zur Phänomenologie des Geschlechtlichen in H. U. v. Balthasars »Theodramatik«, Frankfurt u. a. 1996.

Namenverzeichnis